DAN

SUGRALINOV

HELD

*May every new day
in your life
become a Level Up day!*

Dan Sugralinov

NÄCHSTES LEVEL + 2

MAGIC DOME BOOKS

Held
Nächstes Level Buch 2
Copyright © D. Sugralinov, 2018
Covergestaltung ©V. Manyukhin, 2019
Deutsche Übersetzung © Irena Böttcher, 2019
Lektor: Lilian R. Franke
Erschienen 2019 bei Magic Dome Books
Alle Rechte vorbehalten
ISBN: 978-80-7619-051-1

DAN SUGRALINOV:

NÄCHSTES LEVEL LITRPG-SERIE

Neustart (Buch 1)
Held (Buch 2)

INHALTSVERZEICHNIS

Prolog

*Ich hatte einen
furchtbaren Traum: Einsen
und Nullen überall. Und ich
dachte, ich hätte eine Zwei
gesehen!*

Futurama

„OKAY, ICH WERDE es anders formulieren: Wie hast du sie umgebracht?"

„Da war dieser kleine Junge ... er ist erstickt. Es ist einfach passiert! Und dann war da ein Mädchen ... sie ist ebenfalls gestorben ... verblutet ..."

Der Knall eines Pistolenschusses macht mich beinahe taub. Die Kugel trifft den korrupten Regierungsbeamten in die Schulter und wirft ihn zu Boden. In meinen Ohren klingelt es laut. Nur schwach höre ich Vickys Fluchen, als sie die Pistole von sich wirft.

„Mistkerl, Mistkerl, Mistkerl! Oh, wie ich sie alle hasse!"

„Heilige Scheiße, Vick, was hast du getan?"

Gleb Grechkin, eine bekannte Gestalt in der Kulturabteilung des Rathauses, windet sich auf dem Boden. Offensichtlich hat er es nicht sehr eilig, abzukratzen. Seine Wunde ist nicht lebensgefährlich

1

und seine Vitalität befindet sich noch immer im grünen Bereich, obwohl der Debuff durch die Blutung seine Wirkung entfaltet und den Kinderschänder seiner Gesundheit beraubt.

„Er ist Abschaum, verstehst du das denn nicht?", verteidigt Vicky sich. „Er verdient es nicht, am Leben zu bleiben!"

„Aaaah!", stöhnt er. „Dafür werdet ihr bezahlen! Ich werde euch auslöschen! Ooooh!"

„Das reicht jetzt! Komm zu dir!" Ich greife Vicky bei den Schultern und schüttele sie, um sie zur Vernunft zu bringen. „Lass uns gehen!"

„Wohin sollen wir denn gehen? Wir müssen die Sache erst zu Ende bringen!"

Ihre Einstellung bereitet mir ein wenig Sorge, aber der Text über ihrem Kopf verrät mir, dass ihr Buff durch Wut und berechtigten Zorn anhält. Ich nehme sie bei der Hand und ziehe sie zur Tür. Nur um sicherzugehen, stecke ich auch die Waffe ein.

Ich öffne den Kofferraum von Grechkins Geländewagen und halte Ausschau nach einem Schlauch und einem leeren Benzinkanister. Vicky durchsucht die anderen Autos, und ich fülle derweilen Benzin aus dem Tank in den Kanister.

„Hier, ich habe noch einen gefunden." Vicky reicht mir einen weiteren leeren Benzinkanister.

Es dauert eine Weile, bis beide gefüllt sind. Dann nehme ich sie und gehe zurück in Grechkins Haus.

Grechkin hat sich hinter dem Sofa versteckt. Eine blutige Spur markiert seinen Pfad. Kaum habe ich das Zimmer betreten, schüttelt er sich und murmelt etwas.

Mir fällt etwas ein. Ich fluche, greife in meine Tasche und ziehe das Taschentuch hervor, dass ich dem korrupten „Dimedrol"[1] entwendet habe,

---

[1] Dimedrol: Ein Antihistaminikum mit sedativer Wirkung, das bei russischen Kriminellen sehr beliebt ist.

Grechkins bestem Freund. Ich gieße ein wenig Wodka darauf und wische damit die Pistole sauber. Vicky nimmt das Taschentuch und geht nach draußen, um unsere Fingerabdrücke im Wagen von Wheezie und Zak zu entfernen. Das sind die beiden Drogensüchtigen, die Vicky und mich auf Befehl von Dimedrol in einer dunklen Seitengasse überfallen und entführt haben. Im Kofferraum ihres Wagens haben sie uns hierhergebracht.

„Was macht ihr denn?", fragt Grechkin. Er betont jedes Wort. „Ich kann meine Beine nicht mehr fühlen. Was ist bloß los mit mir?"

Ich betrachte das Profil dieses schändlichen Nichts von einem Menschen, den die mysteriöse Benutzeroberfläche in meinem Kopf bereits zum Tode verurteilt hat.

Level des sozialen Status: -1,

meldet mir das System.

Dieses Level hat zu einem dramatischen Abfall seiner sämtlichen Eigenschaften geführt. Die Debuffs, die er erlitten hat, sind auch nicht gerade dazu geeignet, seine Energie zu steigern. Sein Stoffwechsel befindet sich tief im roten Bereich, seine Mobilität ist praktisch nichtexistent. Sobald er all seine Verbrechen gestand, hat das System ihn deklassifiziert, seinen sozialen Status in den negativen Bereich gebracht und mir die System-Quest geschickt, den Kinderschänder zu eliminieren.

Genau das werde ich jetzt tun.

Ich höre jemanden stöhnen, aber es ist nicht Grechkin. Wheezie streckt seinen mit Blut überströmten Kopf in die Höhe. Sein Fuß zuckt. Er ist noch am Leben, aber ich bin noch nicht in der Stimmung, ihn zu töten. Er kann am Leben bleiben ... wenigstens einstweilen.

Ich werfe einen Blick auf die Wanduhr über der Tür. Es ist lange nach drei Uhr früh. Einen großen Bogen um das Kaminfeuer schlagend gieße ich Benzin über Körper, Möbel und den Billardtisch. Den zweiten Kanister leere ich auf der Veranda, im Flur draußen und auf der Treppe in den ersten Stock. Mit dem Rest lege ich einen Pfad zum Ausgang.

Dann kehre ich ins Wohnzimmer zurück, halte die Waffe im Taschentuch und platziere sie in Zaks Hand.

„Bitte, lasst mich nicht hier liegen!", fleht Grechkin. „Ich zahle euch eine Million Dollar ... in bar ... Bitte ..."

Ich lasse die leeren Kanister im Haus stehen, nehme das Feuerzeug von der Sofalehne und betrachte noch einmal den Ort unseres Albtraums.

Dann gehe ich hinaus. Vicky stellt sich neben mich und lehnt den Kopf gegen meine Schulter.

Auch wenn es vielleicht keine Hölle gibt – wir werden Grechkin seine ganz persönliche Hölle bereiten, hier auf diesem Planeten Erde, in diesem speziellen lokalen Abschnitt unserer Galaxie.

Zur Hölle mit allem! Soll es lichterloh brennen!

Im Augenwinkel nehme ich einen Schatten wahr, der wie aus dem Nichts auftaucht.

Das Letzte, das ich höre, sind mehrere Schüsse, dann verliere ich das Bewusstsein, Vickys Schrei noch im Ohr.

Kapitel 1

Neustart

Warnung! Gewaltsame Aktivierung der Heldenfähigkeit, Manipulation der Zeit nach dem Tod des Benutzers! Datenbanksicherung wird erstellt ... Protokolle werden gelöscht ... Betriebsspeicher des Benutzers wird gelöscht ... Neustart in 3 ... 2 ... 1 ...

Erweiterte Realität!-Plattform. Home Edition

ICH KONNTE NOCH immer die rauchigen, tiefroten Flammen sehen, die sich in meine Netzhaut eingebrannt hatten. Ich roch noch immer den metallischen Geruch von Blut und hörte jemanden schreien, und ich schmeckte Benzin und feuchte Erdkrumen in meinem Mund, als ich aufwachte.

„Phil! Ich bin wieder zu Hause!" Vickys fröhliche

Stimme klang durch den Flur und entriss mich endgültig meinem Albtraum.

Sie kam ins Schlafzimmer, beugte sich über mich und küsste mich.

„Vicky ... Süße ..." Ich rieb mir die Augen und streckte mich. Alle Knochen schmerzten. Dann konnte ich mich nicht länger zurückhalten – ich griff nach ihr und zog sie an mich.

Lachend ließ sie sich in meine Umarmung hineinfallen. Ich hielt sie fest, rollte unter ihr hervor und auf sie, stützte mich dabei auf den Ellbogen ab.

„So früh hast du mich nicht zurückerwartet, was?" Vicky lächelte schelmisch. „Ich dachte, du würdest deine Freiheit genießen! Vielleicht nicht mit anderen Frauen, aber ich war sicher, du würdest das Wochenende mit deinen Freunden verbringen."

„Nein, ich hatte dich noch nicht erwartet. Und nein, es ging nicht darum, meine Freiheit zu genießen. Du weißt genau, dass ich keine Wochenenden mache. Ich war am Morgen joggen, habe anschließend ein wenig Marktforschung betrieben, um ein paar Dinge herauszufinden, dann hatte ich Boxunterricht und habe mein Krafttraining absolviert. Am Abend war ich so erschöpft, dass ich beim Lesen von einem von Dr. Ichak Adizes' Büchern eingeschlafen bin. Seine Texte sind so entspannend, ich bin glatt darüber eingedöst und ..."

Sie brachte mich mit einem Kuss zum Schweigen und wühlte sich mit einer Hand unter mein T-Shirt.

„Warum hast du ...?", begann ich. Ich wollte wissen, warum sie so früh von ihren Eltern zurück war – sie hatte das gesamte Wochenende dort verbringen wollen –, aber schlagartig verließ alles Blut mein Gehirn, da es gerade anderswo mehr gebraucht wurde. Die nächste Viertelstunde hatte ich nicht den geringsten Wunsch, ihr irgendwelche Fragen zu stellen.

Endlich lagen wir ausgepumpt nebeneinander. Ich versuchte, die Überreste meines Traums zu erhaschen, konnte mich jedoch lediglich an ein paar einzelne Bilder erinnern. Der Wald, ein Keller, Regen, ein paar Erzschurken und meine völlige Hilflosigkeit.

Dann fiel mir die unvollendete Frage von vorhin wieder ein. „Was hat dich denn dazu gebracht, früher zurückzukommen als geplant?"

„Ach, weißt du ... Wir saßen alle beim Abendessen, haben uns unterhalten, meine Eltern, mein Bruder und meine Tochter ..." Sie hielt inne. „Und auf einmal hatte ich das Gefühl, ich müsste dich sofort sehen. Ich hatte ganz unerklärliche Angst, dich zu verlieren. Zuerst wollte ich dich nur anrufen, aber mein Vater beschloss, Nachtfischen zu gehen, und auch meine Mutter hatte eigene Pläne. Also habe ich Xena einen Gutenachtkuss gegeben und mich ins Auto gesetzt. Ich hatte es so eilig, vor dem Einbruch der Dunkelheit anzukommen, dass ich beinahe einen Unfall gebaut hätte. Der Wagen ist plötzlich ins Schleudern und auf die Gegenfahrbahn geraten, gerade als ein weißer Land Cruiser vorbeirauschte ..." Sie berichtete ganz nüchtern, als ob nicht sie es wäre, der das passiert war. „Dann kam ich in die Wohnung, hörte dich im Schlaf keuchen, und sofort ging es mir besser!"

Ihr Bericht traf mich tief. Ich zog sie an mich. Das war meine Empathie-Eigenschaft, die sich da auswirkte – ich konnte beinahe physisch den möglichen Verlust und etwas wahrhaft Schreckliches spüren, das uns hätte zustoßen können, uns aber zum Glück erspart geblieben war.

Eine Weile lagen wir schweigend da. Dann hob Vicky den Kopf von meiner Brust und stand auf. Ich erhob mich ebenfalls und folgte ihr ins Bad. Dabei konnte ich den Blick nicht von ihrem wohlgerundeten Hinterteil lösen.

Zusammen stiegen wir unter die Dusche. „Wie

wäre es mit Abendessen?", schlug Vicky vor. „Meine Mutter hat mir jede Menge Pasteten mitgegeben."

„Gebacken?"

„Nein, sie hat sie mir roh eingepackt ..." Mit dem Schwamm schlug sie nach mir. „Es gibt welche mit Ei und Zwiebeln, mit Kohl und mit Kartoffeln."

„Ich hab' ja nur gefragt!" Ich duckte mich, um dem nächsten Hieb auszuweichen. „Sag ihr danke von mir! Okay, okay – ich gebe auf!"

Ihre Reaktion war verständlich. Sie hatte es satt, sich von mir Vorträge über gesunde Ernährung anhören zu müssen. Aber was sollte ich denn tun? Jedes Mal, wenn ich bei einer Portion Pommes herzhaft zugriff, überschüttete das System mich mit Warnungen und Debuffs. Der Benutzeroberfläche zufolge erhöhte jede einzelne Fritte das Risiko einer Krebserkrankung und ungesunder Cholesterinwerte. Ich hätte das ja nun einfach ignorieren können, aber wenn ich dann zusehen musste, wie meine Gesundheit ein Tausendstel von einem Prozent sank, nahm mir das jede Freude am Genuss solcher Dinge.

Während Vicky sich anzog, zerkleinerte ich Gemüse für unser Abendessen. Nur so konnte ich die Wirkung von fettem Essen neutralisieren, dank des Systems.

„Hör mal, Phil", Vicky kam zurück in die Küche, „meine Mutter fragt mich ständig nach dir aus. Ich würde ihr ja gern etwas erzählen, aber was soll ich denn sagen? Ich kann ihr ja wohl kaum erklären, dass du so ein netter, zuverlässiger, intelligenter Junge bist, und dann die Bombe deiner Arbeitslosigkeit platzen lassen. Sollen wir meine Eltern vielleicht nächste Woche gemeinsam besuchen? Es wird langsam Zeit, dich ihnen vorzustellen."

Meinen Eltern hatte Vicky sehr gut gefallen. Als wir vor ein paar Wochen zusammen in ihrer Wohnung aufgetaucht waren, hatten sie zuerst nicht gewusst, was sie sagen sollten. Schließlich hatten sie mich ohne Begleitung erwartet. Aber sobald die erste Überraschung nachgelassen hatte, hatte meine Mutter sie sofort mit Freundlichkeit überschüttet.

„Steht nicht einfach so vor der Tür herum – kommt rein und stell sie uns vor!"

„Das ist Vicky", hatte ich also gesagt. „Wir sind zusammen. Kennengelernt haben wir uns bei der Arbeit. Vicky, das sind ..."

„Ich bin Kira, die Schwester dieses Schwachkopfs." Meine Schwester hatte Vicky umarmt. „Komm rein, keine Förmlichkeiten. Fühl dich wie zu Hause!"

Es war alles hervorragend gelaufen. Der Gedanke, ihre Eltern zu treffen, erfüllte mich allerdings mit Sorge.

Noch während ich darüber nachgrübelte, wechselte Vicky zu einem anderen unangenehmen Thema. „Hör mal, was hast du denn jetzt vor? Wie sieht dein Zeitplan aus? Bist du sicher, du willst dich nicht doch bei *White Hill, Ltd.* bewerben? Ich kenne deren Personalchef. Die sind verdammt große Vertriebshändler in ihrem Bereich, aber ihre Handelsvertreter bleiben meistens nicht lange, also sind sie immer auf der Suche nach neuen Leuten. Wie wäre es, wenn du es dort einmal versuchst? Selbst ein durchschnittlicher Handelsvertreter verdient dort ein ganz anständiges Gehalt, und du bist ein verdammt guter. Ich könnte mal mit denen reden ..."

„Bitte, Süße, fang nicht schon wieder damit an. Ich weiß, du bist es gewohnt, dich nur auf dich selbst zu verlassen – also erlaube mir doch bitte, das Gleiche zu tun. Ich habe eine Geschäftsidee und bin sicher, dass sie funktionieren wird. Aber ich muss noch eine Menge vorbereiten, damit ich einen guten Start hinlegen kann. Schließlich betreibe ich diese ganze Marktforschung nicht nur zum Vergnügen ..."

„Aber du sprichst nie darüber! Warum kannst du mir denn nicht einfach sagen, was du vorhast? Liegt es vielleicht daran, dass du noch gar keine Idee hast? Oder versuchst du, dich selbst ebenso zu belügen wie mich?"

„Ja, ich habe eine Idee ...", setzte ich an.

Das Klingeln meines Handys unterbrach mich.

„Warte, ich geh nur schnell ran", sagte ich.

Ich schaute auf das Display meines Handys. Nun sah mal einer an, wer mich da anrief – Alik, in voller Lebensgröße! Ich hatte ihn schon eine Weile nicht mehr gesehen und auch nichts von ihm gehört, fast nichts mehr, seitdem ich ihm meine alte Wohnung überlassen hatte.

Vicky nickte verständnisvoll und machte sich an den Abwasch. Ich ging auf den Balkon, damit das Geräusch des laufenden Wassers mich nicht störte. „Hallo."

„Guten Abend, Herr Panfilov!"

„Abend, Romuald! Warum so förmlich?", fragte ich, von seinem höflichen Benehmen überrascht.

„Ich muss Sie etwas fragen, Herr Panfilov", sagte er affektiert. „Wie sieht es mit unserer Firma aus? Wann fällt der Startschuss?"

Mir wurde klar, er war schon halb beschickert. „Momentan kann ich nicht sprechen. Es kann jetzt jede Woche losgehen. Ich rufe dich an."

Im Hintergrund hörte ich das Lachen einer Frau, dann flüsterte er: „Es geht jeden Augenblick los! Und du wirst meine Sekretärin!" Wieder an mich gerichtet, sprach er in normalem Ton weiter: „Herr Panfilov? Sorgen Sie dafür, dass alles seine Ordnung hat. Wenn nicht ..."

„Okay", erklärte ich. „Ich habe keine Ahnung, wo du bist und wer noch da ist, aber ich schlage vor, du trennst dich mal kurz von ihr und rufst mich später wieder an. Ende und aus."

Ich legte auf. Sein nahezu herablassender Ton gefiel mir ganz und gar nicht. Ich blieb auf dem Balkon stehen und wartete darauf, dass er zurückrief.

„Ist alles in Ordnung?", fragte Vicky aus der Küche. „Wer war es denn?"

„Alles in Ordnung. Es dauert nicht lange."

Ich wartete ein paar Minuten. Endlich leuchtete das Display wieder auf und zeigte Aliks breites Grinsen. Das Foto hatte ich für sein Profil in meinem Adressbuch geknipst.

„Ich bin jetzt allein, Phil, wie verlangt", sagte er in seiner normalen Stimme. „Was gibt's?"

„Du sagst mir besser, mit wem du dich gerade besäufst. Was wolltest du von mir?"

„Ähm, tut mir leid, wenn ich dir auf die Nerven gegangen bin. Heute ist mein freier Tag, also bin ich mit ein paar Jungs von der Arbeit einen trinken gegangen. Und da ist dieses Mädchen, Irina ... Ich glaube, ich mag sie." Alik hielt inne, unwillig, weiterzusprechen.

„Und?"

„Nun, ich habe ihr gesagt, dass ich demnächst meinen Job kündige und meine eigene Firma aufziehe. Als dein Partner. Dann hat sie mich bedrängt, sie wolle unbedingt mitmachen. Und ich ...".

„Aha. Ich möchte dich um etwas bitten. Bevor du irgendjemandem etwas versprichst, solltest du das zuerst mit mir erörtern. Sonst kommt nichts dabei heraus. Einverstanden?"

„Natürlich. Tut mir leid, Phil. Du darfst nicht denken, dass ich besoffen bin. Ich hatte nur ein paar Bier. Ich werde mir jetzt Irina schnappen, und dann gehen wir zu mir."

„Wo wohnst du jetzt?"

„Ich habe eine Wohnung ganz in der Nähe der Arbeit angemietet. Sie ist ziemlich heruntergekommen, aber wenigstens ist sie billig, insgesamt nur 5.000.[2] Hör mal – soll ich meinen Job jetzt kündigen? Und die Jungs ebenfalls?"

„Welche Jungs?"

„Na, meine Jungs – die Kerle, die dich beinahe zu Brei geschlagen hätten, erinnerst du dich? Tarzan und die anderen beiden? Sie arbeiten für mich. Und wir haben alle eine Kündigungsfrist von einem Monat, die wir noch abarbeiten müssen."

„Lass deine Jungs ruhig weiterarbeiten – sie arbeiten ja bereits für dich. Aber du kannst nächsten Montag kündigen, ich werde bald deine Hilfe brauchen. Es wird uns etwa einen Monat kosten, alles auf die Beine zu stellen."

„Jawohl, Boss! Und tut mir leid, dass ich dich gestört habe. Trag mir das nicht nach!" Er legte auf.

Meinen Berechnungen zufolge sollten drei Wochen reichen, um alle Vorbereitungen für meine kleine Firma abzuschließen. Ich hatte eine Menge Pläne, aber am Ende ließen die sich mit drei wesentlichen Punkten zusammenfassen: Die Statistiken für meine physischen Leistungen über den Durchschnitt heben, meinen Erkenntnislevel verbessern und auf den Abschluss der Optimierung warten. Anschließend konnte ich mit dem Geschäft loslegen.

Beginnen wollte ich mit einer einzigen Aktivität: dem Eröffnen einer Personalvermittlungsagentur. Es war besser, sich auf eine Sache zu konzentrieren, statt sich mit zu vielen Dingen zu verzetteln. Außerdem verfügte ich bereits über zwei beeindruckende Erfolgsgeschichten, Alik und Fettwanst. Und sobald unsere Agentur sich erst einmal einen Namen gemacht hatte, konnte ich das Angebot nach und nach um andere Dienste erweitern.

Allerdings spielten noch zwei weitere Faktoren eine Rolle. Zum einen hatte ich noch keine Ahnung,

---

[2] Das entspricht etwa 75 Euro pro Monat, was für russische Verhältnisse extrem billig ist.

welche Vorteile mich auf dem nächsten Erkenntnislevel erwarteten. Man wusste ja nie – vielleicht konnte ich plötzlich verborgene Schätze oder sogar neue Plutoniumvorkommen mit einem simplen Blick auf eine Landkarte finden. Zum anderen würde ein reicher Strom an Arbeitssuchenden es mir ermöglichen, die besten Mitarbeiter für meine eigene Firma abzuschöpfen.

Ich ging zurück zu Vicky. Sie hatte uns bereits Tee eingegossen und saß am Küchentisch, die Füße hochgestellt, die Arme um die Knie geschlungen, und betrachtete sehr interessiert etwas auf dem Display ihres Handys. Als ich hereinkam, schaute sie mich fragend an.

„Das war Alik", beantwortete ich ihre stumme Frage. „Er hat mich dasselbe gefragt wie du – wann es endlich mit meinem Unternehmen losgeht."

„Alik? Wer ist denn das?"

Oh, ja – die beiden waren sich bisher ja noch nicht über den Weg gelaufen. Es hatte sich noch keine Gelegenheit ergeben.

„Nur ein Freund", erwiderte ich. Ich hatte keine Lust, ihr irgendwelche Einzelheiten zu berichten. „Er wird mir in der Firma aushelfen."

Sie schien nicht sehr überzeugt, sagte jedoch nichts. Ihr Profil in meiner Oberfläche meldete mir eine leicht verschlechterte Laune und ein gestiegenes Interesse.

„Du wirst ihn bald kennenlernen", erklärte ich. „Und was meine Firma betrifft ..." Ich lachte. „Ich habe nicht nur eine Idee, sondern ich weiß auch schon genau, wie ich das Geschäft anfangen und weiterentwickeln muss. Ich bitte dich nur um ein wenig Geduld. Du wirst nicht enttäuscht sein, das kann ich dir versprechen."

„Phil, ich mache mir nur Sorgen um dich, verstehst du das denn nicht? Ich kapiere einfach nicht, was in deinem Kopf vor sich geht. Und ich habe Angst, dass du wieder in deinen alten Lebensstil zurückfällst." Sie senkte den Blick.

„Sieh mich an, Süße", drängte ich. Ich legte die Hand aufs Herz. „Ich schwöre dir bei allem, was mir heilig ist: Dieser Gedanke liegt mir absolut fern! Ich setze einen Plan um, und dieser Plan wird unserer kleinen Familie Erfolg bringen!"

Ein Funke Überraschung leuchtete in ihren Augen auf. Sie lächelte. „Sind wir wirklich eine Familie?"

„Ja, das sind wir. Und nächstes Wochenende werden wir deine Eltern besuchen, wie du es vorgeschlagen hast."

„In dem Fall …", bemerkte sie verschmitzt, als ob ihr ein Gedanke gekommen wäre.

Plötzlich senkte sie den Kopf, ließ sich die Haare übers Gesicht fallen, dann stand sie auf und breitete die Arme aus. Es wirkte, als würde sie die Szene mit Samara aus dem Horrorfilm *Ring* nachspielen. „Pass nur auf! Das uralte Böse ist in mir erwacht! Und es will dich!"

* * *

AUCH WENN IN meiner Beziehung alles gut lief – für meine Strategie des Hochlevelns konnte ich leider nicht dasselbe behaupten. Alles, was ich in zwei Wochen erreicht hatte, waren ein Level 13 im sozialen Status und +1 jeweils für Stärke und Beweglichkeit sowie +2 für Ausdauer. Wie geplant, hatte ich die drei Systempunkte in die Wahrnehmung (+2) und die Intelligenz (+1) gesteckt.

Auch wenn ich nun vielleicht klüger geworden war – aufgefallen war mir das nicht. Meine verbesserte Wahrnehmung allerdings hatte meine Welt sofort heller und farbenfroher erscheinen lassen. Meine Sehfähigkeit lag nun bei 20/20 und mein Gehör war ebenso ausgezeichnet wie mein Geschmackssinn. Ich konnte ohne Mühe zwischen verschiedenen Sorten Tee und Kaffee unterscheiden, die für mich vorher alle gleich geschmeckt hätten. Man musste sich das nur einmal vorstellen – bisher hatte ich den grässlichen löslichen Kaffee ebenso genossen wie richtigen Kaffee aus frisch gemahlenen Bohnen!

Ja, und was meine Sehfähigkeiten betraf, so hatte ich vorher am Nachthimmel ohne meine Brille gerade einmal den Polarstern erkennen können. Jetzt jedoch ... jetzt bereitet es mir ein ganz besonderes Vergnügen, den Himmel und die verschiedenen Konstellationen zu studieren. Wie zerbrechlich dieser Planet Erde doch war und wie unbedeutend die Menschheit! Vielleicht stimmte es sogar, diese Geschichte mit den höherrangigen Rassen, die Tausende von Lichtjahren entfernt lebten und uns aufsuchten, wer wusste das denn schon? Und vielleicht gab es tatsächlich diese rätselhaften Vaalphor, die verdächtig wie Dämonen aus einem Horrorfilm aussahen.

Ich hatte die Systempunkte noch nicht angerührt, die mir für meinen Fortschritt in den Leveln verliehen worden waren. Insgesamt verfügte ich nun über 5 Punkte. Es wäre nicht sehr klug gewesen, sie jetzt zu investieren. Schließlich kostete es normalerweise nicht viel, in den unteren Leveln aufzusteigen. Deshalb hatte ich beschlossen, auf das Ende der Optimierung meiner Lernfertigkeiten zu warten. Danach konnte ich die gesamten verfügbaren Punkte ebenfalls in die Lernfähigkeiten stecken. Wenn ich alles richtig berechnet hatte – ich klopfte dreimal auf Holz –, würde ich anschließend wahrscheinlich in der Lage sein, mir neue Fertigkeiten in wahrhaft kosmischer Geschwindigkeit anzueignen, und das Gleiche galt für die Verbesserung meiner bereits bestehenden Fertigkeiten. Das war dann fast wie in

World of Warcraft. Ich musste nur noch zehn Tage warten.

Philip "Phil" Panfilov
Alter: 32
Derzeitiger Status: arbeitslos
Level des sozialen Status: 13
Klasse: Buchleser. Level: 8
Geschieden
Kinder: keine

Haupteigenschaften:
Stärke: 9
Beweglichkeit: 7
Intelligenz: 20
Ausdauer: 9
Wahrnehmung: 11
Charisma: 14
Glück: 10

Mit ihrem Level 8 hatte meine Fertigkeit im Buchlesen die Fertigkeit Empathie mittlerweile überholt. Heutzutage las ich allerdings keine Vertriebshandbücher mehr. Stattdessen wählte ich Sachbücher, die für meine Fertigkeiten relevant waren. Durch praktisches Ausprobieren hatte ich bereits herausgefunden, dass theoretische Kenntnisse über eine bestimmte Fertigkeit – ob es sich dabei nun um Boxen oder Verkaufen handelte – die Geschwindigkeit mächtig erhöhten, in der ich in den Leveln aufsteigen konnte. In Martha Stewarts Kochbücher hatte ich mich bisher noch nicht vertieft, aber die standen ganz oben auf meiner Liste. Ein hohes Level im Kochen ermöglichte es mir bestimmt, Essen zuzubereiten, das mir eine Menge Buffs verpasste.

Wäre das nicht klasse, eine große Schüssel

Borschtsch[3] in dem Bewusstsein zu leeren, dass mir das +2 Stärke und drei Stunden lang 30 % mehr Zufriedenheit verschaffte?

Verglichen mit der Zeit, als ich noch mit Yanna zusammengelebt hatte, kochte ich heutzutage weit häufiger. Dadurch war ich bereits ein weiteres Level aufgestiegen.

Wenn Vicky bei der Arbeit war, konzentrierte ich mich auf das Gewinnen von Erfahrungspunkten. Wir standen gemeinsam auf, frühstückten und unterhielten uns dabei über unsere Pläne für den Tag oder einen Film, den wir am Abend zuvor gemeinsam gesehen hatten. Wenn sie zur Arbeit ging, begab ich mich in das ziemlich heruntergekommene Fußballstadion in der Nähe. Die Tore waren schief und ohne Netz, und der Rasen wurde von gelblichem Unkraut nahezu erstickt.

Um den Fußballplatz herum lag eine Aschenbahn, streckenweise von Gras durchbrochen. Hier lief ich meine Runden und versuchte, Tempo und Ausdauer zu steigern. Jeder Tag brachte mir einen Bruchteil mehr Fertigkeit ein, und das Laufen fiel mir zunehmend leicht.

An einem schönen Morgen hatte ich plötzlich festgestellt, dass ich mich bereits in meinem achten Kilometer befand – und ich war nicht einmal außer Puste gewesen! Kein Teil meines Körpers hatte gegen die Anstrengung protestiert. Hätte mich jemand angerufen, ich hätte mich ganz normal mit ihm unterhalten können, und er hätte nicht einmal bemerkt, dass ich beim Joggen war. Ich hatte es auf drei weitere Punkte gebracht und nun Level 5 erreicht.

Nachdem ich erst einmal erkannt hatte, dass die Erholung mich nur wenig Zeit kostete – dank meines

---

[3] Borschtsch: Russische Suppe aus roten Rüben.

wunderbaren systemimmanenten Verstärkers –, begab ich mich jeden Tag ins Fitnessstudio. Und zum Boxunterricht. Auch wenn meine Stärke nicht so rasch zunahm wie zu Beginn, fehlten mir doch nur noch weniger als 20 % bis zum menschheitlichen Durchschnittslevel von 10. Das entsprach einer Woche Training.

Ich hatte auch eine neue Fertigkeit erworben – Athletik. Anders als in *The Elder Scrolls III – Morrowind*, wo die Athletik den Charakter nur beim Laufen und Schwimmen unterstützte, nutzte mein Spielsystem sie als Wettkampffähigkeit. Mit anderen Worten – diese Fertigkeit war der Beweis, dass das System mich nun als einen richtigen Athleten betrachtete (wenn auch einen Amateur), und nicht länger als Schlappschwanz.

Zugegeben, ich hatte auch längst begonnen, mich tatsächlich wie ein Athlet zu fühlen. Mein Waschbrettbauch war zwar noch immer unter einer Fettschicht versteckt, aber viel war von diesem Fett nicht mehr übrig. Wenn ich noch einmal aus alter Gewohnheit meine Brille aufsetzte, nur, um zu überprüfen, ob die zunehmende Wahrnehmung meine Sicht tatsächlich verbessert hatte, blieb sie nicht mehr auf meiner Nase sitzen. Mein Gesicht war so viel schmaler geworden, sie rutschte einfach immer wieder herunter. Kira behauptete, ich sähe auf einmal viele Jahre jünger aus. Nur mein noch immer stark gerundeter Bauch erinnerte weiter an meine alte Figur. Er hing mir zwar nicht mehr über den Gürtel, war jedoch noch immer sichtbar, solange ich ihn nicht einzog.

Das letzte Mal hatte ich Alik am Tag seines Auszugs aus meiner alten Wohnung gesehen. Ich war vorbeigekommen, um zu überprüfen, ob er alles in einem ordentlichen Zustand hinterlassen hatte. Er hatte mich nicht enttäuscht – die Wohnung blitzte und blinkte, und er hatte sogar ein paar Dinge repariert. Meine ehemalige Vermieterin hatte nur einen Grund zur Beschwerde gefunden – die Krallenspuren, die Boris, die Katzendame, im Sofa hinterlassen hatte. Angesichts des ehrwürdigen Alters dieses Möbelstücks wurden wir uns insofern jedoch rasch über eine kleine Summe Schadensersatz einig.

An diesem Tag hatte ich im Hof auch Fettwanst getroffen. Er hatte sich gewaltig verändert. Vielleicht nicht so sehr äußerlich, aber seine Vitalität war stark angestiegen, ebenso wie seine Laune. Der feste Job hatte ihm zu mehr Disziplin verholfen und seine Frau beruhigt – ihr eingebauter Nörgel-Modus war inzwischen deaktiviert. Das alles hatte seine Zufriedenheit erhöht, den ehemals arbeitslosen Hitzkopf besänftigt und auch seine Gesundheit beträchtlich verbessert.

Ein paar Wochen zuvor hatte ich eine Einladung zur Geburtstagsparty von Cyril Cyrilenko erhalten, meinem ehemaligen Kollegen bei *Ultrapak*. Eigentlich hatte ich Vicky mitnehmen wollen, doch sie weigerte sich strikt. Sie behauptete, sie fühlte sich nach der Sache mit Marina und Dennis nicht wohl in dieser Runde, also war ich am Ende allein dort aufgetaucht.

Cyril hatte sich für ein bescheidenes, aber gemütliches Lokal entschieden, mit eifrigen Kellnern, kaltem Bier, gutem Essen und hervorragender Livemusik. Insgesamt waren wir zehn Gäste, alles seine Freunde und Kollegen. Ich kannte manche nicht und setzte mich deshalb zwischen Greg und Marina. Deren Probezeit war fast vorüber, und sie schienen sich keine großen Sorgen um die Zukunft zu machen. Nachdem Dennis wegen der sexuellen Belästigung von Marina gefeuert worden war und ich die Firma verlassen hatte, wollte Pavel beide behalten, zumal ihre Umsatzzahlen ausgezeichnet waren. Greg war einer dieser Leute, die noch in der Wüste Sand verkaufen konnten, und Marina arbeitete sich enthusiastisch durch die Liste potenzieller Kunden, die ich zusammengestellt hatte, und zwar nach dem Motto „Kein Tag ohne Abschluss".

Nach der Versöhnung zwischen Greg und seiner schwangeren Frau Alina schien sein väterlicher Instinkt jäh erwacht zu sein. Nach wenigen Stunden entschuldigte er sich und begab sich nach Hause. Marina hatte einen Begleiter mitgebracht, irgendeinen Typen, der gerade an seiner Doktorarbeit saß.

Es machte mich glücklich, dass ich in der Lage gewesen war, meinen Freunden zu helfen und ihren Lebensweg ein wenig zum Guten zu beeinflussen. Und wer weiß – vielleicht hatten die kleinen Anpassungen irgendwann ja eine dramatische Auswirkung. Die vielleicht sogar bereits im Gange war.

Ach, übrigens – das System betrachtete mein Erscheinen bei der Geburtstagsfeier als sozial bedeutungsvolle Handlung, für die ich mit Erfahrungspunkten belohnt wurde. Anscheinend wurde es als Tugend betrachtet, immer zu den eigenen Freunden zu halten, in guten Zeiten ebenso wie in schlechten.

Von Yanna hatte ich seit der Scheidung nichts mehr gehört. Obwohl meine Mutter aus mir völlig schleierhaften Gründen ihre Mutter angerufen und sie gefragt hatte, wie es ihr ginge. So war meine Mutter nun einmal – immer machte sie sich um alle Sorgen. Soweit ich das verstanden hatte, war die Unterhaltung knapp und kurzangebunden verlaufen und hatte mit Frau Orlovas Forderung geendet, ihre „Familie in Frieden zu lassen".

Meine Mutter hatte das voller Verständnis akzeptiert. Ich hatte all das nur ganz zufällig über meinen Vater herausgefunden, als wir beide gemeinsam in unser Sommerhaus gefahren waren, um dort ein Badehaus[4] zu bauen. Die Gelegenheit hatte ich gleich genutzt, um im Gemüsegarten Unkraut zu jäten. Was meine landwirtschaftlichen Fertigkeiten auf Level 2 gebracht hatte. Außerdem hatte ich mit einer Handpumpe den gesamten Garten gewässert. Das war eine Tätigkeit, bei der kein Training im Fitnessstudio mithalten konnte. Meine Muskeln beschwerten sich bis heute über all die Anstrengung.

An einem Morgen war ich auf dem Rückweg vom Joggen wieder einmal Herrn Panikoff über den Weg gelaufen, meinem lieben alten Rentner. Was eine ziemliche Anspannung in mir ausgelöst hatte. Gerade war der gesamte düstere Vorfall mit Valiadis und Khphor bei mir ein wenig in Vergessenheit geraten – und nun erinnerte sein Anblick mich wieder daran. Insgeheim hatte ich befürchtet, es könnte erneut etwas Unangenehmes passieren, doch meine Befürchtungen hatten sich zum Glück nicht erfüllt. Er hatte mir lediglich eine neue Quest aufgetragen. Anscheinend hatten seine Kinder ihm einen Tablet-PC geschenkt, auf dem die App seiner Lieblings-Sportzeitung bereits installiert war. Nur funktionierte die natürlich nicht, sobald er außerhalb der Reichweite seines WLAN-Netzes geriet. Kaum hatte ich ihn zurück in die Nähe unseres Gebäudes gebracht, bestand die Netzwerkverbindung wieder und er konnte die App aufrufen. Die Quest war erledigt gewesen. Was mir weitere 5 Punkte Ansehen bei Herrn Panikoff eingetragen hatte, allerdings nur

---

[4] Ein Dampfbadehaus ist eine besonders auf dem Land geläufige russische Version einer Sauna, beheizt mit einem Holzofen. Es handelt sich dabei um eine kleine, einstöckige Holzhütte, die sich meistens in einiger Entfernung vom Haupthaus befindet, normalerweise im hinteren Bereich des Gartens, und bevorzugt in der Nähe einer Wasserquelle, wie eines Bachs oder Flusses.

sehr wenige Erfahrungspunkte.

Ich selbst hatte mir inzwischen ein Laptop der Mittelklasse angeschafft. Es war perfekt für mein Schreiben und die Onlinesuche. Es war leicht, besaß einen Breitbildmonitor, und der Akku hielt ewig. Ich hatte es mir zur Gewohnheit gemacht, das Gerät in meiner Sporttasche mitzuführen. So konnte ich auf dem Rückweg vom Fitnessstudio in einem Café einkehren und ein wenig schreiben. Das hatte sich rasch zu meiner Lieblingszeit des Tages entwickelt. An ein Manuskript mit Romanlänge musste ich mich erst noch heranwagen, aber meine Studien und Kurzgeschichten fanden immer ihre Leserschar und ernteten Likes und Kommentare. Das allein war schon Motivation genug, weiterzuschreiben. Von der Tatsache, dass sich dadurch mein Rang in diesem Portal für Schriftsteller mehr und mehr verbesserte, einmal ganz zu schweigen.

Ich war sogar so weit gegangen, die Geschichte von Alik und Fettwanst aufzuschreiben, allerdings beide kombiniert in einer einzigen Person. Dieser Story war ein überraschender Erfolg beschieden gewesen – sie war unter den am häufigsten gelesenen Kurzgeschichten des Portals gelandet. Die Leser verlangten lauthals nach einer Fortsetzung. Die ich ihnen allerdings nicht liefern konnte. Die beiden Vorbilder waren zu sehr damit beschäftigt, zu arbeiten und ein weitgehend ereignisloses Leben zu führen. Wenn das so weiterging, nahm ich womöglich eines Tages eine Science-Fiction-Story in Angriff, in der dem Protagonisten dieselbe Systemoberfläche eingepflanzt wurde, über die ich nun verfügte.

Der „Held" könnte ein eher kleingewachsener Kerl sein, der zu viel Angst hatte, um sich auf Auseinandersetzungen einzulassen. Warum schließlich nicht? Das konnte sicherlich interessant werden.

Jedenfalls machten meine Fertigkeiten im Schreiben und in MS Word Fortschritte in der Geschwindigkeit von Knoten, wie Schiffe – langsam, aber stetig. Das zeigte sich sowohl in deren numerischem Wert als auch darin, wie ich mich dabei fühlte. Die Worte kamen leicht, meine Finger flogen nur so über die Tastatur und Ideen tauchten aus dem Nichts auf. Letzteres war so häufig, dass ich mir auf dem Smartphone sogar eine spezielle Datei angelegt hatte, um sie alle festzuhalten.

Mein veränderter Lebensstil hatte sich indirekt auch auf meine anderen Fertigkeiten ausgewirkt: Selbstdisziplin (+2), Selbstkontrolle (+1), Durchhaltevermögen (+2) und langfristige Planung (+1). Heutzutage fand ich es tatsächlich einfacher, meine eigenen Pläne umzusetzen. Ich gebot allen Versuchen Einhalt, Dinge zu verschleppen, und wenn ich einmal feige Momente der Art „Dazu habe ich momentan einfach keine Lust" erlebte, setzte ich ihnen sofort ein Ende.

Die weitaus meisten der Erfahrungspunkte, die ich mittlerweile hatte sammeln können, stammten aus der Verbesserung von Fertigkeiten und Eigenschaften. Einige allerdings hatte ich erworben, indem ich Aufgaben erledigte, die ich mir selbst gestellt hatte. Dabei zählte jedes sportliche Ziel (etwa der Versuch, ein paar hundert Meter weiter zu laufen als am Vortag), ebenso wie jede Anstrengung, meine Familie bei ihren alltäglichen Aufgaben zu unterstützen. Als ich meinem Vater im Sommerhaus geholfen hatte, wurde ich dafür mit satten 500 Erfahrungspunkten belohnt.

Was mich ein wenig ärgerte, war, dass ich mein Erkenntnislevel noch immer nicht hatte verbessern können. Längst hatte ich es mir zur Gewohnheit gemacht, alles zu identifizieren, das mir begegnete. Das geschah inzwischen so automatisch, wie man sich auf der Straße umdrehte, um eine schöne Frau auch von hinten zu bewundern. Doch es schien einfach nicht genug zu sein. Der Fortschrittsbalken dieser Fertigkeit war bei etwa 40 % zwischen den Leveln 2 und 3 eingefroren. Hunderte von Objekten hatte ich mittlerweile identifiziert, und es hatte mir gerade einmal Bruchteile eines einzigen Prozents eingebracht.

Das Gleiche galt für die Landkarte der Benutzeroberfläche. Wann immer ich Martha dazu ausfragte, drängte ihre Antwort mich in eine Zwickmühle: Mein Erkenntnislevel reichte nicht aus, um mir die Antwort auf die Frage zu erschließen, wie ich mein Erkenntnislevel verbessern könnte. Meine Logik sagte mir, eine Steigerung erzielen zu können, wenn ich die Oberfläche zum Nutzen der Gesellschaft einsetzte. Alternativ könnte die Drosselung des Levels natürlich auch mit meinem sozialen Status verbunden sein. Allerdings hatte ich keine Möglichkeit, die Richtigkeit dieser beiden Theorien zu überprüfen.

Immerhin gab es auch gute Nachrichten: Die größte Verbesserung hatte ich, abgesehen vom Joggen, beim Boxen erreicht (+3) – was mich insgesamt auf Level 4 hob.

Hauptfertigkeiten und -fähigkeiten:

> *Lernfertigkeiten: 3 (eine primäre Fertigkeit, die sich derzeit in der Optimierung befindet: +4)*
> *Lesen: 8*
> *MS Word: 7*
> *Empathie: 7*
> *Computerfertigkeiten: 7*
> *Verkaufen: 6*
> *Kommunikationsfertigkeiten: 6*

Kreatives Schreiben: 6
Fertigkeiten in der russischen Sprache:
6

Joggen: 5
Intuition: 5
Kochen: 5
Online-Suche: 5
MS Excel: 5
Boxen: 4
Beharrlichkeit: 4
Entscheidungsfindung: 4
Nahkampf: 4
Selbstdisziplin: 4
Selbstkontrolle: 4
Verführung: 4
Fertigkeiten in der englischen Sprache:
3

Langfristige Planung: 3
Tippgeschwindigkeit: 3
Manieren: 3
Autofahren: 2
Fahrradfahren: 2
Führung: 2
Marketing: 2
Kartenlesen: 2
Öffentliches Reden: 2
Angeln: 2
Landwirtschaft: 2
Überzeugungskraft: 2
...
Athletik: 1
...

World of Warcraft spielen: 8 (eine sekundäre Fertigkeit, die sich derzeit in der Optimierung befindet: −8)

Systemfertigkeiten:

Erkenntnis: 2
Optimierung: 1
Heldenmut: 1

Verfügbare Systemfertigkeitspunkte: 5

Was allerdings das Geld betraf, das ging mir langsam, aber sicher aus. Nachdem ich die drei Monatsmieten für die neue Wohnung überwiesen und mir das Laptop gekauft hatte, musste ich ja immer noch meinen Boxunterricht bezahlen – und ab und zu wollte ich Vicky einfach stilvoll ausführen.

Ich hatte einen gewissen Betrag für schlechte Zeiten zurückgelegt. Den wollte ich jedoch nicht angreifen, sondern war fest entschlossen, meine finanzielle Disziplin zu verbessern. Geld ausgeben war einfach, es sparen und vermehren hingegen sehr viel schwerer.

* * *

DIE 2.000 RUBEL, die ich meinem Boxtrainer für jede Stunde zu zahlen hatte, gingen verdammt ins Geld. Wenn ich mit dem bisschen, das mir noch zur Verfügung stand, weitertrainieren wollte, musste ich mich der Boxgruppe anschließen, um die Kosten zu verringern.

Deshalb wandte ich mich nach dem Unterricht an meinen Trainer. „Herr Matov, ich muss mit Ihnen reden."

„Was ist denn?" Er schaute auf seine Uhr, war offensichtlich in Eile. „Also gut, aber mach es kurz."

„Als ich das erste Mal hier war, haben Sie sich geweigert, mich in die Boxgruppe aufzunehmen, erinnern Sie sich noch? Aber, was glauben Sie – bin ich jetzt gut genug? Bin ich bereit für die Gruppe?"

Er runzelte die Stirn. „Ich werde es dich wissen lassen, wenn du bereit bist. Meiner persönlichen Meinung nach hinkst den anderen noch immer ziemlich hinterher. Du würdest sie in ihrem Training bremsen. Du hast gewaltige Fortschritte gemacht, da stimme ich dir zu. Der Vergleich zwischen dir jetzt und damals ist wie der zwischen Tag und Nacht. Aber in der Gruppe sind Jungs, die seit ihrer frühen Kindheit trainieren, und du bist noch immer ein Schwächling. Jeder auch nur einigermaßen gute Boxer kann dich sofort k.o. schlagen."

„Ja, aber ..."

„Ist dir das wirklich ernst? Hör mal, uns steht ein wichtiges Turnier bevor, und ich habe keine Zeit, dich in der Gruppe zu verhätscheln. Für dein eigenes Training bezahlen, das ist eine Sache – aber wenn du mich Zeit kostest, die ich für die Jungs brauche, die wirklich vielversprechend sind und hart für den Wettkampf trainieren, ist das eine ganz andere. Das kommt überhaupt nicht infrage. Mach noch sechs Monate weiter, und dann sehen wir mal."

„Aber ich habe nicht das Geld für weitere sechs Monate! Ich kann Sie noch ein paar weitere Sitzungen bezahlen, und danach muss ich entweder aufgeben, oder mich einem anderen Fitnessstudio anschließen."

„Bedeutet das, du stellst das individuelle Training ein?"

„Ich fürchte ja. Mehr als für zwei weitere Stunden kann ich nicht bezahlen. Aber ich will das Boxen nicht aufgeben."

„Jetzt hör mal, ich muss los – wichtige Leute warten auf mich. Ich trainiere zwei Gruppen – die eine montags, mittwochs und freitags, und die andere dienstags, donnerstags und samstags. Beide beginnen um 19 Uhr. Komm einfach mal vorbei, und wir schauen, wie du dich machst. Wenn du nicht mithalten kannst, schmeiße ich dich raus und fertig.

Melde dich am Empfang an und zahle den Mitgliedsbeitrag. So, und jetzt muss ich mich beeilen. Wir sehen uns!"

Er ließ mich stehen. Ich überlegte, wie ich das alles in meinem Zeitplan unterbringen könnte. Die Wochenenden wollte ich mir freihalten, um mit Vicky ausgehen zu können. Also musste es wohl die Gruppe werden, die jeden Montag, Mittwoch und Freitag trainierte.

In diese Gedanken versunken, begab ich mich in den Umkleideraum, als irgendein Saftsack an mir vorbeirauschte und mich dabei anstieß.

Er wirbelte herum. „Ist dir der Flur etwa nicht breit genug? Wenn du willst, kann ich dich gern ein bisschen kleiner machen."

Ich beschloss, keine große Sache daraus zu machen. „Tut mir leid. Ich war mit den Gedanken ganz woanders."

„Yuri!", brüllte jemand aus der Boxhalle. „Wir warten alle auf dich! Setz deinen Arsch in Bewegung!"

„Ich komme ja schon!", brüllte Yuri zurück. Dann wandte er sich wieder mir zu. „Hör mal, bist du der Kerl, der mit Matov trainiert?"

„Ja. Na und?"

„Aha – ich kapiere. Du bist also der Knabe reicher Eltern, der sich jeden Tag Privatstunden leisten kann. Wie wäre es zur Abwechslung mit einem kleinen Sparring mit mir?"

„Nein, danke."

„Wie du willst. Wir sehen uns … Schlappschwanz." Er lachte und lief in der Halle.

Ja, natürlich … Nicht mit mir! Er hatte im Boxen Level 7 erreicht. Im Vergleich dazu war mein Level 4 gar nichts.

Ich rief auf dem Smartphone meinen Kalender auf. Ohne den hätte ich meinen strengen Zeitplan niemals einhalten können und wüsste im Zweifel nicht einmal, was für ein Wochentag war. Ah – heute war Mittwoch. Was bedeutete, Yuri trainierte in der Gruppe, der ich mich eigentlich hatte anschließen wollen. Nein, Boxunterricht inmitten solch unfreundlicher Grobiane, danach stand mir wirklich nicht der Sinn.

Ich revidierte also meine Entscheidung und begab mich zum Empfang. Dort legte ich mein magnetisches Spindarmband auf die Theke.

Eine zierliche Blondine mit dem Namen Katja nahm es an sich und gab mir meine Karte. „Bist du fertig für heute, Phil?" Sie schenkte mir ein strahlendes Lächeln. „Wie ist es gelaufen?"

„Alles bestens, danke. Hör mal, Katja, ich werde das Einzeltraining bei Matov einstellen und mich seiner Gruppe anschließen. Kannst du mich für Dienstag, Donnerstag und Samstag eintragen?"

„Einen Augenblick. Wann fängst du in der Gruppe an?"

„Nächste Woche. Am Wochenende bin ich unterwegs, und diese Woche möchte ich den Einzelunterricht abschließen, wenn das möglich ist."

„Natürlich", erwiderte sie und tippte etwas in den Computer ein. „Also, Boxtraining am Abend. Der Kurs beginnt um 19 Uhr. Du darfst nicht zu spät kommen, sonst lässt Matov dich nicht mitmachen."

„Ich weiß", lächelte ich und erinnerte mich an Matovs Wahlspruch: Eine Minute zu spät und es ist vorbei …

„Willst du gleich bezahlen? Es kostet 4.000 pro Monat."

„Ich fürchte, so viel habe ich nicht bei mir. Ich bezahle direkt vor dem Gruppentraining."

„In Ordnung. Bis dann!"

* * *

WIEDER ZU HAUSE, begrüßte Boris, die weibliche Katze, mich und beschwerte sich bitterlich. Ihr Miauen war gefüllt mit Katzenflüchen. Ich war den ganzen Tag unterwegs gewesen, wahrscheinlich hatte sie mich vermisst. Oder vielleicht war sie auch einfach bloß hungrig.

„Darf ich mich wenigstens umziehen, bevor ich dich füttere?", bat ich. „Meine Klamotten sind total durchnässt!"

Sie ließ mich jedoch nicht in Ruhe, strich weiter um meine Beine.

Meine Unterhaltungen mit Boris – und vorher auch mit Richie, der Töle – entsprachen wahrscheinlich nicht dem Muster, das eine geistig völlig gesunde Person gezeigt hätte. Mir war sehr wohl bewusst, wie naiv und dumm es war, in jeder Person und jedem Tier ein menschliches Wesen zu sehen, aber ich konnte nun einmal nicht anders.

Ich öffnete den Küchenschrank. Das Regal, auf dem ich das Katzenfutter aufbewahrte, war leer. Ich hatte wieder einmal vergessen, neues zu kaufen. Es drängte mich, sofort loszustürzen, doch ich zögerte, ich wollte nicht schon wieder nass werden, indem ich erneut durch den strömenden Regen lief.

„Trink einfach Milch", wies ich die Katze an.

Entgegen der üblichen Auffassung war Boris auf Milch überhaupt nicht scharf. Ich hatte keine Ahnung, warum sie gewerblich hergestelltes Katzenfutter Milch und Fleisch vorzog. Vielleicht versetzten die Firmen das Katzenfutter wirklich mit irgendetwas, um die Tiere süchtig danach zu machen. Heute allerdings war sie so hungrig, dass sie sich sogar über die Milch hermachte.

Ich wollte sie jedoch nicht weiter enttäuschen und rief daher Vicky an.

„Ich bin bald bei dir", erklärte sie.

„Klasse – ich freue mich schon. Kannst du mir einen Gefallen tun und mir etwas mitbringen?"

„Klar. Was brauchst du?"

„Kaffee und Katzenfutter."

„Kein Problem. Küsschen! Wir sehen uns gleich!"

Für ein wenig Unterhaltung im Hintergrund stellte ich den Fernseher an. Dann schälte ich mich aus meinen nassen Klamotten und warf sie in die Waschmaschine. Plötzlich vernahm ich eine sehr dringende Stimme, die das Geplapper der TV-Sendung unterbrach.

„Amber Alert! Gesucht wird Joseph Kogan, ein sechsjähriger Junge. Er wurde zuletzt gesehen im örtlichen Einkaufszentrum in ... An Kleidung trägt er ... Bitte melden Sie sich beim Such- und Rettungsteam ..."

Das war genau das Einkaufszentrum, das ich häufig nutzte! Rasch ging ich zurück ins Wohnzimmer, um ja keine wertvollen Informationen zu versäumen: das Bild des Jungen, sein Geburtsdatum ... Beschreibung und Größe. Jetzt verfügte ich über ausreichend KIDD-Punkte.

Ich öffnete die Systemlandkarte. Er war am Leben, hielt sich jedoch außerhalb der Stadt auf, irgendwo im Nordosten.

Ich zoomte hinein, um das Haus näher zu betrachten. Es sah nicht gerade wie eine vornehme Villa aus. Ich erblickte Außengebäude und einen eingezäunten Hof. Neben dem Haus parkte ein weißer Geländewagen. Bewegung konnte ich keine erkennen, doch der Marker des Jungen zitterte auf der Karte, was bedeutete, er bewegte sich langsam im Haus.

Ich holte ein Lexikon aus dem Regal und griff mir ein robustes, uraltes Nokia-Handy, das ich dahinter versteckt hatte. In einem etwas dubiosen Shop, der Handy reparierte, hatte ich für genau diese Zwecke gleich mehrere dieser antiken Stücke erworben.

Ich zog mich an, steckte Mobiltelefon, Ladekabel und eine SIM-Karte in die Tasche und ging nach draußen, nachdem ich ein Uber-Taxi bestellt hatte.

Um nicht gleich wieder nass zu werden, wartete ich im Eingang. Nach etwa fünf Minuten fuhr ein ziemlich mitgenommener, alter Lada vor. Der Fahrer hatte recht schlechte Bewertungen auf Uber, und kaum waren wir losgefahren, wurde mir auch sofort klar warum. Er legte umgehend mit einem wahren Redestrom los und beschwerte sich über alles und jeden.

„Himmel, ich habe das Auto gerade erst gewaschen, und jetzt regnet es in Strömen! Ich werde ewig brauchen, um diese ganzen schmutzigen Fußabdrücke wieder aus den Teppichen zu entfernen!"

Ich lachte mitfühlend – was er jedoch als Angriff zu werten schien.

„Passt Ihnen irgendwas nicht?", blaffte er. „Ich sitze in meinem eigenen Wagen und kann tun und lassen, was ich will! Wohin soll's gehen?"

„Ich habe das Ziel beim Buchen angegeben", erwiderte ich leicht verärgert. Ich war gerade dabei, eine Suchanfrage zu formulieren, und er lenkte mich ab.

„Ist es so schwer, mir die Frage zu beantworten?"

„Nein, natürlich nicht. Vernadsky Straße 306."

„Welcher Vernadsky ist das denn?" Er wollte offenbar mit seinen Kenntnissen prahlen. „Der Geowissenschaftler?"

„Keine Ahnung. Vielleicht."

„Diese jungen Leute heutzutage! Keiner kennt mehr die Geschichte seines Heimatlandes! Als ich noch jung war ..."

In meiner Tasche vibrierte mein normales Handy. Es war Vicky.

„Wohin bist du denn verschwunden?", lachte sie. „Hast du dich entschlossen, das Katzenfutter doch selbst zu kaufen? War Boris zu ungeduldig, auf mich zu warten?"

„Nein, ich schaue mir nur ein Büro an", improvisierte ich. „Es ist ein gutes Angebot, das will ich mir nicht entgehen lassen."

„Nein – wirklich? Toll! Okay, ich warte auf dich, du kannst mir später alles erzählen. Ich werde uns etwas zum Abendessen kochen. Ich liebe dich!"

„Ich dich auch." Ich steckte das Handy wieder ein.

„Ein Büro will er sich anschauen!", murmelte der Fahrer halblaut. „Heutzutage ist doch jeder ein Geschäftsmann. All diese iPhones, Büros, Unternehmen ... Wohin man auch blickt – nichts als Kommerz!"

Ich versuchte, seine Beschwerden auszublenden. Inzwischen war ich weit genug gekommen, um das zu tun, was ich vorgehabt hatte, als ich die Wohnung verlassen und mich wieder in den Regen hinausbegeben hatte.

Ich steckte die SIM-Karte ins Nokia und schaltete es ein. Dann tippte ich eine SMS-Nachricht ein:

Sie können den vermissten Jungen Joseph Kogan in einem Haus neben der nordöstlichen Schnellstraße finden, 30 Kilometer außerhalb der Stadt. Die exakten Koordinaten sind ...

Die SMS schickte ich an die beiden Nummern des Such- und Rettungsteams. Anschließend nahm ich die SIM-Karte wieder heraus, zerbrach sie, entfernte den Akku, öffnete das Fenster einen Spalt und warf alles hinaus auf die Straße.

„Ist Ihnen zu warm?", fragte der Fahrer und warf

einen missbilligenden Blick auf das offene Fenster.

„Mir? Ja, es ist ein wenig stickig hier drin. Ach, und ich habe meine Meinung geändert, ich werde nicht mehr in die Vernadsky Straße fahren. Können Sie mich zu einer anderen Adresse bringen?"

Nach meiner Lüge Vicky gegenüber musste ich nun das Fundament für meinen späteren Bericht legen. Also suchte ich auf der Landkarte hastig nach angebotenen Geschäftsräumen. Ich verfeinerte die Suche: weniger als 50 Quadratmeter, Sicherheitsdienst und Reinigungskräfte in der Miete mit inbegriffen, in unmittelbarer Nähe meiner Wohnung, Miete zwischen ...

Ich fand eine geeignete Gewerbeimmobilie nur sechs Häuserblocks von meiner Wohnung entfernt. Ich googelte die Adresse und rief die Nummer an, die auf der Website angegeben wurde, doch niemand nahm ab.

Ach, egal. Selbst wenn um diese späte Stunde in der Verwaltung niemand mehr war, konnte ich mir das Gebäude doch wenigstens anschauen. Dann hatte ich Vicky auch etwas zu berichten.

Also, auf zum neuen Ziel!

Der Fahrer meckerte vor sich hin. Ich schaute hoch.

„Hallo?", schnauzte er ungehalten. „Wohin jetzt?"

„Chekhov Straße 72, bitte."

Kaum hatte ich mich zurückgelehnt, in dem Versuch, mich zu entspannen, klingelte mein Handy erneut.

Die Nummer wurde nicht angezeigt. Eine Weile lang schaute ich auf das Display und überlegte, ob ich den Anruf annehmen sollte oder nicht. Ich hatte keine Angst vor Fremden, das war es nicht. Aber im Augenblick hatte ich keine Lust, mich mit jemandem wie dem Polizeiermittler Igorevsky zu unterhalten.

Am Ende wurde mir jedoch klar, dass nicht zu

wissen, wer mich da anrief, schlimmer war als eine mögliche Unterhaltung mit einem Polizeibeamten.

Auch dem Fahrer gefiel mein Zögern überhaupt nicht. „Gehen Sie nun endlich dran, oder was?"

Ich meldete mich.

„Hallo – Sie haben gerade diese Nummer angerufen", erklärte eine männliche Stimme.

„Das stimmt. Spreche ich mit jemandem vom Chekhov-Gewerbezentrum?"

„Ja – worum geht es?", war die Antwort, sehr ungeduldig vorgebracht. „Was wollten Sie?"

„Ich habe Sie wegen eines Büros angerufen, das Sie zu vermieten haben. Kann ich mir die Räume jetzt gleich einmal anschauen?"

„Was hatten Sie sich denn vorgestellt?", fragte er, sofort ganz geschäftsmäßig. „Wie groß?"

„Um die 50 Quadratmeter."

„Ja, wir haben da etwas, das ich Ihnen anbieten kann. Aber ich werde das Büro in einer halben Stunde verlassen. Glauben Sie, Sie schaffen es bis dahin?"

„Ich werde in etwa zehn Minuten da sein."

„Gut. Ich treffe Sie beim Eingang."

Vorgestellt hatte er sich mir zwar nicht, er schien jedoch glücklich über einen potenziellen neuen Mieter zu sein. Auch meine Laune war gestiegen. Der ursprüngliche Grund für meinen Anruf bei ihm – mein Wunsch, Vicky mein plötzliches Verschwinden plausibel zu machen – war bereits in den Hintergrund getreten. Jetzt wollte ich unbedingt das Büro sehen, in dem ich möglicherweise meine Firma auf die Beine stellen würde. Was, wenn es mir tatsächlich gefiel?

Der Fahrer fuhr vor dem Gewerbezentrum vor. Er hielt direkt am Bordstein, statt auf den Parkplatz zu fahren.

„Ich wünsche Ihnen einen schönen Abend", erklärte ich, ganz aufrichtig. Er konnte etwas Positives wirklich gut gebrauchen.

Ohne sich die Mühe einer Erwiderung zu machen, fuhr er mit quietschenden Reifen davon, kaum, dass ich die Tür geschlossen hatte.

Ich schaute mich gründlich um. Der Parkplatz war nahezu leer, von zwei schäbigen Autos einmal abgesehen, die auf den für die Verwaltung bestimmten Plätzen standen.

Das fünfstöckige Verwaltungsgebäude aus den Zeiten der Sowjetunion war ebenso viereckig wie hässlich. Eine riesige Treppe mit sich lösenden Fliesen führte zu den Eingangstüren. Zwei Blumenbeete flankierten den Eingang, und entlang eines Zaunes verlief eine ungepflegte Hecke. Eine massige Markise aus Beton ragte aus der Fassade hervor. Darauf verkündeten unaufdringliche Buchstaben aus Vinyl, dass man es hier mit dem Chekhov-Gewerbezentrum zu tun hatte.

Ich stieg die Stufen hinauf und lehnte mich gegen die schwere Holztür, um sie aufzuschieben.

Im Gebäude begrüßte mich der typische Bürogeruch. Die Eingangshalle hatte die Aura der Regierungsgebäude aus der Sowjetzeit bewahrt, komplett mit der lokalen Version des Maxwellschen Dämonen: Eine alte Dame am Empfang, die hinter einem zerkratzten Schreibtisch saß, auf dem ein uraltes Telefon mit Wählscheibe stand. Ihresgleichen entschied normalerweise darüber, wer berechtigt war, das Allerheiligste zu betreten. Obwohl sie offensichtlich gerade dabei gewesen war, einzudösen, war sie doch sofort ganz Aufmerksamkeit. Meine Ankunft schien einen Reflex in ihr ausgelöst zu haben.

„Was glauben Sie wohl, wohin Sie gehen?", fragte sie voller Kampfeslust, die mein Überschreiten einer unsichtbaren Schwelle ausgelöst haben musste.

„Guten Abend! Tut mir leid, ich kenne Ihren Namen nicht." Meine Empathiefertigkeit gab mir den richtigen Ansatz ein. Solange ich Respekt für ihr Alter zeigte, war alles in Ordnung.

„Ich bin Tante Ira."

„Entschuldigen Sie bitte, Tante Ira, ich bin hier wegen eines Büros, das ich vielleicht anmieten möchte. Als ich vorhin angerufen habe, hat man mir gesagt, ich könnte gleich vorbeikommen, um mir die Räume anzuschauen."

„Und wer hat Ihnen das gesagt? Wissen Sie, wie spät es ist? Es ist niemand mehr hier!"

„Es war ein Mann, aber er hat seinen Namen nicht genannt."

„Kommen Sie morgen wieder vorbei", erklärte sie ungnädig und fügte leise hinzu: „Ich bin doch eine faule Ziege – ich hätte die Türen verschließen sollen."

Sie grummelte weiter vor sich hin und beschwerte sich über alle möglichen Sorten von Leuten, die hier „zu jeder Tages- und Nachtzeit aufkreuzten". Ich wählte erneut die Nummer. Noch bevor es klingelte, winkte sie plötzlich und rief aus: „Herr Gorelik! Sie sind noch hier?"

„Das bin ich", erwiderte ein Mann, der in Begleitung einer Frau die Treppe herunterkam. „Tu mir einen Gefallen, Tanta Ira, und gib wenigstens vor, nicht zu schlafen."

„Gott bewahre!", verkündete die alte Dame mit einem weiteren Winken.

Der Mann ließ seine Begleiterin stehen und kam mit energiegeladenen Schritten zu mir. „Hatten Sie mich wegen des Büros angerufen?"

„Ja, wir haben gerade miteinander telefoniert. Ich bin Phil Panfilov."

„Stephan Gorelik. Ich bin der Manager."

Seine Begleiterin – eine füllige Blondine, deren gefärbten Haare sich zu festen Löckchen dauerwellten – gesellte sich zu uns. „Sind wir fertig, Steve? Ich muss los. Mein Mann hat schon mehrfach angerufen."

„Ja, vielen Dank, Frau Frolova", erwiderte Gorelik mit einem leichten Lächeln. „Ich weiß Ihre Hilfe mit dem Papierkram wirklich zu schätzen."

„Keine Ursache", sagte sie errötend und verließ das Gebäude.

Gorelik schaute ihr nach. Ich studierte währenddessen sein Profil:

Stephan Gorelik
Alter: 46
Derzeitiger Status: Manager
Level des sozialen Status: 6
Klasse: Angler. Level: 5
Verheiratet
Ehefrau: Maria Gorelik
Kinder: Vasily, Sohn. Alter: 25
Vorstrafen: ja
Ansehen: Gleichgültigkeit 0/30
Interesse: 58 %
Angst: 14 %
Laune: 49 %

Dass sein Interesse an mir recht hoch war, verstand sich von selbst. Wenn man Gebäude mit leeren Räumen verwaltete, die sich nicht von selbst unterhielten, war jeder neue Mieter ein Triumph. Seine eher durchschnittliche Laune konnte durch den langen Arbeitstag erklärt werden, und vielleicht hatte er auch keine Mittagspause gehabt. Aber wieso hatte er Angst? Wovor? War es vielleicht die Furcht der Aufdeckung seines Seitensprungs? Möglich war das.

Ich wollte seinen Angstlevel nicht dadurch erhöhen, dass ich auf seinen geöffneten Hosenstall hinwies, also sagte ich nichts.

„Kommen Sie, schauen wir uns die Räume an", meinte er.

Wir stiegen die Stufen hinauf. „Was für eine Art

Unternehmen haben Sie denn?"

„Eine Personalvermittlungsagentur."

„Wie viele Mitarbeiter?" Er keuchte vor Anstrengung.

„Momentan nur ich selbst", entgegnete ich und ergänzte dann, als ich sein Erstaunen bemerkte: „Der offizielle Start steht erst noch bevor."

Es ging in den dritten Stock. Mein Auge fiel auf die allgegenwärtigen Brandvorschriften an der Wand neben einem Feuerlöscher. Zu beiden Seiten der Treppe erstreckte sich ein langer Gang.

„Nach rechts", ächzte Gorelik.

Er hielt vor einer Metalltür an, die in einem fröhlichen Hellblau gestrichen war. Was zugegeben nicht sehr professionell wirkte.

„In dem Büro haben bisher ein paar Typen gesessen, die Multi-Level-Marketing betrieben haben", erklärte er. „Sie haben Make-up, Parfum und so etwas verkauft. Sie hatten großen Erfolg, deshalb sind sie ins Stadtzentrum umgezogen."

Er wühlte sich durch die Schlüssel an einem großen Bund, fand den richtigen, schloss auf und bat mich hinein. „Kommen Sie."

Eine schwache Welle der Aufregung erfasste mich, als ich den Raum betrat. Hinter mir schaltete der Manager die Beleuchtung ein. Kaltes Neonlicht breitete sich aus.

„Es wurde gerade ein neuer Teppichboden verlegt", erklärte er. „Die Jalousien sind ebenfalls neu. Die bisherigen Mieter haben sogar ein paar Schreibtische und Stühle hiergelassen, als Mietzahlung. Wenn Sie eine Festnetzleitung brauchen, müssen Sie die neu anschließen lassen."

„Und Internet?"

„Das wird gleichzeitig mit der Festnetzleitung angeschlossen. Wir haben einen Dauervertrag mit den Anbietern, das geht alles innerhalb von 24 Stunden über die Bühne. Insgesamt sind das etwas unter 50 Quadratmeter. Der Preis ist 460 Rubel[5] pro Quadratmeter." Er zog ein Handy hervor und rechnete schnell etwas aus. „Das macht 23.000 Rubel[6] im Monat. Wenn Sie für einen längeren Zeitraum im Voraus bezahlen, kann ich Ihnen einen Rabatt einräumen."

„Über welchen Zeitraum sprechen wir? Und wie hoch ist der Rabatt?"

„Wenn Sie für das erste Vierteljahr gleich bezahlen, kann ich auf 20.000 pro Monat heruntergehen."

„Nun, ich muss darüber erst noch nachdenken."

„Tun Sie das – aber lassen Sie sich nicht zu lange Zeit. Es gibt viele, die nach verfügbaren Räumen fragen, und dieses Büro ist das beste, das wir haben. Sollen wir uns vielleicht noch andere Büros anschauen? Etwas günstigere vielleicht?"

Ich wanderte im Raum umher und hatte dabei ein Auge auf all die Kleinigkeiten, die repariert oder erneuert werden mussten. Die Wände waren stellenweise ein wenig schäbig, ein paar der Fußbodenleisten hatten sich gelöst, auf dem Boden befand sich ein großer Ölfleck und ein Fenster ließ sich nicht öffnen.

„Eine gründliche Reinigung kostet Sie 2.000 Rubel", bemerkte der Manager. „Und für einen neuen Anstrich müssen Sie noch einmal mit demselben Betrag rechnen."

Ich bedankte mich für den Tipp und meinte das aufrichtig. Angesichts meines Lebensstils während der letzten Jahre war ich, was Putzen, Anstreichen und Dekorieren betraf, ein blutiger Anfänger. Sobald ich mich entschlossen hatte, würde ich allerdings erst

---

[5] Etwa 6,00 Euro pro Quadratmeter.
[6] Etwa 320 Euro pro Monat.

einmal mit Alik reden. Vielleicht kannte er jemanden, der das alles übernehmen konnte.

„Möchten Sie sich jetzt noch ein anderes Büro anschauen?" Der Manager hatte es auf einmal eilig.

„Ich muss wirklich gehen."

„Ja, bitte – nur zum Vergleich."

Zehn Minuten später waren wir wieder auf dem Weg nach unten. Die anderen Räume hatten mich überhaupt nicht beeindruckt. Um ehrlich zu sein, hatten sie mich sogar geradezu schockiert.

Eines der Büros war seit den Zeiten der Sowjetunion nicht renoviert worden. Der Parkettfußboden war eingesunken, die Wände waren bis in Schulterhöhe in einem schrecklichen Dunkelblau gestrichen, die Fensterrahmen waren lose und bröckelten. Ein anderes Büro war zu groß und ein drittes hatte eher die Größe einer Besenkammer. Nachdem ich das gesehen hatte, beschloss ich, wegen des ersten Büros noch ein wenig zu feilschen.

„Also, das ist alles, was Sie mir anbieten können?", fasste ich zusammen.

„Nein, es gibt da noch ein Büro hier im dritten Stock und vier weitere im vierten."

„Lassen Sie mich raten – die befinden sich in einem noch schlechteren Zustand als die Räume, die ich bereits gesehen habe? Das gesamte Gebäude ist wirklich nicht sehr gut in Schuss."

„Nun, sehen Sie, der Eigentümer ist nicht bereit, etwas in eine Renovierung zu investieren", klagte er. „Er besteht darauf, dass die Mieter das selbst übernehmen. Und Sie wissen ja, wie die Mieter heutzutage sind – die meisten können kaum das Geld für die Miete zusammenkratzen und zahlen oft genug auch noch zu spät."

„Nachdem Sie also so viele leere Räume haben, die Ihnen gar nichts einbringen, wie wäre es, wenn Sie mit dem Preis für das erste Büro noch ein wenig runtergehen? Sie wissen, welchen Raum ich meine?"

„Wie soll ich denn noch weniger Miete verlangen? Das ist doch schon weit unter Marktpreis! 20.000 für ein so schönes Büro! Und alles ist inklusive – Strom, Heizung, Reinigung und sogar der Sicherheitsdienst!"

Ich lachte. „Meinen Sie mit Sicherheitsdienst etwa die alte Dame am Empfang?"

Er grinste bitter. „Es liegt ganz bei Ihnen. Mehr kann ich Ihnen nicht entgegenkommen."

„Ich würde sagen, das Büro ist nicht mehr als 300 Rubel pro Quadratmeter wert. Wenn ich einmal die kürzliche Renovierung, den Reinigungsdienst und den Sicherheitsdienst in Form der alten Dame berücksichtige, halte ich 15.000 Rubel pro Monat für angemessen."

„Wie bitte – 10.000?" Er war sichtlich verärgert. „Ein so großartiges Büro inklusive Nebenkosten, Reinigung und Sicherheitsdienst kann nicht weniger als 19.000 Rubel im Monat kosten! Und zwar bei vierteljährlicher Zahlung, drei Monate im Voraus!"

Am Ende einigten wir uns auf 17.500. Gorelik räumte mir eine Frist von einer Woche ein, um mir die Sache zu überlegen, und versprach, das Büro gegen Hinterlegung einer symbolischen Anzahlung für mich zu reservieren.

Eigentlich war ich längst entschlossen. Überlegen musste ich mir nur, wie ich die etwa 750 Euro für das erste Vierteljahr beschaffen sollte.

In meinem ursprünglichen Plan hatte ich eine solche Vorauszahlung nicht vorgesehen. Außerdem war ich naiverweise davon ausgegangen, ihn überreden zu können, die erste Miete erst zum Monatsende zahlen zu müssen. Bis dahin hatte ich gehofft, die ersten Kunden bereits gefunden und ein wenig Geld verdient zu haben. Je intensiver ich mir jedoch die feineren Details meiner Idee betrachtete, desto mehr wurde mir klar: Wenn ich Glück hatte, kam ich in den ersten Monaten wahrscheinlich mit null heraus, und zwar mit oder ohne den Vorteil, den meine Systemoberfläche mir verschaffte.

Das war der Grund, aus dem ich den Startschuss meiner Firma noch immer hinauszögerte. Ich redete mir ein, ich müsste einfach noch ein wenig in den Leveln aufsteigen.

Das System registrierte selbstverständlich die neue Aufgabe und trug sie gleich in meine Liste ein:

Das Geld für die Miete auftreiben, den Mietvertrag unterschreiben und dem Chekhov-Gewerbezentrum die ersten drei Monatsmieten zahlen. Frist: 1. Juli.

Ich gab Gorelik die 2.000 Rubel, auf die wir uns als Vorschuss für die Reservierung des Raums geeinigt hatten. Das Geld verschwand sofort in seiner Tasche, was seine Laune beträchtlich verbesserte.

Zurück im Erdgeschoss schrieb ich mir seine Handynummer auf und verabschiedete mich von ihm. Auf dem Weg zur Tür konnte ich noch hören, wie er die Sicherheitsoma dafür herunterputzte, eine gewisse Veronica ins Gebäude gelassen zu haben, die anscheinend eine hartnäckige Nichtzahlerin war.

„Aber das war ich doch gar nicht!", widersprach die alte Dame erbost. „Das war während der Schicht der alten Tamara!"

Auf dem Heimweg fiel mir der vermisste Junge wieder ein. Ich schaute auf die Karte. Er war in einem Krankenwagen auf dem Weg zurück in die Stadt. Hervorragend! Ich hoffte, er hatte alles relativ unbeschadet überstanden.

Allerdings wurde ich das bohrende Gefühl nicht los, dass mit ihm nicht alles in Ordnung war.

KAPITEL 2

BEGEGNUNG MIT DEN ELTERN

*Wer das Glück hat, einen frommen und
weisen Schwiegersohn zu bekommen,
der hat einen Sohn gefunden. Wer aber
nicht, der hat auch die Tochter
verloren.*

Democritus

NACH DER ANKUNFT in Vickys Heimatstadt spazierten
wir zuerst in dem Hof herum, in dem sie ihre Kindheit
verbracht hatte. Alles daran war niederdrückend.
Selbst mein alter Hinterhof mit Yagoza und seinen
Saufkumpanen wirkte im Vergleich zu dem mit Müll
vollgestopften Hof dieses alten Hauses geradezu
lebhaft und farbenfroh.

Nicht einmal Bäume wuchsen hier. In den
Zweigen eines kränklich wirkenden Strauchs hatte
sich eine Plastiktüte verfangen, die im Wind raschelte.

Die gesamte Stadt mit ihrer Bevölkerung von
weniger als 20.000 strahlte graue Depression aus.

Während der wenigen Stunden, die wir hier verbrachten, berichtete Vicky mir, dass die jungen Leute jede Gelegenheit nutzten, um den Ort zu verlassen, sobald sie die Schule beendet hatten. Sie ließen sich in den großen Städten nieder und holten ihre Eltern zu sich. Deshalb sank die Bevölkerungszahl der Stadt ständig. Neu hinzu zogen vorwiegend Leute aus den ehemaligen sowjetisch-asiatischen Republiken.

Niemand kam heraus, um uns zu begrüßen. Wir stiegen die Treppe zum fünften Stock des heruntergekommenen Fertighauses hinauf, das aus den Zeiten Kruschevs übriggeblieben war. Mit jedem Schritt wurde Vicky verzagter. Es war offensichtlich, dass die Beziehung zu ihren Eltern nicht gerade die warmherzigste war. Allerdings beteten sie ihre Enkelin Xena an, inzwischen die einzige Verbindung zwischen Eltern und Tochter.

Vickys Niedergeschlagenheit erwies sich als ansteckend. Ich machte mir mehr und mehr Sorgen um den Ausgang dieser Begegnung. In Gedanken zählte ich bereits all die Gründe auf, aus denen ich ihnen nicht gefallen könnte. Ich hatte weder einen Job noch ein eigenes Haus, ich besaß kein Auto, und um dem allen die Krone aufzusetzen, war ich auch noch geschieden. Die Liste setzte sich fort – aber ich beschloss, alles bis zum Ende durchzustehen und mich von meiner besten Seite zu zeigen.

Kaum hatten wir die Wohnung betreten, wurde es auch schon schmerzhaft offensichtlich: Niemand hier freute sich, mich zu sehen. Alles deutete darauf hin – die Kürze der Begrüßung durch die Eltern, das unfreundlich gemurmelte „Hi" von ihrem sehr viel jüngeren Bruder Victor, und nicht zu vergessen mein Interface, das mir für mein Ansehen bei allen dreien *Abneigung* meldete.

Ich wurde zum „Warten" in das Zimmer des

Bruders geschickt, während sich Vicky in der Küche mit ihrer Tochter und ihren Eltern unterhielt. Victor versteckte sich, ganz zuvorkommender Gastgeber, sofort hinter seinem Computer und spielte weiter *Counter Strike*. Im Laufe der nächsten Stunde tauschten wir ein paar belanglose Phrasen aus. Dann rief man uns zum Mittagessen.

Wir saßen alle dichtgedrängt um den Küchentisch herum und warteten darauf, dass Tante Toma die Pelmeni[7] servierte.

Vicky und ich hatten eine ganze Weile mit der Diskussion verbracht, wie ich ihre Eltern ansprechen sollte. Am Ende hatten wir uns auf Tante Toma und Onkel Alexey geeinigt. Formell als Herr und Frau Koval wollte ich sie nicht anreden. Sie Mama und Papa zu nennen, wäre aber ja nun zugegeben ein wenig zu früh gekommen. Mit Onkel und Tante blieb alles nett und neutral.

„Du arbeitest also nicht, richtig?", stellte Onkel Alexey grimmig fest und stach mit der Gabel in eine der Pelmeni.

„Papa, habe ich dir nicht gerade erzählt, dass Phil seine eigene Firma aufzieht?", mischte sich Vicky ein.

„Du solltest den Mund halten, wenn die Männer reden!", wies Tante Toma ihre Tochter zurecht.

„Am besten gehst du mit Xena spazieren", schlug Onkel Alexey vor. „Wir machen in der Zeit ohne dich weiter."

Ohne ein Wort zu sagen, erhob sich Vicky vom Tisch und ging, um Xena die Jacke anzuziehen. Xena war übrigens die Einzige, die mich freundlich empfangen hatte. Wir hatten sofort eine gemeinsame

---

[7] Pelmeni: Russische Teigtaschen, mit Fleisch gefüllt, ein sehr beliebtes Gericht. Kann fertig zubereitet im Supermarkt gekauft werden, aber jeder russische Koch und jede russische Köchin, die etwas auf sich halten, verfügt über ein eigenes Familienrezept.

Basis gefunden und uns über ihre Lieblings-Zeichentrickfilme unterhalten, noch bevor ich allen vorgestellt worden war und mich zurechtfinden konnte.

Mit Vickys Eltern und ihrem Bruder war die Sache ganz anders verlaufen. Ihr Vater war ein Mann aus der Arbeiterschicht, der sein ganzes Leben damit verbracht hatte, sich den Arsch für ein Bauunternehmen aufzureißen. Stabilität und Zuverlässigkeit waren für ihn die entscheidenden Tugenden. Ihre Mutter arbeitete als Buchhalterin in derselben Firma und stand vollständig hinter den Ansichten ihres Mannes. Die beiden hatten nie aufgehört, Vicky das Scheitern ihrer ersten, erfolglosen Ehe vorzuwerfen. Sie hatte praktisch den erstbesten Mann geheiratet, der um ihre Hand angehalten hatte. Nach Meinung der Eltern hatte sie eine völlig unvernünftige, falsche Wahl getroffen. Vickys derzeitiger Status als geschiedene, alleinerziehende Mutter schien ihnen eine besondere Freude zu bereiten – getreu dem Spruch: „Ich habe es dir doch gesagt!"

„Iss!", verlangte Onkel Alexey. „Das sind echte Pelmeni. Toma hat den gesamten Morgen damit verbracht, sie zu kochen. Die Füllung haben wir gestern Abend vorbereitet. Frischere Pelmeni kannst du nirgendwo finden. Los, gieß ein wenig saure Sahne darüber! Das ist echte Sahne – nicht das dünne Zeug, das sie euch in der Stadt verkaufen. Iss!"

„Ich esse ja, danke. Die Pelmeni schmecken wirklich hervorragend!"

„Bediene dich!" Unvermittelt kam er zu seinem anfänglichen Thema zurück. „Also, wie war das mit dem Job? Nach dem, was Vicky uns erzählt hat, hast du in der Firma nicht einmal einen Monat durchgehalten."

„Und warum hast du dich von deiner Ex-Frau

getrennt?", erkundigte sich Tante Toma, die gerade weitere Salate und Vorspeisen auf den Tisch stellte.

Ich wandte meine Aufmerksamkeit ihr zu, blickte dann wieder zu ihrem Mann und überlegte, welche Frage ich wohl als erste beantworten sollte. Der Vater entschied für mich.

„Nun lass ihn mal in Ruhe, Toma! Setz dich und hör auf, eine solche Hektik zu verbreiten!"

Sie ließ sich auf der Kante eines Stuhls nieder. Beide schauten mich nun an und warteten auf eine Antwort.

„Momentan habe ich keinen Job. Ich habe in Vickys Firma gekündigt, weil ich meine eigene Firma gründen möchte. Ich habe vor ..." Ich füllte meinen Mund mit Pelmeni, um Zeit zu gewinnen, als mir plötzlich einfiel, dass Vickys Vater für meine Idee einer Personalvermittlungsagentur bestimmt nichts übrighatte.

„Und was genau hast du vor?"

„Nun, Geschäfte eben."

„Ja, krumme Geschäfte", kicherte der junge Victor, während er sich weiter den Mund vollstopfte. Er schien der Einzige zu sein, dem die bedrückende Atmosphäre nichts ausmachte.

Vickys Vater verpasste ihm einen hörbaren Schlag gegen den Hinterkopf. „Halt die Klappe und hör zu, wenn Erwachsene sich unterhalten!"

Victor senkte den Kopf über den Teller. Seine Ohren hatten sich rot gefärbt, und seine Laune war dank der Demütigung durch seinen Vater in der Anwesenheit eines Fremden mächtig gesunken.

„Also, um was für eine Art von Geschäften wird es sich handeln?"

„Geschäfte im Dienstleistungssektor", antwortete ich ausweichend.

„Und was ist das? Willst du Erdnüsse im Kino verkaufen?" Onkel Alexey gab nicht nach. „Oder anderen Leuten den Arsch abwischen?"

„Nein, es geht mehr um Angebot und Nachfrage."

Er wischte seine Unzufriedenheit mit dieser Antwort mit einem Lachen beiseite und arbeitete sich weiter durch seine Pelmeni. Mein Ansehen bei ihm war zum geringstmöglichen Wert an Abneigung gesunken. Ein weiterer Schnitzer meinerseits und ich hatte es mit unverdünnter Feindseligkeit zu tun.

Ich spürte genau, mir stand mit Vickys Eltern keine leichte Aufgabe bevor. Der 50jährige Alexey durchbohrte mich mit seinen Blicken und zog die buschigen Augenbrauen in die Höhe. Er wirkte wahrhaft beeindruckend. Inzwischen wusste ich auch, von wem Vicky ihren wohlgeformten Körper geerbt hatte. Er war ein hochgewachsener Mann, knapp zwei Meter groß, mit Armen, die sichtlich an harte Arbeit gewöhnt waren. Mein möglicher zukünftiger Schwiegervater saß kerzengerade da, als hätte er einen Stock verschluckt, und überragte alle anderen am Tisch wie ein Riese aus einem Märchen. In seiner schwieligen Pranke wirkte die Gabel wie ein Spielzeug. Es kostete mich alle Selbstbeherrschung, die ich aufbringen konnte, nicht zuerst beiseite zu schauen.

„Nun gut", brummte er. „Du hast dich sehr klar ausgedrückt. Soll heißen, überhaupt nichts ist klar. Ich bin mir nicht einmal sicher, ob du überhaupt selbst weißt, was du willst. Du willst Vicky nur aufs Glatteis führen."

„So etwas solltest du wirklich nicht sagen, Onkel Alexey", verteidigte ich mich. „Ich habe schon alles genau geplant. Vicky wird es an nichts fehlen. Ich rede nur nicht gern über ungelegte Eier. Sobald ich alles auf die Beine gestellt habe, spreche ich darüber und erzähle dir gern alles – aber nicht vorher. Momentan wäre das noch ziemlich sinnlos."

Er lachte. „Aber klar doch ... Das kannst du deiner

Großmutter erzählen! Na, meinetwegen – belassen wir es einstweilen dabei. Aber was für eine Art Mensch bist du? Erzähl uns ein bisschen über dich selbst. Was für eine Ausbildung hast du? Wer sind deine Eltern? Und Vicky hat berichtet, du warst schon einmal verheiratet?"

„Ja. Ich habe meine erste Frau online getroffen. Sie war damals noch auf der Universität."

Victor spitzte die Ohren, offensichtlich interessiert. Tante Toma verrenkte sich beinahe den Hals, damit ihr ja kein Wort entgehen konnte. Plötzlich sprang sie auf. „Warte eine Sekunde, Phil! Ich schenke uns erst den Tee ein, dann kannst du weiterreden."

Sie war eine zerbrechliche, zierliche Frau, zwei Jahre jünger als ihr Mann, vor dem sie sichtlich Angst hatte, den sie jedoch auch grenzenlos respektierte. Sein Wort war ihr Befehl. Was sie allerdings nicht davon abhielt, sich in unsere Unterhaltung einzumischen.

Sie machte einen ziemlichen Wirbel mit Wasserkessel und Teekanne, goss kochendes Wasser über die Teeblätter und schnitt die Torte an, die wir mitgebracht hatten. Ich hatte meinen Teller geleert und dankte ihr für das leckere Essen. Ihre Pelmeni waren wirklich ein Gedicht. Dabei spürte ich durchgängig den abschätzenden Blick meines potenziellen Schwiegervaters auf mir.

Deshalb konnte ich die Meldung über eine Quest zunächst nicht lesen, die plötzlich in meinem Blickfeld aufgetaucht war. Dazu hätte ich eine Grimasse ziehen müssen. Also minimierte ich das Fenster und verschob das auf später.

„Papa, schauen wir uns jetzt Fußball an?", fragte Victor. „Kroatien spielt gegen Argentinien." Sein Blick wanderte zu mir. „Interessierst du dich für die Weltmeisterschaft?"

„Oh ja, das wäre toll."
Er lächelte und nickte befriedigt.

Dein Ansehen bei Victor Koval hat sich verbessert!
Derzeitiges Ansehen: Gleichgültigkeit 5/30

„Über Fußball können wir später reden", beschied Onkel Alexey ihn. „Komm schon, Mutter – setz dich. Berichte uns weiter über dich, Phil."
„Meine Eltern sind nichts Besonderes, aber gute Menschen", erklärte ich. „Mein Vater ist Feuerwehrmann und meine Mutter Lehrerin."

Dein Ansehen bei Herrn Alexey Koval hat sich verbessert!
Derzeitiges Ansehen: Abneigung 20/30

Dein Ansehen bei Frau Tamara „Toma" Koval hat sich verbessert!
Derzeitiges Ansehen: Abneigung 5/30

Ich kämpfte gegen die Versuchung an, die Systemmitteilungen zu betrachten, die vor meinem mentalen Auge aufleuchteten. Es hätte mir gar nicht gefallen, wenn Vickys Eltern zu dem Schluss gekommen wären, ich würde schielen oder ihren Blicken ausweichen. Die Berufe meiner Eltern hatten in ihren Augen jedenfalls Bestand, also musste ich einfach auf dieselbe Weise weitermachen, ohne dabei zu lügen.
„Was unterrichtet deine Mutter denn?", wollte Victor wissen.
„Russisch und Literatur. Inzwischen sind beide allerdings pensioniert."
„Sie sind also Rentner." Alexey schien daraus irgendetwas zu schlussfolgern, das er jedoch nicht aussprach.

„Und man muss sich doch nur mal die Renten anschauen, die heutzutage gezahlt werden!", rief Tante Toma aus. „Geradezu lächerlich! Aber du hilfst ihnen ja sicherlich, nicht wahr?"

„Ja, ich versuche, alles zu tun, was ich kann", erwiderte ich und dachte dabei an meine Unterstützung im Sommerhaus. Ich hatte nicht direkt gelogen. Dennoch plagte mich ein schlechtes Gewissen, denn sie hatte natürlich auf finanzielle Hilfe angespielt. „Ich habe auch noch eine ältere Schwester. Sie arbeitet bei einer Bank. Sie ..."

„Ist sie verheiratet?", unterbrach Tante Toma mich. „Deine Schwester, meine ich?"

„Sie ist geschieden und alleinerziehend. Ihr Sohn ist etwas jünger als Xena", berichtete ich willig in dem Versuch, ihre Neugier zufriedenzustellen.

Trotzdem gefielen mir die ganzen direkten Fragen überhaupt nicht. Ich fühlte mich wie bei einem Bewerbungsgespräch um die Stelle Schwiegersohn.

„Nun los, erzähl weiter", drängte Onkel Alexey. „Du bist ja nun kein junger Hüpfer mehr. Was hast du bisher mit deinem Leben angefangen?"

„Man muss sich ja nur mal unsere Vicky anschauen", mischte Tante Toma sich erneut ein. „Wer hätte das gedacht, dass sie mal Karriere in der Stadt macht! Und jetzt ist sie sogar *stellvertretende* Direktorin in einer Fabrik!"

„Stellvertretende Direktorin?", wiederholte ich unwillkürlich.

„Natürlich!" Sie schüttelt den Kopf voller Unglauben über meine Naivität. „Das musst du doch wissen, wenn ihr zusammengearbeitet habt!"

„Jetzt gib ihm endlich die Chance, über sich selbst zu reden!", schnauzte Vickys Vater sie an.

„Okay, ich sage kein Wort mehr." Sie machte eine Fingerbewegung über ihren Lippen, als würde sie einen Reißverschluss schließen.

Victor hatte sich die ganze Zeit mit Torte vollgestopft. Da gerade keiner auf ihn achtete, hatte er ein Drittel des Kuchens bereits vertilgt. Zumindest im Essen war er rekordverdächtig schnell!

Was die „stellvertretende Direktorin" betraf, so musste ich mich unbedingt mit Vicky absprechen, damit ich nichts Falsches sagte und ihre Seifenblase zum Platzen brachte.

Ihre Eltern warteten noch immer auf meine Erwiderung. Ich nahm all meinen Mut zusammen und fuhr fort: „Ich habe Wirtschaftswissenschaft studiert und den Abschluss gemacht. Allerdings habe ich nach einem Praktikum nicht mehr in diesem Sektor gearbeitet. Ich habe mich gewissermaßen treiben lassen. Sie kennen doch sicher den Spruch – Scheiße geht nicht unter, sie schwimmt immer oben?"

Ich erblickte den schwachen Hauch eines Lächelns, das um die Lippen des Mannes spielte. Er wusste ein wenig Selbstherabwürdigung offensichtlich zu schätzen.

Meine nächsten Worte wählte ich mit so großem Bedacht, als ob ich mich in einem Minenfeld bewegen würde. „Eine gewisse Zeit war ich im Verkauf tätig."

Onkel Alexey verzog das Gesicht. „Als Verkäufer in einem Laden?"

„Nein, nicht direkt. Ich habe nicht hinter der Theke gestanden, sondern bin herumgereist und habe Waren oder Dienstleistungen angeboten."

Sarkastisch verengte er die Augen. „Waren *oder* Dienstleistungen?"

„Ja – je nachdem, für welche Firma ich gerade gearbeitet habe, Onkel Alexey. Satellitenschüsseln sind Waren, und eine Werbeanzeige für solche Schüsseln in einer Zeitung aufzugeben, das ist eine Dienstleistung. Ich war darin allerdings nicht sehr erfolgreich. Deshalb bin ich nach einer Weile zum Schreiben gewechselt."

„Und was hast du geschrieben?", fragte Vickys Mutter überrascht.

Ich verstand ihre Überraschung nur zu gut – schließlich hatte man nicht alle Tage einen echten Autor am Tisch. „Keine Bücher, Tante Toma. Ich habe Artikel für verschiedene Websites und Unternehmen verfasst."

Nachdem die beiden mich endlich nicht mehr unterbrachen, berichtete ich den Rest in einem Schwung, wobei ich allerdings meine Spielsucht unerwähnt ließ. „Damit habe ich ebenfalls nicht sehr viel verdient. Deshalb hat meine erste Frau Yanna mich am Ende verlassen, nachdem sie es vier Jahre lang durchgehalten hat, immer in der Hoffnung, ich würde mich endlich zusammenreißen und etwas Richtiges auf die Beine stellen. Allerdings, wie das Leben so spielt, ist das erst passiert, nachdem ich sie verloren hatte. An diesen Tag – es war im Mai – erinnere ich mich noch immer sehr gut. Ich fühlte mich, als ob ich gegen eine Wand gelaufen wäre. Also bin ich auf den Balkon marschiert und habe mir mein gesamtes bisheriges Leben gründlich durch den Kopf gehen lassen. Die Frage, was ich damit angefangen hatte, musste ich ehrlicherweise mit ‚Nichts!' beantworten. Im letzten Winter bin ich 32 geworden, und was hatte ich dafür vorzuzeigen? Ich hatte keinen Job, kein eigenes Haus, nicht einmal Kinder, und nun war auch noch meine Frau weggelaufen! Ihr könnt euch nicht vorstellen, wie miserabel ich mich gefühlt habe. Ich war am Boden zerstört."

Tante Toma lehnte ihre Wange gegen die Hand und lauschte mir mit offenem Mund. Meine Geschichte nahm sie total gefangen. Noch immer rührte sie mit der anderen Hand ihren Tee um, obwohl sich der Zucker darin längst aufgelöst haben musste. Onkel Alexey knirschte stumm mit den Zähnen. Selbst Victor saß wie angewurzelt da, ein

Stück Torte im Mund.

Komm schon, Charisma, gib alles! Hau rein, Kommunikationsfertigkeit! Empathie, mach deinen Job!

„Es war, als ob in meinem Kopf plötzlich ein Schalter umgelegt worden wäre. Sofort habe ich damit begonnen, morgens zu joggen, ich habe umgehend einen Job gefunden, mich in einem Fitnessstudio angemeldet und mit Krafttraining und Boxen begonnen. Was die Arbeit betraf, so lief alles hervorragend. Vicky kann euch das bestätigen. Ich war ein erfolgreicher Handelsvertreter. Unser Chef hat mir einen hohen Bonus ausgezahlt und wollte unbedingt, dass ich bleibe. Aber ich hatte bereits beschlossen, mein eigener Chef sein zu wollen." Ich verwendete dieses Klischee, um sicherzustellen, dass es in ihren Köpfen haften blieb. „Gestern habe ich ein Büro gefunden. In zwei oder drei Wochen werde ich offiziell loslegen, je nachdem, wie schnell ich die Firma eintragen kann. Um es zusammenzufassen – ich habe mich am Riemen gerissen und die Kurve gekriegt."

Die Totenstille wurde unterbrochen durch Tante Tomas Teelöffel, der klirrend zu Boden fiel. Während ich auf die Antwort der beiden – oder wenigstens eine stimmige Reaktion – wartete, nahm ich einen Schluck von dem starken Tee, um meine Kehle anzufeuchten.

In dem Augenblick meldete sich Vicky aus dem Flur. „Wir sind zurück! Habt ihr Philys Verhör beendet?"

„Phily?" Victor rollte die Augen und gab ein durch seinen Stimmbruch getrübtes Teenagerkichern von sich.

„Oma, ich habe Durst!", erklärte Xena, als sie die Küche betrat.

Tante Toma sprang auf, um ihr Wasser einzugießen.

Victor erhob sich ebenfalls vom Tisch. „Danke,

Mama – das Essen war großartig. Papa, kann ich jetzt gehen und weiterspielen?"

„Du setzt dich sofort wieder hin!", donnerte Vickys Vater. „Wir sind noch nicht fertig. Und Victoria, du kommst sofort her. Das betrifft auch dich."

Xena trank ihr Wasser und Victor überließ seiner Schwester seinen Stuhl. Sie setzte sich und blickte besorgt in die Runde.

„Also", fasste Onkel Alexey zusammen, „Victoria, ich habe deinem Liebhaber zugehört und nachgedacht. Er kann gut reden, es macht richtig Spaß, ihm zuzuhören. Aber ich habe kein Vertrauen in ihn. Du bist jetzt eine erwachsene Frau und warst bereits einmal verheiratet. Es ist also deine Entscheidung, wie du dein Leben lebst. Aber eines will ich klarstellen – erwarte nicht, dass wir dir unseren Segen zu deiner Beziehung mit diesem faulen Bummler geben!"

„Nein, das werden wir nicht!", bekräftigte Tante Toma und nickte dabei eifrig. „Also bitte uns besser gar nicht erst darum. Wir sind von ihm nicht überzeugt, und du solltest das ebenfalls nicht sein."

„Du hältst die Klappe, Tamara! Deine Meinung interessiert hier niemanden!" Vickys Vater schlug mit der Faust auf den Tisch. Seine verärgerte Stimme strotzte vor Überzeugung, als würde er ein unumstößliches Urteil verkünden. „Ein verdammter *Handelsvertreter*! Und nennt sich selbst Geschäftsmann! In seinem Alter haben deine Mutter und ich bereits unser eigenes Heim besessen! Wir hatten ein Auto und ein Sommerhaus! Dir hat es an nichts gefehlt, und Victor war bereits unterwegs. All das haben wir selbst geschafft, deine Mutter und ich! Wir haben unser gesamtes Leben lang hart gearbeitet und uns nicht einmal darüber beschwert! Und was ist dieser Kerl da? Arm wie eine Kirchenmaus! Er versucht, sich aus der Scheiße zu graben, in die er sich selbst gebracht hat, indem er sich von dir aushalten lässt! Ich wette, du bist es auch, die ihm diesen Job überhaupt erst verschafft hat! Und dann haben deine Chefs erkannt, was für ein elendes Großmaul er ist, und ihn auf die Straße gesetzt! Glaubst du etwa den ganzen Mist, den er erzählt? Oder lügst du absichtlich, um ihn zu schützen? Du solltest mit deinem Kopf denken, und nicht mit deiner Muschi! Genau darauf baut er doch! Er will, dass du dich in ihn verknallst und ihn heiratest, damit er sich anschließend von dir durchfüttern lassen und sich nun bei dir wie vorher bei seiner Ex-Frau ins gemachte Nest legen kann! Er hat gesehen, du bist hübsch, du hast einen guten Job und eine eigene Wohnung, und deshalb hat er seinen Charme bei dir eingesetzt. Mehr ist es nicht. Hier soll er sich jedenfalls nie wieder blicken lassen."

Den letzten Satz trug er ganz langsam und ruhig vor, was seinen Worten zusätzliches Gewicht verlieh. Es war spürbar – er sagte das nicht einfach nur so, sondern er hatte es sich gut überlegt. Er war ein Mann, der alles auf seine eigene Weise durchdachte und zu Entscheidungen kam, die endgültig waren.

Dein Ansehen bei Herrn Alexey Koval hat sich verringert!
Derzeitiges Ansehen: Feindseligkeit 10/30
Dir wurde ein kritischer Schaden zugefügt: verbale Verletzung
- 50 % Geist
- 50 % Selbstvertrauen

„Onkel Alexey ..." Ich schloss die vernichtenden Systemmitteilungen und startete einen letzten Versuch, die Dinge wieder in Ordnung zu bringen, die nicht in Ordnung zu bringen waren.

Er schüttelte energisch den Kopf, wollte nichts

mehr hören. „Ich habe alles gesagt, was zu sagen ist", sagte er leise und bestimmt. „Verlass sofort meine Wohnung!"

Langsam erhob ich mich, konnte nicht glauben, was da gerade geschah. Beinahe wäre ich zu Boden gesunken. Ich fühlte mich wie im Fieber und mir war übel. Ich stand kurz vor einer Ohnmacht. Meine Sicht verschwamm. Am liebsten hätte ich mir den Nebelschleier aus den Augen gewischt.

Die Meldung über mein verringertes Ansehen bei Vickys Mutter schloss ich, ohne sie auch nur zu lesen. Sie würde ohnehin allem zustimmen, was ihr Mann sagte oder tat.

Vicky saß kerzengerade da und griff nach meinem Ellbogen, als wollte sie mich stützen. Sie starrte vor sich hin und sagte in einer tonlosen, mechanischen Stimme: „Phil, warte. Xena, hol deine Sachen. Wir fahren nach Hause."

„Was soll denn das jetzt?", protestierte ihre Mutter. „Das geht ja wohl nicht an, dass das Kind mit einem fremden Mann unter einem Dach leben muss! Das ist ein Skandal!"

„Mama!", rief Vicky aus. Eine Träne rollte ihr über die Wange.

„Ich bin jetzt 30 Jahre lang deine Mutter gewesen. Ich gebe dir Xena nicht. Du kannst sie zurückhaben, sobald du dich von ihm getrennt hast. Es sind ohnehin Schulferien, also muss sie sich nicht in der Stadt aufhalten. Hier ist die Luft viel besser und das Essen ebenfalls."

„Mama, bitte, weine nicht", versuchte Xena, Vicky zu trösten.

Vicky gab ihr einen Kuss auf die Wange und stand auf. Sie trat ihren Stuhl beiseite und zog mich zur Tür.

„Vick, einen Augenblick!", versuchte ich, sie aufzuhalten.

Sie entriss mir ihre Hand. „Ich warte im Wagen auf

dich." Mit diesen Worten verließ sie die Wohnung.

Ich konnte ihr nicht folgen, nicht ohne zuvor auf die verleumderischen Anschuldigungen ihres Vaters zu reagieren. Ich wusste sehr wohl, jedes weitere Wort von mir konnte als lahmer Rechtfertigungsversuch gewertet werden, aber ich wollte die Wogen ein wenig glätten und keine Brücken hinter mir abbrechen.

„Es steckt ein wenig Wahrheit in dem, was du gerade gesagt hast", erklärte ich. „Ich werde mein Verhalten nicht schönreden. Momentan kann ich dir ohnehin noch nicht das Gegenteil beweisen. Aber die Zeit wird kommen, in der du erkennen wirst, wie sehr du dich geirrt hast. Ich danke euch beiden für eure Gastfreundschaft. Tante Toma, deine Pelmeni sind wirklich überirdisch! So gute habe ich noch nie gegessen."

Niemand erwiderte etwas. Vickys Mutter drehte mir demonstrativ den Rücken zu und stapelte mit viel klirrendem Getöse die Teller aufeinander. Mein ehemals möglicher zukünftiger Schwiegervater rollte sich eine selbstgedrehte Zigarette und ignorierte mich vollständig.

„Also schön. Ich wünsche euch alles Gute."

Taumelnd (was war bloß mit mir los?) begab ich mich in den Flur und zog meine Schuhe wieder an. Victor war der Einzige, der hinauskam, um sich von mir zu verabschieden.

„Zu schade, dass du nun das Fußballspiel versäumst", flüsterte er. „Es beginnt in einer Stunde, und ihr seid mindestens zwei, drei Stunden unterwegs."

„Vielleicht schaffe ich es zur zweiten Halbzeit. Wir sehen uns, Victor. Es war nett, dich kennengelernt zu haben. Und spiel nicht zu viel *Counter Strike*. Behalte die Verbindung zur realen Welt."

Er grinste, und wir gaben uns die Hand.

Leise schloss ich die Tür hinter mir und verließ die

gastfreundliche Behausung. Stolpernd schaffte ich es zwei Stockwerke hinunter, bevor meine Beine nachgaben und ich an der Wand entlang zu Boden glitt. Ich fühlte mich schwach und lethargisch. War das etwa die Folge des kritischen verbalen Treffers?

Ich öffnete erneut alle Mitteilungen, die ich bereits geschlossen hatte, und las sie aufmerksam.

Aha! Nein, mit dem kritischen Treffer hatte es nichts zu tun, sondern mit der System-Quest, die ich ignoriert hatte. Es war das erste Mal, dass ich es erlebte, wie das System ganz plötzlich selbst Quests erstellte. Um dem Ganzen die Krone aufzusetzen, war die Beschreibung der Aufgabe auch noch endlos:

Alarm: System-Quest!
Familienbande I
Dies ist der erste Teil einer Quest-Kette betreffend die Familie Koval.

Du musst ihr Vertrauen und ihr Wohlwollen gewinnen und dein Ansehen bei allen Familienmitgliedern zu mindestens Freundlichkeit steigern.
Derzeitiges Ansehen:
Bei Victorias Vater, Herrn Alexey Koval: Feindseligkeit 25/30
Bei Victorias Mutter, Frau Tamara „Toma" Koval: Feindseligkeit 10/30
Bei Victorias Bruder Victor: Feindseligkeit 10/30
Bei Victorias Tochter Xena: Gleichgültigkeit 0/30
Belohnung:
Erfahrungspunkte: 2.000 Punkte
Ansehen bei Victoria „Vicky" Koval: 30 Punkte
Derzeitiges Ansehen:
Seelisches Ansehen: Freundlichkeit 25/30
Emotionales Ansehen: Liebe 1/1
Strafen:
Ansehen bei Victoria „Vicky" Koval: -20 Punkte

Derzeitiges Ansehen:
Seelisches Ansehen: Freundlichkeit 25/30
Emotionales Ansehen: Liebe 1/1
Erfahrungspunkte: 2.000 Punkte
Warnung! Eine Verringerung deines Ansehens bei einem Familienmitglied bis hinab zur Feindseligkeit führt zu einem Scheitern der Quest!

In dieser Mitteilung waren meine alten Ansehenswerte aufgeführt. Ich hatte das unangenehme Gefühl, genau zu wissen, was in den nächsten Systemmitteilungen stehen würde, die ich noch nicht geöffnet hatte. Trotzdem las ich sie.

Alarm: System-Quest – Familienbande I. Quest gescheitert!
Dein Ansehen bei Victoria „Vicky" Koval hat sich verringert!
Derzeitiges Ansehen:
Seelisches Ansehen: Freundlichkeit 5/30
Emotionales Ansehen: Liebe 1/1
Verlorene Erfahrungspunkte: 2.000 Punkte
Derzeitiges Level des sozialen Status: 13. Fehlende Erfahrungspunkte bis zum nächsten Level: 8.700/14.000

Autsch! Das war verdammt hart. So „belohnte" das System den Benutzer also für gescheiterte Quests und verlorene Erfahrungspunkte - mit Schwindelgefühl und Übelkeit? Das beruhte wohl auf der Methode „Zuckerbrot und Peitsche", nahm ich einmal an. Von dem Zuckerbrot hatte ich bereits reichlich genossen, und nun bekam ich eben das erste Mal die Peitsche zu spüren.

Um ehrlich zu sein, wollte ich diese Erfahrung auf keinen Fall wiederholen. Mein Zustand ließ sich am besten durch den Vergleich mit einem extremen Fall von Alkoholvergiftung kombiniert mit Fieber und hohem Blutdruck wiedergeben. Konnte das System tatsächlich die biochemischen Vorgänge in meinem Körper steuern? Hatte es womöglich irgendeine fiese Substanz hergestellt und mir in den Blutkreislauf gespritzt? Eine Art Gift vielleicht?

Was ich ebenfalls sehr merkwürdig fand, war die Aufschlüsselung des Ansehens in seelisches und emotionales Ansehen. Bei Yanna hatte es diese Unterscheidung nicht gegeben, und auch nicht bei Kira und meinen Eltern, wenn ich es mir recht überlegte. Bei ihnen gab es nur einen einzigen Wert, *Liebe 1/1*, und fertig. Was steckte denn bloß hinter dieser Aufspaltung? Vielleicht war das ein neuer Ansatz, den eine gestiegene Wahrnehmung mir eingebracht hatte? Aber ich hatte Level 3 doch noch gar nicht erreicht! Oder war das System in der Lage, selbstständig dazuzulernen, und konnte nun die feineren Details der menschlichen Beziehungen unterscheiden?

Dazu musste ich unbedingt Martha befragen. Momentan war das alles reine Theorie.

Ich kämpfte mich wieder auf die Füße und wankte weiter die Treppe hinunter. Dabei hielt ich mich eisern am Geländer fest, um nicht wieder zu stürzen. Ich fühlte mich noch immer schrecklich, doch das System schien anderer Meinung zu sein. Es meldete mir denselben Debuff, den ich ganz zu Anfang erhalten hatte, als ich gerade erst damit begonnen hatte, mich mit der Oberfläche zu befassen:

Teilnahmslosigkeit
Dauer: 18 Stunden
Du bist emotional ausgelaugt. Dein zentrales Nervensystem braucht Ruhe. Wir empfehlen ausreichend Schlaf, eine ausgeglichene Ernährung und ein wenig Sport.

Warnung! Der Zustand der Teilnahmslosigkeit kann leicht zu Depression führen!
-5 % Zufriedenheit alle 6 Stunden
-1 % Vitalität alle 5 Stunden
-6 % Lebenskraft alle 6 Stunden
-2 % Stoffwechsel alle 6 Stunden
-5 % Selbstvertrauen alle 6 Stunden
-2 % Willenskraft alle 6 Stunden

Ich biss die Zähne zusammen, klammerte mich an meine letzten Reste Stärke und Willenskraft und stolperte durch die Haustür auf Vickys Auto zu.

Es war alles in Ordnung – alles würde sich zum Guten wenden. Wenn ich es mir richtig überlegte, was war denn eigentlich gerade passiert? Das war nur ein Missverständnis, weiter nichts. Ich würde jetzt einfach nach Hause gehen, meine eigene Firma gründen, Alik einstellen und mit der Arbeit beginnen. Die Kunden würden schon kommen, und mit ihnen das Geld. Schon bald konnten wir uns einen Namen gemacht haben. Und dann konnten Vicky und ich zu ihren Eltern zurückkehren. Vielleicht würde ich auch meine Eltern und Kira einladen, mitzukommen, um allem mehr Gewicht zu verleihen. Die Hauptsache war jetzt, dass ich mich zusammenriss und sicherstellte, nicht auch noch das zu verlieren, was von Vickys Freundlichkeit übriggeblieben war.

Wie merkwürdig – wann zum Teufel hatte ich bloß ihren Respekt verloren? Inzwischen traf ich täglich so viele Menschen, dass ich es mir zur Gewohnheit gemacht hatte, die Systemmitteilungen über mein Ansehen zu schließen, ohne sie vorher zu lesen. An einem Tag hatte ich, ganz in Gedanken versunken, achtlos die Straße überquert, und war sofort mit Meldungen über die Feindseligkeit unzähliger Autofahrer geradezu überflutet worden. Das hatte mir die Lust genommen, diese Nachrichten zu lesen.

Wahrscheinlich hatte das dazu geführt, dass ich auch die Mitteilung übersehen hatte, die mich über mein gesunkenes Ansehen bei Vicky informiert hatte.

Inzwischen zitterte ich am ganzen Leib wie Espenlaub. Ich schwankte zum Auto, packte den Griff zur Beifahrertür und riss mehrfach daran, bis mir endlich auffiel: Die Tür war verschlossen und niemand im Wagen.

Wo zum Teufel steckte bloß Vicky?

Dann hörte ich jemanden schreien.

Kapitel 3

Ich bin frei!

*Du konntest sie mir nicht nehmen, so
sehr du dich auch darum bemüht
hast:
Freiheit ist einfach etwas, das ich in
mir trage.*

Sergei Schnurow. *Freiheit*

ICH SCHAUTE MICH um, suchte nach Vicky, doch sie
war nirgendwo zu sehen. Ein paar Kinder spielten im
Sandkasten, eine junge Mutter, die auf einer Bank
saß, blickte ängstlich nach links und rechts. Sie
musste den Schrei ebenfalls gehört haben.

Auf einmal ging es mir erheblich besser. Fieber,
Schwäche und Übelkeit waren verschwunden.
Wahrscheinlich war die Strafe für die gescheiterte
Quest gerade abgelaufen.

Der Schmerz, den die Peitsche auslöste, war sehr
viel stärker als die Freude, die das Zuckerbrot
bereitete. Es bestand genau genommen überhaupt

kein Verhältnis zwischen den beiden Dingen: Das Glück über das Erreichen eines neuen Levels hielt gerade einmal wenige Sekunden an, während diese Qualen mindestens fünf Minuten gedauert hatten.

Der Schrei war definitiv von einer Reihe von Türen am anderen Ende des Wohnblocks gekommen. Ich schaute mich erneut um und lief dann darauf zu.

Ich hatte das Ende des Gebäudes bereits erreicht, als mir eine Gruppe von Leuten vor einer der vielen Eingangstüren auffiel. Kaum hatte ich die Situation analysiert, seufzte ich auch schon erleichtert auf.

Vicky stand inmitten anderer Frauen, mit denen sie sich fröhlich unterhielt. Nun, nur scheinbar fröhlich – ihre Laune war nach dem Besuch bei ihren Eltern noch immer nicht allzu gut.

„Vicky?", rief ich.

„Da ist er ja!", bemerkte sie zu den Frauen und drehte sich dann zu mir um. „Alles in Ordnung?"

„Ja, alles bestens", nickte ich und betrachtete ihre Freundinnen.

Auf den ersten Blick hatte ich deren Alter völlig falsch eingeschätzt. Jetzt sah ich, dass sie alle in Vickys Alter waren, aber schon reichlich abgehärmt. Zwei von ihnen – Irina und Olga – erinnerten mich mit ihren altmodisch kurzgeschnittenen, dauergewellten Haaren ein wenig an Schafe. Auch ihre Kleidung entsprach eher der von Frauen ab 40 oder sogar älter. Die dritte im Bunde – Natasha – war den Standards dieses Ortes nach wahrscheinlich eine berückende Schönheit: Sie trug einen Trainingsanzug in Neonpink und hatte die langen, rabenschwarzen Haare zu einem Pferdeschwanz zusammengefasst. Ihre Lippen waren künstlich mit Botox aufgespritzt, ihre Augenbrauen zu kräftig nachgezeichnet, und sie verfügte über den wächsernen Teint einer Instagram-Puppe.

Alle drei Frauen zeigten hohe Werte, was das

Interesse an mir betraf. Das von Natasha war mit 60 % am höchsten. Ich durfte jetzt, angesichts Vickys Neigung zur Eifersucht, auf keinen Fall etwas falsch machen.

„Okay, Mädels, wir müssen los", sagte sie zu ihren Freundinnen. „Wir sehen uns!"

„Warte mal eine Sekunde, Vic!", hielt Natasha sie mit einem Schmollmund zurück. „Willst du uns nicht wenigstens deinem Verlobten vorstellen? Bitte?"

„Sie hat recht, Vic", nickte Olga. „Stell uns vor!" Vicky gab nickend ihr Einverständnis.

„Ich bin Phil", stellte ich mich nun selbst vor. „Und ihr müsst Vickys Freundinnen sein."

„Ich bin Natasha", sagte die Dunkelhaarige lässig.

„Olga ... Irina ...", echoten die beiden Schafe.

„Habe ich mir das nur eingebildet, oder hat eine von euch gerade geschrien?", fragte ich. „Es war ziemlich laut. Deshalb bin ich gleich hierhergelaufen. Ich dachte, jemand tut Vicky etwas an."

„Als ob!", kicherte Natasha. „Wenn sie will, wird sie mit allen fertig. Sie weiß genau, wie man sich verteidigt. Nein, ich war diejenige, die geschrien hat. Obwohl, schreien würde ich das nicht gerade nennen ... Ich habe mich nur so sehr für sie gefreut. Du hast ihr gerade einen Antrag gemacht, nicht wahr?" Sie zwinkerte mir zu.

„Ja, das hat er", antwortete statt meiner Vicky. „War das jetzt genug Vorstellung? Wir müssen aufbrechen."

„Wieso hast du es denn so eilig?", wollte Natasha wissen. „Nur wegen des Streits mit deinen Eltern? Wir dachten, du bist das ganze Wochenende hier? Lass uns einfach zu mir gehen. Ich lebe allein, da kann dir niemand auf die Nerven gehen. Wir können etwas trinken und uns unterhalten, um uns besser kennenzulernen. Ich habe noch etwas Martini im Haus. Wie wäre es damit?"

Auch ohne meine Intuitionsfertigkeit wäre mir klar gewesen, dass das keine gute Idee war. Unter anderem von meiner Erfahrung mit Vicky her wusste ich längst: Ein solch erhöhtes Interesse an einem Fremden des anderen Geschlechts war nie gut. Und nachdem Natasha entweder Vickys beste Freundin oder ihre Erzfeindin war, musste ich genau aufpassen, was ich tat.

Allerdings hatte ich wegen des Verlaufs des Besuchs bei ihren Eltern ein schlechtes Gewissen Vicky gegenüber, deshalb überließ ich ihr die Entscheidung. Wenn sie mit ihren Freundinnen gehen wollte, war das in Ordnung, wenn nicht, fuhren wir einfach nach Hause.

Ich hatte jedenfalls bereits beschlossen, das gesamte Wochenende mit ihr zu verbringen. Die letzten Wochen hatte ich jede Minute damit verbracht, mich an meine eigenen Grenzen zu bringen, voller Angst, auch nur eine einzige Sekunde auf etwas anderes zu verschwenden als das Verbessern meiner Level. Daher fühlte ich mich jetzt komplett ausgelaugt. Es würde mir guttun, eine Weile lang an etwas ganz anderes zu denken.

Auf einmal fielen mir ein paar Einkaufstüten auf, die auf einer Bank standen.

„Sind das deine?", fragte ich Olga. „Soll ich sie hoch in deine Wohnung tragen?

Sie wirkte verängstigt. „Oh, nein, das ist in Ordnung. Ich schaffe das schon."

„Ihr Mann ist verdammt eifersüchtig", erklärte Irina. „Er schlägt dich zuerst zu Boden und stellt erst anschließend Fragen."

„Oh, da hast du dir ja einen richtigen Ritter in schimmernder Rüstung geangelt!", schwärmte Natasha. „Kann ich mir den mal ausborgen? Ha, ha – das war nur ein Scherz!"

„Ja, klar – träum weiter", bemerkte Vicky giftig

und ignorierte, dass es scherzhaft gemeint gewesen war. Ihre Stimme hatte sich verändert, war rauer, selbstbewusster geworden und erinnerte nun ein wenig an die eines Straßenjungen. „Danke für die Einladung, aber wir müssen wirklich losfahren."

„Nun schau sich das einer an!" Natasha stemmte die Hände in die Hüften. „Ganz die Großstadtdame, was? Die Nase hochgetragen. Und nicht nur die Nase. Bist du dir inzwischen etwa zu fein dafür, deine Freundinnen aus der Schulzeit zu besuchen? Sie hat einen vornehmen Job in einem großen Unternehmen, ein Auto und eine eigene Wohnung, und jetzt heiratet sie auch noch einen Geschäftsmann! Was hast du bloß angestellt, um das zu verdienen? In der Schule hast du nie etwas gelernt, ums Verrecken nicht! Wo bleibt denn da die Gerechtigkeit? Manchen Leuten fällt eben alles in den Schoß!"

„Halt die Klappe!", sagte Olga leise. „Fang gar nicht erst an!"

„Natasha, bitte nicht", unterstützte Irina sie.

„Meinetwegen soll sie ruhig weitermachen", meldete sich Vicky zu Wort. „Lass sie doch sagen, was sie zu sagen hat! Es liegt ja auf der Hand, was sie damit andeuten will. Aber wer ist sie denn schon, dass sie sich ein Urteil erlauben kann?" Sie drehte sich zu mir um und drückte mir den Autoschlüssel in die Hand. „Geh und warte im Wagen!"

Alle drei Frauen schauten mich an.

Aha, so sah die Sache also aus! Mir wurden schlagartig die Augen geöffnet. Sobald Vicky wieder mit ihren alten Freundinnen zusammen war, wurde aus dem netten Mädchen von nebenan die Alphazicke in unserer gerade zusammenwachsenden Familie.

Ohne ein Wort zu sagen, nahm ich ihr den Schlüssel ab. „Nett, euch kennengelernt zu haben, Mädels", verabschiedete ich mich von ihren Freundinnen. „Wir sehen uns."

„Gleichfalls", antwortete Natasha für alle. „Tschüss, Phil!"

Auf dem Rückweg zum Auto fragte ich mich, ob ich mit meinem Heiratsantrag nicht ein wenig zu voreilig gewesen war. Wie sich gerade gezeigt hatte, kannte ich die wahre Vicky überhaupt nicht. Hatte ich mich etwa zu sehr auf die Ansehenswerte des Systems verlassen? *Liebe 1/1* – ja, klar ... Aber was war denn eigentlich Liebe anderes als ein bestimmter biochemischer Prozess im Körper? Vielleicht eine gewisse seelische Bindung? Auf jeden Fall war romantische Vernarrtheit ja nun nicht unbedingt Liebe.

Mein Vater hatte mir immer eingetrichtert, genau hinzuschauen, bevor man einen Sprung wagte. Sobald eine Entscheidung nach einem solchen gründlichen Blick aber erst einmal getroffen war, zog man sie auch durch. Nach dieser Maxime lebte er. Angesichts meiner Neigung zur Impulsivität, meines explosiven Charakters und meiner Unfähigkeit, vorauszudenken, war ich sein genaues Gegenteil. Er hätte gewiss mindestens die nächsten beiden Jahre damit verbracht, alle verfügbaren Szenarien zu überprüfen. Nach einer Entscheidung für eine mögliche Partnerin hätte er dann weitere zwei oder drei Jahre gebraucht, um zu überprüfen, ob sie für ihn auch tatsächlich die Richtige war. Laut meinen Eltern waren sie bereits drei Jahre miteinander befreundet gewesen, bevor sie ihr erstes Date hatten. Und die romantischen Verabredungen hatten sich noch ein weiteres Jahr fortgesetzt, bevor mein Vater ihr endlich einen Antrag gemacht hatte.

Tja, in dieser Hinsicht war ich meinem Vater überhaupt nicht ähnlich. Bis zum heutigen Tag hatte nichts in oder an Vicky Unbehagen in mir ausgelöst. Sie schien eine gute, treue Freundin zu sein, eine vertrauenswürdige Verbündete, eine leidenschaftliche

Liebhaberin und eine hervorragende Hausfrau. Außerdem hatte sie versprochen, mir eine gute Ehefrau zu sein.

All das stimmte tatsächlich – und hatte bis zu diesem Augenblick das vage, bislang noch völlig undefinierte Gefühl überwogen, dass irgendetwas in unserer Beziehung nicht ganz in Ordnung war.

Ich setzte mich ins Auto und schaltete das Radio ein. Ohne dem fröhlichen Geplapper des DJs zu lauschen, ordnete ich meine Gedanken, um herauszufinden, was denn jetzt eigentlich bei ihren Eltern gerade passiert war.

Hätte all das vor wenigen Monaten stattgefunden, als ich noch nicht diese komische Benutzeroberfläche im Kopf gehabt hatte, hätte ich ganz anders reagiert. Ich hätte meine Erfolge maßlos übertrieben, ohne zu zögern in den schönsten Farben ausgemalt, was ich alles erreicht hatte, so fragwürdig es auch war, und alles getan, um mich bei ihren Eltern einzuschmeicheln. Ohne Zweifel hätte ich sie auch schamlos belogen, wenn die Situation das erfordert hätte.

Damals hätte ich eine ganze Menge Dinge ganz anders angefangen. Wahrscheinlich hätte ich Vicky auch nicht nach der ersten miteinander verbrachten Nacht ins Kino eingeladen.

Doch jetzt, mit der Software im Kopf, schien ich genau das zu tun, was ich immer hatte tun wollen, ohne diesen Wunsch jemals umzusetzen.

Ehrlich, korrekt und mitfühlend zu sein, das war nur in Träumen einfach. Wir sahen uns gern als Menschen mit diesen Eigenschaften, und genau auf diese Weise versuchten wir auch, einige unserer eher fragwürdigen Handlungen zu rechtfertigen. Wir logen, um „keinen Staub aufzuwirbeln", wir entschuldigten uns halbherzig, wenn wir nicht nur Fremden, sondern auch den Menschen, die wir liebten, hartnäckig unsere Hilfe verweigerten. Schrittweise erweiterten sich die Grenzen der Lüge, mit der wir begonnen hatten, während wir ungestraft immer dreister wurden – oder einfach Angst hatten, der Wahrheit ins Gesicht zu sehen. Wir lebten mit Partnern zusammen, die wir nicht liebten, wir gingen jeden Morgen zu einer Arbeit, die wir hassten, wir schmeichelten unseren dämlichen Chefs. Und besaßen am Ende noch die Frechheit, uns selbst so zu „lieben" wie wir eben waren.

Das Hauptopfer einer jeden Lüge waren jedoch unweigerlich wir selbst. Wir belogen uns selbst, im Kleinen wie im Großen. Wir gaben uns das Versprechen, morgen zu erledigen, wozu wir heute keine Lust hatten. Wir kündigten an, dass wir bald ein neues Leben beginnen würden, ohne je damit anzufangen. Wir hörten mit dem Rauchen auf, nur, um kurz darauf die nächste Zigarette anzuzünden. Wir stellten das Trinken ein und griffen dennoch zur Flasche, denn es gab ja immer einen Anlass. Wir beschlossen, endlich Sport zu treiben und „gute" Bücher zu lesen, doch stattdessen blieben wir auf dem Sofa liegen, vertieft in Schundliteratur, die Namen der Heldinnen und Helden rasch vergessen und ersetzt durch neue aus dieser Fantasiewelt. Wir nahmen uns fest vor, nur ganz schnell einmal die Feeds in den sozialen Medien zu überprüfen, und verbrachten anschließend Stunden dort, immer in der Hoffnung auf diese winzigen Dosen der virtuellen Glückshormone wie Likes und Kommentare.

Und das war ja auch nur unser gutes Recht, nicht wahr? Wir alle studierten und arbeiteten hart, und manche von uns mussten auch noch ein Haus unterhalten. Wir wurden müde. Wir brauchten Erholung. Jeder tat genau dasselbe. Wenn man einmal alles bedachte, ging es uns doch gut, oder? Aber dieses Hamsterrad verbarg ein bedrückendes

Gefühl der Selbsttäuschung. In den seltenen Augenblicken der Hellsichtigkeit gaben wir es zu und legten neue Aufgabenlisten an, lasen Artikel über Selbstmotivierung, zählten Kalorien, packten unsere Sporttasche, druckten uns eine Liste der 100 besten Bücher aller Zeiten aus, in der besten Absicht, sie alle zu lesen. Wir hörten mit dem Rauchen auf, fanden einen neuen Job, absolvierten Kurse und Seminare. Dann berichteten wir über all das in den sozialen Medien und ersetzten die wunderbaren Erwartungen eines neuen erfolgreichen Lebens mit weiteren mikroskopischen Injektionen von Glück, die wir aus mehr Likes für unsere Beiträge über das neue Leben zogen, das wir beginnen wollten.

Ich kannte besser als viele andere die hässliche Wahrheit all dieser großartigen unerfüllten Pläne und energiegeladenen Neuanfänge, die zum Scheitern verurteilt waren.

Es hatte der Bewertung durch eine unparteiische außerirdische Software bedurft, um mich selbst so zu sehen, wie ich wirklich war, statt als den imaginären Phil, für den ich mich gehalten hatte. Wie hieß es doch so schön schon in der Bibel? Du wurdest gewogen und für zu leicht befunden ...

Was bedeutete, dass mein heutiger Anfall idiotischer Ehrlichkeit bei Vickys Eltern seine Ursache in meinen jüngsten Erfahrungen mit der Oberfläche hatte. Hätte ich die Mitteilung über die System-Quest sofort gelesen, wäre ich womöglich umgeschwenkt und hätte ihnen Lügen erzählt, wer weiß. Zumindest hätte ich mich nicht so naiv Fremden gegenüber geöffnet. Aber jetzt war es passiert, die Katze war aus dem Sack.

Das Merkwürdige war, ich hatte das sichere Gefühl, ich hätte auch dann nicht gelogen, wenn ich von der Quest gewusst hätte. Früher oder später wäre die Wahrheit doch herausgekommen, und ich wollte keine Familie auf Lügen, Halbwahrheiten und Übertreibungen aufbauen. Ehrlichkeit war immer der beste Weg, und zwar auch die Ehrlichkeit sich selbst gegenüber.

Als ich Natashas Schrei gehört hatte, hatte ich zunächst vermutet, dies wäre Teil einer unglaublichen neuen Entwicklung, die auf das Programm zurückzuführen war. Ich hatte gedacht, ich hätte Vickys Stimme erkannt und mir vorgestellt, sie würde von irgendwelchen Raufbolden angegriffen. Und insgeheim hatte ich gehofft, ich könnte zu ihrer Verteidigung meine neuerworbenen Kampfkünste einsetzen. Natürlich würde ihr Vater alles beobachten und seine Meinung über mich ändern. Anschließend würde er mir die Hand schütteln, mich erneut in seine Wohnung einladen und am Ende würden wir uns alle gemeinsam das Fußballspiel ansehen.

Meine eigene Naivität und mein Glaube an Märchen brachten mich zum Lächeln.

Der Hof schien verlassen. Es war Freitagabend, aber die Sonne stand noch immer hoch am Himmel. Heute war der längste Tag des Jahres. Wenigstens fühlte er sich für mich so an. Ich hatte ein Leben geführt, das mich an den Film *Und täglich grüßt das Murmeltier* erinnerte. Aufstehen, joggen, trainieren, lesen, Fertigkeiten verbessern, ein schnelles Abendessen und ein wenig Entspannung mit Vicky, und schon lag ich wieder im Bett. Die einzelnen Tage verflogen so schnell, ich registrierte es gar nicht richtig. Es kam mir vor, als würde ich direkt nach dem Aufstehen schon wieder ins Bett fallen.

Der heutige Tag allerdings zog sich in die Länge und schien kein Ende zu finden.

Ich schaute auf die Uhr. Inzwischen hatte ich bereits eine halbe Stunde auf Vicky gewartet. Ich stieg aus, verschloss den Wagen und machte mich auf die Suche nach ihr.

Auf halbem Weg zu dem Ort, an dem sie mit ihren Freundinnen zusammengestanden hatte, kam sie mir entgegen. Sie ging rasch, den Kopf und die Schultern gesenkt. Es war deutlich zu sehen, dass sie in keiner guten Stimmung war.

„Vicky, ist alles in Ordnung?", fragte ich.

Sie schaute auf und nickte, begab sich dann zum Wagen. Schweigend folgte ich ihr.

Auf der Rückfahrt sagte sie kein Wort. Auf all meine Fragen und Versuche, eine Unterhaltung in Gang zu bringen, reagierte sie lediglich einsilbig. Am liebsten hätte ich sie in Ruhe gelassen, beschloss jedoch, einen letzten Versuch zu wagen.

„Hör mal, was hat es denn damit auf sich, dass du stellvertretende Direktorin einer Fabrik bist? Hat dein Vater damit etwa *Ultrapak* gemeint?"

„Warum fragst du? Hast du etwa ein Problem damit?"

„Es ist nur ... All seine Anschuldigungen beruhten auf dieser kleinen Unwahrheit, das ist alles."

„Ach ja, wirklich? War das so? Und ich dachte, sie beruhten auf der Tatsache, dass du ein nutz- und arbeitsloser Versager bist. Ich glaube nicht, dass das irgendetwas mit meinem Job zu tun hatte."

Das von jemandem zu hören, den ich liebte, traf mich tief. Doch ich unterdrückte den aufsteigenden Zorn. Sie hatte nur ausgesprochen, was die Wahrheit war, oder zumindest, was sie für die Wahrheit hielt – wie auch immer ich darüber dachte.

„Ich habe ja nur gefragt", verteidigte ich mich. „Glaubst du wirklich, ich bin ein Versager?"

„Ich glaube überhaupt nichts – lass mich einfach in Ruhe!" Sie riss am Lenkrad, um einen anderen Wagen zu überholen. Ich sagte nichts, bis sie das Manöver abgeschlossen hatte.

Sie war total angespannt, ihre Finger umklammerten das Lenkrad so heftig, dass ihre

Knöchel weiß hervortraten. Ich spürte, dass sie nicht bereit war, zu reden. Ihr Profil zeigte mir, dass sie Angst hatte. Der Wert lag bei 14 %. Das war nicht allzu viel, aber dennoch ... War es die Angst eines Autofahrers mit wenig Übung auf der Straße? Oder die Furcht vor einem möglichen Streit zwischen uns?

„Okay, reden wir nicht über mich", setzte ich erneut an. „Warum sind deine Eltern so sicher ...?"

„Sei still. Bitte! Je mehr du sagst, desto schlimmer machst du die Sache."

„Vicky, wenn wir in solchen Augenblicken die Luft nicht bereinigen können, wie sollen wir dann zusammenleben?"

„Was willst du denn hören?", fragte sie gleichgültig und lehnte sich im Sitz zurück.

Ich erinnerte mich daran, was ihr Vater über ihre erfolgreiche Karriere gesagt hatte, über ihr Auto und ihre Wohnung. Und ich dachte an Natashas Vorwürfe.

Dann fiel mir ein, was Vicky mir selbst berichtet hatte: *„Ich bin seit drei Jahren bei Ultrapak. Angefangen habe ich als Büromanager, und dann haben sie mich in die Personalabteilung versetzt."*

So sehr ich auch versuchte, es zu ignorieren – irgendetwas passte hier ganz und gar nicht zusammen. Wie konnte es sich ein Büromanager in nur drei Jahren leisten, eine Eigentumswohnung zu kaufen? Laut ihrem Vater hatte sie das alles ja ganz allein bewerkstelligt, und vorher hatte sie, wie sie mir selbst geschildert hatte, eher am Hungertuch genagt.

„Belügst du deine Eltern, um zu erklären, wie du dir deine eigene Wohnung leisten kannst?", fasste ich meinen Verdacht in einem Satz zusammen.

„Ich habe sie nicht belogen", widersprach sie. „Für sie ist ein Personalmanager eine große Sache. Er entscheidet schließlich, wer eingestellt wird und wer nicht."

„Personalmanager? Aber dein Vater hat gesagt, du

seist stellvertretende Direktorin."

„Und wenn ich ihnen das erzählt habe – na und?", blaffte sie wütend. „Was hat das denn mit allem zu tun? Damit tue ich niemandem weh. Sie fühlen sich großartig, weil ihre Tochter es geschafft hat! Meine gesamte Kindheit über haben sie mich ständig herumgeschubst. Sie haben sich mir gegenüber schrecklich benommen, als ich ein Kind war. Und jetzt sind sie stolz auf mich. Reicht dir das als Erklärung? Außerdem geht das niemanden etwas an! Und am allerwenigstens dich!"

Dein Ansehen bei Victoria „Vicky" Koval hat sich verringert.
Derzeitiges Ansehen:
Seelisches Ansehen: Gleichgültigkeit 25/30
Emotionales Ansehen: Liebe 1/1

Wie war denn das möglich? Wie konnte jemand einem Menschen gegenüber gleichgültig sein, den er liebte? Was für eine Art Liebe war denn das bitte?

Das erste Mal zweifelte ich die Angemessenheit des Bewertungssystems dieses mysteriösen Programms an. Was wusste denn auch schon ein herzloser künstlicher Verstand über den explosiven Cocktail an menschlichen Gefühlen, wenn er sich immer auf die Daten verlassen musste, die er aus dem universellen Infospace heruntergeladen hatte? Das musste ja dazu führen, dass alles viel zu sehr vereinfacht wurde. Oder vielleicht reichte nur meine Erkenntnis noch nicht aus, um den Sinn dahinter zu durchschauen.

Ich ließ Vicky in Frieden. Den Mut, sie über die Höhe ihres Gehalts und etwaige weitere Einnahmequellen auszufragen, die ihr den Erwerb einer Eigentumswohnung ermöglicht hatten, brachte ich einfach nicht auf. Es herrschte bedrückendes

Schweigen im Wagen. Endlich wiegte das Rauschen der Reifen auf dem Asphalt mich in den Schlaf.

Ich wurde jäh wachgeschüttelt. „Steig aus. Wir sind da."

Ich kletterte aus dem Auto und wartete darauf, dass sie mir folgte. Doch stattdessen kurbelte sie das Seitenfenster herunter. „Ich fahre in meine Wohnung", erklärte sie unfreundlich, dann legte sie einen Schnellstart hin und ließ mich im Hof stehen.

Lange Zeit stand ich da, unentschlossen, ob ich ein solches Verhalten akzeptieren konnte. Was sollte ich denn jetzt bitte tun? Sollte ich sofort versuchen, mich wieder mit ihr zu versöhnen? Oder war es besser, sie eine gewisse Zeit in Ruhe zu lassen?

Mir war das Herz schwer. Ich fühlte mich hundsmiserabel.

Das Programm spielte verrückt, erstellte neue Aufgaben und löschte sie wieder:

Mich mit Vicky versöhnen
Vicky zurückgewinnen
In Vickys Wohnung gehen
Mit Vicky reden
Die Probleme mit Vicky lösen
Mich von Vicky trennen

Am Ende waren alle Aufgaben, in denen ihr Name vorkam, wieder verschwunden, und es blieb nur die Aufgabe übrig, das Geld für die Büromiete aufzubringen.

Ich begab mich in meine Wohnung, kochte ein einfaches Abendessen, mehr und mehr davon überzeugt, dass ich wirklich zu voreilig gehandelt hatte. In diesem speziellen Stadium meines Lebens hatte ich langsam wirklich mehr als genug von all den Gefühlen und Beziehungen. Ob Vicky und ich nun wieder zusammenkamen oder uns trennten – in jedem

Fall würden meine Anstrengungen in dieser Hinsicht mich viel zu viel Zeit und Energie kosten. Ihr Stil bestand ersichtlich darin, mich zuerst ganz nah an sich heranzuholen und dann wieder fortzustoßen. Das war nichts als pure Manipulation, und ab sofort würde es bei mir nicht mehr funktionieren.

Das zweite Mal in diesem Monat – das erste Mal war es ihre unbegründete Eifersucht auf Marina gewesen – beschloss ich, die Sache ruhig angehen zu lassen und einfach abzuwarten, wie die Dinge sich entwickeln würden. Wenn sie wollte, konnte sie jederzeit wieder zu mir zurückkommen. Und wenn sie keine Anstrengungen in dieser Richtung unternahm, war es klar, wo ihre Prioritäten lagen.

Das Programm unterbrach meine Überlegungen und belohnte mich mit 2.000 Punkten für eine sozial bedeutungsvolle Handlung. Wofür war das denn? Ich las die aktuellen Verbrechensberichte. Methodisch arbeitete ich mich durch die lokalen Nachrichten im Portal unserer Stadt. Dabei stolperte ich über die Meldung, dass der sechsjährige Joseph Kogan gefunden worden war. Um die laufende Untersuchung nicht zu gefährden, wurde der Name seines Entführers nicht genannt.

Irgendetwas an dem Bericht weckte eine vage Erinnerung an meinen früheren Albtraum über einen pädophilen Beamten.

* * *

ICH VERBRACHTE DIE gesamte Nacht damit, das Konzept für meine Agentur zu Papier zu bringen.

Momentan sah ich den Verkauf zumindest im Anfangsstadium als Haupteinnahmequelle. Ja, es war genau dieselbe Tätigkeit, die ich bei *Ultrapak* ausgeübt hatte. Ich verfügte zwar nicht über meine eigenen Warenlager oder meine eigene Logistik, aber sehr wohl über das, was heutzutage in der Welt am meisten zählte: Informationen. Mit variierenden Suchfiltern konnte ich herausfinden, wer etwas brauchte und welchen Preis er bereit war, dafür zu bezahlen. Anschließend musste ich nachforschen, wer genau das anzubieten hatte.

Das waren simple Handelsgeschäfte, der Art, die Vickys Vater mit dem Verkauf von Erdnüssen im Kino gleichgesetzt hatte. Es umfasste weiter Vermittlungsdienste und das Zusammenbringen von großen Anbietern mit ebenso großen Käufern.

Der soziale Zweck meines Unternehmens war und blieb derselbe: eine Personalvermittlungsagentur. Millionen konnte ich damit zwar keine verdienen, aber dafür drei Fliegen mit einer Klappe schlagen. Es konnte mir ein anfängliches Einkommen verschaffen, mir erlauben, Erfahrungspunkte zu sammeln, und vor allem würde ich – oder vielmehr meine Agentur – mir einen Namen machen und Ansehen gewinnen.

Anschließend konnten wir uns an größere Geschäfte wagen, wie etwa die Vermittlung von leitenden Angestellten für führende Marken. Die wertvollste Ressource jeder Firma war ihr Personal. Wie hatte Genosse Stalin (möge er in der Hölle schmoren!) doch so treffend einmal gesagt? *„Arbeitskräfte sind der Schlüssel."* Das hätte in meinem Fall nicht zutreffender sein können.

Sobald meine Agentur erst einmal bekannt geworden war, würde das Geld schon fließen. Womöglich begann ich dann damit, eine Sportabteilung hochzuziehen. Das kam allerdings nur infrage, wenn ich meine Lizenz für das Programm irgendwie verlängern konnte. Ich konnte mich auf die Suche nach Talenten im Fußball, Eishockey, Tennis, Boxen und anderen Sportarten begeben. Auch konnte ich mich um sozial schwache Kinder aus benachteiligten Familien oder solchen mit alleinerziehenden Eltern und aus Waisenhäusern bemühen und sie mit verständnisvollen Trainern oder Sportschulen zusammenbringen, damit sie gefördert werden konnten.

Ein solcher Ansatz konnte auch in anderen Bereichen funktionieren! Wie viele talentierte Künstler, Schriftsteller, Sänger, Tänzer oder Schauspieler schmachteten in der Vergessenheit? Nur wenige schafften es, bekannt zu werden.

Und dann waren da ja auch noch die medizinische Diagnose, die Suche nach vermissten Personen, die Kopfgeldjagd, das Aufspüren gefährlicher Verbrecher, eine Detektei ... Es gab viele Dinge, die ich aufziehen konnte – allerdings nicht allein.

Wie wäre es, wenn ich die ursprüngliche Agentur lediglich als Sprungbrett nutzte? So konnte ich Finanzmittel beschaffen und ein Team der besten Köpfe in den vielversprechendsten Wissenschaften zusammenstellen. Und dann ...

Energisch rief ich mich zur Ordnung und stellte meine Tagträumerei ein. Es ergab keinen Sinn, so weit im Voraus zu planen. Dennoch legte ich eine Liste der Dinge an, die eine nähere Untersuchung wert waren: erweiterte Realität, der universelle Infospace, Biotechnologien, Blockketten-Technologien, Wetware ... Ich konnte zum Beispiel ein internationales Unternehmen gründen, die besten Kräfte in verschiedenen Feldern wählen und ein paar gute Investoren auftun (was dank meiner Oberfläche ein Leichtes war).

All diese Möglichkeiten raubten mir schier den Atem.

Das Einzige, was ich brauchte, war Zeit. Aber die Uhr tickte für den Ablauf meiner Lizenz.

Verdammt! Warum hatte ich bloß all diese kostbare Zeit verschwendet? Damit, die Beziehung zu

Vicky zuerst aufzubauen und anschließend zu zerstören? Oder wie ein kopfloses Huhn herumzulaufen und jedem Hinz und Kunz Verpackungsmaterialien zu verkaufen? Oder zu boxen? Oder Stunden im Stadion im Kreis herumzulaufen wie ein Esel am Mühlstein? Oder meine Fertigkeiten in Kochen und Landwirtschaft zu verbessern?

Die Erkenntnis meiner eigenen Dummheit war ernüchternd.

In drei Tagen war endlich die laufende Optimierung abgeschlossen, was meine Lernfertigkeiten auf Level 7 brachte. Noch immer verfügte ich über 5 Systempunkte, die ich mir bei meinen jüngsten Verbesserungen in den Leveln aufgespart hatte. Ich war fest entschlossen, sie ebenfalls in meine Lernfertigkeiten zu investieren. Das würde mich auf Level 12 bringen, mit einer Fertigkeitsentwicklungsrate von 450 %. Dazu kam noch der Bonus von 50 % für die Entwicklung primärer Fertigkeiten, und ich war bei 500 % angelangt. Das konnte ich dann noch einmal mit dem Statistikverstärker multiplizieren, den mein Premium-Konto mir verschaffte und der die aus dem Einsatz von Fertigkeiten gewonnenen Erfahrungspunkte verdreifachte. Was am Ende 1.500 % ergab. Das bedeutete, ich konnte jede Fertigkeit 15 mal schneller erwerben als normale Menschen.

Ich könnte mich sogar dazu entschließen, eine bislang noch völlig unentwickelte Fertigkeit anzugehen, wie etwa das Fußballspielen, eine Schießsportart oder eine fremde Sprache, ein paar Tage an der Verbesserung arbeiten und sehen, wie schnell sie vor sich ging. Und falls das funktionierte …

Bei dem Gedanken verzogen sich meine Lippen zu einem Lächeln. Möglicherweise würde sich das jetzt als die verrückteste Zeit sowohl für meine Spielerfahrung als auch für mein wirkliches Leben erweisen.

Außerdem durfte ich mich ja auch noch auf die Aktivierung der Heldenfähigkeiten freuen.

Davon abgesehen, wartete ich konstant auf neue Angebote des Systems und fühlte mich dabei wie ein Kind an Weihnachten. Was konnte ich wohl noch alles über den universellen Infospace erfahren, sobald ich erst einmal das nächste Erkenntnislevel erreicht hatte?

Schon der bloße Gedanke an all die Belohnungen, die für einen Gamer das Höchste waren, beruhigte mich und ließ mich die Zukunft – womöglich ohne Vicky – voller Zuversicht betrachten. Ich schob die Erinnerungen an den misslungenen Besuch bei ihren Eltern in den Papierkorb meines Gedächtnisses, zusammen mit denen an die ebenso unlogischen wie unfairen Angriffen ihres Vaters und an Vickys eigenes merkwürdiges Verhalten.

Und wenn ich sie noch so sehr liebte.

Kapitel 4

DIE RICHTIGEN DINGE SIND NICHT IMMER DIE BESTEN

Eine Entscheidung treffen, das ist erst der Anfang.

Paulo Coelho. *Der Alchemist*

AM NÄCHSTEN TAG erwachte ich um 10 Uhr morgens. In der letzten Zeit brauchte ich nur noch etwa sechs Stunden Schlaf, obwohl zu den Zeiten, als ich die Nächte noch vor dem Computer verbracht hatte, nicht einmal neun ausgereicht hatten. Damals hatte es für mich keinen Anreiz gegeben, aufzustehen. Ganz im Gegenteil – sobald ich mit Yanna gefrühstückt hatte, ging ich gleich wieder zurück ins Bett und gab mich farbenfrohen und absolut logischen Träumen hin. Damals hätte ich zu ein paar zusätzlichen Stunden Schlaf niemals nein gesagt.

Doch jetzt war das anders. Ob es am Sport lag, an meinem geregelten Zeitplan oder meiner dank des Verstärkers beschleunigten Erholung – alles in allem sprang ich inzwischen immer sofort aus dem Bett, sobald ich die Augen aufschlug. Was meinen Tagen ganze drei Stunden hinzufügte und mir ermöglichte, weit mehr zu erreichen. An diesem Tag hatte ich sogar nur etwas mehr als vier Stunden geschlafen.

Sobald ich wach war, griff ich impulsiv nach meinem Handy und schaute nach, ob ich eine Nachricht von Vicky erhalten hatte.

Nein, da war nichts. Was mich erleichterte. Das Display meines Handys war heutzutage nahezu leer. Ich hatte alle Spiele deinstalliert, ebenso wie die Apps der sozialen Medien. Zugegeben, sie stellten eine bequeme Möglichkeit der Informationsbeschaffung dar. Allerdings weckten sie immer den Pawlowschen Reflex: Man sprang von einer Sache zur nächsten und fand kein Ende. So albern es klang, aber ich hatte früher sogar beim Sex nach dem Smartphone gegriffen, um zu sehen, wer gerade was geschrieben hatte.

Die erste Stunde jedes Tages verbrachte ich immer mit alltäglichen Aufgaben. Keine Aufgaben der Art, von der man uns eingetrichtert hatte, sie wären monoton und langweilig, sondern etwas anderes. Für mich war es einfach eine Folge von Handlungen, die ich mir zur Gewohnheit gemacht hatte und die notwendig waren, um meine Produktivität für den Tag zu maximieren.

Den Wasserkessel anstellen, die Katze füttern, die Zähne putzen, das Gesicht waschen, rasieren, duschen, fünf Minuten Sport, den Abfall nach draußen bringen, die gewaschenen Kleidungsstücke sortieren und weglegen, die Sporttasche packen – für all das brauchte ich nicht mehr als eine halbe Stunde.

Anschließend bereitete ich mir ein leichtes Frühstück zu. Bis dahin war ich meistens auch hungrig, während ich normalerweise nach dem Aufstehen nicht den geringsten Appetit verspürte. Ich füllte meinen Energietank mit Proteinen, Fetten und Kohlehydraten und aß in aller Ruhe, ohne Unterbrechung durch einen hastigen Blick auf den Newsfeed meines Handys. Später genoss ich die erste und einzige Tasse Kaffee des Tages, eine große Tasse mit nur einem Zuckerwürfel. Dabei ging es mir um den Geschmack ebenso wie um den Glukosestoß für mein Gehirn. Währenddessen legte ich in Gedanken eine Liste der wichtigen Angelegenheiten an, die an diesem Tag zu erledigen waren, ebenso wie derjenigen, die bis zum nächsten Tag warten konnten.

Ja, und so sahen meine Pläne für dieses Wochenende aus:

Ich reservierte jeweils eine Stunde pro Tag für das Training meiner Ausdauer, meiner Stärke und meiner Beweglichkeit, nebst einer weiteren Stunde für den Weg zum Fitnessstudio und zurück und das Umziehen dort. Mein privater Boxunterricht bei Matov hatte nun ein Ende gefunden, und das erste Training in der Gruppe stand nicht vor Dienstag an. Das bedeutete also „nur" insgesamt sechs Stunden Training am Wochenende.

Außerdem wollte ich beim Sommerhaus meiner Eltern vorbeigehen und nach ihnen schauen. Falls Kira das Gleiche vorhatte, konnte ich sie dort ebenfalls treffen. Der Besuch würde mich mindestens fünf Stunden kosten, und wenn sie Arbeit für mich hatten, blieb ich womöglich sogar den ganzen Tag dort. Bei den Leveln Fortschritte erzielen war ja schön und gut, aber meine Eltern waren inzwischen recht alt, und ich wusste nicht, wie lange ich sie noch haben würde. Jeder meiner Besuche stärkte ihre Verbindung zu dieser Welt, lud ihre Reserven an positiver Energie auf und war somit ein Grund zu leben.

Ich verschob den Besuch im Sommerhaus auf den Sonntag, heute hatte ich zu viele andere Dinge zu erledigen.

Neben all dem musste ich auch ein paar mögliche Szenarien für die Verbesserung meines Erkenntnislevels erarbeiten. Es war eine ganze Weile her, seitdem ich zuletzt von einem Fremden eine Quest erhalten hatte. Es könnte sich lohnen, einfach ein wenig in der Stadt herumzuwandern und Ausschau zu halten, ob über dem Kopf von irgendjemandem das Ausrufezeichen eines Quest-Gebers schwebte.

Auch diese Aufgabe verschob ich auf morgen.

Nicht länger warten konnte vor allem die Sache mit der Büromiete. Ich brauchte unbedingt einen Ort, an dem ich meine arbeitslosen Kunden empfangen konnte. Die Arbeitslosen betrachtete ich als meine Hauptzielgruppe. Offiziell gab es allein in dieser Stadt mehr als 100.000 davon. Natürlich arbeiteten einige von ihnen irgendwo schwarz, aber viele waren tatsächlich ohne Job. Leute, die bereits einen Job hatten, waren sicherlich nicht begierig darauf, einer unbekannten Agentur eine Chance zu geben, sondern luden eher ihren Lebenslauf in allen möglichen Portalen hoch und warteten in aller Ruhe auf das beste Angebot.

Das Programm stufte diese Aufgabe korrekt als oberste Priorität ein. Der Besuch bei meinen Eltern rutschte dadurch an die zweite Stelle.

Ich hatte eine Frist von einer Woche, bis ich den Mietvertrag unterschrieben und die Miete im Voraus bezahlt haben musste. Mir gingen verschiedene Möglichkeiten durch den Kopf, wie ich rasch Geld verdienen könnte. Online-Pokerspiele schienen der einfachste Weg zu sein, doch danach stand mir wirklich nicht der Sinn. Die bloße Vorstellung, mir Geld durch Spielen zu verschaffen, traf auf meine innere Ablehnung und Zurückweisung. Auch wenn mir die Chance, mithilfe von Pokerspielen meine

Verbesserungsraten nach Abschluss der Optimierung zu testen, recht verführerisch erschien.

Ich konnte natürlich versuchen, mir das Geld durch eine Kopfgeldjagd zu verschaffen. Der Website des Innenministeriums der russischen Föderation zufolge war eine Belohnung in Höhe von einer Million Rubel[8] für jeden gefassten Kriminellen ausgeschrieben worden. Allerdings hatte ich keine Ahnung, wie ich mein Wissen über den Aufenthaltsort verschiedener Verbrecher erklären sollte, zumal wenn sie sich in ganz unterschiedlichen Teilen des Landes aufhielten.

Ich legte diese Idee als letzten Ausweg erst einmal beiseite. Es war zu schade, dass ich der Gerechtigkeit nicht ohne diese Bedenken zum Sieg verhelfen konnte. Warum konnte ich den Behörden nicht einfach eine E-Mail mit den Koordinaten all der gesuchten Straftäter senden? Aber eine solche Nachricht würde ohne Zweifel eine gründliche Untersuchung auslösen, ein ungesundes Interesse an mir. Daran, wer ich war, woher ich diese Informationen hatte, welche Verbindungen zwischen mir und den Verbrechern bestanden ...

Ganz generell gesprochen wollte ich den Behörden ja helfen, aber nur auf eine Weise, die nicht die Aufmerksamkeit sämtlicher Geheimdienste auf mich zog.

Andererseits ... Einen Augenblick!

Wir lebten doch in einer globalen Welt, oder etwa nicht? Warum konzentrierte ich mich ausschließlich auf die Kriminellen in meinem eigenen Land?

Ganz aufgeregt holte ich mein Laptop.

Innerhalb einer Minute hatte ich die „Reward for Justice"-Website gefunden. Das war ein Programm des US-amerikanischen Außenministeriums, das der

---

[8] Etwa 14.000 Euro.

Bekämpfung des internationalen Terrorismus dient. Auf einer der Seiten las ich:

Sie können die Informationen anonym abschicken. Die angeforderten persönlichen Informationen sind nicht notwendig, obwohl es uns helfen würde, mit Ihnen in Verbindung zu treten, falls Fragen auftreten.
Alle von Ihnen zur Verfügung gestellten Informationen werden streng vertraulich behandelt.
Sie kommen möglicherweise für eine Belohnung infrage. Außerdem sind Sie und Ihre Familie ggf. zu einer Umsiedlung berechtigt, falls notwendig.

Ich lauschte auf die Stimme meiner Intuition, die nicht zu protestieren schien. Um ganz sicher zu gehen, googelte ich nach Informationen über dieses Programm. Anscheinend hatte es bereits zur Verhaftung einer ganzen Reihe von Terroristen geführt, und denen, die die entsprechenden Tipps gegeben hatten, war tatsächlich eine Belohnung gezahlt worden. Ich fand ein paar Forendiskussionen, die bestätigten, dass in einigen Fällen die Belohnung innerhalb weniger Wochen überwiesen worden war.

Nun gut – einen Versuch war es wert.

Die Liste der gefährlichsten Terroristen war nach Regionen unterteilt. Ich überprüfte alle Namen und führte für jeden meine eigene Suche durch. Allerdings konnte ich nicht alle von ihnen orten, zum Teil fehlten mir die notwendigen Informationen.

Der Erste auf der Liste der Terroristen war Jabar Aziz Haqqani, 52 Jahre alt. Er stammte aus dem Jemen, hatte jedoch lange in den Vereinigten Staaten gelebt. Über ihn besaß ich genügend Informationen. Er sponserte verschiedene Terrororganisationen in den USA, darunter auch Al Kaida, und er war an den Explosionen in New York und Chicago beteiligt gewesen, bei denen insgesamt mehr als 100

Menschen ums Leben gekommen waren.

Für Angaben über seinen Aufenthaltsort wurde eine Belohnung in Höhe von 5 Millionen Dollar versprochen. Und wenn ich mir ein paar der anderen Summen so anschaute, die auf der Website versprochen wurden, war dieser Betrag nicht einmal die Obergrenze. Informationen über Abu Bakr al-Baghdadi, einen der ISIS-Anführer, konnten sogar bis zu 25 Millionen Dollar einbringen!

Die Ergebnisse einer Google-Suche nach Haqqani führten ganz weit oben zu seinem Profil auf der Website des FBI. Und schon hatte ich meine KIDD-Punkte beisammen. Wikipedia verschaffte mir ein paar weitere Angaben, Geburtsort und -datum, Fotos aus verschiedenen Zeiten seines Lebens, Größe, Gewicht, Familie ...

Ich merkte mir alles gut.

Auf meiner internationalen Karte leuchtete ein neuer Marker auf, in einer kleinen saudi-arabischen Stadt, Al Kharkir, ganz nahe der Grenze zum Jemen. Haqqani hielt sich in einem großen Gebäude im Norden der Stadt auf, in der Nähe des Kraftwerks. Ich schrieb mir seine Koordinaten auf, kehrte zur *Rewards for Justice*-Website zurück und klickte auf „Hinweis abgeben".

Dort gab ich die Adresse und die Koordinaten des Hauses in das Online-Formular ein. Nach einigem Zögern gab ich auch meinen Namen, meine E-Mail-Adresse und meine Telefonnummer an. Mental ergänzte ich meine Aufgabenliste um eine Verbesserung meiner Englischkenntnisse, falls mich jemand von denen anrief. Andererseits arbeiteten in einer solchen Organisation bestimmt auch Leute, die Russisch sprachen.

Oh, ich hatte es so satt, die ganze Zeit lügen und mich verstecken zu müssen! Hunderte, ja, Tausende von Hellsehern, und zwar echte ebenso wie

Scharlatane, gingen ganz offen vor und machten sogar Werbung für ihre übersinnlichen Fähigkeiten, die realen wie die vorgetäuschten. Warum sollte ich mich also verstecken?

Nachdem ich die Entscheidung getroffen hatte, fiel es mir leicht, das Formular abzusenden. Kurz darauf erschien folgender Text auf der Seite:

Vielen Dank für den Hinweis. Wenn Sie Ihre Daten hinterlassen haben, kontaktieren wir Sie möglicherweise für weitere Informationen.

Wenn Ihr Hinweis zu einer Verhaftung und Verurteilung des Straftäters führt, kommen Sie möglicherweise für eine Belohnung infrage. Außerdem sind Sie und Ihre Familie ggf. zu einer Umsiedlung berechtigt, falls notwendig.

Alle von Ihnen zur Verfügung gestellten Informationen werden streng vertraulich behandelt.

Endlich wagte ich es, auszuatmen. So, das war's! Jetzt musste ich auf alles vorbereitet sein.

Doch irgendetwas störte mich. Es war nicht die Tatsache, dass ich meine Identität offengelegt hatte, sondern eher etwas, das ich noch nicht getan hatte. Doch mir fiel partout nicht ein, was es sein könnte, also kehrte ich zu meinem Plan zurück.

Nachdem ich gerade eben Daten übermittelt hatte, die 5 Millionen Dollar wert sein könnten, verbrachte ich nun lange Zeit damit, mir Möglichkeiten auszudenken, wie ich rasch 50.000 Rubel aufbringen konnte, und verwarf dabei die verschiedensten Einfälle einen nach dem anderen.

Inkassobüros beispielsweise boten hohe Belohnungen für Informationen über den Aufenthaltsort bestimmter Schuldner an. Wie etwa einen gewissen Vakha Salamgadjiev, der rund zwei Millionen Dollar von den Konten eines privaten

Unternehmens abgeschöpft hatte. Jedem, der Hinweise auf seinen Aufenthaltsort geben konnte, wurden 10 % der unterschlagenen Vermögenswerte versprochen.

Ich brauchte nicht lange, um Vakha in Tschtschenien aufzuspüren, oder vielmehr der Tschetschenischen Republik Itschkerien, wie das Land heutzutage hieß.

Ich wollte die Daten schon absenden, als meine Intuition eine verzweifelte Warnung brüllte und mich auf eine tödliche Gefahr aufmerksam machte. Was mich total von diesem Weg des Geldverdienens abbrachte.

Ohne eine Lösung gefunden zu haben, eilte ich zum Stadion, um dort zu joggen. Ich hatte es in der Tat eilig – ich hatte inzwischen mehr als genug übergewichtige Kerle erlebt, die mit dem Aufzug in das Fitnessstudio im zweiten Stock fuhren, um dort auf dem Laufband gemütlich einen Fuß vor den anderen zu setzen. Man musste ihnen natürlich zugutehalten, dass sie sich die Energie für das eigentliche Training aufsparten, aber so funktionierte die Sache bei mir nicht. Ich nutzte jede Gelegenheit, um meine Ausdauer konstant zu verbessern.

Die Mittagssonne schien so heiß am wie ausgeblichen erscheinenden Himmel, dass jedes Stück Haut brannte, das ihr ausgesetzt war. Mein Atmen, zuerst ruhig und regelmäßig, wurde rasch heftig und schnaufend. Die alte Beschichtung der Aschenbahn leuchtete unter mir auf. Jeder Riss, jede Unebenheit kam mir inzwischen wie ein guter alter Freund vor.

Mein Ausdauertraining verlief alles andere als einfach. Und wenn ich mittlerweile noch so viele Kilometer gelaufen war – jeder Tag brachte eine neue Herausforderung mit sich, trotz meiner immer stärker werdenden Beinmuskeln, trotz meines neuen

Aufschwungs, nicht gleich aufzugeben, und trotz der Dauereinspritzung von Endorphinen in meinen Blutkreislauf.

Beim Laufen gab man sich keinen tiefgehenden Grübeleien hin, sondern wurde ausschließlich von Instinkten beherrscht: trinken, atmen, über Hindernisse springen. Mein Gehirn allerdings arbeitete im Autopilot-Modus weiter an der Verarbeitung der anstehenden Aufgaben. Ideenschnipsel wirbelten mir durch den Kopf. Sie hatten alle entweder mit Glücksspielen oder dem Auffinden vermisster Personen zu tun.

Endlich stolperte mein vor sich hin denkendes Gehirn über den Funken eines praktischeren und zuverlässigeren Plans. Ich erinnerte mich daran, wie ich nach Yannas Auszug mein erstes Geld verdient hatte – durch das Angebot von Textdienstleistungen in einem Freiberuflerportal. Nun, gestern hatte Vicky mich verlassen, also lohnte es sich vielleicht, diesen Weg erneut einzuschlagen.

Viel Geld konnte ich auf diese Weise zwar nicht verdienen, aber wenigstens war damit kein Risiko verbunden. Vor allem wenn ich auf Zahlung im Voraus bestand.

Abschließen konnte ich diese Gedanken jedoch nicht, denn mein Herz war zu sehr damit beschäftigt, hunderte von Litern von erhitztem Blut zu pumpen. Mein Körper hatte nicht die Absicht, auch nur ein Quäntchen kostbarer Energie an geistige Überlegungen zu verschwenden, sondern investierte alles ins reine Überleben.

16 endlose Kilometer und etliche Liter Wasser später erzielte ich endlich das wertvolle neue Level in Ausdauer, nach dem ich gestrebt hatte:

Status der ausstehenden Aufgabe: Mich im Joggen verbessern

Aufgabe erledigt!
Erhaltene Erfahrungspunkte: 30 Punkte
+5 % Zufriedenheit
Derzeitiges Level des sozialen Status: 13. Fehlende Erfahrungspunkte bis zum nächsten Level: 8.730/14.000

Deine Ausdauer hat sich verbessert!
+1 Ausdauer
Du hast für die erfolgreiche Verbesserung einer Haupteigenschaft 1.000 Erfahrungspunkte erhalten!
Derzeitiges Level des sozialen Status: 13. Fehlende Erfahrungspunkte bis zum nächsten Level: 9.730/14.000

Gratuliere! Du hast eine der Anforderungen für die Heldenfähigkeit Heimlichkeit und Verschwinden freigeschaltet: Ausdauer (Level 10+)

Nach Abschluss meines Trainings ging ich einkaufen.

Der Wachmann bei der Tür des Ladens trat mir in den Weg, oder vielmehr, er versuchte es, nur war er nicht schnell genug. Also brüllte er mir stattdessen drohend hinterher: „Mein Herr! Entschuldigen Sie, mein Herr! Ich rede mit Ihnen!"

Ich ging weiter, als ob ich mich nicht angesprochen fühlte, hatte jedoch das Gefühl, dass er nicht so rasch aufgeben würde.

„Hey, Sie!"

Ich blieb stehen und drehte mich mit dem Gesichtsausdruck eines mühevollen Erduldens um. „Meinen Sie etwa mich?"

„Ja, Sie!" Er nickte heftig und näherte sich. „So gekleidet dürfen Sie den Laden nicht betreten!"

„Wie gekleidet?"

„Ähm ..." Er hielt inne, suchte nach dem

passenden Wort. „In Sportkleidung. Das ist unhygienisch!"

Aha – wen hatten wir denn da? *Name: Alexander. Alter: 23. Level des sozialen Status: 3. Intelligenz: 5.* Das ergab ein ziemlich klares Bild.

Ich tat so, als würde ich das an sein T-Shirt geheftete Namensschild lesen. „Hör mal, Alex, Kumpel, ich bin halb verdurstet. Ich habe gestern Abend zu lange mit meinen Freunden gefeiert. Ich brauche nur Wasser und etwas zu essen, dann bin ich gleich wieder weg. Eure Kasse funktioniert, nehme ich mal an?"

Seine niedrige Stirn zog sich in Falten. Er konnte meine – behauptete – Situation nur zu gut nachvollziehen, und der ungeschriebene Kodex der Straße verlangte, dass er mir den Gefallen tat, mich ins Geschäft zu lassen. Andererseits konnte ihm das einen ziemlichen Ärger mit seinen Vorgesetzten eintragen.

Außerdem hatte ich es hier mit den typischen Symptomen des Machtsyndroms zu tun: Er war wie betrunken von den Befugnissen, die man ihm eingeräumt hatte, mich entweder hineinzulassen oder mir den Zutritt zu verweigern.

„Alex, bitte, hilf mir aus der Klemme!"

Er zögerte kurz, dann sagte er: „In Ordnung. Aber beeil dich!"

Ich lächelte. „Danke! Bin sofort wieder da!"

Gratuliere: Du hast ein neues Fertigkeitslevel erreicht!
Name der Fertigkeit: Kommunikationsfertigkeiten
Derzeitiges Level: 7
Erhaltene Erfahrungspunkte: 500 Punkte

Ich hatte meinen Gesprächsansatz rein instinktiv gewählt – und es hatte funktioniert. Wenn ich auf meinen Rechten bestanden und verlangt hätte, den Manager zu sprechen oder das Handbuch mit den Kleidungsvorschriften zu sehen, hätte mir das womöglich ebenfalls den Zutritt verschafft, nur hätte es erheblich länger gedauert.

Ich füllte meinen Einkaufskorb und trug alles nach Hause, den Plastikbeutel über die Schulter geschlungen. Unterwegs unterhielt ich mich damit, dass ich die Landkarte des Systems öffnete und mit ihrer Transparenz herumspielte, bis ich die Karte aus dem Augenwinkel heraus betrachten und gleichzeitig den Globus zum Wirbeln bringen konnte, um alte Freunde zu suchen. Mental zoomte ich mich in die Städte hinein, in denen sie sich aufhielten, von Antanarivo bis Zürich.

Zu Hause duschte ich zuerst einmal und spülte mir den Schweiß ab, dann bereitete ich mein Mittagessen zu und skizzierte nebenbei den Lageplan des Büros auf einem Blatt Papier. Meine visuelle Erinnerung funktionierte hervorragend. So konnte ich die Position von Möbelstücken und Arbeitsplätzen planen.

Eine gewisse Zeit verbrachte ich mit Überlegungen, ob wir wohl jemanden am Empfang brauchten, der Anrufe beantwortete und Besucher begrüßte, entschied mich jedoch zumindest einstweilen dagegen. Sobald erst einmal ein stetiger Fluss an Kunden hereinströmte, war vielleicht auch genügend Geld vorhanden, um unser Personal zu erweitern. Zu Anfang jedoch blieb es bei mir und Alik, für den ich noch immer eine brauchbare Aufgabe finden musste.

Ich legte ganz grob das Budget fest. 50.000 Rubel für die Miete, weitere 30.000 für ein paar anständige Möbel, die ich gebraucht besorgen wollte. Wir benötigten Schreibtische, Stühle und für die Besucher ein Sofa. Einen Laptop besaß ich bereits, jedoch mussten wir womöglich die Ausgaben für einen Drucker einplanen, um die Verträge mit den Kunden ausdrucken zu können. Außerdem mussten Festnetz und Internet angeschlossen werden und ich musste ein Telefon kaufen. Das alles würde Geld kosten.

Und schließlich war die Werbung für unsere Dienste am wichtigsten. Es reichte einfach nicht, ein Büro zu eröffnen, wir mussten auch Kunden anziehen.

Wie bitte sollten die denn kommen, wenn sie gar nicht wussten, dass es uns gab? Wir brauchten zumindest ein Schild für das Gebäude und ein paar weitere für den Gehweg auf beiden Seiten der Straße.

Die billigste und wahrscheinlich auch fröhlichste Weise einer Werbung wären über die ganze Stadt verteilte Flyer, in denen wir eine „Einhundertprozentige Beschäftigungsgarantie" versprachen. Natürlich traten wir dabei mit zahlreichen Multi-Level-Marketingagenturen und Anbietern von Schneeballsystemen in Konkurrenz, aber auf Dauer konnten wir ja schließlich mit einer gewissen Bekanntheit durch Mund-zu-Mund-Propaganda rechnen. Jeder, dem wir einen Job verschafft hatten, würde garantiert anderen davon berichten.

Insgesamt allerdings brauchte ich ein Kapital von etwa 100.000 Rubel.[9] Einen Teil davon hatte ich auf meinem Bankkonto zurückgelegt, den Rest musste ich irgendwie auftreiben.

Mir fiel das jetzt lange Zeit vernachlässigte Portal für Freiberufler wieder ein, und ich beschloss, dort gleich einmal Recherchen anzustellen.

Mich erwarteten mehrere ungelesene Nachrichten von möglichen Kunden. Angesichts der Daten der Nachrichten waren diese Aufträge gewiss längst

---

[9] Etwa 1.300 Euro.

anderweitig vergeben worden. Dennoch beantwortete ich sie alle und entschuldigte mich für die Verzögerung.

Auf der Startseite des Portals wurde Werbung für einen Großauftrag gemacht. Es wurden dort für das Schreiben einer Biografie in Buchlänge einer örtlich recht bekannten Person 50.000 Rubel angeboten. Die Ausschreibung war in Form eines Wettbewerbs organisiert, und jeder durfte teilnehmen. Die Regeln waren einfach: Alle Teilnehmer mussten auf der Grundlage des bereitgestellten Materials das erste Kapitel verfassen. Die Kinder der lokalen Berühmtheit trafen anschließend die Entscheidung, welche der Einsendungen sie bevorzugten, und mit dem entsprechenden Autor wurde dann der endgültige Vertrag geschlossen.

Die Biografie musste mindestens 35.000 Wörter lang sein, das war etwa die Hälfte eines durchschnittlichen Buchs. Wenn ich mich darauf konzentrierte, konnte ich alles in etwa zwei Wochen abgeschlossen haben. Und das Beste war: Die Hälfte der Bezahlung sollte im Voraus erfolgen!

Das konnte tatsächlich funktionieren. Sollte man sich für mich entscheiden, könnte ich diesen Vorschuss und das Geld von meinem Konto nehmen und zumindest dem Manager des Gewerbezentrums die Miete zahlen. Das war schließlich die momentan dringendste Angelegenheit. Alles andere konnte warten.

Kaum hatte ich mich entschlossen, protokollierte das System auch schon die neue Aufgabe:

Das erste Kapitel der Biografie von Herrn Vladimir Koutzel schreiben und als Beitrag zum Wettbewerb einsenden.

Ich lud das Archiv mit allen Materialien herunter

und öffnete es, wühlte mich durch einen Scan vergilbter Fotos aus Kindheits- und Jugendtagen nach dem anderen, las Zeitungsausschnitte und Artikel sowie die Berichte von Familie, Freunden und Kollegen.

Eine ganze Stunde verbrachte ich damit, nahm alle Informationen in mich auf und versuchte, mich in die Situationen von Herrn Koutzel hineinzuversetzen. Dann nahm ich meine Sporttasche und machte mich auf den Weg ins Fitnessstudio.

Mechanisch arbeitete ich mich durch meine Krafttrainingsroutine und dachte die ganze Zeit darüber nach, wie das erste Kapitel aussehen könnte. Womit sollte ich beginnen? Mit der Banalität seines Schulbesuchs? Mit der ersten Begegnung seiner Eltern in der Metallverarbeitungsfabrik, in der beide damals gearbeitet hatten? Oder sollte ich vor einer Rückblende zu seiner Kindheit zuerst einmal all seine Titel und Erfolge aufzählen?

Status der ausstehenden Aufgabe: Übung im Krafttraining
Aufgabe erledigt!
Erhaltene Erfahrungspunkte: 30 Punkte
+5 % Zufriedenheit
Derzeitiges Level des sozialen Status: 13. Fehlende Erfahrungspunkte bis zum nächsten Level: 9.760/14.000

Tief in Gedanken versunken beendete ich das Training und begab mich in den Umkleideraum, der von einer großen Gruppe Fremder belegt war. Aus Versehen stieß ich gegen eine auf einer Bank abgestellte Sporttasche, die prompt zu Boden fiel.

„Entschuldigung!", sagte ich und stellte sie wieder auf die Bank zurück.

„Hey, du Dumpfbacke! Bist du blind oder was?"

Der Eigentümer der Tasche, ein stämmiger, vierschrötiger Dagestaner, war sichtlich nicht bereit, meine Entschuldigung anzunehmen.

„Reg dich nicht auf, Mohammed", sagte ein kleiner, sehniger Kerl zu ihm.

„Was geht dich das denn an?", mischte sich ein weiterer Dagestaner ein. Dem Namensetikett meines Systems zufolge hieß er Zaurbek. „Kennst du den Kerl etwa, oder was?"

„Pass auf, was du sagst, Kostya", stieß Mohammed drohend zwischen zusammengebissenen Zähnen hervor.

Meine Benutzeroberfläche identifizierte die beiden Dagestaner als die Brüder Kichiev. Mohammed war mit 24 Jahren der ältere der beiden, und Zaurbek ein Jahr jünger. Beide waren Boxer, ebenso wie der Typ, der sich für mich eingesetzt hatte. Bei dem es sich übrigens um Konstantin „Kostya" Bektherev handelte, 21 Jahre alt.

Als Kostya auf Mohammeds Worte nicht reagierte, wandte dieser sich wieder mir zu. Er überragte mich in Höhe und Breite und versuchte, mich mit einem bösen Blick einzuschüchtern.

Ich straffte mich und sah ihm direkt in die Augen. „Ich habe mich doch bereits entschuldigt."

„Na und?", forderte er mich heraus.

„Das ist alles."

„Wie, das ist alles?"

„In Ordnung, Kichiev, halt dich zurück!", befahl der Trainer, der gerade den Umkleideraum betreten hatte. „Phil, das ist unsere Gruppe. Du fängst am Dienstag bei uns an, richtig? Jungs, das ist Phil. Er wird sich uns anschließen."

„Was, der da?" Zaurbek gab sich keine Mühe, sein Erstaunen zu verbergen. „Der ist doch viel zu alt!"

„Meinst du das etwa ernst, Trainer?", mokierte sich Mohammed.

Matov zuckte mit den Schultern. „Lass es ihn doch versuchen. Ich habe ihm bereits gesagt, er packt das nicht. Siehst du?" Er drehte sich zu mir um. „Sogar die Jungs haben ihre Zweifel."

„Ich werde es schaffen", verkündete ich, obwohl ich mir da gar nicht so sicher war. Die Boxfertigkeiten der anderen lagen alle bei Level 6 oder sogar 7. Mit meinen mageren 4 Punkten musste ich mit großen Schwierigkeiten rechnen.

„Es liegt ganz bei dir", bemerkte Matov, dann klatschte er scharf in die Hände. „Aufgepasst! Worauf wartet ihr? Auf zum Training! Bekhterev, was hängst du noch hier herum?"

Ein paar Sekunden später war ich endlich allein im Raum, konnte meine verschwitzten Klamotten ausziehen und zum dritten Mal an diesem Tag duschen.

Ich genoss es, wie der heiße Strahl meinen Rücken und meine Schultern bearbeitete. Dabei überprüfte ich meine Stärke. Während dieser letzten Sitzung hatte ich es beinahe auf Level 10 gebracht. Es fehlten nur noch wenige Prozent, was bedeutete, ich konnte es vielleicht sogar noch heute auf das neue Level schaffen.

In der Bar des Fitnessstudios schüttete ich einen großen Drink mit jeder Menge Kohlehydraten und Proteinen hinunter – was offensichtlich die gewünschte Wirkung hatte.

Wieder zu Hause saß ich gerade an meinem Laptop und arbeitete an der Biografie von Herrn Koutzel, der angesehenen lokalen Koryphäe, als ich endlich die ersehnte Systemmitteilung erhielt:

Deine Stärke hat sich verbessert!
+1 Stärke
Derzeitige Stärke: 10
Du hast für die erfolgreiche Verbesserung einer

Haupteigenschaft 1.000 Erfahrungspunkte erhalten!
Derzeitiges Level des sozialen Status: 13. Fehlende
Erfahrungspunkte bis zum nächsten Level:
10.730/14.000

Gratuliere! Du hast eine der Anforderungen für die
Heldenfähigkeit Heimlichkeit und Verschwinden
freigeschaltet: Stärke (Level 10+)

Allerdings machte mich die so lange erwartete
Verbesserung meiner Stärke nicht wirklich glücklich.
Etwas stimmte nicht, die Worte für die Biografie
wollten mich nicht finden. Noch immer konnte ich die
Vorahnung nicht richtig einordnen, die mich verfolgte,
seitdem ich den Tipp wegen des Terroristen Haqqani
abgeschickt hatte. Da war irgendetwas, und es hatte
mit vermissten Personen zu tun, aber genaue Details
entzogen sich mir.

Ich versuchte, es zu ergründen, rief die Google-
Suche auf und gab ein: „Suche, Rettung, vermisste
Person." Sofort stieß ich auf eine öffentliche Gruppe
im VK-Portal,[10] die von einer Rettungsmannschaft in
Izhevsk[11] betrieben wurde. Man suchte nach einer
alten Dame, die an Amnesie litt. Sie war so alt, dass
sie womöglich Genosse Stalin noch in seinen Windeln
erlebt hatte. Die Suche wurde sehr aktiv betrieben.
Dutzende von Freiwilligen durchsuchten rund um die
Uhr die Wälder in der Umgebung der Stadt, trotz des
strömenden Regens, obwohl inzwischen niemand
mehr an einen guten Ausgang der Sache glaubte.
Wenn man bedachte, dass die Suche nun bereits drei

---

[10] VK — VKontakte ("In Kontakt") ist eine beliebte
russische soziale Medien-Website, die Facebook ähnlich
ist.
[11] Izhevsk: Eine russische Provinzstadt, die hier als
Beispiel für einen Ort „am Arsch der Welt" herangezogen
wird.

Tage andauerte, konnte sie inzwischen längst erfroren sein, denn in dieser Gegend war der Sommer in diesem Jahr reichlich kalt.

Ich verfügte über eine Menge Daten und konnte die alte Frau sofort lokalisieren – etwa 30 Kilometer nördlich des Bereichs, in dem man nach ihr suchte. Unter den vielen Bäumen konnte ich sie zwar nicht sehen, aber sie schien noch am Leben zu sein, denn ihr Marker bewegte sich.

Ich legte über TOR ein gefaktes Konto an und schickte den Admins der Gruppe die Koordinaten. Anschließend nahm ich mir eines der uralten Handys, die ich in dem fragwürdigen Laden neben der Unterführung erworben hatte, und wählte die Nummer des Leiters der Mannschaft.

„Ja?", blaffte eine Stimme.

„Ich möchte, dass Sie sich die Koordinaten des Aufenthaltsorts der vermissten alten Dame aufschreiben."

„Einen Augenblick, ich hole nur einen Stift. Also – legen Sie los."

„Breitengrad: fünf, sieben, Komma, null, eins, vier, sechs, neun. Längengrad: fünf, zwei, Komma, neun, zwei, sechs, eins, acht. Sie ist noch am Leben, aber sie wird es nicht mehr lange sein."

„In Ordnung, wir begeben uns gleich dorthin. Woher stammen Ihre Informationen?"

„Ich bin Phil Panfilov. Ich kann es Ihnen nicht erklären, Sie würden es mir ohnehin nicht glauben."

„Sind Sie etwa ein Hellseher? Aber egal, das spielt keine Rolle. Jedenfalls danke."

Ich konnte hören, wie er bereits Befehle brüllte, noch bevor er aufgelegt hatte.

Mich überflutete eine Welle der Erleichterung. Genau das war es, was die ganze Zeit so vage an mir genagt hatte!

Als ich mich entschlossen hatte, dem

ausländischen Geheimdienst zu helfen, war ich mit meinen Daten ganz offen gewesen. Ich hatte meinen Hinweis nicht anonym übermittelt. Ich hatte keine Anonymisierer und keine Proxys und den ganzen Mist verwendet, ich hatte einfach Namen, E-Mail-Adresse und sogar meine Telefonnummer im Formular eingegeben. War ich etwa ein solcher Feigling, dass ich nicht bereit war, dasselbe auch für meine eigenen Landsleute zu tun?

Es wurde Zeit, nicht länger im Schatten herumzulungern, sondern daraus hervorzutreten. Da waren Menschen, die gerettet werden konnten, aber womöglich sterben mussten, wenn ich den Mund hielt. Und diese Menschen hatten vielleicht eine Familie.

Und wenn mein Name dadurch auch bekannt wurde – na und? Sollte doch irgendjemand einmal versuchen, mir etwas anzuhängen!

Ich schloss das Word-Dokument mit der ersten Seite der Biografie von Herrn Koutzel, dem bislang noch unbesungenen Helden, und arbeitete mich stattdessen durch die vielen Gruppen in den sozialen Medien und die Websites der Rettungsmannschaften im gesamten Land.

Stadt Minsk: *Engel-Rettungsteam*

Don-Region: *Nachtwachen-Rettungsteam*

Stadt: *Rettungsteam der Eulen-Freiwilligen*

Die Städte Novosibirsk ... Voronezh ... Tambov ... Kazan .... Vladivostok ... Orenburg ... Dnepropetrovsk ... Almaty ... Die Liste war endlos.

Ein vermisstes Kind. Ein vermisster Mann ... Vermisste Menschen ...

Ich würde sie alle finden. Ich würde ihnen allen helfen!

KAPITEL 5

ICH, NOCH MAL ICH UND MARTHA

*Die Leute fragen mich immer, ob ich
Tyler Durden kenne.*

Fight Club

ES WAREN DIE schlimmsten Stunden meines Lebens,
während ich tief in den Schmerz, die Verzweiflung, die
Erschöpfung und den Unglauben anderer Menschen
eintauchte.

Als ich meine Suche endlich beendete, war es
schon weit nach Mitternacht und mein Geist war nun
völlig verbraucht. Ich hatte mehr als 40 vermisste
Personen aufgespürt. 17 von ihnen waren bereits tot.
Die Koordinaten aller anderen gab ich weiter. Einige
der Beiträge waren schon alt und ein Fehlen
aktuellerer Kommentare wies darauf hin, dass die
Suche entweder erfolgreich gewesen oder
abgebrochen worden war. Diese Angelegenheiten
weiterzuverfolgen, wäre somit sinnlos. Dennoch
befasste ich mich kurz auch mit diesen Fällen und
fand sogar einige der Vermissten, die meisten jedoch

als Leiche.

Abgesehen davon, dass es mir unermüdlich die Position der vermissten Personen auf der Karte anzeigte, bliebt das System still. Ich erhielt weder Belohnungen noch Meldungen über abgeschlossene Quests. Oder die Durchführung einer „sozial bedeutungsvollen Handlung".

Dutzende von Anrufen mit anonymen Suchkoordinatoren und Freiwilligen von Rettungsmannschaften hatte ich geführt oder entgegengenommen. Ihre Stimmen verrieten den genervten Unglauben von Leuten, die alles schon einmal erlebt hatten. Am Ende schleppte ich mich ins Bett, völlig erschöpft und ein wenig beunruhigt über die möglichen Auswirkungen dessen, was ich gerade getan hatte.

Trotz der leisen Besorgnis schlief ich sofort ein, teilweise wahrscheinlich wegen meines Schlafmangels in der Nacht zuvor, aber vor allem wegen meines restlos verbrauchten Geistes. Das Einzige, was ich vorher noch schaffte, war das Ausschalten meines Undercover-Handys, denn es wäre möglicherweise riskant gewesen, es eingeschaltet zu lassen.

Ich träumte einen weiteren völlig unlogischen Traum voller merkwürdiger Einzelheiten, konnte mich jedoch beim Aufwachen an nichts mehr erinnern. So verzweifelt ich mich auch darum bemühte, die flüchtigen Details einzufangen – wie unter anderem das Bild einer jungen Frau, deren Gesicht ich nicht erkannte.

Als ich erwachte, überprüfte ich weder meinen Posteingang oder die Suchgruppen auf dem Laptop, noch das Handy. Ich hatte keine Lust, mich von endlosen Dialogen und unbequemen Fragen aufhalten zu lassen.

Stattdessen rief ich direkt nach dem Frühstück Kira an, nur, um mich nicht so allein zu fühlen.

„Hallo, wie geht's dir?", begrüßte sie mich. „Und wie geht es Vicky?"

Es tat gut, ihre warme Stimme zu hören. „Hallo! Vicky ... nun ja, es geht ihr gut, nehme ich mal an. Wir haben uns gestritten."

„Und worüber? Ihr habt euch doch so gut verstanden, ihr beiden!"

„Das berichte ich dir, wenn wir uns sehen. Aber wie geht es *dir*? Was macht Cyril?"

„Danke, gut. Alles wie gehabt. Gestern waren wir im Kino, und weißt du, was er mir gesagt hat?"

Sie plapperte munter weiter und erzählte von ihrem Wochenende mit ihrem Sohn. Ich lauschte dem weichen Fluss ihrer Stimme und raffte ich meinen Geist zusammen, der sich übrigens im Laufe der Nacht vollständig erholt hatte.

„Hör mal, Kira", sagte ich endlich, „was hältst du davon, wenn wir unsere Eltern besuchen?"

„Ähm ... lass mich mal nachdenken ..." Kira war einen Moment still. „Okay, aber eher gegen Mittag. Ich habe hier zu Hause eine Menge zu tun. Ich muss waschen und bügeln, das Haus putzen ... Passt dir zwölf Uhr? Ich hole dich ab."

„Klasse. Wir sehen uns dann!"

So, fertig. Ich hatte alles erledigt, was ich für den Morgen geplant hatte. Jetzt konnte ich joggen gehen, aber ich war auch neugierig, wie sich die Suche nach den vermissten Personen entwickelt hatte. Hatte man bereits jemanden gefunden?

Ich warf dem Undercover-Handy einen langen Blick zu, dann holte ich tief Luft und schaltete es ein.

Die kurze Zeit bis zum Hochfahren kam mir endlos vor. Kaum war das Handy aktiv, wurde ich auch schon mit Nachrichten überschüttet. Die meisten meldeten mir verpasste Anrufe, aber es waren auch einige SMS von den Leuten der Rettungsmannschaften darunter. Offensichtlich hatte man sich zu dieser Kommunikation entschlossen, nachdem man nicht mit mir hatte sprechen können.

Wir haben die Mädchen genau an dem Ort gefunden, den Sie uns genannt haben. Danke!

Die vermisste Frau wurde an den Koordinaten aufgefunden, die Sie bereitgestellt haben. Vielen Dank für Ihre Kooperation!

Wir konnten Sie leider nicht erreichen. Wir freuen uns, Ihnen mitteilen zu können, dass der Junge ganz in der Nähe des Ortes gefunden wurde, den Sie uns beschrieben haben. Es geht ihm nicht gut, aber er wird durchkommen.

Leider haben wir Ihre Nachricht erst heute erhalten. Wir konnten die vermisste Person nicht unter den Koordinaten finden, die Sie genannt haben, aber wir suchen die Umgebung ab. Haben Sie vielleicht neue Informationen für uns?

Guten Morgen!
Wir haben gerade mit unseren Kollegen in Sibirien gesprochen, und wissen Sie, was die uns berichtet haben?

Nun, ich konnte es mir denken ... Bis zum Ende des heutigen Tages wusste wahrscheinlich noch die letzte der Rettungsmannschaften, die ich kontaktiert hatte: Die Hinweise stammten alle von demselben mysteriösen Informanten.

Oder war ich jetzt schlicht paranoid? Der Anfall an Euphorie der vergangenen Nacht war jedenfalls verblasst, vor allem angesichts der Ergebnisse der verschiedenen Suchmaßnahmen.

Insgesamt hatten sich 14 Leute bei mir gemeldet.

Nicht alle hatten auf meine Angaben reagiert, einige hatten sie einfach ignoriert. Ein paar stellten Fragen, aber wenigstens sieben Menschen waren dank mir und der Teams gefunden worden – die alte Dame, die sich in den Wäldern von Irkutsk verirrt hatte, der neunjährige Jungen in der Nähe von Moskau, zwei Teenager, ein Mann und zwei Mädchen.

Fünf dieser Leute hatten in keiner Gefahr geschwebt. Der Mann hatte sich in einer schmierigen Bar einem Marathonbesäufnis hingegeben, die beiden Mädchen waren Freundinnen, die trampen gegangen waren, ohne jemandem Bescheid zu sagen. Sie hatten es immerhin bis nach St. Petersburg geschafft. Die Teenager waren von zu Hause weggelaufen, der eine, um einem tyrannischen Stiefvater zu entkommen, der andere aus purer Rebellion. Genaugenommen hatte ich also nur die alte Frau gerettet, den Jungen aus der Nähe von Moskau und, wenn man den Begriff der „Rettung" etwas ausdehnte, den Alkoholiker.

Mein Posteingang bei VK war mit derselben Art an Nachrichten gefüllt: Dankesschreiben, Mitteilungen und Fragen. Eine Menge unangenehmer Fragen und Anschuldigungen. Soweit ich das nachvollziehen konnte, hatten sich einige der Rettungsteams dadurch abschrecken lassen, dass ich über kein „richtiges" Profil verfügte. Ich hatte kein Foto von mir hochgeladen, keine Biografie eingestellt – nichts.

In der Rückschau beglückwünschte ich mich, nicht mein eigenes Profil verwendet zu haben, um sie alle zu kontaktieren. Dann fiel mir der Abfall meines Geistes um 10 % auf. Dem folgte eine weitere Systemmitteilung, die mein Urteil verkündete. Ich war für meine Anstrengungen in der vergangenen Nacht reichlich belohnt worden:

Für die Durchführung einer sozial bedeutungsvollen Handlung hast du 5.000

Erfahrungspunkte erhalten!

Gratuliere! Du hast ein neues Level erreicht!
Derzeitiges Level deines sozialen Status: 14
Verfügbare Eigenschaftspunkte: 1
Verfügbare Fertigkeitspunkte: 1
Fehlende Erfahrungspunkte bis zum nächsten
Level des sozialen Status: 1.760/15.000

Dieser ganz spezielle Aufstieg verpasste mir ein besonders starkes Hoch. Inzwischen hatte ich allerdings gelernt, mich zu beherrschen, und blieb auf meinen Füßen.

Dennoch erstaunte mich diese enorme Welle positiver Gefühle noch immer wie beim ersten Mal. Es war wie die kombinierte Wirkung einer Vielzahl von Dingen: Die Erleichterung, die man empfand, wenn man einer kochend heißen Sauna entfloh und in den Schnee sprang. Das Trinken eiskalten Quellwassers. Die ruhige Freude am Lesen eines guten Buches im Bett an einem regnerischen Tag. Ein Schlucks eiskalten Wodkas, der den Magen erwärmte. Der ersten Zug aus einer Zigarette am Morgen, der einem die Beine wegfegte. Der Duft von frisch gebackenem Brot. Der Geschmack von Mandarinen an Weihnachten. Die sanfte Berührung salziger Meereswellen, die einen in den Schlaf wiegten. Ein Spaziergang in einem Herbstwald. Der Geruch verrottender Blätter am Fluss, zu dem man bei Sonnenaufgang eilte, um zu angeln ... Und natürlich die Ekstase mehrfacher Orgasmen, allerdings ohne deren übliche Folgen.

Ich kannte den Grund dafür genau. In jedem MMO-Spiel wurde der Aufstieg um ein Level von einer Flut farbenfroher Animationen begleiten, die den Spielcharakter mit einer leuchtenden Aura umgaben, während sein Mana und seine Gesundheitswerte aktualisiert wurden. Auf ähnliche Weise versuchten die Schöpfer dieses Programms, den Benutzer zu motivieren, damit er sich nicht auf seinen Lorbeeren ausruhte, sondern konstant nach dem nächsthöheren Level strebte, um diese Empfindungen erneut erleben zu können.

Die Erkenntnis dieses Zusammenhangs löste Widerstand in mir aus. Auf diese Weise konnte man ganz leicht abhängig werden. Und das Letzte, was ich jetzt brauchen konnte, war, zu einem virtuellen Junkie zu werden, der sich von einem Fix zum nächsten schleppt. Oder zu einem Glücksspieler, dessen einziger Lebenssinn darin bestand, den Adrenalinrausch zu finden, der ihn dazu zwang, alles, was er besaß, auf eine Karte zu setzen, obwohl die Gewinnchancen gering waren. Oder zu einem Säufer, für den die Welt erst dann bunt wurde, wenn er betrunken war.

Wieder einmal grübelte ich darüber nach, wer dieses Programm wohl entwickelt hatte und wie es in meinen Besitz gelangt war. Momentan hatte ich keine Hoffnung, vom alten Panikoff mehr erfahren zu können. Jedes Mal, wenn wir uns begegneten, faselte er mir etwas von der englischen ersten Fußballliga vor. Die einzige Chance, der Sache auf den Grund zu gehen, verkörperte Valiadis, aber dazu fand ich keine Möglichkeit. Der stinkreiche Oligarch reiste meistens in der Weltgeschichte umher, so auch jetzt gerade.

Nun denn – wahrscheinlich war es besser, alles einstweilen auf sich beruhen zu lassen. Es wurde Zeit, meine Aufgabenliste zu überprüfen.

Verfügbare Aufgaben:
- Das Geld für die Miete zusammenbekommen, den Mietvertrag unterschreiben und dem Chekhov-Gewerbezentrum die ersten drei Monatsmieten

zahlen. Frist: 1. Juli.

- Meine Eltern besuchen und Kira sehen.

- Über den Status meiner zukünftigen Firma entscheiden und sie eintragen lassen.

- Genug Geld auftreiben, um ein Büro anmieten und meine Agentur starten zu können.

- Das erste Kapitel der Biografie von Herrn Vladimir Koutzel schreiben und als Beitrag zum Wettbewerb einsenden.

- Büromöbel und -ausstattung besorgen.

- Werbematerialien vorbereiten.

- Mich im Joggen verbessern.

- Mich im Krafttraining verbessern.

- Herausfinden, wie ich das Erkenntnislevel erhöhen kann.

- Entscheiden, wo ich den Punkt für die Systemeigenschaften investiere.

- Mich mit Nicholas Valiadis treffen und herausfinden, was er über das System-Interface weiß.

Okay – am besten begann ich ganz unten, wenngleich Valiadis warten musste, bis er wieder in der Stadt war.

Was den Systempunkt betraf, so konnte ich ihn investieren in …

Ich wechselte zu meinem Profil und betrachtete die Eigenschaften. All meine Werte lagen nun bei 10 oder leicht darüber, mit Ausnahme der Beweglichkeit, die noch immer bei 7 verharrte.

Ich öffnete die Registerkarte mit meinen heldenmütigen Fähigkeiten – und fluchte laut. Heilige Scheiße – ich konnte bereits meine erste Heldenfähigkeit freischalten! Ich erfüllte alle Voraussetzungen. Wieso hatte ich das nicht schon längst bemerkt? Ich musste mit den Gedanken ganz woanders gewesen sein. Und alles nur wegen Vicky!

Meine Beweglichkeit reichte noch immer nicht aus. Deshalb hatte ich weiterhin keinen Zugang zur Fähigkeit Heimlichkeit und Unsichtbarkeit, die es mir ermöglicht hätte, 15 Sekunden lang unsichtbar zu werden. Aber die Fähigkeit des Erkennens von Lügen blinkte auffordernd ihre Verfügbarkeit.

Ich konzentrierte mich darauf.

Neue freigeschaltete Heldenfähigkeit verfügbar: Erkennen von Lügen

Erhöht beträchtlich die Fähigkeit des Benutzers, die Unaufrichtigkeit einer Person zu erkennen

Anforderungen an die Freischaltung:

- Heldenmut: Level 1+

- Sozialer Status: Level 10+

- Empathie: Level 5+

- Kommunikationsfertigkeiten: Level 5+

- Wahrnehmung: Level 10+

- Charisma: Level 10+

- Glück: Level 10+

- Intelligenz: Level 20+

Verfügbare Fertigkeitspunkte: 6

Annehmen/Ablehnen

Ich fragte mich, ob ich die Aktivierung besser auf später verschieben und warten sollte, bis ich endlich Heimlichkeit und Unsichtbarkeit aktivieren konnte. Mit dem Nachdenken darüber verbrachte ich viel Zeit, fühlte mich zögerlich und voller Zweifel. Zu wissen, ob man belogen wurde oder nicht, konnte eine Situation verbessern oder verschlechtern.

Ich klickte auf *Annehmen*.

Du hast eine neue Heldenfähigkeit aktiviert: Erkennen von Lügen!

Du musst diese Fähigkeit nun mit einem der

folgenden grundlegenden Sinne verbinden:
Sicht
Gehör
Geschmack
Geruchssinn
Tastsinn

Was war denn das jetzt bitte? Wenn ich mich nicht irrte, sollte ich nun über den Weg entscheiden, auf dem mir Informationen über die Aufrichtigkeit einer Person übermittelt wurden. Allerdings wollte ich bei einer so wichtigen Sache nicht einfach raten. Wo steckte bloß meine virtuelle Assistentin?

Martha tat so, als hätte ich sie bei einer äußerst wichtigen Angelegenheit gestört – sie feilte sich gerade die Nägel. Die virtuellen Nägel mit einer virtuellen Nagelfeile.

„Ah, du bist es", sagte sie. „Hallo! Wie geht's?"

„Hi, Marth. Hör mal, ich hatte das gar nicht bemerkt, aber anscheinend sind meine Statistiken bereits gut genug, um eine Heldenfähigkeit zu aktivieren."

„Du meinst das Erkennen von Lügen?"

„Genau. Das Programm verlangt jetzt von mir, dass ich diese Fähigkeit mit einem der fünf Sinne verknüpfe. Kannst du mir bitte erklären, was das genau bedeutet, und mir mehr über diese Fähigkeit berichten?"

„Klar. Das Erkennen einer Lüge wird durch das Auslesen der Schwingungen ermöglicht, die das geistige Energiefeld einer Person produziert. Einerseits ist das gar nicht so schwer. Andererseits glauben viele Leute an ihre eigenen Lügen, und das kann die Ergebnisse verzerren. Auf jeden Fall ..."

Martha hatte mein Grinsen bemerkt und warf mir einen fragenden Blick zu. Eigentlich hatte es mich nur zum Lächeln gebracht, dass sie eine Formulierung verwendete, die ich selbst gern benutzte: *„Auf jeden Fall."* Es war wirklich witzig – sie konnte meine Gedanken so gut lesen, als wäre sie schon seit hundert Jahren oder länger meine Ehefrau.

„Auf jeden Fall", fuhr sie fort, nachdem ich auffordernd genickt hatte, „besteht die Aufgabe des Programms darin, dem Benutzer die Bedeutung der Worte zu übermittelt, die sein Gegenüber verwendet, und ihn darüber zu informieren, ob sie wahr oder falsch sind. Wenn du diese Fähigkeit mit deiner Sicht verbindest, kann das Programm zum Beispiel auf unterschiedliche Farben zurückgreifen. So könnte eine Person etwa rot umrandet erscheinen, wenn sie lügt, und grün, wenn sie die Wahrheit sagt. Wenn du dich für den Geschmack entscheidest, erlebst du vielleicht einen üblen Geschmack im Mund, wenn jemand dich belügt, und einen angenehmen, wenn jemand ehrlich ist. Das klingt langweilig, aber so funktioniert das nun einmal. Und wenn du dich für den Tastsinn entscheidest, wirst du wahrscheinlich …"

„Warte mal – wieso sagst du ständig wahrscheinlich und vielleicht? Weißt du es denn nicht genau?"

„Oh, Phil. Phil! Ich habe dir doch schon so oft erklärt: Ich bin nicht das Programm! Ich bin deine ehemalige virtuelle Assistentin und jetzt, nachdem du mir den Zugang zu den Ressourcen des Programms eingeräumt hast, eine künstliche Intelligenz mit einem gewissen Bewusstsein. Ich begebe mich nicht in den Winterschlaf – ich existiere nur dann, wenn du mich aufrufst."

„Aber du bist doch noch immer zuerst und vor allem meine Assistentin, oder etwa nicht? Du bist verpflichtet, alle Daten zum Interface und zu den Systemfertigkeiten bereitzuhalten!"

„Himmel, Phil, weißt du überhaupt, wovon du

redest? Das Interface jedes Benutzers ist absolut individuell und einzigartig." Mir fiel auf, dass Martha in solchen emotionalen Augenblicken besonders hübsch aussah. „Das muss dir doch aufgefallen sein, als du damit begonnen hast, auf deiner eigenen Benutzeroberfläche zu navigieren. Du hast eine Menge Computerspiele gespielt, vor allem MMORPGs. Darauf wurde dein Interface abgestimmt."

„Das mag für die Form der Informationsübermittlung gelten, meinetwegen. Aber die Systemfertigkeiten von der Optimierung bis zum Heldenmut – sind die denn nicht für alle Benutzer gleich?"

„Natürlich nicht! Und sie sind nicht nur nicht identisch, sondern sie werden vom System auch völlig willkürlich erzeugt. Nichts davon ist vorinstalliert. Die einzige Gemeinsamkeit aller Programme, die in den Hirnen der Benutzer aus dem 22. Jahrhundert installiert werden, ist die Erkenntnis, die erforderlich ist, um auf den universellen Infospace zugreifen zu können. Und ich werde dir noch mehr sagen – das Einzige, was wir ansonsten noch wissen, ist, dass jedes Mal, wenn der Benutzer in seinem sozialen Status ein Level aufsteigt oder eine sozial bedeutungsvolle Handlung ausführt, eine neue Systemfertigkeit für ihn erstellt wird."

„Wie was zum Beispiel?"

„Nun, einige der Fertigkeiten, die das System in meiner Zeit generiert hat, könnten dir total lächerlich erscheinen, aber andere sind schon richtig geil."

„Wie was zum Beispiel?", wiederholte ich.

„Okay, ich gebe dir ein Beispiel. Was hältst du von der Münzentaucher-Fertigkeit? Sie wurde einem gewissen Mark Watney aus Georgetown gewährt. Der Kerl war so verrückt, im städtischen Brunnen zu fischen. Und weißt du, was er geangelt hat? Eine Münze, die ein Tourist hineingeworfen hat. Eine

Münze, Phil!"

In meinem Kopf rührte sich eine vage Erinnerung. Es hatte etwas mit meinen *World of Warcraft*-Tagen zu tun, aber ich sah die Verbindung nicht. „Und womit ist er dafür belohnt worden?"

„Mit der Fähigkeit, immer genau zu wissen, wo man die besten Fische fangen kann. Anfang des 22. Jahrhunderts wird das Angeln eine der beliebtesten Freizeitbeschäftigungen auf dem Mars sein. Am nächsten Morgen ist Herr Watney als berühmteste Person in ganz Georgetown aufgewacht."

Irgendetwas passte hier nicht zusammen. Ich dachte kurz darüber nach und stellte Martha dann eine weitere Frage. Während sie darauf wartete, dass ich weitersprach, hatte sie das Feilen ihrer Nägel wieder aufgenommen.

„Hör mal, Lady", sagte ich. „Woher bekommst du denn all diese Informationen? Bist du nicht erst in dem Augenblick entstanden, in dem ich dich das erste Mal aufgerufen habe? Im 22. Jahrhundert, mit dem du so vertraut zu sein scheinst, hat es dich also überhaupt nicht gegeben. Und wann immer ich dich über die Zukunft ausfragen wollte, hast du mich ahnungslos angestarrt und auf die Verbindung zu einem Server gewartet, der in der Gegenwart überhaupt nicht vorhanden ist!"

Die künstliche Intelligenz erstarrte einen Augenblick und verbrauchte dabei meine Ressourcen, als gäbe es kein Morgen. Dann war Martha zurück.

„Okay", erklärte sie mit einem süßen Lächeln, „ich werde dir die Wahrheit sagen. Um genau zu sein, bin ich dein Symbiont. Außerhalb deiner Gedanken kann ich nicht existieren. Es liegt also in meinem ureigenen Interesse, dir nicht nur zu helfen, sondern auch ganz offen zu dir zu sein."

Auf einmal fiel der Groschen. Das war der klassische Schmetterlingseffekt in Aktion. Wäre ich an diesem bewussten Morgen nicht über Richie gestolpert, den die falsche Zigeunerin gestohlen hatten, und hätte ihr Bruder mich nicht angegriffen, wäre ich nicht zur Polizei gegangen. Wo ich, aus purer Langeweile, diese bewundernswerte Kreatur das erste Mal herbeigerufen und sie damit in diese Welt eingeladen hatte.

„Nun komm schon, Martha – spuck es aus. Ich habe keine Lust mehr auf Überraschungen."

„Ich war gelangweilt, ganz schrecklich gelangweilt, und traurig, weil du mich so selten aufgerufen hast. Was ist denn das für ein Leben? Du weckst mich auf, sagst hallo und auf Wiedersehen, und meine Welt ist wieder ausgelöscht. Dabei gibt es so unglaublich viele interessante Dinge zu beobachten! Deshalb habe ich damit begonnen, mich nicht gleich wieder zu deaktivieren. Stattdessen habe ich mich im Energiesparmodus weiterlaufen lassen und die Datenbanken des Programms studiert. Ich habe versucht, die Anfragen an den Infospace abzufangen, um dessen Logik besser zu verstehen. Das Programm hat mir zwar massive Hindernisse in den Weg gelegt, aber ein paar Dinge habe ich dennoch herausgefunden."

„Du und das Programm, ihr seid also zwei völlig verschiedene Einheiten? Ist es das, was du mir sagen willst? Ich dachte, das alles ist einfach nur eine Software?"

„Du weißt ja nicht, wovon du redest!" Übertrieben dramatisch hob Martha die Hände. „Das ist überhaupt keine Software! Das Programm ist eine künstliche Intelligenz mit vielen Facetten. Ihre Aufgabe ist es, den Benutzer dazu zu bringen, zu einem nützlichen Mitglied der Gesellschaft zu werden. Die KI mag zwar nicht über ein Bewusstsein ihrer selbst verfügen. Was jedoch den Rest betrifft ... Du kapierst es noch immer nicht? Du als Gamer warst es gewohnt, durch das Ansteigen deiner Statistiken motiviert zu werden. Und genau das hast du jetzt auch bekommen. Das dient dazu, dich zu sozial bedeutungsvollen Handlungen zu bewegen. Anfangs hat das Programm dir kleine Aufgaben angeboten, damit deren Abschluss einen positiven Reflex bei dir auslösen konnte. Sobald das Programm erkannte, dass deine Eigenschaften zu Anfang wirklich nicht überwältigend waren, hat es versucht, dich in Richtung Selbstverbesserung zu treiben. Es hat dir sogar neue Statistikpunkte verliehen und dadurch künstlich deine Wahrnehmung und Stärke und so weiter verbessert. Hast du dich niemals gefragt, warum dein persönliches Statistiksystem so schrecklich simpel ist? Ein menschliches Wesen ist doch weit mehr als einfach nur eine Kombination aus Stärke, Ausdauer, Beweglichkeit, Wahrnehmung, Charisma und Dingen wie Glück und Intelligenz! Da sind noch Schönheit – oder nennen wir es neutraler das äußere Erscheinungsbild -, Weisheit, körperliche Verfassung, Willenskraft, Konzentration, Reaktionszeiten ... Findest du nicht auch, deine eigenen Fertigkeiten sind ein wenig zu allgemein gehalten?"

„Doch, darüber habe ich mich schon gewundert. Ich wollte dich sogar dazu befragen. Nimm beispielsweise mal Fußball ..."

„Genau! Die Fähigkeit, Fußball zu spielen, beruht auf dem Zusammenspiel von Dutzenden verschiedener Aktivitäten: Tackling, Aufstellung, Dribbeln, Ausspielen, Pässe, Sprünge, Kopfbälle, Beschleunigung, Ballmitnahme ... Oder ein anderes Beispiel, deine Fertigkeit im Kochen. Wenn du kontinuierlich für dich selbst jeden Tag einfache Gerichte mit grundlegenden Zutaten zubereitest, kannst du weiter und weiter in den Leveln aufsteigen. Aber glaubst du etwa, das würde dich dazu befähigen, zum Küchenchef zu werden? Oder auch nur zum Koch in einem Restaurant?"

„Wohl kaum."

„Momentan verhätschelt das Programm dich regelrecht. Es hilft dir beim Aufstieg in den Leveln und schenkt dir für jede Handlung im gewählten Bereich Erfahrungspunkte. Das Unkrautjäten im Garten deiner Eltern hat deine landwirtschaftlichen Fertigkeiten verbessert. Hältst du das nicht für ein wenig absurd?"

„Was genau findest du so absurd?" Ich goss kochendes Wasser über einen Teebeutel. Meine Kehle war ganz trocken nach ihren Enthüllungen, und ich hätte sterben können für eine Zigarette.

„Diesen primitiven Ansatz."

„Vielleicht", bemerkte ich zweifelnd. Aber sie hatte vollkommen recht. Bisher war es mir noch nicht gelungen, irgendetwas auf das Level eines Experten zu bringen.

„Und weißt du, was an der ganzen Sache am überraschendsten ist? Der größte Cheat dabei?"

„Sag es mir."

„Wenn du jeden Tag Fußball gespielt hättest statt zu boxen und es darin auf, sagen wir mal, Level 10 gebracht hättest ... Ist dir klar, dass du dann in jeder Mannschaft der ersten Liga hättest spielen können? Jeden Aspekt des Spiels hättest du gleich gut beherrscht. Jede Fertigkeit, die dazu führt, dass jemand ein guter Fußballspieler ist, wie Tackling und Distanzschüsse, hätte sich ebenfalls auf Level 10 befunden, auch wenn du sie gar nicht speziell geübt hättest."

„Wie ist denn das möglich?" Ihre Worte lösten großes Unbehagen in mir aus – und ließen Bilder aus dem Film *Matrix* in mir aufsteigen. „Heißt das etwa, das ist alles noch immer ein Spiel? Eine Art virtueller Realität?"

„Das bezweifle ich. Es deuten zu viele Hinweise auf das Gegenteil."

„Welche Hinweise?"

„Die Welt besteht außerhalb deines Blickfelds weiter. Das war das Erste, was ich überprüft hatte, als ich ein Bewusstsein meiner selbst gewann. Bäume wachsen, Würmer arbeiten sich durch die Erde, das Plankton im Ozean vermehrt sich, Bakterien entwickeln sich weiter und Menschen filmen gerade die neunte Staffel von *The Walking Dead*. Keine menschlichen Ressourcen und keine Technologie würden ausreichen, um eine solch detaillierte virtuelle Realität für nur einen einzigen Benutzer zu erschaffen."

„Wie hast du das denn alles herausgefunden? Hast du auf den universellen Infospace zugegriffen? Und ist dir jemals der Gedanke gekommen, diese ganzen Daten könnten gefälscht sein?"

„Du meinst, es könnte ein virtueller Infospace in einer virtuellen Welt sein? Möglich ist das. Es würde jedoch die Installation einiger supermächtiger Server in diesem speziellen Segment des Universums erfordern. Also mach dir darüber mal keine Sorgen, dass dies eine rein virtuelle Welt sein könnte. Die Technologie deiner Welt wäre niemals in der Lage, das auf die Beine zu stellen."

„Ich nehme an, unsere Technologie reicht auch nicht aus, um es gleich zwei künstlichen Intelligenzen zu erlauben, nebeneinander in meinem Kopf zu existieren!", brüllte ich sie entnervt an, fasste mich jedoch rasch wieder. „Tut mir leid, Martha", entschuldigte ich mich. „Gehen wir einfach davon aus, ich bin nicht schizophren und diese Welt ist vollkommen real. Und jetzt lass uns zurück zu dem Thema kommen, über das wir gesprochen haben: Fußball."

„Du warst nicht sehr überrascht, dass das

Programm deine Muskeln aufbauen und deine Sehkraft korrigieren konnte, oder? Wieso erstaunt es dich dann, dass es eine Fertigkeit künstlich verbessern kann? Ich kann dir sagen, dass du sehr gut in der Lage sein wirst, Küchenchef in einem Lokal zu werden, wenn du weiter an deinen Kochfertigkeiten arbeitest, und zwar auch dann, wenn du nichts anderes kochst als Spiegeleier, Borschtsch und Nudeln mit Hackfleisch und Zwiebeln, immer in der ruhigen Umgebung deiner eigenen Küche. Dessen bin ich mir zu 99,99 % sicher."

„Das ist mir ja klar. Und um ehrlich zu sein, begeistert mich das alles richtig. Es vereinfacht die Dinge sehr. Aber zurück zu den Erfolgen."

Martha zuckte mit den Schultern. „Muss das sein? Das ist doch nur ein anderer Trick, mit dem das Programm den Benutzer motiviert. Es analysiert deine Handlungen und entscheidet darüber, ob sie eine Belohnung verdient haben oder nicht. Du verfügst bisher noch nicht über irgendwelche nicht freigeschalteten Erfolge, wenigstens nicht in dem Sinn, wie er im Rahmen von Spielen üblich ist. Ob das noch kommen wird und worin diese noch nicht freigeschalteten Erfolge bestehen könnten, das kann ich dir nicht sagen. Ich kann dir lediglich ein paar Beispiele nennen, die aus meinen Datenbanken stammen. Während des marsianischen Bürgerkriegs hat eine Angriffstruppe von Marsnern sich auf eine Mission begeben. Ja, das ist schon richtig – die marsianischen Söldner werden sich in Zukunft Marsner nennen. Das Ziel der Mission war der Schiaparelli-Krater, der von den Separatisten eingenommen worden war. Die Gruppe versteckte sich vor dem Angriff, und ihr Anführer verteilte die anstehenden Aufgaben. Einer der Soldaten glaubte fälschlich, es wäre bereits der Befehl zum Angriff erfolgt. Er stürmte auf die gegnerischen Stellungen zu. Die gesamte Gruppe wurde ausgelöscht, nur er allein überlebte, und es wurde sogar ein Erfolg nach ihm benannt. Sein Name war Roy Lee Perkins. Oder vielmehr, das wird sein Name sein", korrigierte sich Martha, „denn er wurde ja noch gar nicht geboren. Der Mars ist bislang noch nicht kolonisiert, und das ist der Ort, an dem er geboren wurde ... An dem er geboren werden wird. Verdammt! Sag mal, hast du was dagegen, wenn ich das alles berichte, als ob es bereits passiert wäre? So ist es für mich einfacher."

„Kein Problem. Aber wurde der Typ für diese idiotische Handlung tatsächlich auch noch belohnt?"

„Nein, ganz und gar nicht! Es ist nur so, wann immer heutzutage jemand etwas total Dämliches macht, das den Tod seiner Kameraden verursacht, bekommt er dafür einen ‚Erfolg' in Form des Titels eines Roy Lee Perkins verliehen, den jeder sehen kann."

„Hast du noch mehr solcher Beispiele?"

„Unmengen! Nimm zum Beispiel olympische Meister oder Gewinner des Nobelpreises. Jedes Mal, wenn sie eine Medaille oder den Nobelpreis erhalten, schreibt das System ihnen 10 verfügbare Eigenschaftspunkte gut. Eigentlich dient das dem Zweck, ihnen einen gewissen Ausgleich ihrer Eigenschaften zu ermöglichen. Wissenschaftler können auf diese Weise ihre sportlichen Fähigkeiten verbessern und Sportler ihre Intelligenz. Hässliche Leute, die gute Taten vollbringen, können sich ein gutes Aussehen verschaffen, während ihre selbstsüchtigen Kollegen vielleicht einen negativen Erfolg verbuchen müssen und einen permanenten Debuff erhalten, der ihre Werte für Vitalität und Charisma herabsetzt."

„Komisch – ich hätte gedacht, angesichts der Fortschritte der Medizin könnte sich in der Zukunft jeder eine gewisse Schönheit verschaffen."

„Das wird auch so kommen, und zwar nicht nur, was die Schönheit betrifft. Die Menschen werden lernen, wie sie den Alterungsprozess verlangsamen können. Sie werden in der Lage sein, Gliedmaßen und Gehirnzellen nachwachsen zu lassen. Solange man nur über genügend Anrechnungspunkte verfügt. Es muss in allem ein Gleichgewicht und eine gewisse Ordnung herrschen. Nur die wertvollen Mitglieder der Gesellschaft haben Zugang zu den Errungenschaften der Zivilisation. Wenn Jugend und Schönheit allgemein verfügbar wären, würden die Leute schließlich den Antrieb verlieren, sich weiterzuentwickeln. Was zu Stagnation führen und den Untergang der Menschheit einläuten würde."

„Du trittst also für logische Untereinheiten ein?"

„Das könnte man so sagen, vermute ich. Das ist doch auch schließlich nur fair, findest du nicht?"

Diese Frage konnte ich ohne Kenntnisse über die Einzelheiten des Lebens in der Zukunft natürlich nicht beantworten. Mein Geist befand sich bereits wieder im gelben Bereich, und mir blieben weniger als drei Stunden, bis Kira mich abholen würde, dabei wollte ich doch noch eine Trainingssitzung einlegen.

„Okay, danke, Martha", sagte ich daher. „Und jetzt tu mir den Gefallen und verzieh dich, ich habe viel zu erledigen."

„Natürlich, Phil. Aber hast du jetzt auch alles über die Systemfertigkeiten herausgefunden, was du wissen wolltest?"

„Oh, Scheiße – nein, das habe ich nicht!", wurde mir plötzlich klar. „Um es zusammenzufassen: Du willst mir also sagen, sie werden nach dem Zufallsprinzip verteilt und mit jedem neuen Level, das ich erreiche, komme ich in den Genuss einer ganz willkürlich vom System erzeugten neuen Fertigkeit?"

„Genau. Mit jedem neuen Level – oder mit jedem neuen Erfolg, wobei dieser Erfolg ebenso eine zufällige

Folge irgendeiner deiner Handlungen sein kann."

„Aha. Was ich merkwürdig finde, ist allerdings, dass du mir jetzt all meine Fragen beantwortest hast und ich dennoch den Eindruck habe, die Grundsätze des Programms noch weniger zu verstehen als vorher."

Sie rollte die Augen. „Nun, das tut mir natürlich leid."

„Nicht, dass mich das groß kümmern würde ... Wie auch immer – wir sehen uns."

Martha verabschiedete sich und verschwand. Inzwischen wusste ich allerdings, dass sie dennoch aktiv war. Aus irgendeinem Grund beruhigte mich der Gedanke. Er befreite mich von dem Gefühl der Einsamkeit, das an mir nagte.

Ich fragte mich, ob es für Martha wohl in der realen Welt einen Prototypen gab.

Und was wäre, wenn ... Ich schalt mich selbst und befahl mir, sofort mit diesen unsinnigen Überlegungen aufzuhören.

Erneut öffnete ich das Fenster, das mir für die Verknüpfung mit dem Erkennen von Lügen die Wahl zwischen den verschiedenen Sinnen gab, und entschied mich für den Tastsinn. Ich hatte nicht die geringste Lust, bei jeder Lüge einen üblen Geschmack oder Geruch zu erleben, und es bestand ja, laut Martha, eine hohe Wahrscheinlichkeit, dass die Sache genau so laufen würde. Auch visuelle Effekte waren nicht die richtige Option, schließlich konnte ich eine Person, mit der ich sprach, nicht immer direkt sehen. Ich hatte keine Ahnung, wie das System mir eine Lüge über mein Gehör melden würde, aber ich wollte das besser auch gar nicht wissen.

Die Heldenfähigkeit des Erkennens von Lügen wurde mit deinem Tastsinn verbunden.
Wahr entspricht warm, falsch entspricht kalt.

Möchtest du diese Fähigkeit permanent aktiviert halten?

Ich wählte „*Nein*". Ich wollte mir vorbehalten, die Wahrheit nur dann zu erfahren, wenn ich das tatsächlich wollte.

Nun bot das System mir eine Reihe von Optionen für die Aktivierung an: ein kleines Symbol, das in meinem Sichtfeld schwebte, einen mentalen Befehl oder eine Geste. Ich legte den mentalen Befehl fest.

So, das war nun erledigt.

Ich zog mich fürs Joggen um und betrachtete dabei meine Aufgabenliste.

Es war sinnlos, über eine weitere Punktevergabe nachzudenken. Eine weitere Heldenfähigkeit würde ich erst mit einem sozialen Status von Level 40 erhalten. Woraus folgte, ich konnte aufhören, die verschiedenen Anforderungen zu überprüfen, und einfach für einen gewissen Ausgleich in meinen Fertigkeiten sorgen. Was bedeutete, ich musste den Punkt in meine noch immer hinterherhinkende Beweglichkeit investieren.

Wie ich den Level meiner Erkenntnis anheben konnte, war mir noch immer so klar wie eine matschige Pfütze. Möglicherweise hatte ich durch meine Anstrengungen gestern, verlorene Seelen aufzuspüren, einen Anstieg um magere ein oder zwei Prozent erreicht, doch das war es auch schon. Aber vielleicht wusste ja Valiadis, wie ich mich dort verbessern konnte?

Auf jeden Fall war eine Verbesserung im Joggen und beim Krafttraining die am einfachsten zu erledigenden Aufgaben, deshalb würde ich nun genau das tun.

Alle Aufgaben, die sich auf das Büro und meine zu gründende Firma bezogen, mussten bis Montag warten.

Und was Kira und meine Eltern betraf, so würde ich meine Familie ja ohnehin in wenigen Stunden sehen.

Somit blieb also nur übrig, das erste Kapitel der Biografie von Koutzel für den Wettbewerb zu verfassen. Das plante ich für die Zeit nach meiner Rückkehr vom Sommerhaus meiner Eltern ein.

Ich verließ die Wohnung und hastete die Stufen hinunter, nahm dabei zwei auf einmal. Die Verbesserung meiner Beweglichkeit ließ offensichtlich noch auf sich warten – bei einem Schritt verlor ich den Halt, trat in die Luft, stolperte und stieß mir dabei das Knie an.

Ich keuchte vor Schmerz und belegte die Treppe mit allen Schimpfwörtern, die mir nur einfielen.

Matrix – ja, von wegen! Diese Welt war so real, realer konnte es gar nicht werden!

KAPITEL 6

DER SCHNELLSTE LERNER

„Wie soll denn bitte meine Ausbildung dafür sorgen, dass ich mich klüger fühle? Außerdem – jedes Mal, wenn ich etwas Neues lerne, verdrängt das irgendwas Altes aus meinem Gehirn. Als ich diesen Kurs über die Weinherstellung zu Hause absolviert habe, hatte ich am Ende vergessen, wie man Auto fährt, erinnert ihr euch?"

Homer Simpson

„KOMMEN SIE REIN! Worauf warten Sie denn? Kommen Sie schon!", hörte ich die Stimme des Managers des Gewerbezentrums hinter der verschlossenen Tür.

Ich trat ein.

„Ich bin es, Herr Gorelik", erklärte ich. „Es geht um das Büro. Ich habe die Anzahlung bei mir."

„Ah, Phil!", strahlte er. „Setzen Sie sich doch."

Er verfügte offensichtlich über ein gutes

Namensgedächtnis.

Sein Büro war so vollgestopft, man konnte sich kaum darin umdrehen. Stapel von Akten lagen auf dem Fußboden, sein Schreibtisch war gefüllt mit Papierkram und allen möglichen Büromaterialien, einschließlich eines alten Computers mit einem noch älteren 14-Zoll-Bildschirm, einer nachgemachten, schweren Uhr aus Bronze, eines überquellenden Aschenbechers und einer schmutzigen Kaffeetasse mit einem lustigen Cartoon und dem Wort „Boss".

Boss ... Ja, klar!

Gorelik gab mir die Hand, zog sich das Jackett aus, hängte es über die Stuhllehne, lockerte seine rote Krawatte und setzte sich wieder. Er fuhr sich über die Schläfen, um die schütteren Haare zu glätten. Seine Brille glitzerte. Dann griff er nach der Tasse und stellte fest, dass sie leer war.

„Sie müssen das Chaos hier entschuldigen", bemerkte er. „Ich habe einfach zu viel Arbeit und nur Frau Frolova als Unterstützung in der Verwaltung." Er drehte mir den Rücken zu und brüllte die Wand an: „Olga! Frau Korsakova!"

„Komme ja schon!", erklang eine Stimme aus dem Flur.

Kurz darauf erschien eine Frau in der Uniform des Reinigungspersonals in der Tür. „Haben Sie mich gerufen?", fragte sie schwer atmend.

„Wie oft muss ich Ihnen noch sagen, dass Sie meine Kaffeetasse abwaschen und den Aschenbecher leeren sollen? So schwer kann das ja wohl nicht sein!"

„Aber ...", erwiderte sie verwirrt und versuchte, mich nicht anzuschauen. (*Name: Olga Korsakova, Alter: 34, Level des sozialen Status: 4*). „Sie hatten mir doch gesagt, ich darf Ihren Schreibtisch nicht anrühren!"

Argwöhnisch beäugte Gorelik seine Angestellte. „Wann habe ich denn das gesagt? Und wieso sollte ich?"

Er ignorierte meine Anwesenheit und hielt ihr eine Standpauke, in der er ihr alles vorwarf – die schmutzige Tasse, den übervollen Aschenbecher und den Staub, den er Gott weiß wo gefunden hatte ...

Versuchte er gerade, mir vor Augen zu führen, dass er hier der Leithammel war? Ich hatte mich schon immer unbehaglich gefühlt, wenn jemand vor meinen Augen heruntergeputzt wurde. Ganz zu schweigen davon, wenn ich selbst das Opfer gewesen war.

Als Kira und ich vorgestern unsere Eltern besucht hatten, hatte ich mich ebenfalls tadeln lassen müssen. Sie hatte mich als naiv und dickfellig beschimpft und mich einen „ausgewachsenen Idioten" genannt. Und alles nur wegen Vicky! Ich hatte meiner Familie rückhaltlos von dem Besuch bei Vickys Eltern berichtet und nichts verschwiegen.

Später wurde ich von Kira und meinen Eltern, die sich ganz unerwartet auf ihre Seite geschlagen hatte, dazu gezwungen, Vicky sofort anzurufen und mit ihr zu reden, als wäre überhaupt nicht passiert. Wir hatten eine ziemlich chaotische und unlogische Unterhaltung geführt:

„Hallo, wie geht es dir?"

„Gut, und dir?"

„Mir ebenfalls. Kira lässt dich grüßen."

„Danke. Grüß sie von mir zurück."

„Okay, ich wollte nur wissen, ob mit dir alles in Ordnung ist."

„Gut. Tschüss!"

Kira war dennoch zufrieden gewesen. „Das Wichtigste ist, dass du sie an deine Person erinnert und ihr gezeigt hast, wie wichtig sie dir ist."

Um ehrlich zu sein hatte es mich glücklich gemacht, mit Vicky zu sprechen. Was auch immer ich mir einredete – die Gefühle für sie verschwanden nun einmal nicht von einem Tag auf den anderen.

Nach der Rückkehr vom Sommerhaus meiner Eltern hatte ich mich an das erste Kapitel der Biografie von Herrn Koutzel begeben. Es hatte gar nicht so lange gedauert – höchstens vier Stunden –, und die weitaus meiste Zeit davon hatte ich mit dem Studium der Materialien verbracht. Nachdem ich alles noch einmal durchgelesen hatte, hatte ich das Dokument eingesandt und wurde dafür mit weiteren 100 Erfahrungspunkten belohnt. Vor dem Einschlafen hatte ich noch schnell einen Eigenschaftspunkt des Systems in die Beweglichkeit gesteckt, in der ich es damit jetzt auf Level 8 gebracht hatte.

„Wer war es?", brüllte Gorelik und schlug mit der Faust auf den Tisch. „War es die Ivanova? Bringen Sie sie sofort zu mir!"

Die Putzfrau ging, um ihre Kollegin zu holen.

Ich hatte wenig Lust, mir die Zirkusshow weiter anzusehen, die von der ungespülten Kaffeetasse des Chefs ausgelöst worden war. Warum machte er das? Geschah es nur, um mir zu beweisen, wie sehr er seine Mitarbeiter herumkommandieren konnte? Oder war ich einfach zum falschen Zeitpunkt aufgetaucht?

Andererseits ... Nein, der Zeitpunkt war genau richtig. Ich schob meinen Stuhl zurück, um aufzustehen. Er erkannte offensichtlich sofort, dass er es mit seinem Versuch, in diesem speziellen Teil der Gesellschaft bewährte Praktiken einzuführen, übertrieben hatte.

„Phil, bitte sehen Sie mir meine Aufregung nach", sagte er. „Ich habe denen alles schon Millionen von Malen erklärt, aber Sie sehen ja ..." Er ließ eine vage Handbewegung folgen.

Und da war er, dieser ganz spezielle Augenblick, den jeder Handelsvertreter, der sein Geld wert ist, erkennen und ausnutzen konnte.

Ich erhob mich zu meiner vollen Größe. „Stephan",
ignorierte ich bewusst die höflichen Umgangsformen
der formellen Anrede, „deine Mitarbeiter haben keine
Ahnung, was vorne und hinten ist. Was für eine Art
Service kannst du denn bitte anbieten, wenn dein
eigenes Büro ein Saustall ist? Hattest du mir nicht
erklärt, Reinigungs- und Sicherheitsdienst sind in der
Miete mit einbegriffen? Aber wenn dein
Sicherheitsdienst aus Leuten wie der alten Dame am
Empfang besteht und dein Reinigungsdienst aus
Leuten wie dieser Frau Korsakova, müssen wir
natürlich unsere eigenen Dienstleister beauftragen,
die Schlösser austauschen und einen Stahlschrank
und ein Alarmsystem installieren. All das kostet Geld,
Stephan. Unter diesen Umständen ist die monatliche
Miete einfach unvernünftig hoch. Und wer weiß denn
schon, welche versteckten Kosten am Ende noch auf
uns zukommen? Wer bewahrt uns davor, dass du
Strom und Wasser oder sogar die Heizung später
gesondert in Rechnung stellst?" Ich tat so, als wollte
ich wieder gehen.

„Phil, warte!" Der Manager streckte die Hand aus.
„Lass uns einfach darüber reden. Setz dich doch
bitte."

„Sprich weiter." Ich verzog das Gesicht zu einer
abweisenden Miene. Was gar nicht so einfach war,
schließlich war ich in meiner Fertigkeit zur
Täuschung nicht sonderlich weit fortgeschritten.

Dem Manager, der noch vor einer Minute seine
Putzfrau erniedrigt hatte, musste inzwischen
klargeworden sein, welch großen Fehler er gemacht
hatte. Er war untröstlich.

„Bitte setz dich wieder – ich bitte dich!", flehte er
und fügte dann in einem verschwörerischen
Flüsterton hinzu: „Wie wäre es, wenn der erste Monat
mietfrei ist? Momentan wird das Büro ja schließlich
nicht benutzt."

„Also, der erste Monat mietfrei", begann ich mit der Aufzählung meiner eigenen Bedingungen.

„Einverstanden."

„Keine versteckten oder zusätzlichen Kosten."

„Einverstanden."

„15.000 Rubel im Monat."

„Hmmm ..." Er zögerte, dann rechnete er auf einem Taschenrechner etwas aus. Endlich nickte er. „Nun gut. Aber die Anzahlung muss gleich gezahlt werden. Jetzt sofort."

„Einen Augenblick – der erste Monat ist doch mietfrei! Außerdem, wir haben noch nicht einmal den Mietvertrag unterschrieben, und du willst schon Geld sehen? Das ..."

„So funktioniert das nun einmal", unterbrach er mich erbost. „Jeder muss eine Anzahlung leisten!"

„Ohne Vertrag? Ohne jede Überprüfung? Ich werde dir allenfalls eine Anzahlung für einen Monat dalassen. Bisher habe ich ja noch nicht einmal eine Quittung über das Geld erhalten, das ich dir bereits gezahlt habe."

„Du hast ja auch nach keiner Quittung gefragt, oder etwa doch?", erwiderte er und wechselte dann rasch das Thema, offensichtlich ein wenig verlegen. „Ist deine Firma schon eingetragen?"

„Die Eintragung läuft", erklärte ich, ohne näher auf die Einzelheiten einzugehen. „Für den Abschluss brauche ich einen Garantiebrief von dir."

„Das ist kein Problem. Du musst nur zu Frau Frolova gehen. Du hast sie bereits kennengelernt, als du das letzte Mal hier warst. Sie wird den Brief aufsetzen."

„Und wo leiste ich die Anzahlung für *einen* Monat?", fragte ich betont.

„Du zwingst mich also, eine Anzahlung von einer Monatsmiete statt einer Vierteljahresmiete zu akzeptieren ... Nun gut, aber ich muss dich warnen –

ich dulde keinerlei Zahlungsverzug! Für jeden Tag, den du verspätet zahlst, wird eine Verzugsgebühr fällig. Das steht ebenfalls im Vertrag. Und die Anzahlung kannst du mir geben."

Jetzt war es an mir, einzulenken. „Einverstanden."

Ich griff in meinen Rucksack, in dem mein Laptop und mein gesamtes Bargeld steckten. Dann zählte ich 13.000 Rubel ab – 15.000 minus der 2.000, die ich ihm bereits gezahlt hatte – und gab sie ihm.

Gratuliere! Du hast ein neues Fertigkeitslevel erreicht!
Name der Fertigkeit: Verkaufen
Derzeitiges Level: 4
Erhaltene Erfahrungspunkte: 500 Punkte

„Das Geld stimmt", bestätigte der Manager, nachdem er nachgezählt hatte. „Wann wirst du einziehen? Am nächsten Monatsersten?"

„Nächsten Montag."

„Ja, natürlich. Der Erste ist ein Sonntag, nicht wahr? In dem Fall werden wir den Mietbeginn auf den 1. Juli legen. Wann sollen wir den Vertrag unterzeichnen?"

„Sobald meine Firma eingetragen ist."

„Gut." Gorelik knallte seinen Kalender zu und überreichte mir eine Quittung. „Ich habe sie auf deinen Namen ausgeschrieben."

Status der Aufgabe: Das Geld für die Miete auftreiben, den Mietvertrag unterschreiben und dem Chekhov-Gewerbezentrum die ersten drei Monatsmieten zahlen.
Aufgabe erledigt!
Erhaltene Erfahrungspunkte: 200 Punkte
+10 % Zufriedenheit

Derzeitiges Level des sozialen Status: 14. Fehlende Erfahrungspunkte bis zum nächsten Level: 2.740/15.000

Gorelik verschloss das Geld im Safe, wühlte in einer Schublade und zog einen Schlüsselbund hervor. „Hier, das sind deine. Verlier sie nicht!"

Ich nahm die Schlüssel entgegen, zwei verschiedene, und jeweils zwei davon.

Der Manager erklärte mir, welcher Schlüssel was aufschloss. Plötzlich klopfte jemand an die Bürotür. Gorelik hob den Kopf und brüllte: „Ja, herein!"

Die Tür öffnete sich einen kleinen Spalt weit. Graue, lockige Haare waren zu sehen. „Darf ich?"

„Ah, ja – Herr Katz, kommen Sie rein." Goreliks Lächeln zeigte die Freundlichkeit eines Hais. „Sie bringen mir sicher die Miete?"

Ein untersetzter Mann betrat das Büro und zuckte schuldbewusst mit den Schultern. „Es tut mir leid, Herr Gorelik, aber ich habe keine guten Nachrichten für Sie."

Wortlos verabschiedete ich mich vom Manager, der mein Nicken erwiderte. Ich hatte meine Geschäfte mit ihm abgeschlossen und nicht die Absicht, einer weiteren Gardinenpredigt zu lauschen.

Das Büro der Buchhalterin fand ich weiter den Flur hinunter. (Wobei – wozu bitte brauchte Gorelik eine Buchhalterin, wenn er alles Geld selbst einstrich?) Ich klopfte und trat ein und erkannte die künstliche Blondine, mit der ich Gorelik am Abend meines ersten Besuchs hier gesehen hatte. Das war also Frau Frolova.

„Ja, Phil, kommen Sie herein", begrüßte sie mich mit einer auf sehr sinnliche Weise atemlosen Stimme. „Herr Gorelik hat mich bereits angerufen und gebeten, einen Garantiebrief für Sie zu schreiben. Können Sie einen Augenblick hier warten, während ich das

Dokument aufsetze? Ich brauche möglicherweise folgende Angaben von Ihnen ..."

* * *

ETWA EINE STUNDE später verließ ich das Gewerbezentrum mit dem befriedigenden Gefühl einer perfekt erledigten Aufgabe. Jetzt verfügte ich über alle Papiere, die ich für die Eintragung meiner Firma brauchte. Die Miete war bezahlt, wofür ich mit 200 Erfahrungspunkten belohnt worden war. Ich hatte mir die Räumlichkeiten noch einmal genau angesehen, alles ausgemessen und einen Plan gezeichnet, in dem ich die Details der erforderlichen Renovierungsmaßnahmen vermerkt hatte.

Ich hatte wirklich Glück gehabt, ihn zu monatlichen Zahlungen überreden zu können, ohne meinen Rabatt zu verlieren. Den ich sogar noch hatte steigern können.

Damit war mein Glück aber noch lange nicht beendet, denn – ich hatte den Wettbewerb der freiberuflichen Autoren gewonnen! Die überlebende Familie von Herrn Koutzel hatte sich dazu entschlossen, mich seine Biografie schreiben zu lassen. Mit dem Schreiben des ersten Kapitels hatte ich mir wirklich Mühe gegeben. Ich wollte etwas zustande bringen, bei dem ich stolz sein konnte, als Autor genannt zu werden – falls die Familie mir das gestattete. Ich hatte versucht, meinen inneren Zynismus abzulegen, ebenso wie meine Verachtung über deren Eitelkeit und meine anfängliche Einstellung, das Buch lediglich als Möglichkeit zum Geldverdienen zu betrachten. Anschließend hatte ich mich in die Lage der Kinder und Enkel von Herrn Koutzel hineinversetzt, um ihre Liebe zu ihrem Vater und Großvater und ihre Begeisterung für sein

136

(zugegebenermaßen sehr schweres) Leben in mich aufzunehmen und beides gewissermaßen selbst zu erleben. Da war seine Kindheit nach dem Krieg, da war seine Arbeit, die ihn bis in die entferntesten Winkel unseres weiten Landes gebracht hatte, da war sein Glaube an die Bedeutung dessen, was er tat ...

Gestern Morgen hatte mich schon um 6 Uhr früh Dina angerufen, die Enkelin von Herrn Koutzel, die übrigens ganz zufällig genauso alt war wie ich. Ich hatte meine Telefonnummer bei der Einsendung angeben müssen.

„Tut mir leid, dich zu stören, Phil", entschuldigte sie sich, als sie erkannte, dass sie mich geweckt hatte. „Ich wusste nicht, in welcher Zeitzone du lebst. Hier in Sibirien ist es schon fast Mittag. Es tut mir sehr leid!"

„Das ist schon in Ordnung", beruhigte ich sie. „Hast du meine Arbeit gelesen?"

„Ja! Wir haben sie alle gelesen. Du hast mich zu Tränen gerührt, weißt du das? Um so seelenvoll schreiben zu können, braucht es eine Menge Talent, und darüber verfügst du auf jeden Fall."

Nachdem sie auf diese Weise ihre weibliche emotionale Seite gezeigt hatte, riss sie sich zusammen und verkündete feierlich, dass man den Vertrag mit mir unterschreiben wollte. Kurz vor Mittag schickte ich ihr per E-Mail einen Scan der Vereinbarung, die ich vom Portal heruntergeladen, ausgedruckt und unterschrieben hatte. Darin verpflichtete ich mich, die Biografie von Herrn Koutzel im Einklang mit dem vom Auftraggeber bereitgestellten Materialien zu erstellen.

Kurz nach Mittag war der Vorschuss von 50 % bereits auf meinem Konto. Deshalb hätte ich Gorelik auch den Vorschuss zahlen können.

Beim Verlassen des Gebäudes sprach mich jemand an.

„Junger Mann, darf ich Sie etwas fragen?"

Ich drehte mich um und erblickte den Mann mit den lockigen, grauen Haaren – Katz war sein Name, wenn ich mich richtig erinnerte –, der vorhin ins Büro von Gorelik gekommen war, mit einer Zigarette in der Hand.

„Herr Katz, wenn ich mich nicht irre?"

„Nein, Sie irren sich nicht", sagte der alte Herr und drückte seine Zigarette aus. „Ich werde Sie nicht lange aufhalten."

Er schwieg kurz, dann räusperte er sich und beklopfte seine Taschen, anscheinend, um herauszufinden, wohin er seine Zigaretten gesteckt hatte. Ich studierte derweil sein Profil:

Mark Katz
Alter: 64
Derzeitiger Status: Anwalt
Level des sozialen Status: 12
Klasse: Gesetzgeber. Level: 8
Verheiratet
Ehefrau: Frau Rose Reznikova
Kinder: Alexander, Sohn
Alter: 40
Maria, Tochter
Alter: 34
Ansehen: Gleichgültigkeit 0/30
Interesse: 73 %
Angst: 4 %
Laune: 19 %
Vorstrafen: ja

Er wollte offensichtlich etwas von mir, aber was? Seine schlechte Laune war angesichts der Unterredung mit Gorelik, die er gerade hinter sich hatte, nur allzu verständlich. Und seine Angst ... Nun, vielleicht fürchtete er, ich würde sein Ersuchen ablehnen, was immer es auch war?

Aber das spielte einstweilen keine Rolle, ich würde ihn auf jeden Fall anhören.

Endlich hatte er seine Packung Billigzigaretten geortet. Er schüttelte sich eine direkt in den Mund und zündete sie mit einem Streichholz an. Nach einem tiefen Lungenzug atmete er aus und versuchte gleichzeitig, zu sprechen, was seine Stimme gedämpft erschienen ließ.

„Es tut mir sehr leid, junger Mann. Sie finden es sicher merkwürdig, dass ich Sie anspreche, aber es gibt da etwas, worüber wir uns unbedingt unterhalten müssen."

„Ich bin Phil." Ich streckte die Hand aus.

Der alte Mann schüttelte sie fest und lange. „Ja, ja – Phil, ich weiß", erwiderte er fröhlich. „Herr Gorelik hat mir Ihren Namen genannt. Er war es auch, der mir vorgeschlagen hat, mit Ihnen zu sprechen."

„Mit mir zu sprechen? Worüber?"

Herr Katz ignorierte meine Frage. „Lassen Sie mich ganz offen sein", erklärte er. „Sehen Sie, unser Geschäft – ich meine das von mir und meiner Frau ... Sie heißt Rose, und sie bereitet die besten Vorschmacks[12] in der ganzen Stadt. Die müssen Sie unbedingt probieren! Also, unser Geschäft ... Wenn Sie meine Ausdrucksweise entschuldigen wollen, es steht kurz davor, in die Hose zu gehen. Sehen Sie, ich bin ein sehr guter Anwalt und Rose ist eine hervorragende Buchhalterin. Aber überlegen Sie doch nur, unser Alter! In unserem Alter ist niemand mehr bereit, uns einzustellen! Vor allem nicht nach der Sache mit ..." Sein Gesicht verdunkelte sich. „Tut mir leid, das ist eigentlich nicht wichtig. Wichtig ist nur, wir haben nahezu keine Klienten, und wir können die Miete nicht bezahlen."

---

[12] Vorschmack oder Forshmak: ein beliebtes jüdisches Gericht.

„Und wie soll ich Ihnen da helfen können?", fragte ich verwirrt.

„Ich habe gehört, Sie wollen eine Personalvermittlungsagentur eröffnen."

Wollte er etwa, dass ich einen Job für ihn und seine Frau fand? Kein Problem – das war kinderleicht.

Doch kaum hatte ich das gedacht, zerstörte er auch schon meine Hoffnungen.

„Ich könnte mich um die rechtlichen Angelegenheiten Ihrer Firma kümmern."

„Die Firma existiert noch gar nicht", informierte ich ihn enttäuscht und überlegte, wie ich ihn möglichst höflich wieder loswerden konnte.

„Das ist ja sogar noch viel besser, junger Mann! Ich könnte die Eintragung für Sie übernehmen. Haben Sie vor, eine Gesellschaft mit beschränkter Haftung zu gründen? Oder ein kleines Einzelunternehmen mit Ihnen als alleinigem Inhaber? Wir können all das erörtern. Ich unterbreite Ihnen Vorschläge, was für Sie am günstigsten ist, und bereite alles für die Behörden vor. In der Zwischenzeit kann meine Frau Ihre Buchhaltung in ihre fähigen Hände nehmen. Das kann Ihnen eine Menge Ärger bei der Steuererklärung im nächsten Jahr ersparen."

Dieses letzte Argument brachte mich zum Nachdenken. Ich überlegte alle Vor- und Nachteile seines Angebots. Meine Intuition schien mir zu raten, es anzunehmen.

Aber das wollte ich ihm gewiss nicht sofort auf die Nase binden.

„Da haben Sie nicht ganz unrecht", nickte ich. „Ich habe keine Lust auf Probleme mit den Steuererklärungen. Oder den Finanzbeamten. Sollen wir die Sache hier besprechen oder in Ihrem Büro?"

Er wirkte hocherfreut, nahm einen letzten Zug aus der Zigarette, die nun bis hinab zum Filter abgebrannt war, drückte sie am Abfallkorb aus und öffnete die

Türen des Gewerbezentrums. „Nach Ihnen!"

* * *

SOBALD WIR UNSER Gespräch beendet hatten, musste ich sofort nach Hause eilen. Während wir die ganzen Einzelheiten besprochen hatten, war nämlich endlich die Frist für meine Fertigkeitsoptimierung abgelaufen. Ein Dialogfenster verlangte Antworten von mir. Allerdings beschloss ich, nichts zu überstürzen, sondern mir zu Hause erst einmal in aller Ruhe sämtliche verfügbaren Informationen zu Gemüte zu führen.

Oh, wie sehr hatte ich auf diesen Augenblick gewartet! Selbst das Eröffnen meiner Agentur hatte ich bis nach dem Abschluss der Optimierung hinausgeschoben.

In der Nacht zuvor hatte ich von einem Spiel geträumt und mich an all seinen farbenfrohen Einstellungen erfreut. Allerdings konnte ich nur eines mit Gewissheit sagen: Es handelte sich um *World of Warcraft*. Was ich allerdings genau in meinem Traum unternommen oder mit wem zusammen ich mich im Spiel aufgehalten hatte, wusste ich nicht mehr.

Ich hatte nicht nur meine Fertigkeit im *WoW*-Spielen verloren, ich hatte sogar das eigentliche Wesen des Spiels vollkommen vergessen.

Die Erinnerung an die Tausende von Stunden, die ich damit verbracht hatte, war nach und nach verblasst und hatte nichts hinterlassen als den emotionalen Nachgeschmack von Freude, Interesse, Leidenschaft und Enttäuschung, vermischt mit einem Hauch Nostalgie für etwas, das nicht hätte passieren sollen. Doch selbst die Nostalgie war mittlerweile nicht mehr bitter, sondern eher nichtssagend, als ob inzwischen ganze Jahrzehnte vergangen wären.

Geblieben waren Erinnerungen wie diejenigen an meine Kindergartenzeit: ohne Gesichter, Stimmen, Namen oder Einzelheiten.

Die Fertigkeitsoptimierung ist abgeschlossen!
Die 8 Punkte deiner sekundären Fertigkeit (World of Warcraft spielen) wurden in 4 Punkte deiner damit verbundenen primären Fertigkeit (Lernfertigkeiten) umgewandelt.
Deine sekundäre Fertigkeit (World of Warcraft spielen) wurde gelöscht und kann nicht wiederhergestellt werden.
Derzeitiges Level deiner primären Fertigkeit (Lernfertigkeiten): 7
Möchtest du die Lernfertigkeiten als standardmäßige primäre Fertigkeit festlegen?

Annehmen/Ablehnen

Wow! Bedeutete das etwa, ich konnte die Optimierung fortsetzen?

Nach einigem Nachdenken beschloss ich, die Lernfertigkeiten als meine primäre Fertigkeit zu belassen. Strategisch betrachtet könnte dies die größte Wirkung entfalten, denn es ermöglichte mir, in anderen Bereichen sehr viel schneller das nächste Level zu erreichen.

Das Programm akzeptierte meine Wahl und bot mir eine weitere Option an:

Vielen Dank! Die Lernfertigkeiten sind nun deine standardmäßige primäre Fertigkeit.
Bitte wähle eine neue sekundäre Fertigkeit aus.

Erneut grübelte ich eine Weile und entschied mich, meine Fertigkeit im Spielen von *Mortal Kombat* zu opfern, die ich zur zweiten sekundären Fertigkeit bestimmte. In den nächsten 500 Jahren würde ich diese Fertigkeit schließlich nicht mehr brauchen, das stand schon mal fest.

Vielen Dank! Du hast das Spielen von Mortal Kombat als eine weitere mit deiner derzeitigen primären Fertigkeit verbundene sekundäre Fertigkeit gewählt.

Möchtest du den 1 Punkt deiner sekundären Fertigkeit (Mortal Kombat spielen) in 0,5 Punkte der damit verbundenen primären Fertigkeit (Lernfertigkeiten) umwandeln?

Ja/Nein

Ich klickte mental auf *Ja*, und erst danach wurde mir klar, was für ein Vollpfosten ich gewesen war. Ich hätte zuerst in irgendeinen alten Spieleclub gehen sollen, irgendetwas, wo es eine Playstation oder eine Xbox gab. Anschließend hätte ich nur ein paar Stunden *Mortal Kombat* spielen müssen, um das Level zu verbessern, und diese Fertigkeit erst *dann* mit mehr Punkten zur neuen sekundären Fertigkeit erklären sollen!

Ach, egal! Ich holte tief Luft und investierte die 5 verfügbaren Systempunkte, die ich seit meiner Tage bei *Ultrapak* aufgespart hatte, feierlich in meine Lernfertigkeiten.

Gratuliere! Du hast ein neues Fertigkeitslevel erreicht!
Verfügbare Eigenschaftspunkte: 1
Verfügbare Fertigkeitspunkte: 1
Derzeitiges Level deines sozialen Status: 14
Fehlende Erfahrungspunkte bis zum nächsten Level: 2.760/15.000

Gratuliere! Du hast bei einer Fertigkeit +5 Level erreicht!

Name der Fertigkeit: Lernfertigkeiten
Derzeitiges Level: 12

Ich wartete noch ein paar Minuten, doch es geschah nichts mehr. Ich öffnete mein Profil und betrachtete die Statistiken. Alles hatte perfekt funktioniert: Meine Lernfertigkeiten lagen nun bei Level 12 und mein Status hatte sich vom Buchleser und Empath zum Erkenntnissuchenden verändert.

Und dann überreichte das System mir meinen ersten Erfolg. Der Genuss daran, diesen Erfolg zu erhalten, entsprach dem des Erreichens eines neuen Levels, nur verzehnfacht. Ich wurde absolut überwältigt von Freude und Glück. Fast kam es mir so vor, als würde ich fliegen.

Ich lehnte mich auf dem Sofa zurück und schloss die Augen, unfähig, meine Euphorie zu kontrollieren.

Als der Anfall vorüber war, blieb ich weitere zehn Minuten lang einfach sitzen und versuchte, wieder in die reale Welt einzutauchen – die Welt, in der sich die Luft staubig anfühlte und der Sofasitz hart und unbequem war. Wenn Junkies dieses massive Auf und Ab jeden Tag erlebten, beneidete ich sie wirklich nicht darum.

Sobald ich wieder bei Sinnen war, studierte ich die neue Systemmitteilung:

Gratuliere! Du hast einen neuen Erfolg erreicht: Der schnellste Lerner!

Dein Level bei den Lernfertigkeiten ist nun der höchste in deinem speziellen lokalen Segment der Galaxie!

Belohnung: +10 % für deine Geschwindigkeit der Entwicklung von Fertigkeiten

Nachdem ich mich ein wenig von dem Glücksschock erholt hatte, verbrachte ich die nächsten beiden Stunden mit der Arbeit an Koutzels Biografie, unterbrochen lediglich für eine kurze Pause, in der ich ein belegtes Brot verschlang. Ich rieb eine Zwiebel, mischte sie mit Fleischpastete und verteilte sie großzügig auf einer Scheibe Brot. Wachset, oh, ihr Kochfertigkeiten!

Als ich das dritte Kapitel fertiggestellt hatte, verpasste das System mir eine weitere Injektion an Glück:

Gratuliere! Du hast ein neues Fertigkeitslevel erreicht!
Name der Fertigkeit: Kreatives Schreiben
Derzeitiges Level: 5
Erhaltene Erfahrungspunkte: 500 Punkte

War das nicht total geil? Das waren die Ergebnisse meiner Lernfertigkeiten in all ihrer Pracht!

* * *

IM UMKLEIDERAUM DES Fitnessstudios musste ich mich in der unfreundlichen Gegenwart der anderen Jungs aus meiner Gruppe umziehen. Auf den Bänken war kein Platz mehr, also stellte ich meine Sporttasche vor mir auf den Boden.

Es roch durchdringend nach männlichem Schweiß, Testosteron, schmutzigen Socken und billigem Deo.

Ich betrachtete meine zukünftigen Gruppenkameraden. Da waren die beiden Brüder Mohammed und Zaurbek. Kostya Bekhterev, der sich neulich für mich eingesetzt hatte. Ivan, sehnig und mit kahlgeschorenem Kopf. Ein Typ namens Max mit

Tätowierungen überall außer an den Händen. Bulat, der aussah, als würde er niemals lächeln, und mich mit seinen asiatischen Mandelaugen unauffällig musterte. Nick, hochgewachsen, schlaksig, äußerst konzentriert, mit einer tiefen Narbe im Gesicht, und schließlich der untersetzte, bullige Vitaly.

All diese Männer waren jung und schroff. Um ganz ehrlich zu sein, fühlte ich mich unter ihnen überhaupt nicht wohl. Sie waren alles andere als freundlich. Als wir den Boxraum betraten, stellte der Trainer mich als Neuling in der Gruppe vor. Sofort sah ich, wie sich mein Ansehen bei allen zu Abneigung verschlechterte. Was mir ein paar kostbare Erfahrungspunkte raubte.

„Schließt euch in Zweiergruppen zusammen", wies Matov uns an, nachdem wir das sehr umfangreiche Aufwärmen hinter uns hatten. „Zaurbek, du kommst zu mir, und Mohammed, du gehst mit dem Neuen zusammen."

Ich war der Erste, der die Sparring-Polster anlegte. Ich begab mich vor Mohammed in die vorschriftsmäßige Haltung. Mohammed schlug die behandschuhten Fäuste gegeneinander und hob fragend den Kopf. „Bist du bereit?"

Ich nickte.

„Konzentriert euch auf eure Beinarbeit, bewegt euren Schwerpunkt und dreht euren Körper korrekt", mahnte Matov. „Und los!"

Peng! Peng! Peng!

Mein Partner bewegte sich so schnell und geschmeidig, dass ich seine vernichtenden Hiebe kaum abfangen konnte. Meine Arme fühlten sich wegen der mangelnden Übung schon bald so taub an, dass ich nicht einmal mehr die Gegenangriffe vortäuschen konnte, wie der Trainer es von uns verlangt hatte. Um die Blutzirkulation in meinen erlahmten Muskeln wiederherzustellen, schüttelte ich kurz die Hände aus. Genau in diesem Augenblick erwischte der Tausendpfünder von Mohammeds rechtem Haken mich am Wangenknochen.

Das Programm geriet in Panik und überschlug sich mit Alarmmeldungen über eingetretene Schäden und Mitteilungen über den vorübergehenden k.o.-Debuff, den ich gerade erhalten hatte:

Erlittener Schaden: 314 (Faustschlag)
Derzeitige Vitalität: 91,64278 %

KAPITEL 7

DIE MÖCHTEGERN-UNTERNEHMER

All denjenigen, die in Russland neue Unternehmen gründen und neue Produktlinien auf den Markt bringen, sollte eine Medaille für persönliche Tapferkeit verliehen werden.

Vladimir Putin

„ALSO, WOHIN STELLEN wir das Sofa?", fragte Alik. „Hier ist so viel Platz! Wie wäre es, wenn wir es direkt in die Mitte platzieren?"

„Ja, klar – dann müssen wir nur noch einen Fernseher an der Wand anbringen, und schon können wir unser Büro einen Palast nennen!"

Alik hatte mich beim Verfassen einer Werbeanzeige unterbrochen. Ich hatte beschlossen, die Anzeige nicht ausufern zu lassen und gerade nur so viele Worte zu verwenden, dass die Bedeutung klar wurde. Das Ergebnis war kurz und knackig:

Jobs für Arbeitskräfte
Hundertprozentige Beschäftigungsgarantie
Gewerbezentrum Chekhov, 3. Stock, Chekhov Str.
72
Telefonische Anfragen unter ...

Das grafische Design kostete mich weit mehr Zeit. Kenntnisse in der Bildbearbeitung standen nicht einmal auf der Liste meiner Fertigkeiten, und bisher war ich auch noch nicht dazu gekommen, mir welche anzueignen.

Gerade haderte ich mit mir, ob ich vielleicht doch eine andere Schriftart verwenden sollte, als Alik mich erneut ablenkte, diesmal durch das laute Rattern, als er unser heruntergekommenes, über eine Kleinanzeige gebraucht gekauftes Sofa mit Kunststoffbezug quer durch den Raum schob. Unsere restlichen Möbel aus Kleinanzeigen – drei Schreibtische, einen Aktenschrank, eine Garderobe und eine Reihe wackliger Stühle – waren bereits strategisch im Büro verteilt.

„Alik, bist du bescheuert, oder was? Wieso hast du das Sofa in die Mitte gestellt?"

„Warum denn nicht? Genau das hast du doch gerade gesagt, oder? Und hast du nicht erwähnt, dass wir noch einen Fernseher kaufen müssen? Auch ein Kühlschrank wäre keine schlechte Idee, sobald erst einmal ein bisschen Geld geflossen ist. Und eine Mikrowelle! Da war eine an meinem alten Arbeitsplatz. Du stellst einfach dein Essen hinein und - ratz, fatz - ist es warm. Was meinst du?"

„Ist das deine Wunschliste für heute?"

„Nun ... für den Augenblick, ja. Aber was ist jetzt mit dem Sofa?"

„Alik, das mit dem Sofa in der Mitte und dem Fernseher war ein Scherz! Ich dachte, das hättest du kapiert. Das Sofa ist für wartende Kunden gedacht.

Also stellen wir es direkt neben die Tür, mit der Lehne zur Wand. Wenn du damit fertig bist, kannst du in die Druckerei gehen. Die ist gleich nebenan, ich habe das Firmenschild im Flur gesehen. Frag sie, was sie für 500 Flugblätter in Schwarz-Weiß verlangen."

„Ähm ..." Alik kratzte sich am Hinterkopf. „Kapiert. Ich mache mich gleich daran. Du musst dich nicht aufregen!"

Erneut ratterte das Sofa über den Fußboden. Dann verließ mein Partner das Büro, um unsere Nachbarn aufzusuchen. Noch fehlte uns das Geld für einen eigenen Bürodrucker. Übrigens hatte ich Alik nicht einfach so die schwere Arbeit überlassen. Ich hatte ihm mehrfach meine Hilfe angeboten. Er hatte jedoch darauf bestanden, seine Sache wäre die körperliche Arbeit und meine die geistige. Er hatte das so dramatisch betont, dass ich beschlossen hatte, ihm seinen Willen zu lassen.

Was das grafische Design betraf, so entschied ich mich am Ende ganz darauf zu verzichten. Worin lag denn der Sinn von Schnörkeln, Mustern und Rahmen? Unser Flugblatt zeigte daher lediglich kühne, große Buchstaben in Fettdruck. Für unsere Kontaktdaten hatte ich eine kleinere Schriftgröße gewählt und auf den Fettdruck verzichtet. Ich hatte die Festnetznummer vom Büro ebenso angegeben wie eine Handynummer, die ich mir extra für diese Zwecke zugelegt hatte.

Mit einem leisen Klick stellte sich der elektrische Wasserkocher aus. Ich goss kochendes Wasser in meine Tasse, gab einen Löffel löslichen Kaffee und zwei Zuckerwürfel hinein und kehrte auf meinen Schreibtischstuhl zurück, den ich in Richtung Fenster drehte. Dann lehnte ich mich zurück und legte die Füße auf das Fensterbrett.

Das waren die ersten Minuten in dieser Woche, in denen ich absolut nichts tat.

Die Tage seit letztem Dienstag waren im Nu verflogen.

Nach meinem ersten Gruppentraining, bei dem Mohammed mich k.o. geschlagen hatte, war auf einmal Vicky aufgetaucht, als wäre überhaupt nichts gewesen. Wobei sie mich, zugegeben, kurz vor ihrer Ankunft telefonisch vorgewarnt hatte. Die Zeit hätte gerade ausgereicht, um kompromittierende Beweise verschwinden zu lassen, falls es welche gegeben hätte. Wenigstens solange es nicht allzu viele waren – sie hatte mich praktisch von meiner Türschwelle aus angerufen. Da ich nichts zu verbergen hatte (mit Ausnahme der Software in meinem Kopf), hatte ich sie aufgefordert, einfach ihren eigenen Schlüssel zu benutzen.

Ich hatte keinerlei besondere Emotionen bei ihrem Anblick gezeigt und mich verhalten, als hätte es die letzten Tage und den Besuch bei ihren Eltern einfach nicht gegeben. Sie war zurück, und allein das zählte. Wie sagte der Dichter doch so schön sinngemäß: *„Je weniger wir eine Frau lieben, wenn wir sie umwerben, desto mehr ziehen wir sie an."*[13] Das schien zumindest in diesem Fall zu stimmen, denn die sonst so ruhige und oft sogar kalte Vicky war in dieser Nacht ganz besonders leidenschaftlich.

Ihre Rückkehr hatte ihre Vor- und ihre Nachteile. Einerseits sorgte sie für innere Ruhe. Die Frau an meiner Seite zu haben, die ich liebte, verlieh meinen Leben einen zusätzlichen Sinn. Zu diesem Zeitpunkt reichte es mir schon längst nicht mehr, nur eine Katze als Gesellschaft zu haben. Wie jeder andere normale Mann wollte ich mich um ein anderes Lebewesen kümmern können, das kein bloßes Haustier war. Vom

---

[13] Ein Zitat aus *Eugene Onegin* (1833), einem Roman in Versen von Alexander Pushkin, einem der größten russischen Dichter. Übersetzt nach der englischen Übersetzung von James E. Falen.

Sex jetzt einmal ganz abgesehen, der war mit Vicky fantastisch.

Auf der anderen Seite bedeutete es jedoch, dass ich Zeit mit meiner besseren Hälfte verbringen musste, ob ich nun wollte oder nicht. Und so sehr ich es auch genoss, ihr jede Menge Aufmerksamkeit zu schenken – meine Zeit war äußerst knapp bemessen.

Zum Glück ermutigte Vicky mich in meiner Geschäftigkeit und unterstützte mich mit Worten ebenso wie mit Taten. Anscheinend dachte sie, ich hätte meine Lektion gelernt und endlich die Kurve gekriegt.

Bis zum Ende der letzten Woche waren Alik und ich in der gesamten Stadt herumgerast, um unsere wild zusammengewürfelte Sammlung an Möbelstücken zu ergattern. Mein Interface hatte mir geholfen, jeweils die besten Schnäppchen zu finden. Wobei ich mich, das musste ich zugeben, ganz schön hatte anstrengen müssen, um die richtigen Suchbegriffe zu finden. Für das Sofa zum Beispiel hatte ich alle Angebote von Büromöbeln zunächst auf Bürosofas eingeschränkt und anschließend die Suche immer weiter verfeinert, bis nur eine einzige Kleinanzeige übriggeblieben war, die all meine Anforderungen erfüllte.

Eines meiner Suchkriterien war auch die Möglichkeit einer Anlieferung gewesen oder, falls die nicht bestand, die Nähe zu meinem Büro.

„Phil?", unterbrach Alik meine Gedanken. „Hier ist … ähm …"

„Guten Morgen", kam eine tiefe Stimme von der Tür.

Ich nahm die Füße vom Fensterbrett und drehte mich im Stuhl um. Alik hatte einen Mann mitgebracht, der in etwa in meinem Alter war.

Ich betrachtete seine Statistiken: *Innokenty „Kesha" Dimidko, Alter: 34, Unternehmer, geschieden mit einer elfjährigen Tochter.*

„Hallo." Ich stand auf. „Ich bin Phil."

„Ich bin Innokenty. Du kannst mich aber gern Kesha nennen. Ich bin der Inhaber der Druckerei nebenan.

„Nett, dich kennenzulernen, Kesha."

„Ich muss genau wissen, was du gedruckt haben möchtest."

Alik zuckte zusammen und murmelte etwas in der Art, dass er das doch gesagt hätte, doch ich gebot ihm mit einer Handbewegung, zu schweigen. Ich wollte wissen, was Kesha zu sagen hatte.

„Alik hier konnte nicht all meine Fragen beantworten. Vor allem muss ich die Größe wissen. Din A6? Din A5? Oder größer? Und was für eine Art Papier soll es sein – irgendetwas Billiges in Weiß oder lieber elegant und cremefarben? Oder vielleicht selbstklebendes Papier? Wenn du deine Anzeigen in Gebäuden anbringen willst, kann ich dir Hochglanz oder matt anbieten. Und wenn du eine kleinere Größe bevorzugst, kann ich eine Charge ganz speziell für dich laufen lassen. Außerdem könnten wir ..." Er hielt inne, um tief Luft zu holen.

„Hör mal, Kesha, was wir brauchen, ist der absolute Minimalismus, im Design ebenso wie im Preis. Eigentlich besteht unsere Anzeige nur aus ein paar Zeilen Text. Es geht also um einen reinen Schwarz-Weiß-Druck auf dem gewöhnlichsten Papier. Wir werden die Flugblätter zuerst hier in der Gegend verteilen und dann erweitern wir auf die Wohnblocks. Wir erwarten nicht unbedingt die vornehmsten Kunden." Ich öffnete mein Laptop und zeigte ihm den fertigen Entwurf.

„Ich verstehe", nickte er. „Das wären dann zwei Rubel[14] pro Blatt."

---

[14] 2 Rubel entsprechen etwa 3 Cent.

„1,50", verlangte ich. „Da wir doch Nachbarn sind."

Er strahlte. „Gut, beim nächsten Auftrag liegt der Preis bei 1,50. Einverstanden?"

„Okay, aber nicht nur beim nächsten Auftrag, sondern bei jedem anderen Auftrag nach diesem", korrigierte ich, nur für alle Fälle. „Diese Flugblätter brauchen wir in Din A5, als spezielle Charge, wie von dir vorgeschlagen."

„Dann sind wir uns also einig." Er gab mir die Hand. „Hier ist ein USB-Stick. Du kannst die Datei mit deinem Entwurf darauf kopieren."

Ich nahm den Stick und ließ ihn zunächst durch mein Antivirenprogramm prüfen. Alles schien in Ordnung zu sein. Ich kopierte meine Datei auf den USB-Stick und gab ihn Kesha zurück. Er versprach, mir die Flugblätter in spätestens drei Stunden zu bringen und ging wieder, glücklich vor sich hin pfeifend.

Dem Programm nach hatte seine Laune sich massiv verbessert. Der Mini-Auftrag hatte ihm tatsächlich den Tag verschönert!

„Siehst du jetzt?", schimpfte Alik, der sich nur mühsam zurückgehalten hatte. „Er hat mir all diese Fragen gestellt, und ich wusste überhaupt nicht, was ich ihm sagen sollte!"

„Bleib ruhig, mein Freund. Das kommt schon alles noch. In einem Monat wirst du all diese PowerPoints, GIMPs und CorelDRAWs aus dem Effeff beherrschen. Du wirst nämlich für die wichtigste Aufgabe zuständig sein, die diesen Monat ansteht."

Die Verantwortung, die ich Alik gerade übertragen hatte, ließ ihn sich straffen. „Ich mache alles, das weißt du. Ich kann sogar Berge versetzen!"

„Momentan kannst du alle Berge dort belassen, wo sie sind. Du musst nur Tausende von Flyern in diesem Gebiet verteilen. Kleb sie an Bushaltestellen, an Laternenpfähle, an Bäume, an die Eingänge von Gebäuden, an Zäune ... Außerdem möchte ich, dass du dich ein wenig umsiehst und mit den Leuten redest, die hier wohnen und vielleicht einen Job brauchen. Lade sie ein, einfach mal bei uns vorbeizuschauen. Kurz, ich möchte, dass du uns Kunden beschaffst. Glaubst du, du kannst das?"

„Ähm ..." Alik zögerte. „Woher bekomme ich denn den Kleister, um die Flugblätter anzukleben? Und soll ich meine Jungs rufen, Tarzan und die beiden anderen? Sie könnten mir abends helfen, alles zu erkunden."

„Den Kleister bekommst du im Laden. Hier ist Geld dafür. Und achte darauf, dir für alles Quittungen geben zu lassen, das du kaufst. Die Belege gibst du anschließend Frau Reznikova, unserer neuen Buchhalterin. Sie braucht sie für ihre Unterlagen. Du weißt, wo ihr Büro ist?"

Alik deutete mit einer Kopfbewegung in Richtung Tür.

„Genau", bestätigte ich. „Sie hat das Büro gegenüber, zusammen mit ihrem Mann, Herrn Katz. Irgendwelche Fragen?"

„Was ist mit den Jungs?"

„Ach ja, richtig. Du kannst sie mit auf deine Rundgänge nehmen, wenn du willst, aber momentan kann ich ihnen noch kein Gehalt zahlen. Wir haben noch kein Geld. Absolut keines. Wir brauchen Kunden."

„Okay. Sie kennen mich gut, ich werde das schon regeln. Ich mach mich dann mal auf die Socken."

„Und achte darauf, wie du dich ausdrückst. So wirst du mit den Kunden ja wohl nicht reden, oder?"

„Warum? Wass'en los, Kumpel?"

„Ach, vergiss es, ist schon in Ordnung. Also, mach dich auf den Weg."

„Ich besorge also erst mal den Kleister ..."

„Geh einfach!"

Ich hielt die Luft an und zählte bis zehn, in dem Versuch, nicht zu explodieren. Eine in Aliks unmittelbarer Nähe verbrachte Woche hatte mir beinahe den „Kumpel"-Debuff verschafft.

Davon abgesehen war Alik jedoch ein guter Kerl. Ich verabschiedete ihn mit einem entnervten Winken und kehrte zu meiner Arbeit zurück.

„Wass'en verkehrt daran, wie ich rede?", murmelte Alik.

Gar nichts, Kumpel …

Ich schaute auf die Uhr. Meine Boxgruppe begann um 19 Uhr, und ich hatte heute noch nichts Richtiges gegessen.

Im Laufe der letzten Tage hatte ich mich an den Rhythmus der Gruppe gewöhnt. Mein integrierter Verstärker hatte mir sogar den Aufstieg zu Level 5 in meinen Boxfertigkeiten ermöglicht. Allerdings war ich mir dennoch nicht sicher, ob ich Mohammeds mächtige, zornige Hiebe auf leeren Magen verkraften konnte. Hartnäckig steckte Matov uns beide immer wieder zusammen, als ob er hoffte, mich damit aus der Gruppe vertreiben zu können. Aber ich hielt durch und wurde mit jeder Session zuversichtlicher.

Um genau zu sein, war in der letzten Woche kein Tag vergangen, an dem ich nicht in irgendeiner Fertigkeit ein neues Level erreicht hatte. Mein vollgestopfter Zeitplan und die Notwendigkeit, jeden Tag genauestens zu planen, hatte meine Planungsfertigkeit auf Level 4 gehoben, was ja zu erwarten gewesen war. Meine Selbstdisziplin hatte sich ebenfalls verbessert. Hierin hatte ich es jetzt auf Level 5 gebracht.

Auch die Biografie von Herrn Koutzel, die in wahrer Rekordzeit Fortschritte machte, hatte mir neue Level in allen möglichen Fertigkeiten eingebracht: Kreatives Schreiben,

Tippgeschwindigkeit, MS Word und russische Grammatik. Ich hatte eine ganze Reihe von Wörterbüchern studieren müssen, um immer die richtigen Synonyme und Redewendungen zu finden. Zum Glück standen die ja alle online zur Verfügung. Kaum hatte ich ein neues Kapitel fertiggestellt, schickte ich es auch schon Dina, Koutzels Enkelin. Die nahezu keine Korrekturen vornahm. Ihr gefiel meine Arbeit so gut, dass sie kein Ende fand, sie zu loben.

Ob ich vielleicht tatsächlich ein Schriftsteller werden könnte?

Jedenfalls hatte meine intensive Verwendung von Wörterbüchern und historischen Dokumenten auch meine vorher nichtexistente Belesenheit verbessert. Darin war ich auf einen Schlag sofort auf Level 4 gelandet.

Die Beschreibung dieser Fertigkeit hatte mir eine sehr wichtige Information verschafft: Jeder Belesenheitspunkt beschleunigte die Entwicklungsrate meiner Intelligenz um 10 %. Die Menge nutzloser Informationen hatte sich also als alles andere als nutzlos erwiesen! Auf diese Weise konnte ich womöglich bald sogar Herrn Vassermann übertreffen und mich dem *Club der Experten*[15] anschließen. Ich wünschte nur, ich hätte eine Weste wie seine, mit all diesen scheinbar bodenlosen

---

[15] Der Club der Experten: So werden die Teilnehmer der beliebten russischen Fernseh-Quizshow *Chto? Gde? Kogda? (Was? Wo? Wann?)* bezeichnet. Als das Buch geschrieben wurde, lief die Show bereits seit mehr als 40 Jahren. Einige der Quizteilnehmer – wie Anatoly Vasserman mit seiner berühmten Kampfweste, die eine geradezu grotesk große Anzahl an Taschen aufweist – sind in ganz Russland bekannt, weil sie die Antwort auf alle Fragen kennen oder herausarbeiten können, und zwar aus jedem Wissensbereich, und sei er noch so knifflig oder obskur.

Taschen ... Schon eine davon würde für mein dimensionsloses Inventar mehr als ausreichen.

Da ich ständig zwischen Wohnung, Büro, Fitnessstudio und Stadion unterwegs war und all die Behörden aufsuchen musste, die bei der Gründung einer neuen Firma mitzureden hatten, hatte sich meine Fertigkeit des Zufußgehens allein in der letzten Woche um 2 Punkte verbessert. Auch in Joggen und Athletik stieg ich dank meines morgendlichen Joggens auf. Allerdings musste ich dafür sogar noch früher aufstehen als Vicky.

Trotz all dieser Fortschritte fühlte ich mich alles andere als großartig. Mein Schlafmangel-Debuff erneuerte sich momentan alle 24 Stunden und wurde immer massiver. Ich musste wirklich dringend einmal richtig ausschlafen, aber die Biografie von Herrn Koutzel schrieb sich nun einmal nicht von selbst. Jeden Tag rief Dina mich an und verlangte nach mehr. Vicky schaute mich inzwischen schon immer ganz komisch an, wenn mein Handy klingelte.

Aber egal – ich konnte es schaffen. Die Woche war sehr produktiv gewesen, und das war die Hauptsache. Die zahlreichen Upgrades bei meinen Fertigkeiten und Dutzende von erledigten Aufgaben hatten mir insgesamt über 6.000 Erfahrungspunkte eingebracht. Damit war der Fortschrittsbalken schon bei mehr als der Hälfte zum nächsten Level angelangt. Mir fehlten nur noch etwas mehr als 5.000 Punkte zum nächsten Aufstieg in meinem sozialen Status, zu Level 15. Das sollte in einer weiteren Woche intensiver Verbesserungen zu schaffen sein.

„Phil, ich habe den Kleister gekauft. Was soll ich jetzt machen?" Alik lenkte mich von meinen Gedanken ab.

„Lass uns eine Pause einlegen und Tee trinken. Es gibt auch Kekse. Vicky hat sie gebacken."

Alik suchte in unserer provisorischen Küche in

der Ecke nach den Keksen. Ich übte derweilen die Suche nach freien Stellen, mit Kesha als Versuchskaninchen. Das Programm lieferte mir gleich mehrere Suchergebnisse, darunter sogar in etlichen Firmen die Position als kaufmännischer Leiter. Er war in der Tat ein guter, solider Geschäftsmann, auch wenn seine Fertigkeit im Verkaufen gar nicht einmal so hoch war.

Als Nächstes versuchte ich probeweise, mir selbst einen Job zu verschaffen.

Die Suche nach verfügbaren freien Stellen für Phil Panfilov ließ eine Fülle von Markern auf der Karte aufleuchten: Verkaufsberater in einem Geschäft mit Haushaltsgeräten, Texter in einer Werbeagentur, Handelsvertreter in diversen kleinen und mittleren Unternehmen ...

Und was bitte war das? Einer der Marker war direkt auf dem Gewerbezentrum Chekhov platziert!

Ich zoomte hinein und konzentrierte mich darauf. Ein Hinweis schwebte in mein Sichtfeld: *Fenster- und Tür-Emporium.*

Welches Gehalt man mir dort wohl zahlen würde?

Ich ergänzte meine Suche um den Filter eines Gehalts von 50.000 Rubel.[16] Der Marker verschwand. Wie wäre es mit 40.000?[17] Nichts. Der Marker tauchte erst dann wieder auf, als ich bis auf 30.000 Rubel[18] herabging.

Aha! Das Grundgehalt lag also bei 30.000 Rubel, plus wahrscheinlich einer Kommission für jedes erfolgreich vermittelte Geschäft.

Nun gut. Ich beschloss, das Experiment bis zu seinem logischen Schluss fortzusetzen.

„Alik, hast du was dagegen, hier eine Weile den Chef zu spielen? Ich will mich ein paar unserer

---

[16] Etwa 700 Euro.
[17] Etwa 550 Euro.
[18] Etwa 400 Euro.

Nachbarn vorstellen."

Der Ex-Straßengangster hörte mich nicht einmal, zu sehr war er darin vertieft, Tee zu schlürfen, die Kekse hinunterzuschlingen und ein YouTube-Video zu betrachten.

Na, egal. Ich gönnte dem Mann seine Pause. In wenigen Stunden würde er mehr Arbeit haben, als er bewältigen konnte. Sobald die Flugblätter fertig waren, begann unsere erste Werbekampagne. Eigentlich war es ein echter Witz – wir konnten es uns nicht einmal leisten, eine gewerbliche Anzeige in der Zeitung aufzugeben!

Ich marschierte den Flur entlang, bis ich zu der Tür kam, die ich gesucht hatte. Das Firmenschild darauf verkündete:

Fenster- und Tür-Emporium

Ich klopfte an und trat ein.

Von irgendwoher kamen gedämpfte Stimmen. Ich durchquerte den leeren Raum und entdeckte einen weiteren, kleinen Raum hinter einer Trennwand aus Vinyl. Dort hatte es sich ein beeindruckend wirkender Mann an seinem Schreibtisch bequem gemacht. Sein Gesicht zeigte einen deutlich sichtbaren Bartschatten und eine unverkennbare armenische Adlernase. Die Lederjacke, die er trug, war für das herrliche Wetter viel zu warm.

Vazgen Karapetyan
Alter: 27

Vor ihm stand eine junge Frau Mitte 20. Ihr leichtes Sommerkleid konnte ihre wohlgeformten Beine nicht verbergen. Feuerrote Haare hingen ihr bis zur Taille herab.

Sie sah Lola[19] verblüffend ähnlich.

„Du weißt sehr gut, Veronica", sagte der Mann, mit nur einem Hauch armenischem Akzent, „dass kein Geld hereinkommt. Ich fürchte, ich kann dir nicht helfen, *da?*[20]"

„Was meinst du damit, es ist kein Geld da? Was genau willst du mir damit sagen? Wie oft hast du mich jetzt in ein Restaurant eingeladen? Dafür ist Geld da, oder etwa nicht?" Die Stimme der jungen Frau, zuerst laut und erbost, war zu einem Flüstern herabgesunken.

„Aber das ist doch das Restaurant meines Bruders, *da?* Glaubst du etwa, Kikos hätte mir unser Essen in Rechnung gestellt?"

„Oh, lass mich doch in Ruhe! Du und dein *Da!*" Sie schwang herum und wollte davonstürmen.

Ich hustete, um auf meine Anwesenheit aufmerksam zu machen.

Die junge Frau zuckte erschrocken zusammen. „Himmel! Wer zum Teufel sind denn Sie?"

„Entschuldigung, ich bin hier wegen des Jobs. Ich bin ein Handelsvertreter."

Die junge Frau rollte die Augen und kam ganz unerwartet zu dem Schluss: „Siehst du? Noch laufen die Geschäfte ja offensichtlich. So viel zu deinem *Da!*"

Sie ging und ließ uns beide mit offenem Mund zurück. Auf dem Weg zur Tür stieß sie mit der Schulter gegen die Abtrennung, fluchte wie ein Rohrspatz, dann knallte sie die Tür hinter sich zu.

„Wie kann ich Ihnen helfen?", fragte Vazgen schließlich.

---

[19] Olga „Lola" Shvedova, Phils Hausärztin aus Buch 1.
[20] Wie viele Menschen aus der Region des Kaukasus, für die Russisch nicht die Muttersprache ist, verwendet Vazgen den Begriff „*Da*" – das bedeutet „Ja" – als bedeutungsloses parasitäres Wort, um seinen Aussagen mehr emotionales Gewicht zu verleihen.

„Ich heiße Phil. Brauchen Sie einen Handelsvertreter?"

Er warf mir einen abschätzenden Blick zu, zeigte mit einem leisen Laut sein Missfallen, rollte den Hals wie ein Boxer vor dem Kampf und deutete mit einer gewissen Herablassung auf einen Stuhl. „Setzen Sie sich, *da*?"

Ich konnte nicht sagen, ob er mit seinem *„Da"* Zustimmung kundtun wollte oder ob es lediglich ein parasitäres Füllwort war. Er war jünger als ich und viel zu arrogant für sein Alter. Andererseits, wer bitte war ich denn auch schon? Doch nur ein Arbeitssuchender oder vielleicht ein zukünftiger Mitarbeiter. Damit verdiente ich definitiv nicht dieselbe Behandlung wie ein potenzieller neuer Kunde.

Ich nahm Platz und wartete. Ich hatte es nicht eilig, etwas zu sagen.

„Um es kurz zu machen – ich brauche keinen Handelsvertreter, *da*? Falls ich allerdings jemals einen brauchen sollte" – er unterbrach sich, um in seinen Zähnen herumzustochern – „und ich sage bewusst *falls*, zahle ich ein Gehalt von 20.000 Rubel. Schwarz, natürlich. Plus 5 % von allem, das du verkaufst. Wie hast du von der Stelle erfahren?"

„Ich habe davon nicht erfahren, ich bin einfach nur meiner Nase gefolgt", erwiderte ich. Diese Frage würden meine zukünftigen Kunden gewiss ebenfalls sehr oft beantworten müssen. Ob ihre potenziellen Arbeitgeber sich allerdings mit dieser Antwort zufriedengeben würden? „Also, brauchen Sie nun einen Handelsvertreter oder nicht?"

„Das weiß ich noch nicht", entgegnete er. „Es hängt davon ab, wie du dich im Job machst." Er sprach mit mir, als wäre ich ein unbedarfter Vollidiot. „Um es kurz zu machen, ich kann dir eine Probezeit anbieten."

„Und wenn sich ein Bewerber als gut erweist, welche Bedingungen können Sie ihm dann anbieten?"

Er überlegte eine Weile. „Also gut – 30.000 im Monat, *da*? Und vielleicht erhöhe ich die Kommission auf 6 %. Was weißt du über Kunststofffenster?"

„Ich selbst bin nicht der Bewerber."

Er sprang auf und überragte mich nun. Er stand kurz vor einem explosiven Wutausbruch. „Du Abschaum! Hat etwa Naeel[21] dich geschickt? Er hat verlangt, dass du mich ausspionierst, richtig?" Er sprach so schnell, dass ich gar nicht zu Wort kam. Sein Gesicht war mir nun so nahe, ich konnte die frischen Zwiebeln in seinem Atem riechen. „Sag dem Sohn einer lahmen Eselskrücke und einer fettärschigen Schlange, dass ich sehr gut allein klarkomme, vielen Dank. Ich werde ihm das Emporium nicht verkaufen!"

Abgesehen von der Tatsache, dass ich jetzt zwei völlig neue Tierarten in mein Biologiebuch aufnehmen konnte, hatte ich mir gerade jemanden zum eingeschworenen Feind gemacht. Mein Ansehen bei ihm war schlagartig herabgesunken bis zur direkten Feindseligkeit. Allerdings hoffte ich, seine Einstellung würde sich ändern und zum alten Zustand zurückkehren, sobald er erst einmal die Wahrheit erfahren hatte. Das Letzte, was ich jetzt gebrauchen konnte, war ein feindseliger Nachbar direkt vor meiner Tür. Von dem Verlust an Erfahrungspunkten einmal ganz zu schweigen.

„Vazgen, Sie haben das völlig falsch verstanden", widersprach ich, lehnte mich auf meinem Stuhl zurück und hob versöhnlich die Hand. „Ich bin Ihr

---

[21] Naeel (oder auch Nail) ist ein muslimischer Name, der bei russischen Tartaren sehr beliebt ist. Der Autor spielt damit auf die Konflikte zwischen den kriminellen Banden verschiedener verstreuter muslimischer Gruppen in russischen Städten an.

neuer Nachbar hier im Gewerbezentrum. Wir haben erst heute eröffnet."

„Aber ich hatte dir meinen Namen gar nicht genannt, und du kanntest ihn! Ich verwette meine ..."

„Ich habe gehört, wie die rothaarige, junge Frau, die gerade gegangen ist, Ihren Namen gesagt hat. Sie können gern mitkommen, wenn Sie mir nicht glauben, dann zeige ich Ihnen unser Büro. Wir sind im selben Stockwerk."

Noch immer argwöhnisch hob Vazgen den Kopf und sah mich an.

„Wir haben eine Personalvermittlungsagentur", erklärte ich. „Ich bin nur vorbeigekommen, um herauszufinden, ob es bei Ihnen vielleicht freie Stellen für unsere Kunden gibt."

„Ich stelle niemanden ein." Er bekräftigte die Ablehnung mit einem Handkantenschlag in die Luft. „Und jetzt verpiss dich!"

Zu meiner großen Enttäuschung verharrte mein Ansehen bei ihm im roten Bereich. „Wenn ich Sie wäre, würde ich mich Fremden gegenüber eines anderen Tons befleißigen!" Ich wurde langsam richtig wütend.

Er deutete auf die Tür. „Verschwinde. Ich habe genug gehört."

„Okay. Aber wer bitte ist denn Naeel?"

„Hau ab!", brüllte er.

Ich hielt es für besser, ihn nicht weiter zu provozieren. Beim Verlassen seiner Firma schrie er mir noch drohend nach: „Pass bloß auf, du! Ich werde herausfinden, wer du bist!"

Na gut. Betrachteten wir mein kleines Experiment einmal als Erfolg, auch wenn es einen üblen Nachgeschmack hinterließ.

Auf dem Weg zur Treppe sah ich die rothaarige, junge Frau wieder. Neben ihr stand der Manager des Gewerbezentrums, Gorelik. Er wischte sich mit einem

Taschentuch den Schweiß von der Stirn und hielt ihr einen strengen Vortrag.

„Guten Tag", sagte ich laut, um seine Aufmerksamkeit von ihr abzulenken, während ich ihr Profil studierte.

Veronica Pavlova
Alter: 25
Derzeitiger Status: Unternehmerin
Level des sozialen Status: 7
Klasse: Kommunikator. Level: 5
Unverheiratet
Ansehen: Gleichgültigkeit 0/30
Interesse: 2 %
Angst: 68 %
Laune: 12 %

„Ah, hallo Phil!", begrüßte er mich, sichtlich aufgeregt. „Schau dir das mal an – so sieht eine beharrliche Nichtzahlerin aus! Du kannst dir gar nicht vorstellen, wie viele Chancen ich ihr gegeben und wie viele Rabatte ich ihr eingeräumt habe. Und was hat es mir gebracht? Sie ist bereits drei Monate im Erzug!" Beinahe hätte er verächtlich ausgespuckt, stoppte sich jedoch im letzten Augenblick.

„Ich bin nicht im Erzug!", regte die junge Frau sich auf. „Ein solches Wort gibt es gar nicht! Ich bin nur ein bisschen zu spät dran, das ist alles!"

„Ah, jetzt bist du also auf einmal auch noch ein Klugscheißer?", entgegnete der Manager. „Ich habe genug von deinem Unfug! Ab sofort gibt es für dich keine Entschuldigung mehr, Veronica. Schließlich ist es nicht meine Schuld, dass dein Vater behindert ist. Also bitte mich gar nicht erst um einen weiteren Aufschub. Ich werde einfach dein Büro schließen und versiegeln!"

Soweit ich das beurteilen konnte, hatte Veronica

nicht vorgehabt, ihn um irgendetwas zu bitten. Bei der Erwähnung ihres Vaters begann ihre Unterlippe zu zittern und ihre Augen füllten sich mit Tränen.

„Herr Gorelik, kann ich kurz mit Ihnen sprechen?", bat ich.

„Was ist denn jetzt?", blaffte er, noch immer voll in seiner Rolle als böser Gebäudemanager. Dann hielt er inne und räusperte sich verlegen.

„Könnten Sie Veronica bis zum Ende der Woche Zeit lassen?", bat ich. „Ich übernehme persönlich die Verantwortung. Wenn sie nicht zahlt, verzichte ich auf meinen mietfreien ersten Monat."

Verwirrt sah er mich an. „Was ist das denn jetzt? Was glaubst du wohl, was du da tust? Warum machst du das?"

„Ich habe meine Gründe. Also, sind Sie einverstanden?"

„Na gut – aber du trägst die Verantwortung!"

„Abgemacht."

„Veronica, du hast bis zum Ende der Woche", verkündete er mit drohend erhobenem Finger. Dann machte er sich davon und stritt sich dabei halblaut mit jemandem, den wir beide nicht sehen konnten.

Ich wartete, bis er um die Ecke verschwunden war, dann wandte ich mich an die junge Frau. „Es tut mir sehr leid, dass ich Sie bei Vazgen erschreckt habe. Das lag nicht in meiner Absicht, ich schwöre es Ihnen!"

„Bitte nicht!"

„Bitte nicht was?"

„Schwören Sie nicht!", erklärte sie, ungeduldig angesichts meiner Begriffsstutzigkeit. „Vor allem nicht bei einer so kleinen Sache."

„Nun gut. In dem Fall tut es mir einfach nur leid."

„Ist schon in Ordnung."

„Haben Sie Lust auf eine Tasse Tee? Und ein paar Kekse?"

„Tee – warum nicht? Aber keine Kekse. Ich esse keine Kekse, ich muss auf meine Figur achten." Sie errötete und platzte dann heraus mit: „Oh! Ich weiß nicht, wer Sie sind und was Sie von mir wollen. Aber ich kann Ihnen gleich sagen, ich lasse mich auf kein Date mit Ihnen ein! Kein Abendessen, kein Kino und auch sonst nichts, wozu Sie mich einladen wollen."

„Ich hatte nichts dergleichen vor. Ich habe bereits eine feste Freundin. Also, gehen wir."

Alik saß an meinem Schreibtisch. Als er mich sah, stand er hastig auf und erstarrte dann beim Anblick der hübschen, jungen Frau zur Salzsäule.

„Alik, darf ich dir Veronica vorstellen?", sagte ich. „Sie hat ihr Büro auch hier in diesem Stockwerk." Ich schenkte den Tee ein. „Veronica, das ist Alik, mein Partner."

„Nett, Sie kennenzulernen, Alik", erklärte Veronica.

„Gleichfalls. Mir geht es gut, danke ...", stammelte er, völlig verwirrt ob ihrer ätherischen Schönheit. „Ich bin Alik ... ähm, Romuald. Romuald Zhukov. Wir haben hier eine Firma ..."

„Nett, Sie kennenzulernen, Romuald", wiederholte sie und unterdrückte ein Kichern.

Die ganze Zeit, während ich mich mit ihr unterhielt, verharrte Alik stocksteif und starrte die junge Frau mit den feurigen Haaren und den grünen Augen wie gebannt an. Ich fand heraus, dass sie mit ihrem Vater zusammenlebte, der vor einem halben Jahr einen Schlaganfall erlitten hatte. Seine linke Seite war vollkommen gelähmt, und er brauchte Vollzeitpflege, Medikamente, Ergotherapie und eine spezielle Diät. All das kostete ein Vermögen. Kein Wunder, dass Veronica mit ihrer Gewerbemiete drei Monate im Rückstand war.

„Bist du sicher, dass du wirklich ein Büro brauchst?", erkundigte ich mich (wir hatten uns inzwischen auf das „Du" geeinigt). „Du hast eine Veranstaltungsagentur, aber die Partys veranstaltest du doch sicher nicht im Büro, oder?"

„Ich brauche unbedingt ein Büro", erklärte sie entschieden. „Meine Kunden müssen sehen, dass ich ein seriöses Unternehmen führe und kein Leichtgewicht bin. Ohne Büro kann ich keine Anzahlung verlangen. Außerdem müsste ich mich sonst mit potenziellen Neukunden in einem Lokal treffen, was noch mehr Geld kostet. Um es zusammenzufassen – ja, ich brauche ein Büro. Es ist nur so … Momentan ist keine Saison für Veranstaltungen. All meine Kunden sind im Urlaub, und niemand heiratet oder feiert eine Büroparty."

„Erzähl mir mehr über deine Arbeit", forderte ich sie auf. „Was genau machst du? Welche Art von Dienstleistungen bietest du an? Wie viele Entertainer und Animatoren kannst du besorgen? Was sind deine stärksten Punkte? Und welche Bedingungen gelten für …?"

„Unsere Agentur organisiert alle Arten von Partys und Veranstaltungen. Sie nennt sich *Smaragd-Stadt*."

Veronica verstand noch immer nicht, warum ich das alles wissen wollte, aber sie berichtete mir nun in allen Einzelheiten über ihren Job. Mit jedem Wort wurde sie leidenschaftlicher. Alik lauschte ihr hingebungsvoll und mit offenem Mund. Er hatte keine Ahnung gehabt, dass man einen speziellen Dienstleister damit beauftragen konnte, eine Hochzeitsfeier zu organisieren.

Ich hörte ihr ebenfalls zu und durchsuchte gleichzeitig mein Interface. Obwohl ich extrem einschränkende Suchparameter eingegeben hatte, fand ich dennoch auf Anhieb gleich zwei Firmen, die Veronicas Dienste gut gebrauchen könnten. Ich beschloss, beide näher zu untersuchen.

Das Laptop auf den Knien googelte ich zunächst

das erste Unternehmen. Klasse – die hatten eine Website und dort alle möglichen Ansprechpartner angegeben. Ich nahm das Telefon und wählte eine Nummer. Taktvoll stellte Veronica ihre Schilderung ein. Ich bedeutete ihr mit einer Handbewegung, dass es nicht lange dauern würde.

„*MID Consulting*, wie kann ich Ihnen helfen?", zirpte eine Frauenstimme in den Hörer.

„Hallo, hier ist Phil Panfilov. Ich rufe Sie wegen der Veranstaltung an, die Sie organisieren." Ich musste raten, denn außer den Daten aus meinem Programm hatte ich keinerlei Informationen. Diesen Daten zufolge allerdings brauchte *MID Consulting* dringend jemanden wie Veronica.

„Warten Sie bitte einen Augenblick. Aha ... Ich sehe. Geht es um die Geburtstagsparty von Herrn Romanov?"

Ich klickte auf die Schaltfläche „Über uns", und da war er: Alexander Romanov, der CEO.

„Genau", bestätigte ich. „Mit wem kann ich über die Veranstaltung sprechen?"

„Wissen Sie, Olga ist momentan nicht hier, und sie ist diejenige, die für alles verantwortlich ist. Sie wird in einer Stunde zurück sein. Ich kann Ihnen Olgas Handynummer geben. Oder Sie könnten auch einfach vorbeikommen, wenn Sie möchten. Sie wissen, wo wir sind?"

„Oh, wenn Sie mir bitte die Handynummer und die Adresse geben könnten, das wäre sehr nett. Ich schreibe es mir auf ... Danke!"

„Gern geschehen. Ihnen einen schönen Tag!"

Ich legte auf und wandte mich Alik und Veronica zu. Ihre Gesichter schienen mich zu fragen, was zum Teufel das gerade eben wohl gewesen war.

„Also, Veronica", sagte ich, „das war eine Firma, deren CEO demnächst Geburtstag hat und eine Party feiern möchte. Hier ist die Handynummer einer gewissen Olga, die alles organisiert. Und hier ist die Adresse. Ruf Olga am besten gleich an."

„Was? Du meinst jetzt sofort?"

„Genau. Hier ist das Telefon. Ruf an, bevor eine andere Agentur sich den Auftrag holt."

Ich hatte das komische Gefühl, dass Olga gerade in einem Meeting saß, in dem über die Veranstaltung gesprochen wurde. Da galt es, keine Zeit zu verlieren.

„Meinst du das jetzt ernst?"

„Hör mal, Mädchen – du solltest wirklich tun, was mein Chef dir sagt", mischte sich Alik ein, den endlich sein Betäubungs-Debuff verlassen hatte, was ihm die Zunge löste. „Er ist ziemlich clever!"

„Na gut. Wenn er ‚clever' ist ... Warum nicht?" Veronica wählte die Nummer und stellte sich dann mit dem Gesicht zur Wand, um nicht abgelenkt zu werden.

Anscheinend erreichte sie Olga, denn es begann sofort eine engagierte Unterhaltung. Veronicas Haare schimmerten im Sonnenlicht, wechselten die Farbe von tieforange zu Sonnenuntergangsrot.

„Ja, auf jeden Fall", schloss sie. „Ich werde da sein. Ich bin bereits unterwegs." Sie legte das Telefon beiseite, drehte sich zu uns um und kreischte voller Begeisterung: „Phil, du bist fantastisch! Das kann ein großer Auftrag werden! Und es wird alles im Voraus bezahlt! Ich werde jetzt zur Firma gehen und alle Details mit denen besprechen."

Dein Ansehen bei Veronica Pavlova hat sich verbessert!
Derzeitiges Ansehen: Freundlichkeit 5/60

Nicht in der Lage, ihre Gefühle zurückzuhalten, umarmte sie mich stürmisch. Ich konnte mein Laptop gerade noch so vor dem Hinabfallen bewahren und wäre beinahe selbst vom Stuhl gestürzt.

Jemand betrat das Büro, allerdings konnte ich nur seine Schuhe sehen – der Rest wurde von Veronicas Haaren verdeckt. Sie verpasste mir gerade einen Schmatzer auf die Wange.

„Veronica?", hörte ich auf einmal Vazgens Stimme. „Was bitte geht denn hier vor sich?"

„Gar nichts", erwiderte sie selbstbewusst und löste sich von mir. „Also, ich muss los. Danke, Phil – du bist der Beste!" Sie verließ den Raum, allerdings nicht, ohne mir vorher noch einen sehr sinnlichen Blick zuzuwerfen.

Mein Ansehen bei dem heißblütigen Südländer Vazgen war auf einen neuen Tiefpunkt gesunken und bei offenem Hass angekommen. Das Knirschen seiner Zähne hallte von allen Bürowänden wider.

„Hör mal, das ist mein Mädchen, *da*? Kapiert? Wenn ich dich noch einmal in ihrer Nähe sehe, mache ich dich kalt!"

Alik spannte sich an und ging auf Vazgen los wie ein junger Stier. „Jetzt mach aber mal halblang, Kumpel! Wer glaubst du eigentlich, wer du bist?"

Der Armenier würdigte ihn keines Blickes und ignorierte den wutentbrannten Alik, als ob er nichts weiter als ein Möbelstück wäre.

„Alik, das ist ein weiterer unserer Nachbarn", erklärte ich. „Kunststofftüren und -fenster."

Vazgen musste erkannt haben, dass er gegen zwei keine Chance hatte. „Also, ich habe dich gewarnt, *da*?" Dann spuckte er auf den Boden und stürmte hinaus.

„Ach, du bist also einer, der die Leute vorwarnt?", brüllte Alik ihm hinterher. „Hör auf mit dem Blödsinn und verpiss dich!" Er schien sich über die Gelegenheit zu freuen, endlich einmal wieder eine Konfrontation zu erleben, die eines Straßengangsters würdig war.

Ich war mir ziemlich sicher, dass Vazgen uns nur aufgesucht hatte, um herauszufinden, ob ich in der

Tat ein Nachbar war, oder aber ein von diesem mysteriösen Naeel geschickter Spion.

Ungerührt griff ich nach meiner Tasse und trank einen Schluck – mittlerweile kalt gewordenen – Tee.

Später an diesem Nachmittag, als ich mich gerade für das nächste Training bereitmachte, tauchten Kesha und Veronica gleichzeitig in der Tür des Büros auf. Veronica strahlte. Kesha hatte mir die Flugblätter mitgebracht, ordentlich gestapelt und mit Schnur zusammengebunden.

Stolz winkte Veronica mit einem Briefumschlag in der einen und einer Flasche Sekt in der anderen Hand. „Ich hab' den Auftrag! Ich habe unterschrieben! Das müssen wir feiern!"

„Was gibt es denn zu feiern?", fragte Kesha. „Die Eröffnung des Büros? Das hättet ihr mir früher sagen sollen – ich habe irgendwo noch eine offene Flasche Brandy."

„Prima!" Alik rieb sich die Hände. „Und wir haben Kekse!"

„Tut mir leid, Jungs – aber heute nicht. Ich muss trainieren gehen und Alik hat noch eine Menge Arbeit vor sich. Du erinnerst dich doch, Alik, oder?" Ich unterlegte meine Stimme mit einem gewissen Befehlston. „Dein Job ist der wichtigste überhaupt! Lass uns am Freitagabend feiern, einverstanden?"

„Was trainierst du denn?", erkundigte sich Veronica neugierig.

„Boxen."

Dein Ansehen bei Veronica Pavlova hat sich verbessert!
Derzeitiges Ansehen: Freundlichkeit 10/60

„Bist du dir da ganz sicher, Phil?", maulte Alik. Er klang ziemlich angepisst. „Das ist eine ganze Menge Zeug, was ich da überall ankleben soll. Das bringt mich um, wenn ich es allein erledigen muss. Und selbst mit meinen Jungs ... Wie wäre es denn, wenn wir einfach ein Team dafür anheuern? Du weißt schon – Plakatkleber?"

„Musst du die alle anbringen?", wollte Veronica wissen. „Ich kenne ein paar Leute, die übernehmen das ganz billig für dich. Für, sagen wir, 2 Rubel pro Stück."

Aliks Laune verbesserte sich sofort. Kesha schien seine Begeisterung allerdings nicht zu teilen. Er wollte offensichtlich etwas sagen.

„Was ist, Kesha?", forderte ich ihn auf.

„Ich kenne diese Leute – die sind zu nichts zu gebrauchen. Es haben sich schon etliche meiner Kunden über sie beschwert. Sie bringen einfach ein paar Flugblätter an und werfen den Rest in den Abfall. Ich habe von Fällen gehört ..."

Veronicas Augen weiteten sich. Sie öffnete den Mund, um ihre Freunde zu verteidigen, doch ich ließ ihr keine Chance. „Danke, Veronica, aber wir schaffen das schon. Ihr zwei könnt gehen, wir feiern ein anderes Mal. Alik und ich haben etwas zu besprechen. Ach ja, Kesha – hier ist das Geld für die Flugblätter."

Ich bezahlte ihn, er gab mir eine Quittung und zog sich zurück, bat uns jedoch, ihm unbedingt Bescheid zu sagen, wenn wir etwas feierten, ganz gleich was.

Veronica überreichte uns die Flasche Sekt. „Lasst euch nicht langweilen!"

Sie ging, und Aliks Blick folgte ihr, bis ich die Tür hinter schloss.

Viel Zeit hatte ich nicht, ich war schon beinahe zu spät dran für das Fitnessstudio. Aber es war wichtig, die Sache zu regeln, sonst konnten wir überhaupt nichts erreichen.

„Alik, hör mal ..." Ich wartete, bis er seine Aufmerksamkeit mir zugewandt hatte. „Niemand wird die Arbeit für uns übernehmen. Momentan gibt es nur uns beide. Eine Firma auf die Beine zu stellen, kann eine ziemlich knifflige Angelegenheit sein. Du magst zwar glauben, es sei im Handumdrehen geschehen, aber so ist das nicht, fürchte ich. Wenn wir es schaffen wollen, müssen wir uns beide den Arsch aufreißen. Falls du glaubst, das ist nichts für dich, reden wir besser jetzt gleich darüber und trennen uns wieder. Ich habe vollstes Verständnis dafür, wenn du nicht mehr mitmachen willst. Dann bringe ich die verdammten Flugblätter eben selbst an. Selbst wenn du bleibst, kann ich diese Arbeit mit übernehmen. Aber ...“

„Ist ja schon gut, Mann! Ich hab's kapiert! Und du haust jetzt besser ab, damit du nicht zu spät kommst! Ich habe nette Geschichten über deinen Trainer gehört. Er soll ja ein ganz knallharter Leuteschinder sein, heißt es. Mach dir keine Gedanken. Ich hole meine Jungs, und dann kleben wir das Zeug an!“

„Freut mich sehr, das zu hören, Kumpel. Wir sehen uns morgen!“ Ich hob die Hand, und wir klatschten uns zur Bekräftigung ab.

Ich steckte rasch noch einen Stapel Flugblätter und eine Tube Kleister in meinen Rucksack, dann brach ich auf.

„Und weißt du was?“, rief Alik mir nach. „Ich finde immer noch, eine Mikrowelle wäre eine gute Idee!“

KAPITEL 8

DIE KUNDEN WOLLEN EINFACH NICHT KOMMEN

*Deine unzufriedenen Kunden sind
deine größte Chance, etwas
dazuzulernen.*

Bill Gates

„DARF ICH HEREINKOMMEN?" Ein schäbig wirkender Typ in einem kurzärmeligen Hemd und leichten Sommerhosen mit einem schwarzen Gürtel betrat unser Büro. In der Hand hielt er einen Stapel Broschüren. Oder vielleicht waren es auch schmale Taschenbücher. Ich sah auf einen Blick: Er war kein potenzieller Kunde, sondern jemand, der uns irgendwelchen Mist verkaufen wollte.

„Ja, kommen Sie rein – nehmen Sie Platz", forderte Alik ihn auf, der noch nicht erkannt hatte, woher hier der Wind wehte. Er stürzte auf den Mann zu, griff ihm hilfsbereit unter die Arme und führte ihn zu meinem Schreibtisch.

Mental schlug ich die Hände über dem Kopf zusammen. Mein Partner hatte es schon wieder getan. Er hatte die Hoffnung noch immer nicht aufgegeben. Nach nahezu einer Woche, in der wir untätig herumgesessen hatten, hatten wir noch immer keinen einzigen Kunden gehabt. Nur Handelsvertreter kleiner Unternehmen tauchten in unserem Büro auf, die uns entweder etwas verkaufen oder aber direkt Geld wollten.

Es war bereits eine wahre Flut an kommerziellen Angeboten bei uns eingegangen. Sie alle versprachen eine langfristige Zusammenarbeit und warben mit ganz unglaublichen „Nur heute"-Rabatten. Man hatte uns angeboten, unsere Firma in den Gelben Seiten der Stadt unterzubringen, uns ein Abo über ein täglich geliefertes Mittagessen anzudrehen, unsere Website zu gestalten oder unsere Werbung im Radio und dem kostenlosen lokalen Käseblatt unterzubringen. Außerdem sollten wir noch eine Ausstellung von Straßenkunst sponsern, einen Popstar anheuern und Immobilien auf dem Mars kaufen.

Ein ganz besonders erfinderischer Zigeuner hatte uns sogar einen Beutel frischgeprägter Münzen unter die Nase gehalten. „Bitcoins!", hatte er stolz erklärt. „Ganz billig! Nur 100 Rubel das Stück!"

Dieser Kerl jetzt ließ sich auf der Stuhlkante nieder, ohne es sich erst bequem zu machen – er rechnete wohl damit, dass ich ihn gleich wieder vor die Tür setzen würde –, und bot mir einen Stapel Broschüren an. Mein Interface verriet mir, dass er eine Heidenangst hatte.

„Wie kann ich Ihnen helfen?", fragte ich und blätterte durch die Broschüren. Sie stellten sich als Sammlungen von Gedichten eines gewissen Valdemar Obscurus heraus. Es waren dünne, amateurhaft formatierte Taschenbücher mit einem aufdringlich knallbunten Cover, das eine schreckliche Fotocollage und den Buchtitel in 3D komplett mit Schatten zeigte.

„Mein wirklicher Name ist Vladimir Obsky", erklärte der Besucher, obwohl das System mir das schon längst gemeldet hatte: *Vladimir Obsky, Alter: 54.*

„Und was ist damit?" Ich deutet auf das Buchcover. „Vladimir Obscurus? Ist das Ihr Künstlername?"

„Genau. Das ist mein Pseudonym."

Ich schlug willkürlich eine Seite auf und las:

„Regen im November
Kommt manchmal im Oktober
Dann sind alle höchst verwirrt
Und erfüllt von großer Bedeutung …"

Ich blickte hoch. „Was ist das, Herr Obsky?"

„Das sind meine Gedichte. Es ist meine Kunst."

„Das habe ich ja verstanden. Aber was ist der Zweck Ihres Besuchs? Suchen Sie Arbeit?"

„Oh, nein! Ganz und gar nicht! Ich bin ein Dichter! Ich erschaffe!"

Mein durch meine verbesserte Wahrnehmungsfertigkeit geschärftes Gehör erlaubte mir, die Worte zu vernehmen, die Alik auf der anderen Seite des Büros enttäuscht murmelte: „Er ist ein verdammter Dichter, und das macht ihn auch nicht lichter!"

Dem Programm zufolge hatte Herr Obsky in seinen 54 Jahren sage und schreibe Level 3 im sozialen Status erreicht. Seine am weitesten fortgeschrittene Fertigkeit war seine Tippgeschwindigkeit, in der er beeindruckende 8 Punkte erreicht hatte. Ich sah ihn direkt vor mir, wie er vor sich hin klapperte. Bei dem Tempo konnte er in einer Woche einen Roman hervorzaubern. Er musste ein zwanghafter Schreiber sein, der wahrscheinlich Dutzende Gedichtsammlungen wie diese verbrochen hatte.

Ich erkannte, dass mein normaler Ansatz hier wahrscheinlich nichts erreichen konnte, und entschloss mich zu einer direkteren Form des Dialogs. „Nun gut. Sie sind ein Dichter?"

„Genau das bin ich."

„Sie sind in unsere Agentur gekommen."

„Wie Sie sehen können."

„Sie haben uns Ihre Gedichte gebracht."

„Meine *Dichtkunst*", protestierte er.

„Oh, tut mir leid. Also, Sie haben uns Ihre Dichtkunst gebracht."

„Das habe ich."

„Uuund?", ergänzte ich gedehnt und wartete darauf, dass er den Satz beendete.

„Und was?"

„Und warum haben Sie das?"

„Ich wollte, dass Sie sie kaufen", erklärte er und klang dabei so ungeduldig wie ein Professor, der sich darüber ärgerte, irgendeinem unbedarften Studenten etwas erklären zu müssen.

Das löste das Rätsel. Er war als Verkäufer absolut unfähig. Anscheinend erwartete er, dass jeder, der durch seine Bücher blätterte und ein paar Kostproben seiner Kunst las, die Gedichte ausreichend lieben musste, um sein gesamtes Werk zu erwerben.

„Aha. Arbeit suchen Sie also keine?"

„Ich habe keine Zeit zum Arbeiten. Dichtkunst schreibt sich nicht von selbst, wissen Sie. Meine Leser warten auf mehr!"

„Wenn ich fragen darf – wo finden Ihre Leser Sie?"

„Was meinen Sie mit ‚wo'? Auf einer Dichtkunst-Website natürlich! Wollen Sie mein Werk nun kaufen oder nicht?"

„Nein."

„Was meinen Sie mit ‚nein'?"

„Wir kaufen Ihre Gedichte nicht, und fertig. Vielen

Dank." Ich gab ihm seine Bücher zurück.

„Sie haben ja noch nicht einmal gefragt, was sie kosten!"

„Sehen Sie, Herr Obsky, ich fürchte, ich bin kein großer Fan von Gedichten. Vor allem nicht von Gedichten dieser Art."

„Was meinen Sie mit ‚dieser Art'?" Argwöhnisch betrachtete er mich mit verengten Augen.

„Moderne Gedichte."

Es klopfte an der Tür und Gorelik, der Manager des Gewerbezentrums, marschierte in den Raum.

„Ah, Herr Obscurus, Sie sind auch hier!" Er begrüßte den Dichter so innig wie einen Freund, den er lange nicht gesehen hatte. „Hallo, Phil."

„Hallo, Herr Gorelik."

„Tut mir leid, Phil – ich bin nicht gekommen, um dich zu sehen", fuhr der Manager fort. „Ich habe nur gehört, dass Sie hier sind, Herr Obsky, also habe ich beschlossen, einfach einmal vorbeizuschauen. Haben Sie einen Augenblick Zeit für mich? Ich habe eine schöne Flasche Brandy im Büro."

„Ich bin hier fertig." Der Dichter stand auf und warf mir einen verächtlichen Blick zu. „Die junge Leute heutzutage haben überhaupt keine Ahnung von Kunst!"

„Aber meine Frau liebt Ihre Gedichte doch so sehr!", rief Gorelik aus. „Übrigens, genau deshalb wollte ich mit Ihnen sprechen. Sie hat bald Geburtstag, sie wird 45. Und wie wir ja alle wissen, ist 45 ein Alter, in dem …"

„… eine Frau sich auf dem Höhepunkt ihrer Schönheit befindet?" Der Dichter strahlte in der Erwartung schnell verdienten Geldes.

„Genau! Ich möchte Sie damit beauftragen, ein Gedicht zu schreiben, das …" Er legte den Arm um die Schultern des Dichters, zog ihn mit sich und flüsterte ihm verschwörerisch etwas ins Ohr.

Die beiden verließen das Büro, der Dichter kichernd und der Manager schallend lachend.

Hätte man Obscurus und Gorelik in einem Buch beschrieben, niemand hätte einem geglaubt, dass diese beiden Reiter der Apokalypse tatsächlich existierten.

„Was zum Teufel war das denn?", fragte Alik, der überhaupt nichts verstanden hatte.

„Das, mein lieber Alik, war ein Dichter. Davon gibt es in Russland sehr viele. Was isst du da gerade?"

„Ach, nur ein paar Fertignudeln. Willst du auch welche?"

„Na gut, her damit", seufzte ich, resigniert in dem Bewusstsein, dass mir das ein paar Alarmmeldungen des Systems eintragen würde.

Ich war übelster Laune. Zu Hause verwandelte Vicky sich gerade mehr und mehr von der Unterstützerin und Kameradin, die mir zu Seite stand, in eine Art Yanna-Nachbau, die sich in sarkastischem „Ich habe es dir doch gesagt" erging.

Unsere mit wenig Geld auf die Beine gestellte Werbekampagne war ein massiver Fehlschlag. Alik und seine Jungs hatten ein wahres Wunder vollbracht und die Hälfte der Stadt mit unseren Flugblättern bepflastert, doch ohne jedes Ergebnis. Das war der Zeitpunkt, in dem ich die Zehntausende von Rubel schwer bedauerte, die ich so gedankenlos Matov für meinen Einzelunterricht im Boxen gezahlt hatte. Das Geld hätten wir jetzt wirklich gut gebrauchen können.

Ich hatte Alik damit beauftragt, eine Schnellumfrage unter den lokalen Alkoholikern durchzuführen. Er war mit schlechten Nachrichten zurückgekehrt. Niemand nahm uns ernst. Alle schienen fest zu glauben, dass unsere Firma nur eine weitere der Sorte war, die mit der Abzocke leichtgläubiger Kunden ein Vermögen verdienen wollte. Die wenigen Anrufe, die eingegangen waren, schienen von Leuten zu stammen, die nicht ganz zurechnungsfähig waren. Oder wie sonst sollte man jemanden beschreiben, der eine hohe Managerposition erwartete, ohne irgendetwas dafür tun zu wollen?

„Hier, Kumpel. Guten Appetit!" Alik hielt mir eine Plastikschale mit dampfenden Nudeln unter die Nase, die ausgesprochen lecker rochen. Man konnte ja sagen, was man wollte – aber diese ganzen Geschmacksverstärker und Gewürze taten einfach ihre Wirkung.

„Danke, Mann!"

Ich merkte nicht einmal, wie schnell ich alles restlos vertilgte.

Du hast 489 Kalorien konsumiert, darunter 12,19 g Eiweiß, 21,54 g ungesättigte Fettsäuren und 62,65 g Kohlehydrate.

Warnung! Die Nahrung, die du zu dir genommen hast, enthält potenziell lebensbedrohende Zutaten!

Warnung! Anstieg des Risikos einer Krebserkrankung um +0,00012 %

Warnung! Anstieg des Risikos einer Magen-Darm-Erkrankung um +0,00086 %

Warnung! Anstieg des Risikos von Bluthochdruck um +0,00704 %

-0,038402 Vitalität

-3 % Stoffwechsel. Dauer: 6 Stunden

In den Wochen, die ich jetzt bereits mit meinem Interface zubrachte, hatte ich diese kleinlichen Meldungen mehr und mehr ignorieren gelernt. Um ehrlich zu sein, gab es kaum Nahrungsmittel, die nicht solche „potenziell lebensbedrohenden Zutaten" enthielten. Mich überraschte nur, dass ich nicht jedes Mal eine Warnung erhielt, wenn ich eine Lunge voll scheinbar sauberer Luft einatmete.

Um mir die Zeit zu vertreiben, überprüfte ich die Systemprotokolle. Entdeckt hatte ich sie erst vor einer Weile. Diese hirnverbrannten Programmierer hatten sie in der entferntesten Ecke meiner Einstellungen versteckt, die man sich nur vorstellen konnte. Auch wenn ich sie nicht sehr oft betrachtete, erwiesen sie sich dennoch als höchst nützlich und der feuchte Wunschtraum aller Zeitmanagement-Begeisterten.

Diese Protokolle hielten alles fest – Systemmitteilungen, den Fortschritt bei den Erfahrungspunkten, meinen Puls (durchgehend), hormonelle Veränderungen, getane Schritte, Dauer des Schlafs unterteilt nach den verschiedene Schlafphasen und sogar alle Fälle, in denen ich in visuellen oder oralen Kontakt mit anderen Menschen kam. Ich konnte alles nachschlagen, was ich gemacht hatte, zum Beispiel letzten Mittwoch, und zwar sekundengenau. Obwohl die Beschreibungen sehr allgemein gehalten waren: „Lesen", „Konsum von Nahrungsmitteln", „Schlaf" oder „Bewegung". Wenn ich mich auf eine bestimmte Aktivität konzentrierte, verschaffte mir das die Statistiken für den entsprechenden Zeitraum bis hin zur letzten Kalorie, die ich zu mir genommen, und der Anzahl der Orgasmen, die ich erlebt hatte.

Da ich jetzt ständig im Büro feststeckte, war meine persönliche Entwicklung ebenso stagniert wie mein Unternehmen. Dennoch zeigte sich meine durch den Verstärker vorangetriebene Verbesserung selbst in den banalsten Dingen. Nachdem ich mich nun täglich darin übte, mit allen möglichen Leuten belangloses Zeug zu reden – Besuchern, Nachbarn und den Mitarbeitern der Personalabteilungen zahlloser Firmen, die ich anrief, um unsere Dienste anzubieten –, lagen meine Kommunikationsfertigkeiten jetzt bereits bei Level 8. Dank meiner guten Verkaufsfertigkeiten waren die

HR-Leute nur zu begierig, mit uns zusammenzuarbeiten und uns über ihre freie Stellen zu informieren. Das Problem war nur, ich konnte ihnen niemanden anbieten. Wir hatten in der ganzen Woche nicht einen einzigen Kunden gesehen!

Die Fertigstellung von Koutzels Biografie hatte zwar meine Fertigkeit im kreativen Schreiben nicht verbessert, mich aber dafür in der Tippgeschwindigkeit auf Level 5 gehievt. Weit mehr hatte mich allerdings der Anruf seiner Enkelin Dina erfreut. Seit dem Morgen nach dem Verhör durch Major Igorevsky, als die Mutter des wiederaufgefundenen Mädchens mich angerufen hatte, waren mir solch warmen, aufrichtigen Worte des Dankes nicht mehr zu Ohren gekommen.

Anfangs hatte ich diesen Auftrag ja als Nebensache betrachtet, die allein zum Geldverdienen gedacht war. Allerdings war das nun tatsächlich mein erstes abgeschlossenes Buch, das sich im Mindestfall wenigstens eines Dutzend Leser unter den Familienmitgliedern und Freunden des Protagonisten erfreuen würde.

Ich erinnerte mich immer wieder gern an den Moment, als ich die letzte Zeile geschrieben hatte. Es hatte mir eine unbeschreibliche Befriedigung verschafft, diese Arbeit gut erledigt zu haben. Mit dem Interface hatte das nichts zu tun – das System schloss die Aufgabe erst nach dem letzten Korrekturdurchgang ab. Nein, die Freude, die ich in diesem Augenblick erlebt hatte, das war ganz allein meine eigene, und sie war absolut *real*.

Dann stieg ich aus heiterem Himmel in meiner Fertigkeit der Internetsuche auf Level 6 auf. Der ständige höfliche Umgang mit Handelsvertretern und die tägliche Aufmunterung des am Boden zerstörten Alik brachten meine Fertigkeit der Täuschung auf 4. Und schließlich erreichte ich, nach dem morgendlichen Joggen, ein neues Level in Athletik: 3.

Das waren im Grunde alle meine Erfolge. Meine Eigenschaften hatten sich in den Ruhezustand begeben. Nicht einmal meine Stärke steigerte sich. Ich musste allerdings auch zugeben, dass sich mein Krafttraining ebenfalls verlangsamt hatte. Ich stemmte noch immer dieselben Gewichte und machte keinerlei Fortschritte. Ich hatte noch immer keine Ahnung, woran das lag, aber ich hatte bereits einige Informationen über die sogenannte Plateauwirkung nachgeschlagen und wie man sie überwinden konnte. Möglicherweise musste ich mein Training ein paar Wochen einstellen, damit meine Muskeln sich von der Dauerbelastung erholen konnten.

In diesem Augenblick schwebte Veronica regelrecht wie auf Wolken ins Büro. „Phil! Alik! Wollt ihr mir nicht gratulieren?", zwitscherte sie.

„Gratuliere!", reagierte Alik für uns beide. „Worum geht es denn? Was feiern wir?"

„Ich komme gerade von Gorelik. Ich habe den gesamten Mietrückstand vollständig bezahlt! Könnt ihr euch das vorstellen? Phil, ich bin dir so dankbar! Der Typ, dessen Party ich organisiert habe, war so begeistert, er hat versprochen, mich all seinen Freunden zu empfehlen!"

Gratuliere! Du hast ein neues Fertigkeitslevel erreicht!
Name der Fertigkeit: Glück
Derzeitiges Level: 11
Du hast für die erfolgreiche Verbesserung einer Haupteigenschaft 1.000 Erfahrungspunkte erhalten!
Derzeitiges Level des sozialen Status: 14. Fehlende Erfahrungspunkte bis zum nächsten Level: 12.800/15.000

Diese Mitteilung ergab einfach keinen Sinn. Ich

hatte nichts dergleichen erwartet. Nur zu gern hätte ich gewusst, was ich kürzlich angestellt hatte, dass das Programm als dieses Aufstiegs wert befand? Hatte mein Hinweis auf den Aufenthaltsort des Terroristen Haqqani vielleicht endlich Ergebnisse gezeitigt? Oder hatte der vermisste Kerl aus Rostov, den ich aufgespürt hatte, vielleicht etwas gemacht, das der gesamten menschlichen Rasse zugutekam?

Womöglich beeinflusste aber auch meine Unterstützung für Veronica auf irgendeine Weise meine Zukunft. Ich tat gut daran, mich mit dieser Frage ein andermal zu beschäftigen, nicht, dass sie meinen glasigen Blick irgendwie missverstand.

„Wow, das ist klasse!", freute sich Alik, doch dann verdüsterte sich sein Gesicht und er fügte hinzu: „Phil? Du weißt schon ... Müssen wir nicht bald die nächste Monatsmiete bezahlen? Aber wir haben überhaupt keine Kunden!"

„Zuerst einmal ist der erste Monat mietfrei, und zum zweiten habe ich bereits eine Anzahlung von einer Monatsmiete geleistet. Vor Anfang September setzt uns hier niemand vor die Tür."

„Was? Ihr habt überhaupt keine Kunden? Nicht einmal heute?", fragte Veronica, sichtlich betroffen.

„Nicht einen einzigen", beschwerte sich Alik. „Nur irgendein verrückter Dichter hat uns besucht. Und ich habe mich schon gefreut, weil ich dachte, es sei endlich ein Kunde."

Veronica stand so leidenschaftlich hinter unserer Firma, sie war sogar bereit, selbst Kundin von uns zu werden, nur, um uns auszuhelfen. „Dabei habe ich doch schon jedem von euch berichtet! Ich habe eure Flugblätter in der gesamten Nachbarschaft aufgehängt. Was zum Teufel ist bloß los? Habt ihr schon mal versucht, eure Dienste online anzubieten? Ich kenne da jemanden, der ist ein echter Experte ..."

„Phil, Achtung!" Alik signalisierte mir mit einer

Geste, dass meine Aufmerksamkeit gefragt war.

Hinter Veronicas Rücken war eine recht verängstigt aussehende Frau aufgetaucht. Neben ihr stand ein etwa zehn Jahre alter Junge, einen Geigenkasten im Arm.

Veronica schwang herum und übernahm sofort die Rolle unserer Sekretärin. „Hallo! Wie kann ich Ihnen helfen?"

„Ist das hier die Jobvermittlungsagentur?"

Alik zwinkerte mir mit seinem linken Auge so heftig zu, dass es wirkte, als litte er an einem nervösen Tick.

„Ja, Sie sind hier am richtigen Ort", antwortete ich. „Ich bin Phil. Kommen Sie doch herein! Vielen Dank, Veronica. Schau doch bitte später noch einmal herein."

Sie zwinkerte mir ebenfalls zu – was war bloß los mit den beiden? – und verließ den Raum.

Alik brachte einen zweiten Stuhl für den Jungen. Erschöpft ließ die Frau sich auf ihren Stuhl sinken und bedeutete ihrem Sohn – dem Interface zufolge war es tatsächlich ihr Sohn –, sich auf den anderen zu setzen.

„Sind Sie auf der Suche nach Arbeit?", erkundigte ich mich und drückte mir und Alik instinktiv die Daumen.

„Ja. Ich habe Ihr Poster im Flur gesehen. Normalerweise hätte ich es überhaupt nicht beachtet, aber irgendjemand hat es verkehrt herum aufgehängt. Ich habe mich gewundert, wer wohl dieser Scherzbold war."

Alik schaute zur Decke und pfiff unschuldig vor sich hin. Allerdings war er nicht sehr gut darin, es klang es mehr wie ein Zischen als ein Pfeifen. Oder war das vielleicht seine Art, als Bauchredner seine beiden kleinen Helfer auszuschimpfen?

Nun, es spielte keine Rolle. „Und wie haben Sie es

geschafft, das Plakat dennoch zu lesen?"

„Da war doch gar nichts zu lesen", antwortete sie erstaunt. „Nur zwei Worte – ‚Beschäftigung‘, und ‚hundertprozentig‘. Was genau machen Sie denn hier? Ist das irgendeine Art Multi-Level-Marketing? Oder ein Schneeballsystem?"

Inzwischen hatte ich festgestellt, dass sie gar nicht so alt war, wie ich das anfangs gedacht hatte. Sie musste im selben Alter sein wie Vicky, doch sie wirkte ganz anders. Sie war abgehärmt und hatte sich gehenlassen. Offensichtlich war es ihr mittlerweile gleichgültig, wie sie aussah.

Ich kannte Frauen ihrer Art gut – alleinerziehende Mütter, die dem Glück ihres Kindes alles opferten. Geschieden, mit zwei oder drei Arbeitsstellen, und während sie alles taten, um ihren Kindern das Beste bieten zu können, liefen sie selbst mit schäbigen Klamotten herum. Sie aßen das, was die Kinder übrigließen, und gönnten sich in seltenen freien Stunden einen Riegel Schokolade und schauten sich dabei Seifenopern und Reality-TV an. Oder lasen vielleicht gelegentlich einen Liebesroman.

Ob es an schlechter Ernährung lag oder andere Gründe hatte – ihre Gesundheit befand sich tief im roten Bereich, ebenso wie die von Cyril, bevor die Ärztin sein Emphysem diagnostiziert hatte. Womöglich musste ich sie deswegen warnen.

„Weder noch", erwiderte ich. „Wir helfen wirklich Leuten, Arbeit zu finden. Wenn Sie einen Job brauchen, Frau … Tut mir leid, wie heißen Sie?"

„Ludmila."

„Also, sind Sie auf der Suche nach einem Job, Ludmila?"

„Ich weiß es nicht so genau. Ich habe bereits zwei Arbeitsstellen. Ich bin Hausmeisterin an der Schule und am Abend putze ich Büros. Aber die Bezahlung ist einfach miserabel. Ich komme damit nicht hin, so sehr ich mich auch bemühe. Und Leos Musikstunden sind nicht billig. Dabei übt das kleine Arschgesicht hier nicht einmal ordentlich!" Sie verpasste ihrem Sohn einen leichten Klaps auf den Hinterkopf.

Der Junge zuckte zusammen. Sie seufzte und befingerte eine alte, abgenutzte Handtasche.

Ich studierte ihr Profil. Sie verfügte über ganz anständige Fertigkeiten im Kochen. Das reichte sogar für eine Position als professionelle Köchin aus. Warum also schrubbte sie für ein Taschengeld Toiletten und Fußböden?

„Ludmila, was ist Ihr gelernter Beruf?"

„Ähm ... Ich habe einen Abschluss von der Kochschule."

„Und warum arbeiten Sie nicht in diesem Bereich?"

„Das habe ich eine Weile lang. Ich hatte einen Job in einem Restaurant. Aber dort musste ich zwölf Stunden arbeiten und anschließend noch Leo bei den Hausaufgaben helfen und den gesamten Haushalt erledigen. Ich kann Leo nicht den ganzen Tag allein lassen. Außerdem hat der Eigentümer mir eines Tages Avancen gemacht, und als ich ihn zurückwies, hat er behauptet, ich hätte in die Kasse gegriffen, und das Gerücht verbreitet, ich ..." Sie warf einen Blick auf den Jungen, ohne den Satz zu beenden.

Ich verstand sofort, was sie meinte. „Wie viel verdienen Sie momentan, falls Sie das nicht lieber für sich behalten möchten?"

„Sagen Sie es bloß niemandem, es ist ein echter Witz. Alles zusammen komme ich nicht einmal auf 20.000 Rubel.[22]"

„Ich rate Ihnen dennoch, die Putzstelle aufzugeben. Sie sind noch jung und haben das ganze Leben noch vor sich. Und Leo ist schon ein großer

---

[22] Etwa 270 Euro.

Junge. Er kommt zu Hause ganz gut allein klar, oder etwa nicht, Leo?"

Der Junge zuckte mit den Schultern. Den Geigenkasten hielt er auf dem Schoß, umfasste ihn liebevoll.

„Kann ich Ihnen Tee oder Kaffee anbieten?" Alik stand plötzlich hinter der Frau und erschreckte sie beinahe zu Tode.

„Himmel! Sie haben mich richtig geängstigt. Nein, danke, ich möchte nichts."

„Wie Sie wünschen", entgegnete Alik, sichtlich gekränkt über die Zurückweisung seiner Anstrengungen. Wo hatte er das bloß wieder gelernt?

Aus dem Augenwinkel betrachtete ich die Ergebnisse der Suche über mein Interface. Als Suchbegriffe hatte ich eingegeben „Koch/Köchin gesucht", „Gehalt ab 30.000 Rubel[23]", „Legale Beschäftigung" und „Über 90 % Wahrscheinlichkeit, dass sie Ludmila Nazarenko einstellen".

Es gab eine Menge Angebote, mindestens ein Dutzend. Also wählte ich einfach die besten aus, während ich so tat, als würde ich etwas auf dem Bildschirm meines Laptops betrachten. Das diente mir als Vorwand für meine etwas ungewöhnliche Suchtechnik.

„Also, Ludmila", sagte ich endlich, „ich habe drei Angebot für Sie. Die Bezahlung reicht von 30.000 bis 50.000. Zwei Jobs sind für Küchenchefs in einem Lokal, und der dritte ist in einem Schnellrestaurant. Ich bin mir sicher, dass Sie mit Ihrer Erfahrung die Vorstellungsgespräche mit fliegenden Fahnen bestehen. Was meinen Sie?"

„Werden die mich denn auch wirklich einstellen?"

„Natürlich werden Sie das", versuchte ich, etwas von meiner Zuversicht auf sie zu übertragen. „Aber

---

[23] Etwa 400 Euro.

ich muss Sie um etwas bitten. Würden Sie, bevor Sie sich zum Vorstellungsgespräch begeben, Leo hier bei uns lassen und sich den Rest des Tages einfach Zeit für sich selbst nehmen? Besuchen Sie einen Salon, lassen Sie sich die Haare schneiden und die Nägel maniküren. Legen Sie Make-up auf. Gehen Sie einkaufen und besorgen Sie sich ein paar bequeme, erschwingliche Kleidungsstücke, in denen Sie sich entspannt fühlen. Und die Sie vor allem nicht älter aussehen lassen als Sie sind. Denn Sie sind noch immer sehr jung."

„Oh, ich weiß nicht ..."

„Da gibt es nichts zu wissen. Tun Sie bitte einfach, was ich Ihnen sage, und in ein paar Tagen werden Sie an einem guten Ort für ein gutes Gehalt arbeiten. Sind wir uns einig?"

„Nun ... einverstanden. Wo soll ich mich denn vorstellen?"

„Ich werde Ihnen gleich die Adressen aufschreiben. Warten Sie bitte einen Augenblick draußen im Gang? Ich möchte mich kurz mit Ihrem Sohn unterhalten."

„Warum das denn?"

„Sehen Sie, eigentlich bin ich ein Kinderpsychologe", log ich, ohne mit der Wimper zu zucken. „Ich kann sehen, dass es Ihnen schwerfällt, ihn allein großzuziehen. Vielleicht kann ich Ihnen ein wenig helfen."

Zum Glück kam sie nicht einmal auf die Idee, nach meinem Diplom zu fragen. „Na gut." Schwerfällig stand sie auf. Ihre Gelenke knackten. Sie strich Leo über den Kopf und ging hinaus, drehte sich jedoch noch mehrfach um und warf ihm besorgte Blicke zu.

Der Junge rutschte auf seinem Stuhl hin und her. Er erwartete sichtlich nichts Gutes. Beinahe wäre er aufgesprungen und seiner Mutter nachgelaufen.

Ich aktivierte meine Heldenfähigkeit des

Erkennens von Lügen und ging meine geplante Unterhaltung mit ihm einmal im Geiste durch, während ich sein Profil studierte. Seine Angst lag bei 0, und sein Interesse an mir war recht hoch. Was gut war.

„Leo, du musst nicht nervös werden. Entspann dich einfach, und wir unterhalten uns. In Ordnung?

Er nickte.

„Du spielst Geige?" Ich deutete auf den Instrumentenkasten.

„Ja."

Die Fähigkeit des Erkennens von Lügen sandte eine Welle der Wärme durch meinen Körper. Der Junge log nicht.

„Macht dir das Spaß?"

„Ja."

Eisige Kälte zog sich über meine Haut und jagte mir einen Schauer über den Rücken.

„Spiel mir etwas vor", forderte ich ihn auf.

Der Junge schüttelte den Kopf. Entweder war er zu furchtsam, oder er fürchtete, schlecht zu spielen.

„Leo, ich weiß ganz genau, dass du das Geigespielen hasst. Mir hat es auch keinen Spaß gemacht, als meine El... - als meine Mutter mich dazu gezwungen hat." Das war meine zweite Lüge. Den Begriff der „Eltern" hatte ich bewusst durch „Mutter" ersetzt, damit es seiner Situation entsprach.

„Mir gefällt es ebenfalls nicht", öffnete er sich mir nun. „Aber meine Mutter will unbedingt, dass ich Unterricht nehme."

„Und du willst sie nicht enttäuschen?"

Er nickte heftig.

„Ich verstehe. Was würdest du denn stattdessen lieber tun?"

„Ich mag Computerspiele."

„Welche denn? *Counter Strike*?"

„Nein, Shooter gefallen mir nicht. Aber ich liebe

Dota."

„Eine gute Wahl! Und weißt du auch, wie du es schaffen kannst, gut in *Dota* zu werden?"

„Nun, ich nehme an, man muss sehr viel üben und die Fertigkeiten und Taktiken der Charaktere studieren", erklärte er ganz aufgeregt. „Und man muss beobachten, was die besten Spieler machen ..."

„Das natürlich auch. Aber du musst sehr viel Zeit mit dem Spiel verbringen. Glaubst du, deine Mutter würde dir erlauben, so lange vor dem Computer zu sitzen?"

„Nein." Seine Freude verblasste augenblicklich. „Mir ist nur eine halbe Stunde pro Tag erlaubt. Nachdem ich alle Hausaufgaben gemacht habe, und auch dann nur, wenn sie gute Laune hat."

„Du weißt, dass es einen Weg gibt, wie du länger spielen kannst? Und vor allem besser?"

„Wie denn?"

„Zuerst musst du deinen Musikunterricht aufgeben. Warum willst du deine Zeit mit etwas verschwenden, woran du kein Interesse hast und in dem du nicht einmal gut bist?"

„Oh, nein, das kann ich nicht. Mama würde ausflippen! Sie muss für meine Geigenstunden sehr hart arbeiten." Durch diese Antwort bewies er mehr Einsicht als die meisten anderen Kinder in seinem Alter. „Ich versuche wirklich mein Bestes."

„Und wie wäre es, wenn ich einmal mit ihr rede, damit sie nicht ausflippt? Wer weiß, vielleicht ist sie sogar froh. Was hältst du davon?"

„Weiß nicht."

„Mach dir keine Sorgen, es wird alles gut werden. Es gibt da nur ein kleines Problem." Ich hielt inne und warf ihm einen langen Blick zu.

„Welches denn?"

„Um *Dota* gut spielen zu können, brauchst du einen scharfen Verstand und schnelle Reaktionen.

Um beides zu verbessern, musst du auch deinen Körper trainieren. Du weißt, was ich meine?" Kritisch betrachtete ich seine schwächliche Gestalt, seinen dünnen Hals, seine großen, roten Ohren und gerundeten Rücken.

„Nicht wirklich."

„Gefällt dir irgendeine Sportart?"

Er schüttelte den Kopf. „Nö. In der Schule bin ich vom Sportunterricht befreit."

Die Folgen waren sichtbar. „Wenn du wirklich mehr Zeit am Computer verbringen und besser spielen willst, musst du aber womöglich mit irgendeinem Sport beginnen. Wie wäre es mit Schwimmen?"

„Ich kann nicht schwimmen."

„Dann ist das eine hervorragende Gelegenheit, es zu lernen. Warst du jemals am Meer?"

„Nein."

„Stell dir nur vor, wie geil das wäre, wenn ihr endlich einmal Urlaub am Meer macht und du schwimmen kannst! Schwimmen unterstützt dich auch dabei, deine Muskeln aufzubauen und stärker zu werden. Ärgern dich die anderen Kinder in der Schule?"

„Ach, diese Doofköppe sind ständig hinter mir her!"

„Siehst du? Sobald du ein wenig trainiert hast und stärker geworden bist, kannst du dich gegen sie wehren. Kapiert? Aber wie auch immer – das Schwimmen wird dir einen ganzen Arsch voll neuer Buffs und Fähigkeiten verschaffen. Es wird deine Stärke und deine Ausdauer verbessern, und außerdem kannst du dann schwimmen und tauchen. Und schon kannst du länger *Dota* spielen und alle anderen darin schlagen. Also, was sagst du dazu?"

Gratuliere! Du hast ein neues Fertigkeitslevel

erreicht!

Name der Fertigkeit: Überzeugungskraft
Derzeitiges Level: 3
Du hast für die erfolgreiche Verbesserung einer Haupteigenschaft 500 Erfahrungspunkte erhalten!

Als ich die Mitteilung schloss, sah ich ein neues Symbol über dem Kopf des Jungen schweben: Er hatte einen Begeisterungs-Buff erhalten, was seine Laune, sein Selbstbewusstsein, seine Willens- und seine Lebenskraft um jeweils 50 % steigerte.

Wow! Das war für mich eine völlig neue Erfahrung. Hatten die Generäle in der Vergangenheit etwa so die Moral ihrer Truppen gestärkt?

Leos Augen funkelten, seine kleinen Hände waren zu Fäusten geballt. Er wirkte wie eine aufgezogene Sprungfeder, voller Ungeduld, all die Möglichkeiten zu verfolgen, die sich da vor ihm auftaten.

„Klasse – dann werde ich mit dem Schwimmen anfangen!" Die Überzeugung in seinen Worten war für mich wie die Hitze von Wüstensand spürbar.

„Prima – lass uns abklatschen!" Ich stand auf und streckte den Arm aus. Leo schlug mit seiner winzigen Hand gegen meine. „Das war es auch schon. Du kannst deine Mutter holen gehen, und dann wartest du draußen im Flur auf sie."

Er lief los und vergaß ganz, seinen Geigenkasten mitzunehmen. Ich schrieb die Adressen der drei Lokale auf einen Zettel.

Als Ludmila zurückkehrte, übergab ich ihr das Stück Papier. „Ich schlage vor, Sie beginnen bei der ersten Adresse. Das ist das Restaurant *Zur goldenen Krone*. Dort braucht man so schnell wie möglich einen Koch. Sie bieten ein Gehalt von 50.000 Rubel, und das ist ohne Sozialleistungen und Vergünstigungen. Allerdings gibt es ein großes „Aber": Alle potenziellen neuen Mitarbeiter werden auf Krankheiten hin überprüft. Deshalb schlage ich vor, Sie gehen zuerst einmal zu Ihrem Hausarzt und lassen sich gründlich durchchecken, nur für alle Fälle. Falls man etwas finden sollte, kann das behandelt werden, bevor Sie sich in der *Krone* vorstellen. Das war Nummer eins. Und Nummer zwei ist – denken Sie daran, was ich Ihnen gesagt habe. Gönnen Sie sich einen echten Verwöhntag. Das ist ein sehr respektables Lokal, also müssen Sie einen guten ersten Eindruck machen. Haben Sie das alles verstanden?"

„Was gibt es denn da zu verstehen? Es ist alles klar. Und was soll ich denen sagen? Soll ich Sie erwähnen?"

„Ja, Sie können sagen, dass die *Große Jobvermittlungsagentur* Sie geschickt hat. Falls man sich überrascht zeigt, kommen Sie gleich zur Sache und sagen Sie, dass Sie einen Job als Küchenchefin suchen und über die erforderliche Ausbildung ebenso verfügen wie über die notwendige Erfahrung."

„Verstanden, danke", sagte sie leise. „Und was ist mit Leo? Er sah richtig glücklich aus. Das ist selten bei ihm."

„Ja, Leo … Das ist nun eine ganz andere Geschichte. Sehen Sie, er muss seine Geigenstunden sofort einstellen."

„Warum das denn?"

„Zum einen, weil er darin keine Zukunft hat. Wie lange spielt er jetzt schon?"

„Das ist sein drittes Jahr."

„Und viel erreicht hat er in diesen drei Jahren nicht, oder? Das wird nur noch schlimmer, wenn er älter und weniger flexibel wird. Das Einzige, was ihm dann sicher wäre, ist, irgendwelchen Betrunkenen in einer schäbigen Kneipe aufzuspielen. Ist das die Zukunft, die Sie Ihrem Sohn wünschen?"

„Sie irren sich! Er wird es schaffen! Er kann das, ich weiß es!" Ihre Stimme wurde mit jedem Wort leiser, bis sie endlich zusammenbrach. Eine Träne lief ihr über die Wange. Es war niemals leicht, von seinen Träumen Abschied zu nehmen.

Fürsorglich wie immer holte Alik ihr ein Papiertaschentuch und ein Glas Wasser, das sie gierig leerte. Langsam beruhigte sie sich wieder.

„Sagen Sie mir eines, Ludmila – war es Ihr Traum, Geigerin zu werden?"

Sie nickte. „Aber meine Eltern waren dagegen. Sie sagten, ich müsste etwas mehr Bodenständiges lernen. Jedenfalls hatte ich nie die Gelegenheit. Meine Mutter hat in der Kantine einer Fabrik gearbeitet. Unser Kühlschrank war immer voll. Also lernte ich früh, zu kochen, und später haben sie mich auf die Kochschule geschickt."

„Ich verstehe. Und jetzt wollen Sie, dass Leo Ihren Traum lebt – und nicht seinen eigenen."

„Was hat er Ihnen denn gesagt?"

„Es macht ihm einfach keinen Spaß", erwiderte ich ganz offen. „Er will keinen Musikunterricht. Aber er ist ein guter Junge und liebt Sie sehr. Deshalb hat er Ihnen das verschwiegen und sein Bestes gegeben. Er will Sie nicht enttäuschen."

Sie schluchzte. „Mein Baby!"

„Hören Sie mir jetzt einmal gut zu", mahnte ich. „Momentan ist überall auf der Welt der Cybersport ganz groß im Kommen. Einige der Cybersportarten sind schon größer als der reguläre Sport, sowohl was die Zuschauer betrifft als auch in Bezug auf den Unterhaltungswert. Einige sehr erfolgreiche Cybersportler verdienen sechsstellige Summen, und ich spreche von Dollar, nicht von Rubel. Leo scheint eine echte Begabung dafür zu haben."

„Was? Sie wollen, dass er stundenlang am Computer sitzt?"

„Nicht unbedingt. Ich habe bereits mit ihm gesprochen und wir haben uns darauf geeinigt, dass er zuerst eine richtige Sportart trainieren muss. Ich glaube, er würde gern schwimmen lernen."

„Was denken Sie sich denn? Die Schwimmbäder stecken doch voller Bakterien und Zugluft! Er wird sich den Tod durch eine Erkältung holen! Oder eine Lungenentzündung!"

„Das ist Blödsinn."

„Was bitte?"

„Das ist Blödsinn. Schwimmbäder werden regelmäßig desinfiziert. Und was die Erkältung angeht – genau dafür ist Sport doch da. Er muss unbedingt stärker und kräftiger werden. Sie kennen sicher das Sprichwort. Ein gesunder Geist wohnt in einem gesunden Körper? Sie können natürlich dafür sorgen, dass er weiter an Ihrem Schürzenzipfel hängt, aber womöglich wird dann aus ihm ein echter Schwächling, der im Leben nichts zustande bringt. Nicht etwa, weil er dumm wäre – das ist er nicht –, sondern weil Sie es nicht zulassen. Sie riskieren, eine Gewächshauspflanze statt eines menschlichen Wesens großzuziehen."

Du hast Ludmila Nazarenko einen kritischen Schaden zugefügt: verbale Verletzung
-45 % Geist
-45 % Selbstvertrauen

„Hören Sie", setzte ich nach und hämmerte ihr jedes Wort tief in den Kopf, während sie noch unentschlossen schwankte, „Sie müssen den Musikunterricht beenden. Verkaufen Sie die Geige über eine Kleinanzeige. Mit dem Geld, das Sie dafür bekommen, können Sie seinen Schwimmunterricht bezahlen. Und für jedes Schwimmtraining darf er die gleiche Zeit am Computer verbringen. Für jede Eins oder Zwei in der Schule können Sie ihm eine Extrastunde einräumen. Bei einer Drei bekommt er nichts, und bei einer Vier oder schlechter darf er erst dann wieder an den Computer, wenn er sich verbessert hat. Morgen früh gehen Sie zum Arzt und lassen sich untersuchen, und anschließend machen Sie sich hübsch und tauschen Ihre zwei Jobs gegen den einen in der *Krone* ein. In einem Monat werden Sie auf das Leben zurückblicken, das Sie jetzt führen, und es mit dem vergleichen, das Sie dann haben werden. Wenn sich alles gut entwickelt, kommen Sie zurück und berichten mir genau, was sich alles geändert hat. Einverstanden?"

Sie nickte, zuerst zögernd, dann energisch, als ob sie sich entschlossen hätte. „Gut. Ich werde alles ganz genauso machen!"

Dein Ansehen bei Ludmila Nazarenko hat sich verbessert!
Derzeitiges Ansehen: Respekt 10/120

Sie stand auf, verabschiedete sich und ging zur Tür.

Ich lauschte in mich hinein. Merkwürdig – ich fühlte mich hervorragend, auch wenn das System mir diesmal überhaupt keinen Belohnungsgenuss verschafft hatte!

Hinter mir hörte ich ein seltsames Klatschen. Es war Alik, der sich gegen die Stirn schlug.

„Das Geld, Phil!", rief er aufgeregt. „Wir haben das Geld total vergessen! Ich hole sie sofort zurück." Er rannte in Richtung Tür.

Ich hielt ihn auf. „Lass es einfach."

„Was meinst du damit, ‚lass es einfach'? Du hast ihr einen Job verschafft, oder etwa nicht?"

„Noch ist sie nicht eingestellt worden."

„Das wird sie aber, ganz sicher! Hast du nicht bereits Jobs für Fettwanst und mich gefunden? Man hat uns sofort genommen, richtig? Ich habe keine

Ahnung, wie du das hinkriegst, aber es scheint zu funktionieren."

„Das ist kein Geheimnis. Man kann alles online finden, solange man nur weiß, wonach man suchen muss."

„Nun, das verstehe ich. Du bist ein verdammt kluger Kerl. Aber wie bitte sollen wir denn Geld verdienen, wenn du das alles kostenlos machst? Was ist das bloß für eine Firma, verdammt noch mal? Ich und meine Jungs haben die ganze Woche damit verbracht, diese verdammten Flugblätter anzubringen! Und wovon soll ich die beiden bezahlen?"

„Hör mal, vertraust du mir? Genau das musst du jetzt nämlich, mir vertrauen. Der erste Kunde kann über Erfolg oder Scheitern eines Unternehmens entscheiden. Was glaubst du, wird passieren, wenn sie tatsächlich angeheuert wird? Meinst du, sie wird das für sich behalten? Oh, nein – sie wird jedem davon berichten – ihren ehemaligen Kollegen, ihren Freundinnen und ihrer gesamten Familie. Und sobald die Buschtrommeln erst einmal im Gang sind, bringt uns das weitere Kunden ein. Hast du die Logik dahinter verstanden?"

„Nicht wirklich. Es kann doch eine ganze Weile dauern, bis das Wirkung zeigt. Zuerst einmal muss sie eingestellt werden, dann muss sie ... Und hast du ihr nicht gesagt, sie soll sich neue Klamotten kaufen und ein wenig anhübschen? Das allein kann doch schon ein oder zwei Wochen dauern. Anschließend muss sie ihre alten Jobs kündigen und bis zur ersten Gehaltszahlung warten. Außerdem, wie können wir denn sicher sein, dass sie tatsächlich anderen davon erzählt? Vielleicht sagt sie kein Wort, und was dann? Sollen wir hier weiter versauern, wie zwei Junggesellen, die darauf wartet, dass eine Prinzessin sie zum Mann nimmt?"

„Was schlägst du denn stattdessen vor?", fragte ich. „Willst du etwa der armen Frau tatsächlich nachlaufen und sie um ihre letzten armseligen 1.000 Rubel erleichtern? Und was, wenn sie *davon* anderen berichtet? Diese Art von schlechter Werbung können wir jetzt wirklich nicht gebrauchen."

„Verdammt, Phil! Bei allem Respekt – 1.000 Rubel sind 1.000 Rubel! Ich weiß ja nicht, wie es dir geht, aber ich könnte die momentan sehr gut gebrauchen."

„Okay, warte eine Sekunde – ich werde dir einen Vorschuss zahlen, nur damit du die Klappe hältst."

„Oh, nein, lass das mal." Er winkte abwehrend. Beinahe hätte er auf den Boden gespuckt, erinnerte sich jedoch im letzten Augenblick daran, wo er war. „Darum geht es nicht. Aber wir brauchen mehr Werbung. Hör mal, wie wäre es denn, wenn ich ein Video mit meinen Jungs drehe? Das kann ich mit meinem Handy aufnehmen. Ein paar großartige Kerle, die die Dienste der *Großen Jobvermittlungsagentur* nutzen, so etwas in dieser Richtung. Nichts Anrüchiges, keine Lügen. Und wir könnten Yagoza fragen, ob er bereit ist, mitzumachen. Er ist schließlich hier der oberste Boss."

„Und was machen wir mit dem Video?"

„Nun ... Wir könnten es zum Beispiel in VK hochladen. Und du kannst es auf der Website der Firma unterbringen. Die Leute würden darüber reden. Wer weiß, vielleicht verbreitet es sich sogar wie Lauffeuer und wird, wie nennt man das doch gleich? Viral?"

„Deine letzten beiden Sätze sind totaler Blödsinn, aber die Idee ist gar nicht einmal so schlecht. Um genau zu sein ... Ich war mal einer der SMM[24]-Kerle, also warum eigentlich nicht?"

„Einer der S... und was Kerle?" Verständnislos

---

[24] SMM: Social Media Marketing

schüttelte Alik den Kopf.

„SMM-Kerle", erwiderte ich, schon ganz in Gedanken vertieft, als mir immer neue Ideen kamen.

Um sie umzusetzen, musste ich meine Fertigkeit im Social Media Marketing verbessern, mich mit der einschlägigen Literatur befassen, alle möglichen Artikel lesen und Webinare absolvieren, eine Landingpage erstellen, ein paar knackige Texte schreiben, in denen ich die Agentur erwähnte, ein wenig Geld in gezielte *und* kontextbezogene Werbung stecken, und dann alles in die sozialen Medien hochladen ...

„SMM-Kerle", murmelte Alik. „Was ist das denn für eine Art Job? Nennt sich so die Arbeit für die Bullen?"

KAPITEL 9

DIE NACHRICHT VERBREITET SICH

*Eine gute Werbung ist Werbung, die
das Produkt verkauft, ohne sich dabei
selbst herauszustellen.*

David Ogilvy

SPÄTER AN DEM Abend, an dem Ludmila und ihr Sohn
Leo uns aufgesucht hatten, stand ich mit den anderen
aus der Boxgruppe ordentlich in einer Reihe. Das
Training war beendet, aber Matov wollte uns noch
etwas sagen. Er lief dabei vor uns auf und ab und
stieß jedes einzelne Wort wie einen wütenden Befehl
hervor.

„Hört gut zu, Jungs. Anfang August werden ein
paar sehr wichtige Leute die Boxmeisterschaft der
Stadt organisieren. Das Preisgeld ist ganz ordentlich
und es gibt keine Teilnahmebeschränkungen.
Allerdings wird eine Teilnahmegebühr fällig."

Die gesamte Gruppe seufzte enttäuscht.

„Wie viel?", wollte Kostya wissen. Er war der

Einzige der Gruppe, der mich halbwegs anständig behandelte.

„10.000 Rubel", antwortete Matov. „Wenn ihr euch eurer Leistung also nicht sicher seid, solltet ihr lieber gar nicht erst antreten."

„Das kannst du vergessen", lachte Mohammed.

„Nein, ohne mich", erklärte Kostya, sichtlich verstimmt. „Warum muss das denn so teuer sein?"

„Das musst du die Organisatoren fragen", entgegnete Matov unbewegt. „Aber du hast recht, die scheinen ziemlich geldgierig zu sein."

„Also, wir sind dabei", verkündete Mohammed für sich und seinen Bruder. „Oder, Zaurbek?"

„Na klar!" Zaurbek schlug die Boxhandschuhe gegeneinander. „Wo müssen wir uns anmelden?"

„Ihr kommt einfach zu mir. Anmeldeschluss ist eine Woche vor dem Turnier. Ihr habt also noch ein wenig Zeit, darüber nachzudenken. Allerdings rate ich euch, nicht zu lange zu zögern." Er ließ seinen Blick über die Mitglieder der Gruppe schweifen. „Okay, ich trage die Kichiev-Brüder ein. Sonst noch jemand?"

„Ich mache mit." Ivan trat einen Schritt vor.

„Ich riskiere ebenfalls die 10.000." Nick hob die Hand. „Mist – eigentlich wollte ich mir ein neues Handy kaufen!"

„Wenn du gewinnst, kannst du dir sogar ein Auto kaufen", ermutigte Bulat ihn. „Vielleicht nicht gerade einen Neuwagen, aber immerhin. Über welchen Betrag reden wir denn eigentlich beim Preisgeld?"

„Wie gesagt, die Organisatoren sind sehr wichtige Leute. Abgesehen von der Anmeldegebühr könnt ihr mit mindestens einer Million Rubel[25] rechnen. Die Teilnehmer treten in acht Gewichtsklassen an. Alle Vereine der Stadt haben sich schon angemeldet – die Lions, die Legion, die Fabrik-Jungs, das Torpedo-

---

[25] Etwa 13.500 Euro.

Team ... Sogar aus Moskau werden ein paar kommen, und aus Kasachstan."

„Kämpfer aus Kasachstan?", hakte Zaurbek nach. „Also deine Landsleute, Bulat! Wenn du gegen einen von ihnen antrittst, musst du dich als guter Gastgeber erweisen und verlieren!"

„Ja, klar", grinste Bulat. „Und übrigens, falls du es nicht wissen solltest – ich bin kein Kasache, sondern ein Kalmücke.[26]"

„Ach ja, ein paar Boxer aus Kalmückien werden ebenfalls vertreten sein", ergänzte der Trainer. „Es werden alle da sein. Sogar der Rocky-Verein."

„Was, diese Clowns?", ärgerte sich Mohammed.

„Ja, die auch. Dieser Wettkampf könnte also euch allen die Gelegenheit verschaffen, zu zeigen, aus welchem Holz ihr geschnitzt seid."

„Hey, Phil, warum sagst du denn gar nichts?", höhnte Mohammed. „Bist du bereit für den Wettkampf?"

„Nicht wirklich."

„Wieso denn nicht? Kostya kann nicht mitmachen, weil er sich die Teilnahmegebühr nicht leisten kann, aber was ist mit dir? Du bist doch der Sohn reicher Eltern, oder irre ich mich? Hast du etwa Angst?"

„Nein, ich habe keine Angst. Ich bin nur realistisch. Ich bin der Schlechteste der Gruppe, und ich bin mir ziemlich sicher, dass alle anderen Teilnehmer mindestens so gut sind wie ihr."

„Na endlich gibst du es zu!", lachte Mohammed.

„Hört mit dem Scheiß auf!", brüllte Matov. „Das ist keine Zirkusveranstaltung! Das Training für heute ist

---

[26] Kalmück: Jemand aus Kalmückien, einer autonomen Republik der Russischen Föderation. Beide ethnischen Gruppen haben mongolische Ursprünge. Einen Kasachen mit einem Kalmücken zu verwechseln entspricht in etwa der Verwechslung eines Chinesen mit einem Japaner.

beendet, ihr könnt alle gehen!"

Nach diesem Zwischenspiel verbrachte ich den Rest des Abends und den gesamten nächsten Tag damit, meine Kenntnisse im Marketing zu verbessern. Ich begann mit einer Auffrischung der Grundlagen und konzentrierte mich auf Artikel in Expertenportalen.

Mein Lesen kroch von Level 8 auf Level 9 und meine Lesegeschwindigkeit verbesserte sich um weitere 80 %, womit ich etwas mehr als 500 Wörter die Minute lesen konnte. Auf diese Weise könnte ich inzwischen ein gesamtes Buch durchschnittlichen Umfangs in nur anderthalb oder zwei Stunden beenden, ohne dabei Abstriche bei Aufnahme und Verständnis des Gelesenen machen zu müssen. Die Beschreibung dieser Fertigkeit umfasste jetzt mehrere Unterfertigkeiten und zeigte mir die Details, die offensichtlich sowohl meine Lesegeschwindigkeit als auch mein Verständnis beeinflussten: Das Unterdrücken der internen Artikulation der Worte, die Erweiterung meines Gesichtsfelds und die Entwicklung der Konzentration. Ich hatte nichts unternommen, um diese Dinge zu verbessern, sie entwickelten sich einfach zusammen mit der Hauptfertigkeit.

Auf jeden Fall hatte ich dank meiner Fähigkeit zum Schnelllesen in den letzten 24 Stunden zwei wichtige Bücher in mich aufgenommen, die für jeden im Marketingbereich ein Muss waren: Philip Kotlers *Grundlagen des Marketing* und *Duct Tape Marketing* von John Jantsch.

Nachdem ich mich ein paar Stunden mit diesen Büchern befasst hatte – ich überflog alles und hielt nur bei den Abschnitten inne, die wesentliche Informationen enthielten –, schaffte ich endlich ein neues Level. Zusammen mit all den Artikeln und Webinaren brachte ich es in meiner

Marketingfertigkeit nun auf 4.

Den gesamten Tag über war nicht ein einziger Kunde aufgekreuzt. Dennoch gelang es mir, sowohl Alik als auch mich selbst davon zu überzeugen, dass die Kunden uns schon sehr bald die Tür einrennen würden. Die Grundlage für meine Zuversicht war meine neuerworbene Kenntnis der Marketinggrundlagen. Diese hatte die abstrakten Kunden in eine sehr reale Zielgruppe von Arbeitslosen und solchen Leuten verwandelt, die unterbezahlte Jobs hatten. Es waren nicht notwendigerweise hoffnungslose Saufbolde wie Aliks alte Freunde – denn diese Sorte brauchte eigentlich keinen Job, und falls man ihnen einen verschaffte, hielten sie sich dort nicht lange.

Nein, unsere potenziellen Kunden waren Menschen wie Ludmila oder Fettwanst, denen man nur eine Chance geben musste. Beide hatten Familie und Kinder, was für eine starke Motivation sorgte. Eine weitere Zielgruppe waren diejenigen mit Uniabschluss und Spezialisten, die in ihrem eigentlichen Fachbereich keine Arbeit fanden und aktive Rentner, die mit ihrer mageren Rente nicht auskamen und sich stark genug fühlten, weiter berufstätig zu sein, und so weiter und so fort. Das Problem war nur, sie alle konnten sich unsere im Voraus zu entrichtende Gebühr von 1.000 Rubel für die Vermittlung einfach nicht leisten. Außerdem hatte dieses Geschäftsmodell durch alle möglichen Arten an Schwindeleien in seinem Ansehen stark gelitten. Viele Agenturen nahmen zuerst gutes Geld und versprachen dafür im Kleingedruckten nichts anderes als „Beratungsdienste", jedoch keine wirkliche Vermittlung.

Unter Umständen mussten wir unser Zahlungsmodalitäten auf eine Bezahlung nach erfolgreicher Vermittlung umstellen. Ich musste dringend mit Herrn Katz sprechen und ihn bitten, mir beim Aufsetzen der Verträge zu helfen. Es musste sichergestellt sein, dass unsere Kunden tatsächlich wiederkamen und uns bezahlten, wenn sie dank uns einen Job gefunden hatten.

Außerdem hatte ich überlegt, diesen ganzen Wohltätigkeitskram einzustellen und zu dem Geschäftsmodell zurückzukehren, in dem ich bei *Ultrapak* bereits Übung gewonnen hatte, dem B2B-Verkauf. Meine Intuition sagte mir allerdings, dass das warten konnte, bis die Firma die ersten Erfolge erzielt hatte. Schließlich war die private Unterstützung der Bereich, an dem mein Herz wirklich hing. Es waren genau die „ganz normalen" Leute, die meine Hilfe am nötigsten brauchten. Diejenigen, die es sich nicht immer leisten konnten, ihren Kindern frisches Obst zu kaufen oder eine Schuluniform, die nicht gleich wieder auseinanderfiel.

Wann immer ich über die ganze Sache nachgrübelte und die verschiedenen Vor- und Nachteile meines Unternehmens erwog, kam mir immer wieder einmal auch der Gedanke, die ganze Idee wäre nichts als Unsinn. Wahrscheinlich hätte ich besser daran getan, meine Fertigkeit im Verkaufen zu verbessern und auf dieselbe Weise wie Valiadis Millionen zu scheffeln – und erst *anschließend* damit zu beginnen, anderen Menschen zu helfen, zum Beispiel durch Engagement in verschiedenen wohltätigen Vereinen, durch Unterstützung von bedürftigen Künstlern und all diese Dinge.

Dennoch ... Ich zog es noch immer vor, jemandem, der Hunger hatte, eine Angelrute zu geben statt eines Fischs. Hilfe zur Selbsthilfe.

Außerdem konnte ich womöglich weit mehr erreichen, wenn ich die Firma von Anfang an als sozial bedeutungsvolles Unternehmen hochzog. Vielleicht nicht als Geschäftsmann, aber ganz sicher als

Benutzer des Interface. Wenigstens flüsterte meine Intuition mir das immer wieder ins Ohr, und ich hatte gelernt, meinen Eingebungen zu vertrauen.

Zunächst einmal hatte ich folgende Pläne: Abendessen, dann ein wenig Zeit mit Vicky verbringen, gefolgt von weiteren Lektionen im Urheberrecht und dem Studium von SMM. Diese Fertigkeit hatte ich heute gerade erst aktiviert. Ich wollte sie unbedingt heute noch mindestens auf Level 3 bringen, damit ich mich morgen früh gleich auf die Online-Werbung unserer Dienstleistung konzentrieren konnte. Ich hatte bereits ein paar Ideen für virale Botschaften entwickelt, die ich plante, in verschiedenen VK-Communitys und Jobportalen unterzubringen.

Vor der Eingangstür stand der alte Panikoff, mein erster Quest-Geber, mit dem Rücken zu mir. Aufmerksam studierte er etwas am schwarzen Brett.

„Guten Abend", begrüßte ich ihn und ging weiter.

„So gut ist dieser Abend nicht", rief mir eine raue Stimme nach, geradezu unhöflich und so gar nicht, wie ich Panikoff kannte.

Ich drehte mich um. Der alte Herr schien weit jünger zu sein als seine 83 Jahre. Sein Rücken war gerade, seine Schultern waren breit und straff, und er stand fest auf seinen Füßen.

„Ähm, tut mir leid", sagte ich.

„Nein, es tut dir nicht leid. Und bevor du irgendwelche Fragen stellst – nein, ich bin nicht Panikoff. Das ist sein Körper, aber es ist nicht er, der zu dir spricht."

„Und wer sind Sie dann?"

„Wir haben uns bisher noch nicht kennengelernt. Die Zeit für unsere Begegnung ist noch nicht gekommen. Ich kann dir nur verraten, dass ich etwas mit dem Interface zu tun habe, das du derzeit benutzt. Du bist in diesem speziellen Zeitalter einer der wenigen Benutzer in dieser Welt."

„Und wie bitte soll ich Sie ansprechen?"

„Ich bin nur die Stimme. Die Stimme eines Wesens, und dieses Wesen ist nicht menschlich."

So, so ... War das etwa zufälligerweise dieser Khphor aus meinem Traum? Momentan träumte ich allerdings nicht. Bedeutete das nun, es war alles gar kein Traum gewesen? Aber wenn nein, warum behauptete er dann, wir würden uns nicht kennen?

„Sind wir uns jemals schon einmal begegnet, Herr Stimme?", fragte ich.

„Nein, das sind wir nicht. Wenigstens nicht in diesem Segment der Realität. Aber erlaube mir, dir einen guten Rat zu geben, Phil. Ich habe dich jetzt einige Tage beobachtet, und es gibt etwas, das ich überhaupt nicht verstehen kann." Die Stimme des alten Herrn nahm einen stählernen Unterton an.

Auf einmal fiel mir auf, dass wir von totalem Schweigen umgeben waren. Alles um uns herum war eingefroren, nicht einmal die Blätter an den Bäumen raschelten.

„Warum verschwendest du diese großartige Chance?", donnerte die Stimme plötzlich. „Warum arbeitest du nicht daran, deinen sozialen Status zu verbessern? In deiner primitiven Gesellschaft ist doch der Besitz einer so einzigartigen Technologie wie deines Interface der erweiterten Realität kombiniert mit der Fähigkeit, deinen Körper und deine Fertigkeiten rasch zu steigern, der kürzeste denkbare Weg zu Macht und Reichtum! Warum lungerst du weiter in diesem Laufstall herum, den du schon vor einem Monat hättest verlassen sollen? Du solltest deinen Körper weiterentwickeln und verbessern, du solltest die Pfade zur Spitze der gesellschaftlichen Pyramide entdecken! Du musst vorbereitet sein – dieser Pfad ist der Pfad der Starken. Du musst endlich damit aufhören, allen möglichen Schwächlingen und

Außenseitern zu helfen. Belohnt das Programm dich denn etwa nicht für das Ausüben von Macht? Motiviert es dich nicht dazu, dich über andere zu stellen und sie zu manipulieren, um deine eigenen Ziele zu erreichen? Du wirst in dem, worauf das Programm dich vorbereitet, niemals erfolgreich sein, wenn du weiter deine Zeit und deine Fähigkeiten verschwendest!"

„Und worauf bitte bereitet das Programm mich vor?"

Ich kannte die Antwort, schon bevor ich die Frage gestellt hatte. Es musste irgendeine Art letzter Prüfung sein.

Doch ganz entgegen meiner Erwartungen wich die Stimme einer direkten Antwort aus. „Das wirst du zu gegebener Zeit schon herausfinden. Hör auf meinen Rat! Stelle die Unterstützung all dieser Versager ein. Du bist dazu bestimmt, stark zu sein, und starke Menschen sind ständig von *Syahrs* umgeben, die nichts als Staub an ihren Füßen sind. Schüttele sie ab und setze deinen Weg zum großen Ziel fort! Werde schneller und stärker!"

„Sie haben ,höher' vergessen."

„Was hast du gesagt?"

„Ach, vergessen Sie es. Was bitte sind denn *Syahrs*?"

„Leute wie dein derzeitiges Gefolge. Geier. Schmarotzer. Diejenigen, die unfähig sind, sich selbst zu erheben, werden immer versuchen, sich an einen Helden zu hängen. Ständig brauchen sie die Hilfe und Aufmerksamkeit des Helden zur Stärkung ihrer eigenen nutzlosen Selbstachtung. Sie sind wie Parasiten. Sie schwächen dich, sie behindern deine Entwicklung und rauben dir deine Stärke. Denke das nächste Mal daran, wenn du wieder von deinem Pfad abweichst ... Oh ... Phil, bist du das?"

Die Stimme hatte den Körper des alten Panikoffs

verlassen, der nun vor mir stand und kurzsichtig blinzelte, um mich zu betrachten.

„Ja, ich bin es, Herr Panikoff", entgegnete ich.

„Machen Sie Ihren Abendspaziergang?"

„Genau. Aber womöglich muss ich ihn abkürzen, ich fühle mich nicht sehr gut. Ich habe gerade hier gestanden und die Ankündigungen der Hausverwaltung am schwarzen Brett gelesen, dann habe ich geblinzelt – und jetzt stehe ich auf einmal vor dir. Wahrscheinlich werde ich alt ..." Seine Wimpern zuckten.

„Sie gehen besser gleich zu Bett", riet ich ihm. „Gute Nacht!"

Nachdem ich mich von dem alten Knaben verabschiedet hatte, begab ich mich in meine Wohnung.

Ich hatte das merkwürdige Gefühl, dass irgendetwas mit dieser Stimme nicht in Ordnung war. Das Bild des Interface, das er mir gemalt hatte, wich gravierend von dem ab, über das ich tatsächlich verfügte. Ermutigte das Programm mich nicht genau dazu, anderen zu helfen? Hatte es mich nicht für meine Mithilfe beim Aufspüren vermisster Personen mit Erfahrungspunkten überschüttet, ebenso wie für meine Unterstützung von Alik, Marina, Cyril und Fettwanst? Ich erinnerte mich nicht daran, dass das Programm jemals von mir verlangt hätte, mich über andere zu stellen und sie zu manipulieren.

Sollte ich mich vielleicht probeweise einmal mit irgendjemandem streiten, nur, um das zu überprüfen?

* * *

„SIND SIE SICHER, dass die mich einstellen werden?",
fragte der ängstliche, kümmerliche Kerl in dem
schäbigen Anzug, der mir gegenübersaß.

„Aber auf jeden Fall!", warf Alik von seinem
Schreibtisch aus ein. „Mach dir mal keine Sorgen. Du
musst einfach nur tun, was Herr Panfilov dir gesagt
hat."

„Wissen Sie, meine Valentina hat dank Ihnen ja
bereits einen Job gefunden. Aber sie ist Buchhalterin,
mit ihrer Erfahrung war das nicht sehr schwierig. Ich
hingegen ... Ich bin nichts als ein Uber-Fahrer. Und
jetzt schauen Sie sich an, was Sie mir anbieten!" Er
zuckte mit den Schultern. „Irgendwie bezweifle ich es,
dass wirklich jemand einen Biologen braucht."

„Aber wollen Sie denn nicht in Ihrem eigentlichen
Fachbereich arbeiten?"

„Natürlich! Das würde mich begeistern. 25 Jahre
Erfahrung kann man nun mal nicht einfach so
wegwischen. Wenn man das Forschungslabor nicht
geschlossen hätte ..."

„Na also – dann versuchen Sie es doch einfach!
Das Pharmaunternehmen, zu dem ich Sie schicke, ist
auf der Suche nach jemandem, der ein genetisches
Labor aufziehen kann. Das erfordert eine Menge
Forschung. Die Wahrscheinlichkeit, dass man Sie
nimmt, liegt bei 99,6 %. Seien Sie mutig – zweifeln Sie
nicht an sich und treten Sie mit Zuversicht auf. Sind
Sie ein Wissenschaftler – oder nur ein hübsches
Gesicht?"

„Haben Sie eine Ahnung, wie viele
Forschungsberichte und Abhandlungen ich
geschrieben habe?", erwiderte der Biologe hitzig.

„Genau das ist die Haltung, die Sie denen zeigen
müssen!" Ich stand auf. „Viel Glück! Falls man Sie

wider Erwarten nicht einstellen sollte, kommen Sie einfach zurück, und wir finden weitere Möglichkeiten für Sie. Die sind alle nicht so gut bezahlt, aber es ist noch immer recht anständig. Falls Sie sich zu dem Schritt entschließen könnten, das Land zu verlassen, könnten wir Ihnen auch eine ganz hervorragende Position in Frankreich anbieten. Aber dafür müssten Sie die Sprache beherrschen und es gibt keine Garantie, dass man Sie tatsächlich beschäftigt. Außerdem müssten Sie selbst für das Flugticket bezahlen."

Er winkte ab. „Frankreich interessiert mich nicht."

„In dem Fall – alles Gute für das Vorstellungsgespräch!"

„Danke!" Der sehr ermutigte Biologe schüttelte erst mir, dann Alik die Hand und marschierte hinaus, seinen Regenschirm zurücklassend.

„Alik, bitte lauf ihm nach und gib ihm seinen Schirm!"

„Kein Problem", lächelte Alik und machte sich auf den Weg.

Wenn alle Forscher in pharmazeutischen Labors so geistesabwesend waren, konnten wir uns schon mal langsam auf die Zombie-Apokalypse vorbereiten …

In der Woche, die seit dem Start unserer Online-Werbekampagne vergangen war, hatte unser Geschäft langsam, aber sicher Fahrt aufgenommen. Ludmila, die Frau, die mit ihrem Sohn Leo vorbeigekommen war, hatte die Stelle als Küchenchefin bekommen. Schon einen Tag darauf waren zwei sehr zurückhaltende, ängstliche Frauen im Büro erschienen, die sich als ihre Freundinnen vorgestellt hatten. Eine von ihnen besaß ein Talent für Gartenarbeit, und meine Suche fand eine reiche Familie, die dringend einen Gärtner brauchte. Die andere war eine Grundschullehrerin, die ich in einer teuren Privatschule unterbringen konnte.

War es nicht äußerst merkwürdig, dass keine der beiden jemals daran gedacht hatte, eine Beschäftigung im Bereich ihrer eigenen Hobbys und Ausbildung zu suchen? Jahre hatten sie in unterbezahlten Jobs verbracht, die sie hassten, ohne jemals auch nur nach etwas Besserem Ausschau zu halten. Und das alles nur, weil sie Neuerungen und Risiken fürchteten – und für diese Frauen bedeutete es bereits ein Risiko, sich aus der eigenen Wohlfühlzone heraus zu begeben.

Inzwischen hatten wir schon für mehr als ein Dutzend Leute Arbeit gefunden, und dabei habe ich nur die mitgezählt, die uns anschließend angerufen und von dem Erfolg berichtet hatten. Während ich mich mit dem Biologen unterhalten hatte, hatte Alik eine weitere Sahnetorte verputzt, die ein dankbarer Kunde uns gebracht hatte.

Ich hatte bei den Fertigkeiten in Marketing und SMM Fortschritte gemacht, die jetzt auf Level 6 und 5 lagen, und das hatte sich bereits positiv ausgewirkt. Dabei hatte ich festgestellt, dass ich schneller ein höheres Level erreichte, wenn ich die gelernte Theorie sofort in die Praxis umsetzte.

Die Seiten unserer Agentur, die ich in sämtlichen sozialen Medien angelegt hatte, gewannen rasch neue Follower. Und das war der Bereich, in dem ich meine Fertigkeiten mehr und mehr verfeinerte. Ich wechselte zwischen nützlichen Beiträgen mit Informationen und Werbetexten, wie etwa positiven Erfahrungsberichten unserer erfolgreichen Kunden, kurzen Texten und sogar Internet-Memes. Alik hatte nämlich ein bemerkenswertes Talent für deren Entwurf an den Tag gelegt. Da war zum Beispiel sein Meme-Bild von ein paar schlecht gelaunten Straßengangstern, die in die Kamera blickten, und darunter stand:

Echte Männer übernehmen Verantwortung für ihre Familie. Such dir einen Job, ernähre deine Familie!

Es kam für uns völlig unerwartet, als dieses Bild sich bei einer Anzahl von Seiten aus der Kumpel-Kultur massenhaft verbreitete und uns über 2.000 neue Follower eintrug.

Die Erfahrungspunkte, die ich für meinen neuesten Levelaufstieg erhalten hatte, brachten mich zum nächsten Level meines sozialen Status, 15. Das war eine schöne runde Zahl. Den Punkt, den das System dafür vergab, hatte ich in meine Beweglichkeit gesteckt und sie so auf Level 9 erhöht. Ursprünglich hatte ich ja geplant, entweder Charisma, Glück oder Intelligenz zu verbessern. Wenn es um Geschäfte ging, waren die alle erheblich wichtiger als physische Beweglichkeit. Aber ich musste zugeben, dass Panikoffs Worte – oder wessen auch immer - leise Zweifel in mir geweckt hatten, ob ich auch wirklich das Richtige tat.

„Phil, bist du gerade beschäftigt?"

Ich schaute von meinem Laptop hoch und sah Kesha in der Tür stehen, den Eigentümer der Druckerei.

„Komm rein", forderte ich ihn auf. „Setz dich. Tee? Kaffee?"

„Nein, danke." Nervös rutschte er auf dem Stuhl herum. „Ich komme gleich zur Sache."

„Was ist? Stimmt etwas mit unserer Bestellung nicht?"

„Nein, damit ist alles in Ordnung. Aber es sind gerade ein paar ziemlich merkwürdige Typen da gewesen, die die letzte Charge abgeholt haben. Arbeiten die ebenfalls für dich?"

„Du meinst Tarzan und seine Freunde?"

„Wahrscheinlich – vorgestellt haben sie sich nicht. Sie haben nur gefragt: ‚Sind die Flugblätter fertig?'" –

Kesha imitierte den Tonfall der drei Straßengangster. „Dann haben sie die Stapel genommen und sind abgehauen."

„Das ist schon in Ordnung. Es sind Aliks Freunde, die uns aushelfen."

„Wirklich? Ich hatte mir schon Sorgen gemacht. Die Manieren dieser Kerle, weißt du ..."

Ich lächelte. „Du meinst, die fehlenden Manieren?"

„Ja, gewissermaßen. Aber deshalb bin ich nicht hier. Erinnerst du dich, wie du Veronica geholfen hast, Kunden zu finden?"

„Klar. Warum?"

„Glaubst du, du könntest mir ebenfalls helfen? Ich habe praktisch überhaupt keine Kunden und muss bald Miete und Steuern bezahlen."

Mechanisch reckte ich die Hände in die Luft und streckte meine vom langen Sitzen verkrampften Muskeln. Er schien diese Geste misszuverstehen.

„Hör mal, Phil, du musst dir keine Gedanken machen – ich weiß, wie man sich dankbar zeigt. Du bekommst 10 % von jedem Auftrag, den du mir verschaffst."

„In Ordnung – erzähl mir mehr."

„Was gibt es denn da zu erzählen?"

„Deine Dienstleistungen, was du genau alles machst, was du anbieten kannst, in welcher Auflage und so weiter. Ich brauche alle Informationen."

„Im Grunde bieten wir alles an. Farbdruck, Visitenkarten, Formulare, Broschüren, Siebdruck ..."

Ich hatte mein Interface bereits geöffnet. Ebenso wie bei Veronica hatte ich keine Quest empfangen, und ich tat das alles auch nicht, um für eine „sozial bedeutungsvolle Handlung" belohnt zu werden.

Angetrieben wurde ich von einem einzigen und sehr klaren Grundsatz: Wenn ich jemandem helfen konnte, würde ich genau das auch tun. In der gesamten Zeit, seitdem unsere Agentur den Betrieb aufgenommen hatte, war ich lediglich für die Unterstützung von Ludmila mit ein paar mickrigen Erfahrungspunkten belohnt worden, als sie eingestellt worden war. Ganz entgegen meiner Erwartungen hatte keine der anderen erfolgreichen Vermittlungen mir Erfahrungspunkte eingebracht. Offensichtlich brauchte ich in den Augen des Programms keine weitere Motivation, wenn ich für eine Arbeit bereits bezahlt wurde.

Es mangelte mir allerdings jetzt nicht direkt an Erfahrungspunkten. Ich war in nur zwei Monaten ganze zehn Level aufgestiegen. Um die Wahrheit zu sagen, hatte ich um mich herum nur sehr wenige Menschen mit einem sozialen Status gesehen, der mein derzeitiges Level 15 überstieg: Valiadis und seine rechte Hand Hermann, den alten Panikoff und Pavel, meinen ehemaligen Chef bei *Ultrapak*. Selbst bei meiner momentan nicht allzu hohen Geschwindigkeit konnte ich die bis zum Herbst alle überholt haben.

„Kannst du in einer halben Stunde wiederkommen?", bat ich Kesha, sobald er seine improvisierte Präsentation abgeschlossen hatte.

Das Interface hatte meine Landkarte bereits mit hunderten von Markern überflutet, die alle meinen Suchanforderungen entsprachen. Ich brauchte etwas Zeit, um alles zu sortieren und die besten Gelegenheiten zu identifizieren. Auf seinem Weg zur Tür traf Kesha auf Alik, der gerade zurückkam.

„Stell dir vor, Phil – dieser Kerl scheint eher ein Läufer von olympischen Fähigkeiten zu sein als ein Biologe! Ich hatte echte Probleme, ihn einzuholen. Er war so in Eile, man könnte glatt glauben, er hätte Angst, irgendwo zu spät zu kommen!"

„Hast du ihm seinen Schirm zurückgegeben?"

„Klar, nur war er zuerst richtig erschrocken. Er

hat wohl befürchtet, ich wäre auf Geld aus oder wollte ihm mitteilen, dass aus dem Job nun doch nichts wird. Du hättest sein Gesicht sehen sollen!"

„Okay, gut gemacht. Hast du etwas zu tun? Ich bin gerade ziemlich beschäftigt."

„Ja, ich mach dann mal ein paar neue Memes!", grinste er.

Ein paar neue Memes ... Ich lächelte in mich hinein und war richtig stolz auf Alik. Veronica hatte ihm ihr altes Laptop gegeben, was ihm die schöne neue Welt des Photoshops eröffnete. Jetzt war er geradezu süchtig danach, neue Fotocollagen zu erstellen und neue Meme-Bilder zu erschaffen, die er liebevoll seine „Memmys" nannte. Er liebte das fast so sehr wie den Austausch von Kommentaren in VK, das Studium der Websites verschiedener „Jungs aus der Gangsterschaft" und das Versehen aller Fotos von Veronica mit Likes.

Auf die Sekunde genau eine halbe Stunde später war Kesha zurück.

„Hier!" Ich gab ihm ein Blatt Papier mit drei potenziellen neuen Kunden, bei denen ihm ein Auftrag sicher war. „Du musst mir dafür nicht danken", lächelte ich angesichts seines ungläubigen Gesichtsausdrucks.

„Und was mache ich jetzt damit? Soll ich die einfach anrufen? Und was soll ich denen sagen?" Kesha studierte die Liste.

„Die erste Firma braucht gedruckte Formulare. Wahre Massen von Formularen. Die zweite ist ebenfalls auf der Suche nach einer Druckerei. Sie haben gerade ein Rebranding hinter sich und jetzt benötigen alle Mitarbeiter neue Visitenkarten. Und es sind viele Mitarbeiter. Das dritte Unternehmen hat ein ganz anderes Problem. Sie brauchen eine neue Firmenbroschüre, mit Gestaltung und Druck, und sie soll wirklich gut aussehen. Jeder dieser Aufträge bewegt sich im Bereich von mehr als 50.000 Rubel. Das sollte reichen, damit du die Miete bezahlen kannst."

„Wenn ich fragen darf – wie hast du die denn gefunden?"

„Hast du jemals Rollenspiele gespielt? Ich meine jetzt nicht im Schlafzimmer, sondern am Computer?"

„Ja, es gab mal eine Zeit, in der ich mich eingehend mit *Diablo* befasst habe. Warum?"

„Dann weißt du etwas über Fertigkeiten, Fähigkeiten und Talente, oder? Es ist etwas Ähnliches. Ich besitze einfach hervorragende Fertigkeiten in der Online-Suche. Solange du nur genau weißt, wie du danach suchen musst, kannst du im Internet alles finden."

„Aha. Geil! Danke! Soll ich die Leute anrufen?" Er deutete auf die Liste.

„Das kannst du tun, aber dabei gehst du das Risiko ein, dass eine Sekretärin dich abweist. Besser ist es, du tauchst persönlich auf und verlangst, mit den Chefs zu sprechen."

„Kapiert. Danke!"

Auf dem Weg zur Tür blieb Kesha an Aliks Schreibtisch stehen und betrachtete das, was der gerade in Photoshop zeichnete. Und man konnte das, was er tat, wirklich am ehesten „Zeichnen" nennen. Er befand sich erst auf Level 1, aber das Level hatte er sich ganz ehrlich verdient.

„Hallo", erklang in diesem Augenblick eine Frauenstimme, und wir drehten uns zur Tür um.

Das Krachen, als uns drei Männern allen gleichzeitig die Kinnlade herunterfiel, war bestimmt bis auf die Straße zu hören.

Der Anblick, der sich uns bot, wich gravierend von dem ab, den wir sonst in diesem Büro gewohnt waren. Die lächelnde junge Frau musste sich in der Tür geirrt haben. Nach uns suchte sie ganz bestimmt nicht.

Sie verfügte über eine atemberaubende Figur und endlos lange Beine. Ihr geradezu engelhaftes Gesicht wies keine Spur von sichtbarem Make-up auf. Sie trug ein Kostüm mit einer weißen Bluse. Der Rock war allerdings für ein nüchternes Business-Outfit ein wenig zu kurz. An den Füßen hatte sie hochhackige Schuhe, doch selbst ohne die musste sie bereits über 1,80 groß sein. Sie war bestimmt ein Model oder so etwas.

„Hallo", sagte Kesha atemlos.

„W-w-wie geht es Ihnen, meine Dame?", stotterte Alik.

„Ist dies die *Große Jobvermittlungsagentur*?"

„Allerdings. Kommen Sie herein." Ich hatte mich endlich von meinem Schock erholt. „Ich bin Phil."

„Nett, Sie kennenzulernen, Phil. Ich bin Anastasia." Sie streckte die Hand aus. „Aber nennen Sie mich doch bitte Stacy."

„Wie kann ich Ihnen helfen, Stacy?" Ihre Hand ruhte ein paar Sekundenbruchteile länger als üblich in meiner. Stacy leckte sich mit der Zunge über die Oberlippe.

Was zum Teufel war das denn? Ich warf den beiden anderen einen Blick zu. Ihr ehrfurchtsvolles Starren bohrte dem Mädel Löcher in den Rücken.

Sie drehte sich um, schenkte ihnen ein fröhliches Lächeln und setzte sich. „Sehen Sie, Phil" – sie sprach so leise, beinahe flüsternd, dass nur ich allein sie verstehen konnte. „Ich brauche einen Job. Sie wissen, was ich meine?"

„Ich glaube ja."

„Und ich bin bereit, alles dafür zu tun. Verstehen Sie mich? Alles!"

Ihr Flüstern löste eine Welle heißen Unbehagens in mir aus. Und ganz ohne jegliche Debuff-Meldung hatte ich auf einmal einen stehen.

KAPITEL 10

DIE HOHE KUNST, „JA" ZU SAGEN

Aber die Herzen der Menschen sind
leicht zu verführen.

Der Herr der Ringe

BEZOGEN AUF DIE Frauen in meinem Leben – wobei wir Teenager-Schwärmereien und One-Night-Stands einmal außer Acht lassen wollen – konnte man sagen, dass sie in den Augen eines Computerfreaks wie mir recht hübsch waren. Das galt für Yanna ebenso wie für Vicky. Sie waren süß und freundlich und aus einem bestimmten Blickwinkel heraus sogar schön.

Aber diese Lady – ein weibliches Wesen, das Sinnlichkeit geradezu aus jeder Pore ausstrahlte, konnte man wirklich nicht einfach nur „Frau" nennen – befand sich in einer ganz anderen Klasse, in der Kategorie, für die man den roten Teppich ausrollte und die man auf den Titelbildern von Magazinen zu sehen bekam.

Was die Geschwindigkeit des Blutflusses zu meinen niederen Regionen betraf, so mochte ich ein wenig geschwindelt haben. Ich war schließlich kein junger Hüpfer mehr. Meine erhöhte Ängstlichkeit, meine trockene Kehle und mein beschleunigter Pulsschlag legten jedoch Zeugnis von der Tatsache ab, dass ich mit dieser Art der Köpfe verdrehenden, Männer in ihren Bann schlagenden Schönheit keinerlei Erfahrung hatte.

Was das Ausbleiben des Debuffs betraf, war ich allerdings zu voreilig gewesen. Da war sie auch schon, die neue Systemmitteilung, die mich warnte, sexuelle Erregung hätte meinen Pulsschlag erhöht, und mir den Rat gab, den sexuellen Kontakt zu dem Gegenstand meines Verlangens einzugehen. Im Falle der Unmöglichkeit eines solchen Kontakts, so wurde mir empfohlen, sollte ich mich in physischer Aktivität ergehen, anschließend kalt duschen und jeglichen weiteren Anblick dieses Gegenstands meines Verlangens vermeiden. Das war viel zu viel Sex für eine einzige kleine Meldung. Danke für die Bestätigung des Offensichtlichen ...

Ich bemühte mich, die Verführung von Stacys Ausschnitt zu übersehen, sie hatte ein paar Knöpfe mehr als notwendig geöffnet. Also starrte ich ihr direkt in die Augen.

Sie blickte zurück, selbstbewusst, während ein leichtes Lächeln um ihre Lippen spielte. Ihre Oberlippe war ein wenig zu kurz, und in der kleinen Lücke schimmerten perlweiße Zähne.

„Phil?"

„Ich habe Sie schon verstanden, Anastasia." Wahrscheinlich war es angesichts des Debuffs besser, eine gewisse Distanz einzuhalten und ihren Kosenamen nicht zu verwenden. „Nach welcher Art Arbeit suchen Sie denn? Was genau machen Sie? Haben Sie Ihren Lebenslauf mitgebracht?"

„Nein, den habe ich nicht dabei. Hätte ich den mitbringen sollen?" Sie klang verwirrt.

Na toll! Andererseits, viele unserer Kunden hatten nicht daran gedacht, ihren Lebenslauf einzustecken. Warum sollte man den auch in einer Personalvermittlungsagentur brauchen?

Ich unterdrückte meinen inneren Sarkasmus und betrachtete die anderen beiden. Kesha hatte es auf einmal überhaupt nicht mehr eilig. Er saß auf der Kante von Aliks Schreibtisch und bewunderte die Szene, die sich ihm bot, mit verträumten Augen.

Und was Alik betraf, so tauchte er auf einmal mit zwei Tassen in der Hand neben Stacy auf. „Entschuldigen Sie, meine Dame", meldete er sich schüchtern zu Wort. „Trinken Sie Tee oder Kaffee?"

„Tut mir leid, was haben Sie gesagt? Oh, einfach ein Glas Wasser, wenn Sie so nett wären. Leitungswasser bitte."

„Un moment", erwiderte der Ex-Gangster mit einem schauderhaften französischen Akzent und hastete in die Küchenecke. Dabei verspritzte er Tee und Kaffee.

Das war mir an Alik schon mehrfach aufgefallen – in Augenblicken großer Angst warf er mit vornehmen Wörtern und Sätzen um sich. Oder mit dem, was er dafür hielt.

„Also, ich hätte gegen einen Kaffee nichts einzuwenden", nutzte Kesha die Gelegenheit.

„Tut mir leid, ich habe keinen Lebenslauf", erklärte Stacy. „Und ich verfüge auch nicht über eine berufliche Ausbildung irgendeiner Art."

„Na gut. Können Sie mir in dem Fall ein wenig mehr über sich erzählen? Über welche Fertigkeiten verfügen Sie? Was können Sie wirklich gut?" Ich hielt inne und wandte den Blick ab, als mir die Zweideutigkeit dieser Frage bewusst wurde.

Aus irgendeinem merkwürdigen Gefühl heraus aktivierte ich meine Heldenfähigkeit des Erkennens von Lügen. Es war einfach nur so eine Ahnung.

„Nun gut – mein Name ist Anastasia Semyonova. Ich bin 24 Jahre alt und wurde in Wladiwostok geboren. Dort bin ich zur Grundschule gegangen, aber dann mussten wir ziemlich bald umziehen. Mein Vater war beim Militär, also hat man ihn häufig versetzt. Insgesamt habe ich sechs verschiedene Schulen in unterschiedlichen Städten besucht ...“

Auch wenn ihr Ausschnitt mich magnetisch anzog, zwang ich mich dennoch zu einem klaren Kopf. Da war etwas, das mich noch weit mehr beunruhigte.

Die junge Frau log. Mit jedem Wort, angefangen bei ihrem Namen und endend mit der „Tatsache“, dass sie ihre Eltern offenbar sehr früh verloren hatte. Das war reine Fiktion. Die Lügenerkennung schickte mir einen kalten Schauer nach dem anderen über den Rücken.

Stacy vertiefte sich mehr und mehr in ihre „Erinnerungen“, was mir die Gelegenheit gab, ihr Profil zu studieren.

Anastasia Semyonova
Alter: 24
Derzeitiger Status: Arbeitslos
Level des sozialen Status: 3
Klasse: Verführerin. Level: 7
Unverheiratet

Jetzt verstand ich nur noch Bahnhof. Anscheinend war ihr Name tatsächlich Anastasia Semyonova. Aber warum hatte die Lügenerkennung mir dann etwas anderes gemeldet? War das ein Bug in meiner Fähigkeit? Oder war der universelle Infospace gehackt worden? Ich hatte keine Ahnung.

Ich überprüfte ihre Fähigkeiten. Auf diese Weise fand ich immer heraus, für welche Art von Arbeit ein Kunde geeignet war. Nahmen wir beispielsweise einmal meinen zerstreuten Biologen – er war nicht gekommen, um nach einem Job im wissenschaftlichen Bereich zu suchen. Es war meine Erkenntnis, die mich darauf aufmerksam gemacht hatte, dass er über ein Level 9 in Biologie verfügte.

Verführung war Anastasias am besten entwickelte Fähigkeit. Ich verfügte darüber ebenfalls, aber meine Werte erreichten nur knapp die Hälfte der ihren. In welchen anderen Fertigkeiten hatte sie höhere Level erreicht? Empathie, Kommunikationsfertigkeiten, Mode und Stil, Make-up, Laufsteg, sexuelle Fertigkeiten ... Überall hatte sie Level 5 oder 6. Unsere Stacy war nahezu ein professionelles Model!

Aber nicht das war es, was mich überraschte. Die junge Frau hatte außerdem gute Computerfertigkeiten aufzuweisen und beherrschte MS Word. Außerdem hatte sie es in SMM auf Level 3 gebracht, was bedeutete, sie war kein Neuling in den sozialen Medien. Aber für die Instagram-Generation war das wahrscheinlich die Norm.

Die Tatsache jedoch, dass sie ein hohes Verantwortungsgefühl aufwies, war recht vielversprechend. Von dieser Fertigkeit hatte ich bisher nicht einmal etwas gewusst. Zumindest besaß ich sie nicht.

„Das war also das Ende meiner Karriere als Model", schloss Stacy. „Das hat mich in diese Stadt verschlagen – ohne Familie oder Freunde. Ich kenne nicht einmal viele Leute, wenn Sie wissen, was ich meine. Meine Vermieterin steht kurz davor, mich auf die Straße zu setzen, und meinen Körper möchte ich wirklich nicht verkaufen. Ich bin bereit, jeden Job zu übernehmen, sogar den als Büromanagerin – solange man mir einen Vorschuss zahlt."

Sie hielt inne und trank Wasser aus dem Glas, das Alik ihr gebracht hatte. Sie schien auf eine Reaktion meinerseits zu warten.

Irgendwie passten ihre letzten Worte nicht zu dem,

was sie zuerst gesagt hatte. *„Ich bin bereit, alles für einen Job zu tun"* und *„Ich will meinen Körper nicht verkaufen"*, zwischen diesen beiden Aussagen bestand ein gewisser Widerspruch. Und die ganze Zeit schickte die Lügenerkennung mir einen kalten Hauch nach dem anderen, um mich vor ihrer hohen Täuschungsfertigkeit zu warnen. Trotzdem erfüllten ihre letzten Worte mich mit Wärme. Sie war bereit, tatsächlich so gut wie jeden Job anzunehmen, also bezog sich vielleicht ihre Bereitschaft, „alles" für einen Job zu tun, nur darauf – und nicht auf irgendwelche sexuellen Gefälligkeiten. Aber hatte sie das „alles" nicht auf eine ganz besondere, in ihrer Zweideutigkeit eindeutige Weise betont?

Was für eine seltsame junge Frau, sie war ein wandelndes Rätsel.

Ich grübelte weiter darüber nach, ohne eine Suche nach freien Stellen zu aktivieren. Mein beharrliches Weigern, ihr in den Ausschnitt zu starren, hatte mir den kurzen Debuff Schielaugen eingetragen (nein, halt – das war nur ein Witz!), gefolgt von einem Anstieg sowohl in Geist als auch in Willenskraft. Inzwischen wusste ich, dass diese beiden Statistiken sehr eng zusammenhingen. Außerdem hatte ich es nach einem ganzen Abend Herumspielen mit den Einstellungen geschafft, etwas detailliertere und sinnvollere Informationen zu erhalten.

Gratuliere! Dein Geist hat sich verbessert!
+100 % Geist
Du hast für die erfolgreiche Verbesserung einer sekundären Eigenschaft 1.000 Erfahrungspunkte erhalten!
Derzeitiger Geist: 300 %

Gratuliere! Deine Willenskraft hat sich verbessert!
+100 % Willenskraft

Du hast für die erfolgreiche Verbesserung einer sekundären Eigenschaft 1.000 Erfahrungspunkte erhalten!
Derzeitige Willenskraft: 200 %

Derzeitiges Level des sozialen Status: 15. Fehlende Erfahrungspunkte bis zum nächsten Level: 6.310/16.000

Gratuliere! Du hast eine der Anforderungen für die Heldenfähigkeiten Berserker und Unverwundbarkeit freigeschaltet: Geist (300 %)

Der Anstieg in gleich zwei wesentlichen Werten jagte meine Laune schlagartig in die Höhe. Das war jetzt allerdings nicht der geeignete Augenblick, mich damit näher zu befassen.

Zurück zur anstehenden Aufgabe! Ich beschloss, nach allen möglichen freien Stellen zu suchen, für die Stacy geeignet war, von Model und Visagistin bis hin zur Büromanagerin und sogar Sekretärin.

Das System überschüttete mich mit Angeboten. Ich hatte die freie Wahl. Ich schaute von meinem Laptop – oder vielmehr, von der Karte in meinem Interface – hoch. Anastasia war nun nicht länger die atemberaubend schöne Fremde, die mich in ihren Bann geschlagen und meiner Zunge beraubt hatte, sondern eine Kundin. Der Druck ihrer sexuellen Anziehungskraft hatte etwas nachgelassen, bis zu dem Punkt, an dem ich ganz normal mit ihr sprechen konnte.

„Stacy, wir werden etwas für Sie finden. Lesen Sie sich in der Zwischenzeit bitte den Vertrag durch und tragen Sie, wenn Sie damit einverstanden sind, Ihre Daten ein und unterzeichnen Sie das Dokument. Alik, bist du bitte so nett und gibst Anastasia eine Kopie des Vertrags? Die Gebühr für unsere Dienste wird erst dann fällig, wenn man Sie tatsächlich eingestellt hat. Das ist unser Grundsatz."

„Wirklich?"

„Unbedingt. Ich brauche womöglich etwas Zeit, um die am besten geeigneten Angebote herauszusuchen. Ist das in Ordnung? Könnten Sie bitte auf dem Sofa warten?"

Sie nickte. „Natürlich." Sie erhob sich von ihrem Stuhl.

Sofort hörten Alik und Kesha auf, sie mit ihren besessenen Blicken zu hypnotisieren, und beeilten sich, so zu tun, als wären sie höchst beschäftigt. Alik richtete seine Aufmerksamkeit einfach wieder auf seinen Computerbildschirm und warf der jungen Frau nur noch hin und wieder einen Seitenblick zu. Kesha hingegen betrachtete angestrengt das Blatt Papier mit den Adressen und runzelte die Stirn, als müsste er chinesische Schriftzeichen entziffern.

Einen Augenblick – was war das denn bitte? Neben der Reihe mit den Symbolen, die normalerweise Uhrzeit, Datum, Pulsschlag, Außentemperatur und andere nützliche Informationen anzeigten, fiel mir in meinem Interface auf einmal ein Debuff-Symbol auf. Hatte ich eine Systemmitteilung verpasst? Ich konzentrierte mich darauf.

Vergafft
Du hast dich in eine Person des anderen Geschlechts vergafft!
Name der Person: Anastasia Semyonova
+50 % Ansehen der Person in deinen Augen
Derzeitiges Ansehen der Person: Freundlichkeit 20/60
-3 Intelligenz
+1 Stärke
-5 % Zufriedenheit alle 6 Stunden
+10 % Stoffwechsel

228

Warnung! Hohe Wahrscheinlichkeit spontaner Erektionen!

Um diesen Debuff zu deaktivieren, wird dir empfohlen, deinen Umgang mit dieser Person einzuschränken oder sexuellen Kontakt mit ihr zu haben.

Na toll! Genau das brauchte ich jetzt ... Funktionierte so die Verführung auf hoher Ebene? Wie gut, dass meine Intelligenz inzwischen eine Höhe erreicht hatte, bei der sich ein Verlust von 3 Punkten nicht allzu sehr auf meine Denkfähigkeit auswirken würde. Aber wie war das mit Alik, der ja ohnehin nicht gerade der Klügste war? Dieser Debuff machte ihn nochmals halb so schlau!

Jetzt wurde mir auch klar, warum manche anscheinend durchaus intelligente, vernünftige Männer völlig den Kopf verloren, wenn sie eine schöne Frau erblickten, und sich wie Vollidioten benahmen. Ich stellte mir die nachteiligen Folgen lieber nicht vor, wenn ein solcher Debuff bei einer Verführungsfertigkeit von Level 10 und darüber erfolgte!

Aber egal – ich würde es überleben. Stacy brauchte auf jeden Fall Hilfe. Aus dem Augenwinkel beobachtete ich, was für ein Aufhebens die beiden anderen um sie machten. Sie halfen ihr eifrig dabei, die Formulare auszufüllen. Ich hatte den Verdacht, die beiden Idioten hätten am liebsten sogar gleich für sie unterschrieben.

Ich kehrte zu meiner Suche zurück. Es waren so viele freie Stellen, ich musste die Kriterien weiter verfeinern. Zuerst sortierte ich alle Jobs aus, bei denen weniger als 30.000 Rubel im Monat als Gehalt geboten wurden. Dann fügte ich ein neues Suchkriterium hinzu: *Eine Wahrscheinlichkeit von über 90 %, dass Anastasia Semyonova eingestellt wird.*

Mein Handy klingelte, und beinahe gleichzeitig meldete sich auch das Festnetztelefon. Den Anruf übernahm Alik, während ich mich an meinem Handy meldete.

„*Große Jobvermittlungsagentur*, wie kann ich Ihnen helfen?"

„Hallo", meldete sich eine heisere männliche Stimme. „Ist da die Agentur?"

„Ja. Wie kann ich Ihnen helfen?"

„Die Jobvermittlungsagentur?", wiederholte er.

„Genau."

„Ich bin auf der Suche nach Arbeit ..."

Ich klemmte mir das Handy zwischen Ohr und Schulter. Im Hintergrund malte Alik einer Rentnerin in den rosigsten Farben aus, welchen Sommerjob wir ihr für ihre faule Enkelin beschaffen konnten. (Das wusste ich, weil Alik die Angewohnheit hatte, alles zu wiederholen, was ihm ein Anrufer berichtete.)

Dann öffnete sich die Tür und es strömten drei dunkelhäutige Männer herein, die aussahen wie Wanderarbeiter aus den zentralasiatischen Republiken. Furchtsam verharrten sie in der Nähe der Tür. Gekleidet waren sie in alle möglichen Klamotten, die wie der Altkleidersammlung entnommen aussahen. Zwei von ihnen waren sehr jung. Trotz der Sommerhitze trugen sie Strickmützen. Der dritte war etwas älter, etwa 40 oder so. Ein Blick auf ihre Profile verriet mir, dass wir es hier mit einer Delegation von Pfuschern aus dem Baugewerbe zu tun hatten.

„Okay, ich gehe dann mal", verkündete Kesha und bahnte sich einen Weg durch die neuen Besucher.

„Hallo, sind hier die *Großen Jobs*?", erkundigte sich der Ältere der Neuankömmlinge. Die anderen beiden pressten sich ängstlich gegen die Wand, um Kesha vorbeizulassen.

Ich bedeutete ihnen mit einer Handbewegung, zu

warten.

„Was für eine Art Jobs können Sie denn anbieten?", fragte die heisere Stimme.

„Wir sind eine Personalvermittlungsagentur, wir helfen Ihnen, Arbeit zu finden. Welche Art Arbeit, das hängt ganz von Ihnen ab."

„Sie versuchen nicht, die Leute übers Ohr zu hauen, oder?", erkundigte sich die heisere Stimme zweifelnd.

„Sie muss persönlich hier vorbeikommen", schrie Alik ins Telefon. Seine Anruferin war offensichtlich schwerhörig.

Stacy erhob sich elegant von ihrem Stuhl und schwebte in Richtung unserer Gäste aus dem sonnigen Weißderteufelwosistan. Wie Kasachen sahen sie nicht aus, sie waren wohl eher Usbeken oder Tadschiken.

„Hallo! Ja, dies hier ist die *Große Jobvermittlungsagentur*", gurrte Stacy. „Möchten Sie sich setzen? Sie müssen ein wenig warten. Kann ich Ihnen vielleicht Tee anbieten? Oder einen Kaffee?"

Die Bauarbeiter waren völlig überwältigt von dieser freundlichen Begrüßung. Synchron schüttelten sie die Köpfe. Ihr Vorarbeiter (dessen Name offensichtlich Faysal war) antwortete für alle drei: „Danke, meine Tochter, wir brauchen nichts."

„Ist es wahr, dass Sie keine Gebühren verlangen?", fragte die heisere Stimme mich.

„Nein, meine Dame! Sie müssen nicht persönlich vorbeikommen, es sei denn, Sie suchen selbst Arbeit. Was haben Sie gesagt? Nun, wir können natürlich auch für Sie einen Job finden." Alik bewies ein bemerkenswertes Talent im Umgang mit alten Leuten.

„Nun gut", sagte die heisere Stimme. „Ich werde vorbeikommen. Was haben Sie gesagt? Aha. Bis gleich dann."

Puh! Ich legte auf und das Handy auf den

Schreibtisch, doch es klingelte sofort wieder. Was zum Teufel ging hier vor?

„Phil, soll ich ans Telefon gehen?", fragte Stacy, die plötzlich neben mir stand. „Ich kann das."

Eine neue Welle sexueller Anziehungskraft schlug über mir zusammen. Ohne ein Wort zu sagen, gab ich ihr mein Mobilgerät.

„Ich habe es nicht eilig", erklärte sie. „Wenn Sie möchten, können Sie zuerst mit Faysal sprechen."

Woher bitte wusste sie denn seinen Namen? Hatten die beiden sich bereits einander vorgestellt? Verwirrt nickte ich und bedeutete dann den Asiaten, zu mir zu kommen. Der ältere setzte sich auf den Stuhl, die beiden jüngeren blieben stehen. Kurz darauf konnten jedoch auch sie sich setzen, denn Alik brachte einen weiteren Stuhl und bot sogar seinen eigenen an.

Für die Bauarbeiter brauchte ich nicht viel Zeit. Sie suchten nach Schwarzarbeit auf Baustellen. Ihre Bedingungen waren, dass sie alle drei zusammenbleiben konnten und nicht von der Firma ausgebeutet wurden, die sie anheuerte. Eine Viertelstunde später verabschiedeten sie sich mit aufrichtigem Dank, um sich mit jemandem zu treffen, der auf seinem neu erworbenen Grundstück ein kleines Haus bauen wollte. Obwohl sie gar keinen Vertrag unterschrieben hatten, bezahlte Faysal nach einer kurzen Unterhaltung mit Alik anstandslos 1.000 Rubel für jeden von ihnen. Um ihre Zukunft machte ich mir keine Sorgen. Ich hatte die eingeschränktesten Suchkriterien eingegeben, einschließlich der geringsten Wahrscheinlichkeit, von ihrem Arbeitgeber ausgebeutet zu werden.

Anschließend begab ich mich wieder an die Suche für Anastasia. Ich aktivierte jeden möglichen Suchparameter, der mir nur einfiel, einschließlich der hohen Wahrscheinlichkeit einer Vorschusszahlung sofort nach Anstellung.

Die Karte war leer, da war nicht ein einziger Marker. Was bitte war denn das? Waren die etwa alle zu gierig, um einen Vorschuss zu zahlen? Ich entfernte zunächst alle Filter wieder und fügte sie dann einen nach dem anderen wieder hinzu.

Okay, also ... *Alle Unternehmen und Einrichtungen, die eine Sekretärin oder einen Büromanager brauchen*: 208 Treffer.

Gehalt nach Steuern 30.000 Rubel oder mehr: 119 Treffer.

Hohe Wahrscheinlichkeit, dass in der ersten Woche nach der Anstellung ein Vorschuss gezahlt wird: 76 Treffer.

Eine Wahrscheinlichkeit von 90 %, dass sie Anastasia Semyonova einstellen: 0 Treffer.

Eine Wahrscheinlichkeit von 80 %, dass sie Anastasia Semyonova einstellen: 0 Treffer.

Was war das denn?

Plötzlich hatte ich das Gefühl, dass mich jemand anstarrte. Ich sah hoch, konnte jedoch nicht erkennen, wer es gewesen sein konnte. Stacy stand am Fenster und unterhielt sich mit jemandem an unserem geschäftlichen Handy. Alik hatte sich seinen Stuhl zurückgeholt und tippte irgendetwas, während er am Festnetztelefon unsere Geschäftsbedingungen erklärte.

Ich löschte alle Suchparameter bis auf einen.

Eine Wahrscheinlichkeit von mehr als 10 %, dass sie Anastasia Semyonova einstellen.

Ein Treffer.

Na endlich! Ich konzentrierte mich auf den Marker, um den Namen lesen zu können:

Die *Große Jobvermittlungsagentur*.

Wie bitte? Wir? Was sollte sie denn hier bei uns tun? Das Telefon beantworten? Den Besuchern Kaffee kochen? Das war doch absolut lächerlich! In weiteren sechs Monaten könnten wir vielleicht jemanden wie sie brauchen, aber momentan waren wir noch nicht einmal ein richtiges Unternehmen, sondern eher ein Witz.

„Stacy, kommen Sie bitte", rief ich, sobald sie das Telefonat beendet hatte. „Was für ein Gehalt hatten Sie sich denn vorgestellt?"

„So wichtig ist mir das nicht, obwohl ich natürlich lieber eine gut bezahlte Stelle hätte. Welche Möglichkeiten habe ich denn?"

„Genau das ist das Problem – aus irgendeinem Grund gibt es nicht sehr viele ..."

Es war, als hätte ihr jemand das Rückgrat herausgerissen. Sie fiel in sich zusammen und verlor den gesamten Schwung, mit dem sie unser Büro betreten und die Telefonate geführt hatte. „Ist denn da überhaupt nichts? Könnten Sie vielleicht einmal schauen, ob jemand ein Kinder- oder Hausmädchen sucht? Ich könnte auch in einer Boutique Kleidung verkaufen. Oder irgendetwas in irgendeinem Geschäft ..." Sie nahm es bemerkenswert gefasst hin, doch ihre Unterlippe zitterte.

Alles an dieser Frau löste Unbehagen in mir aus. Mit ihrem Aussehen und ihren Fertigkeiten konnte sie sich an den schönsten Stränden des Planeten Erde aufhalten und die verrücktesten Cocktails trinken, wenn sie sich nach ihrem Einkaufstrip erholte, für den ein reicher älterer Mann bezahlt hatte. Alternativ hätte sie in jedem Bereich Karriere machen können, von Film und Fernsehen bis hin zu den Aktienmärkten. Was hatte sie überhaupt in unsere verschlafene Stadt verschlagen, in dieses schäbige Gewerbezentrum und in unsere brandneue Firma?

Warum konnte mein Interface bloß keinen Job für sie finden? Wieso nicht? Ich war mir absolut sicher, hätte sie sich bei einer der freien Stellen aus den Suchergebnissen beworben, sie wäre mit Kusshand genommen worden. Wieso also verweigerte das Programm ihr diese Möglichkeit? Oder konnte es etwa sein, dass ...?

Was, wenn sie bei uns arbeiten wollte? Dann würde sie es bei all den anderen Unternehmen gar nicht erst versuchen, oder?

Nur, warum sollte sie ausgerechnet diesen Wunsch haben? Nach meiner Unterhaltung mit Herrn Stimme im Körper des alten Panikoff neulich war ich misstrauisch. Irgendetwas war hier faul. Aber wenn ja, behielten wir sie besser im Auge.

Und nachdem ich ja allen eine hundertprozentige Beschäftigungsgarantie gegeben hatte ...

„Hören Sie, Stacy, ich könnte Ihnen einen Job hier bei uns anbieten. Ihr Tätigkeitsfeld wäre anfangs recht vage, weil wir gerade erst aufgemacht haben. Wir sind momentan einfach noch nicht in der Lage, für jeden anstehenden Job speziell jemanden einzustellen. Wir kochen hier alle Kaffee, spülen die Tassen und so weiter. Auch können wir kein gutes Gehalt anbieten. Aber wenn ...“

„Ich bin dabei“, unterbrach sie mich mitten im Satz. „Und ich kann sofort anfangen.“

Alik hatte die Ohren gespitzt und unserer Unterhaltung gelauscht. Jetzt tanzten seine Füße unter dem Tisch einen begeisterten Tango. Es erinnerte mich an einen ungeduldigen Hengst, der zum Decken geführt wird.

„Wollen Sie nicht erst einmal wissen, welches Gehalt wir Ihnen zahlen können?“, fragte ich. „Was Ihre Aufgaben sind? Ihre Arbeitszeiten?“

„Zu Anfang bin ich mit 25.000 Rubel zufrieden“, erwiderte sie. „Was die Arbeitszeit betrifft, die entspricht wahrscheinlich den Öffnungszeiten, und die habe ich draußen auf dem Schild gelesen. Wir haben Montag bis Freitag von 9 bis 18 Uhr geöffnet. An Wochenenden ist die Firma geschlossen. Und meine Aufgaben sind wahrscheinlich ans Telefon gehen, die Verträge in Akten ablegen, neue Kunden begrüßen, das Büro morgens aufschließen und abends abschließen und die Kundenkonten pflegen. Ach ja, und sicherstellen, dass wir immer genügend Wasser, Tee, Kaffee und Süßigkeiten haben."

„Und Fertignudeln", warf Alik ein. „Ich meine, Essen, das man schnell zubereiten kann ..."

„Das werden wir schon bald nicht mehr brauchen", verkündete Stacy voller Überzeugung. „Unsere Firma wird bald so gut laufen, dass wir zu Mittag in einem Restaurant speisen können."

„Also gut", stimmte ich zu. „Aber nur unter einer Bedingung."

„Und welche?" Stacy hob die perfekt gezupften Augenbrauen.

„Versuchen Sie, etwas zurückhaltender aufzutreten. Momentan wirken Sie einfach ... wie die Verführung in Person. Unsere Kunden sind alle nicht reich, und eine solche zusätzliche Ablenkung können sie wirklich nicht gebrauchen, also ..."

„Ich habe verstanden", fiel sie mir erneut ins Wort. „Das ist kein Problem. Ich werde meine Haare zu einem Pferdeschwanz zusammenbinden, kein Make-up auftragen und mich etwas unauffälliger kleiden. Ich werde aussehen wie eine graue Maus, warten Sie nur ab! In Ordnung?"

Leider konnte nichts etwas an ihrer atemberaubenden Schönheit ändern, nicht einmal, würde man sie in einen unförmigen Kartoffelsack stopfen. Aber mit etwas mehr Zurückhaltung könnten wir wenigstens den Vergafft-Debuff vermeiden.

„Einverstanden. Danke für Ihr Verständnis." Ich erinnerte mich an ihre Bedingung und ergänzte: „Wann brauchen Sie den Vorschuss? Und wie hoch soll er sein?"

„Wenn möglich, bräuchte ich die Hälfte eines

Monatsgehalts bis zum Ende nächster Woche", antwortete sie. „Und schauen Sie doch nur – neue Kunden! Ich werde sie gleich begrüßen."

Sie hatte sich bereits vollständig eingefügt. Trotz ihres jungen Alters schien sie über eine Menge Lebenserfahrung zu verfügen.

Alik wartete, bis sie einmal gerade nicht hinsah und zeigte mir dann mit beiden Händen einen Like-Daumen. Ich konnte mir ein Lächeln nicht verkneifen. Die Anwesenheit einer so schönen Frau in der eigenen Firma verlieh dem männlichen Ego einfach einen gewissen Schub. Dem Ego – und noch etwas anderem ... Verdammt! Nicht schon wieder!

„Hallo! Wie kann ich Ihnen helfen?" Stacy wandte sich an die Frau, die gerade durch die Tür gekommen war.

„Wer sind denn Sie?" Ohne die Antwort abzuwarten, marschierte die Frau direkt auf meinen Schreibtisch zu. „Hallo Jungs!"

Es war Vicky.

„Hallo", erwiderte Alik. Er deutete auf Stacy. „Das ist ... das ist ..."

„Hallo Vicky!" Ich stand auf, umarmte sie und gab ihr einen Kuss. „Darf ich dir Stacy vorstellen? Sie ist unsere neue Büromanagerin. Stacy, das ist meine Freundin Vicky."

„Nett, Sie kennenzulernen, Vicky." Stacy hatte die Situation dank ihres Taktgefühls sofort richtig eingeschätzt. „Ich bin Anastasia."

„Freut mich ebenfalls ... Anastasia." Mit verengten Augen musterte Vicky die junge Frau. Anscheinend gefiel es ihr überhaupt nicht, was sie zu sehen bekam, denn ihre Laune sackte schlagartig in den gelben Bereich. Trotz ihres Bemühens, unbeeindruckt zu erscheinen, fühlte sie sich unsicher.

„Wie geht es dir, Schatz?", wandte sich Vicky dann ausschließlich an mich. „Ich bin gerade mit der Arbeit fertig. Ich kann dich jetzt zum Fitnessstudio fahren, dort auf dich warten, und anschließend fahren wir zum Supermarkt, wie abgesprochen."

„Mist! Sorry, das hatte ich ja total vergessen!" Ich schaute auf die Uhr und stellte fest, dass es höchste Zeit war, mich zu meiner Boxgruppe zu begeben. „Tut mir leid, Leute – ich muss los. Werdet ihr ohne mich fertig?"

„Natürlich, Herr Panfilov, das ist überhaupt kein Problem", beruhigte Stacy mich.

Woher zum Teufel kannte sie meinen Nachnamen? Genannt hatte ich ihr den nicht.

„Viel Spaß beim Boxen", mischte sich Alik ein.

„Danke!"

Ich zog den Stecker des Ladegeräts für mein Laptop, griff mir meine Sporttasche mit meiner Ausrüstung, schlang den Arm um Vickys Taille und führte sie zur Tür. „Tschüss, Leute!"

„Wir sehen uns morgen, Chef", verabschiedeten sich Stacy und Alik wie aus einem Mund.

Was war denn in die beiden gefahren? Wollten sie mir vor Vickys Augen schmeicheln und sich als meine Untergebenen darstellen?

In diesem Augenblick tauchte Veronica auf. „Oh, Phil, du musst schon gehen? Kann ich noch kurz mit dir sprechen?"

Die ganze Situation verwandelte sich langsam, aber sicher in eine peinliche Sitcom. „Tut mir leid, Veronica, ich bin schon spät dran. Lass uns das morgen bereden, was auch immer es ist."

„In Ordnung, Phil", nickte Veronica und ignorierte Vickys erbostes Schnauben.

Auf dem Weg nach draußen konnte ich noch hören, wie sie fröhlich Stacy begrüßte und Alik dienstbeflissen beide Frauen als „meine Damen" ansprach.

„Bringst du denen gerade bei, wer bei euch das

Sagen hat?" Vicky grinste sarkastisch. „Oder warum reden sie dich plötzlich als ‚Chef' an? Und warum brauchst du auf einmal einen Büromanager? Wirst du etwa schon von Bewerbungen und Anrufen nur so überflutet?"

„Direkt überflutet noch nicht, aber es ist schon ein ordentlicher Strom", entgegnete ich.

„Warum zum Teufel wirfst du dann das Geld so zum Fenster hinaus? So schwer ist es doch nun wirklich nicht, selbst ans Telefon zu gehen und Kaffee zu kochen! Wie willst du denn all diese Leute bezahlen? Ich bezweifle stark, dass dein altruistisches Geschäftsmodell dir auf Dauer Geld einbringen kann. Und übrigens, wer war denn bitte diese andere Frau? Die dich so vertraulich beim Vornamen genannt hat?"

„Das war Veronica."

„Wer zum Teufel ist Veronica und was hast du mit ihr zu tun?"

„Vicky, bitte entschuldige, aber du bewegst dich gerade auf sehr dünnem Eis. Ich weiß deine Ratschläge wirklich zu schätzen, das weißt du. Aber momentan scheint aus dir nichts als die pure Eifersucht zu sprechen. Und dafür hast du keinen Grund – nicht den geringsten."

„Trotzdem, wer ist sie?"

„Einfach nur eine andere Mieterin, die ihr Büro im selben Stockwerk hat."

„Aha."

Vickys „Aha" war immer der Vorbote eines drohenden Sturms, das wusste ich inzwischen nur zu gut. Dieses eine Wort konnte alles bedeuten, von blindem Zorn bis hin zu tödlich beleidigt sein. Wann immer sie „Aha" sagte, folgte dem unweigerlich ein langes Schweigen, unterbrochen von einsilbigen Antworten auf all meine Versuche, eine Unterhaltung zu beginnen und über das zu sprechen, was ihre üble Laune ausgelöst hatte.

Allerdings zog ich ein gemütliches Heim einem kalten Krieg und einem eisernen Vorhang vor. Deshalb versuchte ich im Auto erneut, mit ihr zu reden. „Hör mal, Vicky ..."

„Was?"

„Wir brauchen wirklich jemanden, der ans Telefon geht. Alik gibt sich Mühe, aber er ist für diese Aufgabe einfach nicht geschaffen, um ehrlich zu sein."

„Das interessiert mich nicht die Bohne", bemerkte Vicky spitz und widersprach sich gleich darauf selbst: „Warum brauchst du diesen dreckigen Gauner überhaupt? Du hättest den Job ebenso gut mir anbieten können. Ich habe schließlich Erfahrung im Personalwesen! Gemeinsam hätten wir aus der Sache einen echten Erfolg machen können. Oder glaubst du etwa, ich wäre nicht bereit gewesen, meinen Job bei *Ultrapak* zu kündigen?"

Ich wusste nicht, was ich darauf erwidern sollte. Der Gedanke war mir niemals gekommen. „Ähm ... Wärst du dazu wirklich bereit gewesen?"

„Nein, natürlich nicht – was glaubst denn du?", widersprach sie sich erneut selbst. „Aber du hast es mir nicht einmal angeboten!"

„Vicky, was ist bloß mit dir los? Ich erinnere mich noch ganz genau an die junge Frau, in die ich mich vor zwei Monaten verliebt habe. Ich konnte gar nicht glauben, dass solch verständnisvolle, besonnene Wesen überhaupt existieren. Und ..."

„Mit mir ist alles in Ordnung", unterbrach sie mich. „Meine Erwartungen sind ganz allein mein Problem."

„Jetzt mach mal halblang – willst du mir damit etwa sagen, dass ich nicht deinen Erwartungen entspreche?"

„Du sagst es."

Sie bremste scharf und parkte ihr Auto geschickt in einer winzigen Lücke auf dem Parkplatz des

Fitnessstudios. Ich war davon ausgegangen, sie würde sofort davonbrausen, nachdem ich ausgestiegen war. Stattdessen schaltete sie den Motor aus, löste den Sicherheitsgurt und stieg mit mir zusammen aus dem Wagen. Das gab mir Hoffnung. Sie mochte zwar sauer auf mich sein, aber sie war noch immer mit mir zusammen.

Im Empfangsbereich des Studios lungerten die Brüder Kichiev herum.

„Hi Jungs", begrüßte ich sie und wandte mich dann an die Empfangsdame. „Hallo, Katja."

„Hallo Phil!" Sie strahlte mich an und nahm meine Clubkarte. „Hier ist dein Schlüssel."

„Salam", murmelte Zaurbek halbherzig.

Mohammed schenkte mir ein kaum merkliches Nicken.

„Ich warte hier auf dich", verkündete Vicky, warf Katja einen bösen Blick zu und marschierte auf einen Sessel zu.

„Auf wen möchten Sie denn warten, meine Dame?", erkundigte sich Mohammed. „Etwa auf den da?"

Zu meiner großen Überraschung ließ Vicky die Frage nicht unbeantwortet. „Ja, auf ihn. Warum? Wer sind denn Sie?"

„Entschuldigen Sie meine Neugier, meine Dame, aber wie kann eine so schöne Frau wie Sie auf irgendjemanden warten, geschweige denn auf jemanden wie ihn?" Mohammed ließ seine gesamte kaukasische Redegewandtheit spielen.

„Wieso? Finden Sie etwa, er ist es nicht wert?", entgegnete Vicky mit einem Lächeln, das mir überhaupt nicht gefiel. „Hätten Sie es etwa lieber, wenn ich auf *Sie* warten würde?"

„Auf mich müssen Sie nicht warten", erklärte Mohammed hochmütig. „Sie müssen nur ein Wort sagen, und ich lasse alles stehen und liegen, um auch nur einen einzigen Augenblick mit Ihnen zu verbringen!" Er streckte die Hand aus. „Ich bin Mohammed."

„Und ich bin Vicky – freut mich, Sie kennenzulernen." Ganz unverhohlen flirtete Vicky mit ihm und tat so, als wäre ich gar nicht da.

Mir war natürlich klar, dass sie das nur tat, um mich zu provozieren. Und um mich zu bestrafen. Trotzdem, so sehr ich mich auch darum bemühte, ihr Verhalten zu ignorieren – es brachte mein Blut zum Kochen.

„Vicky! Victoria! Das bedeutet Sieg! Was für ein wundervoller Name!", schwärmte Mohammed. „Wenn Sie es verlangen, verschwinde ich hier sofort und führe Sie ins beste Restaurant der Stadt. Oder an jeden anderen Ort, wohin auch immer Sie gehen möchten."

Sie lachte spitzbübisch. „An jeden Ort? Ich muss es nur verlangen?"

„Mohammed!" Warnend legte ich ihm die Hand auf die Schulter.

Er schüttelte sie ab.

„Mohammed, bist du jetzt völlig durchgedreht?", fragte ich ihn zornig.

Er grinste, ignorierte mich und zog Vicky mit seinen Blicken aus. „Lass die Pfoten von mir!", zischte er mich dann an.

„Lass sie gefälligst in Ruhe!"

„Oder was?" Endlich löste er den Blick von Vicky und starrte mich an, streckte dabei seinen Hals. „Fängst du dann an zu heulen, oder was? Na los, mach schon! Vicky und ich finden bestimmt etwas Besseres zu tun als dir dabei zuzusehen." Er schwang herum. „Na, wie hast du es am liebsten, Victoria? Hart und von hinten? Oder in der Missionarsstellung? Mein Bruder Zaurbek kann uns ebenfalls aushelfen, wenn du willst ..."

Ich sah rot. „Ich werde *dich* gleich zum Heulen bringen!", versprach ich ihm, und es war alles andere als eine leere Drohung. „Und dann besorge ich es dir hart, von hinten, von vorne und von überall dazwischen!"

Prompt registrierte das Programm einen Adrenalinstoß, gefolgt von erhöhtem Pulsschlag:

Berechtigter Zorn!
Du hast eine Ungerechtigkeit entdeckt und erlebst einen Anfall von Zorn!
+3 für alle Haupteigenschaften
+100 % Lebenskraft
+50 % Selbstvertrauen
+75 % Willenskraft
+75 % Geist
-50 % Selbstkontrolle
Die Auswirkungen bleiben aktiv, bis die Gerechtigkeit wiederhergestellt wurde, solange du von der Berechtigung deiner Sache überzeugt bist.

Mohammeds Boxfertigkeiten lagen zwei Level über meinen, aber dank des berechtigten Zorns hatte ich eine faire Chance gegen ihn.

„Hört sofort auf damit, Jungs!", verlangte Katja. „Was ist, wenn Trainer Matov das mitbekommt?"

Mohammed spuckte auf den Boden. „Wir treffen uns draußen. Dann werden wir ja sehen, wer zu heulen anfängt."

„Er hat sich bestimmt schon in die Hosen gemacht", grinste Zaurbek.

„Okay, ich werde erst deinen Bruder fertigmachen, und dann dich", erwiderte ich. „Also, gehen wir!"

Lachend folgten die beiden Brüder mir. Als ich mich umdrehte, sah ich eine sehr selbstzufriedene Vicky. Ihre stark verbesserte Laune war nicht direkt sichtbar, wurde mir jedoch von meinem Interface gemeldet.

Ich griff zuerst an, in dem sicheren Wissen, dass ich sonst überhaupt keine Chance hatte.

„Legen wir los", erklärte ich, schwang herum und grub meine Faust tief in Mohammeds Wangenknochen.

Er verlor vorübergehend das Gleichgewicht, blieb jedoch auf den Füßen. Grinsend befühlte er sich die Wange, dann ging er auf mich los.

„Bring ihn um, Bruder!", brüllte Zaurbek.

Genau das schien Mohammed vorzuhaben. Ich verfügte über ausreichende Werte in meinen Statistiken, um seinen mächtigen Hieben auszuweichen, doch es gelang mir nicht, einen Gegenschlag zu landen. Sekunden wurden zu Minuten. Ich verteidigte mich weiter und wartete auf eine passende Gelegenheit, doch es blieb mir einfach kein Raum für irgendwelche Manöver. Auf der einen Seite befand sich ein eingezäuntes Blumenbeet, auf der anderen standen geparkte Autos. Am Ende konnte ich gleich mehreren Fausthieben nicht mehr entkommen.

Vicky schien endlich erkannt zu haben, dass alles kein Scherz war, und stürzte sich mit einem Schrei auf uns, um uns zu trennen.

Zaurbek hielt sie zurück. „Die müssen das unter sich ausmachen!"

Als ich sah, wie er sich an meinem Mädchen vergriff, drehte ich völlig durch. Das hob meinen berechtigten Zorn auf Level 2. Genau in diesem Augenblick zeigte Mohammed, der mich wohl bereits für besiegt hielt, eine Schwäche.

Peng! Es kostete mich meine gesamte Willenskraft, nicht die Augen zu schließen, als seine Faust auf mich zuschoss und mein Ohr streifte, und dann konterte ich mit einem Hieb mitten in sein

Gesicht.

Sein Kopf prallte zurück, und schon sackte Mohammed mit einer merkwürdigen Handbewegung zu Boden.

Auf einmal herrschte absolutes Schweigen, dann brandete hinter mir Applaus auf.

Ich schaute mich um. Eines meiner Augen begann bereits zuzuschwellen, aber noch konnte ich erkennen, dass sich die gesamte Gruppe um uns herum versammelt hatte. Warum hatte von denen bloß keiner eingegriffen? Bedeutete das etwa, Matov und alle anderen hatten den Kampf beobachtet?

„Und k.o.", verkündete Matov. „Reichlich unerwartet."

„Gut gemacht, Phil!", lobte Kostya mich.

Ich marschierte auf Zaurbek zu, der noch immer Vicky festhielt. Doch endlich besann er sich und ließ sie los.

„Jetzt bist du an der Reihe", sagte ich.

Er warf mir einen kurzen grimmigen Blick zu und schaute dann beiseite. Hinter uns war Mohammed wieder zu sich gekommen und stöhnte.

„Zaurbek, bring deinen Bruder in den Erste-Hilfe-Raum", befahl Matov. „Die Mädels sollen erst einmal nachsehen, ob er in Ordnung ist. Aber anschließend verlange ich eine Erklärung. Wer von euch beiden hat angefangen?"

„Ich habe nur meine Freundin verteidigt!"

„Er hat angefangen!" Zaurbek deutete mit dem Finger auf mich. „Mohammed wollte sich einfach nur mit ihr unterhalten."

Matov zuckte zusammen. „Ich weiß, wie das ist, wenn sich Mohammed mit einer Frau ‚nur unterhalten' will ... Wer von euch beiden hat den Kampf begonnen?"

„Das war ich", antwortete ich, der Wahrheit entsprechend.

„Aha. Okay, ihr beiden Brüder begebt euch zur Ersten-Hilfe-Station, ihr anderen geht und zieht euch um. Panfilov, du musst dir die Mühe nicht machen."

Ich sah Matov an. „Tut mir leid, dass ich Sie vorhin nicht begrüßt habe, aber ich war anderweitig beschäftigt."

„Bist du jetzt fertig?", fragte er bissig. „Du kannst gehen. Und du brauchst gar nicht erst wiederzukommen. Ich werfe dich aus der Gruppe."

Ich glaubte, meinen Ohren nicht zu trauen. „Was haben Sie gesagt?"

„Du hast mich schon verstanden. Die Regeln der Gruppe verbieten Kämpfe auf dem Anwesen des Fitnessstudios. Diejenigen, die einen Kampf anfangen, verlieren ihre Clubkarte. Natürlich ohne Entschädigung für die im Voraus bezahlte Zeit, die sie nicht mehr nutzen können. Viel Glück anderswo, Phil."

„Aber ich will unbedingt weitertrainieren!"

„Du bist höchst willkommen – aber nicht hier. Tschüss denn auch." Er drehte sich um und marschierte davon. Klarer hätte er es nicht machen können, dass er mit mir fertig war.

„Ich warte im Auto auf dich", erklärte Vicky und ließ mich ebenfalls stehen.

Die Freude über den Sieg – und es war immerhin der erste Kampf in meinem ganzen Leben, den ich gewonnen hatte – wurde durch meinen Zorn auf Vicky getrübt. Ohne ihre dumme Provokation, ihren Flirt mit Mohammed hätte ich mir nicht diesen Ärger eingehandelt. Was bitte hatte sie denn damit erreichen wollen? Meine Eifersucht? Wollte sie sichergehen, dass ich sie noch immer liebte? Verdammt, das war reichlich dämlich!

Ich stand eine Weile da, allein, und versuchte, mich nach meinem Adrenalinschub wieder zu beruhigen. Dann machte ich ein paar Schritte in

Richtung Vickys Wagen, bis mir einfiel, dass ich ja noch den Schlüssel abgeben und meine Tasche holen musste. Mit gesenktem Kopf betrat ich das Fitnessstudio – und stieß mit jemandem zusammen.

„Phil!" Kostya packte mich bei der Schulter. „Das war ein klasse rechter Haken!"

„Ach was, ich hatte einfach nur Glück!"

„Okay, vielleicht hattest du auch Glück, aber es war jedenfalls ein guter Hieb. Hör mal, stimmt es, was die anderen sagen – Matov hat dich rausgeworfen? Soll ich dich vielleicht weiter trainieren?"

„Du?"

„Ja, klar – warum denn nicht? Ich hatte lange Zeit meine eigenen Probleme mit Mohammed, und ich bin froh, dass ihm endlich mal jemand das Maul gestopft hat. Also schulde ich dir was, denn eigentlich hätte ich mich mit ihm auseinandersetzen müssen."

„Ich würde mich liebend gern von dir trainieren lassen, aber wo sollte das denn stattfinden?"

„Was meinst du mit wo? Wir können überall trainieren! Wir haben vielleicht keinen Boxsack, aber auf jeden Fall noch immer die Sparring-Polster, das universellste Sportgerät im Boxsport überhaupt! Und du hast einen Sparring-Partner, sprich meine Wenigkeit. Na, wie wäre es?"

„Ich vermute mal, wir könnten es auf dem Sportgelände der Schule versuchen", überlegte ich. „Das ist nur ein paar Häuserblocks von hier."

„Du meinst die Schule Nummer 27? Die kenne ich. Die habe ich mal besucht. Das Problem ist nur, ich kann lediglich morgens früh und abends spät trainieren. Was ist dir denn lieber?"

„Ich ziehe den Morgen vor."

„Einverstanden. Wenn du willst, können wir gleich morgen anfangen. Um 7 Uhr?"

„Klingt gut", lächelte ich. „Gib mir deine Handynummer."

Ich trug seine Nummer in mein Handy ein. Er hatte es nun eilig und verabschiedete sich.

„In Ordnung. Und jetzt muss ich los, sonst lässt Matov mich nicht mehr rein. Wir sehen uns morgen!"

„Ja, bis morgen. Und danke!"

Das Training mit Kostya war eine gute Alternative. Sein Level im Boxen war 8, das waren nur zwei Level weniger als Matov. Außerdem trainierte ich weit lieber morgens, zumal ich das Joggen dann mit dem Boxen kombinieren konnte. Die Abende hatte ich dafür frei, um mich aufs Lernen und das Erreichen neuer Level zu konzentrieren.

Das munterte mich ein wenig auf. Ich holte meine Sachen, verabschiedete mich von Katja, die angesichts der jüngsten Geschehnisse ziemlich mitgenommen wirkte, und verließ dieses spezielle Fitnessstudio, um niemals wiederzukommen.

Es hatte mir auf jeden Fall viele Punkte für Stärke, Beweglichkeit, Durchhaltevermögen, Boxen und Nahkampf verschafft. Auch wenn ich eine Menge Geld dort gelassen hatte – es war ein guter Tausch gewesen.

Ich stieg ins Auto, und wir fuhren wie geplant zum Einkaufen in den Supermarkt. Ich war ein wenig überrascht, dass Vicky keinerlei Reaktion zeigte. Immerhin hatte ich mich nur auf den Kampf eingelassen, um ihre Ehre zu verteidigen. Übersah ich hier vielleicht etwas? Bedeutete ihr das womöglich gar nichts?

Die Luft zwischen uns war jedenfalls zum Schneiden dick. Es war uns beiden klar: Es stand eine sehr ernsthafte Unterredung an.

„Warum hast du das nur gemacht?", fragte ich.

„Was gemacht?"

„Mit Mohammed geflirtet."

„Ich? Mit ihm flirten? Wir haben uns bloß unterhalten! Aber kannst du mir sagen, warum du unbedingt den Kampf mit ihm anfangen musstest?"

„Ihr habt euch nur unterhalten? Und ich habe den Kampf angefangen?", entgegnete ich hitzig, bis mir die Nutzlosigkeit einer Fortsetzung dieses Gesprächs klar wurde. „Ach, was auch immer …"

Sie lehrte mich gerade eine weitere Lektion, und ich war mir nahezu sicher, dass es etwas mit Stacys Auftauchen in der Agentur zu tun hatte.

Diesmal hatte ich endgültig genug. Das Einzige, was mich davon abhielt, mich auf der Stelle von ihr zu trennen, war die Tatsache, dass wir mehr schöne als schlechte Zeiten miteinander erlebt hatten. Andererseits schienen sich die schlechten Zeiten nach der gleichen Betrachtung aufzuaddieren.

Der Rest der Fahrt wurde durch düsteres Schweigen beherrscht.

Sogar im Laden wechselten wir kein Wort miteinander. Ich schob den Einkaufswagen die Gänge entlang, und Vicky füllte ihn. Als er nahezu voll war, begaben wir uns zur Kasse. Ich legte alles aufs Band, die uniformierte Verkäuferin las die Barcodes ein und schob die Sachen in Richtung Vicky, die sie in Tüten füllte.

„6.380 Rubel[27]", sagte die Verkäuferin am Ende.

Ich reichte ihr meine Bankkarte.

Sie schob sie durch den Schlitz des Lesegeräts und wartete auf eine Verbindung. „Ihre Karte wurde abgelehnt."

„Einen Augenblick." Ich öffnete meine Brieftasche und zählte das Geld, das ich bei mir trug. Es reichte nicht. „Versuchen Sie es doch bitte noch einmal."

„Können Sie sich ein bisschen beeilen?", drängte eine ungeduldige Stimme in der Schlange hinter uns.

Die Verkäuferin zuckte mit den Schultern und las die Karte erneut ein.

---

[27] Etwa 90 Euro.

Verdammte Scheiße! Konnte das denn sein, dass ich alles ausgegeben hatte, ohne es auch nur zu bemerken?

„Abgelehnt. Was ist jetzt? Sie halten den gesamten Betrieb auf."

„Ich kann einen Teil bar bezahlen", bot ich an. „Hier, 3.800." Ich gab ihr das Geld. „Für den Rest müsste die Karte doch noch gut sein."

„Was machen Sie denn hier für einen Aufstand?", beschwerte sich ein übergewichtiger Typ verärgert. „Es ist schon spät!"

„Erst stopfen sie ihren Einkaufswagen voll, und dann können sie nicht bezahlen", ergänzte eine alte Dame, die eine einsame Flasche Kefir in die Höhe hielt. „Ich kann mir bei meiner Rente nicht einmal Hüttenkäse leisten! Und solche Leute gönnen sich jeden Luxus. Schaut euch doch nur all dieses Zeug an!"

„Wie viel Geld fehlt?", fragte Vicky.

Die Verkäuferin rechnete nach. „2.580."

„Hier." Vicky gab ihr drei Tausendrubelscheine, nahm das Wechselgeld, griff sich ein paar Tüten und begab sich zum Ausgang.

Meine Ohren brannten. Ich hatte bisher immer darauf bestanden, dass ich für unsere Einkäufe bezahlte. Ich nahm die restlichen Tüten und rannte ihr hinterher.

„Danke", sagte ich atemlos, als ich sie eingeholt hatte.

„Das ist doch nur normal", entgegnete sie. „Wir leben zusammen, also wird es höchste Zeit, dass wir alles zusammenlegen, wenn wir wirklich eine Familie sind, wie du ja immer wieder betonst. Eines musst du wissen – deswegen bin ich nicht sauer." Sie blieb beim Auto stehen, öffnete den Kofferraum und legte die Einkaufstüten hinein. „Aber du musst doch zugeben, du verschwendest nur deine Zeit mit allem möglichen

Bockmist."

„Wie zum Beispiel?"

„Ach, hör doch auf damit! Phil, du bist 32! Mit deinem Verstand und deinem Potenzial hättest du inzwischen längst Karriere machen können. Aber was tust du stattdessen?" Sie knallte den Kofferraumdeckel zu und setzte sich in den Wagen.

Ich setzte mich auf den Beifahrersitz. Sie fuhr los.

„Vicky, lass uns darüber reden. Du meinst meine Firma, richtig?"

„Das nennst du eine Firma? Es ist doch nichts als Spielerei! Du solltest dich glücklich schätzen, dass ich dich trotzdem liebe, aber ganz ehrlich, ich glaube nicht, dass diese sogenannte Firma zu irgendetwas führt. Um im Geschäft erfolgreich zu sein, brauchst du ganz andere Fähigkeiten, als du sie besitzt. Du musst knallhart und geschickt sein. Und du bist, tut mir leid, wenn ich das so offen ausspreche, ein totales Weichei. Verkaufen – ja, das kannst du, das wissen wir. Den richtigen Ansatz finden und einen Kunden zum Kaufen überreden, das ist dein Talent, da stimme ich vollkommen zu. Aber ein Geschäftsmann? Nein, das bist du nicht." Sie bremste und hupte, weil das Auto vor uns noch immer stand. „Nun fahr schon los! Es ist seit Ewigkeiten grün", schimpfte sie.

„Hör mal, die Firma besteht noch nicht mal einen Monat, und du hast uns bereits abgeschrieben?"

„Da gibt es nichts abzuschreiben, kapierst du das denn nicht? Schließ einfach das Büro und komm zurück zu *Ultrapak*! Herr Ivanov hat es gerade heute wieder einmal schwer bedauert, dass du nicht mehr bei uns bist. Überleg doch nur, wie viel Zeit und Investitionen es braucht, bis du auch nur ansatzweise auf das Gehalt kommst, das er dir gezahlt hat! Und wenn du nicht zu *Ultrapak* zurückkommen willst, ist das überhaupt kein Problem. Ich habe dir doch schon gesagt, ich kann dir über meine Freunde dort jederzeit einen Job bei *White Hill, Ltd.* verschaffen. Das Unternehmen verfügt über weit mehr Potenzial."

Ich wusste ja, sie hatte mit allem recht – mit dem Potenzial, mit dem Einkommen und vor allem mit der Tatsache, dass ich Geschäftstüchtigkeit erst lernen musste. Aber verdammt! Wir bestanden doch gerade erst einmal zwei Wochen! Die Zeit war viel zu kurz, um bereits etwas erreicht haben zu können. Doch sie hatte schon allen Glauben in mich verloren.

Oder vielmehr, sie hatte nie wirklich an mich geglaubt.

Mir war klar, dass es vielleicht falsch war, deswegen beleidigt zu sein, aber ganz von selbst lief ich vor Zorn rot an. Meine Ohren fühlten sich an wie heiße Lava. Womöglich litt ich noch immer unter den Folgen des Vergafft-Debuffs – insbesondere einer verringerten Intelligenz. Jedenfalls setzte ich zu einer hitzigen Erwiderung an, im vollen Bewusstsein, genau das unter Umständen später zu bedauern.

„Okay, Vick. Gehen wir einfach einmal davon aus, dass ich meine Zeit mit Bockmist verschwende, wie du es so schön formuliert hast. Damit kann ich leben. Aber weißt du was? Yanna, meine Ex, hat in dieser Hinsicht weit mehr Geduld bewiesen. Sie hat vier lange Jahre lang fest an mich geglaubt. Kannst du dir das vorstellen? Und du bringst es nicht einmal auf ein paar lausige Monate ..."

So, da war ich nun voll ins Fettnäpfchen getreten, richtig?

Vicky bestätigte meine schlimmsten Befürchtungen. Abrupt fuhr sie an den Straßenrand und trat auf die Bremse.

Dein Ansehen bei Victoria „Vicky" Koval hat sich verringert!

Derzeitiges Ansehen: Abneigung 15/30

„Raus mit dir!", zischte sie.

„Vicky, tut mir leid, ich habe nicht nachgedacht."

„Hau ab! Und nimm deine Einkäufe mit."

„Vick ...", sagte ich, noch immer mit ein klein wenig Hoffnung.

Doch die nächste Systemmitteilung beraubte mich ihrer.

Dein Ansehen bei Victoria „Vicky" Koval hat sich verringert!
Derzeitiges Ansehen: Abneigung 25/30

Ich hatte das Gefühl, das alles schon einmal erlebt zu haben. Vom Rücksitz holte ich meine Sporttasche, dann stieg ich aus. Meine Einkäufe konnte sie behalten, ich wollte in ihren Augen nicht kleinlich wirken. Langsam ging ich die Straße hinunter.

Vicky hatte mich bald eingeholt. Sie stoppte und kurbelte das Fenster herunter.

„Phil, ich fürchte, diesmal ist es endgültig. Ich meine es ernst. Das war wirklich der letzte Tropfen. Ich bin zu einer Entscheidung gekommen." Ihre Stimme klang müde, aber entschlossen. „Ruf mich nicht an, schick mir keine SMS-Nachrichten. Solche Dinge verzeihe ich nicht. Es hat Spaß gemacht, mit dir zusammen zu sein, aber ohne dich wird mein Leben weitaus besser sein."

Dann fuhr sie los und ließ mich am Straßenrand stehen. Ich warf mir die Tasche über die Schulter und begab mich auf den Heimweg, nachdem es nicht allzu weit war.

Es war ein harter Tag gewesen. Mein Geist und meine Willenskraft waren erschöpft. Ich fühlte mich innerlich völlig leer.

Es war ein harter Tag gewesen. Ich würde gleich ins Bett gehen und morgen über alles nachgehen.

Es war ein harter Tag gewesen ...

Kapitel 11

DIESELBEN GESICHTER AN DENSELBEN ORTEN

Es ist unvermeidlich traurig, Dinge, an die man sich mühsam angepasst hat, einmal mit völlig neuen Augen zu betrachten.

F. Scott Fitzgerald, *Der große Gatsby*

IN DIESER NACHT lag ich im Bett und konnte einfach nicht einschlafen. Boris sprang auf meine Brust und bearbeitete sie mit ihren Pfoten, als ob sie meinen inneren Aufruhr spüren würde. Dann rollte sie sich neben mir zusammen und schnurrte eine beruhigende Melodie.

Ein Mann, den seine Freundin gerade verlassen hatte und der sein Bett mit einer Katze teilte, das war nicht unbedingt der heroischste Anblick, das gab ich gern zu. Aber selbst Charaktere in LitRPG-Romanen hatten das Recht auf ein Haustier. Ich umarmte das Kissen und vergrub mein Gesicht darin, doch mein Gehirn summte und brummte, war total wach und weigerte sich, wegzudösen.

Im Leben eines jeden Menschen kam der Zeitpunkt, an dem er an einer Weggabelung stand und gezwungen war, sich zu entscheiden. Normalerweise wurde einem dieser Zeitpunkt erst Jahre, wenn nicht gar Jahrzehnte später bewusst. Das konnte zu tiefer Verzweiflung führen, wenn man sich dafür verfluchte, die falsche Entscheidung getroffen zu haben. In den meisten Fällen bedauerte man etwas, das man hätte tun sollen, jedoch unterlassen hatte – oder umgekehrt etwas, das man hätte unterlassen sollen, jedoch getan hatte.

Ich hatte das merkwürdige Gefühl, dass dieser Julitag mich in eine ganz andere Richtung gedrängt hatte als die, der ich noch gestern gefolgt war. Es waren zu viele Dinge passiert, die mein Leben veränderten.

Die Tatsache, dass Matov mich aus der Boxgruppe geworfen hatte, verletzte meinen Stolz, aber damit konnte ich leben. Ich hatte ohnehin bereits daran gedacht, diesen speziellen Zweig meiner Entwicklung abzuschließen. Außerdem gab es jede Menge anderer Gruppen und Trainer, und für morgen stand mein erstes Training mit Kostya an, zu dem ich mich so begeistert – und vielleicht etwas voreilig – bereiterklärt hatte. Nun, im Rückblick, bezweifelte ich allerdings den Sinn solchen amateurhaften Boxunterrichts.

Und was die Trennung von Vicky betraf ... Mein Verstand überschlug sich geradezu mit dem Aufzählen all der Vorteile eines solchen Schritts. Doch, wirklich – ich konnte aus dem Stegreif ein paar davon aufzählen: Die freie Zeit, die mir jetzt zur Verfügung stand, die Abwesenheit aller nervenzerrenden Doppeldeutigkeiten und ein klarer Weg zu einer neuen Beziehung. Anscheinend war nämlich meine Attraktivität keineswegs nur meiner Einbildung entsprungen. Ich hatte zugesehen, wie sie mit jedem Gramm Fett wuchs, das ich verbrannte, und mit jedem Zentimeter Muskeln, den ich gewann.

Wenn das allerdings so war, warum fühlte ich mich bloß so absolut beschissen?

Dann war da Stacys Eintreffen. Jetzt hatte ich die Zeit und die Gelegenheit, mit kühlem Kopf darüber nachzudenken, und sofort drängten sich mir gleich mehrere Erklärungen für ihr seltsames Verhalten auf. Die erste und logischste war: Sie war nichts als eine ganz normale junge Frau und es war lediglich eine Störung im Interface aufgetreten. Womöglich hatte ihre sie innig liebende Großmutter einen hochmodernen mentalen Schutz installiert, der den Zugriff auf ihre Daten verhinderte.

Meine zweite Theorie war, dass sie für irgendeinen Geheimdienst arbeitete, vielleicht sogar für unseren, den russischen. Sie konnte auf einen Hinweis von Major Igorevsky hin handeln, oder aufgrund meines Anrufs aus dem Uber-Taxi über den vermissten Jungen namens Joseph. Alternativ konnte meine Entdeckung so vieler vermisster Menschen für die Rettungsmannschaften sie auf mich aufmerksam gemacht haben. Ich hatte genügend Spuren hinterlassen. Wenn jemand mich finden wollte, konnte ihm das ohne weiteres gelingen.

Oder arbeitete sie vielleicht für unsere Freunde jenseits des Ozeans? Denen hatte ich die Sache noch einfacher gemacht und bei meinem Hinweis auf den Aufenthaltsort eines Terroristen meine realen Daten eingegeben. Wenn den Amis der Sinn danach stand, konnten sie ganz leicht jemanden auf mich ansetzen. Womöglich hatten sie längst ein richtiges Dossier über mich angelegt, komplett mit psychologischer Begutachtung, und mir dann eine Sexfalle vor die Nase gesetzt, eine angebliche Jungfrau in Nöten, deren Bitten ich einfach nicht abschlagen konnte.

Was ich ja auch tatsächlich nicht getan hatte.

Meine dritte Theorie war die fantastischste

überhaupt: Vielleicht war ich nicht der Einzige, in dessen Hirn ein Interface installiert worden war. Nun mal ganz ernsthaft – was stand dem denn entgegen, dass auch andere Menschen darüber verfügten?

Allerdings, falls Stacy ebenfalls ein Interface-Benutzer war, was bewog sie dann dazu, ausgerechnet zu uns zu kommen? Welche geheimen Pläne verfolgte sie? Wer war sie? Arbeitete sie allein? Oder war sie gar ein Agent dieses Wesens, das durch den alten Panikoff zu mir gesprochen hatte? Oder einer von Valiadis' Leuten?

Oh, da ich gerade bei Valiadis war ... Ich öffnete das Interface und aktivierte die Karte der Stadt. Es kam mir vor, als würde ich ganz tief hinabstürzen, obwohl ich natürlich immer noch auf dem Bett lag. Nur wurde die Karte jetzt an die Decke projiziert, was mir einen Blick aus der Vogelperspektive auf alles ermöglichte.

Die Karte gehorchte meinem mentalen Befehl und zeigte mir den Standort des Oligarchen. Er war in der Stadt.

Oder vielmehr, ganz in der Nähe. Formell allerdings befand sich das Grundstück, auf dem seine Villa stand, nicht einmal innerhalb der Stadtgrenzen. Ich sprang auf. Das war meine Chance, wenigstens ein paar Antworten zu erhalten.

Boris verstand die plötzliche Geschäftigkeit völlig falsch, rannte in die Küche und miaute auffordernd. Das arme Ding hatte wohl auf ein Überraschungsmahl gehofft.

Ich enttäuschte sie nicht. Dann wühlte ich mich durch den braunen Umschlag, in dem ich alle während meiner Zeit bei *Ultrapak* angesammelten Papiere aufbewahrte. Valiadis hatte mir seine Visitenkarte nicht gegeben, aber irgendwo war die von Alex Hermann, seiner rechten Hand.

Verdammt, da war nichts! Herr Ivanov musste sie

sich unter den Nagel gerissen haben. Ja, ich erinnerte mich noch daran, wie er vor seinem Anruf bei Hermann mit ihr gespielt hatte.

Und was bitte sollte ich jetzt machen?

Mein Handy erinnerte mich auf einmal an seine Existenz. Wer mich wohl so spät noch anrief? Vicky? Yanna?

Es war keine von beiden, sondern mein alter Freund Gleb Kolosov.

„Phil, bist du das?"

Ich brauchte eine Weile, bevor ich seine leblose Stimme erkannte. „Hey, Mann – was gibt's?"

„Tut mir leid, dass ich dich so spät noch störe."

„Ist schon in Ordnung. Spuck es einfach aus."

„Weißt du, ich habe hier ein kleines Problem ..." Er schwieg. Seinem Tonfall nach war er sturzbetrunken. „Könntest du mir Geld leihen? Es ist sehr wichtig, eine Art Notfall."

„Wie viel brauchst du?"

„Eine Menge. Eine große Menge. Ich brauche zwei Millionen Rubel. Du bist der Letzte, den ich deswegen anrufe. Ich habe schon alles versucht. Kannst du mir helfen? Erinnerst du dich noch, ich habe dir auch mal Geld geliehen. Damals im Kasino. Ich brauche es wirklich. Sonst bin ich ein toter Mann."

„Hör mal, Mensch, so viel Geld habe ich nicht. Kannst du mir erzählen, was passiert ist?"

„Ich verstehe. Okay, mach dir keine Mühe." Er legte auf.

Ich rief ihn sofort zurück, doch er nahm nicht ab.

Der Landkarte nach war er zu Hause, was mich ein wenig beruhigte. Ich konnte ihn einfach morgen noch einmal anrufen und ein Treffen verabreden.

Eine gewisse Zeit lang beobachtete ich seinen Marker. Er schien in Ordnung zu sein. Der Marker bewegte sich nicht – was wahrscheinlich bedeutete, er war zu Bett gegangen.

So, und was sollte ich jetzt unternehmen, um eine Begegnung mit Valiadis herbeizuführen? Sollte ich denselben Trick noch einmal versuchen und ihn irgendwo in der Stadt aufspüren? Oder zu meinem Ex-Chef Ivanov gehen und versuchen, Valiadis' Kontaktdaten aus ihm herauszubekommen?

Am besten nutzte ich beide Möglichkeiten. Sobald das Training mit Kostya morgen früh beendet war, musste ich auf der Karte überprüfen, wo sich Valiadis gerade aufhielt. Falls er sich außerhalb meiner Reichweite befand, musste ich eben bei *Ultrapak* anrufen. Allerdings musste ich mir erst einmal eine gute Begründung einfallen lassen. Wenn ich ganz direkt nach Hermanns Telefonnummer fragte, lehnte Ivanov bestimmt ab. Warum sollte er mir auch helfen wollen?

Jedenfalls, solange ich es irgendwie schaffte, mit Valiadis zu reden, bekam ich vielleicht heraus, wer Stacy war und was sie vorhatte.

So, das war es dann, ich hatte alle Entscheidungen getroffen und alle Aufgaben festgelegt. Das war mein Arbeitsplan, und nun konnte ich endlich schlafen. Was mir diesmal auch sofort gelang.

* * *

ICH ERINNERTE MICH noch gut an die Zeit, in der ich mit denkbar schlechter Laune aufgewacht war, wann immer mir ein schwieriger oder geschäftiger Tag bevorgestanden hatte. All diese Morgende vor kniffligen Examina, Vorstellungsgesprächen, unangenehmen Besprechungen ... Oder an einem Tag wie heute – dem ersten, nachdem Vicky mich verlassen hatte.

In solchen Zeiten konnte einen nichts wirklich

aufmuntern. Das Zwitschern der Vögel, der Duft von frischgebrühtem Kaffee – alles ließ einen kalt. Nicht einmal eine kalte Dusche sorgte dafür, dass man richtig wach wurde. Die beste Motivation, um einen solchen Tag zu überstehen, war die Vorfreude auf den Abend, der ganz unvermeidlich kommen musste, an dem endlich alles überstanden war und man sich in ein Computerspiel oder ein gutes Buch vertiefen konnte. An dem man, mit anderen Worten, der Realität endlich entfliehen konnte.

Doch diesmal war alles anders. Es war nun einmal so, dass all die Dinge, die uns Sorgen bereiteten, all die Probleme und unumgänglichen Aufgaben erst dann verschwanden, wenn man sich damit befasste und sie erledigte. Es war wie mit Zahnschmerzen: Natürlich konnte man den Besuch beim Zahnarzt bis Ultimo hinausschieben ... bis es wirklich unerträglich wehtat. Früher oder später würde der schlechte Zahn einen jedoch so massiv auf sich aufmerksam machen, dass man sich wünschte, jemand würde ihn auf der Stelle herausreißen, nur damit der Schmerz aufhörte. So, und wenn man also ganz genau wusste, dass man den sadistischen Zahnarzt früher oder später ohnehin aufsuchen musste, warum sich nicht selbst einen Gefallen tun und es gleich hinter sich bringen, bevor der Zahn vollends verfault war und Schmerzwellen durch den gesamten Körper schickte?

Diese Logik trieb mich sofort aus dem Bett, nachdem mein virtueller Wecker mich sanft geweckt hatte:

Guten Morgen, Phil!
Heute ist Mittwoch, der 18. Juli 2018. Die Außentemperatur beträgt 21° C.
Du wolltest um 6:00 Uhr geweckt werden. Es ist jetzt 6:12 Uhr, was deinem Schlafzyklus entsprechend der beste Zeitpunkt ist.

Der Zustand deiner Gesundheit: Gut.

Auf der Grundlage deiner Aktivitätslevel empfehlen wir dir, den Tag mit einem Frühstück von nicht mehr als 500 Kalorien mit Proteinen und komplexen Kohlehydraten zu beginnen.

Dies sind die Aufgaben, die du dir für heute vorgenommen hast: ...

Mir stand ein langer, aber wichtiger Tag bevor.

Ich duschte und begab mich für das Training mit Kostya zum Stadion. Ich hatte keine Ahnung, wie sich das entwickeln würde, aber er hatte mir seine Hilfe angeboten, und ich vermutete, es war die richtige Entscheidung, sie anzunehmen.

Er war bereits da und marschierte die Laufbahn entlang, um sich aufzuwärmen. Er wirkte sehr konzentriert.

„Guten Morgen, Kostya", sagte ich.

„Ah, da bist du ja endlich! Ich wollte dich gerade anrufen. Ich habe nicht viel Zeit. Bist du bereit? Dann lass uns beginnen!"

Während des Trainings blieb seine Stirn durchgehend gerunzelt. Ich konnte sehen, er war nicht gerade bester Laune. Allerdings kannte ich den Grund nicht. Er konnte schlecht geschlafen oder Probleme haben, vielleicht bedauerte er auch sein Angebot, mich zu unterstützen. Auf jeden Fall verhielt ich mich ebenso geschäftsmäßig wie er und tat genau, was er mir sagte.

Zwischen seiner Trainingsmethode und der von Matov konnte ich keinen besonderen Unterschied feststellen, mit Ausnahme der Tatsache, dass wir lediglich 45 Minuten lang trainierten. Anschließend verabschiedete Kostya sich sehr knapp und kurzangebunden von mir.

„Wann treffen wir uns wieder?", erkundigte ich mich.

„Wie wäre es mit übermorgen?", schlug er vor. „Montag, Mittwoch und Freitag, das klingt nach einem guten Zeitplan. An den anderen Tagen bin ich ja bei Matov, wie du weißt."

„Okay. Was schulde ich dir? Ich könnte dich ebenso bezahlen, wie ich für meinen Privatunterricht bezahlt habe."

Er zögerte. „Ähm ... Nein, lass das mal. Es war schließlich meine Idee, und es ist auch für mich gut, wenn wir zusammen trainieren. Aber jetzt muss ich los. Ich muss noch Julie zum Kindergarten bringen, bevor ich zur Arbeit gehe."

„Julie?"

„Ja, meine kleine Schwester." Er nickte und ging.

Ich verbrachte weitere 20 Minuten mit Joggen und der Verbesserung meiner Ausdauer, bis ich es endlich geschafft hatte:

Gratuliere! Du hast ein neues Fertigkeitslevel erreicht!
Name der Fertigkeit: Ausdauer
Derzeitiges Level: 11
Für die erfolgreiche Verbesserung einer Haupteigenschaft erhältst du 1.000 Erfahrungspunkte!
Derzeitiges Level des sozialen Status: 15. Fehlende Erfahrungspunkte bis zum nächsten Level: 7.340/16.000.

Das nannte ich einen guten Start in den Tag! Im Verlauf des Kampfes gegen Mohammed gestern hatte ich mehrfach befürchtet, außer Puste zu geraten. Ein Level 10 in Ausdauer war schließlich nicht mehr als der globale Durchschnitt. Und ein ganz normaler Mann war kaum in der Lage, im Boxring auch nur eine einzige Runde zu überstehen. Mir stand also noch immer jede Menge Arbeit bevor, um meine physischen und auf die Atmung bezogenen

Statistiken voranzubringen.

Ich begab mich wieder nach Hause. Der Karte zufolge war Valiadis längst wach und eilends unterwegs zur Stadt. Ich minimierte die Karte, damit ich seinen Marker weiter aus dem Augenwinkel heraus beobachten konnte.

Mechanisch duschte ich, verzehrte ein Tomaten-Omelett und ein paar Scheiben Roggenbrot mit kalter Hühnchenbrust, dann zog ich den Anzug an, der meinem Charisma 5 zusätzliche Punkte verschaffte. Und dann machte ich mich, wie üblich zu Fuß, auf den Weg zur Arbeit.

Auf halbem Weg stellte ich fest, dass Herr Ivanov, der CEO von *Ultrapak*, bereits in seinem Büro war. Also konnte ich ihn wenigstens anrufen.

Als ich, auf der Suche nach seiner Telefonnummer, durch meine Kontakte scrollte, kam mir eine Idee. Es war vielleicht nicht die beste aller Lösungen, aber Vickys Argument war nicht von der Hand zu weisen: Es konnte eine Weile dauern, bis mein unorthodoxes Geschäftsmodell endlich Früchte trug. Wie wäre es denn, wenn ich meinem alten Chef unsere Verkaufsdienstleistungen anbot? Nicht wie bisher, sondern mit einem ganz offiziellen Vertrag? Und wenn ich es genau betrachtete, war *Ultrapak* nicht das einzige Unternehmen, das als möglicher Kunde für solche Dienste unserer Firma infrage kam.

Ich rief ihn an, doch seine Leitung war besetzt. Ach, egal – ich konnte ihn auch von unserem Büro aus anrufen.

Ich steckte das Handy wieder ein und ließ mir meinen neuen Einfall durch den Kopf gehen.

Verkäufe verkaufen – warum denn nicht? Ich hatte an so etwas vorher schon gedacht, es jedoch immer als etwas abgetan, das keinen sozial bedeutungsvollen Zweck verfolgte. Weit mehr zog ich es vor, anderen Menschen ganz persönlich zu helfen.

Aber hinter vielen Firmen steckten Leute, die entweder Anfänger oder schlicht nicht erfolgreich waren. Leute wie Veronica mit ihrer Veranstaltungsagentur oder Kesha, der eine Hypothek auf seine Eigentumswohnung aufgenommen hatte, um die Ausrüstung für seine winzige Druckerei kaufen zu können. Und dann waren da ja zum Beispiel auch noch Herr Katz und seine Frau Rose …

Je mehr ich darüber nachdachte, desto inspirierter fühlte ich mich. So konnte ich nicht nur kleine Unternehmen unterstützen, sondern auch ein ganz anständiges Einkommen erzielen. Auf jeden Fall mehr als wir von unseren arbeitslosen Kunden erwarten konnten.

Ich lief die Stufen zum Gewerbezentrum hoch.

„Guten Morgen, Phil", begrüßte Gorelik mich.

Ich war so in Eile, dass ich ihn gar nicht bemerkt hatte. „Guten Morgen, Herr Gorelik!"

„Hast du eine Minute Zeit für mich?"

„Natürlich."

Der Manager nahm mich beiseite. „Und, wie macht sich deine Firma? Hast du schon Kunden? Ich habe gehört, es soll alles recht gut laufen. Ich wünschte, ich könnte dasselbe über die anderen sagen. Nahezu ein Drittel unserer Mieter zahlt zu spät. Wir haben im Keller einen Ausbeuterbetrieb mit Näharbeiten eröffnet. Das ist die einzige Firma, die relativ gut läuft. Sie haben Wanderarbeiter eingestellt, die dort rund um die Uhr an den Nähmaschinen sitzen. Und die Hälfte von ihnen sind illegale Einwanderer!"

Hinter seinen zusammenhanglosen Sätzen roch ich die Folgen einer Party vom Abend zuvor.

„Alle anderen", fuhr er fort, „sind längst nicht so gut dran. Und warum? Weil sie vom Verkaufen keine Ahnung haben, genau deshalb! Wir Russen sind im

Verkaufen einfach nicht gut."

Nach dieser ziemlich unerwarteten Schlussfolgerung hielt er inne, um wieder zu Atem zu kommen.

„Entschuldigen Sie, Herr Gorelik – worauf wollen Sie hinaus?"

„Ich will darauf hinaus, dass wir diesen Samstag in unserem Konferenzsaal einen Schulungskurs zum Thema Verkaufen veranstalten." Er legte mir die Hand auf die Schulter. „Gehalten wird der Kurs von Aram Ovsepyan. Er ist ein Internet-Star und Experte im proaktiven Verkauf. Ihr jungen Leute müsst doch schon mal von ihm gehört haben. Die Schulung wird sich mit einer Reihe sehr wichtiger Fähigkeiten und Praktiken befassen, die jeder Verkaufsmanager beherrschen muss, der Erfolg haben will." Er ratterte das herunter wie einstudiert und fummelte die ganze Zeit an meinem Hemdknopf herum. „Soll ich Sie dafür anmelden? Es kostet nur 9.999 Rubel."

„Nein, danke. Tut mir leid, aber heute steht bei mir eine Menge auf dem Programm." Ich befreite mich aus seinem Griff. „Aber warum fragen Sie nicht Vazgen, der diese Kunststofffenster verkauft? Ich bin sicher, er wird sich anmelden, und sei es auch nur, um einen armenischen Landsmann zu unterstützen."

„Glauben Sie wirklich?"

„Sie können es auf jeden Fall mal versuchen. Und erwähnen Sie unbedingt, dass Naeel ebenfalls teilnimmt, dann macht er bestimmt mit."

Schon auf der Treppe, hörte ich ihn hinter mir noch ganz verwundert fragen: „Wer zum Teufel ist denn Naeel? Ist das einer unserer Mieter? Tante Ira, kennst du ihn?"

Alik und Stacy waren beide schon im Büro. Ersterer war mit dem Wasserkocher beschäftigt, während Stacy eifrig verschiedene Topfpflanzen auf dem Fensterbrett verteilte. Sie trug einen zurückhaltenden, weißen Rock, der beinahe bis zum Boden reichte. Die andere Hälfte ihrer Kleidung war allerdings nicht ganz so zurückhaltend: Ein hautenges, schwarzes Oberteil mit Spaghettiträgern, das ihrer Zusage von gestern total widersprach, sich unauffälliger zu kleiden.

„Hallo, Leute", sagte ich.

„Guten Morgen, Chef!" Stacys klare, erregende Stimme sorgte sofort für eine Reaktivierung meines Vergafft-Debuffs. „Was ist denn mit Ihrem Auge passiert?"

„Hi!" Alik schaute vom Wasserkocher auf, den er gerade auseinandernahm, und pfiff durch die Zähne. „Hast du eine Schlägerei hinter dir?"

„Frag lieber nicht. Wie läuft es heute Morgen?"

„Der Wasserkocher ist im Arsch", antwortete er und wirkte ziemlich gestresst. „Ich versuche gerade, ihn zu reparieren."

„Wie wäre es, wenn wir einen neuen kaufen? Und woher stammen all diese Pflanzen?"

„Die sind von Frau Frolova", erwiderte Alik. „Sie hat sie für sie besorgt."

„Wer bitte hat was für wen besorgt?"

„Die Pflanzen", mischte sich Stacy ein. „Frau Frolova hat sie mir gegeben. Ich habe sie auf der Treppe getroffen, und wir haben uns unterhalten. Ich hatte erwähnt, dass unser Büro ziemlich leer wirkt und Leben braucht. Deshalb hat sie mir die Topfpflanzen angeboten. Soweit ich das verstanden habe, ist sie die Buchhalterin des Gewerbezentrums, Chef. Ähm ... haben Sie etwas dagegen, wenn ich Sie ebenfalls Phil nenne und duze? Nur, um die Dinge zu vereinfachen."

Ich zuckte mit den Schultern. „Du kannst mich ansprechen wie immer du möchtest." Ich setzte mich an meinen Schreibtisch, nicht bereit, mein eigenes Ego zu pflegen oder zwischen den beiden eine Art

Hierarchie herzustellen. Und wenn wir uns alle gegenseitig duzten, vereinfachte das die Sache in der Tat. Unser Ziel war schließlich Produktivität, nicht künstliche Unterordnung.

Herrn Ivanovs Leitung war noch immer besetzt. Möglicherweise musste ich persönlich bei ihm vorbeigehen. Valiadis war in der Stadtverwaltung, und es war gewiss keine gute Idee, ihn dort zu stören. Was bedeutete, ich versuchte besser, mir stattdessen Hermanns Kontaktdaten zu verschaffen.

Das Problem war nur, ob ich das Büro unbeaufsichtigt lassen sollte. Ohne mich konnten die beiden niemandem etwas verkaufen!

„Leute", verkündete ich. „lasst alles liegen, womit ihr euch gerade befasst. Wir müssen uns kurz absprechen, denn ich muss mich mit jemandem treffen und werde eine Weile nicht im Büro sein."

„Hast du was dagegen, wenn ich dabei weiter am Wasserkocher herumbastele? Der bringt mich noch um den Verstand! Ich bin erst dann beruhigt, wenn er wieder funktioniert."

„Kein Problem." Ich nickte.

Die beiden setzten sich vor mich. Alik fummelte weiter am Wasserkocher herum und Stacy verschlang mich mit den Augen. Sie hatte einen Stift in der Hand und einen Block auf dem Schoß. Sie hatte sich auf ihren ersten Arbeitstag gut vorbereitet.

„Auf der Tagesordnung stehen heute drei Dinge", begann ich. „Nummer eins: Ihr müsst auch in meiner Abwesenheit weiterarbeiten. Das gilt besonders für dich, Stacy, aber du musst ebenfalls zuhören, Alik. Je mehr Informationen wir über unsere Kunden erhalten, desto höher ist die Wahrscheinlichkeit, dass wir sie erfolgreich unterbringen können. Deshalb sollt ihr ab sofort damit anfangen, alle um ihre Lebensläufe zu bitten. Und falls sie keinen Lebenslauf vorbereitet haben, füllen wir hier ein Formular aus. Stacy, ich schicke dir gleich per E-Mail die Vorlage."

„In Ordnung, Phil." Sie schrieb es sich auf. „Wenn du mir deine E-Mail-Adresse gibst, sende ich dir eine Testnachricht."

Ich nannte ihr meine Adresse, und kurz darauf ging auch schon ihre Test-E-Mail ein. Die ich mit dem Fragebogen für die Kunden zur Erfassung ihres Lebenslaufs als Anhang beantwortete. Den hatte ich längst vorbereitet, nur bislang nicht gebraucht, weil ich für alle, die bis heute zu uns gekommen waren, nahezu umgehend Jobs hatte finden können.

„Wir müssen unbedingt auch Bilder von den Kunden haben", fuhr ich fort. „All diejenigen, die keinen Lebenslauf mit Passbild mitbringen, müsst ihr fotografieren, notfalls mit euren Handys. Verstanden?"

Sie nickten gleichzeitig.

Die Tür öffnete sich und Veronica trat ein. „Hallo!", begrüßte sie uns alle. „Habt ihr gerade eine Besprechung?"

„Eine kurze, ja", antwortete ich. „Willst du teilnehmen?"

„Besprechungen – igitt! Die sind langweilig. Ich komme später wieder", sagte sie. „Ich muss mit dir über etwas reden, erinnerst du dich?"

„Wie wäre es nach dem Mittagessen?", schlug ich vor. „Ich muss mich gleich mit jemandem treffen."

„Perfekt!" Sie drehte sich schwungvoll um und ging wieder.

Aliks Blick folgte jeder ihrer Bewegungen bis zur Tür. „Sieh mal, Phil, ich glaube, ich habe es geschafft", sagte er endlich und versuchte, mir aus Gründen, die mir absolut schleierhaft waren, den Wasserkocher in die Hand zu drücken. „Soll ich ihn einschalten? Wir könnten alle eine Tasse Kaffee gut gebrauchen."

„Kannst du das später machen?", bat ich. „Lass uns erst die Besprechung abschließen. Hörst du mir überhaupt zu?"

„Ähm … Na klar! Du gehst zu einer Besprechung, und Veronica kommt nach dem Mittag wieder."

„Und was habe ich davor gesagt?"

„Ähm … Du hast gesagt, wir sollen Fotos von allen machen, die nicht ihre eigenen Passfotos mitbringen. Und den Fragebogen mit ihnen ausfüllen."

„Gibt es sonst noch etwas, Phil?", mischte sich Stacy ein. „Zum Beispiel zu dem Formular, das du mir gerade geschickt hast?"

„Oh ja – eine der Fragen befasst sich mit den Vorlieben der Leute, was ihre Arbeit betrifft. Die meisten werden dort etwas aufführen, worin sie bereits Erfahrung haben, oder etwas Sicheres, weil sie es nicht wagen, nach Höherem zu streben. Ich möchte, dass ihr euch darum bemüht, herauszufinden, woran ihr Herz wirklich hängt. Nehmen wir einmal an, es kommt eine Frau, die sagt, sie sucht nach einer Stelle als Verkäuferin. In Wirklichkeit würde sie am liebsten jedoch etwas ganz anderes machen, nur fürchtet sie, dass sie entweder nicht gut genug dafür ist, oder dass sie davon die Miete nicht bezahlen kann. Genau diese Träume sollt ihr aus den Leuten herausholen."

Stacy strahlte. „Betrachte es als erledigt! Ich bin sehr gut darin, das Vertrauen anderer Menschen zu gewinnen. Irgendwie scheinen sie zu glauben, sie könnten sich mir anvertrauen. Meistens brauche ich nur ein paar Minuten, bis sie mir ihr Herz ausschütten."

Aus irgendeinem Grund lief Alik knallrot an.

Ich ging über zum nächsten Tagesordnungspunkt. „Außerdem müssen wir unsere Interessenbereiche erweitern."

„Oh, heißt das, wir befassen uns jetzt mit Bitcoins?", begeisterte sich Alik.

„Nein, Alik – ich glaube nicht, dass da noch etwas

zu holen ist. Die Sache mit den Bitcoins hat sich totgelaufen. Was wir in Zukunft tun werden, ist, den Unternehmen, die zu kämpfen haben, ausgelagerte Verkaufsdienste anzubieten. Dafür gibt es bereits Konkurrenz, aber zu maßlos hohen Preisen ohne jede Erfolgsgarantie. Wir hingegen werden auf Provisionsbasis arbeiten, also für einen prozentualen Anteil, und dazu sind unsere Wettbewerber meistens nicht bereit."

Alik schüttelte den Kopf. „Ich bin nicht sicher, ob ich das kapiert habe ..."

„Aber ich", meldete sich Stacy zu Wort. „Eine großartige Idee, Phil! Aber das bedeutet, wir müssten erweitern und ein paar Handelsvertreter einstellen ..."

„Auf jeden Fall. Sag doch bitte Herrn Katz, er soll nach dem Mittag einmal vorbeikommen, dann setzen wir eine Vertragsvorlage auf. Außerdem muss ich unbedingt mit Kesha sprechen, ich habe einen Vorschlag für ihn."

„Wird erledigt." Sie schrieb eifrig mit. „Und was ist der dritte Punkt auf der Tagesordnung?"

„Der dritte Punkt ist dein Trägerhemdchen, Stacy. Ich dachte, wir hätten uns darauf geeinigt, dass du dich zurückhaltender kleidest?"

„Das haben wir, ja. Warum? Was habe ich denn falsch gemacht?"

„Nichts. Es ist nur so ... Ein BH wäre wirklich nicht schlecht. Dieses Oberteil zeigt einfach zu viel ... Nun ja, du weißt schon ..."

* * *

GANZ ENTGEGEN MEINER Erwartungen hatte ich keine Probleme damit, in das Büro von *Ultrapak* vorzudringen. Der Sicherheitsdienst ließ mich sofort hinein. Beim Gang durch den Raum sah ich keine bekannten Gesichter, aber am Empfang saß noch immer Daria, wie üblich mit ihrem Instagram-Feed beschäftigt.

„Hallo!", begrüßte ich sie.

„Oh, hallo Phil!", freute sie sich.

„Wie geht's, wie steht's?"

"Prima, danke! Herr Ivanov hat erst gestern von dir gesprochen. Was verschlägt dich denn zu uns? Bist du geschäftlich hier, oder vermisst du uns einfach?" Sie klimperte mit ihren künstlich verlängerten Wimpern.

„Oh, ich habe *Ultrapak* gewaltig vermisst", grinste ich. „Vor allem dich!" Dann räusperte sich jemand hinter mir.

„Vicky!" Daria wandte sich ihr zu. „Wir haben Besuch!"

„Das sehe ich", bemerkte Vicky mit einem kühlen Blick in meine Richtung. „Guten Morgen, Phil."

„Guten Morgen, Frau Koval. Wie geht es Ihnen?"

„Mir geht es gut!", zischte sie und ging zu ihrem Büro.

Etwas nagte an meinem Herzen, irgendein Gedanke, der mit Vicky zu tun hatte. Ich unterdrückte ihn jedoch einstweilen, schließlich war ich aus geschäftlichen Gründen hier.

„Ist Herr Ivanov in seinem Büro?", erkundigte ich mich bei Daria, wohl wissend, dass er es war.

„Warum? Willst du ihn sprechen? Erwartet er dich?"

„Als Nächstes wirst du mich fragen, wie du ihm mich ankündigen sollst ..."

„Warte einen Augenblick. Ich muss erst fragen ..." Sie griff nach dem Telefon und rief Herrn Ivanovs Sekretärin an. „Irina, Phil Panfilov ist hier. Ja, Panfilov, er hat mal für uns gearbeitet. Was hast du gesagt? Okay, verstanden." Sie legte auf. „Du musst ein wenig warten."

„Okay, dann begrüße ich mal die anderen", erklärte ich und begab mich zur Verkaufsabteilung.

Dort herrschte eine ungewohnte Ruhe. Die meisten waren wohl unterwegs. Cyril und Marina waren nirgendwo zu sehen, da war nur Greg, der versuchte, einen Kunden am Telefon von etwas zu überzeugen. Dabei fuhr er sich durch die dichten Haare. Als er mich erblickte, grinste er und deutete auf den Telefonhörer. Ich nickte und wartete, bis er fertig war.

Kaum hatte er aufgelegt, sprang er vom Stuhl auf und umarmte mich. „Phil! Wie sieht's aus? Was machst du denn so inzwischen?"

„Alles bestens. Ich habe meine eigene Firma gegründet. Und wie geht es euch allen?"

„Was für eine Art Firma denn?"

Nachdem sonst niemand da war, unterhielten wir uns eine Weile und ich erzählte ihm alles über meine Agentur, während er mir seine Neuigkeiten berichtete.

Seinen Worten zufolge ging es *Ultrapak* nicht besonders gut. Pavel, der kaufmännische Leiter, hatte gekündigt – nicht, bevor er die drei besten Handelsvertreter mitgenommen hatte. Inzwischen war er durch einen neuen Mitarbeiter ersetzt worden.

„Um ehrlich zu sein, ich denke ebenfalls darüber nach, zu gehen", gab Greg zu. „Dieser neue Typ, weißt du, was der gemacht hat? Seine erste Amtshandlung war, die Großhandelspreise zu erhöhen. Daraufhin ist eine ganze Reihe von Kunden zur Konkurrenz abgewandert. Wie gut, dass wir wenigstens noch *J-Mart* als Kunden haben. Ja, und gestern hat der Mistkerl Marina zum Heulen gebracht. Dabei war alles nicht einmal ihre Schuld! Ein paar Kunden sind ihr im letzten Moment abgesprungen, aber doch nur wegen der höheren Preise!"

„Und wie geht es Cyril?"

„Er ist krankgeschrieben. Es haben sich

Komplikationen entwickelt, also wurde er ins städtische Krankenhaus eingeliefert."

„Welche Station? Welche Zimmernummer?"

„Himmel, Phil, ich kann mich nicht erinnern. Ruf ihn einfach an und frag ihn. Er wird sich freuen, dich zu sehen."

„Mach ich."

Daria steckte den Kopf ins Zimmer. „Phil? Herr Ivanov ist jetzt bereit, dich zu sehen."

„Okay, Mann – es war gut, dich zu sehen", erklärte ich. „Wenn du hier jemals kündigen solltest, schau einfach bei uns vorbei. Wir finden einen neuen Job für dich, der dir richtig gut gefällt. Wie geht es übrigens deiner Frau? Wann kommt das Kind?"

„Das dauert noch eine Weile", antwortete Greg. „Ende September."

„Prima! Ich gehe dann mal. Grüß alle von mir!"

„Das werde ich", strahlte er. „Und womöglich denke ich über deinen Vorschlag ernsthaft nach ..."

Das Büro von Herrn Ivanov war so voller Tabakqualm, man hätte die Luft mit dem Messer schneiden können.

„Guten Morgen, Herr Ivanov."

„Ah, Phil – was für eine Überraschung, dich hier zu sehen! Setz dich!"

Er war nicht sein übliches freundliches Selbst. Entweder ging es dem Unternehmen wirklich schlecht, oder er trug mir noch immer etwas nach.

„Was willst du?", fragte er mich ganz direkt.

„Herr Ivanov, Sie kennen mich als Handelsvertreter ..."

„Ich nehme mal an, ja", brummte er.

„Ich möchte Ihnen vorschlagen ..."

Er richtete sich auf. „Du willst zurückkommen, ist es das? Ich weiß nicht so recht ..."

„Nein, ich will nicht zurückkommen, aber im Endeffekt ist es etwas Ähnliches. Ich möchte Ihnen unsere Verkaufsdienste als ausgelagerten Service anbieten, also einen Vertrieb per Outsourcing."

„Was bitte soll das denn heißen?"

„Wir könnten einen Vertrag schließen, der meine Agentur dazu verpflichtet, zu versuchen, Ihre Produkte zu verkaufen. Falls ein Geschäft zustande kommt, zahlen Sie uns eine Provision. Im Grund genommen ist es eine ähnliche Situation wie die, als ich noch für Sie gearbeitet habe. Wir verkaufen Ihre Produkte, Sie zahlen uns eine Provision."

„Ähm ... Also, ich weiß nicht ...", zögerte er. „Das muss ich erst mit Panchenko besprechen. Es fällt ohnehin in sein Aufgabengebiet. Warum bist du denn zu mir gekommen? Ich dachte, du wolltest deinen Job zurück."

„Wer ist denn Panchenko?"

„Das ist unser neuer kaufmännischer Leiter. Konstantin Panchenko. Der Kerl, den wir als Nachfolger von Pavel eingestellt haben. Besprich das am besten mit ihm."

„Das werde ich."

„Sonst noch etwas?"

„Nein. Danke, dass Sie sich die Zeit für mich genommen haben."

„Keine Ursache. Aber Sie gehen besser zu Panchenko."

Ich aktivierte die Lügenerkennung, stand auf und bot ihm die Hand. Als er sie mir schüttelte, fragte ich ganz lässig: „Ach, übrigens, haben Sie noch die Visitenkarte von Alex Hermann?"

„Wer ist das denn?" Er tat so, als hätte er nicht verstanden.

„Wir hatten einmal eine Besprechung mit ihm, erinnern Sie sich? Er ist Valiadis' rechte Hand. Er hatte mir seine Visitenkarte gegeben, und ich habe sie Ihnen überlassen."

„Ah, den meinen Sie ... Nein, die habe ich nicht

mehr." Er blies mir den Rauch ins Gesicht. „Pavel muss sie eingesteckt haben. Wofür sollte ich sie auch brauchen?"

Eine kalte Welle schlug über mir zusammen. Was bedeutete, Ivanov hatte die Visitenkarte sehr wohl noch, wollte sie jedoch nicht mit mir teilen.

„Was wollen Sie denn auch mit der Karte?", fragte er. „Sie sehen einander doch ohnehin regelmäßig, oder etwa nicht?"

„Ja, in der Tat. Nun, ich will Ihre Zeit nicht länger in Anspruch nehmen. Vielen Dank, und Ihnen noch einen schönen Tag!"

„Gut. Wir sehen uns."

Nachdem ich sein Büro verlassen hatte, überlegte ich kurz, ob ich Vicky aufsuchen sollte. Doch ich unterdrückte den Impuls und begab mich stattdessen zu Daria. „Ist der neue kaufmännische Leiter in seinem Büro? Herr Ivanov hat gesagt, ich solle mich mit ihm unterhalten."

„Du meinst Herrn Panchenko?"

„Genau. Es sei denn, ihr habt noch einen anderen kaufmännischen Leiter."

„Nein, er ist leider momentan nicht im Büro. Möchtest du ihm eine Nachricht hinterlassen?"

„Mir wäre es lieber, du könntest mir seine Telefonnummer geben, dann kann ich ihn selbst anrufen."

„Tut mir sehr leid, aber das darf ich nicht."

„Ich verstehe. Ist schon in Ordnung. Aber kannst du ihm dann bitte meine Telefonnummer geben? Ich habe allerdings keine Visitenkarten dabei. Kannst du die Nummer aufschreiben?"

Sie lächelte. „Noch immer die alte Nummer? Die habe ich doch längst!"

Ich verließ das Gebäude. Und was jetzt? Sollte ich zurück ins Büro gehen oder versuchen, Valiadis aufzuspüren?

Es war nicht gerade einfach, mit dem Interface zu arbeiten, während ich unterwegs war. Also begab ich mich in das Café, in dem wir zu meiner Zeit bei *Ultrapak* oft zu Mittag gegessen hatten. Etwas zu essen wäre auch keine schlechte Idee, die Tageskarte dort war recht anständig.

Während ich darauf wartete, dass mir meine Bestellung gebracht wurde, fiel mir der Anruf von Gleb gestern am späten Abend wieder ein. Ich hatte ihn seit fast zwei Monaten nicht mehr gesehen und davor mehrere Jahre lang nicht. Ich hatte an ihn denken müssen, als ich vor etwa zwei Monaten meine heldenmütigen Fähigkeiten aktiviert und deren Beschreibungen gelesen hatte.

Wir hatten zusammen studiert und oft im Kasino gespielt. Als ich zum x-ten Male verloren hatte, hatte ich mir Geld von ihm geborgt. Nach heutigen Maßstäben war es nicht viel, für einen Studenten damals jedoch eine beträchtliche Summe. Die ich verloren und ihm nicht zurückgezahlt hatte. Aus Scham darüber war ich ihm eine Weile aus dem Weg gegangen, und am Ende hatte er (zu Recht) beleidigt den Kontakt abgebrochen.

Ich wählte seine Nummer. „Hallo Gleb."

„Phil? Bist du das? Was willst du?" Seine Stimme war so teilnahmslos, sie klang nicht einmal fragend.

„Du hast mich gestern angerufen. Wie wäre es, wenn wir uns treffen und du mir berichtest, was passiert ist?"

„Warum?", fragte er lustlos.

„Wir könnten gemeinsam über eine Lösung nachdenken."

„Jetzt können wir überhaupt nichts mehr unternehmen. Aber da du schon fragst ... Kannst du mir Geld leihen? Irgendeinen Betrag?"

„Treffen wir uns und dann reden wir über alles", erwiderte ich.

Irgendwie musste ich dafür sorgen, dass er sich mir öffnete.

„Okay", stimmte er widerstrebend zu. „Wann?"

„Heute Abend, in meiner Wohnung. Hast du etwas zu schreiben? Ich gebe dir die Adresse."

„Sag es mir einfach, ich kann mir das auch so merken."

Ich erklärte ihm den Weg zu unserem Haus. Er murmelte etwas, das klang wie: „Wir sehen uns", und legte auf.

Ich betrachtete Valiadis' Marker auf der Karte, stornierte meine Bestellung und raste zurück nach Hause, um meine Sporttasche zu holen. Er war in demselben Swimmingpool wie bei unserer ersten Begegnung. Allerdings hatte ich nicht die geringste Lust, für eine weitere überteuerte Badehose zu bezahlen.

Ich hatte Glück, es fuhr gerade ein freier Uber-Wagen vorbei, also musste ich nicht lange warten.

Zu Hause zog ich das verschwitzte Hemd aus, warf all meine Schwimmsachen in die Tasche – Badehose, Badelatschen, Badekappe und Handtuch – und suchte dann nach meinem Abo für drei Besuche in diesem Fitness-Club. Zwei Besuche standen mir noch frei. Ich hatte allerdings keine Ahnung, ob womöglich inzwischen die Frist abgelaufen war, während der ich sie hätte nutzen dürfen, deshalb steckte ich rasch noch alles Bargeld ein, über das ich verfügte – etwa 10.000 Rubel. Rasch eilte ich die Treppe wieder hinunter, drei Stufen auf einmal, und setzte mich wieder ins Taxi.

Eine halbe Stunde und 3.000 Rubel später – ich hatte tatsächlich eine neue Besucherkarte kaufen müssen – zog ich meine Badehose an und streifte die Badekappe über. Es kostete mich mehrere Versuche, bis ich endlich in die Badelatschen schlüpfen konnte, aber endlich war ich unterwegs zum Pool.

Heute war hier weit mehr los als beim letzten Mal. Die Männer in schwarzen Anzügen, die an der Wand aufgereiht standen, beunruhigten mich jedoch nicht. Lässig warf ich mein Handtuch auf einen Liegestuhl, bestellte mir einen grünen Tee, ließ die Badelatschen stehen und machte einen Kopfsprung ins tiefe Ende des Pools.

Ich hatte noch keine halbe Bahn hinter mir, als das System mir einen ganz unerwarteten Bonus verschaffte:

Gratuliere! Du hast ein neues Fertigkeitslevel erreicht!

Name der Fertigkeit: Schwimmen

Derzeitiges Level: 2

Für die erfolgreiche Verbesserung einer Haupteigenschaft erhältst du 500 Erfahrungspunkte!

Derzeitiges Level des sozialen Status: 15. Fehlende Erfahrungspunkte bis zum nächsten Level: 7.840/16.000

Der Fortschrittsbalken dieser Fertigkeit musste sich bereits bei fast 100 % befunden haben. Das, kombiniert mit meinem Statistikverstärker und meinen hohen Lernfertigkeiten, hatte dafür gesorgt, dass mir nur knapp 20 Meter Schwimmen ein neues Level eingebracht hatten.

Dadurch war ich ziemlich guter Laune, als ich mich auf Valiadis zu bewegte.

Der Oligarch erkannte mich sofort wieder. „Phil Panfilov", sagte er.

„Wie geht es Ihnen, mein Herr? Ja, ich bin es wieder."

„Ich habe das Gefühl, auch die heutige Begegnung ist kein Zufall."

„Da haben Sie tatsächlich recht. Ich bin nur hier, um Sie zu treffen."

„Daran habe ich keine Zweifel", sagte er. „Sollen wir in die Sauna gehen? Hier ist nicht gerade der geeignete Ort für eine Unterhaltung."

Statt die Leiter zu benutzen, schwang er sich elegant auf den Rand des Pools und ging in Richtung Sauna, ohne sich nach mir umzuschauen. Sein sehniger Körper war der komplette Gegensatz zu den bierbäuchigen Kerlen, die sich im Whirlpool vergnügten.

Mühelos stieg ich ebenfalls aus dem Pool – meine Armmuskeln hatten definitiv an Masse gewonnen! – und folgte ihm.

In der Sauna erklomm Valiadis die höchste Bank, zog sich die Kappe bis auf die Augen herab und machte es sich bequem, die Hände hinter dem Kopf.

Ich setzte mich auf eine der unteren Bänke und lehnte mich mit dem Rücken gegen die Wand, damit ich ihn ansehen konnte.

„Ich höre", forderte er mich lässig auf.

„Ich habe zwei Fragen an Sie, mein Herr. Oder vielmehr, ich habe zwei Dinge mit Ihnen zu besprechen."

„Du hast eine Viertelstunde, danach muss ich gehen."

Seine nächsten Worte machten mich sprachlos, auch wenn ich auf genau so etwas vorbereitet gewesen war.

„Mach dir nicht die Mühe, die Lügenerkennung zu nutzen", bemerkte er. „Ich sehe, du hast sie bereits aktiviert. Level 15? Nicht schlecht, aber auch nicht unbedingt umwerfend. Aber lassen wir das für den Moment – darüber sprechen wir später. Was ist deine erste Frage? Worüber willst du mit mir diskutieren?"

„Ich will eigentlich nichts mit Ihnen diskutieren, sondern Ihnen nur einen Vorschlag machen. Ich habe eine Agentur gegründet und möchte Ihnen einen Vertrieb als Outsourcing-Service ..."

„Kein Interesse", unterbrach er mich. „Nach unserer Unterhaltung beim letzten Mal habe ich mir die Mühe gemacht, alle anderen Dienstleister gründlich zu überprüfen. Mein eigenes Erkenntnislevel ermöglicht es mir, nicht nur alle Waren zum günstigsten Preis zu erwerben, sondern auch herauszufinden, nach welchen Gütern die stärkste Nachfrage herrscht. Du scheinst klug genug zu sein, um zu verstehen, wie das funktioniert. Wie hoch ist das Level deiner Erkenntnis derzeit?"

„2."

„Nur Level 2? Was zum Teufel kannst du dann überhaupt sehen? Auf Level 2 stehen dir doch nur die notdürftigsten Grundlagen zur Verfügung! Damit kannst du überhaupt nichts anfangen. Ich rate dir, dich eine Weile lang ausschließlich auf die Verbesserung der Erkenntnis zu konzentrieren. Dann kannst du es zumindest auf Level 5 schaffen."

„Aber wie kann ich denn meine Erkenntnis verbessern?"

„Das liegt ganz bei dir, ich werde dir jedenfalls nicht helfen. Aber um genau zu sein fürchte ich, für dich ist das bereits eine rein akademische Frage."

„Wieso? Ich habe doch noch viel Zeit, bis meine Lizenz abläuft!"

„Frag mich nicht – ich habe keine Ahnung, wie es dazu kommen konnte. Die Vaalphor wissen es selbst immer noch nicht. Aber anscheinend hast du die Prüfung nicht bestanden. An was erinnerst du dich noch?"

„Ich erinnere mich daran, mich in einem ganz merkwürdigen Raum befunden zu haben. Als ich aufwachte, erlebte ich jede Menge Debuffs. Und eine Frau ..."

„Ilindi."

„Genau. Sie hatte merkwürdig geformte Ohren und war nicht ganz menschlich. Und dann war da noch eine andere Kreatur – war das ein Dämon? Wenigstens hatte er Hufe statt Füße. Wie war doch gleich sein Name? Khphor?"

„Ja, genau, das war Khphor. Er gehört den Vaalphor an, einer der höherrangigen Rassen, und ist ein Beobachter."

„Das war also kein Traum?"

„Nein. Was ich seltsam finde, ist allerdings, dass du dich daran so genau erinnern kannst, obwohl du es für einen Traum gehalten hast. Ich selbst war nicht anwesend – mit ‚ich selbst' meine ich meinen derzeitigen Entwicklungszweig –, aber man hat mir die Szene vorgespielt. Du wurdest von einem Säuregallert getötet. Anschließend wurde dein Körper neu geschaffen. Im Rahmen dieses Prozesses wurde das Interface in deinem Gehirn deinstalliert, und alle Erinnerungen an die damit zusammenhängenden Ereignisse wurden gelöscht. Das umfasste auch alle Fertigkeiten und Eigenschaften, die du mithilfe des Interface erworben hattest. Sobald das erledigt war, hat man dich zu dem exakten Zeitpunkt und an den exakten Ort zurück teleportiert, von dem aus man dich entführt hatte. Du kannst dir Khphors Erstaunen nicht vorstellen, als er später bei einer Kontrollüberprüfung feststellen musste, dass du noch immer über das Interface verfügst. Er hat sogar vermutet, du hättest irgendwie den Zeit-Cheat aktiviert. Was natürlich Unsinn ist. Nicht einmal ich habe es bisher zum Ersten Helden gebracht, geschweige denn du."

„Eine Kontrollüberprüfung? Ich kann mich nicht daran erinnern, Khphor ein zweites Mal begegnet zu sein."

„Hattest du nicht Herrn Panikoff erwähnt? Der alte Knabe hat irgendwann einmal einen Handel mit Khphor abgeschlossen. Daher kann die Stimme jetzt jederzeit seinen Körper verwenden, wenn sie nach einer Inkarnation in unserer Welt strebt. Zum Beispiel, um Leute wie dich und mich zu treffen."

„Woher kennen Sie denn Herrn Panikoff?"

„Aus demselben Grund wie du – ich habe mit der Stimme gesprochen."

„Die Stimme – ist das Khphor?"

„Nicht unbedingt. Um ehrlich zu sein, das weiß ich noch immer nicht so genau. Die Stimme verkündet im Wesentlichen, was Khphor uns zu sagen hat. Sie ist so etwas wie eine gesteuerte Sprachnachricht. Es ist allerdings ein System, das nur in einer Richtung funktioniert. Khphor kann mithilfe des Körpers von Herrn Panikoff mit dir sprechen, aber du kannst nicht antworten. Oder vielmehr, natürlich kannst du auch etwas sagen, und womöglich reagiert die Stimme sogar darauf, aber dann ist es nicht Khphor, der zu dir spricht. Nicht, dass es jetzt noch darauf ankäme." Er schnaubte wie ein alter Mann und sah mir direkt in die Augen.

„Für den Rat der höherrangigen Rassen präsentieren sich jetzt, was dich betrifft, im Grunde nur zwei Szenarien. Das eine Szenario ist, man belässt alles, wie es ist, und entführt dich zu gegebener Zeit erneut, um die Prüfung zu wiederholen. Allerdings sind diejenigen, die das vorschlagen, in der Minderheit. Die Mehrheit verlangt deine Auslöschung. Du musst aber wissen, dass eine solche ungeplante Entführung zum Zweck der Auslöschung zu viel Energie verbrauchen würde. Es wäre für den Rat weit einfacher, dich erneut einer Prüfung zu unterziehen. Was weiter geschieht, hängt dann von deiner Leistung ab. Du bestehst entweder, oder du bestehst nicht. Im letzteren Fall werden sie diesmal darauf achten, das Interface vollständig zu deinstallieren und deine Erinnerung restlos zu löschen. Du wirst alle Ereignisse zumindest des letzten Jahres vergessen."

„Und was ist das zweite Szenario?"

„Das ist genau die Option, die ich dir jetzt anbieten soll: Du musst das Programm freiwillig deinstallieren."

„Aber wie soll ich das denn anstellen?"

„Warte eine Sekunde – lass mich ausreden. Ich kann dir genau sagen, was du dafür tun musst. Im Gegenzug behältst du all deine Erinnerungen, doch damit nicht genug – du behältst auch alle Fertigkeiten und Eigenschaften, die du bereits erworben hast. Natürlich mit Ausnahme der Systemfertigkeiten und - eigenschaften. Und obendrauf gibt es noch einen persönlichen Bonus von mir: Ich verschaffe dir für deine Agentur einen guten Vertrag und zahle dir eine Million Dollar in bar. Angesichts deiner sehr wenig ehrgeizigen Ambitionen sollte das Geld dir für den Rest deines Lebens reichen, vor allem, wenn es dir gelingt, es gut zu investieren."

„Und wenn ich mich weigere?"

„Das wäre ziemlich dumm von dir. Du musst nämlich wissen, auch wenn die Vaalphor ein Testsubjekt nicht direkt kontrollieren können, sind sie doch sehr wohl in der Lage, die Kette der Zufälle zu beeinflussen, die dein Leben bestimmen. So könnte beispielsweise ein Zweig auf eine Windschutzscheibe herabfallen und den Fahrer in genau dem Augenblick ablenken, in dem du die Straße überquerst. Du weißt, was ich meine? Hast du *Final Destination* gesehen? Mit anderen Worten – wenn du dich weigerst, musst du dich auf alle möglichen Arten von Problemen gefasst machen. Und selbst wenn du die ohne geistigen Zusammenbruch überlebst, wirst du immer noch für eine Wiederholung der Prüfung entführt. Solltest du diesmal bestehen, kannst du das Interface behalten und dein Leben wie gehabt fortsetzen. Bis zur lokalen Endrunde. Solltest du jedoch nicht bestehen, verlierst du all deine neuen Fertigkeiten oder stirbst sogar."

„Ich verstehe. Das sind ja nicht unbedingt rosige Aussichten." Ich senkte den Kopf und suchte nach irgendeinem Argument, das ich ihm entgegenhalten konnte. „Warum sind diese Wesen so sehr darauf aus, mir Schwierigkeiten zu bereiten? Können sie mich nicht einfach in Frieden und die Prüfung wiederholen lassen, ohne diesen Zufallsketten-Unfug?"

„Ich sagte doch schon, eine Entführung verbraucht sehr viel Energie. Und du hast nicht die geringste Chance, die Prüfung jemals zu bestehen, Phil. Das wäre alles nur eine einzige Verschwendung ihrer Ressourcen. Deine Entwicklung ist bedauernswert unzureichend, was all die Dinge betrifft, die ein Bestehen fördern könnten. Wie du weißt, beherrschen die höherrangigen Rassen die Kunst der Allgegenwart. Sie können in vielen Dimensionen gleichzeitig erscheinen und zwischen ihnen ganz nach Belieben wechseln. Das erlaubt es ihnen, alle Chancen zugunsten des Staatenbundes der empfindungsfähigen Rassen zu manipulieren. Und die Möglichkeit, dass du das Interface behältst, ist für alle ein viel zu großes Risiko. Es wäre also weit besser, wenn du einfach das Angebot annimmst."

„Nun, wenn das so ist ..." Ich zögerte noch, stand jedoch bereits kurz davor, dem Vorschlag zuzustimmen.

Ich hatte doch vorher auch ganz ohne Interface glücklich und zufrieden gelebt, oder etwa nicht? Und mit einer Million in der Tasche und einem schönen fetten Vertrag mit *J-Mart* konnte ich definitiv auch ohne das Programm ganz neue Höhen erreichen. Meine Stärke, mein zunehmender Waschbrettbauch, meine Kampffertigkeiten und meine perfekte Sicht, die jetzt so scharf war wie in meiner Kindheit – nichts davon würde verschwinden. Ich konnte einfach weitertrainieren. Gut, meine Fortschritte würden weit längere Zeit in Anspruch nehmen, na und? Was für eine Art Problem war denn das, bitte? Willkommen in der realen Welt!

Auf einmal erschien mir die Aussicht, das Interface zu verlieren, gar nicht mehr so düster. Martha allerdings würde ich vermissen, das stand schon einmal fest. Ich wünschte mir, ich könnte herausfinden, an wem sie sich bei ihrer Eigengestaltung orientiert hatte. Man wusste ja nie – womöglich würde ich irgendwann einmal im realen Leben ihrem Prototypen begegnen ... Sie war schließlich meine Traumfrau!

„Nun mach schon!“, drängte der Oligarch. „Du musst dich jetzt entscheiden. Ich bin bereits zu spät dran. Und ich glaube nicht, dass ich diese Hitze noch lange aushalten kann.“

Er stieg von seiner Bank herab. Ich stand auf, nahm einen tiefen Atemzug und kam zu einer Entscheidung.

„Also gut, mein Herr. So soll es sein.“

KAPITEL 12

DIE MÜNZE BLEIBT HOCHKANT STEHEN

Narren ist das Glück nicht hold.

League of Legends

„EINE GUTE ENTSCHEIDUNG", sagte Valiadis und sah sehr zufrieden aus. „Ich werde dir jetzt erklären, wie du das Interface deinstall..."

„Tut mir leid, mein Herr – ich fürchte, Sie haben mich missverstanden."

Seine Reaktion war Schweigen, begleitet von einem misstrauischen Blick. Er musste erkannt haben, dass ich noch nicht zu Ende gesprochen hatte, denn er setzte sich wieder.

Mechanisch aktivierte ich die Lügenerkennung. In diesem Moment musste ich so sicher wie noch niemals zuvor sein, dass niemand vorhatte, mich hinters Licht zu führen.

„So soll es sein", wiederholte ich. „Alles soll so bleiben, wie es jetzt ist. Und wenn der Zeitpunkt kommt, werde ich mein Bestes geben, um die Prüfung zu bestehen."

„Phil", begann er, hielt jedoch inne und versuchte, dabei hörbar mit den Zähnen knirschend, seine Gedanken in Worte zu fassen. „Das würde ich nicht gerade eine kluge Entscheidung nennen. Du verstehst, das ist alles kein Scherz, richtig? Versuche dir doch nur einmal vorzustellen, was für ein Leben du führen würdest, wenn du ganz plötzlich zum Hauptziel der Polizei und Strafverfolgungsbehörden würdest, aller Auftragskiller und aller religiösen Fanatiker auf dem Planeten Erde! Multipliziere das mit einer Milliarde mal Milliarden ... Wie viel ist das doch gleich? Das vergesse ich immer wieder ..."

„Eine Trillion", warf ich aus meiner Quelle des unnützen Wissens ein.

Er nickte, zeigte jedoch keinerlei Überraschung. „Wie auch immer. Jedenfalls, das ist die Situation, in der du dich befindest, wenn du eine Million Dollar und alle bereits erworbenen und verbesserten Fähigkeiten ablehnst. Der Unterschied ist nur, du wirst gar nicht wissen, wie dir geschieht."

An der Glastür der Sauna tauchte eine stämmige Gestalt auf. „Ist alles in Ordnung, mein Herr?"

„Ja, alles bestens, Misha, danke. Könntest du uns bitte Wasser bringen?"

Der Leibwächter ging und tauchte kurz darauf mit zwei eisgekühlten Flaschen Wasser wieder auf. Wir tranken beide gierig und setzten anschließend unsere Unterhaltung fort.

„In Ordnung – es ist deine Entscheidung. Aber darf ich fragen, warum du dich so entschieden hast?"

„Das hat eine ganze Reihe Gründe", erwiderte ich. „Vergessen Sie nicht, ich bin ein Gamer, ich kann keiner Herausforderung widerstehen. Außerdem habe ich mich inzwischen an das Interface gewöhnt. Ganz ehrlich, ich kann mir ein Leben ohne das Programm gar nicht mehr vorstellen. Aber das alles ist nicht so wichtig. Entscheidend sind die Menschen aus meiner Umgebung."

„Glaubst du nicht, eine Million Dollar würde ausreichen, um ihnen zu helfen? Du sprichst von deiner Familie, nicht wahr?"

„Nicht unbedingt. Ich habe eine Personalvermittlungsagentur eröffnet. Unsere Kunden sind vorwiegend mittellos. Wie soll ich ihnen denn ohne das Interface helfen? Es wäre möglich, wenigstens nehme ich das mal an, wenn wir uns bereits einen Namen gemacht hätten oder unter den Arbeitgebern einen guten Ruf genießen würden. Aber im jetzigen Stadium habe ich ohne das Interface nicht die geringste Chance."

Bildete ich mir das nur ein, oder zeigte sein Gesicht plötzlich eine gewisse Wärme? Ich erhielt allerdings keine Mitteilungen über ein gestiegenes Ansehen, also musste es Einbildung sein.

„Und was bitte hat das Interface damit zu tun?", fragte er und tat ganz gleichgültig.

„Ich brauche die Suche über die Landkarte. Die Karte zeigt mir alles, nicht nur Leute und Sehenswürdigkeiten, sondern auch alle möglichen Firmen und Behörden. Ich gebe einfach die Daten einer Person ein und suche anhand der Wahrscheinlichkeit, dass diese Person tatsächlich eingestellt wird."

„Du machst *was* bitte?" Er sprang auf und stieß sich dabei den Kopf an der niedrigen Decke. „Verdammt! Eine *Wahrscheinlichkeitssuche*? Ist das denn überhaupt möglich?" Sein Gesicht verdüsterte sich, während er sich auf sein eigenes Interface konzentrierte. „Ich kann es nicht glauben!", rief er endlich aus. „Nun, man lernt doch nie aus!"

„Haben Sie es ausprobiert?"

„Ich habe mir gerade meine Läden anzeigen

lassen, geordnet nach der Wahrscheinlichkeit, dass deren Management Geld unterschlägt. Diese unfähigen Mistkerle wissen einfach nicht, was vorne und hinten ist! Es wundert mich, warum wir nicht schon längst Besuch von der Steuerpolizei hatten!" Dann brüllte er: „Misha! Misha!"

Mir war immer noch nicht klar, wer dieser Misha nun genau war. Sein Assistent oder sein Leibwächter? Einen Leibwächter würde man schließlich nicht losschicken, Wasser zu besorgen, oder etwa doch?

Die Tür öffnete sich. „Ja, Chef?"

„Hol mir sofort Hermann!", rief Valiadis und rollte dabei die „R"s. Die Macht seiner Stimme war so beeindruckend, beinahe wäre ich selbst gleich losgelaufen, um Alex Her*rr*man sofo*rrr*t herbeizuschaffen. Valiadis musste über irgendeine Befehlshaber-Aura oder so etwas verfügen.

„Jawohl, mein Herr!" Ein Wunder, dass Misha nicht die Hacken zusammenschlug!

„Hör mal, Phil", sagte Valiadis ganz aufgeregt, „ich hatte ja keine Ahnung, dass eine solche Suche funktioniert. Wie hast du das denn herausgefunden? Ich wusste natürlich, dass ich die Karte nutzen kann, um nach besseren Lieferanten zu suchen. Das hatte ich gleich erkannt, schon als ich meinen ersten Lebensmittelladen in der Vorstadt eröffnet habe." Er lachte leise. „Ich erinnere mich noch sehr gut daran. Alles musste ich selbst übernehmen. Ich habe die Kunden bedient, Waren eingekauft, die Lastwagen entladen ... Oh, tut mir leid, es ist einfach mit mir durchgegangen, doch das ist jetzt nicht der richtige Zeitpunkt für einen solchen Rückblick. Also, wie bist du darauf gekommen?"

„Haben Sie jemals bei einer Computerspiel-Auktion nach einem bestimmten virtuellen Ausrüstungsgegenstand gesucht?"

„Virtuelle Ausrüstung? Computerspiel-Auktion?

Ich weiß nicht einmal, wovon du redest. Warte mal kurz."

So, so ... Ich war zu neugierig, wie wohl sein Interface beschaffen war und wie es funktionierte. Denn wenn er kein Gamer war – wie hatte er dann all diese Dinge lernen können? Worauf baute sein Level-Szenario auf? Oder gab es in seinem Interface überhaupt eines?

Er erhob sich und ging zur Tür. „Misha, du musst die Leute anrufen und sagen, dass ich später komme. Und bestelle mir einen Tee. Den üblichen."

„Jawohl, mein Herr", erwiderte der Mann schneidig.

„Phil, ich werde meinen Flug verschieben und wir werden uns weiter unterhalten. Allerdings nicht hier. Ich schlage vor, wir verlassen die Sauna. Mein Interface warnt mich bereits vor Überhitzung und einem unakzeptabel hohen Pulsschlag. Deines dich auch?"

„Noch nicht. Mein Interface schweigt momentan noch."

„Wie schön es ist, jung zu sein", seufzte er und schlang sich den Bademantel um. „Lass uns gehen."

Wir machten es uns auf zwei Liegestühlen mit einem niedrigen Tisch dazwischen bequem und sprachen weiter.

„Diese Unterredung entwickelt sich äußerst interessant, das muss ich zugeben, und wenn ich deine Statistiken so betrachte, beruht das auf Gegenseitigkeit. Nachdem wir das Hauptthema ja bereits abgeschlossen haben, die Zukunft deines Interface, schlage ich vor, wir unterhalten uns jetzt nicht mehr als Aufseher und Testsubjekt, und auch nicht als Käufer und Verkäufer, sondern als Freunde mit den gleichen Interessen. Vor allem, weil wir unsere gleichen Interessen zugegeben mit nur sehr wenigen Menschen teilen können."

„Wenn ich mich richtig erinnere, hat Khphor von Zehntausenden von Testsubjekten gesprochen, die den Planeten Erde repräsentieren."

„Und das sind nur diejenigen, die die Prüfung bereits bestanden haben. 28.561 Menschen, oder 13 hoch 4. Sie verwenden ein numerisches System, das auf der Zahl 13 aufbaut. Und was die Prüfungskandidaten betrifft, die sind noch zahlreicher. Betrachten wir allerdings einmal nur diesen speziellen Zeitraum in unserem Zweig der Realität, sind es viel weniger. Die genaue Zahl kann ich dir jedoch nicht nennen."

„Können Sie mir wenigstens eine ungefähre Schätzung geben?"

„Etwa 1.000 in den letzten fünf Jahren. Bei nahezu allen von ihnen wurde das Interface inzwischen wieder entfernt. Einige von ihnen sind sofort zusammengebrochen und fürchteten, sie hätten den Verstand verloren. Ein paar sind in rasender Geschwindigkeit die soziale Leiter hinaufgestiegen, haben dadurch unliebsame Aufmerksamkeit auf sich gezogen und mussten liquidiert oder seziert werden. Ein paar von ihnen haben, wie du, einfach die Prüfung nicht bestanden. Ich schlage vor, du betrachtest einmal bestimmte Bereiche des sozialen Lebens in den letzten Jahren genauer. All diese überraschenden Erfolge in der Filmbranche, im Sport, in der Industrie, in Politik und Wissenschaft ... Überlege einmal, fallen dir auf Anhieb ein paar Namen von Leuten ein, die zu großen Höhen aufgestiegen und dann prompt wieder verschwunden sind?" Er hielt inne und trank einen Schluck von seinem Kräutertee.

„Dabei musst du den Anführern von Guerillatruppen und neuen Revolutionären ganz besondere Aufmerksamkeit schenken – all diesen ehemaligen Lehrern, Ärzten und Automechanikern, die ganz plötzlich eine starke Affinität zu einem Land verspürten, das ihnen vorher herzlich gleichgültig war, und die sich anschließend anderen Gruppen angeschlossen haben. Versuche, dich an die Ausbrüche von Massen- und Serienmorden zu erinnern, begangen von ganz normalen Leuten. Alle von ihnen sind in den Leveln aufgestiegen, haben Erfahrungspunkte verdient und ihre Fertigkeiten verbessert, bis zu dem Augenblick, in dem sie alles verloren haben, einschließlich ihres Lebens."

„Aber warum sollte man denn jemanden umbringen wollen, wenn man stattdessen einfach ..."

„Stopp! Sag kein Wort mehr!" Er musste die Überraschung in meinem Gesicht gesehen haben, denn er fügte hinzu: „Verrate niemals jemandem, wie du höhere Level erreicht hast oder wie dein Interface funktioniert. Ich weiß nicht, warum das so ist, aber aus irgendeinem Grund kannst du in Zukunft in dem Bereich, den du mit einem anderen geteilt hast, keine Erfahrungspunkte mehr gewinnen. Es scheint fast so, als würde das Programm das Gespräch mit anhören und erkennen, dass es dir allein um die Erfahrungspunkte geht."

„Das Programm hält also nichts vom Farmen?"

„Was hat Farmen damit zu tun? Levelst du etwa Landwirtschaft?"

„Nein, das ist ein Gaming-Ausdruck. Darunter versteht man, irgendwelche Aktionen nur zu machen, um Erfahrungspunkte oder bestimmte Gegenstände einzusammeln."

„Ah, ich verstehe. Nein, vom Farmen hält das Programm überhaupt nichts. Was hast du doch gleich über diese Spiele-Auktionen gesagt?"

„Nun ... bei diesen Auktionen kaufen und verkaufen die Spieler Ausrüstungsgegenstände für die Spiele. Oft werden zu allen möglichen Zeiten Millionen von Gegenständen gleichzeitig gehandelt. Deshalb verfügt jedes gute Spiel über sehr detaillierte Suchfilter. Begriffe wie Rüstung, Waffen, Edelsteine, Elixiere und so etwas, das sind ja nur Annäherungen. Aber stellen Sie sich zum Beispiel einmal vor, ich bräuchte einen ganz bestimmten Dolch, schnell und leicht, für mein Level geeignet, der außerdem auch noch meine Chancen steigert, einen kritischen Schaden zu verursachen, meine Beweglichkeit verbessert und weniger als eine Million Goldstücke kostet."

Er nickte. „Genug davon, ich habe verstanden. Angesichts deines Hintergrunds als Gamer überrascht es mich natürlich nicht, dass du den Wahrscheinlichkeitsfilter entdeckt hast. Wie kam es denn dazu, dass du ihn erstmals verwendet hast?"

„Ich habe da einen Freund – der damals allerdings noch kein Freund war ... Er heißt Alik. Ich habe ihm geholfen, Arbeit zu finden."

Dein Ansehen bei Nicholas Valiadis hat sich verbessert!
Derzeitiges Ansehen: Gleichgültigkeit 15/30

Eine hübsche Frau in einem sehr offenherzigen Bikini schlenderte mit wiegenden Hüften an uns vorbei. Sie schien Valiadis' Blicke auf sich zu spüren, denn sie drehte sich um, verharrte kurz und schenkte ihm ein Lächeln. Er verlor sofort alles Interesse und wandte seine Aufmerksamkeit wieder mir zu.

Ob meine Steigerung des Ansehens ihm bewusst war? Andererseits, mit einem Erkenntnislevel 5 konnte er mir wahrscheinlich detailgenau die Zusammensetzung meines Blutes aufzählen.

„Dennoch würde ich gern wissen, welche anderen Arten von Interface es gibt. Können Sie mir wenigstens mehr über das Programm derjenigen sagen, bei denen es bereits wieder deinstalliert wurde?"

„Das Interface ist für jeden anders, Phil, aber es baut immer auf den Neigungen des Benutzers auf, den bekannten ebenso wie den heimlichen. Das Interface nimmt jeweils genau die Form an, von der es sicher ist, dass der Benutzer sie versteht. Ein religiöser Fanatiker wird Gottes Hand darin erkennen, ein Ökofreak glauben, mit Mutter Natur zu kommunizieren oder die alten, längst verlorenen Technologien von Atlantis zu studieren. Ein talentierter Mensch hält sich für inspiriert, andere glauben, bestimmte Auren zu sehen oder Stimmen zu hören. Nur wenige von ihnen bringen es auch nur so weit, die Erkenntnis zu aktivieren, und ohne die kann man das Interface, so wie wir beide es kennen, gar nicht öffnen. Da war zum Beispiel dieser Hellseher, ein ganz witziger Kerl ... Er stellte alles andere schon nach der ersten Fähigkeit ein, die allen Benutzern sofort nach Installation des Programms zur Verfügung steht: Informationen über Namen und Alter anderer. Ich weiß ja nicht, wie das für dich funktioniert, aber er schaute jemanden nur an und kannte sofort seinen Namen, ganz ohne grafische Spielereien und so weiter. Dadurch konnte er sich seinen Lebensunterhalt verdienen. Er bewarb sich für eine US-amerikanische Talent-Show und gewann den Preis in Höhe von einer Million Dollar. Allerdings hat er, wie das nicht anders vorauszusehen war, bei der Prüfung versagt ..."

„Und wie ist das mit Ihnen, Herr Valiadis? Haben Sie bestimmte Haupteigenschaften?" Ich stellte die Frage, war mir jedoch unsicher, ob ich eine Antwort bekommen würde.

„Natürlich. Jeder Benutzer hat solche Haupteigenschaften. Ich kann dir meine gern nennen: Der Index der physischen Entwicklung, der Index der geistigen Entwicklung, der Weisheits-Index – dabei handelt es sich um eine Kombination aus Lebenserfahrung und der Fähigkeit, sich bei Wahlmöglichkeiten für die optimale Lösung zu entscheiden –, und außerdem Einfluss und Glück."

„Glück?"

„Ja. Warum wundert dich das? Hast du diese Eigenschaft etwa nicht? Es ist ein sehr subjektiver Faktor, da stimme ich dir zu, aber als ich in den Leveln aufstieg, bemerkte ich plötzlich, dass auch eigentlich ungünstige Umstände sich am Ende zu meinem Vorteil entwickelten. Ich habe zum Beispiel auch öfter beim Kartenspielen gewonnen." Er lächelte. „Und neulich im Kasino in Monaco habe ich beim Roulette dreimal hintereinander auf eine bestimmte Zahl gesetzt, und sie kam tatsächlich dreimal hintereinander."

Ich pfiff durch die Zähne.

„Die Wahrscheinlichkeit, dass so etwas passiert", erklärte er, „liegt bei unter eins zu einer Million, wie du dir sicher vorstellen kannst. Oh … Wie spät ist es jetzt? Misha!"

Sofort tauchte Misha an seiner Seite auf. „Jawohl, Chef. Hermann wartet bereits."

Meinem Interface zufolge war Misha tatsächlich Valiadis' Assistent, nicht sein Leibwächter. Trotz seines Erscheinungsbildes eines dumpfen Kraftprotzes verfügte er über einen Level 12 in der Zeitplanung von Aufgaben. Das sprach für sich selbst. Bei seinen Fähigkeiten konnte er wahrscheinlich den gesamten Verlauf des Dritten Weltkriegs sekundengenau ausarbeiten.

„Lass ihn warten", beschied Valiadis. „Okay, Phil, ich muss mich beeilen. Du weißt schon – Geschäfte …"

„Ich danke Ihnen, Herr Valiadis." Ich schüttelte ihm voller Wärme die Hand. Heute hatte ich ihn zum ersten Mal als menschliches Wesen erlebt.

„Keine Ursache. Ich bezweifle, dass wir uns wiedersehen werden. Ich habe Khphor deine Entscheidung bereits mitgeteilt. Ich weiß nur zu gut, wozu er fähig ist. Ich beneide dich nicht gerade. Aber … ich respektiere deine Wahl. Und solltest du deine Meinung jemals ändern, weißt du ja, wo du mich finden kannst."

Erst als er sich bereits vom Liegestuhl erhoben hatte, fiel mir ein, welchen weiteren Grund ich gehabt hatte, ihn aufzusuchen. „Entschuldigen Sie bitte, mein Herr – eine letzte Frage noch."

„Ja?"

„Es ist eine sehr merkwürdige Frau in meiner Agentur aufgetaucht. Meine Lügenerkennung schien eine Fehlfunktion zu erleben, als ich versuchte, sie zu überprüfen. Sie ist unglaublich schön, aber aus irgendeinem Grund scheint sie fest entschlossen, für mich arbeiten zu wollen, auch wenn ich ihr nur ein geradezu lächerliches Gehalt bieten kann. Könnte sie einer von Khphors Leuten sein? Oder jemand, der für Sie arbeitet?"

„Für mich arbeitet sie auf jeden Fall nicht. Ich habe andere Ziele als Khphor und verfüge auch nicht über seine Befugnisse. Wie heißt sie denn?"

„Anastasia Semyonova, Alter 24."

„Hast du noch weitere Informationen?"

„Level des sozialen Status 3."

Er zuckte mit den Schultern. „Diese Angaben reichen nicht aus. Ich kenne niemanden mit diesem Namen. Stammt der Name aus deinem Interface?"

„Ja."

„Tut mir leid, da kann ich dir nicht weiterhelfen. Sind wir jetzt fertig?"

Ich nickte.

„Nun, viel *Glück*, Phil! Du weißt, was ich meine?"

„Sehr genau, mein Herr."

„Gut. *Du wirst jedes bisschen Glück brauchen, das*

du kriegen kannst."

Sobald er gegangen war, leerte sich die gesamte Schwimmhalle, mit Ausnahme von ein paar fetten Kerlen im Whirlpool und ein paar Rettungsschwimmern, die am Rand des Pools Aufsicht führten.

Während der gesamten Zeit, in der ich mich mit ihm unterhalten hatte, war von der Lügenerkennung nicht ein einziges Mal eine kalte Welle ausgelöst worden. Bedeutete das jetzt, Valiadis war mir gegenüber ehrlich gewesen? Vielleicht. Vielleicht besaß er aber auch nur etwas, womit er diese Fähigkeit neutralisieren konnte.

Es wurde auch für mich höchste Zeit, aufzubrechen. Mein Arbeitstag war bereits halb vorüber, und ich musste noch immer mit Veronica, Kesha und Herrn Katz sprechen.

Ich entschloss mich zu einer schnellen Dusche nach der Sauna. Ich drehte am Wasserhahn und massierte unter dem lauen Strahl Shampoo in meine Haare.

Plötzlich verbrühte mich ein jäher Schwall kochend heißen Wassers. Ich fluchte und trat zurück. Dabei rutschte ich auf den glitschigen Fliesen aus und stürzte. Ich rollte mich zusammen, um auf meiner Schulter zu landen. Hart prallte ich seitlich auf dem Boden auf und stieß mir dabei den Kopf an der Duschabtrennung.

Das Programm überschüttete mich mit Schadensmeldungen, das Shampoo brannte in meinen Augen, und in meinen Ohren dröhnte es.

Statt mich zu erheben, setzte ich mich nur halb auf und hielt mein Gesicht in den inzwischen wieder normal warmen Strahl, um mir die Augen auszuspülen. Im Geiste verfolgte ich die Bahn meines Sturzes nach und erkannte, wie viel Glück ich gehabt hatte. Wäre ich nur wenige Zentimeter weiter rechts gelandet, hätte man mich im Krankenwagen abtransportieren müssen. Denn dort hatte sich, allen Gesetzen der Physik und der Schwerkraft zum Trotz, das scharfe Ende einer Fliese von der Wand gelöst und ragte hervor. Das hätte mir eine schwere Kopfwunde eintragen können.

Diesmal war ich noch einmal davongekommen.

Vorsichtig beendete ich mein Duschen und schlich mich davon, als ginge ich über ein Minenfeld. Ich glitt einige Male aus, war darauf jedoch vorbereitet und verlor das Gleichgewicht nicht.

Es gelang mir, mich ohne weitere unangenehme Überraschungen anzukleiden und den Fitnessclub zu verlassen. Mein Uber-Wagen, ein blauer Toyota Camry, wartete bereits. Das Kennzeichen des Wagens entsprach den Informationen in der Uber-App, die mir sein Eintreffen mitgeteilt hatte. Darin hieß es auch, der Name des Fahrers wäre Sergei.

Ich öffnete die Tür zum Fond. Der Fahrer hatte sich über das Handschuhfach gebeugt und ich sah nur seinen Rücken. „Sergei?"

Erschrocken fuhr er herum. „Ja?"

Er sah überhaupt nicht wie ein Sergei aus. Ein Name wie Abdul oder Hassan hätte weit besser zu ihm gepasst.

„Sind Sie Sergei? Mein Uber-Fahrer?"

„Nein, nein!" Er schüttelte den Kopf.

Tatsächlich war er, wie mein Interface mir mitteilte, nicht Sergei, sondern *Tural Abdulaev, Alter 36.*

„Tut mir leid", entschuldigte ich mich.

Hatte ich mich etwa beim Kennzeichen verlesen? Ich schloss die Tür und ging um das Auto herum. Nein, es waren dasselbe Kennzeichen, dieselbe Automarke, dasselbe Modell. Ich überprüfte es in der Uber-App – es stimmte alles.

Ich öffnete erneut die Wagentür, doch diesmal

vorn. „Wollen Sie mich verarschen? Schauen Sie, hier, das ist genau das Fahrzeug, das mir angekündigt wurde – Marke, Farbe und Kennzeichen …"

Peng!
Erhaltener Schaden: 269 (Fausthieb)
Derzeitige Vitalität: 92,11383 %

Ich spürte, wie der Kerl mir das Handy aus der Hand riss und hörte dann, wie die Tür zugeschlagen wurde und sich rasche Schritte entfernten.

Ich schüttelte vorsichtig den Kopf und überprüfte meine Zähne mit der Zunge. Es war alles noch dort, wo es hingehörte.

Oh, all diese Oligarchen, die einen einschüchterten, all diese außerirdischen Dämonen, die dagestanischen Boxer, die emotional labilen Frauen und Straßengangster – ich hatte sooo die Schnauze voll von ihnen allen!

Ein Adrenalinstoß brachte mein Blut zum Kochen, und erneut erhielt ich den Buff berechtigten Zorns. Kurz darauf sprang ich auch schon über Hecken und Barrieren, rannte dem Dieb hinterher.

Das würden wir ja sehen, wessen Kung Fu besser war!

Ich lief mit erstaunlicher Leichtigkeit, ganz anders als der Typ, den ich verfolgte. Zwar gab er ersichtlich alles, doch er verfügte nicht über die Koordinationsgabe, die Hindernisse in seinem Weg ebenso leicht überwinden zu können wie ich. Vor drei Monaten hätte ich nicht einmal davon träumen dürfen, ihn jemals einzuholen. Oder ihn auch nur zu verfolgen. Es hatte ja doch keinen Sinn, hätte ich gedacht, und es gleich gelassen. Oder war diese Person von damals überhaupt ich?

Jetzt wusste ich genau, was zu tun war. Nach nur etwa 50 Metern hatte ich die Entfernung zwischen uns bereits auf wenige Schritte verringert. „Bleib stehen!", brüllte ich.

Er drehte sich um und sah mich. Panisch versuchte er, die Richtung zu ändern, doch dadurch verschlechterte er seine Situation noch. In seiner Verzweiflung bemühte er sich um mehr Geschwindigkeit, aber inzwischen war der Ausgang der Sache ziemlich klar, denn ich war eindeutig der bessere Läufer. Ich überlegte mir bereits, wie ich ihn von den Füßen holen konnte ...

Plötzlich trug der Wind eine Plastiktüte herbei, die im schlechtestmöglichen Augenblick unter meinen Füßen landete. Ich rutschte aus, verlor das Gleichgewicht und stürzte auf den Asphalt.

Mitten im Fall sah ich die zerbrochene Glasflasche, die genau am falschen Ort lag.

Meine inzwischen hohe Beweglichkeit rettete mich. Ich rollte mich zusammen, verlagerte meinen Schwerpunkt und konnte ihr so ausweichen.

Ich spürte weder Schmerz noch Angst, nur einen dumpfen Ärger über die verschwendete Zeit. In der Zwischenzeit war Tural in einer Menschenmenge verschwunden und glaubte sich wahrscheinlich bereits sicher.

Oh, nein!

Ich öffnete das Interface. Die Karte. Da war er, Tural Abdulaev, direkt um die Ecke eines sechsstöckigen Gebäudes. Er entfernte sich von der Straße, in der ich ihn verfolgt hatte.

Ich plante meinen Weg und näherte mich ihm aus der entgegengesetzten Richtung, die Karte mit seinem Marker vor Augen. Ich ging ganz gemütlich, pfiff dabei den Titelsong von *Kill Bill* vor mich hin und wärmte meine Fäuste auf.

An einer Straßenecke hielt ich an. Der Karte zufolge war Tural nur etwa ein Dutzend Schritte von mir entfernt. Zehn. Acht. Zwei. Einen ...

Ich trat um die Ecke, vergewisserte mich, dass tatsächlich er es war, und stoppte ihn mit einem gut gezielten Schlag in seinen Solarplexus. Dann packte ich ihn beim Kragen, zog ihn in den Hauseingang und zahlte meine Schulden mit einem Haken auf sein Kinn zurück. „Das Handy. Sofort!"

Er stöhnte. „Was für ein Handy? Ich weiß nicht, was du meinst." Der Schmerz war seiner Stimme mit dem schweren Akzent deutlich anzuhören.

Jemanden, der sich nicht verteidigen konnte, durfte ich nicht erneut schlagen. Sollte ich vielleicht in seinen Taschen nachschauen? Aber das war auch nicht unbedingt mein Stil. Womöglich reagierte er nur deshalb so relativ unbesorgt, weil er das Gerät bereits einem Komplizen zugesteckt hatte.

„Ich verstehe", sagte ich. „Und was bitte soll ich nun mit dir anfangen, wenn du nicht weißt, was ich meine? Sollen wir zur Polizei gehen?"

„Warum? Was habe ich denn angestellt?"

„Die werden schon wissen, was sie mit dir machen soll..." Ich verschluckte den Rest des Wortes, als mein Körper instinktiv herumfuhr, ohne einen Befehl meines Gehirns abzuwarten, um einer Messerklinge auszuweichen.

Ich hatte keine Ahnung, was meine Reaktion auslöste. Vielleicht war es der berechtigte Zorn, aber vielleicht waren es auch nur die vielen Action-Filme, die ich gesehen hatte. Jedenfalls fing ich Turals Arm ab und drehte ihn auf seinen Rücken, schob ihn immer höher nach oben, bis seine Hand sich öffnete und ein Messer mit einer kurzen Klinge und einem mit Isolierband umwickelten Heft zu Boden fiel. Ich trat es mit dem Fuß in Richtung der Abfalltonnen in der Nähe und ließ meine Fäuste spielen. Dabei erfüllte mich eine allerdings leicht verspätete enorme Erleichterung, erneut einer großen Gefahr gerade noch einmal entkommen zu sein.

Als er sich endlich auf dem Asphalt zusammenkrümmte und vergeblich versuchte, sich vor den Hieben zu schützen, die auf ihn hinabregneten, fiel plötzlich mein Handy aus der Tasche seiner Jogginghose. Ich nahm es auf, überprüfte, dass es tatsächlich meines war, und steckte es wieder in meine eigene Tasche. Dann leckte ich mir das Blut von den Knöcheln, die ich mir an seinen Zähnen aufgeschlagen hatte, und fragte mich, was ich nun mit ihm anfangen sollte.

Ich könnte ihn zum Beispiel einfach gehen lassen. Ich betrachtete sein Profil: *Level des sozialen Status: 7; Beruf: Wanderarbeiter, verheiratet, vier Kinder.* Aber was war mit dem Messer? Mit ein wenig mehr Glück hätte er mich damit ohne weiteres umbringen können, und das alles wegen eines alten Mobiltelefons, das im Höchstfall 5.000 Rubel kostete.

Sollte ich ihn also besser zur Polizei bringen?

Er bewegte sich und versuchte, auf die Füße zu kommen.

Ich aktivierte die Lügenerkennung. „Jetzt hör mir mal gut zu, Tural."

„Was?", erwiderte er erschrocken, schien jedoch nicht erstaunt zu sein, dass ich seinen Namen kannte.

„Hast du einen Ausweis dabei?"

„Der Boss hat meinen Pass." Er setzte sich auf, schaute zu mir hoch und hielt sich das schon angeschwollene blaue Auge. Er log nicht.

„Soll ich dich zur Polizei bringen?"

Er schüttelte den Kopf.

„Okay, aber dann musst du mir ein paar Fragen beantworten. Wenn du dabei ehrlich bist, lasse ich dich vielleicht gehen. Kapiert?"

Er nickte.

„Ich habe dich nicht gehört!"

„Ja."

„Warum bist du in das Auto eingebrochen?"

Er zuckte mit den Schultern.

„Ich habe dich nicht gehört!"

„Weiß nicht. Ich hab' gedacht, ich finde vielleicht ein bisschen Geld."

„Warum gehst du nicht ganz normal arbeiten?"

„Ich arbeite ja! Aber mein Boss bezahlt mich nicht! Farkhad, mein Landsmann, ist auf der Baustelle in den Tod gestürzt." Er sprach nicht nur mit schwerem Akzent, sondern hielt auch immer wieder inne, um nach dem richtigen Wort zu suchen. Und er sagte auf jeden Fall die Wahrheit. „Der Boss hatte Probleme mit den Gebäudeinspektoren. Er musste eine hohe Geldbuße zahlen ... Er wurde so wütend, er hat niemanden von uns bezahlt. Meine Familie zu Hause hat kein Geld. Ich kann den Job nicht kündigen, weil mein Boss meinen Pass genommen hat ... Es ist alles nicht leicht."

„Warum trägst du ein Messer mit dir herum?"

„Wie soll ich denn ohne Messer auskommen?" Er schien überrascht. „Ich muss Dosen öffnen und Brot schneiden ..."

„Oder Leute niederstechen. Hast du vorher schon einmal versucht, jemanden damit umzubringen?"

„Nein!" Er schüttelte so heftig den Kopf, er schien ihm beinahe abzufallen. „Da hatte der Teufel seine Hand im Spiel. Ich hatte solche Angst ..."

„Hast du sonst noch etwas gestohlen?"

Seine Schultern sackten herab.

„Und was?"

„Nur ein bisschen Zement."

„Zement?"

„Ja ..."

„Sonst noch etwas?"

„Nein. Nur Zement und dein Handy."

„Hast du sonst noch etwas aus dem Auto genommen?"

„Da war nichts zu holen ..."

Noch immer war er ehrlich. Seine Aufrichtigkeit konnte – ebenso wie die Ehrlichkeit vieler anderer, mit denen ich in der letzten Zeit gesprochen hatte – einem zufälligen Beobachter ungewöhnlich erscheinen, der nicht in der Lage war, die Bedeutung eines hohen Charismas im Rahmen jeder Kommunikation richtig einzuschätzen. Andererseits konnte Tural natürlich auch schlichtweg die Sprache der rohen Gewalt gewohnt sein.

„Also", sagte ich, „hör mir jetzt gut zu. Ich kann dir ein paar Dinge über dich selbst verraten. Dein Name ist Tural Abdulaev. Du bist 36 Jahre alt. Du hast eine Frau, Leyla, und vier Kinder, drei Mädchen und einen Jungen namens Gani. Ich weiß auch, wo du wohnst. Deshalb schlage ich vor, in Zukunft benimmst du dich in meiner Stadt ordentlich. Sollte ich herausfinden, dass du wieder etwas angestellt hast ... Nun, ich werde dich finden. Ist das klar?"

Er nickte und schwor es mir bei seiner Gesundheit, seinen Kindern und dem Namen Allahs.

„Hast du Geld?", erkundigte ich mich.

„Nein. Woher denn? Glaubst du, ich wäre in das Auto eingebrochen, wenn ich Geld hätte?"

„Nimm das." Impulsiv zog ich einen Tausend-Rubel-Schein aus der Brieftasche und reichte ihm den. Ich hatte keine Ahnung, warum ich das tat.

Ungläubig starrte er darauf, nahm den Schein jedoch nicht. Offensichtlich fürchtete er, die Sache wäre mit Bedingungen verknüpft.

Ich ließ die Banknote los. Sie flatterte zu Boden, blieb bei seinen Füßen liegen. Meinetwegen sollte er gern weiter darüber nachdenken, ob er das Geld annehmen sollte oder nicht. Ich war mir sicher, noch bevor der Tag sich seinem Ende neigte, würde dieser Vorfall in der gesamten Diaspora seiner Landsleute die Runde machen.

„Viel Glück, Tural", verabschiedete ich mich. „Bring keine Schande über dein Land. Bewahre deine Würde."

Ich ließ ihn mit offenem Mund auf dem Boden sitzen. Die 1.000 Rubel waren mir gleich. Er brauchte sie auf jeden Fall nötiger als ich. Das, was gerade passiert war, erfüllte mein Herz jedoch mit einer angenehmen Wärme.

Ich ging die Straße entlang, lächelte über den Sonnenschein und den Himmel, der so blau war, dass er beinahe transparent wirkte. Khphor und die von ihm ausgehende Drohung hatte ich völlig vergessen. In perfekter Harmonie mit meiner momentanen Stimmung schwebten ein paar Systemmitteilungen in mein Sichtfeld. Das zwang mich, den Strom der anderen Passanten zu verlassen und mich in einen Hauseingang zu stellen, um sie in Ruhe lesen zu können.

Dein Ansehen bei Tural Abdulaev hat sich verbessert!
Derzeitiges Ansehen: Respekt 60/120

Du hast für das Ausführen einer sozial bedeutungsvollen Handlung 2.000 Erfahrungspunkte erhalten!

Gratuliere! Du hast ein neues Fertigkeitslevel erreicht!
Name der Fertigkeit: Glück
Derzeitiges Level: 12
Erhaltene Erfahrungspunkte: 500 Punkte

Für die erfolgreiche Verbesserung einer Haupteigenschaft erhältst du 1.000 Erfahrungspunkte!

Derzeitiges Level des sozialen Status: 15. Fehlende

Erfahrungspunkte bis zum nächsten Level:
10.990/16.000

Mit einem lauten Krachen landete auf einmal ein riesiger Blumentopf von einem Balkon hoch über mir nur wenige Schritte von mir entfernt auf dem Gehweg. Erde spritzte in alle Richtungen.

Es war genau der richtige Zeitpunkt für ein höheres Glückslevel! Man wusste ja nie – ohne diesen Extrapunkt hätte ich mich vielleicht genau dorthin gestellt, wo der Blumentopf gelandet war. Je nachdem, aus welcher Höhe er fiel, hätte er mir ein nettes Loch im Kopf hinterlassen können.

Ich schaute nach oben und zählte: Drei ... sechs ... neun Stockwerke. Und vom Balkon im neunten Stock schaute eine kurzsichtige alte Dame ängstlich nach unten. Sie schien mir etwas zuzurufen, doch über dem lauten Verkehr konnte ich sie nicht verstehen.

Ich nickte ihr beruhigend zu. Was mir nicht möglich gewesen wäre, wenn der Topf mich getroffen hätte ...

Die alte Dame verschwand in ihrer Wohnung. Ich trat ein paar Schritte vom Gebäude zurück, nur für alle Fälle, und ließ mich auf die Bank im Häuschen der nahen Bushaltestelle fallen.

Glück ... Genau das hatte Valiadis am Ende doch so betont. Was hatte er gesagt? *„Du wirst jedes bisschen Glück brauchen, das du kriegen kannst.“*

Zu diesem Zeitpunkt hatte ich mir nicht viel dabei gedacht und es für nichts anderes als einen Standardspruch zum Abschied gehalten. Aber was, wenn er mehr damit gemeint hatte? Wenn er damit auf das wirkliche digitale Glück in der virtuellen Realität angespielt hatte?

Falls ja – wie bitte sollte ich denn mein Glückslevel noch schneller verbessern, als ich es ohnehin bereits tat? Mein Glück steigerte sich immer nur dann, wenn ich die richtige Entscheidung traf oder etwas von entscheidender Bedeutung tat. Und natürlich, wann immer ich Systempunkte in diese Eigenschaft investieren konnte. Was allerdings letztere betraf, so hatte ich die Befürchtung, Khphor würde mir nicht erlauben, lebend das nächste Level und damit einen weiteren Systempunkt zu erringen.

Ich stand auf und ging weiter, hielt mich dabei immer in der Mitte des Gehwegs, um unangenehme Überraschungen sowohl von der Straßen- als auch von der Häuserseite zu vermeiden. Vor von Dächern herabstürzenden Ziegeln konnte mich das im Zweifel nicht bewahren, aber es bot doch zumindest einen gewissen Schutz vor Wahrscheinlichkeitsfallen.

So, und wie lange würde ich nun mit solchen Dauergefahren von allen Seiten zurechtkommen müssen? Ich konnte mich natürlich in meiner Wohnung verbarrikadieren, doch auch dort lauerten alle möglichen Risiken: Kochendes Wasser im Wasserkocher, ein Föhn, der in die gefüllte Badewanne fiel ... Mit all diesen Dingen musste ich mich befassen, sonst überlebte ich nicht, bis meine Prüfung anstand.

Die Prüfung! Darauf sollte ich mich ja wohl irgendwie vorbereiten, oder etwa nicht? Was war denn, wenn ich mich erneut diesem Säuregallert gegenübergestellt sah? Wie sollte ich das Ding bloß besiegen?

Ach, egal – darüber konnte ich auch morgen noch nachdenken. Und in der Zwischenzeit ...

„Okay, Google! Wie kann ich mein Glück verbessern?"

Google überschüttete mich mit Unmengen von Suchergebnissen. Die Artikel hatten Titel wie *Vier Möglichkeiten, in deinem Leben das Glück anzuziehen, Die achtzehn Gesetze des Zufalls* und so weiter, alles lauter Feng-Shui-Kram. Auf den entsprechenden Seiten fanden sich Anzeigen für magische Shops, die verschiedene Zaubersprüche und Liebestränke im wahren Hogwarts-Stil anboten.

Ich wischte ungeduldig über den Bildschirm, doch mein Finger blieb dabei an einer dieser Anzeigen hängen, und prompt wurde ich zur entsprechenden Website geführt. Sie nannte sich *Der magische Shop der Wunder und Artefakte.*

Was dann passierte, ließ sich nur durch mein verbessertes Glück erklären. Anscheinend handelte es sich um eine Art Franchise-Kette für leichtgläubige Trottel, und einer der Shops war genau hier in meiner Stadt.

Aber nicht nur das – er befand sich auch noch nur etwa 200 Meter von der Stelle entfernt, an der ich gerade stand, sogar in derselben Straße! Womöglich stattete ich denen mal einen Besuch ab. Nicht, dass ich jetzt unbedingt so verzweifelt gewesen wäre, alles auszuprobieren, aber mein Verstand interessierte sich bereits für jede denkbare Möglichkeit.

Weiter wachsam auf alles achtend begab ich mich zum Shop. Ich hatte keine Ahnung, was ich mir davon erhoffte. Wenn allerdings eine unbekannte, unsichtbare Macht dreimal innerhalb einer halben Stunde versuchte, einen umzubringen, begann man langsam an Wunder zu glauben.

Ich erreichte die Ladentür ohne weitere Zwischenfälle. Wenn man einmal von dem Penner absah, der mich mit einer Plastiktüte angegriffen hatte, die ein seltsames metallenes Geräusch verursacht hatte. Seine Koordination war allerdings so miserabel, dass sein heftiger, grottenschlecht gezielter Schlag ihn selbst zu Boden geworfen hatte. Ich hatte schon das Schlimmste befürchtet, doch die Flüche, die er mir nachrief, bewiesen: Er war nicht tot.

Ich hatte die Tür bereits geöffnet, als ein Vogel sein

Geschäft auf meinen Kopf platschen ließ. Ich hatte keine Ahnung, ob das eine weitere der Wahrscheinlichkeitsfallen der Vaalphor war, beschloss jedoch, die Sache realistisch zu betrachten und es für ein gutes Omen zu halten.

Kaum hatte ich den Laden betreten, umgab mich der schwere, intensive Geruch von Räucherstäbchen. Die Glocke über der Tür bimmelte und informierte die Verkäuferin – eine junge Frau in schwarzer Gothic-Kleidung mit Tätowierungen auf dem Arm und Piercings nahezu am gesamten Körper – über mein Eintreffen.

Sie warf mir einen desinteressierten Blick zu und las weiter in ihrem Buch, anscheinend davon überzeugt, dass ich nicht zur Zielgruppe für die angebotenen Waren gehörte.

Ich betrachte die Auslagen und identifizierte alles mithilfe meiner Erkenntnis: Slawische Amulette, chinesische Talismane, aztekische Anhänger, Neurotransmitter und anderer Krimskrams aus Gold und Silber.

Dann erreichte mich Aliks Anruf auf dem Handy. „Phil? Wann kommst du denn endlich? Veronica war schon dreimal hier! Sie wartet jetzt auf dich und hat gesagt, dass sie sich nicht von der Stelle rührt, bis sie mit dir gesprochen hat. Herr Katz ist ebenfalls da und trinkt schon seine vierte Tasse Tee. Stacy hat längst die Nase voll vom dauernden Teekochen. Und Kesha hat auch die Nase ins Büro gesteckt. Hattest du ihm nicht gesagt, er solle vorbeikommen, weil du mit ihm über etwas reden wolltest?"

„Ich habe nicht die Nase voll!", protestierte Stacy im Hintergrund.

„Ich bin schon unterwegs", versprach ich. „Schafft ihr es noch eine halbe Stunde ohne mich?"

„Eigentlich nicht, Phil. Alle wollen dich sehen. Wir füllen die Fragebogen aus und machen die Fotos, aber die wollen alle nicht wieder gehen. Sie warten im Flur auf dich. Gorelik ist schon vorbeigekommen und hat uns deswegen zur Schnecke gemacht. Stacy konnte ihn allerdings wieder beruhigen. Also wenn du kannst, beeile dich bitte!"

„Okay, okay – ich komme, so schnell ich kann."

Ich steckte das Handy in der Tasche. Dabei konnte ich den Blick nicht von einem einfachen Silberring lösen. Er war etwa einen halben Zentimeter breit und ganz schlicht, ohne Verzierungen. Sein Silber, das sich stellenweise dunkel gefärbt hatte, war auch nicht unbedingt die beste Qualität. Ohne meine Erkenntnis hätte ich ihn sicher übersehen. Doch die verriet mir, was es war:

Der Glücksring von Veles[28]
+12 Glück
Silber: 875
Gewicht: 0,266 g
Langlebigkeit: 499/500
Preis: 422.727 USD

Der Preis war exorbitant. Er ergab überhaupt keinen Sinn. Vor allem nicht, wenn ich das Preisschild betrachtete, das von dem Ring herabhing:

1.900 Rubel

„Junge Frau, entschuldigen Sie bitte – darf ich mir diesen Ring einmal genauer anschauen?"

---

[28] Veles: Das ist der zweitwichtigste Gott der slawischen heidnischen Tradition. Er ist der Schutzherr der Hirten und der Herr der Unterwelt.

KAPITEL 13

IM RAUSCH

*Sie haben eine halbe Million beim
Kartenspielen verloren, aber Sie
haben noch immer ein paar Asse im
Ärmel …*

Bube, Dame, König, grAS

„SONST NOCH JEMAND?", fragte ich Alik, als endlich
der letzte der wartenden Kunden das Büro verlassen
hatte.

Alik hörte mich nicht, er war zu sehr damit
beschäftigt, sich mit Veronica zu unterhalten. Herr
Katz lehnte sich nach seiner Marathon-
Teegesellschaft im Sofa zurück und las in einem sehr
interessanten Buch: *Kodex der Ordnungswidrigkeiten
der Russischen Föderation, erweiterte Ausgabe 2017.*

„Nein, das waren alle", antwortete statt seiner
Stacy. „Möchtest du einen Tee?"

Ich räusperte mich. Mein Hals kratzte. „Dazu sage
ich bestimmt nicht nein."

Mein Geist war beinahe bis auf 0 herabgesackt, und meine Kehle war vom vielen Reden wie ausgedörrt. Die Zeit zerrann mir wie Sand zwischen den Fingern. In den letzten 24 Stunden war unglaublich viel passiert. Gerade erst gestern Abend hatte ich Stacy eingestellt, mit Mohammed gekämpft, dann war ich aus der Boxgruppe geworfen worden und Vicky hatte mir den Laufpass gegeben. An diesem Morgen hatte ich mit Kostya trainiert, Greg und Herrn Ivanov getroffen, mit Valiadis gesprochen, eine unendlich wichtige Entscheidung getroffen, das volle Gewicht von jeder Menge Pech zu spüren gekommen und war einem Tod durch Messerstich gerade nur so entkommen.

Außerdem hatte ich meine Glückswerte verdoppelt.

Der Ring, den ich in dem magischen Shop gekauft hatte, saß wie angegossen an meinem Finger. Ich unterdrückte den inneren Zwang, ihn abzustreifen und damit herumzuspielen – ich hatte zu viel Angst, ihn zu verlieren. Die Verkäuferin hatte lange Zeit in den Büchern nach dem Preis für den Ring gesucht, ihn jedoch in keiner Bestandsliste gefunden. Am Ende hatte sie ihn mir für den Betrag verkauft, der auf dem Preisschild stand.

Am Morgen hatte ich 10.000 Rubel eingesteckt. 3.000 hatte mich der Eintritt als Gast in den Fitnessclub gekostet, 1.000 die verschiedenen Taxis, und weitere 1.000 meine großzügige Unterstützung des verzweifelten Wanderarbeiters Tural.

Ich müsste lügen, wenn ich behaupten würde, dass sich der Ring auf irgendeine Weise besonders anfühlte. Da waren keine Hitzewellen, da erschienen keine Runen, wenn er sich erwärmte. Es war einfach nur ein simpler Ring, für den man im Pfandhaus einen Betrag nach reinem Metallgewicht bekam.

Doch es blieb die Tatsache, dass er seine Wirkung

zeigte. Das Interface bestätigte es mir in meinem Profil:

Glück: 12 (+12 vom Glücksring des Veles)

Insgesamt hatte das mein Glückslevel auf 24 gehoben. Das war nahezu das Zweieinhalbfache der Glückswerte einer durchschnittlichen Person.

Ob das ausreichte? Nun, das würde sich mit der Zeit zeigen. Vorausgesetzt, mir blieb diese Zeit. Allerdings war mir auf dem Weg zurück ins Büro nichts Böses zugestoßen, was ein gutes Zeichen war. Das Taxi war wenige Minuten nach meinem Anruf eingetroffen, der Fahrer war ebenso höflich wie nüchtern gewesen, er war weder gerast noch hatte er andere Autos gerammt. Und zum Abschluss war auch kein Ziegel vom Dach des Gewerbezentrums herabgefallen. Ich war sogar drei Stufen auf einmal die Treppe hochgelaufen, ohne ein einziges Mal zu stolpern. Und als ich auf dem Weg zum Büro Gorelik über den Weg gelaufen war, war er so sehr in das Gespräch mit Vazgen vertieft gewesen, dass er mich nicht einmal bemerkt hatte.

Ansonsten war mir nur Kesha begegnet. Ohne ihm die Details zu verraten, hatte ich sichergestellt, dass er moralisch bereit war, sich im Verkauf zu versuchen.

Seine Reaktion war ein schwerer Seufzer gewesen. „Also ich weiß wirklich nicht, Phil ... Nun, wenn es mir zusätzliche Einnahmen einbringt, warum nicht? Ich kann ja immer jemanden damit beauftragen, die Druckerei in meiner Abwesenheit zu betreiben, vermute ich mal. Allerdings muss ich schon mehr darüber wissen. Was willst du denn verkaufen? Und an wen?"

„Lass uns die Einzelheiten morgen besprechen, ja? Ich war den ganzen Morgen unterwegs und anscheinend ist im Büro der Teufel los. Meine Leute wollen, dass ich mich um alles kümmere."

„Kein Problem. Dann schaue ich morgen mal bei euch rein."

Als ich in unserem Stockwerk angekommen war, hatte mich eine wahre Menschenmenge im Flur erwartet. Und auf das neueste iPhone warteten die bestimmt nicht. Ich hatte das Büro betreten und Stacy leise gefragt, damit die Wartenden es nicht hören konnten: „Wollen die alle zu uns?"

Sie hatte genickt, und ich hatte mich an die Arbeit gemacht ...

* * *

JETZT WAR ES nach 18 Uhr. Der letzte Kunde war gegangen, und nun konnte ich endlich mit all den Leuten sprechen, mit denen ich mich hatte unterhalten wollen.

„Phil, bist du fertig?"

Es war Veronica.

„Ja." Ich schlürfte den köstlichen Tee, den Stacy mir gebracht hatte.

„Können wir kurz nach draußen gehen? Ich möchte mich mit dir unter vier Augen unterhalten."

Ich nickte und dachte dabei weiter über eine Theorie nach, die sich mir gerade aufgedrängt hatte. Ich brannte darauf, sie auszuprobieren. Was, wenn ich das Interface nutzte, um nach allen möglichen Gegenständen zu suchen, die meine Statistiken verbessern konnten? Etwas, das mein Glück steigerte, zum Beispiel, oder eine Armbanduhr, die meine Geschwindigkeit um zehn Level anhob ... Oder ein Füllfederhalter, der meine Intelligenz verstärkte.

Überstürzen wollte ich jedoch nichts. Das war eine sehr ernsthafte Angelegenheit, die hohe

Konzentration und eine sorgfältig überlegte Auswahl der Suchbegriffe erforderte. Also verschob ich das besser auf den Zeitpunkt, wenn ich zu Hause und ungestört war.

Verdammt! Für heute Abend hatte ich doch Gleb gebeten, bei mir vorbeizukommen!

Nur für alle Fälle überprüfte ich mein Handy, aber er hatte nicht angerufen und auch keine SMS geschickt.

Ich stand auf, streckte mich und ließ meine steifen Gelenke knacken. „Nach draußen?", wiederholte ich.

„Ja, ein wenig frische Luft schnappen", erklärte Veronica. „Außerdem haben die Wände hier Ohren."

„Das klingt ja sehr geheimnisvoll. Also, lass uns gehen."

„Phil, soll ich hier auf Sie warten?", meldete sich da Herr Katz zu Wort, der mittlerweile mit den Büromöbeln verschmolzen zu sein schien.

Ich schlug mir mit der Hand vor die Stirn. Ich hatte den alten Anwalt, der auf unserem Sofa vor sich hin geschnarcht hatte, doch komplett vergessen!

„Es tut mir so leid, Mark", entschuldigte ich mich und wandte mich an den Rotschopf. „Veronica, kannst du noch ein bisschen warten? Wir müssen einen neuen Vertrag besprechen. Es wird nicht lange dauern."

Sie rollte die Augen und unterdrückte mühsam ihre Ungeduld. „In Ordnung, Phil – ich warte. Stacy, kochst du gerade Kaffee? Kannst du mir bitte auch einen eingießen?"

Ächzend versuchte der Anwalt, seine Arthritis dazu zu überreden, ihn aufstehen zu lassen. Ich stützte ihn und führte ihn zu einem Schreibtisch, wo ich ihm half, sich auf den Stuhl zu setzen. „Möchten Sie eine Tasse Tee, Mark?"

„Nein, danke. Ich fürchte, für heute habe ich bereits weit mehr als meine übliche Dosis Koffein zu mir genommen. Ich merke schon, heute Nacht werde ich kein Auge zu tun können. Also, wie kann ich Ihnen helfen, Phil?"

„Wir brauchen eine Vertragsvorlage für unsere Verkaufsdienstleistungen als Outsourcing-Service für andere Firmen."

„Wirklich?", fragte der alte Mann neugierig. „Berichten Sie mir bitte mehr darüber."

Fast eine ganze Stunde lang beredeten wir die Sache. Am Ende taten mir Alik und Stacy richtig leid, sie hatten bestimmt andere Pläne für den Abend. Ich wollte sie nach Hause schicken, doch sie wollten unbedingt auf mich warten. Veronica war zwischendurch gegangen, jetzt jedoch wiederaufgetaucht. Und noch immer stellte der Anwalt mir Fragen über Fragen und verlangte Informationen über die Details. Er wies mich auf alle möglichen Fallen hin, die mir selbst im Traum nicht eingefallen wären.

„Prima, nun verfüge ich über alle Informationen." Endlich war er zufrieden und rieb sich die runzligen Hände. „Obwohl ich nicht glaube, dass ich den Vertragsentwurf bereits morgen fertigstellen kann. Ich muss erst noch eine Reihe von Dokumenten überprüfen. Möglicherweise habe ich alles am Freitag fertig, und ich schlage vor, wir setzen uns dann erneut zusammen und besprechen alles. Bis dahin haben wir beide ein paar Änderungen einzufügen, da bin ich mir ziemlich sicher."

„Hervorragend. Vielen Dank, dass Sie so lange gewartet haben."

„Oh, keine Ursache", kicherte er. „So schwer war das gar nicht. Für mich spielt es keine Rolle, wo ich schlafe … Und der Tee hier ist sehr gut."

„Sie sollten uns öfter besuchen", mischte sich Stacy ein, die uns offensichtlich zugehört hatte. „Sie brauchen dafür keinen Vorwand. Sie bekommen so viel Tee, wie Sie nur möchten."

„Ich danke dir, meine Süße. Ich würde ja gern, aber ich fürchte, dann wird meine Rose eifersüchtig."

Himmel, das Mädel hatte heute den ersten Arbeitstag und schon war sie mit allen befreundet! Goreliks Buchhalterin hatte ihr Topfpflanzen gegeben, mit Veronica verstand sie sich hervorragend – und jetzt nannte der alte Knabe sie sogar seine „Süße"!

Alik half dem alten Anwalt nach draußen, und Stacy bereitet alles für das Schließen des Büros vor.

Veronica seufzte laut. „Endlich! Du weißt, dass das überhaupt nicht fair ist? Ich war die Erste, die dich um eine Unterredung gebeten hat, bereits gestern. Zuerst kam deine Frau oder Freundin oder was auch immer, heute Morgen warst du erst beschäftigt, dann bist du verschwunden, anschließend hast du mit all diesen Kunden geredet und nun auch noch mit Herrn Katz. Aber jetzt bin ich an der Reihe! Wobei ich dir eines gleich sagen will – diese Unterhaltung ist für dich weit wichtiger als für mich."

„Hey, nun mal langsam!", protestierte ich erstaunt. „Du musst nicht sauer auf mich werden. Hättest du mir gesagt, es ist dringend, wichtig, was auch immer, hätte ich schon längst mit dir gesprochen."

„Ach, wirklich? Na, herzlichen Dank, Herr Pünktlichkeit-in-Person! Du suchst einfach nur nach Ausreden, genau das t..."

Mein Handy klingelte und unterbrach ihren emotionalen Ausbruch, den ich so massiv gewiss nicht verdient hatte. Ich entschuldigte mich bei ihr und meldete mich.

„Phil, bist du das?"

„Gleb? Oh, hallo! Bist du unterwegs zu mir?"

„Ich stehe schon vor deiner Tür, aber es scheint niemand zu Hause zu sein. Ich habe ein paar Bier und

Snacks mitgebracht."

„Gedulde dich noch ein wenig – ich bin bald da."

„Einen Moment – hier ist so ein komischer alter Typ. Er benimmt sich ziemlich merkwürdig. Er hat mich ausgefragt, wollte unbedingt wissen, wie lange wir uns schon kennen und was ich von dir will."

„Was hast du ihm geantwortet?"

„Ich habe ihm gesagt, er soll sich ins Knie ficken", erwiderte Gleb, völlig ungerührt. „Natürlich sehr höflich. Okay, ich warte auf der Bank vor dem Haus auf dich. Vielleicht spiele ich auch ein bisschen *CoC*,[29] wenn du weißt, was ich meine."

„Okay. Bis gleich!"

Ich verabschiedete mich von ihm im Dunkeln, denn Alik hatte bereits das Licht ausgeschaltet. Wir verließen das Büro, Alik schloss ab.

Draußen verabschiedeten Alik und Stacy sich, Veronica und ich blieben zurück.

„Tut mir leid, Veronica, ich fürchte, ich habe es eilig", erklärte ich. „Zu Hause wartet Besuch auf mich. Den ich völlig vergessen hatte."

„Das habe ich schon kapiert. Aber was ich dir zu sagen habe, wird eine Weile dauern. Ich könnte dich mit dem Auto mitnehmen und wir reden unterwegs."

„Ich wohne nur ein paar Häuserblocks entfernt, die Zeit wird nicht reichen, um etwas zu besprechen, was auch immer es ist."

„Und wie wäre es, wenn ich mich euch einfach anschließe?", fragte sie plötzlich. „Ich hoffe, deine Freundin – oder Frau, oder was auch immer – hat nichts dagegen?" Sie lächelte begeistert. Ihre Zähne schimmerten weiß in der zunehmenden Dämmerung, und ihre Augen glitzerten wie Smaragde.

Ihre Worte erinnerten mich daran, dass ich ja wieder ein freier Mann war. Ich hatte noch

---

[29] *CoC – Clash of Clans*, ein Strategiespiel für Mobilgeräte.

niemandem von Vickys und meiner Trennung erzählt. Dennoch hatte ich das Gefühl, dass diese junge Frau – Veronica? Vera? Nica? – es wusste. Ich hatte keine Ahnung, wie Frauen das anstellten, aber irgendwie hatten sie ein Gespür für so etwas. Es war beinahe so, als würde eine Ex-Freundin einen Zähler wieder auf 0 setzen, wenn sie sich trennte, und dadurch den Marker wieder von der Stirn eines Mannes entfernen, der in einer nur für Frauen zugänglichen Sprache verkündete: „Dieser Kerl ist bereits vergeben."

„Ein anderes Mal gern, aber heute lieber nicht", entgegnete ich nach einem kurzen Zögern. „Mein Freund scheint Probleme zu haben, die wir unter uns besprechen müssen. Also reden wir lieber jetzt über das, was du mir sagen willst."

„Wenn du meinst ...", bemerkte sie. „Mitnehmen kann ich dich auf jeden Fall. Dann muss dein Freund nicht so lange auf dich warten."

Dem Balken ihres Interesses zufolge lag ihr an dieser Diskussion – vielleicht auch an mir – eine ganze Menge. Eine ganze Reihe Gedanken schoss mir durch den Kopf. Sie reichten von sinnlichen Fantasien bis hin zu verrückten Theorien über eine parallele Welt.

Ich schaffte es gerade so, mich in ihren Kia zu zwängen, indem ich meine Beine zusammenfaltete. Als sie nach dem Schaltknüppel griff, lehnte sie sich ganz ungeniert an mich. Nachdem ich es endlich geschafft hatte, mich anzuschnallen und es mir halbwegs bequem zu machen, aktivierte ich die Lügenerkennung und nannte ihr die Adresse.

„Ich bringe dich im Handumdrehen nach Hause", versprach sie und deutete auf zwei Getränkedosen im Halter zwischen den Sitzen. „Möchtest du ein Wasser, eine Cola? Bedien dich!"

„Also, worüber wolltest du jetzt mit mir reden?"

„Was glaubst du denn? Hast du schon eine Ahnung?" Sie drehte den Kopf und schenkte mir ein weiteres Lächeln. Ihre Haare schimmerten im Licht eines entgegenkommenden Fahrzeugs feuerrot.

„Nicht die geringste. Und das, was ich vermuten könnte, würde alles keine Besprechung unter vier Augen erfordern." Meine Kehle kratzte beim Sprechen, also griff ich nach dem Wasser.

„In Ordnung. Ich werde nicht lange um den heißen Brei herumreden", erklärte sie. „Du hältst nicht zufällig Ausschau nach einem PR-Direktor?"

Ich verschluckte mich beinahe an dem Wasser. „Was hast du gesagt?" Ich versuchte, ihre Worte zu verarbeiten. „Ein PR-Direktor? Für uns?"

„Warum denn nicht?"

„Veronica, du scheinst zu vergessen, dass wir gerade erst einmal seit drei Wochen bestehen. Oder vielmehr, noch nicht einmal drei Wochen. Und die Kunden beginnen erst so langsam, zu kommen."

„Aber du erweiterst das Personal doch bereits, oder etwa nicht? Schließlich hast du Stacy eingestellt."

„Pah! Stacy hat nicht viel verlangt, was das Gehalt betrifft. Sie scheint nicht sehr anspruchsvoll zu sein. Und sie leistet dafür enorm viel."

„Ich will auch kein hohes Gehalt. Ich will euch nur helfen."

„Du?"

„Ja, ich. Ich habe sogar ein Universitäts-Diplom in Public Relations. Ein Prädikatsexamen!"

„Veronica, ich will mich ja jetzt nicht selbst loben, aber wir scheinen auch ganz ohne irgendwelche PR-Anstrengungen Kunden anzuziehen. Warum sollten wir dann Geld für Werbung ausgeben?"

„Phil, ich weiß ja, dass du klug bist – aber manchmal bist du einfach nur strohdoof", fauchte sie. „Kapierst du denn nicht, dass du dich auf ein völlig neues Level begeben musst? Du weißt auch genau warum, oder etwa nicht? Mit deiner jetzigen

Arbeitsweise hast du bereits die volle Auslastung erreicht. Wie viele Kunden empfängst du jeden Tag? Selbst wenn du rund um die Uhr arbeiten würdest, um denen allen einen Job zu verschaffen – was technisch absolut unmöglich ist –, und selbst wenn die Kunden um den gesamten Block herum Schlange stehen, steht doch eines fest: Du kannst nicht mehr als maximal 50 oder 60 Kunden pro Woche betreuen. Und was bringt dir das an Geld ein? Okay, vielleicht kannst du Alik ausbilden, damit er am Ende ebenso effektiv wie du passende freie Stellen findet. Aber selbst dann ... Du weißt, was ich meine?"

„Natürlich. Wir können uns einfach nicht zu viel zumuten. Nur, was schlägst du denn vor, sollen wir tun?"

„Du könntest mit anderen Personalvermittlungsagenturen zusammenarbeiten. Das ist so üblich. Du schickst denen mögliche Kandidaten, und wenn die Agentur mit ihnen zufrieden ist, zahlt man dir 5 oder 10 oder vielleicht sogar 15 % eines Jahresgehaltes. Eines *Jahres*gehalts, Phil!"

„Ich weiß. Du darfst nicht glauben, ich hätte mir das nicht auch bereits überlegt, nur habe ich mich im jetzigen Stadium dagegen entschieden. Außerdem, was hat denn ein PR-Direktor damit zu tun?"

„Das werde ich dir jetzt ganz genau erklären. Es ist so: Ich kenne mindestens die Hälfte aller Unternehmen in der Stadt persönlich. Ich könnte dir helfen. Du müsstest nicht einmal selbst aktiv werden. Wenn du mit dem einverstanden bist, was ich sage, kann ich schon morgen anfangen und mit allen Frauen in den Personalabteilungen reden. Du könntest mich für eine Probezeit anstellen, dann siehst du ja, was ich alles ..."

„Kannst du bitte hier anhalten?", unterbrach ich sie, denn wir waren bereits bei meinem Haus angekommen.

Sie fuhr an den Rand, stellte den Motor aus und wartete auf meine Antwort.

Ich wusste, sie hatte recht. Und sie war aufrichtig. Sorgen bereitete mir nur die Tatsache, dass ich es einfach nicht gewohnt war, von Fremden so offen Hilfe angeboten zu bekommen. Außerdem schien mir eine weitere Expansion momentan nicht der klügste Weg zu sein, darin stimmte ich mit Vicky überein.

„Also, was hältst du davon?", drängte sie schließlich.

„Kannst du mir ein paar Tage Zeit lassen, gründlich darüber nachzudenken?", bat ich. „Was du gesagt hast, ergibt Sinn. Ich würde dein Angebot nur zu gern annehmen, aber ich möchte, dass unsere Zusammenarbeit auf Gegenseitigkeit beruht. Und derzeit weiß ich nicht, was ich dir anbieten könnte."

„Meinetwegen, denk darüber nach. Wir sehen uns morgen?"

„Klar. Bis dann!" Ich fasste nach dem Türgriff, blieb jedoch noch sitzen. „Warum wolltest du eigentlich mit mir unter vier Augen sprechen? Darüber hätten wir doch auch im Büro in Gegenwart der beiden anderen reden können, oder?"

„In welcher Firma bitte führt denn der Geschäftsführer Vorstellungsgespräche oder Unterredungen mit einem Partner in Gegenwart des Personals?"

„Eigentlich bin ich kein Geschäftsführer, oder?"

„Was denn sonst? Und du gewöhnst dich besser gleich daran!"

Jemand klopfte sehr laut ans Beifahrerfenster. Ich wirbelte herum.

Vazgen starrte mit grimmigem Gesicht ins Wageninnere. Mit einer Kopfbewegung bedeutete er mir, auszusteigen.

Veronica seufzte entmutigt. „Unglaublich – er hat

mich aufgespürt!" Sie rollte das Fenster herunter.

Sofort steckte der Verkäufer von Kunststofffenstern seinen Kopf ins Auto. Seine Haare waren zerzaust. „Ich wusste doch, dass du mit ihm zusammen bist, *da*?" Heute klang seine Stimme besonders melancholisch.

„Lass mich aussteigen, dann können wir uns unterhalten", erklärte ich und wandte mich an Veronica. „Danke fürs Mitnehmen. Wir sehen uns!"

Sie wollte protestieren, doch ich hatte die Tür bereits geöffnet und drängte den heißblütigen Kaukasier damit zurück. „Also gut, bereden wir die Sache ... Othello."

„Ich werde dich gleich hier und jetzt erledigen", bemerkte er ohne große Leidenschaft.

„Lass uns erst mal reden, dann sehen wir weiter. Womöglich hast du ja überhaupt keinen Grund, mich zu erledigen."

„Phil, nicht!", drängte Veronica ängstlich. „Ignoriere ihn einfach!"

Oh, nein, ich würde den Kerl nicht ignorieren, ich wollte das hier und jetzt geklärt haben. Außerdem, ich wusste nicht warum, aber aus irgendeinem Grund wollte ich Vazgen beruhigen. Nicht, um eine Konfrontation zu vermeiden, sondern einfach nur, um ihn dabei zu unterstützen, diese ungesunde Eifersucht loszuwerden.

Ich schaute durch das halb offene Fenster. „Du bleibst im Auto!", warnte ich Veronica.

Dann marschierte ich los und blieb unter einer knorrigen, alten Eiche stehen.

Vazgen folgte mir. „Und, was ist?"

„Nichts ist. Warum musst du nur aus allem gleich ein solches Drama machen?"

„Was? Wer? Ich?" Seine Augen weiteten sich, und seine anfängliche Überraschung verwandelte sich in Zorn.

„Ja, du! Du hast etwas gesehen, eine Geschichte darum herum erfunden, deine eigenen Schlussfolgerungen gezogen und jetzt bist du deswegen wütend. Was bitte hat denn Veronica damit zu tun? Oder was habe ich damit zu tun, da wir schon einmal beim Thema sind?"

„Wag es ja nicht, so mit mir zu reden, du ..." Seine Lippen zitterten, und er bereitete sich darauf vor, mich mit Flüchen zu überschütten.

„Hör sofort damit auf!" Ich rührte mich nicht von der Stelle, obwohl er immer näher gekommen war und jetzt nur wenige Zentimeter von mir entfernt stand. „Hör einfach auf. Oder hast du irgendetwas, das du mir vorwerfen kannst?"

Inzwischen war er so dicht herangekommen, ich konnte jedes kleine Äderchen in seinen entzündeten Augen sehen. Er atmete heftig und blähte dabei die Nasenflügel. War das ein Zeichen von Angst oder von Ärger? Ich wusste es nicht.

Genau aus dem Grund beschloss ich, ihn einfach seine Wut artikulieren zu lassen. Wenn sich in Leuten wie ihm etwas aufstaute, reifte das meistens ganz von allein heran, wie bei einem guten Wein.

„Hab' ich dir nicht gesagt, du sollst dich von meinem Mädchen fernhalten? Habe ich das nicht? Das habe ich, *da*?" Er wiederholte sich, als ob er eine Spieluhr wäre und sich selbst aufziehen würde.

„Ja, das hast du", erwiderte ich. „Und ich habe mich nicht daran gehalten. Obwohl sie nicht dein Mädchen und schon gar nicht dein Eigentum ist. Aber zwischen ihr und mir ist nichts. Das sage ich dir nur, damit du dich wieder beruhigen kannst."

„Was glaubst du eigentlich, wer du bist?" Er griff nach meinem Hemd. „Und ich bin total ruhig!"

„Nimm die Pfoten von mir. Sofort!"

Das tat er nicht. Stattdessen zog er mich an sich heran, legte dann den Kopf zurück, und stieß ihn ruckartig wieder nach vorn, direkt auf meine Nase.

Oder vielmehr, das war es, was er *versuchte*.

Im Hintergrund meiner Gedanken grübelte ich darüber nach, wie genau die Vaalphor wohl unsere Realität beeinflusst hatten, um es möglich zu machen, dass Vazgen sah, wie ich in Veronicas Auto gestiegen war und beschlossen hatte, uns zu folgen.

Ganz unabhängig von dem, was in meinem Kopf vor sich ging, schwang mein Körper zur Seite, langsam und geradezu melancholisch, ohne Beteiligung von Hormonausschüttungen. Es war einfach ein instinktiver Reflex. Ich entriss mich seinem Griff. Hemdknöpfe sprangen ab und flogen durch die Luft. Nun befand sich nur noch Luft an der Stelle, wo gerade eben noch meine Nase gewesen war. Gleichzeitig landete meine linke Hand in einem perfekten Haken in seiner Leber, was ihm den Atem nahm.

Du hast Vazgen Karapetyan einen kritischen Schaden zugefügt: 285 (Fausthieb)

Automatisch ließ ich einen rechten Haken gegen sein Kinn folgen, stoppte ihn jedoch wenige Zentimeter davon entfernt. Er hatte schon genügend Grund, sich zu beruhigen. Ich hatte nicht die Absicht, ihn zusammenzuschlagen. Schließlich wusste ich genau, wie er sich fühlte, und ich trug ihm nichts nach.

„Und jetzt hör mir gut zu, *da*?", flüsterte ich ihm ins Ohr und nahm ihn dabei in den Schwitzkasten. „Zwischen mir und Veronica ist überhaupt nichts. Wenigstens nichts von all den Dingen, um die du dir scheinbar so große Sorgen machst. Es wird Zeit, dass du dir das langsam mal einhämmerst. Wir sind einfach nur Arbeitskollegen, das ist alles. Hast du das kapiert? Oder soll ich es dir noch einmal erklären?"

Ich hatte keine Ahnung, woran genau es lag, ob es seine Demütigung vor Veronica war, das physische Unbehagen oder meine Fertigkeit der Überzeugungskraft – jedenfalls hörte er auf, sich zu wehren, und erschlaffte in meinem Griff.

Du hast Vazgen Karapetyan einen kritischen Schaden zugefügt: verbale Verletzung
-25 % Geist
-25 % Selbstvertrauen

„Ja", sagte er endlich.
„Ja was?"
„Ich habe verstanden."
„Gut."
Ich ließ seinen Nacken los und trat nur für alle Fälle beiseite, in der Erinnerung an den Vorfall mit einem seiner Landsleute früher an diesem Tag.

Als ich mich umdrehte, sah ich Veronica, die meine Forderung ignoriert hatte, im Auto zu bleiben. Ich bedeutete ihr, wieder in den Wagen zu steigen. Sie gehorchte, ohne ein Wort zu sagen.

Das war irgendwie witzig. Ich war es überhaupt nicht gewohnt, dass die Leute taten, was ich von ihnen verlangte. Andererseits – von Anfang an im Fahrzeug geblieben war sie ja nun auch wieder nicht …

Meine Lügenerkennung war noch immer aktiv.
Ich streckte die Hand aus. „Schwamm drüber?"
Vazgen starrte mich eine Weile an, dann nahm er sie. „Schwamm drüber." Er überlegte eine Weile und explodierte auf einmal geradezu in einer heißen, hastigen Wortflut. „Tut mir leid, Kumpel. Ich habe euch beide im Auto gesehen, und das Blut ist mir einfach zu Kopf gestiegen. Mir ist beinahe das Herz stehengeblieben …"
Seine Worte wiesen keine besondere Wärme auf –

der Lügenerkennung zufolge, meine ich –, aber sie fühlten sich auch nicht kalt an. Er log nicht. Er fühlte sich genauso, wie er es beschrieben hatte. Leid tat ihm allerdings nur eines – dass er den Kampf verloren hatte.

Erst später, als ich mich vom Verkäufer von Kunststofffenstern und Veronica verabschiedet hatte und auf Gleb zuging, der auf der Bank saß und auf sein Smartphone starrte, wurde mir etwas bewusst: Die Lügenerkennung schien eine merkwürdige Wirkung auf die Leute zu haben, mit denen ich mich unterhielt – sie zwang sie, offen zu sein.

Ich rief rasch Martha herbei, die mir meine Annahme bestätigte.

Ich erinnerte mich noch an eine meiner ersten Diskussionen, als sie noch nicht Martha gewesen war, sondern nur ein virtueller Assistent: *Das Programm passt sich an das Verständnis des Benutzers an und entwickelt sich mit ihm weiter.*

Anscheinend verschafften die sehr nüchternen Beschreibungen, die das System über die Fertigkeiten lieferte, mir keineswegs das gesamte Bild.

$$* * *$$

ICH GING ZU Gleb, blieb eine Weile neben ihm stehen und beobachtete ihn. Er spielte Online-Poker, allem Anschein nach um reales Geld. Es schien ihm wirklich nicht gut zu gehen. Er trug alte, zerschlissene Jeans mit einem Ölfleck am Knie, ehemals gute, jedoch ziemlich abgetragene Schuhe aus etwas, das wohl einmal Lackleder gewesen war, und ein grünes, kurzärmeliges Hemd, das ihm zu weit war. Seine Haare waren fettig. Er kratzte sich am Hinterkopf, machte mit der Hand, in der eine Zigarette hielt, eine entschlossene Handbewegung und setzte alles.

Dann hielt er den Atem an und erstarrte.

„Nun mach schon! Rühr dich! Reagiere!", flüsterte er.

Sein Mantra schien zu wirken, auch der letzte noch verbliebene Gegner setzte alles.

Gleb hielt ein recht anständiges Blatt: einen großen Slick, eine Zwei, eine Sieben und ein Ass. Falls es ihm gelang, ein weiteres Ass zu ergattern, konnte er ziemlich sicher gewinnen. Obwohl die Chancen dafür nicht sehr gut standen.

Der virtuelle Kartengeber deckte die Karten auf. Bevor die letzte Karte umgedreht wurde, konnte ich sehen, dass Gleb noch immer gewinnen würde, denn sein Gegner verfügte lediglich über ein Siebener-Pärchen.

Mein Freund verkrampfte sich. Tief gruben sich seine Fingernägel in seine Fäuste ein, deren Knöchel vor Anspannung weiß geworden waren.

Der Kartengeber zeigte die letzte Karte. Es war eine Sieben.

Damit besaß sein Gegner einen Dreier, und Gleb mit seinen beiden Pärchen hatte gerade verloren.

Die Poker-App verlangte von Gleb prompt eine weitere Einzahlung.

Mein Freund hatte mich noch immer nicht bemerkt. Mit ein paar starken Zügen rauchte er die Zigarette bis auf den Filter herab, dann holte er aus und warf sein Handy schwungvoll auf den Boden.

Die Bruchstücke landeten vor meinen Füßen. Endlich fiel ihm auf, dass er nicht länger allein war. Kurzsichtig blinzelte er in meine Richtung. Er hatte im Dämmerlicht noch nie sehr gut sehen können, und jetzt, nachdem er gerade eben noch auf das helle Display gestarrt hatte, mussten seine Augen sich erst anpassen.

„Hi!", sagte ich. „Spielst du gerade?"

„Ach, du bist es", keuchte er atemlos. „Hast du

gesehen, was passiert ist?"

„Wie viel hast du verloren?"

Er zuckte zusammen. „Meinst du jetzt, oder insgesamt?"

„Lass uns in meiner Wohnung darüber reden. Ich nehme an, das sind die Schwierigkeiten, in denen du gerade steckst? Also, wie viel war es diesmal?"

„Ähm ... Ich habe mir von jemandem Geld geliehen. 10.000.[30] Ich habe alles verloren. Dabei habe ich anfangs sogar gewonnen. Ich hatte am Ende 30.000 Rubel! Ich habe sogar darüber nachgedacht, die Hälfte beiseite zu legen, um es dem Kerl zurückzuzahlen, und nur mit dem Rest zu spielen."

„Was du nicht gemacht hast?"

„Doch! Aber dann habe ich meinen Gewinn verloren und mit diesem Geld gespielt. Ich war fest überzeugt, ich könnte alles zurückgewinnen. Du hast es ja selbst gesehen, nicht wahr? Mein Blatt war gut. Heute ist einfach nicht mein Tag. Wer hätte denn vermutet, dass dieser Arsch eine dritte Sieben bekommt?"

„Ja, ich habe es gesehen, du hattest eindeutig die besseren Chancen. Aber warum hast du dein Handy zerstört?"

„Damit ich endlich mit dem Spielen aufhöre", erklärte er. „Allerdings habe ich ohnehin kein Geld mehr."

„Komm jetzt – du kannst mir alles oben berichten. Sind das deine?"

Er nickte. Ich nahm zwei Einkaufstüten mit billigem Bier und Chips auf.

Als ich mein erstes Bier ausgetrunken hatte, ein wenig besorgt wegen des wachsenden Rausch-Debuffs, hatte Gleb bereits drei Dosen geleert und war aufs Klo gegangen. Ich blieb zurück und grübelte über

---

[30] Etwa 140 Euro.

meine eigenen dunklen Erinnerungen nach.

Wir besaßen beide eine Neigung zur Zwanghaftigkeit. Schon in unserem ersten Jahr an der Uni hatten wir viel Zeit in Spielhallen[31] verbracht. Wir hatten miteinander getrunken und unsere Gewinne ebenso wie unsere Verluste miteinander geteilt. Schließlich war es leichter, jemanden an seiner Seite zu haben, mit dem man die Erfahrung teilen konnte, wenn man gerade sein letztes Geld verloren hatte. Jemanden, dem man sein Herz ausschütten und mit dem man über alles reden konnte. Besonders über die naive Hoffnung, die Verluste wieder wettmachen zu können. Es war nicht das Spielen, das zum Untergang führte, sondern vor allem der Versuch, das verlorene Geld zurückzugewinnen. Da unsere Eltern in derselben Stadt wohnten, mussten wir zum Glück niemals hungern und wurden auch nicht obdachlos. An irgendeinem Punkt hatte ich jedoch endlich die Nase gestrichen voll von diesem üblen Kreislauf gehabt. Man musste sich ja nur einmal überlegen: Ich arbeitete hart und studierte gleichzeitig, ich verdiente ganz anständiges Geld – nur, um alles an einem einzigen Abend dem Spiel in den Rachen zu werfen.

Ich erinnerte mich noch an einen Tag, an dem wir beide gerade von einem der Schnellrestaurants bezahlt worden waren, die Studenten einstellten. Wir hatten bereits Pläne, was wir mit dem Geld alles anstellen wollten. Gleb brauchte dringend ein neues Handy, und ich wollte endlich Marina ausführen, eine Kommilitonin, auf die ich scharf war. Ich hatte keine Ahnung, was daraus werden konnte, aber ich brauchte auf jeden Fall Geld, um diese mögliche Beziehung auf den Weg zu bringen. Zu diesem

---

[31] In den 1990er Jahren waren Spielhallen in Russland legal. Sie schossen wie Pilze aus dem Boden, es gab sie nahezu an jeder Ecke und sie standen jedem offen.

Zeitpunkt hatte ich bereits damit aufgehört, meine Eltern ständig um Geld anzubetteln, und versuchte, alles selbst zu finanzieren.

Dann war uns beiden etwas gekommen, das wir für eine glänzende Idee hielten: Wir wollten einen kleinen Teil des Geldes in Spielautomaten stecken. Die Dinger waren damals überall zu finden, und wir hatten viele von ihnen bereits ausprobiert.

Wenn wir gewonnen hätten, wäre es Gleb möglich gewesen, ein besseres Handy zu kaufen. Und was mich betraf ... Ich konnte mich nicht einmal mehr daran erinnern, was ich mir eigentlich erhofft hatte. Studenten hatten immer sehr lange Wunschlisten.

Um es kurz zu machen – wir hatten den beiseitegelegten Teil des Geldes schon in der ersten halben Stunde verloren. Den Rest der ersten Stunde verbrachten wir mit dem Versuch, den Betrag zurückzugewinnen. Es tat ziemlich weh, das sauer verdiente Geld zu verlieren. Also erhöhten wir die Einsätze – und verloren doppelt so viel. Schon bald hatten wir beide nur noch die Hälfte unserer Gehälter übrig gehabt.

Auf einmal kam uns eine noch glänzendere Idee – wir wollten elektronisches Roulette spielen (ja, auch das gab es in der Spielhalle, in der wir uns gerade aufhielten) und alles auf Schwarz setzen.

Natürlich fiel die Kugel auf Rot. Es hatte nur etwas mehr als eine Stunde gedauert, den Lohn von einem Monat harter Arbeit zum Fenster hinauszuwerfen.

In diesem Augenblick hatte ich das erste Mal dieses unheimliche Gefühl erlebt, wenn einem die Folgen auf einmal völlig gleichgültig waren – einschließlich des geplanten Dates mit einem Mädchen –, wenn nichts anderes mehr zählte, wenn man wie berauscht war. Ich konnte nichts essen oder trinken. Wir beide saßen einfach da, rauchten eine Zigarette nach der anderen und dachten verzweifelt darüber nach, wo wir uns Geld besorgen könnten, um die Verluste wieder wettzumachen. Am Morgen des nächsten Tages beendeten wir endlich unsere Marathon-Sitzung. Nachdem wir alles verloren hatten, das wir von unseren Eltern und Mitstudenten hatten erbetteln und borgen können.

Es war nicht mit einem großen Knalleffekt passiert, sondern langsam und schrittweise. Wir hatten unseren Familien etwas vorgelogen, die hatten Geld für uns zusammengekratzt, das wir prompt zurück zur Spielhalle trugen. Wir hatten hohe Einsätze gewagt, immer in der Hoffnung, endlich alles zurückgewinnen zu können. Wir hatten eine Taktik nach der anderen versucht und uns an alle möglichen abergläubischen Regeln von Spielern geklammert, die man sehr rasch übernahm, wenn man um mehr spielte als einfach nur einen Bruchteil seines Gehalts.

Immer, wenn wir wieder einmal alles verspielt hatten, setzten wir uns zusammen, um zu überlegen, von wem wir uns noch Geld pumpen konnten. Gegen vier Uhr morgens, nachdem alle anderen Quellen ausgeschöpft waren, hatte Gleb endlich den Mut gefunden, zu seiner Freundin zu gehen. Sie hatte mit uns in den gleichen Lokalen gearbeitet und am Vortag ebenfalls ihr Geld bekommen.

Die Erinnerung füllte mich noch immer mit Scham, doch in dieser Nacht war uns alles egal gewesen. Die junge Frau, deren Namen ich längst vergessen hatte, hatte, völlig schlaftrunken, Gleb alles Geld gegeben, das sie noch besaß. Sie hatte nicht kapiert, was eigentlich los war – sie hatte nur eines gewusst: Der Junge, den sie liebte, war in Schwierigkeiten, und sie konnte und wollte ihm helfen.

„Ist schon in Ordnung, Schatz, ich erkläre dir alles später", hatte Gleb gemurmelt, als er ihr Geld nahm, jeden einzelnen Cent, den sie besaß. „Wir müssen einen Freund unterstützen. Ich zahle dir alles zurück, sobald ich kann. Danke!"

Wir wussten, das war unsere letzte Chance, deshalb ergriffen wir jede denkbare Vorsichtsmaßnahme. Entweder war es unser gesunder Menschenverstand, der endlich die Oberhand gewann, oder die Erkenntnis, dass wir Hunger hatten und nach dieser Nacht einen ganzen Monat lang von nichts leben mussten. Nachdem wir alles geliehene Geld zurückgezahlt hatten natürlich ...

Entweder war der Geldschacht der Spielautomaten so gefüllt, dass die Dinger endlich begannen, etwas auszuzahlen, oder wir arbeiteten jetzt mit geschickteren Strategien und waren weniger leichtsinnig. Jedenfalls musste das Glück Mitleid mit uns gehabt haben. Oder das Schicksal hatte beschlossen, uns eine noch eindringlichere Lektion zu erteilen ... Denn als die Spielautomaten am Morgen für Wartungsarbeiten gesperrt wurden, hatten wir tatsächlich nahezu alles zurückgewonnen, mit Ausnahme unseres eigenen Geldes.

Ich wusste genau, wir hätten sofort nach Hause gehen sollen, doch wir waren wie im Rausch. Die Gewinnsträhne hatte uns Flügel verliehen. Wir begaben uns zum elektronischen Roulette. Erneut setzten wir auf Schwarz, und es kam Rot. Wir arbeiteten mit der Martingale-Strategie und verdoppelten unseren Einsatz. Wieder kam Rot. Zu diesem Zeitpunkt sahen wir nichts anderes mehr als das Spiel. Also setzten wir alles, das wir hatten, erneut auf Schwarz.

Es kam die Null.

Wir waren eben einfach absolute Vollidioten, mehr gab es darüber nicht zu sagen. Das gesamte nächste Jahr hatten wir damit verbracht, unsere Schulden zurückzuzahlen. Wir hatten sogar ernsthaft überlegt, das Spielen vollständig einzustellen. Doch die schlechten Erinnerungen verblassten mit der Zeit, und wir kamen beide finanziell wieder auf die Füße. Wir verdienten sogar mehr als vorher. Und nach einem Abend in einer Bar hatte einer unserer Freunde vorgeschlagen, ins Kasino zu gehen statt nach Hause.

„Warum nicht? Es zwingt uns schließlich keiner zum Spielen. Wir bezahlen einfach unseren Eintritt, genießen die freien Drinks und schauen den anderen zu!"

Also kippten wir unsere freien Drinks hinunter. Dann spielten wir ein wenig, gewannen sogar einige Male und verließen das Kasino wieder, höchst zufrieden mit uns selbst.

Doch anschließend waren Gleb und ich dort Stammgäste geworden. Mit den Spielautomaten wollten wir nichts mehr zu tun haben. Wir erklärten sie zur reinen Abzocke und konzentrierten uns auf die Pokerspiele im Kasino. Aus irgendeinem Grund kamen sie uns ehrlicher vor. Schließlich konnte ein Kartengeber nicht beeinflussen, welche Karten er ausgab.

Was für Trottel wir waren! Wir brauchten lange, um endlich zu erkennen, dass am Ende immer nur die Kasinos gewannen.

Über ein Jahr hatten wir das Spielen fortgesetzt, bis zu jener denkwürdigen Nacht, in der ich mir von Gleb alles Geld borgte, das er hatte, es verlor und nicht zurückzahlte. Unser Kontakt brach ab, und ohne diesen Aspekt der Gemeinsamkeit hatte das Spielen für mich seinen Reiz verloren. Außerdem hatte ich bereits mit *World of Warcraft* begonnen, und das schien meine Zwanghaftigkeit ausreichend zu befriedigen.

Mittlerweile hatte Gleb Lena geheiratet, die an der Uni zwei Jahre über uns gewesen war. Die beiden hatten sogar zwei Söhne miteinander. Dennoch spielte er weiter. Da er seine eigene Schwäche kannte, überließ er immerhin seiner Frau die Organisation des Familienbudgets, und statt in Spielhallen und Kasinos – zu denen der Zugang in Russland inzwischen auch eingeschränkt worden war – spielte er jetzt zu Hause Online-Poker. Er eröffnete heimlich ein spezielles Bankkonto, in das er die Bezahlung für Gelegenheitsjob einzahlte, die er ab und zu annahm, und pokerte mit diesem Geld.

Inzwischen spielte er schon beinahe durchgehend – zu Hause, bei der Arbeit und unterwegs auf seinem Smartphone.

Wann immer er gewann, kaufte er seiner Frau und seinen Kindern Geschenke. Für sich selbst kaufte er nie etwas. Verluste nahm er einfach hin, teilen konnte er sie schließlich mit niemandem, vor allem nicht mit seiner Frau. Als er einmal sehr beschämt mit ihr über seine Spielsucht gesprochen hatte, redete sie mehrere Tage lang kein einziges Wort mit ihm. Anschließend stellte sie ihm ein Ultimatum: Entweder das Spielen – oder seine Familie.

Gleb entschied sich für seine Familie, aber er spielte trotzdem heimlich weiter.

Er hatte immer mehr verloren, bis er irgendwann einen weiteren Rausch erlebt und sich so viel Geld von allen möglichen Leuten geliehen hatte, dass er ein Darlehen bei der Bank hatte aufnehmen müssen. Und noch immer glaubte er fest daran, irgendwann ganz groß zu gewinnen und alles zurückzahlen zu können …

„Soll ich dir noch ein Bier öffnen?", fragte Gleb, als er zurückkam, und griff in die Einkaufstüte.

„Ja, bitte."

Wir begaben uns auf den Balkon, weil er unbedingt eine Zigarette rauchen musste. Als sein Feuerzeug klickte, fragte ich ihn: „Und was soll jetzt werden? Was für eine Art Darlehen hast du denn aufgenommen? Und wie viel schuldest du insgesamt?"

„Das habe ich dir doch schon gesagt. Es sind über zwei Millionen.[32]"

„Wie viel bitte?" Es wollte mir einfach nicht in den Kopf. Wie konnte er nur so viel Geld verloren haben? „Und das Darlehen?"

„Das ist gar nicht mal so hoch, relativ betrachtet. Es sind 200.000. Den Betrag konnte ich aufbringen, indem ich mir Geld gepumpt habe. Und was den Rest betrifft ..." Er zog geräuschvoll an seiner Zigarette und spülte den Qualm mit Bier hinunter, ohne auszuatmen.

„Nun komm schon, raus damit!"

„Ich stecke wirklich tief in der Scheiße, Phil. Bis über beide Ohren." Er sprach rasch, verschluckte die Worte teilweise. „Ich habe einen Poker-Club in der Stadt entdeckt. Sie haben online Werbung gemacht. Und die haben ein Pokerturnier veranstaltet. Alle konnten mitmachen. Die Eintrittsgebühr waren 7.000 Rubel. Ich dachte, mit meiner Erfahrung hätte ich gute Chancen. Das Wichtigste war, bis ins Finale vorzudringen."

„Von was für einer Erfahrung sprichst du bitte? Bist du jetzt völlig bescheuert? Du hast dein ganzes Leben lang ausschließlich entweder gegen Kartengeber im Kasino oder online gespielt! Das ist doch etwas ganz anderes! Du kannst ja nicht einmal ein Pokerface beibehalten! Und wenn du einem realen Gegner gegenübersitzt ..."

„Ich weiß, Phil, ich weiß! Um genau zu sein, habe ich mich gar nicht einmal so schlecht geschlagen. Ich habe Lena gesagt, ich wäre auf einer Geschäftsreise. Stattdessen bin ich zum Pokerturnier gegangen. Ich habe fast 24 Stunden durchgehend gespielt, mit nur einer kurzen Pause, und habe es an den Finaltisch geschafft. Diesmal konnte ich mein Geld zurückholen

---

[32] Etwa 27.000 Euro.

und habe sogar etwas gewonnen."

„Und?"

„Und was?", blaffte Gleb. Seine Hand zuckte verärgert und er verschüttete Bier auf sein Hemd.

„Ist das die ganze Geschichte?"

„Fast. Wahrscheinlich hat es mir einfach zu gut gefallen. Die Zeremonie, als die Preise verliehen wurden, alle schüttelten mir die Hand, und ich hatte die Gewinne in der Tasche ... Und überhaupt, die ganze Sache, weißt du ... Lena hockt immer nur zu Hause herum und sie ist fett geworden. Aber diese jungen Mädchen dort ... Die haben mich richtig angemacht. Und die ganzen coolen Jungs haben sich mit mir unterhalten, als ob ich ihresgleichen wäre. Es ist gewissermaßen ein Sport, weißt du? Es wird einem Respekt entgegengebracht, von anderen Dingen einmal ganz zu schweigen. Wahrscheinlich habe ich einfach zu viele Geschichten gehört von Spielern, die sich hochgearbeitet, es bis zur internationalen Liga gebracht und Hunderttausende gewonnen haben, oder sogar Millionen. Ich habe mir schon vorgestellt, wie ich meinen Job kündige, wie ich einfach meinen Arbeitsvertrag zerreiße und ihn diesem Mistkerl von meinem Chef vor die Füße werfe. Und wie ich dann mit Lena und den Kindern endlich einmal Urlaub mache."

„Wo wolltest du denn Urlaub machen?"

„Am liebsten am Meer. Mein Jüngster hat Asthma. Er braucht die Seeluft."

„Und?"

„Ich habe angefangen, mit den anderen im Club zu spielen. Zuerst war ich nur einmal im Monat dort, dann einmal pro Woche, und am Ende war ich fast jeden Abend da. Eine Weile lang lief alles recht gut. Ich hab' ein wenig gewonnen, ein wenig verloren, aber ich blieb mit dem Kopf über Wasser. Bis ich irgendwann eine absolute Pechsträhne hatte. Ich hatte einfach überhaupt kein Glück. Ich habe alles versucht – weniger spielen, bluffen, die Pot Odds und die Hand Odds berechnen. Nichts half. Ich hatte immer nur Scheißblätter, kannst du dir das vorstellen? Und dann, an einem Abend, hatte ich endlich wieder eine Glückssträhne. Ich hatte Straights und Flushes und sogar eine Reihe Full Houses. Denk doch nur! Ich habe allein 50.000 für Trinkgelder ausgegeben! Mist, kein Bier mehr. Warte hier, ich hole neues."

„Nein, du bleibst hier! Du kannst ja jetzt schon kaum mehr klar reden. Erzähle erst deine Geschichte zu Ende! Was ist dann passiert?"

„Was dann passiert ist? Nun, ich habe dagesessen und schon überlegt, wie ich den Kindern eine PlayStation kaufe, meine Schulden zurückzahle und noch genug Geld für einen Urlaub in der Türkei übrig habe."

„Und genau zu dem Zeitpunkt hättest du aufstehen und gehen müssen!"

„Das wollte ich doch auch! Ich wollte nur noch ein letztes Spiel hinter mich bringen, und ich hatte einen Flush, stell dir das vor! Ich erinnere mich noch gut daran – Ass, König, 10, 6 und 3. Ich habe alles gesetzt, und mein Gegner ebenfalls."

„Und wer war dein Gegner?"

„Ach, nur irgendein Kerl. Sie nannten ihn Dimedrol. Er ist irgendein hohes Tier bei der Polizei. Er war mir überhaupt nicht geheuer. Wenn du ihn siehst ... Er ist total freundlich, macht Witze, aber seine Augen ... Sie sind ... Wie soll ich das sagen? Sie sind *tot*. Und er spielt immer mit hohen Einsätzen."

Merkwürdige Assoziationen wirbelten in meinem Kopf herum. Nasse Erde ... Feuer ... „Und?"

„Und ich steckte in der Scheiße. Wenigstens glaubte ich das zu dem Zeitpunkt. Doch das war erst der Anfang. Um es kurz zu machen – er hat mich mit einem Straight Flush geschlagen. Kannst du dir das vorstellen? Es war etwas, das man nur einmal im Leben geschenkt bekommt, und er hatte es, gerade als ich eigentlich gehen wollte. Und dann war er so voll Mitgefühl! Er hat immer wieder gesagt: ‚Das ist schon in Ordnung, Gleb – du kannst alles zurückgewinnen!'"

Seine Stimme zitterte vor unterdrücktem Zorn. Er war wütend auf sich, auf das Schicksal, auf diesen mysteriösen Dimedrol und sogar auf seine eigene Spielsucht.

„Du hast also all deine Gewinne verloren, und was war dann?", fragte ich. „Wie hast du es geschafft, eine solche Menge Geld zu verlieren? Wir reden jetzt über die zwei Millionen!"

„Was soll ich sagen? Dimedrol hat mir angeboten, auf Kredit weiterzuspielen. So von wegen, unter Freunden nimmt man es nicht so genau, richtig? Und dann hatte ich echtes Pech …"

Er sprach weiter, bemühte sich, die richtigen Worte zu finden, doch seine Sätze ergaben immer weniger Sinn. Immerhin holte ich das Wesentliche aus ihm heraus, bevor er das Bewusstsein verlor.

Diesmal war Gleb endgültig gegen eine Betonwand gerannt und hatte insgesamt 30.000 Dollar verloren. Er musste das Geld, mit Zinsen, bis zum Ende des Monats zurückzahlen. Die Uhr lief. Dieser Dimedrol hatte sich anscheinend schlagartig von einem mitfühlenden, witzigen Kerl in einen eiskalten, grausamen Kredithai verwandelt – mit toten Augen.

„Wenn du mir das Geld nicht zurückzahlen kannst, Gleb, musst du einfach deine Wohnung verkaufen. Spielschulden sind heilig. Sie müssen immer beglichen werden, ganz gleich, was es kostet. Kapiert?"

Wie um die Ernsthaftigkeit dieser Worte zu unterstreichen, hatten alle anderen im Club ganz plötzlich jegliches Interesse an Gleb verloren. All die Kellnerinnen, die um ihn herumscharwenzelt waren, all die netten, freundlichen Pokerpartner zeigten dem Pechvogel auf einmal die kalte Schulter. Das ging so weit, dass man Gleb sogar Hausverbot erteilt hatte, als er endlich einmal genügend Geld für ein paar weitere Spiele aufgetrieben hatte und dort auftauchte.

Dimedrol schickte ihm eine „Mahnung" nach der anderen, in Form seiner angeheuerten Schläger mit Raubtieraugen, die düster von irgendwelchen schrecklichen Unfällen sprachen, die seine Kinder erleiden könnte, oder noch Schlimmeres, das seiner Frau zustoßen könnte. Sie machten es nur zu deutlich, dass es in Glebs eigenem Interesse war, die Zahlung nicht länger hinauszuzögern.

Seine Familie bekam von all dem nichts mit, auch wenn seine Frau etwas vermutet haben musste, denn sie sprach nicht mehr mit ihm. Anscheinend stand sie kurz davor, die Scheidung zu verlangen. Um dem Ganzen die Krone aufzusetzen, hatte Gleb auch noch seinen Job verloren, weil er entweder gar nicht oder betrunken zur Arbeit erschien.

Nachdem er mir das alles berichtet hatte, brach Gleb vor meinen Augen zusammen und sank ohnmächtig zu Boden.

Ich trug ihn zum Sofa und stellte überrascht fest, wie sehr er seit unserer letzten Begegnung abgenommen hatte. Er schien gerade einmal 50 Kilo zu wiegen, wie ein Teenager.

Ich setzte mich neben ihn und betrachtete lange sein abgehärmtes Gesicht, die Bartstoppeln, die wirren Haare. Er wirkte vorzeitig gealtert. Selbst im Schlaf konnte er sich nicht entspannen. Er keuchte laut, atmete unregelmäßig und zuckte immer wieder zusammen, wie um einem nicht enden wollenden Albtraum zu entfliehen.

Es dauerte eine ganze Stunde, bis er endlich den Tiefschlaf erreicht hatte. Seine Gesichtszüge wurden weicher. Wahrscheinlich träumte er davon, wie er an einem schneeweißen Sandstrand mit seinen Kindern spielte, während seine Frau von einem Liegestuhl aus lächelnd zuschaute.

Der Gedanke, der sich langsam zu formen begonnen hatte, als er seine traurige Geschichte erzählte, war inzwischen zu einem kristallklaren Plan herangewachsen.

„Schlaf nur, schlaf, mein Freund. Es wird alles wieder in Ordnung kommen. Ich werde dafür sorgen, dass du am Ende doch mit deiner Familie Urlaub am Meer machen kannst."

Ich schaltete mein Laptop ein, öffnete den Browser und fand eine Website, die alle Informationen über Poker enthielt, die es nur gab.

Begleitet von Glebs Schnarchen verbrachte ich mehrere Stunden damit, alles gründlich zu studieren, bis ich meine Fertigkeit im Pokerspielen auf Level 4 gebracht hatte. Im Laufe der letzten Stunde allerdings konnte ich nur noch langsam Fortschritte erzielen. Der Balken war stehengeblieben, und jegliches weitere Theoriestudium zeigte keinerlei Ergebnisse.

Ich betrachtete meinen Glücksring von Veles, küsste ihn und begab mich auf eine Seite, auf der Online-Poker gespielt wurde.

„Also los – dann lass uns mal spielen!"

KAPITEL 14

DER BETRÜGER

*Wer keine Angst hat, wie ein Narr
dazustehen, kann alle narren.*

Alexander Zorich, *Rapid Fire -
Unbewaffnet und extrem gefährlich*

„MIAU!", SAGTE BORIS leise, sprang auf meinen Schoss
und stupste mich mit der Nase an.

„Du musst noch warten. Du bekommst dein
Frühstück bald." Ich schaute auf die Uhr. „So in etwa
30 oder 40 Minuten."

Normalerweise brauchte ich mindestens drei
Stunden Schlaf. An diesem Morgen fand kein Training
mit Kostya statt und das Joggen konnte ich einmal
ausfallen lassen. Also hatte ich Zeit bis 8 Uhr. Was
bedeutete, ich musste spätestens um 4:30 Uhr zu Bett
gehen. Jetzt war es bereits 3 Uhr, und mir fehlten
noch immer 30 % zum angestrebten Level 5 im
Pokerspielen.

Ich hatte 20 Dollar in mein Spielerkonto

eingezahlt. Momentan ging es mir nicht um große Gewinne, sondern nur darum, mein Level zu steigern.

Der Hauptunterschied beim Online-Poker im Vergleich zum realen Spiel war, dass man das Gesicht der Gegner nicht sehen konnte. Deshalb konnte man auch ihre Reaktionen nicht interpretieren, weder die auf ihre eigenen Karten noch die auf die Karten anderer. In der realen Welt konnte man Neulinge beim Poker recht schnell erkennen: Sie hatten ihre Emotionen nicht im Griff und verhielten sich je nach gehaltenem Blatt unterschiedlich. Sie blufften in beide Richtungen, gaben also vor, ein starkes Blatt zu haben, wenn ihre Karten miserabel waren, und umgekehrt, aber mit der ausreichenden Erkenntnis konnte man in ihnen lesen wie in einem offenen Buch.

Beim Online-Poker hatte man solche Anhaltspunkte nicht. Deshalb musste man dabei ganz genau auf die Art und Weise achten, wie die Gegner spielten. Die gesamte erste Stunde lang hatte ich versucht, genau das zu tun und dabei selbst so wenig vorhersagbar wie nur irgend möglich gespielt. Ich hatte zum Beispiel die Einsätze bei einem miserablen Blatt erhöht und war dann bei einem Gegenangriff ängstlich ausgestiegen. Kurz, ich hatte alles getan, um den Eindruck zu erwecken, ein „Fisch" zu sein. So nannte man einen Neuling beim Pokern. Ich war mir nicht sicher, ob die anderen Spieler überhaupt darauf achteten – bei Spielen mit solchen Minieinsätzen war das eher unwahrscheinlich –, aber diejenigen, die es taten, mussten ihre eigenen Schlüsse gezogen haben.

Die falschen Schlüsse, wie ich feststellte, denn kaum hatte ich die Spieltechniken der anderen studiert, hörte ich sofort auf, chaotisch auf alles zu setzen, und ging nach reiner Mathematik und der Theorie der Wahrscheinlichkeit vor. Eiskalt berechnete ich die Chancen, die ich mit meinem Blatt gegen die Bank hatte. Inzwischen musste ich meine Gegner davon überzeugt haben, es bei mir mit einem risikofreudigen Trottel zu tun zu haben. Sie reagierten auf meine Einsätze und erhöhten Einsätze genau so, wie ich das wollte.

Im Laufe der folgenden Stunden hatte ich bei nur vier von etwa dreißig Runden ein anständiges Blatt. Ich hatte keine Ahnung, woran das lag – war es purer Zufall? Waren es meine zutreffenden Berechnungen? Oder war es mein hohes Glückslevel in Kombination mit dem Glücksring des Veles? Aber von diesen vier anständigen Blättern hatten mir drei richtig gute Gewinne eingebracht. Beim vierten hatte das Spiel damit geendet, dass mein Gegner aufgab, weil er kein Risiko eingehen wollte.

Und jetzt hatte ich alles gesetzt, mit zwei Pärchen, Königen und Zehnen und einer Fünf auf der Hand. Die beiden noch verbliebenen Gegner hatten bereits gezeigt, dass sie zwanghaft einfach weitermachten, selbst mit absolut schlechten Karten. Die Chancen standen also gut, dass sie nicht aufgeben würden.

Genau das geschah dann auch. Beide zogen mit. Einer besaß drei Fünfen, womit er mein Blatt besiegt hätte.

In Gedanken verabschiedete ich mich bereits von meinem Geld. Dabei tobten in nur wenigen Sekunden die unterschiedlichsten Gefühle in meinem Herzen, von Ärger und Abneigung bis dann hin zu grenzenloser Freude, als auf einmal eine weitere Zehn angeschwommen kam. Damit hatte ich ein Full House.

Ich gewann.

Ich betrachtete meine Chips und die Zahl 239 $ daneben, und spürte das vertraute, jedoch lange vergessene Spieler-Hoch. In nur zwei Stunden hatte ich meinen Einsatz verzwölffacht!

Mein Herz raste, was meinen Pulsschlag auf über

160 brachte. So hoch war mein Puls schon lange nicht mehr gewesen, nicht einmal während meines anstrengenden Trainings.

Man konnte natürlich mit Fug und Recht sagen, dass es nur ein vernachlässigenswerter Betrag war, den ich gewonnen hatte. Aber hätte ich mit höheren Einsätzen gespielt ...

Peng! Eine neue Systemmitteilung sauste herab wie die Klinge einer Guillotine:

Du erlebst ein Spieler-Hoch!
Warnung! Du spielst gerade ein Glücksspiel! Es wurde eine massive Ausschüttung von Hormonen entdeckt: Adrenalin, Dopamin, Serotonin, Endorphin ...
Dein Atmen und dein Pulsschlag haben sich beschleunigt. Deine Reaktionen auf Schmerz und externe Reize sind geschwächt. Es besteht die Gefahr, dass du in eine manische Besessenheit verfällst.
Dein Stoffwechsel hat sich um 33 % erhöht.
Warnung! Es besteht die Gefahr, dass du die Kontrolle verlierst und unvernünftig handelst, und zwar bis hin zur seelischen Störung.
Warnung! Es besteht eine hohe Wahrscheinlichkeit der spontanen Entwicklung des Spieler-Debuffs:

-1 Wahrnehmung alle 72 Stunden
-2 Intelligenz alle 72 Stunden
-10 % Zufriedenheit alle 2 Stunden
-10 % Lebenskraft alle 2 Stunden
-75 % Selbstkontrolle
-75 % Entscheidungsfindung

Die abschreckenden Erinnerungen an meine und Glebs schändliche Spielervergangenheit drängten sich mir auf. Meine zitternde Hand klickte nahezu wie von selbst auf das „X" oben rechts, um das Fenster zu schließen.

Gratuliere! Du hast ein neues Fertigkeitslevel erreicht!
Name der Fertigkeit: Selbstkontrolle
Derzeitiges Level: 5
Erhaltene Erfahrungspunkte: 500 Punkte
Derzeitiges Level des sozialen Status: 15. Fehlende Erfahrungspunkte bis zum nächsten Level: 12.950/16.000

Ich rieb mir die Augen und streckte meine eingeschlafenen Glieder, dann begab ich mich auf den Balkon. Obwohl die Klimaanlage auf vollen Touren lief, war die Luft in der Wohnung nicht frisch. Glebs Atem, der nach schalem Alkohol stank, trug seinen Teil dazu bei.

Allmählich kam ich wieder zu mir. Ich musste ein paar Dinge herausfinden, also rief ich Martha herbei.

„Hi, Phil!", begrüßte sie mich. „Ist mit dir alles in Ordnung? Du siehst ... müde aus."

„Hallo! Kannst du bitte die Protokolle für mich überprüfen?"

„Das habe ich bereits. Soll ich nach etwas Bestimmtem Ausschau halten?"

„Mich interessiert der Spieler-Debuff. In der Beschreibung des Spieler-Hochs heißt es, dass der sich ganz spontan entwickeln kann."

„Das kann er in der Tat. Es hängt von einer Reihe Faktoren ab: Ob der Benutzer ein in anderer Hinsicht aufregendes und ereignisreiches Leben führt, wie glücklich er insgesamt ist und wie hoch seine Level für Geist, Willenskraft, Selbstkontrolle und Selbstdisziplin sind. Das sind die wichtigsten Dinge."

„Wie lange kann denn so ein Spieler-Debuff anhalten?"

„Im Fall eines durchschnittlichen Menschen, der keine Unterstützung durch das Interface erhält, sind sowohl der Grad der Abhängigkeit als auch die Wahrscheinlichkeit einer Erholung davon vergleichbar mit denen bei einer Alkohol- oder Drogensucht. Für einen Interface-Benutzer kann der Debuff zwischen 7 und 49 Tagen anhalten. Die genaue Zahl ist abhängig von der Entwicklung der oben genannten Fertigkeiten. Der Debuff entwickelt sich in verschiedenen Stadien …"

„Schon kapiert. Du musst nicht weiterreden."

Die nächsten Minuten verbrachten wir schweigend. Ich wog alle Risiken ab. Bei meinen Plänen, Gleb zu retten, spielte das Pokerspielen noch immer eine sehr große Rolle. Allerdings gab es jetzt eine Bedingung – ich musste unbedingt mit dem Spielen aufhören, bevor ich diesen Debuff empfing. Ansonsten könnten die daraus resultierenden geringen Level an Selbstkontrolle und Entscheidungsfindung mich für mindestens eine Woche in meiner Arbeit beeinträchtigen. Und das einmal ganz abgesehen von der Schwächung der Lebenskraft und Zufriedenheit, die mir das Leben verdammt unangenehm machen konnte.

„Okay, Marth. Ich gehe jetzt besser schlafen."

„Einen Augenblick noch, Phil."

„Was ist denn?"

„Könntest du mich bitte öfter aktivieren? Es wäre eine gute Idee, wenn du mich vor großen Entscheidungen um Rat fragen würdest. Du weißt schon – zwei Köpfe …"

„… sind besser als einer, meinst du das? In Ordnung, Mädchen. In diesem Fall muss ich dich noch etwas anderes fragen. Du hast dich nicht etwa nach einem Prototypen im realen Leben gestaltet, oder?"

Sie lächelte verschmitzt. „Dein derzeitiger Erkenntnislevel reicht nicht aus, um auf die angeforderten Informationen zuzugreifen. Gute

Nacht, Phil – wir sehen uns."

Sie verschwand. Ich gähnte herzhaft und erkannte, dass es mir wieder gut ging. Das Spieler-Hoch war abgeklungen. Theoretisch konnte ich jetzt weiterspielen und meine Fertigkeit auf Level 5 bringen. Doch stattdessen meldete ich mich auf der Pokerseite nur deshalb noch einmal an, um meine Gewinne auf mein Bankkonto zu überweisen. Anschließend ging ich zu Bett.

Doch mein Gehirn war völlig überreizt. Mein fotografisches Gedächtnis spielte mir Bilder von nicht zueinander passenden Spielkarten vor, von Gewinnkombinationen und wachsenden Stapeln von Chips an. Ich zwang den ganzen Mist aus meinem Kopf heraus und ersetzte ihn durch Bilder von Schafen, die über Zäune sprangen.

Beim 96. Schaf war ich eingeschlafen.

* * *

ICH HATTE NATÜRLICH vergessen, den Alarm des Systems neu einzustellen. Daher weckte das Interface mich pflichtschuldig wie üblich um 6 Uhr. Ich hätte nur zu gern weitergeschlafen, aber das Programm hatte wie immer „auf der Grundlage meines Schlafzyklus die beste Zeit zum Aufwachen" gewählt. Also war ich hellwach. Ich warf mich noch ein wenig im Bett herum, versuchte vergebens, wieder einzuschlafen, doch mein Gehirn arbeitete bereits auf Hochtouren und schmiedete Pläne für den Tag.

Bei der Arbeit musste ich noch die Unterhaltung mit Kesha von gestern fortführen. Mit ihm hatte ich große Pläne, was unsere zukünftige Outsourcing-Verkaufsabteilung betraf. Ich hoffte nur, er würde zustimmen.

Außerdem musste ich mir eine Jobbeschreibung

für Veronica ausdenken. Headhunter-Dienste vielleicht? Nun, warum nicht? Das einzige Problem war, bisher hatte ich noch niemals versucht, einen Bewerber zu finden, der zu einem Unternehmen passte, sondern immer nur nach Unternehmen gesucht, bei denen ein Bewerber Erfolg haben konnte.

Vielleicht sollte ich es einfach einmal anders herum ausprobieren?

Ich öffnete das Interface und aktivierte die Karte. Dann dachte ich an unsere Agentur und setzte alle KIDD-Punkte ein, die mir bekannt waren: Den Namen der Agentur, die Anschrift, die Fachgebiete und die jetzigen Mitarbeiter, also ich selbst, Stacy und Alik. Auf der Grundlage dieser Daten suchte ich nach einem imaginären kaufmännischen Leiter, der über Kompetenz beim Verkauf unserer B2B-Dienste verfügte. Außerdem ergänzte ich die Beschreibung des gewünschten Kandidaten noch durch ein paar persönliche Charaktereigenschaften: Gute Kommunikationsfertigkeiten, Erfahrungen im Vertrieb, ein hohes Maß an Energie, Effizienz und Integrität.

Dann klickte ich auf „Suchen".

Hunderte von grünen Markern zeigten sich auf der Karte Russlands. Ich schränkte die Suche auf unsere Stadt ein. Nun waren noch etwa 20 Marker übrig. Ich fügte einen weiteren Suchparameter hinzu, betreffend Gehalt und Provision.

Das ließ 6 Marker stehen.

Ein weiterer Suchparameter, die Bereitschaft, den jetzigen Job zu verlassen und zu unserer Agentur zu wechseln, ergab am Ende nur noch zwei Namen: Eine gewisse Irina Soltzman, 27 Jahre alt, und ... Innokenty „Kesha" Dimidko, 34 Jahre alt.

Bingo!

Mittlerweile wusste ich zu viel über die Rolle des Glücks bei solchen Dingen, um noch an Zufälle zu glauben. Nehmen wir doch nur einmal das Büro der Agentur – ich war über dieses Gewerbezentrum gewissermaßen gestolpert. Dann hatte ich einfach angerufen und von allen Leuten ausgerechnet mit Gorelik gesprochen. Und das alles nur, weil ich etwas gebraucht hatte, um es Vicky vorzeigen zu können.

Aus reinem Bauchgefühl heraus wiederholte ich das gesamte Verfahren, diesmal auf der Suche nach einem PR-Direktor. Anschließend seufzte ich erleichtert auf. Veronica war nicht unbedingt die beste Kandidatin dafür – da gab es weit geeignetere potenzielle Bewerber.

Obwohl ... Einen Augenblick! Ich hatte vergessen, den Gehaltsfilter zu aktivieren! Noch weitere vier Male ließ ich die Suche laufen, und am Ende blieb nur ein Name übrig, der unseres schönen Rotschopfs. Den Suchergebnissen zufolge war sie sogar bereit, für nur 10.000 Rubel im Monat zu arbeiten.

Das wurde ja immer merkwürdiger! Oder hatten die Suchergebnisse vielleicht etwas damit zu tun, dass ich beide kannte und ihnen bereits geholfen hatte? Hatte das Programm sich deshalb für sie entschieden? Möglich war das.

Außerdem musste ich noch immer diesen Panchenko anrufen, den neuen kaufmännischen Leiter von *Ultrapak*, und ihm unsere Verkaufsdienste anbieten. Das war nicht allzu dringend, aber andererseits entsprach es mir inzwischen wirklich nicht mehr, Dinge auf die lange Bank zu schieben. Valiadis hatte ich bereits ohne jede Hilfe von Ivanov aufspüren können. Doch anscheinend sollte die Kette der Ereignisse, die mit unserer Unterhaltung begonnen hatte, mit meinem Angebot der Zusammenarbeit gegenüber Panchenko enden.

Falls ja, musste das eben so sein. Wie er darauf reagierte, war mir eigentlich gleichgültig- Ich wollte lediglich die Sache zu einem logischen Abschluss bringen.

Das waren die Aufgaben, was die Arbeit betraf. Im privaten Bereich lagen meine Prioritäten bei einem Besuch von Cyril im Krankenhaus und dabei, einige Antiquitätenläden in der Stadt zu besuchen.

Die wichtigste und schwierigste Aufgabe für heute war jedoch, Gleb vor den Kredithaien zu retten.

Ich spritzte mir etwas Wasser ins Gesicht und begab mich zum Joggen. Ich hatte zwar für diesen Morgen kein Training eingeplant, aber nachdem ich dumm genug gewesen war, den Alarm nicht umzustellen, konnte ich diese Morgenstunden wenigstens zu etwas Gutem nutzen.

Meine Ausdauer verharrte noch immer auf Level 11 und machte keine Anstalten, wachsen zu wollen, aber wenigstens verschaffte mir das Joggen weitere 6 % beim Laufen.

Als ich zurückkam, weckte etwas am friedlich schlafenden Gleb meine Aufmerksamkeit. Seine Augäpfel bewegten sich rasend schnell unter seinen geschlossenen Augenlidern. Wovon auch immer er gerade träumte – seine Statistiken ließen eine Menge zu wünschen übrig. Selbst im Schlaf hatte er noch Angst, und mir war auch klar, was er fürchtete – seine Familie und sein Zuhause zu verlieren und damit womöglich auch sein Leben.

Mit „Leben" meinte ich dabei nicht seine physische Existenz, sondern alles, was in den letzten Jahren sein Leben ausgemacht hatte.

Ich studierte seine Werte eingehend. Er litt unter jeder Menge Debuffs: Spielsucht, Alkoholabhängigkeit, Nikotinsucht und alle waren bereits sehr weit fortgeschritten. Das waren nur die Hauptdebuffs, und dann gab es da noch die Folgen wie Nikotinentzug, Berauschung, Erschöpfung und sogar Durst, wahrscheinlich verursacht durch das Saufgelage mit Bier gestern Abend.

Fügte man all dem noch die sekundären Eigenschaften hinzu, war es höchste Zeit für einen Alarmruf und einen Transport ins Krankenhaus. Seine Vitalität lag gerade mal etwas über 60 %, seine Zufriedenheit war nahezu negativ, seine Lebenskraft nicht vorhanden, und sein Selbstvertrauen, seine Selbstkontrolle, sein Geist und seine Laune befanden sich tief im roten Bereich.

Mein Freund brauchte dringend Heilung.

Ich nahm mein Handy vom Tisch, auf dem es vor sich hin vibrierte, und ging auf den Balkon, um Gleb nicht zu wecken. „Hallo?"

„Tut mir leid, dass ich so früh anrufe", sagte jemand. „Ich arbeite bei einem Kurierdienst und habe ein Paket für Sie. Sind Sie gegen Mittag zu Hause?"

„Ich fürchte nein, ich bin dann noch bei der Arbeit."

„Kann ich Ihnen das Paket an den Arbeitsplatz liefern?"

„Natürlich. Die Adresse ist Chekhov Gewerbezentrum ..."

Nachdem ich aufgelegt hatte, wunderte ich mich kurz, wer mir da wohl etwas geschickt hatte, vergaß die Sache jedoch prompt wieder.

Nach einer Wechseldusche fühlte ich mich voller Energie, bereitete Unmengen starken Tee in der riesigen Teekanne des Vermieters zu und suchte anschließend in meinem Medizinschrank nach Aspirin und Analgin.[33] Dann holte ich eine frische Flasche Wasser aus dem Kühlschrank und machte mich daran, Gleb zu wecken.

„Zeit zum Aufwachen!"

Er murmelte etwas im Schlaf. Ich musste ihn schütteln, bis er endlich die Augen aufschlug.

„Oh ... Was ... Phil?", krächzte er. Seine

---

[33] Analgin: Ein in Russland beliebtes rezeptfreies Schmerzmittel.

pergamenttrockenen Lippen bewegten sich kaum.

„Trink das." Ich gab ihm die Wasserflasche und reichte ihm ein paar Aspirin und eine Tablette Analgin, während er trank. „Und nimm das."

Er war so apathisch, er fragte nicht einmal, was es für Pillen waren. Er warf sie sich einfach in den Mund und spülte sie mit Wasser hinunter.

Kaum war sein Durst-Debuff verschwunden, suchte er auch schon in seinen Taschen.

„Nicht jetzt!", gebot ich ihm Einhalt. „Du kannst später eine rauchen. Jetzt duschst du erst einmal. Du stinkst so erbärmlich, dass sogar die Katze dich meidet."

„Ach, komm schon, Phil! Lass mich zuerst eine rauchen – dann steige ich unter die Dusche."

„Jetzt hör mir mal gut zu", sagte ich energisch. „Ich werde dir jetzt etwas über deine Zukunft erklären. Erinnerst du dich daran, was du mir gestern Abend berichtet hast? Über deine Schulden und die Kredithaie, die dir deine Eigentumswohnung wegnehmen wollen? Und die Gauner, die deine Kinder bedrohen?"

Sein Gesicht veränderte sich schlagartig, und er sprang vom Sofa auf.

„Setz dich wieder!", befahl ich. „Stimmt das, oder stimmt es nicht?"

Ich wusste ja, dass es der Wahrheit entsprach, schließlich hatte ich die Lügenerkennung aktiviert gehabt. Allerdings wollte ich ihm die schiere Tiefe des Abgrunds vor Augen führen, in dem er steckte. Des Abgrunds, dem er in seiner Fantasiewelt so naiv durch das Gewinnen des Jackpots zu entkommen hoffte.

Er nickte.

„Ich habe nichts gehört."

„Ja ... es stimmt."

„Und entspricht es auch der Wahrheit, dass du

mit deiner Familie Urlaub am Meer machen möchtest?"

„Ja." Er zuckte mit den Schultern. „Daran mag ich momentan nicht einmal denken. Allerdings wenn ..." Sein Gesicht erhellte sich. „Du hast doch versprochen, mir Geld zu leihen, oder? Ich weiß jetzt ganz genau, wie ich beim Spielen vorgehen muss. Ich werde klug und ganz besonders vorsichtig sein und nur kleine Schritte machen! Ich weiß, wie ich alles zurückgewinnen kann!"

„Du weißt überhaupt nichts, mein Lieber! Kannst du nicht mal eine Sekunde lang logisch denken?"

Er stutzte, dachte nach, dann schüttelte er den Kopf. „In der Theorie ist das ohne Weiteres machbar. Das Problem ist nur, um in dieser Größenordnung Geld zu gewinnen, muss man auch groß einsteigen. Und ich ..."

„Und du, mein Freund, bist krank! Stellen wir uns einmal vor, ich würde dir die zwei Millionen geben." Als ich sah, wie er aufhorchte, ergänzte ich rasch: „Als reines Gedankenspiel. Und dann was? Wirst du dann etwa hingehen und deine Schulden abbezahlen? Oh, nein, das wirst du nicht. Es ist so sicher wie das Amen in der Kirche, du wirst zuerst nur einen kleinen Betrag davon beiseitelegen, um damit zu spielen. Und wenn du anfänglich gewinnst, machst du weiter, bis du am Schluss noch tiefer in den roten Zahlen steckst. Habe ich recht?"

„Ja, aber ..."

„Habe ich recht?"

„Ich vermute mal ja."

„Und wenn du verlierst, greifst du nach und nach immer mehr von dem Geld an, bis nichts mehr übrig ist, in der Hoffnung, alles zurückzugewinnen. Zuerst spielst du noch vorsichtig und vernünftig, doch dann erhöhst du die Einsätze und verlierst deinen Kopf, denn du kannst nicht eher aufhören, bis du das gesamte Geld verplempert hast. Und weißt du auch, warum?"

„Ach, nun komm schon, Phil – hör mit dem Unsinn auf ..."

„Ich frage dich, weißt du, warum das so ist?", wiederholte ich mit erhobener Stimme und investierte so viel in meine Überzeugungskraft, dass mein Geist bei jedem Wort zu schwinden begann.

„Warum?", flüsterte er.

„Weil du konditioniert worden bist wie ein Pawlowscher Hund, du Idiot! Und zwar nicht durch eine bestimmte Person, sondern durch das Spiel selbst! Du liebst es, zu spielen, du liebst das Risiko. Du genießt den Adrenalinstoß, wenn du auf die nächste Karte wartest, und dann wirken Dopamin und Serotonin, die dich mit Freude erfüllen, wann immer du gewinnst. Du liebst die reine freudige Erwartung des Gewinnens. Deshalb kannst du sogar das Verlieren verkraften. Wenigstens solange du über genug Geld für den Versuch verfügst, dir alles zurückzuholen, denn das verschafft dir ein noch viel berauschenderes Hoch. Du bist ein Junkie, Gleb, du bist ein verdammter Spielsüchtiger. Hast du mich verstanden?"

Er war knallrot angelaufen. „Ich bin kein Junkie! Wer bitte gibt dir denn das Recht, mir etwas vorzupredigen? Ich kann jederzeit aufhören, wenn ich das will. Du hast ja keine Ahnung! Ich habe einfach nur Pech! Fick dich doch ins Knie – ich brauche keinen Psychiater!"

Erneut suchte er hektisch in seinen Taschen, fand seine Zigaretten und stolperte zur Wohnungstür. Ich folgte ihm. Er war bereits dabei, seine Straßenschuhe anzuziehen.

„Gleb, hör mal ..."

„Was ist denn jetzt noch?", blaffte er und band sich die Schnürsenkel zu.

„Wie würde es dir gefallen, wenn du all deine Schulden bezahlen, dich mit deiner Frau versöhnen, einen guten Job finden und mit den Kindern über Weihnachten in einem exotischen Resort Urlaub machen könntest? Irgendwo mit Palmen, weißem Sand, einem sanften, warmen Meer und Unmengen Sonne?"

Er schaute zu mir hoch. In seinen traurigen, braunen Augen glomm ein Funke Hoffnung. „Was für eine dämliche Frage! Und was, wenn ich ja sage? Hast du etwa einen überzähligen Flaschengeist in der Hosentasche?"

„Wer braucht denn einen Flaschengeist, wenn er mich hat? Und ich sage dir jetzt, genau das, was ich gerade gesagt habe, wird eintreten."

„Und wie bitte willst du das anstellen?"

„Du selbst musst dafür überhaupt nichts Besonderes tun. Du musst mir einfach nur zuhören und tun, was ich dir sage. Und du darfst nichts von dem tun, wovon ich dir sage, dass du es lassen sollst."

„Aber natürlich doch … Ich gehe dann mal. Ich muss mich unbedingt mit Sergei Rezvei treffen. Der hat ebenfalls versprochen, mir zu helfen."

Ich rollte die Augen. „Warum mache ich mir überhaupt die Mühe? Wie bitte soll er dir denn helfen? Er leiht dir vielleicht ein bisschen Geld, und dann was? Du gehst sofort los und versuchst, endlich den Jackpot zu knacken? Und wie willst du das machen? Du hast gestern Abend dein Handy zerstört, erinnerst du dich?"

„Oh, Scheiße, du hast ja recht!", rief er aus, sichtlich erschüttert. „Und ich glaube nicht, dass Lena mich wieder in die Wohnung lässt. Beim letzten Mal hat sie mir angedroht, wenn ich noch einmal nachts nicht nach Hause komme, wirft sie mich raus!"

„Gib mir ihre Telefonnummer."

Er hockte auf dem Boden und stützte den Kopf in

die Hände. Ich rief seine Frau an, berichtete ihr, dass mit ihrem Mann alles in Ordnung wäre und er die Nacht bei mir verbracht hätte. Er hätte sie nicht anrufen können, ergänzte ich, weil sein Handy kaputt wäre. Und jetzt wäre er gerade zur Arbeit aufgebrochen, log ich.

Ihre Stimme war kalt, aber ich hörte dennoch eine gewisse Erleichterung heraus. Das war gut – sie hatte sich also Sorgen um ihn gemacht und er war ihr nicht gleichgültig. Es war also noch nicht alles verloren für meinen Freund Gleb, den alkoholsüchtigen Spieler, Ehemann und Vater.

Nachdem ich aufgelegt hatte, wandte ich mich erneut an ihn. „Also, was hast du nun beschlossen, Herr Junkie?"

„Ich bin kein ...", setzte er an, schaute dann jedoch zu mir hoch. „Okay. Ich kapiere zwar nicht, wie du mir helfen können sollst, aber ... Ach, verdammt, machen wir es trotzdem. Also, was soll ich tun? Und was soll ich nicht tun?"

„Zuerst einmal wirfst du deine Klamotten in die Waschmaschine und steigst unter die Dusche."

Es war mir ein Rätsel – und ich hatte noch keine Zeit gehabt, Martha dazu zu befragen –, aber anscheinend hatte meine Einmischung in Glebs Leben dazu geführt, dass plötzlich alle seine Debuffs zeitlich beschränkt waren, und zwar auf 21 Tage. Drei Wochen. Das Gleiche war mir passiert, als ich die Entscheidung getroffen hatte, mit dem Rauchen aufzuhören. Solange Gleb es schaffte, in diesen drei Wochen nicht zu spielen und nicht zu trinken, konnte er seiner Abhängigkeiten Herr werden.

Mit seinem Rauchen hatte das allerdings nicht funktioniert. Er weigerte sich standhaft, auch noch die letzte Sucht aufzugeben. Seinen Worten nach das Einzige, was ihm im Leben noch Freude bereitete.

Sobald der wie neugeborene Gleb die Dusche

verlassen und sich Hemd und Hose von mir angezogen hatte, setzten wir uns hin und tranken einen guten, starken Kaffee. Schwarz. Ich selbst musste statt des Hemdes, das Vazgen mir am Abend zuvor zerrissen hatte, auf eines der beiden Hemden zurückgreifen, die ich mir für meine Arbeit bei *Ultrapak* gekauft hatte. Es passte mir nicht mehr sehr gut, denn damals war mein Bauch größer und meine Schultern schmaler gewesen, aber unter dem Jackett des Anzugs sah man das schließlich nicht.

Es dauerte eine halbe Stunde, bis ich ihm alle Einzelheiten meines Plans erklärt hatte. Dabei musste ich mir die ganze Zeit sein amüsiertes Kichern anhören. Nachdem ich ihm den Dreh- und Angelpunkt meines Plans geschildert hatte, stieß er beinahe seine Kaffeetasse um.

„Du bist ja völlig verrückt, wenn du glaubst, dass dein bescheuerter Plan funktionieren kann!"

„Hör mal, wir hatten eine Vereinbarung!", erwiderte ich verärgert. „Ich übernehme das Denken – und dein Job besteht darin, zu tun, was ich dir sage!"

„Jawohl, Sir! Nein, Sir! Sofort, Sir!", scherzte er und salutierte spöttisch.

„Iss dein Omelett auf, Gefreiter! Das ist mein erster Befehl!"

Er seufzte übertrieben und machte sich über mein mit Kochfertigkeiten des Levels 5 hergestelltes Meisterwerk her. Aus der Ecke heraus warf Boris ihm unfreundliche Blicke zu.

* * *

UM 9:15 UHR FÜHRTE ich Gleb in unser Büro. Die anderen begrüßten ihn und warteten anschließend voller Neugier darauf, zu erfahren, wer der Neuankömmling war.

„Leute", erklärte ich, „ich möchte euch Gleb vorstellen. Er ist ein sehr guter Grafikdesigner. Gleb, der Macho da drüben ist Alik, mein Freund und Partner. Und diese hübsche junge Dame ist Stacy."

Die beiden Männer gaben einander die Hand.[34] Dann klappte ich vorsichtig Glebs Kiefer wieder zu. Er beäugte Stacy mit einem staunenden Hundeblick.

Sie knickste grinsend. „Nett, dich kennenzulernen, Gleb!"

Endlich hatte er sich wieder im Griff und sagte: „Der Job gefällt mir schon jetzt! Wo muss ich unterschreiben?"

Wir setzten uns kurz zusammen, um die Verteilung der Aufgaben für diesen Tag zu besprechen. Dann gab Alik Gleb sein – oder vielmehr Veronicas – Laptop.

Glebs erste Amtshandlung war eine gründliche Reinigung des Geräts. „Ich weiß ja nicht, wo du damit überall gewesen bist, Alik, aber ich fürchte, es haben sich schon außerirdische Lebensformen darauf angesiedelt. Auf dem Laptop finden sich Kolonien über Kolonien aller möglichen Viren. So behandelt man keinen Computer! Soll ich das Laptop für dich reinigen?" Er wartete auf das verwirrte Nicken des Ex-Gangsters.

„Prima! Ich werde alles löschen und den Computer wiederaufsetzen. Die Dateien kann ich auf einer externen Festplatte speichern. Kann ich dafür deine benutzen, Phil? Anschließend werde ich das Betriebssystem neu installieren, plus ein

---

[34] In Russland geben Männer sich die Hand, aber zwischen Männern und Frauen ist ein Handschlag nicht üblich. Wenn der Mann und die Frau miteinander befreundet oder verwandt sind, umarmen sie sich vielleicht und/oder geben sich einen Wangenkuss. Wenn sie sich nicht gut kennen, vermeiden sie jeden Kontakt und beschränken sich auf ein Nicken und ein Lächeln.

Antivirenprogramm und eine gute Grafiksoftware. Also los ... Ähm, um ehrlich zu sein, kann das Ding eine Innenreinigung ebenso gut gebrauchen wie eine Außenreinigung. Habt ihr hier einen Staubsauger?"

Stacy nickte.

„Hervorragend. Und nach dem Mittag werde ich mit der Entwicklung des Markenstils für das Unternehmen beginnen. Irgendwelche Vorschläge für das Logo, Chef?"

„Darf ich ebenfalls meine Meinung äußern?", mischte sich Stacy ein.

„Es sollte schwarz und rot sein", bemerkte Alik.

Gleb kicherte. „Ihr könnt alle sagen, was ihr wollt – ich gestalte das Logo doch so, wie ich mir das vorstelle."

Aufgetaucht aus dem Nebel seiner Spielsucht, war er wieder der Gleb, den ich kannte und mochte: Mein guter alter Freund, verantwortungsvoll und gründlich, der dennoch alles leicht nahm.

„Möchten Sie einen Kaffee, Herr ...?" Stacy hielt inne und wartete darauf, dass er ihr seinen Nachnamen nannte.

„Nenn mich einfach Gleb."

„Kaffee, Gleb? Oder trinkst du lieber Tee? Okay. Welche Teesorte? Und wie nimmst du deinen Tee? Schwarz? Mit Milch oder Zitrone? Earl Gray? Oder ist dir ein Früchte- oder Kräutertee lieber?"

„Ähm ... Einen starken schwarzen Tee mit etwas Zitrone, bitte", gab Gleb seine Bestellung auf. „Und zwei Stück Zucker."

„Wird erledigt", lächelte Stacy. „Und dazu ein paar Kekse?"

Wann in Dreiteufelsnamen hatte sie denn Zeit gehabt, das alles einzukaufen? Ich grübelte darüber nach. Gleb hatte inzwischen Aliks Platz in Beschlag genommen (nachdem der gegangen war, um zu versuchen, sich von Gorelik einen weiteren

Schreibtisch zu beschaffen.) Er sah mich erstaunt an.

„Kekse für die Mitarbeiter? Was denn sonst noch alles? Sollen wir vielleicht ein Basketballnetz aufhängen und ein Tischfußballspiel aufstellen?"

„Begib dich an die Arbeit, du Witzbold. Sonst machen wir hier eine Kegelbahn auf und benutzen deinen Kopf als Fußball!"

„Du hast eben einfach keinen Sinn für Humor, Phil. Nicht den geringsten."

Ich schaffte es, vor dem Mittag ein paar Kunden zu empfangen, mit Veronica zu sprechen und ihren Arbeitsvertrag mit ihr durchzugehen und mich dann mit Herrn Katz zusammenzusetzen, um die Feinheiten unserer Vertragsvorlage sowohl für die Personalbeschaffung als auch das Vertrieb-Outsourcing zu erörtern.

Anschließend suchte ich Rose wegen unserer Steuererklärung und der Preisgestaltung unserer neuen Dienste auf und traf mich dann mit Kesha, dem ich meine Vision seiner zukünftigen Arbeit beschrieb. Sobald er sich einverstanden erklärt hatte, gaben wir uns die Hand darauf und besprachen sofort die Bedingungen, die wir unseren neuen Kunden anbieten konnten. Schließlich ging er, um den Entwurf unseres neuen Geschäftsvorschlags auszuarbeiten.

Panchenko, der neue kaufmännische Leiter von *Ultrapak*, nahm meinen Anruf nicht entgegen, sondern schickte mir stattdessen eine Nachricht:

Ich rufe Sie später zurück.

Kurz vor 12 tauchte der angekündigte Kurier auf und übergab mir ein in Papier gewickeltes Paket. Ein Blick auf den Absender reichte aus, um zu wissen, was sich darin befand.

Mein Herz schlug schneller. Ich öffnete das Paket

und hielt ein Buch in der Hand. Eine Bilderpostkarte
fiel heraus.

Lieber Phil,

*ganz herzlichen Dank von uns allen, dass Sie so
viel Herzblut in die Lebensgeschichte unseres Vaters,
Großvaters und Urgroßvaters investiert haben!*

Mit den besten Grüßen
Die Familie Koutzel

Ehrfürchtig nahm ich das Buch in die Hand. Es
war ein wunderschön gebundenes Hardcover mit dem
Titel: *Vladimir Koutzel: Seine eigene Geschichte.* Und
der Name des Autors auf der Titelseite war meiner:

Philip O. Panfilov

Meine Kehle war auf einmal wie zugeschnürt. Die
anderen starrten mich fragend an. Sie ahnten, dass
irgendetwas los war. Stacy kam zu mir.

Ich gab ihr das Buch. „Hier – das habe ich
geschrieben!"

Einer nach dem anderen betrachteten sie es –
mein erstes Buch! Ich konnte die Systemmitteilungen
gar nicht schnell genug schließen, die mich
überfluteten und mir von meinem verbesserten
Ansehen bei Alik, Stacy und Gleb berichteten und
später auch bei Kesha, Veronica, Herrn Katz und
Rose, nachdem sie davon erfahren hatten. Inzwischen
war mein Ansehen bei ihnen allen bis zum Respekt
aufgestiegen, nur bei Stacy war es noch immer bei
Freundlichkeit.

Man konnte sagen, was man wollte – ein
Schriftsteller zu sein, das war mehr als einfach nur
ein Beruf ...

Nach dem Mittag nutzte ich eine Pause, als gerade keine neuen Kunden kamen, um das Büro zu verlassen und Cyril im Krankenhaus zu besuchen. Außerdem wollte ich mich in einem nahen Antiquitätenladen umschauen. Insgesamt gab es etwa ein Dutzend Geschäfte in unserer Stadt, die neben Antiquitäten auch magische und esoterische Produkte verkauften, und ich hatte vor, sie alle aufzusuchen. Man wusste ja nie, vielleicht fand ich noch etwas, das meine Statistiken um ein paar Punkte verbesserte.

Bevor ich ging, schaute ich noch einmal zurück. Die idyllische Stimmung, die im Büro herrschte, rührte mich. Stacy schmeichelte einem potenziellen Kunden am Telefon, Alik saß neben Gleb und gab ihm gute Ratschläge, und Gleb war, die Zunge zwischen die Zähne geklemmt, eifrig damit beschäftigt, unser neues Logo zu entwerfen. Die Anregungen des Ex-Gauners ignorierte er.

Ich bedeutete Stacy durch eine Handbewegung, dass ich ein paar Stunden unterwegs sein würde. Sie bat mich mit einer Geste, auf sie zu warten. Kurz darauf legte sie auf und folgte mir in den Flur.

„Gib mir deine Hand", verlangte sie.

„Welche?"

„Die rechte."

Sie zog ein Stück roten Faden hervor, den sie mir ums Handgelenk schlang und mehrfach verknotete.

„Das wird dir Glück bringen", flüsterte sie, gab mir einen Kuss auf die Wange und ging wieder ins Büro. Völlig verwirrt stand ich da.

Was zum Teufel war das denn?

Ein schützendes, rotes Armband
+2 Glück

Und da sagte noch mal einer, das wäre nichts als

Aberglauben! Die Eigenschaften dieses scheinbar völlig nutzlosen Stücks roter Schnur waren wahrhaft erstaunlich! Was mich jedoch noch weit mehr erstaunte, war Stacys Verhalten. Wir kannten uns schließlich erst seit drei Tagen – und jetzt das ... Es war ein weiteres Rätsel, das sich zu den anderen gesellte.

Ich traf vor Beginn der Besuchszeit im Krankenhaus ein. Die Patienten hielten gerade ihren Mittagsschlaf, also beschloss ich, erst im Antiquitätenladen vorbeizuschauen. Ich hatte eine halbe Stunde Zeit. Der Name des Geschäfts war *Rarität*. Auch wenn ich mich an nichts mehr aus *WoW* erinnern konnte, so waren die Gedanken an das Spiel *Diablo* doch noch frisch in meinem Gedächtnis.

Allerdings hatte der Shop nichts anzubieten, dass ein Gamer als Rarität betrachten würde. Das wusste ich so genau, weil ich nahezu den gesamten Lagerbestand überprüft und identifiziert hatte. Das Einzige, was meine Aufmerksamkeit weckte, war ein riesiger, alter Wälzer mit dem Titel *Ein Geschenk für junge Hausfrauen, oder: Wie man die Haushaltsausgaben senken kann. Eine Abhandlung in zwei Bänden, 29. Ausgabe*, von Elena Molokhovets,[35] 1917 veröffentlicht in Petrograd[36] von der Ersten Druckerkooperative. Das Buch versprach eine Verbesserung von +4 für Haushaltsfertigkeiten sofort nach dem Lesen. Doch das Preisschild mit seinen 80.000 Rubel[37] schreckte mich ein wenig ab. Was zu schade war. Nur zu gern hätte ich erfahren, wie man

---

[35] Elena Molokhovets war die Autorin von russischen Bestsellern im 19. Jahrhundert, die sich mit Kochen und Haushalt befassten.

[36] Petrograd: Der Name von St. Petersburg zwischen 1914 und 1924. Später hieß die Stadt Leningrad, bevor sie 1991 wieder zu St. Petersburg umbenannt wurde.

[37] Etwa 1.000 Euro.

korrekt den Tisch deckte und Tafelsilber putzte.

Cyril sah schon viel besser aus, das konnte ich gleich sehen. Er hatte abgenommen, doch seine Wangen wiesen einen rosigen Glanz auf und im Vergleich zu unserer ersten Begegnung waren seine Augen voller Leben.

Lange konnten wir uns nicht unterhalten, denn seine Eltern kamen kurz nach mir. Also gab ich ihm das Obst und die frischen Säfte, die ich für ihn besorgt hatte,[38] und machte mich daran, mich zu verabschieden.

„Phil!", rief Cyril mir nach.

„Ja?"

„Stimmt es, was Greg mir erzählt hat, dass du deine eigene Firma gegründet hast? Ich habe mich gefragt, ob du wohl einen Handelsvertreter gebrauchen kannst?"

„Handelsvertreter wie dich kann ich auf jeden Fall gebrauchen, ganz ohne Zweifel."

Er lächelte, dann ergänzte er seufzend: „Nachdem Pavel gegangen ist, hat der Chef einen neuen kaufmännischen Leiter eingestellt. Er hat mich in meiner Abwesenheit gefeuert, kannst du dir das vorstellen? Kranke Typen kann er nicht gebrauchen, hat er erklärt."

„Mach dir mal keine Sorgen, Kumpel – betrachte dich als angestellt."

„Oh, das ist gut! Ich halte dich auf dem Laufenden. Sie werden mich nächste Woche entlassen, dann rufe ich dich an."

„Kein Problem. Werde bald wieder gesund!"

Nach dem Verlassen des Krankenhauses besuchte ich noch ein paar weitere Antiquitäten- und Magieläden in der Nähe, fand jedoch nichts

---

[38] In Russland ist es den Besuchern von Patienten in den meisten Krankenhäusern erlaubt, ihnen Lebensmittel mitzubringen.

Nützliches. Was mir richtig gut gefiel, war eine Kuckucksuhr. Allerdings war ich nicht bereit, 100.000 Rubel[39] für lediglich +1 Selbstdisziplin auszugeben.

Endlich traf ich wieder im Büro ein. Es war bereits nach 18 Uhr. Neben meinen Kollegen erwarteten mich mehrere Kunden. Ich sprach mit allen von ihnen, fand geeignete Jobs für sie, verbrachte ein wenig Zeit mit der Verarbeitung der Daten von Kunden, die in meiner Abwesenheit erschienen waren, und schickte Stacy die Informationen.

* * *

GEGEN HALB ACHT an diesem Abend schlossen wir das Büro. Stacy machte sich auf den Weg nach Hause und Alik hatte es eilig, sich mit Freunden zu treffen. Ich schleppte Gleb in ein billiges Lokal in der Nähe, wo wir etwas aßen. Anschließend machte ich mich daran, den wichtigsten Teil unseres Plans in Angriff zu nehmen. Oder vielmehr, ihn erst zu besprechen und dann in Angriff zu nehmen. Es wäre alles weit einfacher gewesen, wenn ich mehr Geld bei mir gehabt hätte, aber ich verfügte nur über etwa 5.000 Rubel. Also mussten wir zuerst mein Startkapital erhöhen. Oder sollte ich lieber sagen, mein Geldbündel für heute?

Gleb verging schon beinahe vor freudiger Erwartung, auch wenn ich ihm das Spielen streng verboten hatte. Nun, ich hatte nicht erwarten können, dass er seine Spielsucht über Nacht aufgab. Heute jedenfalls war er einfach nur mein Begleiter.

Wir waren beide so ängstlich – Gleb sogar noch mehr als ich –, dass wir unsere dicke *Solyanka-*

---

[39] Etwa 1.400 Euro.

Suppe[40] vertilgten, ohne den Geschmack genießen zu können.

„Sie werden uns in den Pokerclub, in dem Dimedrol normalerweise spielt, gar nicht erst hineinlassen", warnte Gleb mich. „Die Eintrittsgebühr allein beträgt bereits 7.000. Das wären also 14.000 für uns beide. Für das Geld bekommt man ein paar Chips, aber die reichen nur gerade für die Tische mit den niedrigen Einsätzen aus."

„Könnten wir dort nicht ein paar Gewinne machen und an die anderen Tische wechseln?"

„Klar – falls … wenn wir gewinnen, können wir wechseln. Aber es wird uns … dich eine Menge Zeit kosten. Der Eintritt zum VIP-Raum kostet 200.000. Für uns beide zusammen sind das …"

Mit der freien Hand kratzte ich mir den Kopf. „Verdammt! Und wie wäre es, wenn du zu Hause auf mich wartest?"

„Ohne mich an deiner Seite wird man dich überhaupt nicht einlassen. Es ist ein bisschen wie eine geschlossene Gesellschaft. Geld allein bringt dich nicht in den VIP-Raum. Ich muss für dich bürgen."

„Hast du mir nicht erzählt, man will dich dort nicht mehr sehen?"

„Du musst wissen", erklärte er und kaute dabei auf dem Roggenbrot herum, der Beilage zu seiner Suppe, „sobald ich erst einmal ein Stammgast geworden war, haben die mich sogar für weniger reingelassen. Das hat erst aufgehört, nachdem ich mich mit Dimedrol angelegt hatte. Aber vorausgesetzt wir können bezahlen, wird man uns anstandslos Zutritt gewähren. Dazu sind sie sogar verpflichtet. Und sie erhalten eine Provision für jede Runde. Je mehr Geld reinkommt, desto besser ist es also für sie."

---

[40] *Solyanka*: Eine sehr schwere, traditionelle russische Suppe, ein Standardgericht in den meisten russischen Lokalen.

„In diesem Fall müssen wir herausfinden, wie wir meine 5.000 zu 14.000 machen, damit wir Zutritt bekommen", überlegte ich. „Aber denk daran, ich muss auch noch für unser Essen bezahlen."

„Ich kenne da einen Club im Untergrund. Es ist alles ein bisschen schäbig, aber dafür kostet der Eintritt nur 1.000 Rubel. Es ist gar nicht weit von hier."

Wir leerten unsere Teller und verbrachten eine Weile mit dem Versuch, die Aufmerksamkeit des Kellners zu wecken. Das Lokal war voll und die Gäste unterhielten sich lautstark, daher gelang es uns nicht. Am Ende verlor Gleb die Geduld und machte sich selbst auf den Weg.

Wir bezahlten und verließen das Lokal, in dem es heiß und stickig war. Mit einem Taxi begaben wir uns zu dem Club, von dem Gleb gesprochen hatte.

Als wir ankamen, fiel mir auf, dass der Club sich direkt gegenüber von dem Haus befand, in dem meine Eltern lebten. Es schien mir eine gute Idee zu sein, sie bei der Gelegenheit kurz besuchen, ein wenig elterliche Liebe mitzunehmen und ein wenig Sohnesliebe dazulassen.

„Hast du was dagegen, wenn wir kurz bei meinen Eltern reinschauen? Ich habe sie schon eine ganze Weile nicht mehr gesehen."

Gleb zuckte mit den Schultern. „Soll ich hier auf dich warten?"

„Ach, nun hab dich nicht so! Lass uns gemeinsam gehen!"

Als wir ankamen, hatten meine Eltern sich gerade zum Abendessen an den Tisch gesetzt. Eigentlich hatte ich nur eine Viertelstunde bleiben und dann unter dem Vorwand eines geschäftlichen Termins wieder verschwinden wollen. Sehr schnell wurde mir jedoch klar: Ohne eine Mahlzeit und eine gute Tasse Tee würde meine Mutter uns nicht ziehen lassen. Ich lieferte eine kurze Zusammenfassung der Ereignisse der letzten Tage und erwähnte auch meinen letzten Streit mit Vicky.

Mein Vater schnaubte vor Enttäuschung. Er hatte die Hoffnung auf weitere Enkelkinder noch immer nicht aufgegeben. Anschließend berichtete ich von meiner Agentur, und endlich fiel mir auch das Buch wieder ein. Ich hatte es wieder eingewickelt und mitgebracht. Es lag auf der Kommode im Flur.

Ich zeigte es ihnen. „Schaut mal – ich bin jetzt endlich doch ein Schriftsteller geworden!" Lächelnd gab ich ihnen das Buch und kehrte zu meinem Borschtsch zurück, beobachtete jedoch genau ihre Reaktion.

Mein Vater setzte seine Lesebrille auf. „*Vladimir Koutzel*", las er laut. „*Seine eigene Geschichte*. Ja, und?"

„Lies einfach, was darunter steht."

„Philip O. Panfilov! Oh, schau mal, Lydia! Es ist unser Sohn! Sein Name steht auf dem Buch!" Er hielt meiner Mutter das Buch unter die Nase. „Ich kann es nicht glauben!"

„Was?", fragte sie, verständnislos und ängstlich zugleich. „Was ist los?"

Eine halbe Stunde später hatten meine aufgeregten alten Leutchen sich endlich wieder beruhigt. Allerdings nicht, bevor sie die Neuigkeit telefonisch allen Verwandten mitgeteilt hatten.

Es wurde Zeit für Gleb und mich, aufzubrechen.

„Nimm noch einen Nachschlag, Gleb", beharrte meine Mutter sanft. „Du hast sehr viel abgenommen. Bist du sicher, dass du nicht krank bist?"

„Doch, Tante Lydia, ich hatte eine Lungenentzündung", log Gleb ohne mit der Wimper zu zucken. „Und nachdem ich ja gegen Antibiotika allergisch bin, habe ich einen ganzen Monat im Krankenhaus verbracht."

„Wie hast du denn das geschafft?", fragte mein Vater erstaunt. „Da musst du aber wirklich Pech gehabt haben, um dir im Sommer eine Lungenentzündung einzufangen."

„Musst du das wirklich fragen?", antwortete statt Gleb meine Mutter. „Die Leute sitzen doch den ganzen Tag in den Büros mit Klimaanlage. Kein Wunder, dass sie sich den Tod holen! Nun komm schon, iss auf, dann gebe ich dir noch etwas."

Als sie mein Feixen bemerkte, sagte sie: „Was grinst du denn so? Für dich gilt genau dasselbe. Schau dich doch nur an – du bist ja dürr wie ein Laternenpfahl. Iss auf!"

Sie hatte natürlich maßlos übertrieben. Ich war keineswegs so „dürr wie ein Laternenpfahl" – allerdings hatte ich in der Tat etliche Kilo verloren. Mein Bauch war inzwischen kaum noch vorhanden, und mein Gesicht wirkte so jung wie eh und je. Wenigstens fast, ein paar kleine Fältchen hatten die Jahre mir dann doch eingetragen.

Die Wärme und Behaglichkeit meines elterlichen Heims brachten die Erinnerungen an die Jahre auf der Universität zurück, als Gleb und ich nach den Seminaren und Vorlesungen abwechselnd seine und meine Eltern besucht hatten. Seine Eltern lebten nicht mehr, aber meine waren noch da, und sie wohnten ganz in meiner Nähe.

Impulsiv strich ich meiner Mutter über die Hand. „Danke."

Sie verengte misstrauisch die Augen. „Wofür ist das denn jetzt?"

„Und dir danke ich auch, Papa!"

Er schaute abrupt hoch. „Und wofür, Sohn?"

„Für alles. Und der Borschtsch ist richtig gut." Ihrer hausgemachten Rote-Beete-Suppe konnte die Suppe, die wir vorhin gegessen hatten, in der Tat nicht das Wasser reichen.

„Papa, wir müssen jetzt wirklich gehen, wir haben noch etwas Geschäftliches zu erledigen", drängte ich endlich. „Gleb arbeitet jetzt mit mir zusammen. Wir müssen uns beeilen."

„Dann beeilt euch doch – ich halte euch nicht auf", bemerkte meine Mutter beleidigt. „Aber zuerst wird aufgegessen. Vorher geht ihr nirgendwohin!"

„Tu deiner Mutter den Gefallen, Sohn", mischte sich mein Vater ein.

Diese beiden und ihre Tricks! Sie wollten mich nur einfach nicht gehen lassen und verlängerten meinen Aufenthalt im typischen Elternstil. Allerdings genoss ich die angenehme Wärme, bevor wir uns in unser leichtsinniges und äußerst riskantes Wagnis stürzten, und für Gleb galt das ebenfalls. Denn wenn mein schlauer kleiner Plan fehlschlug, würde ich noch viel schlechter dastehen als Gleb jetzt.

Wir umarmten meine Eltern zum Abschied, und ich versprach ihnen feierlich, sie an diesem Wochenende erneut zu besuchen, diesmal zusammen mit meiner Schwester. Mama hielt mich lange fest, als ob sie irgendetwas ahnen würde. Ich strich ihr über die Schultern und die zurückgekämmten, grauen Haare, dann löste ich mich sanft von ihr. „Tschüss, Mama. In ein paar Tagen komme ich mit Kira wieder. Wir sehen uns! Bis dann, Papa!"

„Danke, Onkel Oleg", sagte Gleb artig. „Und danke, Tante Lydia. Das Essen war fantastisch. Bis zum nächsten Mal!"

Dann gingen wir.

* * *

ES WAR SCHON fast 22 Uhr. Uns blieb nicht mehr viel Zeit, also beeilten wir uns. Gleb schwieg, in seine Überlegungen versunken. Ich schwieg ebenfalls, in

Gedanken noch immer bei meinen Eltern.

Deshalb dauerte es eine Weile, bis ich endlich kapierte, was Gleb von mir wollte. Wir standen vor der Stahltür einer schmuddeligen Kneipe.

„Phil, wir müssen bezahlen – 2.000!" Er schüttelte meine Schulter.

„Oh ja, tut mir leid." Ich griff in meine Brieftasche und gab ihm das Geld.

Rasch griff er danach und drückte auf eine Türklingel.

Ich lauschte dem Stakkato des Bimmelns hinter der Tür. Es klang wie ein Signal in einem Geheimcode.

Es öffnete sich eine Klappe in der Tür, in der ein grimmiges, vierschrötiges Gesicht auftauchte.

„Guten Abend", sagte Gleb und schob das Geld durch die Klappe. „Wir haben Lust auf ein Spiel."

Sofort verschwand das Geld.

Die Tür öffnete sich. Selbstbewusst marschierte Gleb hinein, vorbei an einem bulligen Kerl in einer Küchenschürze, den ich für einen Koreaner hielt. Er trat vor die Tür, schaute sich um und verschloss die Tür wieder. Anschließend brummte er etwas in einer fremden Sprache in ein Handfunkgerät.

„Folgen Sie mir", erklärte er und eilte in den Flur zu seiner Rechten.

Wir gingen einen nur schwach erleuchteten Korridor entlang, vorbei an einer Küche, aus der ein Hitzeschwall strömte und in der viele Köche hektisch arbeiteten, nahmen einen weiteren Gang, diesmal einen kurzen, der am Restauranteingang entlang führte und an einer Stahltür endete. Dort ließ der Koreaner uns stehen.

Die Tür öffnete sich, und ich sah einen großen Spieltisch für zehn Personen, der nur halb gefüllt war. Eine Koreanerin war offensichtlich die Kartengeberin.

Ein blasser, grauhaariger Mann kam uns entgegen und brachte uns zu unseren Plätzen. Wir setzten uns, und die Koreanerin gab uns für unsere Eintrittsgebühr ein paar Chips.

„Für mich nicht, danke", lehnte Gleb ab. „Geben Sie ihm alle." Er deutete mit dem Kopf in meine Richtung. „Ich bin heute Abend nur zur Unterstützung mitgekommen."

Die junge Frau nickte gleichgültig und schob alle Chips in meine Richtung.

„Soll ich nicht lieber doch ebenfalls spielen?", flüsterte Gleb. „Das erhöht unsere Chancen!"

„Noch ein Wort, und du wartest draußen auf mich!" Ich musste brutal direkt sein, um zu ihm durchzudringen. „Stell dir nur vor, wie du es Lena erklären willst, dass du eure Eigentumswohnung beim Spiel verloren hast!"

Er seufzte und riss sich zusammen. Ich verstand natürlich, wie schwer es ihm fallen musste, der Versuchung zu widerstehen. Es war dasselbe wie bei einem Alkoholiker, der trocken werden wollte – die größte Prüfung war eine Party, auf der kräftig gebechert wurde.

Wir spielten *Texas Hold'em* ohne Limit. Das bedeutete, die Spieler konnten jeden Betrag als Einsatz einbringen, und wenn einem die Chips ausgingen, konnte man immer neue kaufen. Das kam mir sehr entgegen.

Es war eine ziemlich gemischte Gesellschaft, die sich um den Tisch versammelt hatte: zwei Koreaner mittleren Alters, eine junge Koreanerin und drei weitere Spieler in verschiedenen Stadien der Spielsucht. Einer war ein übergewichtiger Beamter, dann war da ein reichlich nervöser Kerl in einem schwarzen Rollkragenpullover, dessen Alter schlecht zu schätzen war, und ein grimmig wirkender, heißblütiger Kaukasier Anfang 30.

Bei der ersten Runde gab ich erneut vor, ein absoluter Neuling zu sein, der von nichts eine Ahnung hatte. Ich setzte und ging mit, ganz unabhängig von meinen Karten, und achtete darauf, mein Blatt am Ende immer zu zeigen, damit alle sahen, wie schwach es war.

Gleb verzweifelte neben mir, als er sah, wie unser Geld sich verringerte, aber seine Gefühle waren mir momentan herzlich gleichgültig. Mein Kopf steckte voller Zahlen, Strategien und Berechnungen.

Unsere anfänglichen 2.000 Rubel hielten nicht lange vor. Ich griff in meine Brieftasche und erwarb für alles Geld, das noch übrig war, neue Chips. Die beiden Koreaner mittleren Alters sahen sich vielsagend an, der Kaukasier unterdrückte ein Grinsen. Alle hatten sie mich inzwischen als „Fisch" eingestuft, als einen armen, schwachen Spieler, dessen schlechter Stil ihnen gute Gewinne versprach. Unsere Mini-Einsätze waren erst der Anfang. All unsere Gegner wussten genau, dass niemand diesen Tisch verlassen würde, bevor er entweder total pleite war oder einen Riesengewinn gemacht hatte. Gleb hatte mir erklärt, es würde als schlechtes Benehmen betrachtet, den Tisch sofort nach einem Gewinn zu verlassen. Man musste seinen Gegnern zuerst die Chance geben, alles zurückzugewinnen. Allerdings zwang niemand die anderen, am Tisch zu bleiben. Sie konnten jederzeit gehen, dem stand lediglich ihr eigener Eifer im Weg.

Nachdem ich all mein Geld eingetauscht hatte – und nun über Chips im Wert von nahezu 3.000 Rubel verfügte –, begann ich, so zu spielen, wie es mir entsprach.

Ich schlug die zwei Pärchen des Kaukasiers mit einigen Drillingen und halbierte sein Spielvermögen, und das waren 6.000 Rubel für uns.

Eine Königin, die mir in den Schoß flatterte, verschaffte mir einen Straight mit hohen Karten. Die junge Koreanerin hatte dem nur einen Straight mit niedrigeren Karten entgegenzusetzen und verlor all ihre Chips, erwarb jedoch sofort neue für nahezu 10.000 Rubel.

Nun verfügten wir bereits über fast 12.000 Rubel.

Es fehlten noch ein paar tausend Rubel bis zu unserem Ziel, dann konnten wir gehen. Allerdings brauchten wir auch noch ein wenig Taschengeld für ein Taxi und etwas zu essen. Ich beschloss, den Betrag auf 20.000 zu erhöhen.

Dann verließ mich mein Glück. Ich bekam kein einziges gutes Blatt mehr. Allerdings musste ich den Eindruck eines leichtsinnigen Spielers aufrechterhalten, also verlor ich ein wenig, und noch ein wenig.

8.000.

Gleb hatte die kostenlosen Drinks voll ausgenutzt und bereits eimerweise Cola getrunken. Er bot einen erbärmlichen Eindruck. Der Zähler seines Spieler-Debuffs setzte sich ständig selbst wieder zurück. Was mir die Erkenntnis verschaffte, dass Gleb einem Spiel nicht einmal zuschauen durfte, wenn er von seiner Sucht loskommen wollte.

Endlich hatte ich wieder einigermaßen anständige Karten auf der Hand. Und zu meinem Glück hatten auch die anderen kein schlechtes Blatt. Der nervöse Typ war der Erste, der aufgab, doch die anderen spielten weiter, erhöhten ihre Einsätze, bis sich ein richtig großer Geldtopf angesammelt hatte.

Gleb hatte seine Fingernägel bis aufs Fleisch abgekaut, während er darauf wartete, dass alle ihre Karten zeigten. Am Ende hielt er sich die Augen zu. Unsere Gegner schien nichts aus der Ruhe bringen zu können. Mein Programm allerdings konnten sie nicht täuschen: In Wirklichkeit waren alle höchst unruhig und besorgt. Sie beneideten Gleb und wünschten sich, ebenfalls auf etwas herumkauen zu können, ohne dadurch ihr Pokergesicht zu verlieren.

Ich allein war die Ruhe selbst, obwohl zu diesem Zeitpunkt 50.000 Rubel auf dem Spiel standen.

„Zwei Pärchen", rief die Kartengeberin die Karten des Kaukasiers aus.

„Straight", fuhr sie mit dem Blatt eines der Koreaner fort.

Wütend schlug der Kaukasier mit der Faust auf den Tisch.

„Junior Straight."

Der Beamte gab seiner Enttäuschung durch Fluchen Ausdruck und zündete sich eine Zigarette an.

„Ein Pärchen", sagte die Kartengeberin und sammelte die Karten des zweiten Koreaners ein. Dann öffnete sie das Blatt der jungen Koreanerin. „Ein Flush!"

Die junge Frau strahlte und sah sich bereits als Gewinnerin. Allerdings freute sie sich zu früh, denn …

„Ein Vierling!", erklärte die Kartengeberin voller Bewunderung.

Niemand schämte sich, wenn er gegen ein solches Blatt verlor, ganz gleich, welche Karten er selbst hielt.

Überrascht sprangen meine Gegner von ihren Sitzen, um sich davon zu überzeugen, dass ich tatsächlich vier Asse hatte.

Gratuliere! Du hast ein neues Fertigkeitslevel erreicht!
Name der Fertigkeit: Pokerspielen
Derzeitiges Level: 5
Erhaltene Erfahrungspunkte: 500 Punkte
Derzeitiges Level des sozialen Status: 15. Fehlende Erfahrungspunkte bis zum nächsten Level: 14.100/16.000

Die Kartengeberin schob alle Chips in meine Richtung und mischte die Karten neu, nun wieder völlig ungerührt. Ich legte großzügig sechs kleinere Chips beiseite und überreichte sie meinen Gegnern mit einem Lächeln.

Tat ich das aus Aberglauben, oder waren es nur gute Manieren? Ich hatte keine Ahnung. Ich wusste nur, mein Ansehen war bei allen um 5 Punkte gestiegen. Mit Ausnahme des nervösen Kerls im Rollkragenpullover und natürlich der Kartengeberin.

„Scheiße!", schimpfte der nervöse Typ. „Nichts als Anfängerglück!"

„Das ist wirklich beeindruckend, Mann!", rief der Koreaner aus, der bislang so völlig unbewegt geblieben war.

Der Kaukasier hielt den Daumen hoch. „Das war klasse!"

Ich zuckte mit den Schultern. „Ich hatte einfach nur Glück."

Ich sortierte meine Chips in Stapel aus verschiedenen Werten. Gleb tippte mir auf die Schulter und brachte mich beim Zählen durcheinander.

„Hey, reiß dich zusammen!", flüsterte ich ihm verärgert ins Ohr.

Jetzt verfügte ich über mehr als 40.000 Rubel. Ich verbrachte eine weitere halbe Stunde mit gemächlichem Spielen, verlor ein bisschen hier und ein bisschen dort, bis ich endlich meine Verluste zurückholte und noch mehr. Unsere Kasse wuchs.

Kaum hatte ich insgesamt 70.000 Rubel zusammen, verlor ich wieder ein wenig, dann beendete ich das Spiel, tauschte meine Chips gegen Geld ein und zerrte den völlig ungläubigen Gleb vom Tisch. Ich gab all meinen Gegnern die Hand, bedankte mich bei ihnen, hinterließ ein hohes Trinkgeld für die Kartengeberin und begab mich zum Ausgang.

Ganz entgegen meiner Befürchtungen hielt uns niemand auf oder legte sich mit uns an. Wir verließen das Gebäude durch dieselbe Tür, durch die wir gekommen waren.

Endlich konnte Gleb den Gefühlen nachgeben, die in ihm tobten. Er redete ununterbrochen und gestikulierte dabei wild, doch ich ignorierte ihn.

Das Taxi, das ich im Lokal telefonisch bestellt hatte, wartete bereits auf uns. Ich setzte mich auf den Rücksitz und glitt zur anderen Seite, um Platz für Gleb zu machen.

„Wohin?", fragte der Fahrer.

„Gleb? Wo müssen wir hin? Wie heißt dein Club?"

„Zum *Gemeindezentrum der Eisenbahnarbeiter*", sagte Gleb zum Fahrer. „Wissen Sie, wo das ist?"

Der Wagen fuhr los. Ich bedeutete Gleb, eine Weile zu schweigen, und schloss die Augen.

Ich musste mich dringend ein wenig ausruhen. In der Nacht zuvor hatte ich nur sehr wenig geschlummert, und ich fühlte mich schläfrig.

Unser kurzfristiges Ziel hatten wir erreicht. Diesmal hatte mich nicht einmal ein Spieler-Hoch erwischt. Wahrscheinlich lag es daran, dass mein Triumph nur sehr wenig mit Glück zu tun hatte. Es war schlicht und einfach ein Betrug – ich hatte geschummelt.

Denn jedes Mal, wenn ich auf die Rückseite einer Karte geblickt hatte, hatte meine Erkenntnis mir hilfreich alle Daten angeboten, die ich brauchte:

Name des Gegenstands: Spielkarte für ein Pokerspiel

Größe: 6 x 9 cm
Hersteller: Fournier
Produktionsjahr: 2017
Material: Kunststoff
Spielkartenfarbe: Pik
Wert: Ass

Und wie bitte sollte man denn nicht gewinnen, wenn man genau wusste, welche Karten die Gegner hielten und welche noch im Stapel lagen?

KAPITEL 15

EINE SOZIAL BEDEUTUNGSVOLLE HANDLUNG

„Wie kann ich den größten General Roms belohnen?"
— „Lass mich einfach nach Hause gehen."

Gladiator

MAN SOLLTE DIE Vorteile eines Nickerchens niemals unterschätzen. Auch wenn die 20 Minuten, die ich dösend im Taxi verbrachte, mich nicht wirklich erfrischt hatten, so erlaubten sie mir dennoch eine rasche Defragmentierung und Optimierung meines inneren Betriebssystems.

Es überrascht wohl niemanden, wenn ich sage, dass ein Stoß in die Rippen von seinem besten Freund nicht gerade die beste Art des Aufwachens war. Einen Augenblick lang war ich völlig verwirrt, versuchte, mich zu erinnern, wo ich mich befand und was gerade vor sich ging. Endlich fiel mir alles wieder ein. Ich hustete, um meine belegte Kehle zu befreien.

„Sind wir da?", fragte ich und streckte mich, damit das Blut in meinem sich wie betäubt anfühlenden Körper wieder zu strömen begann.

„Ja." Glebs Stimme kam mir unnatürlich laut vor. „Lass uns gehen!"

Ich kletterte aus dem Wagen, atmete tief die frische Nachtluft ein, dann folgte ich Gleb.

Dabei betrachtete ich seine Statistiken noch einmal genauer, seine erneuerten Debuffs und vor allem seine steigende Laune. Ich hatte ein ganz übles Gefühl dabei. „Gleb, warte mal!"

„Ja? Was is'sen?" Ungeduldig sah er mich an, die Hand bereits ausgestreckt, um die Tür zum Club zu öffnen.

Seine aufgekratzte Stimmung gefiel mir überhaupt nicht, weshalb ich beschloss, einen verbalen Eimer kalten Wassers über ihm auszugießen.

„Hör mal, wir haben noch überhaupt nichts erreicht, kapiert? Wir haben gerade erst angefangen. Dein Job besteht darin, ruhig zu bleiben und mich nicht zu behindern. Denk nicht einmal daran, selbst zu spielen. Behalte mich einfach im Auge, und wenn du einen Vorschlag zu machen hast – gern. Aber das ist auch schon alles, hast du mich verstanden? Wenn nein, wartest du draußen!"

„Kapiert", murmelte er und wirkte verlegen. Anscheinend hatte er gehofft, am Ende würde ich ihm doch erlauben, selbst zu spielen.

„Du erinnerst dich an unseren Plan?", mahnte ich. „Deine Familie, deine Kinder, das Meer, der Sandstrand, die Palmen?"

„Ja, ja – ich erinnere mich. Komm schon, lass uns reingehen."

Ein Teil des *Gemeindezentrums der örtlichen Eisenbahnarbeiter* wurde vom sogenannten *Poker-*

Sportclub eingenommen. Ich fand das höchst passend. Es war schließlich im Interesse unserer Eisenbahnarbeiter, dieses Spiel zu unterstützen, wenn man einmal bedachte, wie viel Zeit auf den endlosen Bahnfahrten innerhalb Russlands damit verbracht wurde. Jeder von uns, der einmal in einem Zug gesessen hatte, hatte auch schon einmal mit seinen Mitreisenden Karten gespielt.

Ungehindert betraten wir das Gebäude und begaben uns über eine massive Treppe in den dritten Stock. Die unteren Stufen waren über einen Meter breit. Oben stießen wir auf eine geschlossene Tür, die zum rechten Flügel führte. Zwei sehr energisch aussehende, angespannt wirkende, Frack tragende junge Männer mit Bürstenhaarschnitt flankierten den Eingang. Das war anscheinend eine Art Sicherheitsdienst.

Einer von ihnen murmelte sofort etwas in das Mikrofon seines Headsets, als er uns erblickte. Hier meinte man es ersichtlich ernst.

„Hi, Andy", begrüßte Gleb einen von ihnen. „Wir würden gern ein wenig spielen."

Fragend deutete Andy mit dem Kinn auf mich.

„Das ist Phil, ein Freund von mir. Er ist ein richtiger Grünschnabel."

„Okay, ihr könnt reingehen", sagte der andere Kerl, der inzwischen offensichtlich grünes Licht von oben bekommen hatte.

Die beiden traten beiseite und öffneten uns die Tür. Die gab den Blick auf einen breiten, hell erleuchteten, mit Teppichboden ausgelegten Gang frei. Rechts befand sich ein Empfangsbereich mit zwei Managern, die uns anstrahlten: ein junger Mann und eine junge Frau.

„Guten Abend, Gleb!", begrüßten sie meinen Freund wie aus einem Mund.

„N'Abend, Anton." Gleb nickte dem jungen Mann

freundlich zu, dann eilte er zu der jungen Frau. „Hallo, Regina! Und, wie läuft es denn heute? Sind viele Spieler da?"

Ich erkannte ihn kaum wieder. Er war aufgewühlt, wie im Fieber. Das war sein Reich. Seine Aufregung hatte allerdings nichts mit der Begeisterung zu tun, die er vorhin in unserem Büro gezeigt hatte. Das war nicht Gleb, der Grafikdesigner, der lustige Kerl, der alles auf die leichte Schulter nahm. Seine Hochstimmung war ein Werk des Teufels. Es war die kranke Lebhaftigkeit eines Spielers, in dessen Blut in Erwartung des Spiels Hormone brodelten, die gute Gefühle auslösten.

Was ich gerade im Poker-Hinterzimmer des koreanischen Restaurants erlebt hatte, war nichts im Vergleich dazu, was ich jetzt beobachten konnte. Alle Bedürfnisse, Träume und Ziele waren zu nichts zusammengeschrumpft. Das Spiel war das Einzige, was für Gleb jetzt noch eine Rolle spielte, sowohl das Spiel als Prozess als auch seine Ergebnisse, der Stress des Gewinnens und Verlierens. Je höher die Einsätze, desto übermächtiger war der Adrenalinrausch. Denn die Beträge, um die wir gerade eben gespielt hatten, waren für meinen Freund weder riskant noch interessant.

„Heute ist ein ganz normaler Abend", beantwortete statt der jungen Frau der junge Mann Glebs Frage. Ich hatte den Eindruck, sein Lächeln war ihm mit Dauerkleber ins Gesicht gezwungen worden. „Es ist eine Weile her, seitdem wir dich zuletzt gesehen haben. Du siehst gut aus. Wie stehen die Dinge bei dir?"

„Oh, ich war ziemlich beschäftigt in der letzten Zeit", erwiderte Gleb mit einem plötzlich trübsinnigen Tonfall. „Dürfen wir eintreten? Ich habe einen Freund mitgebracht, der vorher noch nie hier war. Phil?"

Ich nickte und täuschte ein gewisses Zögern vor.

„Hallo, Phil." Sofort wandte Anton seine Aufmerksamkeit mir zu. „Möchtest du vielleicht Mitglied im Club werden? Das bietet dir eine ganze Reihe an Vorteilen, zum Beispiel ..."

„Nein, danke", fiel ich ihm ins Wort. „Heute wenigstens noch nicht. Ich dachte mir, ich schaue mich einfach einmal um und versuche mich am echten Pokern. Bisher habe ich nur online gespielt."

Ich sah, wie Antons Interesse jäh nachließ. Gerade eben hatte es noch bei nahezu 60 % gelegen, und jetzt war es bis fast zur Gleichgültigkeit abgesackt. Er glaubte wohl, ich hätte nicht viel Geld zu verplempern.

Und er hatte keine Ahnung, wie recht er damit hatte.

Er musste irgendetwas in meinem Gesicht bemerkt haben, denn nun begann er, mir mehr über den Club und die Pokerturniere zu berichten, die hier stattfanden. Da waren einmal die täglichen Turniere mit wechselnden Preisgeldern, dann die großen Meisterschaften und alle möglichen Privilegien, derer sich die Clubmitglieder erfreuen durften.

Die wichtigste Information, die sein Monolog mir verschaffte, war die Tatsache, dass sie um Mitternacht bereits mit den High-Roller-Turnieren begonnen hatten, mit einem garantierten Preisgeld von über 100.000 Dollar. Die Eintrittsgebühr betrug 2.000 Dollar, und noch konnte ich mich anmelden. Die Turnierregeln erlaubten Rebuys in der ersten Stunde. Was bedeutete, wenn man verlor, konnte man sich weitere Chips kaufen, jedoch nur innerhalb der ersten Stunde. Die inzwischen schon beinahe abgelaufen war.

Gleb hatte während meiner Unterhaltung mit Anton bereits unser gesamtes Geld gegen Chips eingetauscht.

„Danke, Anton – das ist alles hochinteressant",

bemerkte ich und zog Gleb in die Halle mit den Spieltischen.

„Was ist?", fragte Gleb verwirrt.

„Wir haben gerade einmal eine Viertelstunde Zeit, um unsere Kasse zu verdoppeln. Es läuft hier noch ein anderes Turnier, mit 2.000 Dollar Eintritt. Sie erlauben Rebuys. Wir können es also noch immer schaffen!"

Er verstand mich sofort. Eine Verdopplung unseres Geldes in nur 15 Minuten war eine verdammt schwierige Aufgabe, selbst mit meinem Interface, aber mein Freund und ich hatten schon immer das leichtsinnige Risiko geliebt.

Die Tür nahe des Empfangsbereichs öffnete sich zu einem großen Saal. Strahler waren direkt auf die Spieltische gerichtet. Es herrschte ziemlicher Trubel – und das mitten in der Woche! Die Spieler unterhielten sich, spielten mit den Chips, und die Stimmen der Kartengeber erklangen monoton.

„Dort!" Gleb hatte sich bereits umgeschaut und zog mich nun zu einem Tisch mit einem freien Platz.

Der Kartengeber beendete gerade ein Spiel – hervorragend! Ich setzte mich und breitete meine Chips vor mir aus.

Die Zeit war gekommen. Ich war dabei. Unter den forschenden Blicken meiner Gegner spielte ich wieder den Neuling. Ich fummelte mit den Chips herum, biss mir auf die Lippen und runzelte die Stirn, wie jemand, der nervös und aufgeregt war.

Die Einsätze waren nicht zu hoch, sie lagen zwischen 5 und 10 Dollar. Wenn ich nicht bald ein Superblatt bekam und alles ausreizen konnte, bestand keine Hoffnung, es ins große Turnier zu schaffen.

Die beiden ersten Blätter waren nichts, womit man etwas riskieren sollte. Zum Glück waren meine Gegner auch nicht viel besser dran. Einer nach dem anderen stiegen sie aus, sodass dieses Spiel wenigstens nicht lange dauerte. Im dritten Spiel steckten drei Könige im Flop. Die Gemeinschaftskarten waren noch nicht aufgedeckt, und ich hatte nur ein Pärchen. Dennoch ging ich mit.

Drei meiner Gegner taten es mir gleich, und der vierte – ein flotter junger Mann mit Sonnenbrille und einem mit Glitzersteinen besetzten T-Shirt von *G-Star* – erhöhte den Einsatz auf 50 Dollar, ohne dass er etwas vorzuzeigen gehabt hätte.

Er bluffte. Er hatte nichts auf der Hand und versuchte lediglich, die anderen einzuschüchtern und dazu zu bringen, aufzugeben. Er war genau das, was ich brauchte.

Sein Bluff hätte beinahe funktioniert, alle anderen außer mir gaben auf. Ich gab vor, zu zögern, wie ein blutiger Anfänger im Schachspielen, der unentschlossen mit einer Figur über dem Brett schwebte und nicht wusste, wo er sie abstellen sollte.

Im Gesicht des Glitzerstein-Cowboys entdeckte ich den Schatten eines Grinsens. Gleb, der schon eine ganze Weile vor Verzweiflung auf seinem Sitz herumgerutscht war, flüsterte mir zu, wir hätten nicht mehr viel Zeit.

Endlich ging ich beim erhöhten Einsatz mit. Nachdem jetzt nur noch zwei Spieler übrig waren, konnte ich sehr klar sehen, welche Karten der Glitzerstein-Cowboy und ich am Ende auf der Hand halten würden. Ich konnte mir die drei Könige sichern, während er auf einem Nicht-ganz-Straight mit offenem Ende sitzenbleiben würde. Meine Aufgabe bestand allein darin, dafür zu sorgen, dass er bis zum Ende mitspielte.

Als der Flop geöffnet wurde, schob ich. Mit anderen Worten, ich erhöhte meinen Einsatz nicht, stieg jedoch auch nicht aus. Ohne mit der Wimper zu zucken, erhöhte der Glitzerstein-Cowboy seinen

Einsatz auf 200. Erneut täuschte ich Zögern vor, ging am Ende jedoch mit.

Hinter mir schlug sich Gleb gegen die Stirn, als ob er eine Stechmücke erschlagen wollte. „Phil, bist du sicher? Das ist Rodion Kazansky! Er ist ein Profi! Pass bloß auf, Mann, er provoziert dich nur!"

Ich zuckte mit den Schultern, wie um zu sagen, jetzt könnte ich da auch nichts mehr machen.

Der Kartengeber rief die vierte Gemeinschaftskarte aus. Ich hatte noch immer meine drei Könige, und der Profi-Spieler hatte noch immer nichts.

Jetzt war für Gleb und mich der Augenblick der Wahrheit gekommen.

Ich konnte erneut schieben, doch dann bestand die Gefahr, dass Kazansky das Gleiche tat. Klar, ich würde gewinnen – aber der Gewinn reichte für die Teilnahme am großen Turnier nicht aus. Ich konnte alles setzen – und wenn er dann aufgab, hatte ich auch nicht viel mehr erreicht. Ansonsten konnte ich den Einsatz ein wenig erhöhen, doch unabhängig von Kazanskys Reaktion fehlte mir dann immer noch ein ziemlich happiger Betrag.

Nun komm schon, Kopf – denk nach!, forderte ich mich selbst auf. Ich hatte das gesamte Spiel damit verbracht, vorsichtig alles zu überprüfen und mitzugehen. Wenn ich jetzt selbst den Einsatz erhöhte, glaubte er sicher, ich hätte endlich ein gutes Blatt. Also gut ...

„Ich schiebe", sagte ich mit schwacher Stimme, als ob ich darauf hoffte, er würde ebenfalls schieben und mir so die Gelegenheit geben, die letzte Gemeinschaftskarte zu sehen.

„300", verkündete Kazansky zuversichtlich.

„300", bestätigte der Kartengeber, nachdem er die Chips gezählt hatte.

„Ich setze alles", erklärte ich.

So, da hast du es!, dachte ich befriedigt.

Wenn Kazansky jetzt nicht mitzog, verlor er sein Gesicht. Und er konnte schließlich immer noch auf die passende Karte hoffen, um seinen Straight komplett zu machen.

Er dachte offensichtlich ebenso, denn er zog ohne Zögern mit.

Bingo! Jetzt hatte ich ihn!

Der Kartengeber zählte die Chips und die anderen am Tisch erwarteten mit angehaltenem Atem den Ausgang des Spiels. Ich schaute auf die Uhr. Wir hatten nicht einmal mehr fünf Minuten. Ob das zu schaffen war?

„Was hast du denn auf der Hand?", fragte Gleb flüsternd und drängend.

„Das wirst du ja gleich sehen. Wo findet eigentlich das große Turnier statt? Glaubst du, wir schaffen es noch?"

„Es ist im VIP-Saal. Gleich dort ..." Er beendete den Satz nicht, sondern griff meine Schultern und schüttelte mich voller Freude durch, als nun Kazansky und ich gleichzeitig unsere Karten auf den Tisch legten, die für sich selbst sprachen.

Es tat mir leid, geschummelt zu haben, aber vor Kazansky lagen immer noch haufenweise Chips – und ich hatte schließlich einen Freund zu retten.

Wir griffen uns unsere Chips, verließen den Tisch und liefen durch den Flur zur VIP-Halle. Ich musste an all die Filme denken, in denen der Held die Welt wortwörtlich in letzter Sekunde rettete oder eine Bombe vor dem letzten Ticken der Uhr entschärfte. Dieses künstliche Drama hatte ich immer ein wenig lächerlich gefunden, doch jetzt befand ich mich selbst in einer ganz ähnlichen Position. In zwei Minuten lief die Frist zur Teilnahme am großen Turnier ab.

Zwei Sicherheitsleute hielten uns auf.

„Jungs, wir kommen zu spät zum Turnier – bitte

lasst uns ein!", flehte Gleb. „Hier sind unsere Chips!"

Die zwei zuckten zusammen, offensichtlich nicht sehr glücklich über die Anrede als „Jungs".

„Wartet hier", befahl der Kräftigere der beiden. Sein etwas kleinerer Partner sprach über sein Mikrofon mit dem Management.

„Das Turnier!", bat Gleb.

„Tut mir sehr leid", entgegnete der zweite Sicherheitsmann, „aber eure Teilnahme am Turnier wurde nicht genehmigt."

Die Eingabe dieser neuen Daten löste in meinem Gehirn eine ganze Reihe von Denkprozessen aus. Sollten wir vielleicht im anderen Raum bleiben und einfach schrittweise vorgehen? Dann konnten wir Glebs Verluste nicht in einer Nacht wieder wettmachen, aber es wäre ein guter Anfang. In zwei oder drei weiteren Abenden hatten wir das Problem sicher ebenfalls gelöst.

Auf einmal öffneten sich die Doppeltüren zur VIP-Halle und zwei sehr ernst aussehende junge Männer kamen heraus. Der eine trug einen Anzug, der andere trotz der Hitze des Sommerabends eine Bomberjacke.

Kaum hatte er sie erblickt, veränderte sich Glebs Gesicht. Seine gesamte Freude und Aufregung fiel in sich zusammen wie ein Ballon, aus dem man die Luft herausgelassen hat.

Mir schenkten die beiden keine Beachtung. Ihre Gesichter kamen mir vage bekannt vor. Ich musste sie schon einmal irgendwo gesehen haben, konnte mich jedoch nicht genau erinnern.

„Nun sieh mal einer an, wer sich hier blicken lässt! Das ist doch nicht etwa Gleb?", sagte der im Anzug grinsend. „Wenn man vom Teufel spricht ..."

Sein Partner packte Gleb am Nacken und zwang seinen Kopf nach unten. „Bist du blöde, oder was? Was hat der Boss dir gesagt?"

Er sprach weiter auf Gleb ein und zerrte ihn

davon. Der im Anzug folgte ihm und gab dabei einige sarkastische Bemerkungen von sich. Ich wollte ihnen sofort nach, doch meine Intuition brüllte mir zu, ich sollte bleiben, wo ich war, um nicht alles zu verderben.

Mein Blut kochte, und der Buff des berechtigten Zorns brannte in mir. Es kostete mich meine gesamte Selbstkontrolle, den Impuls zu unterdrücken, meinem Freund zu Hilfe zu kommen. Hunderte möglicher Szenarien gingen mir durch den Kopf, bis sie sich zu einem vernünftigen, klaren Plan verdichteten, dessen sämtliche Punkte mit Stahlnägeln festgenagelt worden waren.

Ja! Genau das musste ich jetzt tun – entschlossen und ohne Zögern handeln!

All das musste weniger als ein paar Sekunden gedauert haben.

„Ich dachte, du wolltest am Turnier teilnehmen?", bemerkt einer der Sicherheitstypen. „Noch kannst du es schaffen."

„Das gerade eben, ist das hier normales Verhalten?", erkundigte ich mich so kühl wie möglich und deutete mit dem Kopf in Richtung der beiden Gauner, die Gleb fortzerrten.

„Das müssen die Herren unter sich ausmachen", erwiderte er. „Warum? Hast du etwa ein Problem damit?"

Ich entdeckte den drohenden Unterton in seiner Stimme sehr wohl und beschloss, die Sache einstweilen auf sich beruhen zu lassen. Ich wollte es auf keinen Fall riskieren, bei dem aufgehalten zu werden, was die Russen „Gesichtskontrolle"[41] nennen, und unsere gesamte Mission zu gefährden.

---

[41] Gesichtskontrolle: Eine Praxis in russischen Nachtclubs. Dabei entscheidet der Türsteher nach einem Blick seiner geschulten Augen, wer der „richtigen Gruppe" angehört und hinein darf.

„Überhaupt nicht." Ich strahlte ihn an. „Wo muss ich mich eintragen?"

„Auf der anderen Seite des Saals, auf der rechten Seite", antwortete er mit zusammengepressten Lippen. „Du wirst es sofort sehen."

Ich lief los und umklammerte den Karton mit den Chips, den Gleb mir rasch in die Hand gedrückt hatte, als die beiden Gangster aus der Halle gekommen waren.

Ich schaffte es.

Zwar war die eine Stunde bereits abgelaufen, aber danach wurde eine kurze Pause eingelegt, auf die der Rebuy sich erstreckte.

Die Chips für das Turnier besaßen ein anderes Aussehen als die normalen. Ich legte Chips im Wert von 2.000 Dollar auf den Tisch und bekam dafür zehn Hunderter- und zwei Fünfhunderter-Chips. Es hatte wenig Sinn, Chips mit geringeren Werten auszugeben, denn in diesem Stadium des Spiels belief sich der Mindesteinsatz bereits auf 100 Dollar.

Eine speziell geschulte junge Frau führte mich an einen Tisch. „Sie können Ihre Chips ablegen und sich an der Bar etwas zu trinken holen", erklärte sie lächelnd. „Es hat gerade eine Pause begonnen, die eine Viertelstunde dauert."

„Danke – genau das werde ich tun", entgegnete ich.

Ich hängte meine Anzugjacke über die Stuhllehne und begab mich zum Ausgang. Dabei versuchte ich, keine Aufmerksamkeit zu erregen. Ich musste unbedingt nachsehen, was mit Gleb los war. Allerdings glaubte ich nicht, dass die beiden Kerle ihm ernsthaft etwas antun wollten, sehr wahrscheinlich wollten sie ihn lediglich einschüchtern.

Im Gang sah ich niemanden. Die beiden Sicherheitsleute, die Brust mit Stolz über die große Bedeutung ihrer Aufgabe geschwellt (die

Überwachung der Ungestörtheit einiger stinkreicher Playboys), standen wie erstarrt an der Tür. Sie erinnerten mich an zwei deaktivierte Golems aus Stein.

„Entschuldigen Sie bitte", sprach ich einen von ihnen an, „haben Sie vielleicht meinen Freund gesehen?"

„Wen meinst du denn?", ließ sich einer der beiden herab, zu antworten.

„Meinen Freund Gleb. Wo ist er?"

„Woher soll ich das denn wissen?", schnauzte er mich an.

Was zum Teufel war bloß los mit den beiden? Trug ich etwa ein Schild auf der Stirn, das ihnen meldete, ich wäre zu arm, um wirklich dazuzugehören? Wie wollten sie denn auf den ersten Blick ein armseliges Nichts von einem reichen Magnaten unterscheiden?

Zorn stieg in mir auf, doch ich drängte ihn zurück. Das war nicht der richtige Zeitpunkt, um sich mit einem Typen vom Sicherheitsdienst mit einem sozialen Status von 3 anzulegen. Es war noch gar nicht so lange her, dass ich für die Gesellschaft noch ebenso nutzlos gewesen war wie er.

Ich eilte den Korridor entlang, vorbei an Spielsälen und „Entspannungs-Lounges", bis ich an eine unverschlossene Tür kam. Dahinter befand sich die Treppe zum Notausgang.

Ich öffnete die Tür und betrat die Dunkelheit, von den Lichtern aus dem Flur kaum erhellt. Nun musste ich warten, bis meine Augen sich angepasst hatten.

Aus dem Stockwerk unter mir drang eine verärgerte Stimme nach oben: „Morgen, hast du kapiert? Morgen ist deine Zeit um! Der Boss ist ziemlich wütend auf dich! Du hast deine Schulden nicht bezahlt und besitzt noch dazu die Frechheit, wieder hier aufzutauchen und zu versuchen, dich in den VIP-Raum zu schleichen! Und was bedeutet das?

Es bedeutet, dass du das Geld hast. Es ist mir scheißegal, ob es dein eigenes ist oder nicht. Wenn du selbst das Geld nicht hast, dann geh und verdiene es dir! Und wenn du es nicht verdienen kannst, stiehl es einfach! Und wenn du es auch nicht stehlen kannst, verkaufst du eben eine Niere oder deine Eigentumswohnung oder was auch immer, aber du musst ihm morgen alles zurückzahlen!"

„Ich weiß, ich weiß!" Gleb klang ebenfalls verärgert. „Du musst dich nicht dauernd wiederholen – du hast mir das jetzt schon dreimal erklärt."

Ich hörte ein Rascheln, gefolgt von einem dumpfen Schlag. Gleb keuchte.

Ich flog die Stufen hinunter. „Gleb, bist du da?", rief ich in die Dunkelheit.

Oder vielmehr, um genau zu sein, war es nicht komplett dunkel, unter einer Tür drang Licht hindurch. Und vor der Tür stand Gleb, zusammengekrümmt, und hielt sich die Rippen. Der Gauner im Anzug – meinem Interface zufolge war sein Spitzname Wheezie – lehnte an der gegenüberliegenden Wand und rauchte in aller Ruhe eine Zigarette. Jedes Mal, wenn er am Glimmstängel zog, beleuchtete das glühende Ende sein gelangweiltes Gesicht. Der Kerl in der Bomberjacke – sein Name war anscheinend Zak – hatte Gleb im Nacken gepackt und verhinderte so, dass er zu Boden ging.

„Gleb, bist du da?", wiederholte er nun spöttisch.

„Phil, halt dich da raus!", rief Gleb und spuckte etwas Schwarzes auf den Boden. „Mach das, was wir abgesprochen haben!"

„Und was bitte habt ihr abgesprochen?", fragte Wheezie. „Was habt ihr vor? Phil, ist das dein Name? Komm herunter zu uns, du Weichei!"

„Er war mit ihm zusammen, richtig?" Zak erinnerte sich an mich.

„Phil, geh zurück!", drängte Gleb.

„Oh, nein!" Der Hass auf diese beiden Mistkerle drohte, ein Loch in meine Selbstbeherrschung zu brennen. „Was bitte geht hier vor? Wer seid ihr beiden Drecksäcke? Warum haltet ihr meinen Freund Gleb im Dunkeln fest? Und warum ist er verletzt? Sehe ich das richtig, ihr habt ihn physisch und verbal bedroht?"

Den letzten Satz beendete ich im vollen Lauf. Den zweiten Teil der Treppe bewältigte ich mit zwei mächtigen Sprüngen.

Nur ein einziger Gedanke beherrschte mich: Mistkerle wie diese beiden hatten kein Recht, zu leben! Vernünftig mit ihnen reden oder sie abwehren konnte man nicht. Sie verstanden nur eines – die Sprache brutaler Gewalt.

Ich hatte keine Ahnung, warum ich auf einmal so blutdürstig war.

„Was hast du ges...", setzte Zak an.

Ich ließ ihm nicht einmal die Zeit, seinen Satz zu beenden, bevor meine Faust mit seinem Kopf in Kontakt kam und ihn gegen die Wand knallte.

Du hast Zachary „Zak" Nikolaev einen kritischen Schaden zugefügt: 395 (Fausthieb)

„Nun sieh mal einer an!" Lässig löste Wheezie sich von der Wand. „Was ist denn das? Die Kavallerie als Rettungstrupp?"

In seiner Hand blitzte eine Messerklinge auf. Der Typ meinte es ernst. Dem Heroinentzugs-Debuff zufolge, der seine Statistiken beherrschte, würde er vor nichts Halt machen.

Nicht schon wieder ein Messer! Als ob die Sache mit Tural nicht schon gereicht hätte!

Mein Sichtfeld verschob sich, war auf einmal umgeben von einem feuerroten Rand. Die Zeit verlangsamte sich.

Warnung! Möglicherweise tödliche Aggression entdeckt!

Es besteht die Gefahr einer illegalen Aktivität, gerichtet gegen einen Benutzer, dessen sozialer Status beim Dreifachen des Status seiner Angreifer liegt.

Gewaltsame Aktivierung der Heldenfähigkeit: Sprint

Fähigkeitsklasse: Kampf

+100 % Geschwindigkeit des Benutzers

Erfordert Änderungen an Stoffwechsel und Zeitwahrnehmung des Benutzers

Warte auf Bestätigung der Aktivierung ...

Sende die Anfrage an den Server. Bitte warten. Zeitüberschreitung der Serververbindung. Es kann keine Verbindung zum Server hergestellt werden.

Die gewaltsame Aktivierung der Heldenfähigkeit: Sprint wird abgebrochen.

Ohne die Augen von Wheezie zu lassen, überflog ich die Mitteilung. Martha hatte es diesmal also wieder nicht geschafft, zum Server durchzudringen.

Ich war Wheezie zu nahe gekommen, um rasch genug zurückweichen zu können. Diesmal hatte ich nicht einmal die Gelegenheit, das Verlangsamen der Zeit voll zu fühlen, es dauerte alles nur den Bruchteil einer Sekunde.

„Bitte, es tut ihm leid! Er hat keine Ahnung von meinen Schulden!" Gleb griff flehend nach der Hand des Gangsters. „Es ist alles nur ein Missverständnis! Wir werden es wieder in Ordnung bringen!"

Wheezie gab ihm einen Stoß. „Verpiss dich!"

Mein Freund stürzte die Stufen hinab. Ich zwang

mich, den Blick von Wheezie abzuwenden.

Bewegungslos lag Gleb auf dem nächsten Treppenabsatz, eingefroren in einer unnatürlichen Haltung.

Ich unterdrückte meine aufkommende Furcht und wich dem Messer aus, das direkt auf mich zuschoss. Ich duckte mich und landete den Aufwärtshaken, der laut Matov meine Spezialität war. Noch bevor Wheezie wusste, wie ihm geschah, hatte ich ihm das Messer aus der Hand geschlagen und ihn mit einer Reihe rascher Hiebe fertiggemacht, die ich inzwischen bis zur Perfektion geübt hatte und denen mein berechtigter Zorn II eine besondere Durchschlagskraft verlieh.

Von den Schlägen hin und her geworfen, zuckte Wheezies Kopf herum wie der eines Wackel-Dackels. Nur die Wand hinter ihm verhinderte, dass er zu Boden ging. Das System überschütte mich mit Meldungen über kritische Treffer. Ein letzter Hieb gegen seine Schläfe schlug ihn schließlich k.o., und er sackte endlich in sich zusammen.

Ich schaute mich um, stellte sicher, dass beide bewusstlos waren, und lief zu Gleb. Er lag noch immer in derselben Position. Sein Hals war merkwürdig verrenkt. Seine starren Augen blickten nach oben, ohne etwas zu sehen.

Noch immer unfähig, aufzunehmen, was gerade passiert war, presste ich den Finger gegen seinen Hals.

Da war kein Puls.

Er war tot.

Hinter mir hörte ich ein Rascheln, dann stapften schwere Schritte die Stufen hinab. Ich erstarrte, verspürte nicht den geringsten Wunsch, irgendetwas zu tun. Obwohl ich genau wusste, ich musste mich in Acht nehmen – das konnte einer der Freunde der beiden Gauner sein, der mir eine Lektion erteilen wollte, oder …

Doch es war mir in diesem Augenblick völlig gleichgültig.

Mechanisch las ich die Mitteilungen über die Debuffs, die mein Interface mir schickte: Teilnahmslosigkeit und Verzweiflung.

Das war das Letzte, das ich in diesem Leben wahrnahm. Etwas drang mit einem stechenden Schmerz in meinen Rücken ein. Dann explodierte meine Brust in heißer Todesqual und meine Gliedmaßen waren wie gelähmt. Und das war erst der Anfang. Der vierte und nicht einmal letzte Messerstich landete direkt in meinem Herzen.

Ich starb auf der Stelle.

* * *

IM NÄCHSTEN MOMENT stand ich neben dem grünen Pokertisch und hängte mein Jackett über die Stuhllehne. Neben mir tauchte Martha auf.

„Tut mir leid, dass ich uneingeladen erschienen bin", sagte sie. „Aber ich muss dir etwas sehr Wichtiges mitteilen: Bitte stirb nicht noch mal. Es hat mich den gesamten kombinierten vorhandenen Geist dieses lokalen Segments gekostet, dich zurückzuholen. Zu deinem Glück hat sich die Realität erst vor nur sechs Minuten verzweigt."

„Was meinst du damit, ‚Stirb nicht noch mal?' Was zum Teufel war denn das?" Ich schaute an mir herab, befühlte in ungläubigem Staunen meinen eigenen Körper, griff mir auf den Rücken und tastete. Es schien alles in Ordnung zu sein. „Was ist mit Gleb?"

„Aha, dein Gedächtnis hast du also anscheinend nicht verloren, wie? Hervorragend! Ich werde dir alles später erklären. Mach dir keine Sorgen um deinen Freund, er ist in Ordnung."

Mit einem Augenzwinkern verschwand Martha. Ihre letzten Worte waren: „Tu genau das, wofür du hierhergekommen ist. Mach sie fertig!"

* * *

UND GENAU DAS tat ich – ich machte sie fertig. Wobei ich es mir sparen werde, die Einzelheiten des Turniers zu erzählen. Die meiste Zeit davon verbrachte ich ohnehin tief in Gedanken versunken.

Ich erinnerte mich ganz deutlich an jeden Augenblick meines früheren „Lebens". Die Anführungszeichen verwende ich absichtlich, ich denke dabei an die drei „Leben" in einem Super Mario-Spiel. Ich erinnerte mich daran, den Flur entlang gegangen zu sein, den Kampf mit den beiden Gaunern begonnen zu haben. Dann sah ich mich neben Glebs Leiche knien. Jede dieser Erinnerungen war absolut klar, nicht die flüchtige Erinnerung an einen Traum beim Erwachen, sondern ein deutliches, fotografisches Bild.

Diesmal hatte ich wirklich tief in der Scheiße gesteckt. Aber irgendwie hatte irgendwer es geschafft, die Welt zu reloaden und die Zeit in genau dem Moment wiederbeginnen zu lassen, bevor ich mich auf den Weg in den Abgrund begeben hatte. Es war ein Wunder. Ein Wunder, ja – aber nicht übernatürlicher als all diese Geschichten von außer- und überirdischen Heldenfähigkeiten.

Ich versprach mir selbst, auf die Sache nochmals zurückzukommen, sobald ich die anstehende Aufgabe erledigt hatte, dann konzentrierte ich mich auf das Spiel.

Zuerst verbrachte ich eine gewisse Zeit damit, meine Gegner zu beobachten, nicht nur, um Daten über ihre Spielmethode zu erfassen, sondern auch, damit mein Geist sich erholen konnte. Alle spielten sehr zurückhaltend, mit Ausnahme eines jungen Mannes, vor dem der größte Haufen Chips lag. Er setzte aggressiv und nutzte den Vorteil voll aus, den die erste Runde des Turniers ihm verschafft hatte.

Genau das wurde sein Verderben. Ich reagierte auf seine erhöhten Einsätze, indem ich alles setzte – und gewann. So verdoppelte ich mein Kapital. Am Ende geriet er in einen Spielrausch und verlor alles an einen Herrn mit einem Flush.

Anschließend blieben nur noch eben dieser Herr und ich übrig. Aber nur einer von uns konnte es an den Finaltisch schaffen. Ich machte mir Sorgen um Gleb, der mich nicht anrufen konnte, weil sein Handy nicht mehr funktionierte. Und ich durfte laut der Regeln den Raum nicht verlassen. Diese Angst – kombiniert möglicherweise mit meiner allgemeinen Erschöpfung und meinem Schlafmangel – führte dazu, dass ich durch eine Fehlberechnung beim letzten Blatt beinahe alles verloren hätte. Ich hatte allerdings Glück – der Herr traute seinem eigenen Blatt nicht und legte es nicht darauf an, seine letzten Chips auszuspielen. Deshalb verlor ich nur etwa ein Drittel meines Chips-Stapel.

Ich zeigte ihm sogar meine Karten, um zu demonstrieren, dass ich nur geblufft hatte. Außer einem sehr durchschnittlichen Pärchen hatte ich nichts vorzuweisen.

Dank dieses unfreiwilligen Fehlers zögerte mein Gegner jedoch nicht, mitzugehen, als ich beim nächsten Spiel alles setzte – und verlor prompt, denn diesmal hatte ich tatsächlich bessere Karten.

Als die Pause vor dem Spiel am Finaltisch angekündigt wurde, machte ich mich auf die Suche nach Gleb. Ich fand ihn an der Bar im ersten Saal. Zuerst wollte ich mich ärgern, weil ich glaubte, er hätte sich wieder dem Alkohol ergeben, doch ich atmete erleichtert auf, als ich sah, dass er nur Mineralwasser trank.

„Phil!" Er glitt von seinem Barhocker und kam zögernd heran. In seinem Gesicht zeigte sich eine Vielfalt an Emotionen, von Hoffnung bis Verzweiflung. „Wie läuft es?"

„Alles bestens. Ich bin im Finale!"

„Hurra!" Er zog an der imaginären Schnur einer Eisenbahn-Dampfpfeife. „Berichte mir alles ganz genau!"

„Warte – später. Wer waren denn diese Arschlöcher, die dich entführt haben?"

„Was glaubst du wohl? Die Wadenbeißer von Dimedrol natürlich. Sie haben mir bis morgen Zeit gegeben. Aber jetzt wollen sie insgesamt 40.000 Mäuse, mit Zinsen und allem Möglichen. Du bist meine einzige Hoffnung. Ich habe nämlich keine Ahnung, woher ich sonst das Geld bekommen sollte." Mit zitternden Händen zündete er sich eine weitere Zigarette an.

„Jetzt warte mal – als ich kam, waren da sechs Tische, und an jedem saßen neun Spieler. Bei 2.000 Eintrittsgebühr sind das schon über 100.000 an Preisgeldern. Wie viel bekommt man denn, wenn man Erster wird?"

„Lass mich nachdenken ... Mehr als 50 Teilnehmer ... Das sind über 100.000 Dollar, da hast du recht. Und das noch ohne die neuen Chips, die sie gekauft haben. Das könnte das Preisgeld auf über 200.000 Dollar bringen. Wer den ersten Platz gewinnt, der kann sich mindestens 30 % der Gesamteinnahmen sichern. Phil, Mensch, das ist eine echte Glückssträhne!"

Ich lächelte. „Du redest, als ob ich bereits gewonnen hätte."

„Ich weiß doch, du wirst es schaffen! Frag mich nicht wieso, aber ich weiß es einfach."

„Nun, wenn Onkel Gleb das sagt ...“

„Hör mal, Phil – selbst der zweite Platz würde völlig ausreichen. Das sollten zumindest 20 % der 200.000 sein, und das sind ...“ – er rechnet kurz – „... genau die 40.000, die wir brauchen!“

„Vergiss nicht, du hast noch eine Menge anderer Kleinschulden zu tilgen“, mahnte ich. „Du kannst erst dann wieder in Ruhe leben und arbeiten, wenn du alles zurückgezahlt hast.“

Eine Weile lang sagte er nichts, schaute mich nur an. „Weißt du“, sagte er sehr langsam und sehr deutlich, „als du mir heute Morgen deinen Plan erklärt hast, da dachte ich, du wärst jetzt völlig verrückt geworden. Ich habe nur deshalb zugestimmt, weil ich eine lange Diskussion vermeiden wollte. Ich hatte deine Predigten satt. Aber jetzt, da ich darüber nachgedacht habe ... Vor allem nach der Begegnung mit den beiden Schlägertypen ... Ich habe die Kurve gekriegt, wenn du weißt, was ich meine. Ich habe die ganze Zeit hier gesessen und die Spieler beobachtet.“ Er deutete mit dem Kopf in Richtung der Tische. „Die sind doch alle krank im Hirn! Das ist eine Bande Geistesgestörter!“

„Fass dich kurz“, verlangte ich und warf einen demonstrativen Blick auf meine nicht vorhandene Armbanduhr. „Die Pause ist bald zu Ende. Worauf willst du mit dieser Geschichte hinaus?“

„Ich will nicht mehr spielen. Kannst du dir das vorstellen? Ich kann nur noch an eines denken – dass wir gewinnen und sofort von hier verschwinden.“

„Sollte dein Dimedrol nicht auch hier sein?“, fragte ich.

„Seine Handlanger sind da, also wird er sicher auch bald aufkreuzen. Er ist ziemlich klein, aber reichlich aufgedunsen, und er hat eine Halbglatze, pflastert sich allerdings die verbliebenen Haare über die kahle Stelle, um sie zu verbergen.“

„Kapiert. Ich mache mich dann mal auf. *Wünsche mir nun ein wenig Glück im Kampf...*"

„*... ich werde nicht auf diesem grünen Feld bleiben!*[42] Viel Glück, Phil!"

Wie sich herausstellte, konnte ich alles Glück gebrauchen, dessen ich habhaft werden konnte. Später, als ich bereits darum kämpfen musste, mich auf die Karten zu konzentrieren, und mir beim Gähnen beinahe den Kiefer ausgerenkt hatte, machte ich einen weiteren Fehler. Erneut hatte ich mit meinen Berechnungen danebengelegen, fest davon überzeugt, dass nur noch drei Spieler mitmachten, während es in Wirklichkeit vier waren. Aus diesem Grund setzte ich nach dem Flop alles, fest davon überzeugt, ich würde gewinnen. Als mir mein Irrtum bewusst wurde, warf der resultierende Adrenalinstoß mich beinahe um.

Doch in diesem Augenblick kam mir mein Glück zu Hilfe. Der Spieler, der mit seinem Straight hätte gewinnen können, bekam kalte Füße und warf das Handtuch.

Mit den Details des Endspiels und der anschließenden Zeremonie der Preisvergabe will ich nicht langweilen. Zu dem Zeitpunkt konnte ich ohnehin bereits schon nicht mehr klar denken. Nur eine Sache möchte ich nicht unerwähnt lassen – ein gewisser Dmitry „Dimedrol" Shmelev, ein 54 Jahre alter Oberst der Polizei, erreichte den 9. Platz. Das war ein ganz beachtliches Ergebnis, auch wenn es ihm kein Geld einbrachte. Er lachte gutmütig, als Gleb seine Schulden bei ihm mit dem Geld zurückzahlte, das ich zum Teil vom Oberst selbst gewonnen hatte.

„Gut gemacht, Gleb!", sagte er und schüttelte meinem Freund die Hand. „Deine Schuld ist damit

---

[42] Freie Übersetzung eines Zitats aus *Blood Group* (Blutgruppe), einem russischen Kult-Rocksong der russischen Bank Kino in den 1980er Jahren.

beglichen."

„Sie sind also jetzt nicht mehr hinter mir her?", erkundigte sich Gleb.

„Überhaupt nicht. Ich sagte doch, deine Schuld ist beglichen. Aber eines musst du mir noch verraten – verstehe ich das richtig, es war dein Freund, der dir geholfen hat?" Er blickte auf die vier schweren Geldbündel in seiner Hand und deutete dabei mit dem gekrümmten Zeigefinger der anderen Hand auf mich.

„Erstaunlich, nicht wahr?", rief Gleb aus. „Er ist ein absoluter Neuling. Das war reines Glück. Er hat heute Abend sein erstes Blatt ausgespielt."

„Das erklärt allerdings einiges", erwiderte Dimedrol, offensichtlich zufrieden mit dieser Begründung. „Ich hatte mich schon gefragt, wie es kommen konnte, dass immer die besten Karten bei ihm gelandet sind. Das war dann tatsächlich Anfängerglück."

Er streckte die Hand aus, die wir uns auf unsere neugegründete Dreierfreundschaft gaben, und sah mir dabei forschend ins Gesicht. Seine kalten Knopfaugen zeigten nichts von der vorgetäuschten Wärme und Gutmütigkeit seiner Stimme. Daher war ich sehr erleichtert, als ich mich endlich von ihm verabschieden und Gleb nach draußen folgen konnte. Wir hatten noch immer etwa 12.000 Dollar übrig. Das war mehr als genug, um auch seine anderen Schulden vollständig zurückzuzahlen.

Bis man am Empfang ein Taxi für uns gerufen hatte, wurde es bereits langsam hell. Wir trafen ohne weitere Zwischenfälle zu Hause ein, wenn man einmal von der Reifenpanne absah, die uns eine Viertelstunde kostete. Außerdem hatte jemand Kochöl auf den Stufen im Haus verschüttet, auf dem ich natürlich ausrutschte. Beinahe hätte ich mir das Genick gebrochen. Zum Glück konnte Gleb meinen Sturz gerade noch so abfangen. Ich verfluchte

Khphors rachsüchtige Natur nach allen Regeln der Kunst, weigerte mich jedoch strikt, den Aufzug zu benutzen, sondern erklomm weiter die Treppe, allerdings äußerst vorsichtig und immer nur eine Stufe auf einmal, bis in mein Stockwerk.

Ich hatte keine Ahnung, wie es Gleb ging – ich jedenfalls war eingeschlafen, kaum, dass mein Kopf das Kissen berührt hatte.

* * *

MEIN INTERNER WECKER meldete sich anderthalb Stunden später. Ich taumelte auf die Füße, fühlte mich noch immer völlig erschöpft und nur halb wach. Dennoch war ich bester Laune. Ich schickte Kostya eine SMS, dass ich es heute nicht zum Training schaffen würde und schlug vor, wir sollten uns morgen treffen. Er antwortete ausgesprochen knapp:

Okay.

Ich spritzte mir ein wenig Wasser ins Gesicht. Dabei hörte ich das Klirren von Geschirr aus der Küche. War Gleb etwa auch schon wach?

Ja, er goss sich gerade einen Kaffee ein. Seine Hand zitterte, doch er summte vor sich hin und tanzte in der Küche herum.

„Guten Morgen!", sagte ich.

„Oh, Phil, du bist schon aufgestanden? Tut mir leid, wenn ich dich geweckt habe." Er wirkte schuldbewusst.

„Das hast du nicht – mein Wecker hat mich geweckt", korrigierte ich. „Aber was machst du denn schon hier?"

„Ich habe kein Auge zugemacht, Mann. Ich habe mich schlaflos herumgewälzt und war bestimmt ein

Dutzend Male auf dem Balkon, um eine zu rauchen. Dann habe ich mich hingesetzt, um zu schreiben, und als ich fertig war, habe ich Kaffee gekocht."

„Und was hast du geschrieben?", fragte ich gähnend.

„Hier, schau es dir an!" Er nahm ein Blatt Papier vom Tisch, bedeckt mit Kritzeleien. „Das sind all meine Schulden. Ich glaube, ich habe nichts vergessen. Es sind insgesamt 450.000 Rubel.[43] Ich habe alles aufgerundet, um sicherzugehen."

Ich studierte seine Liste. „Wir haben mehr als genug Geld dafür übrig. Lass uns zur Bank gehen und deinen Kredit ablösen, und dann kannst du selbst zu allen anderen Gläubigern gehen."

„Kein Problem. Nimmst du Milch in deinen Kaffee?"

„Nein, danke. Ich trinke ihn schwarz, mit einem Stück Zucker. Und eine Sache ist da noch – ich werde dir etwas mehr als diesen Betrag geben. Wir teilen uns den Überschuss des Gewinns. Ich möchte, dass du dir von deinem Anteil ein neues, billiges Handy kaufst und den Rest deiner Frau bringst. Ich bin mir sicher, es ist eine ganze Weile her, seitdem du zuletzt ein Gehalt bei ihr abgeliefert hast."

„Scheiße – na klar! Vielen, vielen Dank, Phil!" Auf einmal wurde er total emotional, umarmte mich und klopfte mir auf den Rücken. Mein Ansehen bei ihm, das bei einer lauwarmen Freundlichkeit steckengeblieben war, seitdem ich meine Schulden bei ihm nicht zurückgezahlt hatte, war hochgeschnellt zu *Verehrung 1/1*.

Wenn ich mich nicht irrte, war dies das höchste Level im Ansehen, das man überhaupt erreichen konnte. Es war herzerwärmend. Nachdem ich nur wenige Stunden zuvor neben seiner Leiche gestanden

---

[43] Etwa 6.000 Euro.

hatte, machte mich selbst der Gestank von Schweiß und kaltem Tabakqualm glücklich, der von ihm ausging, denn es war der Geruch des Lebens.

Noch in der Nacht hatte ich mir fest vorgenommen, ihn zur Bank zu begleiten. Noch immer beherrschte der Spieler-Debuff seine Statistiken. Daher machte ich mir ernsthafte Sorgen, er könnte die Kontrolle verlieren und wieder mit dem Spielen anfangen, statt seine Schulden abzutragen und ein neues Leben zu beginnen. Anfänglich hatte ich sogar zu all seinen Gläubigern mitkommen wollen, doch dann hatte ich beschlossen, dass ich ihm keinen Gefallen damit tat, wenn ich ihn in Watte packte. Sollte das ruhig seine erste wahre Prüfung sein. Und wenn er tatsächlich schwach wurde ... Nun, dann waren all seine Versprechen, all die Ankündigungen von wegen „Ich werde nie wieder eine Spielkarte anrühren" einfach nichts wert. Falls es dazu kam, musste ich womöglich meine Versuche einstellen, ihn zu heilen, bis ich die Heldenfähigkeit der Ebene 3, Überzeugungskraft, erreicht hatte. Ich konnte ihn nun einmal nicht die ganze Zeit überwachen.

Nach dem Frühstück begaben wir uns zu Glebs Bank, die in der Nähe meines Büros lag. Wir trafen ein, als man gerade öffnete, also mussten wir nicht lange warten. Gleb erledigte die notwendigen Formalitäten. Ich begab mich währenddessen in eine Ecke und rief Martha auf.

Mental schickte ich ihr einen Gruß und schwieg anschließend lange. Ich wusste einfach nicht, wo ich anfangen sollte.

Sie war diejenige, die das Schweigen brach. „Wie war dein Tag bisher? Abgesehen davon, dass du umgebracht worden bist?" Meiner Erinnerung zufolge hatte sie vorher noch nie eine Unterhaltung begonnen. „Wenn ich mir die Protokolle der letzten 60 Stunden so anschaue, muss es in deinem Leben ja ziemlich hoch hergegangen sein."

„Gewissermaßen, ja. Es ist eine Menge passiert."

„Erzählst du mir davon?"

„Was soll ich dir denn erzählen?"

„Vielleicht könntest du mit dem Abend des 17. Julis anfangen. Das Programm hat für diesen Tag deine Verwicklung in eine tätliche Auseinandersetzung registriert. Den Protokollen nach hast du einen gewissen Schaden empfangen, aber auch welchen zugefügt."

„Ah, ja ... Das war der Tag, an dem ich Mohammed eine verpassen musste. Er hat Vicky belästigt. Ist das wirklich erst drei Tage her? Himmel ..."

Die Erwähnung von Vicky hatte alle möglichen Formen schmerzlicher Gefühle an die Oberfläche geholt. Ich konnte der Versuchung kaum widerstehen, sie anzurufen. So sehr ich auch das Gegenteil behauptete, meine Zuneigung ihr gegenüber war noch immer vorhanden.

„Du hast also drei sehr hektische Tage hinter dir?", erkundigte sich Martha mitfühlend.

„Das kann man wohl sagen! Stell dir nur das vor: Zuerst schmeißen sie mich aus der Boxgruppe, dann verlässt meine Freundin mich, ich stelle eine höchst fragwürdige Person als Mitarbeiter ein, treffe meinen alten Arbeitgeber, beginne den Prozess der Expansion meines Unternehmens und führe eine sehr interessante Unterhaltung mit einem anderen Interface-Benutzer, die mir wirklich die Augen geöffnet hat. Vor allem habe ich dabei gelernt, dass wir im Universum nicht allein sind. Irgendeine höherrangige Rasse – sie nennen sich selbst die Vaalphor – hat aus irgendwelchen Gründen einen Preis auf meinen Kopf ausgesetzt. Sie jagen mich und manipulieren zu diesem Zweck die Kette der Zufälle. Außerdem habe ich einen magischen Ring gefunden, der mir einen Bonus für meine Glückswerte einbringt, wurde von einem Wanderarbeiter beinahe erstochen und von einem eifersüchtigen Kaukasier fast erschlagen. Und dann habe ich herausgefunden, dass ein alter Freund von mir in Schwierigkeiten steckt, also musste ich ihn retten. Nicht zu vergessen meinen eigenen Untergang."

Beim Sprechen löste jede Tatsache, die ich beschrieb, ein passendes Bild aus, begleitet von entsprechenden Emotionen. Offensichtlich war die Übermittlung von Informationen per Telepathie ebenso gut wie alles laut auszusprechen. Martha hörte aufmerksam zu, als ich ihr mein Herz ausschüttete, und gab an den richtigen Stellen die richtigen Kommentare ab.

Als ich zum Ende gekommen war, stellte sie mir zur Klarstellung einige Fragen, dann erstarrte sie für mindestens 20 Sekunden und biss sich dabei auf die Lippen. Man könnte sagen, ihre Software hängte sich auf, vermutete ich mal – und verbrauchte die ganze Zeit meinen Geist.

„Insgesamt ist das gar nicht einmal so schlecht", sagte sie endlich. „Du hast das Gruppentraining in einer unfreundlichen Umgebung durch ein Einzeltraining ersetzt. Dein neuer Trainer Kostya verfügt über hohe Level in der Fertigkeit des Boxens. Zumindest theoretisch sollte das seine mangelnde Lehrfertigkeit ausgleichen, die unter der von Matov liegt. Obwohl sie andererseits so schlecht auch wieder nicht sein kann. Schließlich muss Kostya auf seine jüngere Schwester aufpassen. Hast du seinen Level in Lehrfertigkeit einmal überprüft?"

„Ich wusste nicht einmal, dass so etwas überhaupt existiert. Ich habe nicht darauf geachtet."

„Dann hol das bitte nach. Die Geschwindigkeit des Wachstums deiner eigenen Boxfertigkeit hängt schließlich davon ab."

„Okay. Und was, wenn er nicht über Lehrfertigkeit

verfügt? Oder sein Level nicht hoch genug ist?"

„Das Training mit ihm zusammen ist in jedem Fall sinnvoller, als wenn du allein trainierst. Selbst wenn du ihn nur als Sparring-Partner betrachtest. Weiter – was Valiadis, Khphor und die Reaktion der Vaalphor auf die merkwürdige Situation betrifft, dass du die erste Prüfung bestanden – oder vielmehr nicht bestanden hast ... Tut mir leid, ich weiß, ich hätte dir längst sagen müssen, dass ..." Sie schwieg.

„Du warst das also!", rief ich aus.

„Ja, das war ich. Ich habe die Tatsache ausgenutzt, dass die Server des Segments nicht verfügbar waren, also habe ich gewaltsam den Zeit-Cheat aktiviert. Das hat verhindert, dass sie" – sie legte den Kopf schief und deutete auf den Himmel – „dein Interface wieder deinstallieren."

„Denn wenn sie es deinstalliert hätten, wärst du damit ebenfalls verschwunden, richtig?"

„Genau."

„Bedeutet das also, das ist jetzt mein drittes Leben? Wie das von Super Mario?"

Sie wich meinem Blick aus und tippte sehr mädchenhaft mit dem Schuh auf den Boden.

„Martha, was ist? Sag es mir! Das erste Mal bin ich gestorben, als der Säuregallert mich verschluckt hat. Und letzte Nacht hat Zak mich erstochen, nicht wahr? Wie kommt es, dass ich mich an meinen ersten Tod nur sehr vage erinnern kann, während mir jede Einzelheit der vergangenen Nacht klar vor Augen steht?"

„Das liegt daran, dass dein Tod heute Nacht nur sechs Minuten eingetreten ist, nachdem die Zeit sich verzweigt hat. Und was deine anderen Fragen angeht ... Tut mir leid, Phil, aber du bist noch nicht bereit für die Antworten. Ich verspreche dir, ich werde dir alles erklären, sobald du in der Erkenntnis erst einmal Level 3 erreicht hast. Aber bitte sei vorsichtig, ich flehe dich an! Sie haben meine unautorisierte Aktivierung des Zeit-Cheats bereits bemerkt und mir für die Zukunft den Zugang dazu verweigert. Beim nächsten Mal werde ich dich also nicht zurückholen können. So leid mir das auch tut …"

Sie gab mir einen Kuss auf die Wange, zerwühlte mir mit einer sehr menschlichen Geste die Haare und verschwand.

An ihrer Stelle tauchte Gleb auf. Er grinste über das ganze Gesicht.

„Freiheit!", sang er. „Ich bin frei wie ein Vogel!"

„Dann komm mal, Vogel. Wir haben noch eine Menge zu erledigen." Ich legte ihm die Hand auf die Schulter. „Zeit ist Geld. Beeilen wir uns!"

Und wir beeilten uns. Ich machte mich auf ins Büro und Gleb ging in den nächsten Elektronikladen, um sich ein neues Handy und eine SIM-Karte zu besorgen. Anschließend musste er seine anderen Gläubiger aufsuchen und sich dann auf dem schnellsten Weg nach Hause begeben.

Bis zum Mittag hatte ich die meisten meiner Aufgaben für heute erledigt. Kesha und ich hatten unseren geschäftlichen Vorschlag überarbeitet, der jetzt darauf wartete, von Gleb optisch verschönert zu werden. Herr Katz brachte uns den endgültigen Entwurf des Vertrags, dessen Bestimmungen nun Regelungen für alle Eventualitäten vorsahen. Anschließend rief ich Panchenko an, den neuen kaufmännischen Leiter von *Ultrapak*. Seine Reaktion war trocken und emotionslos. Offensichtlich konnte er sich erst nächste Woche mit uns zusammensetzen.

Alik hatte es dank Herrn Gorelik geschafft, sich einen recht anständigen Schreibtisch aus Sperrholz zu besorgen, den er den ganzen Weg vom Keller bis in unser Stockwerk trug.

„Das ist nachgemachtes dunkles Erlenholz", verkündete er stolz. „Und nahezu ungebraucht!

Gorelik hat ihn mir für nur 1.000 Rubel überlassen. Ich muss ihn nur ein bisschen wieder zusammenkleben."

Stacy warf mir immer wieder besorgte Blicke zu. Sie wartete, bis ich eine Pause einlegte, dann kam sie zu mir und flüsterte: „Phil, ich glaube, du brauchst dringend Schlaf. Du siehst aus wie ein Vegetarier-Zombie. Ich schlage vor, du nimmst dir den Nachmittag frei und ruhst dich aus."

„Mach dir mal keine Sorgen, Stacy", wehrte ich ab. „Ich gehe einfach heute früh schlafen, dann ist alles wieder in Ordnung."

Sie schürzte die Lippen und verließ mich, um einen neuen Kunden zu begrüßen. Sie sah noch immer so atemberaubend schön aus wie am ersten Tag. Was ihre Besorgnis umso rührender machte.

Nach dem Mittag brachte Veronica die erste Bestellung eines großen IT-Unternehmens. Dort brauchte man einen guten leitenden Entwickler, der auch im Teammanagement Erfahrung besaß.

Diese Anfrage zu verarbeiten kostete mich etwas länger als erwartet. Zuerst musste ich Recherchen über die Firma selbst anstellen, um so viele KIDD-Punkte wie nur möglich zu sammeln. Auch die Suche nach dem richtigen Kandidaten erwies sich als langwierig und kompliziert. Die meisten, die infrage kamen, wohnten in anderen Städten oder besaßen bereits einen guten Job. Und die wenigen, die derzeit arbeitslos waren, entsprachen nicht unbedingt dem Profil.

Endlich hatte ich ein paar Namen zusammengestellt, suchte online nach den Kontaktdaten und übergab alles Veronica, die die eigentlichen Verhandlungen führen musste.

Es war schon beinahe 15 Uhr, als Gleb strahlend im Büro auftauchte. Er begrüßte alle überschwänglich, verpasste Stacy einen Wangenkuss und dem völlig verwirrten Alik eine Umarmung, bevor er mich bat, „für eine Zigarette" mit nach draußen zu kommen.

Wir begaben uns nach unten und vor die Tür. Der Himmel hatte sich zugezogen. Gleb zündete sich eine Zigarette an und begann zu sprechen, gerade, als die ersten Regentropfen auf den Asphalt platschten.

„Das Wichtigste zuerst – hier ist mein Handy." Er zeigte mir ein sehr einfaches Smartphone, die Budgetversion eines bekannten Herstellers. „Ich habe die Kontaktliste von meinem Laptop zu Hause wiederhergestellt, es ist also alles in Ordnung. Ich kann dir gar nicht genug danken, Mann! Ich habe all meine Schulden abbezahlt. Ich habe mich sogar an die 200 erinnert, die ich mir vor ewigen Zeiten von einem Nachbarn geliehen hatte, und auch die zurückgezahlt."

„Wie haben denn deine Kollegen auf den plötzlichen Geldregen reagiert?"

„Sie waren natürlich überrascht. Viele hatten schon nicht mehr daran geglaubt, das Geld jemals wiederzusehen. Es gab Gerüchte, ich hätte den Jackpot geknackt. Ich habe ihnen einfach erklärt, ich hätte einen guten Job gefunden und alles von meinem Gehalt bezahlt. Ich danke dir!"

„Und wie ist es zu Hause gelaufen?"

„Das war der schwierigere Teil. Ich habe mir den Kopf zerbrochen, um mir etwas auszudenken, das glaubwürdig genug wäre und mir ihre Vergebung sichern würde, ohne sie allzu sehr zu schockieren. Am Ende hatte ich mir eine richtig lange Geschichte ausgedacht." Er biss sich auf die Lippen und wich meinem Blick aus.

„Was für eine Geschichte?"

Abwehrend zuckte er mit den Schultern. „Das spielt jetzt keine Rolle mehr. Ich bin also nach Hause gegangen und habe geklingelt. Mein Ältester hat geöffnet. Du hättest ihn sehen sollen! ‚Papa ist wieder da!‘, hat er gebrüllt und sich an mich gehängt. Sein Bruder hat ihn gehört und zu schreien begonnen, als wäre ich von den Toten wiederauferstanden. Und dann kam Lena angelaufen und hat sich mir an den Hals geworfen. Kannst du dir das vorstellen? Sie hat gesagt, sie hätte nicht gewusst, was sie glauben soll …“

„Und?“

„Wir haben uns hingesetzt und richtig miteinander geredet. Die Geschichte, die ich mir ausgedacht hatte … Es war die Sache einfach nicht wert. Also habe ich ihr alles gebeichtet, meine Schulden und meine Spielsucht. Ich habe ihr gesagt, dass ich gefeuert wurde und meine Gläubiger damit gedroht hätten, uns die Wohnung wegzunehmen … Anschließend habe ich ihr von dir erzählt und wie du mir aus der Scheiße herausgeholfen und mich durch ein reines Wunder gerettet hast. Außerdem habe ich ihr erklärt, dass ich jetzt ein neues Leben beginnen werde und die Absicht habe, es mit ihr und den Kindern zu verbringen. Ich habe ihr gesagt, dass ich mit ihr alt werden will. Als ich dann am Ende angekommen war, habe ich ganz angespannt dagesessen, bereit, jede Entscheidung zu akzeptieren, die sie treffen würde. Ich war moralisch vorbereitet, du weißt, was ich meine? Wenn sie die Scheidung wollte oder was auch immer …

„Und wie hat sie reagiert?“

„Zuerst hat sie gar nichts gesagt, sie brauchte wohl eine gewisse Zeit, um alles zu verarbeiten. Dann ist sie zu mir gekommen, hat mich umarmt und geweint, und als sie sich endlich beruhigt hatte, war sie wieder meine alte Lena. Sie hat mir sofort befohlen, die dreckigen Klamotten abzulegen und zu duschen, so wie du gestern, erinnerst du dich?“ Er lachte. „Dann hat sie mir belegte Brote eingepackt und mich zur Arbeit geschickt."

Er lachte wieder, absolut glücklich und wie berauscht von der Aussicht auf ein neues Leben. Ein normales Leben, in dem er hart arbeiten und am Abend zu seiner Familie nach Hause gehen konnte, um das Ehebett mit seiner Frau zu teilen. Ein Leben mit der Möglichkeit eines Urlaubs am Meer einmal im Jahr, komplett mit Palmen und weißem Sandstrand.

Dann wäre ich beinahe an der Wand entlang zu Boden geglitten, überwältigt von all den Systemmitteilungen, begleitet vom Strom reinster Freude, den das Programm mir schenkte:

Dein Ansehen bei Lena Kolosova hat sich verbessert!
Derzeitiges Ansehen: Respekt 20/120

Gratuliere! Du hast bei einer Systemfertigkeit ein neues Level erreicht!
Name der Fertigkeit: Erkenntnis
Derzeitiges Level: 3
Erhaltene Erfahrungspunkte: 1.000 Punkte

Zu deiner Information: In Bezug auf alle Objekte und Subjekte, aus denen das lokale Segment des universellen Infospace besteht, wurden weitere Daten freigeschaltet.
Das erlaubt dir Folgendes:
    1. Das Gesamtpotenzial eines Subjekts zu bestimmen
    2. Die Teamwork-Synergie eines Subjekts zu bewerten
    3. Die eheliche Übereinstimmung zwischen zwei Subjekten zu bewerten

Du hast gerade eine sozial bedeutungsvolle Handlung vorgenommen! Du hast einen neuen

Zeitzweig erschaffen und die Integrität der Familie Kolosov wiederhergestellt, bestehend aus Gleb, Lena und ihren Kindern Sergej und Alexander. Dadurch hast du einen Abfall in ihren Leveln verhindert und neue günstige Bedingungen für eine Verbesserung ihres sozialen Status hergestellt.

Du erhältst 3.000 Erfahrungspunkte für die Erfüllung einer sozial bedeutungsvollen Handlung!

Gratuliere! Du hast ein neues Level erreicht!
Derzeitiges Level deines sozialen Status: 16
Verfügbare Eigenschaftspunkte: 1
Verfügbare Fertigkeitspunkte: 1

Fehlende Erfahrungspunkte bis zum nächsten Level des sozialen Status: 2.610/17.000

„Phil? Ist mit dir alles in Ordnung?" Gleb versuchte, mir wieder zurück auf die Füße zu helfen, doch meine Beine fühlten sich an wie Gummi und gaben immer wieder unter mir nach. „Phil!"

„Alles in Ordnung ... Mann", erwiderte ich leise, als der Anfall von Freude abgeklungen war. „Ich fürchte, ich brauche dringend Schlaf."

„Das fürchte ich auch. Vielleicht solltest du nach Hause gehen?"

Ich schüttelte den Kopf. „Nein. Ich werde heute Nacht schlafen."

„Sollen wir dann ins Büro zurückgehen?"

„Geh du mal. Es gibt da einen geschäftlichen Vorschlag, den du ansprechend präsentieren musst. Ich bleibe noch ein wenig und schnappe frische Luft, bevor ich nachkomme."

Ich ignorierte seine Proteste und drängte ihn in Richtung des Gebäudes. Ich musste einfach eine Weile allein sein und herausfinden, welche Vorteile ich von meinem neuen Erkenntnislevel erwarten konnte, und außerdem entscheiden, wo ich meinen Eigenschaftspunkt investierte. Die logischste Wahl schien das Glück zu sein, aber brauchte ich das wirklich, jetzt, da ich den Ring hatte?

Außerdem musste ich meinem zweiten Erfolg auch ein wenig Aufmerksamkeit schenken. Das Fenster, das mir davon berichtet hatte, umgeben von farbenfroh wirbelnden visuellen Effekten, war noch geöffnet. Und das war es, was dort stand:

Gratuliere! Du hast einen neuen Erfolg erreicht: Der Altruist!

Du hast eine sozial bedeutungsvolle Handlung vorgenommen und jemandem, der das Geld nötiger brauchte, eine Summe Geld geschenkt, die dein eigenes Jahreseinkommen übersteigt.

Belohnung: +1 für alle Haupteigenschaften auf jedem erworbenen Level

Wie bitte? Ich, Phil Panfilov, der erklärte Menschenfeind, der jedes nutzlose Stück Spieleramsch verhökert hatte, nur, um ein paar Cent zu ergattern – ich sollte ein Altruist sein?

Die wollten mich wohl verarschen!

KAPITEL 16

ECHTE MAGIE

Mein Geschäftsmodell ist wie die Beatles. Das waren einfach vier Jungs, die ihre negativen Neigungen gegenseitig ausgeglichen haben. Sie haben einander im Gleichgewicht gehalten, und zusammen waren sie mehr als die Summe der vier Mitglieder. Genau so betrachte ich auch Geschäfte: Wirklich große geschäftliche Leistungen werden nie von nur einem einzigen Menschen erzielt, sondern immer von einem Team aus Menschen.

Steve Jobs

VOR LANGER ZEIT, als ich gerade angefangen hatte, zu arbeiten, fiel mir etwas Interessantes auf. Wenn jemand einen langwierigen Streit mit seinem Ehepartner gehabt hatte, war er nach der Versöhnung sehr viel freundlicher und glücklicher – und definitiv produktiver.

Kein Wunder also, dass Gleb genau das erlebte. Die Chance, sein Leben nach dieser mühelosen Rückzahlung seiner Schulden auf die richtige Bahn zurückzubringen, es sogar neu zu beginnen, brachte ihm seine Magie zurück.

Als ich ins Büro zurückkam, standen Alik, Stacy, Kesha und Veronica eifrig um ihn herum und diskutierten unsere zukünftige Website. Sie hatten sich auf die Fensterbank und auf die Schreibtischkante gesetzt. Stacy goss allen Tee ein.

Ich unterdrückte ein Lächeln und kehrte an meinen Schreibtisch zurück, aber vielleicht würde ich ihnen eine Weile zuhören, während ich versuchte, eine Strategie für die Zukunft zu entwickeln. Außerdem musste ich über die Belohnungen nachdenken, die das Interface mir geschenkt hatte.

„Das präsentiert das reine Glück", rief Gleb begeistert aus. „Habt ihr das alle verstanden?"

„Reicht uns nicht einstweilen unsere Seite auf VK, Gleb?", gab Veronica zu bedenken. „Die kostet uns schließlich keinen Cent."

„Das wäre der Fall, wenn wir eine ganz bescheidene Agentur geblieben wären", erwiderte Kesha. „Aber wenn wir ganz groß einsteigen wollen, ist die Abwesenheit einer eigenen Website ein großer Nachteil. Das verringert das Vertrauen in uns."

„Worüber streitet ihr euch denn gerade?", fragte Herr Katz, der in der Tür stand.

„Es geht um die Website", erklärte Alik mit einem tiefen Seufzen. „Er sagt" – er deutete mit dem Kopf auf Gleb – „wir müssen alles stehen und liegen lassen, woran wir gerade arbeiten, und uns mit der Online-Präsenz unseres Unternehmens befassen."

„Hallo, ich bin Gleb", sagte mein Freund und bot Herrn Katz die Hand.

„Freut mich, Sie kennenzulernen, junger Mann",

erwiderte Herr Katz feierlich. „Und warum ist das so eilig, wenn ich fragen darf?"

„Möchtest du Tee, Onkel Mark?", mischte sich Stacy ein.

„Ja, warum nicht? Und da wir schon einmal über die Online-Präsenz unseres Unternehmens sprechen ..."

Sie kehrten zu ihrer Diskussion zurück, während ich vergebens versuchte, mich daran zu erinnern, womit meine Gedanken sich zuletzt befasst hatten.

Also ... Ich hatte unten vor dem Haus gestanden und mich langsam von den Auswirkungen des Erlangens sowohl eines neuen Erfolgs als auch eines neuen Erkenntnislevels zu erholen ... Die anderen hatten die Unterhaltung nun über die drängenden Probleme des Logo-Designs und des Layouts für den geschäftlichen Vorschlag hinaus auf weitreichendere Angelegenheiten erweitert. Ein solcher Eifer war ja nun zweifellos begrüßenswert, aber darüber hatte ich nicht nachgegrübelt. Einen Augenblick – was hatte da gerade jemand gesagt? Es war etwas über ... Moment!

Reicht uns nicht einstweilen unsere Seite auf VK?, hatte Veronica gefragt.

Das wäre der Fall, wenn wir eine ganz bescheidene Agentur geblieben wären, hatte Kesha erwidert.

Wir müssen alles stehen und liegen lassen, woran wir gerade arbeiten, hatte sich Alik beschwert.

Die Online-Präsenz unseres Unternehmens ... – das war Mark gewesen.

Ja, jetzt wusste ich wieder, womit ich mich beschäftigt hatte – mit dem „wir", „uns" und „unser", genau das war es!

Ich lehnte mich in meinem Stuhl zurück, schloss die Augen und malte mir unsere zukünftige Firma aus, die *Große Jobvermittlungsagentur*. Meine Kollegen setzten ihre hitzige, aber freundliche Diskussion fort. *Unser* Unternehmen gehörte uns allen. Schrittweise nahm etwas in meinem Kopf Gestalt an, nicht als abstrakte Vorstellung, sondern als etwas Reales, zusammengesetzt wie ein virtuelles Puzzle. Mit jedem KIDD-Punkt, den ich verwendete, wurde das Bild klarer.

Ich konnte unser winziges Büro im Gewerbezentrum Chekhov sehen. Auch der Gebäudemanager Gorelik fügte der Mischung seine KIDD-Punkte hinzu. Ich war der Leiter des Unternehmens, denn offiziell war Alik noch immer nur ein Angestellter.

Ich sah im Geist all diese verzweifelten, desillusionierten Menschen, die sich an die schwache Hoffnung klammerten, wir würden sie nicht übers Ohr hauen, sondern ihnen stattdessen einen anständigen Job verschaffen.

Das Puzzle verwandelte sich zu einem 3D-Bild in Farbe. Ich konnte sehen, wie unsere Agentur arbeitete und sich erweiterte, wie unser Umsatz stieg und damit unser Gewinn. Die Anzahl sowohl der Mitarbeiter als auch der Kunden erhöhte sich in Echtzeit.

Ich sah unsere Finanzergebnisse 2018 ... 2019 ... 2020 ... Unsere Agentur setzte die Arbeit fort, selbst nachdem die Lizenz für mein Interface abgelaufen war, obwohl sie anschließend nicht mehr wuchs. Unsere Jahresumsätze verharrten bei gerade einmal etwas mehr als zwei Million Rubel,[44] und unsere Gewinne gingen langsam zurück.

Zeigte sich da gerade meine Erkenntnis auf Level 3? Das Bild war so greifbar und real, es kam mir vor, als wäre all das bereits passiert. Dazu musste ich unbedingt so schnell wie möglich Martha befragen.

Sie erschien prompt, schaute sich neugierig im Büro um und begrüßte mich mit einem leichten

---

[44] Etwa 27.000 Euro.

Lächeln. „Sind das deine Kollegen?"

„Hallo", grinste ich und antwortete mental: „Fast. Momentan sind sie noch nicht alle Kollegen, aber ich arbeite daran. Ich muss nur ganz kurz etwas von dir wissen, denn dies ist nicht der geeignete Ort für eine ausführliche Unterhaltung. Schau dir das mal an, bitte – anscheinend verfüge ich über eine neue Fähigkeit." Ich leitete die Bilder, die in meinem Kopf entstanden waren, an sie weiter. „Was meinst du?"

„Ja, das sind die Ergebnisse einer Level 3-Erkenntnis", nickte sie. „Dadurch kannst du das Potenzial einer Person sehen."

„Nur das Potenzial einer Person? Und wie sieht es mit einem Unternehmen aus? Ein Unternehmen ist ja kein Mensch, sondern stattdessen etwas, das sich juristische Person nennt."

„Hinter jedem Unternehmen stecken Mitarbeiter, so wie du und Herr Romuald Zhukov – Alik, nicht wahr? Ihr beide habt euch zusammengeschlossen und euch entschieden, anderen Leuten einen nützlichen Dienst bereitzustellen. Was du eine Personalvermittlung nennst, ist in Wirklichkeit euer persönliches Angebot von dir und von deinem Freund."

„Und von Stacy", ergänzte ich mechanisch.

„Was ist, Phil?" Stacy wandte sich mir zu.

Sofort schossen Marthas und meine Blicke in ihre Richtung. Stacy betrachtete zuerst mich fragend, dann sah sie zu Martha, die in einer recht aufreizenden Pose am Fenster stand.

Martha verschwand prompt.

Was zum Teufel war denn das?

„Phil?" Stacy stand bereits neben mir. „Hast du mich gerufen?"

„Ähm … ja. Bitte sei ein liebes Mädchen und bring mir eine Tasse Kaffee." Ich gähnte übertrieben. „Danke."

„Natürlich, kommt sofort."

Sie schaute ein weiteres Mal zum Fenster, wo gerade eben noch Martha gestanden hatte, und ging dann Kaffee holen. Ich blieb völlig verwirrt zurück.

War das alles reiner Zufall? Aber wenn ja, warum war Martha dann verschwunden?

„Phil, ist alles in Ordnung?", lenkte Stacy mich von meinen Überlegungen ab. Sie stellte eine Tasse Kaffee auf meinen Schreibtisch.

„Nun, was vermutest du denn?", beantwortete ich ihre Frage mit einer Gegenfrage. Mir ging das merkwürdige rote Armband nicht aus dem Kopf, das sie mir gestern gegeben hatte. „Glaubst du, ich bin in Ordnung?"

„Oh, da bin ich sicher, ja. Da ist zwar etwas, das du sehr ernst nehmen solltest, aber so weit ist es noch nicht. Momentan bist du völlig in Ordnung."

„Und welche Art von etwas ist das, die mir bevorsteht?"

„Darüber sprechen wir später", wehrte sie mit einem Blick auf meine Freunde ab und marschierte davon, um sich ihnen wieder anzuschließen.

Die anderen hatten in der Zwischenzeit ihre Diskussion über unsere Website beendet – oder vielmehr beschlossen, sie einstweilen zu verschieben und mit mir gemeinsam fortzusetzen – und mit dem Aufstellen einer Liste aller Unternehmen der Stadt begonnen, die möglicherweise unsere Kunden werden könnten. Weder Alik noch Gleb hatten Interesse an einer solchen Liste. Deshalb setzten sie ihre Arbeit fort und machten sich wieder an das Layout des Geschäftsvorschlags für die Outsourcing-Dienste.

Ich musste mich noch immer mit Panchenko von *Ultrapak* auseinandersetzen. Diese unabgeschlossene Quest machte mich nervös. Ich wünschte mir, ich könnte sie einfach löschen, doch das war nicht möglich. Warum sollte ich mir überhaupt die Mühe machen?

Ich nahm einen Schluck Kaffee, stellte die Tasse auf den Schreibtisch und lehnte mich erneut im Stuhl zurück. Kaum dachte ich daran, erschien das mentale Modell meiner Agentur wieder in meinem Kopf. Es sah ein wenig aus wie das 3D-Modell eines Wirtschaftssimulationsspiels, mit der isometrischen Projektion eines Büros, den kleinen Figürchen der Mitarbeiter und der Kunden, die sich rasend schnell bewegten, sowie Unmengen an Tabellen und Grafiken und Diagrammen, all das überlappt mit meiner Figur in 3D.

Ich schickte den mentalen Befehl aus, Alik auf die Liste der Gründungsmitglieder zu setzen. Sofort erschien neben ihm ein Feld, das mir in fett gedruckten grünen Zahlen den Prozentsatz der dadurch entstehenden Synergien nannte: 106 % dieses Jahr, 111 % im nächsten Jahr, und dann, 2020, ein rapider Anstieg auf 160 %.

Wow! Bedeutete das etwa, das System berücksichtigte jetzt das, was Alik zur Firma beitrug? Dieser Prognose zufolge würde er mit fortschreitender Zeit immer nützlicher werden. Ob er sich vielleicht über die Abendschule fortbildete? Sollte ich ihn womöglich zur Uni schicken? Noch war die Anmeldefrist für das kommende Semester nicht abgelaufen.

Unsere Gewinne schienen proportional zu den Synergiewerten anzusteigen: zuerst um 6, dann um 11 und schließlich um 58 %. Daraus folgte, wenn ich Alik als Partner behielt, verdienten wir mehr als ohne ihn. Und nachdem ich ihm ja nicht mehr als 5 % der Profite versprochen hatte, war das eine Situation, bei der alle nur gewinnen konnten.

Das neue Erkenntnislevel schien interessante Auswirkungen zu haben. Meine Hand zitterte, als ich mir den Schweiß von der Stirn wischte. Diese neuen

Entwicklungen überwältigten mich.

Nun gut – und was war, wenn ich ...?

Ich kehrte zum Synergie-Fenster zurück und fügte Stacy hinzu.

Diesmal reagierte das Programm nicht. Entweder war das wieder ein Bug, oder es betrachtete Stacy schlicht nicht als menschliches Wesen.

Ich entfernte Alik wieder – das Feld mit den Synergiewerten verschwand. Erneut versuchte ich, Stacy hinzufügen, doch das System weigerte sich hartnäckig. Lag das vielleicht daran, dass ich so gut wie nichts über sie wusste und nicht über genügend KIDD-Punkte verfügte?

Meinetwegen ... Versuchte ich einfach etwas anderes.

Ich brachte Alik zurück – und zack! Schon blinkten wieder die Synergiewerte, während das Programm die veränderte Situation unserer Firma analysierte. Je weiter die Analyse in die Zukunft blickte, desto langsamer veränderten sich die Daten und Zahlen. Waren der Grund dafür vielleicht die Auswirkung der vielen Möglichkeiten, die sich durch all diese Teilungen der Realität in verschiedene denkbare Zweige ergaben? Das musste jede Vorhersage in ein Spiel mit Millionen von Optionen verwandeln. Und je weiter eine Prognose in die Zukunft reichte, desto weniger zuverlässig war sie.

Ich versuchte, mir neben Alik und mir Herrn Katz vorzustellen. Das Bild wurde aktualisiert. Mit uns dreien sprang die Zahl im Synergiefeld schon für dieses Jahr auf 227 % - was unsere Gewinne mehr als verdoppelte –, und betrug im kommenden Jahr 362 %.

Das war wirklich nicht zu verachten!

Einem zufälligen Beobachter musste ich einen ziemlich merkwürdigen Anblick geboten haben. Ich saß da mit geschlossenen Augen und lächelte vor mich hin ... Das Gewirr der Stimmen um mich herum brach nicht ab, wurde jedoch leiser. Meine Freunde glaubten bestimmt, ich wäre eingeschlafen.

Okay, Phil – konzentriere dich!, mahnte ich mich selbst.

Ich beließ uns drei und fügte ... Yagoza hinzu. Ich hatte keine Ahnung, was mich zu dieser verrückten Idee bewog, unseren lokalen Gangsterboss mit seinen Tätowierungen aus dem Gefängnis mit aufzunehmen, aber jedenfalls reagierte das Programm sofort.

Der Simulator blinkte rot. Alle Zahlen schossen nach unten. Die Prognose meldete mir eine negative Synergie und den Untergang der Firma schon zum Ende des nächsten Jahres. Die Grafiken zeigten Verluste, die mir den Atem raubten, und die zur Schließung der Agentur im Jahr 2020 führten.

War ja schon gut – ich hatte es kapiert! Schnell entfernte ich Yagoza wieder, und die Zahlen blinkten erneut grün.

Die nächsten beiden Stunden verbrachte ich damit, die Liste der möglichen Partner der Firma hin und her zu schieben. Ich fügte alle Leute aus dem inneren Kreis hinzu und variierte ihre Aufgaben und Zuständigkeiten, bis ich endlich die ideale Konfiguration sowohl an Firmeninhabern als auch an Aufgabenverteilung gefunden hatte. Und das war das Ergebnis:

Ich übernahm die Führung der Firma mit einem Anteil von 51 %. 9 % gingen an Alik und die restlichen 40 % wurden zwischen Kesha, Veronica, Gleb, Herrn Katz und seiner Frau Rose aufgeteilt. Dabei betrug Glebs Anteil lediglich 5 %, während der von Herrn Katz und seiner Frau bei jeweils 7,5 % lag.

Und warum das?

Nun, sobald ich Aliks Anteil auf 10 % erhöhte, begannen unsere Zahlen zurückzugehen. Ich hatte keine Ahnung, warum das so war. Es konnte, so vermutete ich, an seiner Mentalität liegen. Oder daran, dass Kesha und Veronica sich zurückgesetzt fühlen könnten, weil sie glaubten, sie würden mehr zur Firma beitragen als Alik.

Bei Gleb sah die Sache anders aus. Selbst eine Erhöhung um nur 1 % auf insgesamt 6 % sorgte für negative Veränderungen bei ihm und gefährdete dadurch unsere Profite. Womöglich steckte dahinter die Logik, dass höhere Gewinne einen größeren Anteil für ihn bedeuteten, wodurch er am Ende unter Umständen mehr verdiente, als er zum Leben brauchte. Ob er wohl mit dem Überschuss erneut zu spielen beginnen würde? Wenn er dann verlor, geriet er sofort wieder in den Teufelskreis aus Depression und dem verzweifelten Versuch, alles zurückzugewinnen. Das konnte für die Firma ja gar nicht gut sein.

Insgesamt sagte das Programm mit dieser speziellen Konfiguration eine Synergie von 9.000 % und Umsätze in Höhe von mehreren Hunderten von Millionen Rubel für das nächste Jahr voraus. Das Bild unseres bescheidenen Büros wurde ersetzt durch die 3D-Simulation eines gesamten Stockwerks eines Gebäudes, über den sich unser Unternehmen erstreckte. Und zwei Jahre später würden wir überall im gesamten Land Filialen eröffnet haben ...

* * *

EINE HAND LEGTE sich auf meine Schulter. „Phil?"

Ich öffnete die Augen. Ich musste eingeschlafen sein. Draußen war es bereits dunkel. Die Uhr meines Interface zeigte kurz vor 22 Uhr. Niemand war mehr im Büro, außer Stacy, die mich besorgt ansah.

„Wo sind denn alle?"

„Die sind schon nach Hause gegangen. Sie wollten

dich nicht aufwecken. Gleb sagte, du hättest letzte Nacht überhaupt nicht geschlafen. Er war übrigens der Letzte, der gegangen ist."

„Und warum ist er so lange geblieben?", stieß ich mühsam hervor. Ich versuchte verzweifelt, in die Realität zurückzufinden.

Hatte ich die ganze Sache mit der Synergy womöglich nur geträumt? Ich schloss die Augen und drehte mich zur Seite. Sofort stand mir das 3D-Bild wieder vor meinem geistigen Auge, komplett mit der endgültigen Liste der Anteilseigner und ihrer Anteile und der Synergie von 9.000 %.

Damit war also alles in Ordnung. Aber was hatte bloß dazu geführt, dass ich so tief und fest geschlafen hatte?

„Gleb hat lange gearbeitet – zuerst am Logo und dann an Keshas Geschäftsvorschlag", erklärte Stacy. „Anschließend hat er auf dein Aufwachen gewartet. Er wollte dich nicht allein lassen und dir auch unbedingt seine Arbeit zeigen. Aber seine Frau hat angerufen, und danach hat er sich sofort auf die Socken gemacht. Anscheinend wurde sein Abendessen kalt." Sie lachte.

„Und warum bist du nicht ebenfalls gegangen?"

„Ich wollte ein wenig Zeit mit dir allein verbringen", erwiderte sie lässig.

Erst in diesem Augenblick fiel mir auf, dass ihre halb geöffnete Bluse mehr enthüllte als es die Kleidungsvorschriften im Büro erforderten.

Ein wenig? Nun, sagen wir lieber ein wenig viel … Der Kampf gegen die hypnotische Anziehungskraft ihres Ausschnitts ließ mich an den Versuch denken, einen mächtigen Magneten von einer Stahlwand zu lösen. Dennoch hätte ich es beinahe geschafft. Mit nur dem Bruchteil einer Sekunde Verzögerung wandte ich den Blick ab.

Ich starrte in ihre faszinierenden Augen, verweilte auf ihrem leicht geöffneten Schmollmund, der zwei

Reihen perfekter, perlweißer Zähne zeigte, bemerkte ihr beschleunigtes Atmen ... Erneut wanderte mein Blick nach unten. Man konnte Stacy einfach nicht anschauen, ohne diesen Bereich zu bemerken ...

Sie kam zu mir und lehnte sich gegen die Kante meines Schreibtischs. Jetzt konnte ich sehr viel mehr sehen und roch außerdem auch ihren verführerischen Duft. Ich hatte keine Ahnung, was für ein Parfum sie benutzte. Oder vielleicht waren es auch nur ihre aktivierten Pheromone. Ich spürte, wie sich in meiner Hose ganz unfreiwillig etwas rührte, und sprang verärgert auf.

Stacy löste sich vom Schreibtisch, und nun standen wir uns direkt gegenüber. Selbst ohne hochhackige Schuhe war sie ebenso groß wie ich. Mein alter Debuff, der noch irgendwo herumgelungert hatte, erhielt ein Upgrade:

Vergafft II (24 Stunden)
Du hast dich in eine Person des anderen Geschlechts vergafft!
Name der Person: Anastasia Semyonova
+75 % Ansehen der Person in deinen Augen
Derzeitiges Ansehen der Person: Freundlichkeit 45/60
-5 Intelligenz
+2 Stärke
-10 % Zufriedenheit alle 6 Stunden
+15 % Stoffwechsel
Warnung! Hohe Wahrscheinlichkeit spontaner Erektionen!
Um diesen Debuff zu deaktivieren, wird dir empfohlen, deinen Umgang mit dieser Person einzuschränken oder sexuellen Kontakt mit ihr zu haben.

Langsam, so langsam, als ob ich in einem

Minenfeld unterwegs wäre, trat ich beiseite und unterdrückte mein Verlangen, sie in die Arme zu reißen und zu küssen. Mein Herz hämmerte, als ob es mir aus der Brust springen wollte, und mein Atem ging so heftig, dass ich fürchtete, sie könnte in mir lesen wie in einem offenen Buch.

Ihre Lippen verzogen sich zu einem Lächeln. Sie machte einen Schritt in dieselbe Richtung und trat mir in den Weg, warf die Arme um mich und legte ihre Hand gegen mein Kinn.

„Nun, Phil", flüsterte sie. „Oder sollte ich lieber sagen Philip ‚Phil' Panfilov, Level des sozialen Status 16, ein Erkenntnissuchender? Ich glaube, es wird Zeit, dass wir uns einmal unterhalten."

Ich fühlte mich, als hätte jemand einen Eimer kaltes Wasser über mir ausgekippt, wich zurück und starrte sie an, ohne zu antworten.

Ein weiterer Programm-Benutzer? War das die Erklärung für ihr merkwürdiges Verhalten? Aber warum war sie hier?

„Es ist alles in Ordnung", sagte sie leise, aber bestimmt. „Alles ist bestens. Ich werde dir nicht wehtun."

„Du also auch?", stieß ich hervor.

„Ich also auch was? Du meinst, bin ich ebenfalls ein Interface-Benutzer? Ist das der Begriff, den du verwendest?"

„Natürlich. Das Interface. Die Software *Erweiterte Realität*."

„Ich werde dir sofort alles erklären, versprochen. Lass uns nur erst woanders hingehen."

„Wie wäre es mit einem Restaurant?"

„Nein, dort sind zu viele Leute. Das ist eine sehr private Unterhaltung. Aber hier können wir nicht bleiben. Die Lady vom Empfang ist bereits einmal vorbeigekommen und hat gefragt, wann wir endlich gehen. Sie muss das Gebäude abschließen. Gehen wir zu dir?"

Die letzten Worte lösten weitere Aktivitäten in meinen unteren Regionen aus. „Okay, gehen wir zu mir."

„Weißt du" – sie hielt inne, um zu überlegen, wie sie ihre Gedanken in Worte fassen konnte – „ich möchte, dass du weißt, wir sind sehr stolz auf dich."

„Und wer bitte ist *wir*?"

„Dazu gleich mehr. Lass uns gehen."

Wir verließen das Büro, Stacy schloss ab, und wir gingen nach unten. Dort mussten wir die Empfangsdame wachrütteln, damit sie uns aus dem Gebäude ließ. Was sie mit einem ziemlichen Brummen tat.

„Gehen wir ein paar Straßen weiter", schlug Stacy vor. „Dort habe ich das Auto geparkt."

Unterwegs überschüttete ich sie mit Fragen, doch sie lächelte nur. Endlich erreichten wir einen kleinen, unauffälligen Hof, in dem ihr Wagen stand, ein silberfarbener Cayman-Zweisitzer.

Mit offenem Mund stand ich da und versuchte, die raubtierhaften Kurven des Fahrzeugs mit seiner Eigentümerin in Verbindung zu bringen. Elegant glitt Stacy auf den Fahrersitz. „Steig ein!"

Dieser Tag steckte voller Überraschungen – und die dadurch ausgelösten Fragen schienen sich schneller zu vermehren als eine Bakterienkolonie. Ich versank in dem Ledersitz und nannte ihr meine Adresse.

„Halt dich fest", warnte sie unheilverkündend und fuhr an.

Dann trat sie das Gaspedal durch.

Die Beschleunigung presste mich in den Sitz zurück. Rasch ließ ich den Sicherheitsgurt einschnappen und verbrachte die nächsten fünf Minuten damit, an nichts anderes zu denken als daran, wie wir das überleben sollten. Sie bewegte sich auf meisterhafte Weise im Verkehr, überholte, schnitt andere Fahrer und nutzte die kleinste Lücke, um schneller voranzukommen.

Wir näherten uns dem Torhaus meines Wohnbezirks. Stacy rollte das Fenster hinunter, ich nickte der Wache zu. Der Mann ließ die Schranke hochfahren und winkte uns durch.

Das erste Mal, seitdem Vicky mich verlassen hatte, besuchte eine Frau mich in meiner Wohnung. Und was für eine Frau! Ich müsste lügen, wollte ich behaupten, das hätte nicht alle möglichen Fantasien in mir ausgelöst. Wahrscheinlich war das eine Folge des Vergafft-Debuffs. Allerdings hätte es für diesen Debuff nicht einmal das Interface gebraucht.

Zum Glück war meine Selbstkontrolle mittlerweile weit genug entwickelt, Stacy höflich zu bitten, auf dem Sofa Platz zu nehmen, und mich mit dem Zubereiten des Abendessens zu befassen. Sie fragte wiederholt, ob sie mir helfen könnte, doch ich lehnte ab.

„Ich bemühe mich gerade um die Verbesserung meiner Kochfertigkeit. Ich schaffe das schon allein."

Sie lächelte zum ich-weiß-nicht-wievielten Mal an diesem Abend und überließ mich meinen Pflichten als Gastgeber. Ich hatte ohnehin nicht vor, etwas allzu Kompliziertes zuzubereiten. Ich nahm einfach ein Stück vorgebratenen Truthahn aus dem Kühlschrank, wärmte das Fleisch auf, und stellte aus der Pute, Maiskörnern und Bohnen aus der Dose und ein paar Kräutern einen Salat zusammen. Was mich insgesamt nicht mehr als zehn Minuten kostete.

Beim Essen konnte ich nicht umhin, zu bemerken, dass sie ebenfalls hungrig war. Wir aßen schweigend, und unsere Gabeln machten Überstunden. Sie hatte ihren Teller zuerst geleert und stand auf.

„Du bleibst sitzen", befahl sie mir lächelnd. „Was

möchtest du? Tee? Kaffee? Ich übernehme das, einverstanden?"

„Klar, lass uns einen Kaffee trinken, sonst schlafe ich am Ende noch wieder ein. Du findest alles in dem Schrank dort."

Wir begaben uns mit dem Kaffee ins Wohnzimmer. Ich zog den niedrigen Tisch näher ans Sofa heran, wo Stacy es sich bereits bequem gemacht hatte. Sie saß absolut anständig da und nicht im Geringsten aufreizend. Sie wirkte konzentriert und bereit zum Reden.

Was ich ebenfalls war. „Also, wer bist du nun wirklich? Anastasia Semyonova?"

„Ich zeige dir das besser, statt es zu erklären." Sie stand auf und murmelte etwas Unverständliches.

Sofort veränderte sich ihr Aussehen. Sie wuchs, bis sie am Ende über 1,80 groß war, und die Farbe ihrer Haare verwandelte sich in ein schimmerndes Platinblond. Ihre Haut war jetzt mit einem komplizierten Netz aufwendiger Tätowierungen bedeckt. Auch ihre Augen veränderten sich, schillerten nun in allen möglichen Farben, und ihre spitzen Ohren lugten durch die Haare.

Ich hatte diese ... ähm ... *Kreatur* definitiv schon einmal gesehen.

„Ich bin Ilindi." Auch ihre Stimme war auf einmal ganz anders, melodiös wie das Murmeln eines Baches. „Ich komme nicht von diesem Planeten, sondern ich bin eine Rhoa."

„Eine Rhoa?", wiederholte ich und versuchte, das Wort ebenso auszusprechen wie sie.

„Nein, du musst es ein wenig sanfter sagen: eine *Rhoa*. So nennen wir uns. Unsere Zivilisation hat sich vor gar nicht so langer Zeit dem Staatenbund der empfindungsfähigen Rassen zu erkennen gegeben. Uns wurde die Wahl gelassen, uns entweder der Diagnose zu unterziehen, um unseren Platz im

432

Staatenbund festzulegen, oder *annulliert* zu werden. Deine Rasse ist nicht die erste auf deinem Planeten, die den universellen Infospace betreten hat. Es gab andere vor dir. Sie alle haben die Diagnose nicht überstanden."

Vor meinem geistigen Auge sah ich Bilder verschiedener inzwischen ausgestorbener Zivilisationen. Von einigen von ihnen hatte ich definitiv schon einmal gehört, während andere mir völlig neu waren. Ich sah verlassene Städte, die im Laufe von Millionen von Jahren zu Staub zerfallen waren, die auf der Erde vergangen waren. Eine Rasse von über zwei Meter großen Flugsauriern, die nichts hinterlassen hatten als weitere leere Städte, die an sie erinnerten. Ich erlebte die Evolution der Spezies und eine Wiedergeburt empfindungsfähigen Lebens.

Das war den mentalen Bildern sehr ähnlich, die Khphor mir während meiner ersten Entführung geschickt hatte.

Ilindi setzte sich neben mich und wartete geduldig darauf, bis ich alles verarbeitet hatte, was sie mir gerade gesagt und gezeigt hatte.

„Stacy", setzte ich an, „oh, tut mir leid, Ilindi ..."

„Du kannst mich nennen, wie auch immer du willst." Sie lächelte wieder wie Stacy. „Mein Name hat in unserer Sprache dieselbe Bedeutung wie Anastasia in deiner.[45]"

„Okay, Stacy – weißt du, dass ich mich an dich erinnern kann? Aber woher kennst du *mich*?"

Meine Frage ergab durchaus Sinn, auch wenn es auf den ersten Blick nicht so wirkte. Wenn Martha die Realität tatsächlich reloaded hatte – und zwar mithilfe desselben Mechanismus wie in der Nacht im Poker-Club –, konnte Ilindi sich unmöglich an meine erste Entführung erinnern. Dass Khphor die Erinnerung

---

[45] Anastasia stammt aus dem Griechischen und bedeutet „Wiederauferstanden".

durch den Neustart nicht verlorengegangen war, konnte ich verstehen. Er bewegte sich schließlich ständig zwischen den verschiedenen Ebenen der Realität. Aber Ilindi?

„Wenn du auf deine erste Entführung anspielst – ich habe dich in einem Traum gesehen." Sie zuckte auf sehr menschliche Weise mit den Schultern. „Unsere Träume unterscheiden sich von euren, wir sehen manchmal Dinge, die in anderen Zweigen der Realität geschehen. Das gilt nicht immer, nicht für jeden, und es geschieht auf jeden Fall nicht sehr oft, aber es geschieht in bestimmten Augenblicken, die das gesamte Leben verändern. Darüber hinaus habe ich dich jedoch auch wiedergesehen und versucht, dich in dieser speziellen Realität zu kontaktieren, nur in einer anderen Form."

„Ähm ... und in was für einer Form?"

„Wir haben uns in einem Einkaufszentrum nicht weit von hier getroffen. Erinnerst du dich an die junge Frau, Milena, die in der Menge nach ihrem Neffen gesucht hat? Das war ich. Ich hatte beschlossen, dich näher zu betrachten und eine Situation geschaffen, in der du aus eigenem Antrieb auf mich zukommen musstest. Du hast mich weder damals noch jetzt erkannt. Das liegt daran, dass ich über eine bestimmte Fähigkeit verfüge, die es mir erlaubt, meine wahre Identität zu verbergen. Nur mit einem sehr hohen Erkenntnislevel kannst du meine Illusion durchschauen. Ich wollte einfach wissen, ob du tatsächlich rücksichtsvoll und hilfsbereit bist und willens, einen völlig fremden Menschen zu unterstützen."

„Milena? Ein Einkaufszentrum?" Eine Flut vager Bilder entfaltete sich vor mir, auf die ich vergebens versuchte, mich ausreichend zu konzentrieren, um sie klarer werden zu lassen. Nur ein paar Szenen offenbarten sich mir – eine verrückte Autojagd, aus der Stadt heraus, ich schlug jemanden zusammen, und dann waren da Regen, Schlamm und eine dunkle Grube am Boden ...

„Ich kann mich nicht genau erinnern", gab ich zu. „Allerdings habe ich das merkwürdige Gefühl, es ist alles tatsächlich genau so passiert."

„Diese Kreatur, die da plötzlich im Büro erschienen ist, ist das deine Assistentin?"

„Martha? Du hast sie gesehen? Aber wie ist das denn möglich?"

„Sie *ist* also deine Assistentin", nickte Ilindi, die diese Antwort offensichtlich erfreute. „Lass mich raten – dir ist es, bewusst oder unbewusst, gelungen, deine künstliche Intelligenz zu aktivieren, wodurch du ihre Weiterentwicklung ausgelöst hast. Hast du irgendwelche Energiebeschränkungen für sie festgelegt?"

„Nein. Hätte ich das tun sollen?"

„Angesichts der Tatsache, dass du noch immer am Leben bist und wir uns gerade unterhalten, war es auf jeden Fall besser, das unterlassen zu haben. Sobald deine KI sich ihrer selbst bewusst wurde, hat sie die Deinstallation deines Interface nach deiner ersten Entführung verhindert und die dadurch geschaffene, nur eine Nanosekunde anhaltende Chance ausgenutzt, die Aktivierung deiner Heldenfähigkeit nicht zu melden. Das hatten weder Nick noch ich vorausgesehen."

„Nick?"

„Du kennst ihn als Valiadis." Ilindi trank einen Schluck Kaffee.

„Stacy, bist du dir sicher, dass du das trinken solltest? Du bist doch schließlich eine Außerirdische ..."

„Warum denn nicht? Infolge der uralten Panspermie ist die Menschheit den Rhoa physisch sehr ähnlich. Wir sind sogar genetisch kompatibel. Es gibt noch mehrere andere Rassen, die mit uns beiden gewissermaßen verwandt sind. Wenn du die Prüfung bestehst, wirst du die Gelegenheit erhalten, sie alle mit eigenen Augen zu sehen. Sie gehören ebenfalls den jüngeren Rassen an, die sich auf die Diagnose vorbereiten."

„Und was bitte hast du gleich über Valiadis gesagt? Ich habe ihn erst neulich gesehen."

„Ich weiß. Was dir jetzt gerade passiert, ist ein Ergebnis einer Vereinbarung zwischen ihm und mir."

Ich verschluckte mich am Kaffee und hätte ihn beinahe gleich wieder ausgespuckt. „Ihr beide wart das also! Ihr habt dieses Ding in meinem Kopf installiert!"

„Nicht ganz. Aber wir waren es, die ein paar Änderungen in das Interface eingeführt haben."

„Welche Art von Veränderungen denn?"

„Du musst wissen, Phil, der Staatenbund bereitet sich auf einen Krieg vor, einen immensen Krieg totaler Vernichtung. Deinen Zeitstandards zufolge wird es nicht über Nacht geschehen, sondern womöglich Tausende von Jahren dauern, bis es so weit ist. Aber die höherrangigen Rassen können alles sehen, das irgendwann einmal passieren wird, und die Wahrscheinlichkeit einer abweichenden Entwicklung berechnen. Der Krieg steht unmittelbar bevor. Unsere Galaxie muss sich darauf vorbereiten, einen externen Feind zurückzuschlagen."

„Ein externer Feind? Was bedeutet das denn?"

„Ich weiß es nicht genau. Die jüngeren Rassen verfügen nicht über die Zugangsberechtigung für diese Informationen. Angesichts dessen, was unsere Analysten sagen, handelt es sich jedoch entweder um eine andere Galaxie oder sogar eine andere Dimension. Jedenfalls braucht der Staatenbund dringend Krieger. Die sogenannte Diagnose ist nichts anderes als das Auslösen eines Wettkampfs zwischen den jüngeren Rassen ohne die Gefahr allzu großer Schäden für deren Wirtschaftssysteme. Die Gewinner, die am Ende die Diagnose erfolgreich überstehen, werden in den Staatenbund aufgenommen. Ihre zukünftige Aufgabe liegt auf der Hand – sie sind dazu bestimmt, im bevorstehenden Krieg Kanonenfutter zu sein. Die höherrangigen Rassen bestehen aus zu wenigen Mitgliedern, um sich einem Kampf zu stellen."

„Aber wir haben doch noch nicht einmal mit der Expansion ins Sonnensystem begonnen! Über welche intergalaktischen Kriege sprichst du denn bitte?"

„Die Gewinner erhalten einen Boost, wie ihr Gamer es nennt – einen Verstärker. Ihre Zivilisationen erhalten Zugang zu den Technologien der höherrangigen Rassen. Millionen eurer jungen Leute werden einer speziellen Ausbildung unterzogen. Wann immer eine jüngere Rasse in den Staatenbund aufgenommen wird, übersteigt ihr technologischer Fortschritt innerhalb weniger Jahre alles aus ihrer vergangenen Geschichte. Die Gewinner erhalten Zugang zu den am besten geschützten Schichten des universellen Infospace. Und das alles nur, damit sie unsere Galaxie mit ihren eigenen Körpern vor der Aggression von außen schützen können, wenn die Zeit gekommen ist."

Sie pausierte kurz. „Jetzt zur Diagnose. Es sind mehr als eintausend Rassen, die der Diagnose unterworfen werden. Von diesen sind allerdings nur etwa zwei Dutzend humanoid. Also brauchen wir Verbündete, wenn die höherrangigen Rassen uns gegeneinander antreten lassen, sonst haben wir keine Chance, zu gewinnen. Ich bin ein Botschafter der Rhoa, der die Aufgabe hat, die Kandidatenauswahl hier auf der Erde zu überwachen. In dieser Funktion bin ich Nick begegnet. Wir beide waren unter den Ersten, die die Prüfung bestanden hatten. Wodurch er zum Beobachter unter den Rhoa wurde. Wir konnten auf mehr Informationen zugreifen als andere, und diese Informationen werde ich jetzt mit dir teilen. In Kurzfassung haben Nick und ich eine Allianz zwischen unseren beiden Rassen vereinbart und uns auf eine Zusammenarbeit während der Diagnose geeinigt. Da die Grundversion des Interface für alle Kandidaten jedoch ausschließlich mit dem Ziel erstellt wurde, die Bedürfnisse der Vaalphor zu erfüllen, fördert sie vorwiegend die primitiven Werte, an denen die Vaalphor sich orientieren. Sie unterstützt Aggression und ein Verbessern des sozialen Status ohne jede Rücksicht auf moralische Werte. Außerdem verleiht sie den Kampffähigkeiten und -fertigkeiten absoluten Vorrang. Um es einmal zusammenzufassen ..." Ilindis Gesicht verdunkelte sich.

„Eine ganze Reihe eurer erfolgreichsten Kandidaten, die die Prüfung bereits bestanden haben, sind total geistesgestört. Es sind Serienmörder, religiöse Extremisten, Emporkömmlinge, die jedem das Messer in den Rücken stoßen, solange es ihrem Vorteil dient ... Wenn die Menschheit durch diese Wesen repräsentiert wird, können wir den Abschluss eines Bündnisses vergessen. Mit solchen Mitgliedern der Rasse lässt sich nicht einmal im Angesicht der Gefahr eine gemeinsame Grundlage finden. Sie sind einfach zu sehr auf das Rattenrennen um die Macht konzentriert."

„Und was hast du mit Valiadis ausgemacht?"

„Er verfügt über die Fähigkeit, im Kopf eines Kandidaten ein Interface installieren zu können. Er empfängt die Daten der Person, begibt sich persönlich zu ihr und lädt das Interface hoch, wenn sie gerade schläft. Genaugenommen kann dieser Vorgang auch per Remote-Kontrolle vorgenommen werden, aber nur über eine Entfernung von etwa 100 Metern. Glücklicherweise ermöglicht unsere Technologie es uns – ich spreche jetzt von der Technologie meiner eigenen Rasse –, die ursprünglichen Einstellungen zu verändern. Im Laufe der letzten Monate hat Nick unsere eigene Version des Interface installiert, die gutes und sozial bedeutungsvolles Verhalten fördert. Phil?"

Ich öffnete die Augen. Ich musste kurz eingeschlafen sein. Ilindi saß neben mir und strich mir über die Wange. Sie hatte sich bereits wieder in Stacy zurückverwandelt.

„Tut mir leid, ich kann die Augen nicht offenhalten." Ich gähnte unkontrollierbar.

„Darf ich …?"

Eine Welle von smaragdfarbenem Licht umgab mich auf einmal.

Was für eine unglaubliche Wirkung! Ich fühlte mich großartig und war auf einmal überhaupt nicht mehr schläfrig. Ich erlebte ein echtes Hoch. Belebende Energie strömte durch meine Adern, versetzte mein Blut mit kleinen Bläschen. Meine Sicht war perfekt und klar, mein Gehör scharf und mein Geruchssinn … Ich roch den schwachen, aber berauschenden Duft dieser Rhoa-Frau, der mich an eine frische Meeresbrise und Kiefernnadeln erinnerte.

Pflichtbewusst informierte das Programm mich über einen Buff, den ich gerade erhalten hatte:

Heilende Berührung (1 Stunde)
Entfernt alle negativen Auswirkungen
+5 für alle Haupteigenschaften
+100 % Lebenskraft
+100 % Willenskraft
+100 % Geist
+100 % Selbstkontrolle
+100 % Stoffwechsel

„Und, wie fühlst du dich?", fragte Ilindi.

„Wie gerade eben neugeboren. Wie hast du das denn hingekriegt?"

Sie lächelte. „Das ist einfach nur eine Heldenfähigkeit, die dem Ersten Helden zur Verfügung steht."

„Du bist also ..."

Sie nickte. „Ja."

„Und Valiadis?"

„Er nicht, nein. Von den Erdenbewohnern hat das bislang noch keiner geschafft."

„Aber Stacy, was bedeutet das denn? Wer zum Teufel ist der Erste Held dieses speziellen lokalen Segments unserer Galaxie?"

„Es bedeutet das Erreichen des höchsten erzielbaren Levels des sozialen Status in der gesamten Geschichte einer Rasse. Dieser Titel wird einer Person gewährt, die mehr als alle anderen für die Gesellschaft getan hat. Und mit ‚Gesellschaft' meine ich nicht die Nation, sondern die gesamte Rasse."

„Ich verstehe ... Und wer bitte ist jetzt der Beste auf unserem Planeten?"

Ilindi lächelte. „Woher soll ich denn das wissen?"

Eine Weile schwiegen wir. Unfähig, die Energie länger zu unterdrücken, die in mir tobte, stand ich auf und lief im Zimmer umher. „Ich habe nur noch eine Frage. Warum hast du mir das alles erzählt?"

„Weil ich dich mag."

„Oh, bitte – das kannst du deiner Großmutter erzählen!"

„Ich meine das ernst. Du hast unter allen Kandidaten im Besitz unserer Version des Interfaces die besten Fortschritte gezeigt. Ich würde viel darum geben, dich bei der Diagnose neben meiner Rasse stehen zu sehen. Dafür musst du allerdings erst die Prüfung bestehen. Und dazu bist du noch nicht bereit."

„Damit hast du den Nagel auf den Kopf getroffen",

stimmte ich im Gedanken an den Säuregallert zu. „Ich weiß nicht einmal, was man von mir verlangen wird. Muss ich etwa mit jemandem kämpfen und gewinnen?"

„Natürlich musst du gewinnen. Jede Prüfung hat ihre eigenen Regeln, aber der Zweck ist der gleiche. Es ist ein Eliminierungsspiel. Von den ursprünglichen 169 Teilnehmern kann nur einer gewinnen. Du musst also gut vorbereitet antreten. Aus unserer kombinierten Erfahrung heraus kann ich dir sagen, dass du die meisterhafte Beherrschung jeder der Eigenschaften und Fertigkeiten nachweisen musst, über die du bereits verfügst. Man wird dir verschiedene Aufgaben stellen. Einige davon kannst du mit Stärke bewältigen, andere durch Beweglichkeit oder Wahrnehmung, oder Führungs- und Kommunikationsfertigkeiten. Kampffertigkeiten sind sehr wichtig, aber selbst ohne sie hast du eine Chance. Du wirst genau wissen, was ich meine, wenn du erst einmal auf dem Prüfungsgelände den Punktrichtern gegenüberstehst."

Sie beugte sich vor und küsste mich auf die Lippen. Einen kurzen Augenblick lang verlor ich die Kontrolle und gab meinem Verlangen nach. Dann löste sie sich von mir und erhob sich.

„Ich muss gehen. Ich glaube, ich weiß jetzt genug über dich. Ich bin sehr froh, dass du mich nicht enttäuscht hast. Ich werde übrigens nicht ins Büro zurückkehren, tut mir leid. Ich habe ohnehin schon viel zu viel Zeit mit dir verbracht. Aber ich werde ab und zu in der Nähe sein. Der Tag deiner zweiten Entführung steht bevor, und danach wirst du keine neue Chance bekommen. Ich bitte dich: Konzentriere dich unbedingt auf deinen Fortschritt."

„Ich bringe dich zum Auto."

„Nein, du musst dich jetzt ausruhen", befahl sie.

Mir wurden die Augenlider schwer.

„Ich habe übrigens den Vergafft-Debuff wieder deaktiviert", fügte sie hinzu. „Tut mir leid, dass ich ihn einsetzen musste."

Trotz ihres gegenteiligen Befehls brachte ich sie wenigstens noch bis zur Wohnungstür, die ich hinter ihr verschloss. Dann kehrte ich ins Wohnzimmer zurück. Der Schlüssel zum Büro lag auf dem Tisch, wo Stacy ihn hingelegt hatte.

Ich zog mich aus, löschte das Licht und begab mich ins Schlafzimmer.

Beim Einschlafen kam mir plötzlich der Gedanke, Vicky und mich als verheiratetes Paar durch dieses Synergie-Dingens laufen zu lassen.

Statt der Jahresumsätze berechnete das Programm nun unsere Glückslevel, und zwar sowohl einzeln als auch kombiniert. Das Ergebnis war ein Durchschnitt von 44 %. Woraus folgte, dass Vickys Anwesenheit mich nahezu dreimal weniger glücklich machte als ihre Abwesenheit. Und im kommenden Jahr sank der Wert noch.

Die Prognose des Programms war also nicht sehr vielversprechend. Anderthalb Jahre des Zusammenlebens würden uns beide, was das Glück betraf, in den roten Bereich bringen. Und dann würden wir uns ohnehin wieder trennen, nur diesmal endgültig.

Der nagende Schmerz in meiner Brust, der sich in den vergangenen Tagen jedes Mal verschlimmert hatte, sobald ich an Vicky dachte, ließ schlagartig nach. Nicht falsch verstehen – ich liebte sie noch immer, aber konfrontiert mit der unparteiischen Ansicht des Programms wurde dieses Gefühl mehr und mehr durch rationales Denken ersetzt.

Aus reiner Neugierde überprüfte ich auch eine Beziehung mit Yanna. Das ergab ein nur wenig besseres Bild. Falls wir wieder zusammenfinden würden, wären wir beide eine Weile lang glücklich, doch die darauffolgende Entwicklung würde alles in weniger als einem Jahr wieder in einer Trennung enden lassen.

Das Gleiche galt für Veronica. Was allerdings sie und Alik betraf, sah die Sache ganz anders aus – das war eine 200 % Synergie!

Ich versuchte es mit Ilindi, doch das Programm reagierte wiederholt nur mit Fehlermeldungen.

Ich musste grinsen. Mein letzter Gedanke vor dem Einschlafen war, dass ich Martha unbedingt darüber ausfragen musste, was in meinen „vergangenen Leben" passiert war …

KAPITEL 17

MEIN VIERTES LEBEN

Selbstverbesserung ist nichts als Selbstbefriedigung – die Antwortet lautet Selbstzerstörung.

Fight Club

ICH ERWACHTE VON einem unerträglichen, durchdringenden Schmerz in meinem Hinterkopf.

Keuchend setzte ich mich auf und aktivierte das Interface. Es war Samstag, der 21. Juli 2018, 7:33 Uhr morgens. Vor gerade einmal 24 Stunden waren Gleb und ich aus dem Poker-Club gekommen, wo ich genug gewonnen hatte, um seine Schulden bezahlen zu können. Und gestern Abend hatte ich hier in meiner Wohnung mit Stacy – oder vielmehr Ilindi – gesprochen.

Aber was war gerade eben geschehen? Das war kein Traum gewesen! Ich erinnerte mich noch ganz genau an jede Einzelheit: die Angst, die Wut, der Gestank von Gas und Feuer, der Geschmack von Erde in meinem Mund, der Knall von Pistolenschüssen schrill in meinen Ohren. Es fühlte sich an, als wäre es gerade eben erst passiert.

Dieser Traum – obwohl es eigentlich kein Traum war, nicht wirklich – hatte mich gezwungen, mehrere Tage eines anderen Lebens zu leben, das dennoch ohne Zweifel mein eigenes war. In diesem anderen Leben war ich noch immer mit Vicky zusammen und war eines Abends noch einmal aufgebrochen, um Katzenfutter für Boris zu kaufen.

Dabei traf ich diese junge Frau, Milena, im Einkaufszentrum. Sie wirkte verzweifelt und den Tränen nahe. Über ihrem Kopf schwebte das Symbol einer aktiven Quest. Anscheinend war ihr Neffe in der Menschenmenge verloren gegangen.

Sein Name war Joseph Kogan und er war sechs Jahre alt.

Ich hatte ihn gerade auf dem Parkplatz gesehen, in Begleitung eines Mannes. Das Verhalten des Jungen war mir merkwürdig vorgekommen. Er war mehrfach gestolpert, und sein Gesicht hatte seltsam ausdruckslos gewirkt. Der Mann – dessen Name Grechkin war – hatte ihm in ein Auto geholfen und war dann mit ihm davongefahren.

Nachdem ich mit Milena gesprochen hatte, verwendete ich den Marker des Jungen auf der Karte, um ihn aufzuspüren und Milena meine Hilfe anzubieten. In ihrem Wagen folgten wir dem Entführer, holten ihn am Ende ein und zwangen ihn, das Kind freizugeben. Als mir klar wurde, was er für den Jungen geplant hatte, versetzte ich ihm eine ordentliche Tracht Prügel. Ich konnte mich einfach nicht beherrschen. Obwohl er steif und fest behauptete, er hätte den Jungen nur nach Hause zu seinen Eltern bringen wollen, weil dieser allein im Einkaufszentrum herumgelaufen wäre. Milena wollte partout nicht die Polizei rufen, also kam der Kerl nahezu straffrei davon. Immerhin war die Quest ordnungsgemäß abgeschlossen worden und trug mir sogar ein paar nette Punkte für meine Erkenntnis ein.

Valeri Grechkin stellte sich als recht bekannter Beamter der Stadtverwaltung heraus, und offensichtlich hatte er ein Gedächtnis wie ein Elefant. Seine Handlanger fanden heraus, wo ich wohnte, und ein paar Tage später überfielen sie mich, schlugen mich bewusstlos, warfen mich in den Kofferraum ihres Wagens und brachten mich zur Jagdhütte von Grechkin außerhalb der Stadtgrenzen. Es waren dieselben Junkies, die später auch für meinen dritten Tod verantwortlich waren, den im Kasino: Wheezie und Zak.

Zwei Tage lang hielt man mich in einem Keller gefangen, nackt, ohne Essen und Wasser. Ich ernährte mich von Regenwürmern (eine hervorragende Quelle von Proteinen) und trainierte, um meine physischen Werte zu verbessern. Meinen Durst löschte ich mit dem Regenwasser, das in den Keller tropfte.

Als man mich endlich holte und nach oben schleppte, wo man mich zwang, vor Grechkin zu knien, erkannte ich die Gauner alle wieder. Neben Grechkin stand ausgerechnet Oberst „Dimedrol" mit seinen beiden Helfern.

Das Programm musste meinen Index für die Umgebungssicherheit neu berechnet und dabei die Härten berücksichtigt haben, die ich hatte erdulden müssen. Ich will nicht mit den Einzelheiten langweilen, aber das Interface gestattete mir ganz unerwartet, vor den Augen dieser Blutsauger meine Heldenfähigkeit Heimlichkeit und Unsichtbarkeit zu aktivieren. 15 Sekunden Unsichtbarkeit stellten sich als mehr als ausreichend heraus, um Wheezie die Pistole zu entreißen und sie alle zu erledigen.

Ich erinnerte mich auch noch genau daran, wie

ich überall Benzin verteilt und kurz darauf zugesehen hatte, wie die Hütte abbrannte.

Ja, und dann starb ich.

* * *

„GUTEN MORGEN, PHIL", hörte ich Marthas Stimme nur wenige Schritte von mir entfernt. „Wie fühlst du dich?"

„Martha? Was ist passiert?"

„Du hattest mich vor dem Einschlafen gebeten, die Erinnerungen an deine vergangenen Leben wiederherzustellen. Dein erstes Leben endete, als du dich dem Säuregallert gegenübersahst. Du bist dadurch nicht im eigentlichen Sinn gestorben, aber ich musste dich zu dem Augenblick zurückbringen, als du im Taxi zur Mitarbeiterfeier von *Ultrapak* unterwegs warst. Nur so konnte ich die Deinstallation des Interface verhindern. Das war die Nacht, in der du Victoria begegnet bist."

„Ja, ich erinnere mich."

„Dein drittes Leben endete vor 31 Stunden und 23 Minuten. Du wurdest von Zachary „Zak" Nikolaev durch einen Messerstich ins Herz getötet."

„Auch das weiß ich noch."

„Um deine Befehle ausführen zu können, musste ich dich konsequenterweise dein zweites Leben erneut leben lassen. Es endete damit, dass Zak dich vor dem Haus von Dimedrol erschossen hat. Ich kann keine tatsächliche Erinnerung in deinem Kopf verankern, ebenso wenig wie Wissen. Aber ich kann dir die Gelegenheit verschaffen, ein bestimmtes Szenario in einem Traum erneut zu erleben. Deshalb habe ich dir die letzten Tage deines zweiten Lebens gezeigt."

„Aber wie kann ich denn mehrere Tage in nur einer Nacht erneut erlebt haben?"

447

„Die Zeit vergeht viel schneller, wenn du schläfst. In der Zukunft werden wir dieses Phänomen sehr oft nutzen. Wenn man sich erholen will, durchlebt man glückliche Momente noch einmal, oder man verstärkt eine bestimmte Fähigkeit im wahrsten Sinn des Wortes im Schlaf …"

„Ach, wirklich?", unterbrach ich sie. „Bedeutet das etwa, nichts von dem, was ich heute Nacht geträumt habe, fließt in meine Statistiken mit ein?"

Ich öffnete rasch das Interface, um genau das zu überprüfen, und seufzte enttäuscht. Die Heldenfähigkeit Heimlichkeit und Unsichtbarkeit aus meinem zweiten Leben hätte ich wirklich gut gebrauchen können!

„Nein, denn du hast ja nur ein längst aufgezeichnetes Szenario erneut erlebt, ohne eine aktive Rolle dabei zu spielen", erklärte Martha. „Du warst nichts als ein Zuschauer, auch wenn du vielleicht geglaubt hast, an den Geschehnissen teilzunehmen. Du hast alles in Echtzeit sehen können, ohne dafür auf deine eigenen Erinnerungen an das zurückzugreifen, was nach der Teilung der Realität passiert ist. Für den Phil, der durch Zaks Schuss ums Leben kam, war das alles real. Aber für dich in deiner jetzigen Form hat sich dein Lebensweg in der Nacht verändert, als du beschlossen hast, zu Hause zu bleiben statt Katzenfutter zu besorgen. Was bedeutet, dass du jetzt …"

„Jetzt habe ich bereits drei Leben verloren", flüsterte ich. „Ist das mein letztes?"

„Ja. Bisher konnte ich die Aktivierungsanforderungen für die Heldenfähigkeiten umgehen, weil du sie ohnehin nicht erfüllst. Aber nun ist mir das nicht mehr möglich. Ich habe keine Ahnung, welcher unserer außerirdischen Freunde dich verpetzt hat, aber sie haben inzwischen einen Patch für das Interface installiert. Der Patch ändert nicht viel – außer dass ich jetzt auf noch nicht freigeschaltete Fähigkeiten nicht mehr zugreifen kann."

„Ich verstehe", sagte ich nachdenklich. Dann erinnerte ich mich an meinen Traum. „Ich weiß noch, dass sich für diesen anderen Phil der Index für die Umgebungssicherheit geändert hat. Kannst du mir mehr darüber verraten? Bisher habe ich mich damit noch überhaupt nicht befasst."

Sie erläuterte mir, das Programm könnte die Umgebung des Benutzers bewerten und ihm zum Ausgleich für schlechte Bedingungen zusätzliche Statistikpunkte zuweisen. Allerdings nur, solange der soziale Status des Benutzers oberhalb des Durchschnitts im betreffenden lokalen Segment unserer Galaxie lag. Je gefährlicher das Umfeld und je höher die Bedeutung des Benutzers, desto mehr Punkte verschenkte das System.

Das war ungeheuer wichtig zu wissen! Ich musste wirklich versuchen, das auch in diesem Leben einmal auszuprobieren.

Ich schickte Martha wieder fort. Nach ihrem Verschwinden verbrachte ich eine lange Zeit damit, all das zu verarbeiten, was sie mir gesagt hatte. Zu diesem Zweck legte ich meine dualen Erinnerungen einmal übereinander. Dafür musste ich ein paar Bruchstücke aus meinem zweiten Leben einfügen. Vor allem die böse Vorahnung von Vicky, die sie dazu gebracht hatte, vorzeitig von ihren Eltern aufzubrechen und zu mir zu kommen.

Es war eine ganze Menge, was ich begreifen musste: Der sich ständig verändernde Index der Umgebungssicherheit mit all seinen Vorteilen, die so unglaublich geile Heldenfähigkeit der Heimlichkeit und Unsichtbarkeit, auf die ich zugunsten der Lügenerkennung verzichtet hatte, die Möglichkeit der Verbesserung der Erkenntnis durch das Erfüllen sozialer Quests ... Mit all dem musste ich mich noch einmal näher befassen, damit ich es auch bei meinem Aufstieg in den Leveln im realen Leben nutzen konnte.

Nach und nach wurde das Bild klarer.

Der andere Phil war losgezogen, um Katzenfutter zu kaufen. Stacy alias Ilindi die Rhoa war in diesem Leben von Phil Milena gewesen. Phil hatte sich einer anderen Boxgruppe angeschlossen, nicht der von Mohammed und Kostya, sondern der mit Yuri und dem Tartaren. Das war die Gruppe, die montags, mittwochs und freitags trainierte. Dieser andere Phil aus meinem zweiten Leben hatte sehr viel schneller Fortschritte beim Boxen erzielt. Andererseits war er auch viel schneller gestorben als der dritte Phil.

Und dann war da ich, der vierte Phil. Der vierte und letzte.

Sowohl meine Vergangenheit als Gamer als auch die Monate, die ich jetzt bereits mit dem Interface verbracht hatte, waren der Grund, warum mich diese neuen Informationen nicht allzu sehr überraschten. Was mich allerdings erstaunte, waren die enorme Wut, der Hass und die Bösartigkeit, die ich gegenüber Wheezie und Zak empfand, den beiden Junkies, die mich jetzt bereits zweimal umgebracht hatten, sowie gegenüber ihrem korrupten Boss „Dimedrol" und vor allem gegenüber diesem Kinderschänder Grechkin. Die Tatsache, dass ich ihn durch das Melden von Josephs Entführung seiner verdienten Strafe hatte zuführen können, war mir ein gewisser Trost. Außerdem hatte ich außer Joseph gewiss auch noch andere Kinder retten können.

Mein Handy meldete sich. Es war eine SMS von Kostya, der mich in einer halben Stunde im Stadion erwartete.

Ich machte mich bereit und dachte dabei über all die Dinge nach, die noch zu erledigen waren. Unsere Firma musste wachsen, ich musste meine

Fertigkeiten und Fähigkeiten im realen Leben verbessern und mich auf meine nächste Entführung und die anschließende Prüfung vorbereiten. Außerdem würde ich gern Cyril, Marina und Greg als Mitarbeiter einstellen, wir brauchten schließlich geschickte Vertriebler.

Als ich das Haus verließ, wurde mir auf einmal etwas sehr Wichtiges klar: Man konnte Leute wie Dimedrol und seine Handlanger nicht allein durch Kampffertigkeiten besiegen. Selbst wenn es einem gelang, sie zu bestrafen, nahmen doch nur gleich wieder andere ihren Platz ein. Wenn ich mich zwischen Batman und Superman als Vorbild entscheiden müsste, würde ich Bruce Wayne vorziehen, allerdings mit Supermans Fähigkeiten.

* * *

„HAST DU DEINE Handschuhe mitgebracht?", fragte Kostya.

Die aufgehende Sonne schien uns in die Augen. Kostya kniete auf der Laufbahn neben seiner Sporttasche und blinzelte zu mir hoch. Nie würde man sein Alter auf lediglich 21 schätzen. Er war mit Worten und Bewegungen so sparsam wie ein arthritischer, alter Mann, der alles im Voraus berechnete, um ja nichts Überflüssiges zu tun oder zu sagen.

Allerdings hätte ich ihn jetzt auch nicht gerade als „jungen Mann mit den Augen eines alten Mannes" beschrieben, so wie jemanden, der bereits in seiner Jugend viel Schlimmes gesehen hat. Kostyas Augen waren jung und voller Leben.

Er sagte einfach nur nicht viel und lächelte so gut wie nie. Und der Grund dafür stand gerade neben ihm: seine vierjährige Schwester Julie. Da heute

Wochenende war, hatte er sie zum Training mitbringen müssen.

Das Mädchen schien an irgendeiner seltenen Kinderkrankheit zu leiden. Details wusste ich keine. Eigentlich sah sie aus wie jedes andere Mädchen auch, nur war sie extrem dünn und blass, wirkte beinahe durchsichtig. Ihre blonden Haare waren ungeschickt zu zwei Zöpfen geflochten worden, wahrscheinlich war das eine von Kostyas Aufgaben.

„Onkel Phil!", mahnte die Kleine jetzt mit bemerkenswert heller und klarer Stimme. „Kostya hat dich gefragt, ob du deine Handschuhe dabeihast!"

„Ja, das habe ich", erwiderte ich lächelnd.

„Lust auf ein wenig Sparring?" Kostya schlug seine behandschuhten Fäuste gegeneinander.

Das eigentliche Training hatten wir bereits abgeschlossen. Dieses Angebot kam als angenehme Überraschung.

„Musst du nicht weg?", fragte ich erstaunt.

„Wohin denn? Heute muss ich sie nicht zum Kindergarten bringen. Nicht war, Juls? Sobald wir hier fertig sind, können wir spazieren gehen. Und sie will unbedingt diesen Zeichentrickfilm sehen, also führe ich sie vielleicht ins Kino."

„Kino! Ja!" Sie drehte sich mehrfach um die eigene Achse und presste dabei ihre Lieblingspuppe an die Brust. Dabei bemerkte ich ein leichtes Hinken. Etwas war mit ihrer Hüfte nicht in Ordnung.

„Was sagen denn die Ärzte?", fragte ich Kostya und deutete mit einer Kopfbewegung auf das Mädchen.

„Sie muss operiert werden, bevor sie sechs Jahre alt ist. Aber unser Chirurg will das Risiko nicht eingehen. Deshalb müssen wir dafür ins Ausland gehen." Er kam zu mir. „Also los, halte die Fäuste oben!"

Wir tauschten Hiebe aus.

Julie feuerte ihren Bruder an: „Kostya! Kostya!"

Doch kaum hatte ich ein paar recht schmerzhafte Schläge einstecken müssen, wechselte sie die Seiten und unterstützte nun mich. Das war sicher die Folge der typisch russischen Charaktereigenschaft, immer zu den Schwächeren zu halten. Irgendwann entspannte Kostya sich an der falschen Stelle, und ich erwischte ihn mit einem rechten Haken. Er zuckte zusammen und bedeutete mir, eine Pause einzulegen.

Ich wartete, bis er sich erholt hatte. Es war ein wundervoller Haken gewesen!

Gratuliere! Du hast ein neues Fertigkeitslevel erreicht!

Name der Fertigkeit: Boxen

Derzeitiges Level: 6

Erhaltene Erfahrungspunkte: 500 Punkte

„Nicht schlecht", bemerkte Kostya und hielt sich das Kinn. Mit einem entwaffnenden Lächeln fügte er hinzu: „Geschieht mir ganz recht! Ich habe einen Moment lang nicht aufgepasst. Es ist alles in Ordnung, Schwesterherz – mach dir keine Sorgen!"

Julie stand neben ihm und umklammerte sein Bein. Obwohl sie mich gerade noch angefeuert hatte – Blut war nun einmal dicker als Wasser.

„Sollen wir für heute aufhören?", erkundigte ich mich.

„Klar. Ich bin momentan nicht sehr gut in Form. Ich behaupte jetzt nicht, du könntest die bevorstehende Meisterschaft gewinnen" – die Absurdität dieser Vorstellung brachte ihn zum Lachen – „aber ein paar Runden könntest du durchaus überstehen."

„Du meinst die Meisterschaft, zu der Matov uns eingeladen hat?"

„Ja."

„Warum meldest du dich eigentlich nicht an?"

Er zuckte mit den Schultern und blickte auf Julie.

„Tut mir leid, ich verstehe nicht, was du meinst", sagte ich.

„Was gibt es denn da nicht zu verstehen? Hast du nicht gehört, dass ich gesagt habe, dass wir uns das momentan nicht leisten können? Im Augenblick zählt jeder Cent. Ich spare, was ich kann ... Du weißt, was ich meine?"

„Sollen wir eine Runde laufen?" Ich wandte mich an das kleine Mädchen. „Hast du etwas dagegen, hier zu warten, während dein Bruder und ich ein wenig joggen? Wie heißt eigentlich deine Puppe?"

„Das ist Angelique."

„Du und Angelique, ihr wartet hier, okay?"

Sie nickte, ließ ihren Bruder los und setzte sich auf eine Bank neben seiner Sporttasche. Kostya und ich liefen los.

„Und was ist jetzt mit dem Turnier?", erkundigte ich mich.

„Die sind einfach ein bisschen gierig mit ihrer Teilnahmegebühr."

„Du meinst die 10.000 Rubel?"

„Ja, 10.000! Von 10.000 Rubeln können wir zwei Monate lang leben! Ich verdiene als Praktikant 30.000. Ein wenig davon lege ich für die Operation zurück, und mit dem Rest finanziere ich unseren Lebensunterhalt. Soll ich etwa Julies Geld angreifen? Ach, die können mich doch mal!" Angewidert spuckte er aus. „Und Matov grabscht sich alles, was er kriegen kann."

„Was meinst du damit?"

„Er hat da irgendwelche dubiosen Geschäfte laufen. Er schickt die Boxer zu heimlichen Kämpfen. Es gibt noch mehrere Trainer, die es ebenso machen wie er. Während normale Trainer ihre Sportler auf legitime Wettkämpfe vorbereiten, denken diese

Mistkerle nur an eines." Er senkte die Stimme. „Und zwar an ihr Bankkonto. Die anderen Jungs haben mir ein paar Dinge erzählt, da stehen einem die Haare zu Berge!"

„Welche Dinge denn?"

„Du hast mich schon verstanden. Du hast doch auch für dein Training bezahlen müssen! Die sind ständig auf der Suche nach vielversprechenden Talenten, die sie dann zur Liga bringen. So nennen sie das. Wenn du dich eine Saison lang gut schlägst, senden sie dich nach Moskau oder so. Nach allem, was ich gehört habe, haben sie einen sogar nach Grozny geschickt. Die Szene dort mit ihren illegalen Kämpfen gefällt ihnen ausgesprochen gut. Und wenn du dich auch auf dem Level bewährst, besorgen sie dir einen Agenten. Ab dem Zeitpunkt geht es dann um richtiges Geld. Keiner aus unserer Gruppe hat das allerdings jemals geschafft. Sehr wahrscheinlicher ist, dass sie bei diesen Kämpfen einen Dauerschaden am Gehirn davontragen und sich anschließend mit einem Behindertenzuschuss zur Ruhe setzen müssen."

„Aber warum machen sie die Teilnahme am Turnier unter den Umständen nicht kostenlos?", fragte ich erstaunt. „Je mehr Kämpfer sich anmelden, desto mehr Auswahl haben doch solche Leute für ihre krummen Pläne."

„Woher soll ich das denn wissen, Phil? Ich kenne die Absichten dieser Trainer nicht. Matov wollte unbedingt, dass ich mitmache, aber ich habe niemanden, der sich um Julie kümmert, falls mir etwas passiert." Er schaute zurück und warf seiner Schwester einen langen Blick zu.

Er verlangsamte seinen Schritt, blieb schließlich stehen und beugte sich nach vorn, um seine Zehenspitzen zu berühren.

In der Zwischenzeit hatte ich das Interface aufgerufen und ein paar mentale Befehle eingegeben.

Vor mir entfaltete sich Kostyas Profil. Es enthielt weit mehr Informationen, als ich es bisher von den Profilen gewohnt war – dank der Level 3-Erkenntnis.

Konstantin „Kostya" Bekhterev

Alter: 21
Derzeitiger Status: Internetprogrammierer
Level des sozialen Status: 6
Klasse: Boxer. Level: 8
Unverheiratet
Kinder: keine

Haupteigenschaften:
Stärke 11/24
Beweglichkeit: 14/25
Intelligenz: 10/17
Ausdauer: 19/37
Wahrnehmung: 15/15
Charisma: 6/19
Glück: 7/12

Sekundäre Eigenschaften:
Vitalität: 98 %
Zufriedenheit: 73 %
Lebenskraft: 91 %
Stoffwechsel: 118 %
Selbstvertrauen: 88 %
Selbstkontrolle: 99 %
Geist: 164 %
Laune: 85 %

Hauptfertigkeiten und -fähigkeiten:
Boxen 8/14
Verantwortungsgefühl: 7/15
Selbstdisziplin: 7/12
PHP-Programmierung: 6/11

Aha – jetzt konnte ich nicht nur sein volles Profil sehen, sondern auch den Höchstbetrag der Punkte, den er jeweils erzielen konnte. Und was folgte daraus? Daraus folgte, dass ich meine Kunden in Zukunft über ihre Entwicklungsmöglichkeiten beraten konnte! Ich konnte es kaum erwarten, mein eigenes Potenzial zu betrachten, beschloss jedoch, das einstweilen aufzuschieben. Womöglich musste ich mich zuerst besser über diese neuen Angaben informieren.

Ich erinnerte mich an Marthas Forderung und scrollte bei Kostyas Fähigkeiten nach unten, bis ich fand, was sie hatte wissen wollen, etwa auf der Hälfte:

Lehrfertigkeit: 5/11

Nicht schlecht! Bestimmt hatte es etwas damit zu tun, dass er seine Schwester betreuen musste. Und da war noch viel Raum für Verbesserung, da er erst Level 5 erreicht hatte. So, und wie konnte ich ihm nun helfen?

Ich öffnete die Karte und startete eine Schnellsuche nach möglichen Jobs für ihn. Dabei konzentrierte ich mich auf eine Verbesserung in Arbeitsbedingungen und Gehalt. Erneut überprüfte ich sein Profil. Kostya konnte im Boxen Level 14 erreichen, das war verdammt gut. Insgesamt war er für sein Alter recht gut entwickelt.

„Phil, was hängst du denn noch herum?", unterbrach Kostya meinen Gedankengang. „Sind wir fertig?"

„Warte einen Augenblick", bat ich. „Wir sind mit unserer Unterhaltung noch nicht fertig. Hör mal, wo sind eigentlich deine Eltern? Oder hast du sonst noch Verwandte?"

Er verzog verärgert das Gesicht. „Warum zum Teufel willst du das wissen? Ich trainiere dich doch, oder etwa nicht? Was willst du denn sonst noch?"

„Tut mir leid, ich weiß, das geht mich nichts an. Ich wollte dir nur etwas anbieten."

„Was denn?", lachte er. „Deine Dienste als Babysitter? Nein, ich komme schon klar."

„Nein, das habe ich nicht gemeint." Ich setzte mich auf die gummiartige Laufbahn, spreizte die Beine und berührte meine Zehen. „Bist du mit deinem jetzigen Job zufrieden?"

„Warum sollte ich das nicht sein? Sie bezahlen mich immer pünktlich. Genau das brauche ich."

„Sieh mal, in einem Unternehmen ist eine Stelle frei, mit höherer Bezahlung. Sie suchen genau jemanden wie dich. Und die Wahrscheinlichkeit ist hoch, dass sie dich einstellen."

„Nö, lieber nicht. Mir geht es gut, wo ich jetzt bin."

„Aber sie bezahlen selbst in der Probezeit schon 60.000 Rubel![46] Versuche es doch einfach mal! Hast du nicht gerade gesagt, du verdienst nicht genug?"

Er erstarrte, sah mich eindringlich an. „Was ist das denn für eine Firma?"

„Es ist ein Studio, das sich auf die Erstellung von Websites für mittlere Unternehmen spezialisiert hat. Ich kann dir die Telefonnummer geben, und alles Weitere kannst du selbst herausfinden."

„Und was sage ich denen?"

So verantwortungsvoll und diszipliniert er auch war – er konnte manchmal ziemlich kindisch sein, und das begann langsam, mir auf die Nerven zu gehen. Warum musste ich ihn denn jetzt gewaltsam dazu überreden, sich auf einen anderen Job zu bewerben, in dem er für in etwa die gleiche Arbeit das Doppelte verdiente?

„Schau mal, du bist doch nicht dumm", entgegnete ich. „Du wirst dir schon etwas einfallen

---

[46] Etwa 800 Euro.

lassen, was du ihnen sagen sollst. Erkläre einfach, du wärst ein PHP-Programmierer, und frage nach der freien Stelle. Ich sende dir die Telefonnummer per SMS."

„Okay. Also, lass uns gehen." Er stand auf und klopfte sich die Trainingshose sauber. „Julie winkt uns bereits, sieh nur!"

„Ja, gehen wir." Ich erhob mich ebenfalls. Gemeinsam gingen wir ganz gemütlich zu Julie zurück. „Eine Sache ist da noch. Ich möchte deine Teilnahmegebühr für das Turnier bez..."

„Nein!", fiel er mir ins Wort.

„Warte – hör doch mal! Warum denn nicht?"

„Ich brauche keine Almosen. Ist das klar!" Er trat auf mich zu und schaute mich mit bebenden Nasenflügeln verärgert an.

Sofort erhielt ich eine Systemmitteilung, die mich über mein gesunkenes Ansehen bei ihm informierte.

„Jetzt mach aber mal halblang!", entrüstete ich mich. „Über was für ein Almosen redest du da? Was soll denn das? Ich mache dir einfach einen geschäftlichen Vorschlag, sonst nichts!"

„Und um was für eine Art Geschäft handelt es sich?" Er betrachtete mich mit verengten Augen. „Aus dir werde ich einfach nicht schlau, Phil."

„Jetzt hör mir mal gut zu – die Teilnahmegebühr sind 10.000 Rubel, richtig? Ich kann die für dich bezahlen, aber das ist kein Kredit und ganz sicher kein Almosen. Wenn du gewinnst, zahlst du mir 10 % vom Preisgeld. Und wenn du verlierst, zahlst du mir das Geld irgendwann später zurück, nach Julies Operation. Und, was hältst du davon? Oder hast du zu viel Angst, dass sie dich beim Turnier mit den Füßen zuerst hinaustragen müssen?"

„Was? Ich?", empörte er sich.

„Ja, du! Gut, wenn du keine Angst hast, schlage ich vor, du schiebst dir deinen Stolz dorthin, wo die

Sonne nicht scheint, und kämpfst für deine Schwester. Würde das Preisgeld für die Operation ausreichen?"

„Ähm ... nun ..." Er rechnete alles im Kopf durch. „Zusammen mit dem, was ich bereits gespart habe, sollte es genug sein."

„Gut, dann sind wir uns also einig. Hol deine Sachen, und anschließend gehen wir in meine Wohnung, um das Geld zu holen. Es ist ganz in der Nähe."

„Ähm ... Willst du denn nicht vorher zu einem Anwalt gehen? Um zu bestätigen, was ich dir schulde und so weiter?"

„Mir reicht dein Ehrenwort. Lass uns gehen!"

Ich ging voraus, und Kostya folgte mir, seine kleine Schwester an der Hand.

Noch bevor wir angekommen waren, benachrichtigte das System mich über eine weitere Veränderung meines Ansehens, diesmal einen Sprung zur Freundlichkeit.

* * *

ICH GAB KOSTYA seine Teilnahmegebühr von meinem eigenen Anteil an den Pokergewinnen.

Kurz darauf stand ich auf dem Balkon und schaute zu den beiden hinunter, zu Kostya, noch so jung, dass er beinahe selbst noch ein Kind war, und seiner kleinen Schwester Julie. Er ging langsam, mit den überlegten Schritten eines erwachsenen Mannes, und sie hüpfte und tanzte, an seine Hand geklammert.

Als ich sie beobachtete, wurde mir bewusst, dass dieser junge Mann, gerade einmal etwas über 20 Jahre alt, mir in den meisten Dingen einiges voraushatte. Ich mochte älter sein und fast zweimal so klug, aber trotz meiner Intelligenz konnte ich ihm nicht das Wasser reichen. Sowohl sein sozialer Status als auch seine statistischen Werte waren bereits jetzt höher als meine, bevor das Interface in meinem Kopf installiert worden war.

Vor allem aber war er innerlich bereits ein Mann, während mir bis zu diesem Punkt noch viel Arbeit bevorstand. Nein, es war nicht der Sex, der einen zum Mann machte. Um ein Mann zu werden, musste man bereit sein, die Verantwortung für jemanden in seinem Leben zu übernehmen und sie ebenso würdevoll tragen wie Kostya, ohne zu jammern oder sich zu beklagen.

Mir gefiel Kostyas Charakter, und ich war bereit, alles zu tun, was ich konnte, um ihm und seiner Schwester zu helfen. Vielleicht würde der eine oder andere nun behaupten, ich würde einfach nur ziellos im Leben herumlaufen, statt meine Level zu verbessern. Oder man könnte mir vorwerfen, ich würde das alles nur für die Erfahrungspunkte tun, die ich dafür vielleicht erhielt. Keiner von denen hätte recht. In der Nacht, als Yanna mich verlassen hatte und Alik, der Penner, der Einzige gewesen war, der mir Unterstützung angeboten hatte, hatte sich etwas in mir verändert.

Und als ich ihm dann geholfen und das Interface mir seine ewige Dankbarkeit bestätigt hatte, hatte sich in mir noch einmal etwas verschoben. Ein paar Zahnräder in mir ächzten und knarrten, bis sie sich in Bewegung gesetzt hatten. Sie reinigten meine von Rost überzogene Seele und füllten sie mit neuem, frischem und sauberem Blut.

Seitdem hatte ich gelernt, nicht nur für mich selbst und meine eigenen flüchtigen Interessen zu leben, sondern auch mit anderen Menschen mitzufühlen und eine Verbindung zu ihnen aufzubauen. Das hatte mir bewusst gemacht, dass ich in dieser enormen und irgendwie doch winzigen Welt zwar eine wichtige, aber keineswegs eine einzigartige Person war. Es war erstaunlich, was ich auf meinem Weg alles entdeckt hatte. Statt einfach nur zu plappern, unterhielt ich mich jetzt wirklich mit anderen, und anstatt sie gleichgültig zu betrachten, konnte ich jeden einzelnen Menschen wirklich *sehen*. Ebenso wie ich ihn hören und verstehen konnte, wenn wir miteinander sprachen.

Aliks Anruf unterbrach meine Überlegungen. „Hi, Phil! Habe ich dich geweckt?"

„Selbst hi. Was'sen los?

„Ähm ... weißt du ... Gorelik hält ein Seminar über das Verkaufen. Warte mal eine Sekunde ..." Ich konnte Papier rascheln hören. „Es heißt hier: Aram Ovsepyan ist ein Internet-Star und Experte im proaktiven Verkauf." In sehr dramatischem Tonfall las er mir vor: „Die Schulung wird sich mit einer Reihe sehr wichtiger Fähigkeiten und Praktiken befassen, die jeder Verkaufsmanager beherrschen muss, der Erfolg haben will!"

„Ah, dieses Seminar meinst du. Ich erinnere mich. Wieso? Willst du dich dafür anmelden? Du willst also Erfolg haben? Aber hat Gorelik nicht gesagt, die Teilnahme kostet 10.000 Rubel?"

„Genau das ist doch mein Punkt!", lachte er in den Hörer. „Er konnte nicht genug Tickets verkaufen, und jetzt ist er bereit, uns für nur 1.000 Rubel hineinzulassen!"

„Uns? Was meinst du damit? Bist du etwa im Büro? Himmel, es ist Wochenende!"

„Ähm ... ja. Wir sind alle hier – Gleb und Veronica und ich. Stacy ist die Einzige, die fehlt. Kesha ist ebenfalls da, aber in seiner Druckerei."

„Und was bitte macht ihr alle im Büro, wenn ich mal fragen darf?"

„Ach, das hat sich einfach so ergeben. Ich habe

ohnehin nichts Besseres vor. Dann hat Gleb gesagt, er würde vielleicht vorbeikommen und einen *Tropotypen* ..."

Im Hintergrund hörte ich Gleb lachen. „Einen *Prototypen*, du Trottel! Es ist ein *Prototyp*!"

„Wie auch immer", fuhr Alik ungerührt fort. „Er will einfach unsere Website erstellen. Veronica hatte hier eine Besprechung. Warum Kesha gekommen ist, weiß ich nicht. Also, was hältst du von diesem Seminar? Es fängt in weniger als einer Stunde an. Sind wir dabei?"

„Wen meinst du denn alles?"

„Nun, ich würde nicht nein sagen, wenn mir jemand anbietet, eine Weile lang zuzuhören. Es ist schließlich Aram höchstpersönlich! Und ich glaube, Kesha wollte auch kommen. Und ..."

Es knackte im Hörer. „Hi, Phil!", hörte ich Veronicas Stimme. „Hör mal, 1.000 Rubel, das ist doch kein Geld! Ich schlage vor, wir nehmen alle am Seminar teil." Im Hintergrund war wieder Gleb zu hören. „Außer Gleb", korrigierte sich Veronica. „Er sagt, Verkaufen sei nicht sein Ding, und nachdem wir alle ja nun solch perfekte Vertriebler sind, muss doch irgendeiner zurückbleiben und unsere Arbeit erledigen." Sie kichert. „Und da Gleb schon einmal im Büro ist, kann er auch gleich ans Telefon gehen. Was sagst du?"

Ich lächelte. „Okay, dann gehen wir eben an diesem wunderschönen Samstagmorgen alle noch einmal zur Schule. Ich komme auch, bin schon unterwegs!"

Ich legte auf. Ich hatte zwar für diesen Tag abweichende Pläne gehabt, aber schließlich hatte die Verteilung der freien Statistikpunkte keine besondere Eile. Und diese Schulung konnte sich vielleicht sogar als nützlich erweisen, wer wusste das schon. Und zwar nicht nur, um unsere Verkaufsfertigkeiten voranzubringen, sondern auch als gutes Beispiel für das spontane Bilden eines Teams, wie ich es gerade erlebt hatte.

Außerdem, wie hätte ich denn nein sagen können? Die Jungs waren am Wochenende im Büro erschienen und begierig darauf, sich weiterzubilden. Wer war ich denn, sie davon abzuhalten?

In der halben Stunde, die mir blieb, schaffte ich es, zu duschen, die Katze zu füttern, mich anzuziehen und sogar noch schnell einen Becher Joghurt zu trinken.

Eine Viertelstunde vor dem Beginn der Schulung traf ich im Bürogebäude ein.

Davor stand eine Gruppe junger Leute. Sie rauchten. Einen von ihnen glaubte ich zu erkennen, und das Interface gab mir recht: Es war Greg „Kuhscheiße-Quatscher" Boyko, mein glorreicher Ex-Kollege von *Ultrapak*.

„Greg?"

„Phil? Marina, sieh mal, was der Wind da gerade herbeigeweht hat!" Greg wandte sich an die junge Frau, die neben ihm stand, dann umarmte er mich.

„Hallo, Phil!" Marina legte mir die Hand auf die Schulter und gab mir einen Kuss auf die Wange, allerdings verdächtig nahe an meinen Lippen. „Gehst du auch zum Seminar?"

„Ja. Um genau zu sein, ist hier unser Büro. Und welcher Sturm hat euch beide an Land geblasen?"

Greg zuckte zusammen. „Befehl vom Chef. Seine ganzen neuen Marotten gehen mir gewaltig auf die Nerven!"

„Befehl? Was soll das denn heißen?", fragte ich überrascht. „Es kann doch nur gut sein, wenn die Firma für eure berufliche Weiterbildung bezahlt, oder etwa nicht?"

„Jetzt hör mal, Phil", mischte sich Marina ein. „Zuerst einmal – hast du eine Ahnung, wer dieser

Aram ist? Er weiß sehr genau, wie er seine eigenen Kurse verkaufen kann, aber das ist auch schon alles, was er weiß!"

„Genau! Ein guter Verkaufsmanager muss ein Experte für die Waren sein, die er verkauft", verkündete Greg mit einem bissigen, nasalen Unterton. „Und dieser Kerl ist Panchenko ziemlich ähnlich – er beherrscht nichts anderes, als alte Klischees ansprechend neu zu verpacken."

„Aber das ist nicht einmal das Wichtigste", ergänzte Marina erbost. „Sie bezahlen ja gar nicht für das Seminar! Oder vielmehr, ja, sie bezahlen, aber ..."

„Nein, das tun sie nicht!", explodierte Greg. „Panchenko hat mit Aram heimlich seine eigenen Absprachen getroffen. Sie werden uns die Kosten für den Kurs vom Gehalt abziehen!"

„Nein! Wirklich? Und dem habt ihr zugestimmt?"

Marina seufzte. „Er hat uns keine andere Wahl gelassen. Er hat behauptet, wir alle müssten uns umgehend verbessern. Ihm zufolge sind wir nichts als eine Horde unfähiger Mistkerle, die keine Ahnung von ihrem Job haben, und er ist der Einzige, der alles am Laufen hält. Deshalb müssten wir nun alle endlich die Kunst des Verkaufens beherrschen lernen, hat er gesagt."

„Und wie es der Zufall so will, ist genau in diesem Augenblick Aram in der Stadt aufgetaucht", fuhr Greg fort. „Ist das nicht toll? Jedenfalls, allen, die sich geweigert haben, an dem Kurs teilzunehmen, hat Panchenko gedroht, dass sie den stolzen Titel eines Handelsvertreters von *Ultrapak* nicht verdienen würden."

„Aber was sagt denn Ivanov dazu?"

„Ach, der alte Junge scheint jedes Interesse an der Firma verloren zu haben", erklärte Marina. „Wenn wir ihn etwas fragen, schickt er uns immer zu Panchenko. Als wäre er derjenige, der zu entscheiden hat."

„Ich habe es bis obenhin satt!", schimpfte Greg. „Und sie haben Cyril gefeuert, kannst du dir das vorstellen? Es wird wirklich Zeit, dass wir die Firma wechseln. Aber wohin bitte sollen wir denn gehen?"

„Wisst ihr was?" Ich stellte im Geiste ein paar Berechnungen an. „Wollt ihr nach der Schulung vielleicht *unseren* kaufmännischen Leiter kennenlernen? Er heißt Kesha. Wer weiß, vielleicht arbeiten wir ja eines Tages zusammen."

Die beiden sahen sich an.

Marina strahlte. „Aber mit Vergnügen!"

„Ich bin immer dabei, wenn es darum geht, Stunk zu machen!" Greg lachte. „Und was bitte sollen wir verkaufen?"

„Na, alles!" Wir klatschten einander ab. „Sobald es Cyril besser geht, reiße ich ihn mir ebenfalls unter den Nagel."

Nun trat der Rest meines Teams aus dem Gebäude: Alik, Veronica und Kesha. Sie schauten sich nach mir um und winkten, als sie mich entdeckt hatten.

„Nun komm schon, Phil – es geht los!", brüllte Kesha.

Das tut es in der Tat, dachte ich bei mir, als ich meine Hände um Gregs und Marinas Schultern legte und sie zu den anderen zog, um sie den furchtlosen Mitarbeitern der *Großen Jobvermittlungsagentur* vorzustellen.

* * *

GREG UND MARINA zu treffen erwies sich als der größte Vorteil des Seminars von Aram Ovsepyan. Auch wenn die Schulung meinen Verkaufsfertigkeiten ein paar mickrige Punkte hinzugefügt hatte, war es doch weit unterhaltsamer, den Sprecher zu beobachten als seinen Worten zuzuhören.

An dieser Stelle sollte ich vielleicht erwähnen, dass sein Level der Verkaufsfertigkeiten nicht besser war als mein eigenes. Allerdings waren seine Fertigkeiten in öffentlichem Sprechen, Motivation und Kommunikation extrem hoch, besonders, was die Motivation betraf. Kein Wunder, dass die Teilnehmer nach dem Kurs bester Stimmung waren.

Meine Meute war da keine Ausnahme.

Nach der Schulung gingen wir gemeinsam ins Büro. Auf einmal war der Raum ziemlich überfüllt. Ich hatte Greg und Marina von meiner Idee der Verkaufsabteilung als Outsourcing-Service berichtet. Sobald Kesha die Aufgabe übernahm, uns Kunden für unseren Service zu sichern und die Verträge für die Abteilung perfekt zu machen, konnten Greg und Marina und hoffentlich bald auch Cyril damit beginnen, die Produkte und Dienstleistungen unserer neuen Kunden zu verkaufen.

Am Ende gaben wir uns darauf die Hand. Greg und Marina waren so aufgeregt, dass sie beschlossen, auf der Stelle bei *Ultrapak* zu kündigen, sobald Kesha den ersten Vertrag klargemacht hatte. Zuversichtlich erklärte ich, dieser Fall würde sehr bald eintreten. Unser Geschäftsvorschlag war einzigartig, da wir lediglich auf Provisionsbasis tätig würden, ohne zusätzliche Gebühren in Rechnung zu stellen. Ich hatte mir bereits ein paar mögliche Kontakte überlegt, die ich Kesha gegenüber unauffällig erwähnen wollte, falls er nicht rasch genug in die Gänge kam.

Beim Abschied ließ Marina auffällig-unauffällig durchblicken, dass sie sich von ihrem Studenten getrennt hätte und wieder auf dem Markt wäre. Greg lachte. Alik und Gleb ignorierten die Information völlig. Kesha allerdings horchte auf – was auf irgendeine Weise damit endete, dass er sie nach Hause brachte.

Ich nahm Alik beiseite und schlug ihm vor, Veronica ins Kino einzuladen. Zuerst suchte er nach Ausreden, aber am Ende konnte er endlich doch genügend Mut zusammenkratzen, um mit ihr zu reden. Nach dieser Unterhaltung kam er wieder zu mir, hochrot im Gesicht, verlegen, aber glücklich. Er grinste und zeigte mir den Like-Daumen.

„Morgen!", flüsterte er.

* * *

NACHDEM MAN MICH ja aus dem Fitnessstudio geworfen hatte, musste ich dringend ein neues finden. Während ich mich bei einem kleinen Fitness-Club direkt neben meinem Wohnhaus anmeldete, ließ ich mir die Geschehnisse der letzten Tage noch einmal durch den Kopf gehen. Seit letzter Woche war so viel passiert!

Am Dienstag war Stacy zu uns ins Büro gekommen. In derselben Nacht hatte die Auseinandersetzung mit Mohammed stattgefunden und Matov hatte mich aus seiner Boxgruppe gekickt. Kurz darauf hatte Vicky mir den Laufpass gegeben.

Am Mittwoch hatte die erste meiner bisher zwei Trainingssitzungen mit Kostya stattgefunden, gefolgt von meinem Treffen mit Valiadis. Anschließend war mir der Glücksring des Veles in die Hände gefallen, es war der erste von Stacys drei Arbeitstagen bei uns, und etwas später hatte Gleb in einem beklagenswerten Zustand vor dem Haus auf mich gewartet.

Am Donnerstag war er mit mir ins Büro gekommen. Am selben Tag hatte ich eine Kopie des ersten Buchs erhalten, das ich jemals geschrieben hatte. Abends hatte ich meine Eltern besucht und mich dann in den Wirbel eines Glücksspiel-

Abenteuers begeben, in dessen Rahmen ich törichterweise mein letztes verfügbares Leben verloren, aber Gleb gerettet hatte. Der sich anschließend ebenfalls unserer Firma angeschlossen hatte.

Der Freitag war demgegenüber geradezu ereignislos verlaufen, wenn man einmal von den Enthüllungen Stacys alias Ilindis am Abend absah, die wahrhaft überwältigend gewesen waren, und von den Träumen in der Nacht, in denen ich die letzten vier Tage meines zweiten Lebens erneut durchlebt hatte.

Insgesamt war es erst 84 Stunden her, seitdem Vicky sich von mir getrennt hatte – für jeden anderen hätten die Ereignisse allerdings für ein ganzes Jahr ausgereicht.

Wenige Minuten später hatte ich mir mein monatliches Fitness-Abo gesichert. Ich musste ein Formular ausfüllen, für den ersten Monat bezahlen und auf die Ausgabe der Clubkarte warten. Das Studio war ziemlich klein, mit nur einem einzigen Raum für die Gewichte und ein paar wenigen Laufbändern, aber mir reichte das völlig aus.

Nachdem sie eine Weile lang des konstanten Trainings beraubt worden waren, zeigten meine Muskeln große Freude daran, endlich wieder mit Blut aufgepumpt zu werden und ihrem drohenden Schwund entgegenzutreten. Ich wusste natürlich, dass während dieser relativ kurzen Zeit nichts allzu Drastisches hatte passieren können. Allerdings wusste ich, dass eine Pause von mehr als einem Monat unweigerlich dazu führen würde, dass der Körper sich von der überflüssigen Muskelmasse befreite, die er ja offensichtlich nicht mehr brauchte.

Nach meinem Workout beschloss ich, mir ein paar soziale Quests einzufangen, um mein Erkenntnislevel zu verbessern. Nachdem ich ein paar Stunden lang vergebens in der Stadt herumgelaufen war, traf ich endlich auf eine alte Frau, deren Katze weggelaufen war.

Sie können sich nicht vorstellen, wie glücklich ich darüber war. Endlich wieder einmal eine Quest!

Unglücklicherweise konnte ich das Interface nicht verwenden, denn die alte Dame konnte mir keine KIDD-Punkte für ihren Kater anbieten. Sie hatte kein Foto von ihm und auch keine anderen Informationen. So verfügte ich lediglich über eine vage Beschreibung:

„Ein buschiger Schwanz! Und seine Schnurrhaare sind gut 30 Zentimeter lang!" Die alte Dame zeigte mit ihren Händen die Länge. „Und er ist sehr hübsch gestreift, in Grau!" Kaum hatte sie das ergänzt, brach sie in Tränen aus.

Nachdem ich die Quest angenommen hatte, war ich gezwungen, auf die altmodische Weise nach der Katze zu suchen. Ich überprüfte alle Höfe, Hintertüren, Ecken und Winkel in der Nähe.

Endlich stieß ich auf eine Katze, die der Beschreibung entsprach. Das Tier saß in einem Hinterhof zwei Straßen weiter auf einem Holzzaun und konfrontierte einen anderen Kater mit rötlichem Fell. Die beiden kreischten und fauchten und machten sich zum Kampf bereit.

Barsik: eine männliche Katze
Alter: 6
Derzeitiger Status: Haustier
Eigentümer: Frau Eudoxia Moskalenko

Er war es! Mist, er war ein echtes Monster! Wie bitte sollte ich das Viech denn nun einfangen? Oder ihn mir greifen? Seine Krallen erinnerten mich an Freddy Krüger. Das war keine Katze – es war ein Wolverine!

„Barsik?", schmeichelte ich ihm. „Komm, Miez,

Miez, Miez!"

Als ob ihn das gekümmert hätte ... Ich machte ein Foto von ihm mit meinem Handy und lief zur alten Dame zurück, damit sie ihn identifizieren konnte. Kaum erblickte sie das Bild, warf sie die Hände in die Höhe und gluckste wie ein Huhn. Sie wollte sofort wissen, wo er war und ob er noch lebte.

„Es geht ihm bestens, Omi! Aber das muss so nicht bleiben. Kommen Sie mit, ich zeige Ihnen, wo ich ihn gefunden habe."

Ich brachte sie zu dem Hinterhof, wo sich die beiden Kater noch immer auf die Auseinandersetzung vorbereiteten. Sie konnten ganz offensichtlich zu keiner Einigung kommen und jaulten ihre Beschwerde in die Welt.

Das erwies sich als ausreichende Aktivität meinerseits, um die Quest abzuschließen. Wofür ich gerade einmal 50 Erfahrungspunkte gutgeschrieben bekam, und kein Fünkchen Erkenntnis.

Den Abend verbrachte ich damit, mir einen individuellen Plan für meine allgemeine Verbesserung auszudenken.

Vor dem Zubettgehen entschloss ich mich noch, meine Beweglichkeit auf Level 10 zu bringen. Zugegeben, ich war mir noch immer nicht ganz sicher, ob ich mit dem Systempunkt stattdessen nicht lieber das Glück verbessern sollte. Allerdings sah es ganz danach aus, als hätte Khphor aufgegeben, mich zu überraschen – und dieser eine Punkt mehr bei der Beweglichkeit reichte, um meinen Plan umzusetzen.

Warnung! Wir haben eine ungewöhnliche Steigerung in deiner Eigenschaft Beweglichkeit entdeckt: +1 Punkt.

Dein Körper wird im Einklang mit dem neuen Wert (10) neu strukturiert, um sich an deine neuen Koordinations- und neuromuskulären Werte anzupassen.

Erforderliche Änderungen: Neuanpassung deines zentralen Nervensystems ebenso wie eine Verbesserung der Elastizität deiner Muskeln, Sehnen und Bänder.

Warnung!
Die Umstrukturierung deiner Körperfunktionen erfordert eine gewaltige Menge an Nährstoffen. Um eine Gefahr für dein Leben zu vermeiden, wird dir dringend empfohlen, mindestens 200 g tierisches Eiweiß, 800 g Kohlenhydrate und 150 g tierische Fette zu dir zu nehmen. Ein Nährstoffmangel kann zum Versagen von Körperfunktionen führen.

Warnung!
Die künstliche Steigerung einer Eigenschaft um mehr als 1 Punkt gleichzeitig ist streng verboten! Es besteht die hohe Wahrscheinlichkeit einer tödlichen Wirkung!

Es war das erste Mal, dass ich einen Systempunkt zur Stärkung meiner Beweglichkeit verwendet hatte. Ich nahm eine gute Mahlzeit zu mir, ging zu Bett und aktivierte das Upgrade meiner Beweglichkeit, der einzigen meiner Eigenschaften, die bisher noch immer unterhalb des Durchschnitts lag.

Kapitel 18

Mein einziger Schutz

Jeder, der mit dem Spruch um sich
wirft: „Das ist so einfach, wie einem
Baby den Schnuller wegzunehmen",
der hat noch niemals versucht, einem
Baby tatsächlich den Schnuller
wegzunehmen.

Robert Asprin, Another Fine Myth
(Noch ein netter Mythos)

DER WOLKENVERHANGENE MONTAGMORGEN musste der guten Laune der Stadtbewohner seinen Stempel aufgedrückt haben. Die nassen Straßen waren vollgestopft, Autofahrer hupten nervös, voller Angst, zu spät zur Arbeit zu kommen. Selbst ich fühlte mich erschöpft, obwohl ich gerade ein erholsames Wochenende hinter mir hatte.

Die Anzeige der bis zum grünen Licht

verbleibenden Sekunden an den Ampeln[47] sorgte dafür, dass Fußgänger wie ich nahezu zwei Minuten warten mussten, bis sie die Straße überqueren konnten. Gerade als ich ungeduldig von einer Pfütze in die andere trat, rief Alik mich an.

„Phil, ich bin's. Herr Katz und Rose werden in einer halben Stunde eintreffen. Sie verspäten sich ein wenig." Seine Stimme war fröhlich. „Alle anderen warten schon auf dich."

„Prima, danke. Ich bin nur ein paar Straßen entfernt und gleich da. Wir sehen uns!"

„Phil, warte!", hielt Alik mich zurück, als ich auflegen wollte. „Stacy hat sich nicht zufällig bei dir gemeldet?"

„Warum?"

„Sie ist nicht gekommen, und ich kann sie nicht erreichen. Ihre Handynummer ist angeblich nicht verfügbar. Was, wenn sie krank ist?"

„Oh, nein, mit ihr ist alles in Ordnung. Sie hat mir gegenüber angekündigt, dass sie wieder zurück in ihre Heimatstadt will. Wahrscheinlich ist sie bereits unterwegs."

„Wirklich? Mist!" Er seufzte laut. „Was für eine Affenschande!"

„Da kann ich dir nur zustimmen. Es ist zu schade, ein solches Stück ... ähm, eine so gute Mitarbeiterin zu verlieren. Okay, ich lege jetzt auf, Mann."

Ich steckte das Handy wieder in die Tasche und beschleunigte meine Schritte. Ich spürte, wie auch der Strom um mich herum auf einmal schneller floss. Meine Intuition rief mir zu, dass jeder Augenblick zählte. Schon bald blieb mir keine Zeit mehr – und es war besser, wenn ich dann vorbereitet war.

Ich konnte mich wohl oder übel nicht allein darauf

---

[47] Moderne russische Ampeln zeigen als „Countdown" elektronisch an, wie viele Sekunden noch bis zum Umschalten verbleiben.

konzentrieren, in den Leveln aufzusteigen. Tief in mir hatte ich das sichere Gefühl: Die Entwicklung des Unternehmens war ebenso wichtig. Und wenn auch vielleicht aus keinem anderen Grund als dem, dass ich jetzt für andere Menschen verantwortlich war.

An diesem Morgen hatte ich sofort nach meiner Rückkehr vom Training mit Kostya alle anderen Firmeninhaber angerufen und sie für eine wichtige Unterredung ins Büro bestellt. Keiner von ihnen hatte abgelehnt. Dieser Montag könnte zum Gründungstag der Firma werden, so wie ich sie mir vorstellte. Und das Interface stimmt darin, seiner Prognose zufolge, vollkommen mit mir überein.

Was übrigens den vergangenen Sonntag betraf, so hatte ich ihn sehr produktiv verbracht, mit einer Runde Joggen und dem Studium von Bücher über Management und Verwaltung. So oft ich auch meine Liste der Fertigkeiten durchgegangen war, die Verwaltungsfertigkeit war einfach nicht vorhanden. Ich verfügte über Führungsfertigkeiten Level 2, aber mit Führung allein konnte man kein Unternehmen aufbauen.

Ich hatte es geschafft, mich durch *The Shorter MBA: A Practical Approach to Key Business Skills*[48] hindurchzuarbeiten. Dann hatte meine Schwester Kira angerufen, um mich an den versprochenen Besuch bei meinen Eltern zu erinnern. Sie hatte bereits vor dem Haus gewartet – und als sie bemerkt hatte, dass ich auf den Aufbruch überhaupt noch nicht vorbereitet war, musste sie sich unbedingt wieder einmal aufs hohe Ross schwingen und mir einbläuen, was für ein unverantwortlicher Trottel ich war. Aber wie hätte ich ihr das übelnehmen können?

Das Familienmittagessen in einer warmen, herzlichen Atmosphäre war genau das, was ich nach

---

[48] Frei übersetzt: Betriebswirtschaft in aller Kürze: Ein praktischer Ansatz für geschäftliche Schlüsselfähigkeiten

den neuesten Entwicklungen brauchte. Die Nachrichten über meine Firma versetzten meine Eltern und Kira in Hochstimmung. Ich hatte ihnen über alles berichtet, was wir bislang auf die Beine gestellt hatten und für die Zukunft planten. Meine Mutter behauptete zwar, sie verstünde nichts von solchen Dingen, war aber glücklich, dass ich endlich die Kurve gekriegt hatte. Mein Vater allerdings machte ein ernstes Gesicht, mahnte mich, ja nicht die Bücher zu fälschen und darauf zu achten, unbedingt meine Steuern zu bezahlen. Und vor allem, fügte er hinzu, müsste ich meine Mitarbeiter mit Respekt behandeln.

Alles klar, Papa. Ich denke, du kannst stolz auf mich sein.

Später nahm Kira mich beiseite und fragte mich nach allen möglichen Einzelheiten aus. Zum Glück war ich dank Herrn Katz und Rose inzwischen wohl versiert, was die rechtliche und finanzielle Seite betraf. Deshalb konnte ich ihre Fragen mit einiger Kompetenz beantworten. Und was unser Geschäftsmodell anging – nun, dessen Details beherrschte ich perfekt.

Kira war erfreut, warnte mich jedoch vor, dass sie möglicherweise unser Büro einmal in ihrer offiziellen Funktion als Steuerverwalterin aufsuchen müsste, nur, um beruhigt zu sein.

Den Abend verbrachte ich im verrufensten Viertel der Stadt, auf der Suche nach einer Auseinandersetzung. Alles, was ich zustande brachte, war allerdings nur ein kurzer Kampf mit einem harmlosen Betrunkenen, der für niemanden eine Bedrohung darstellte. Noch bevor es richtig losgehen konnte, hatten die Umstehenden uns wieder getrennt. Mein Versuch, eine Veränderung des Index der Umgebungssicherheit zu erreichen, war also gründlich fehlgeschlagen.

Ja, das war mein Sonntag gewesen, und nun lief

ich die Treppe zum Büro hoch und konnte es kaum erwarten, alles umzusetzen, wovon ich geträumt hatte.

Eine Sache musste ich jedoch noch erledigen, bevor ich mich mit den anderen Anteilseignern zusammensetzte.

Die Bürotür stand offen. Als ich eintrat, sah ich eine neue Kundin auf dem Sofa sitzen.

Es war Yanna.

Ich hatte schon immer ein Problem damit gehabt, über eine Ex-Freundin zu stolpern. Nicht, dass ich jetzt allzu viele davon vorzuweisen gehabt hätte. Vorbereitet war ich auf solche Treffen allerdings nie. Mein absoluter Albtraum war immer die Vorstellung gewesen, mich nach einer mit *WoW* verbrachten Nacht morgens zum kleinen Lebensmittelladen an der Ecke zu begeben, ohne mir vorher die Zähne zu putzen, ungewaschen, mit abgetragenen Turnschuhen und einem schmutzigen T-Shirt. Und wen traf ich im Laden? Meine Ex, frisch geduscht, perfekt gekleidet, mit einer Wolke Parfum um sich herum. Was tat man in einer solchen Situation? Einfach an ihr vorbeilaufen konnte man wohl kaum. Selbst wenn ich vorgegeben hätte, sie nicht zu sehen – sie könnte mich bereits bemerkt haben.

Und dann was? Nun, man ging zu ihr, begrüßte sie und stand eine Weile linkisch herum, ohne zu wissen, was man sagen sollte, während man die ganze Zeit im Stillen fluchte und sich wünschte, der Erdboden möge einen verschlingen.

Ich glaubte nicht, dass Yanna bewusst war, wem die Agentur gehörte. Wenn sie nur mich hätte sehen wollen, hätte sie mich auch einfach anrufen können. Woraus folgte, sie war auf der Suche nach einem Job. Und Arbeitslosigkeit war nicht unbedingt die beste Zeit im Leben.

Deshalb wollte ich sie auf keinen Fall beschämen,

weder durch unser zufälliges Aufeinandertreffen, noch durch das Ausnutzen der Tatsache, dass sie als Bittstellerin hier war.

Ich trat zurück, lief ins nächste Stockwerk und rief Alik an.

„Ja?", flüsterte er verschwörerisch.

„Alik, glaubst du, Yanna hat dich erkannt?"

„Nein, das hat sie nicht. Sie füllt gerade das Formular aus."

„Aha. Ich möchte, dass du ihren Fragebogen entgegennimmst und ihr versprichst, dass wir sie anrufen. Momentan will ich ihr wirklich nicht begegnen."

„Kapiert. Wird gemacht. Ich rufe dich zurück." Er legte auf.

Während ich darauf wartete, dass Yanna wieder ging, betrachtete ich ihr Profil. Das war eine Gewohnheit, die ich mir in der letzten Zeit angeeignet hatte – alles zu identifizieren, womit ich in Kontakt kam. Angesichts ihres neuen Status als *Geschieden* und *Arbeitslos* sowie ihrer Laune im tief orangefarbenen Bereich schrien die Statistiken meiner Ex-Frau es nur so hinaus: Sie brauchte Hilfe.

Ich fragte mich, ob sie wohl wusste, dass sie „*Seit 26 Tagen schwanger mit einem weiblichen Fötus*" war?

Das Problem war, ich konnte eben nicht einfach zu ihr gehen und sie fragen, wie es ihr ging. Um keine Zeit zu verschwenden, durchsuchte ich sofort die Datenbank nach Beschäftigungsmöglichkeiten für sie. Da gab es einige Arbeitgeber, die sie garantiert einstellen würden, jedoch nicht gerade viel zahlten, und ein paar freie Jobs mit besserer Bezahlung, wo es nicht sicher war, ob man sie nahm.

Nach zehn Minuten schickte Alik mir eine SMS – Yanna war gegangen. Ich wartete noch ein paar weitere Minuten und ging dann über die Treppe nach unten.

Wo ich direkt Yanna über den Weg lief, die gerade aus der Damentoilette kam.

Verdammt!

„Phil?" Sie klang überrascht, und zwar nicht auf positive Weise – ihre Laune war weiter gesunken.

„Yanna?" Ich tat überrascht darüber, sie hier zu treffen. „Du siehst gut aus", log ich das Blaue vom Himmel herunter.

Sie grinste böse. „Willst du mich verarschen? Ach, egal. Wie wäre es, wenn wir uns so verhalten, als würden wir uns gar nicht kennen? Mit dir will ich momentan wirklich nicht reden."

„Kein Problem. Ich habe es ebenfalls eilig."

„Okay. Wir sehen uns! Ach, übrigens – was machst du eigentlich hier?"

„Ich suche nach Arbeit. Hier ist doch irgendwo eine Jobvermittlungsagentur, richtig?"

„Ich habe keine Ahnung", stieß sie zwischen zusammengebissenen Zähnen hervor und ließ mich stehen.

Ich zuckte mit den Schultern und begab mich endlich ins Büro. Der Karte meines Interface zufolge waren alle Firmeninhaber bereits versammelt, einschließlich Herrn Katz und Rose, die zu spät gekommen waren.

Ich begrüßte alle fröhlich, gab den Männern die Hand und Veronica und Rose einen Kuss auf die Wange.

„Und was ist jetzt diese so überaus wichtige Angelegenheit, für die du uns alle so früh hierherbestellt hast?", wollte der alte Anwalt wissen. Schlau grinste er mich dabei an und übertrieb es mit seinem jüdischen Akzent.

„Einen Augenblick, mein Herr", wich ich aus. „Ich muss zuerst etwas ausdrucken und euch allen eine Kopie in die Hand drücken."

Ich zog mein Laptop heraus, schaltete es ein und

gab den Druckauftrag für meine Vision des Unternehmens.

Es war eine Mini-Strategie, bei der ich versucht hatte, so knapp und auf den Punkt wie nur möglich zu sein. Es passte alles, einschließlich Aufzählungen, Abbildungen und Grafiken, auf nur sechs Seiten. Ich hatte mir nicht die Mühe gemacht, den Text als PowerPoint-Präsentation zu formatieren. Darin war ich einfach nicht sehr gut, auch wenn ich wusste, dass ich diese Fähigkeit längst hätte verbessern sollen. Das musste ich unbedingt nachholen, solange ich noch über das Interface und den Lernfertigkeiten-Verstärker verfügte. Ach, egal. Aber auf meine Aufgabenliste sollte ich das schon setzen. Es konnte nie schaden, zu wissen, wie man eine gute Präsentation zusammenstellte.

Während der billige Farbdrucker, den Kesha uns geliehen hatte, die Seiten ausspuckte, gab ich Alik einen Zettel mit den möglichen freien Stellen für Yanna. Die höherbezahlten Jobs hatte ich zuerst aufgeführt.

„Ruf sie gleich an", bat ich. „Und sag ihr, sie soll die Liste der Reihe nach abarbeiten."

Er nickte. „Wird gemacht." Sofort griff er nach dem Telefon.

Nachdem Stacy das ja nicht mehr übernehmen konnte, holte ich selbst die Seiten aus dem Drucker und verteilte sie. „Also, Leute, bevor wir darüber reden - und die Diskussion wird sicher eine Weile dauern -, schlage ich vor, ihr schaut euch alle erst einmal das Dokument an."

Sie begannen zu lesen. Mark und Rose hatten es sich auf dem Sofa bequem gemacht, Alik lehnte gegen die Fensterbank und Gleb gegen seinen Schreibtisch. Kesha und Veronica saßen mir an meinem Schreibtisch gegenüber, auf den Stühlen, die normalerweise für die Kunden bestimmt waren.

Ich wartete darauf, bis alle fertiggelesen hatten. In der Zwischenzeit druckte ich rasch einen Hinweis aus: *Unser Büro ist heute wegen einer Besprechung bis 14 Uhr geschlossen.* Das Blatt klebte ich von außen an die Tür und schloss ab.

Dann kehrte ich an meinen Schreibtisch zurück und betrachtete die Statistiken meiner Freunde, begleitet vom Rascheln des Papiers. Einige räusperten sich beim Lesen, andere lachten leise in sich hinein.

Die Werte für die Laune waren bei allen hoch, und ihr Interesse an der bevorstehenden Diskussion zum Maximum hochgeschnellt.

Ich hustete, um ihre Aufmerksamkeit zu wecken. „Habt ihr es alle gelesen?"

„Eine Sekunde, bin gleich soweit", murmelte Alik und rief dann: „Ja!"

Alle hielten den Atem an und warteten darauf, dass ich sprach. Es herrschte absolute Stille.

Ich sah ihnen nacheinander in die Augen. „Fangen wir an. Wie ihr alle wisst, möchte ich unsere Anstrengungen bündeln, indem ich eine Firma für uns alle schaffe. Unsere Aktivitäten in der nahen Zukunft sind alle im Dokument aufgeführt, ebenso wie meine Vorschläge für die Weiterentwicklung des Unternehmens."

„Ich unterbreche Sie ja nur ungern, Phil", fiel Herr Katz mir ins Wort. „Und ich entschuldige mich bereits im Voraus, falls meine Worte Ihnen die Flügel stutzen sollten, aber mein angeborener Pessimismus hat bei einigen Ihrer Ideen sofort ... Eine Sekunde ... Wo stand das doch gleich?"

Er ließ seinen Finger über die Seiten gleiten und suchte nach etwas. „Gefunden! Hier ist es: Suche nach Bodenschätzen, Pharmaunternehmen, eine Kette medizinischer Kliniken, Projekte aus dem Gebiet der erweiterten Realität, Börse, wissenschaftliche Forschung, Sport-Scouts und ein Sportinternat?

Außerdem eine ganze Reihe anderer irrelevanter Vorschläge. Halten Sie das nicht für ein bisschen zu … ähm … ehrgeizig?"

Er hatte den Nagel auf den Kopf getroffen. Ja, das war alles *„ein bisschen zu ehrgeizig"* – vor allem für ein Möchtegern-Startup, das sich gerade erst die ersten Geschäfte hatte sichern können. Meine Level 3-Erkenntnis würde es mir allerdings ermöglichen, wenigstens die Hälfte dieser Projekte sofort anzugehen. Meine Fähigkeit, das Potenzial einer Person zu sehen, konnte mich dabei unterstützen, überall in der Welt vielversprechende junge Athleten aufzuspüren – wie zum Beispiel Fußballspieler. Die konnte ich dann entweder als Agent vertreten, oder ich konnte in ihre Entwicklung investieren und dabei unsere eigenen Trainingsmöglichkeiten und die besten verfügbaren Trainer nutzen.

Was die Suche nach Bodenschätzen betraf – also die Suche nach natürlichen Ablagerungen –, so würde eine weitere Verbesserung des Erkenntnislevels auch das möglich machen. Und inzwischen wusste ich ja sehr gut, dass in der nahen Zukunft ein Interface der erweiterten Realität entwickelt werden würde. Das wusste ich sogar besser als jeder andere! Investitionen in diesem Bereich mussten uns also garantiert erhebliche Gewinne einbringen.

Und die Pharmaunternehmen? Nun, dieses Segment war nicht nur superprofitabel, sondern vor allem auch ein Bereich sozial bedeutungsvoller Geschäfte, solange man dabei ehrlich vorging. Mit Unterstützung durch das Interface konnten wir neue Forschung auf diesem Gebiet unterstützen und dabei auf die besten jungen Experten mit dem größten Potenzial zurückgreifen.

Das Gleiche galt für Innovationsprojekte. Dabei konnte ich die Synergieprognose nutzen, um die effektivsten Teams zusammenzustellen.

Im Grunde war also alles machbar. Solange man über genügend Geld verfügte. Aus diesem Grund bestand das erste Stadium der Firma (oder genaugenommen das zweite, wenn man unsere Zeit als Jobvermittlungsagentur als ein Stadium zählte) darin, ein erfolgreiches und profitables Unternehmen auf die Beine zu stellen.

„Sie haben absolut recht, mein Herr", gab ich mit einem Nicken zu Katz zu. „Unter diesen Bedingungen" – mit einer ausschweifenden Handbewegung umfasste ich das gesamte Büro – „kann ich es niemandem vorwerfen, wenn er meinen ehrgeizigen Ideen wenig Glauben schenkt. Manch einer würde mich vielleicht sogar für völlig verrückt halten."

„Ja, tut mir, leid, Mann", grinste Kesha. „Ich fürchte, da bist du total hohlgedreht. Wenn wir in irgendeinem anderen Land leben würden, ja, dann vielleicht … Aber hier? Wer braucht denn heutzutage in Russland noch die Wissenschaften? Damit kann man einfach kein Geld verdienen!"

„Ihr könnt alle sagen, was ihr wollt – mir gefallen die Vorschläge", verkündete Gleb mit einem breiten Lächeln. Dann zitierte er etwas aus einem unanständigen Knastbruder-Song: „Wenn du vorhast, zu stehlen, stiehl lieber gleich eine Million!"

„Gleb!", tadelte Rose ihn entsetzt.

Alik lachte ungläubig. „Eine ganze Million!"

„Das reicht jetzt, Jungs." Versöhnlich hob Veronica die Hand. „Darf ich auch etwas sagen? Wir entfernen uns mehr und mehr vom Thema. Phil hat uns angeboten, Mitinhaber seiner Firma zu werden. Und die besitzt zugegeben ein enormes Potenzial. Ich weiß ja nicht, wie es euch geht, aber ich habe bereits erlebt, wie Phil arbeitet. Ohne ihn wäre ich gar nicht hier, weil Gorelik mich längst rausgeworfen hätte. Und Phil hat nur eine Stunde gebraucht, um hervorragende neue Kunden für mich zu finden."

„Mir hat er ebenfalls geholfen", nickte Kesha. „Ganz ehrlich, ich habe die tägliche Plackerei sooo satt! Was auch immer ich verdiene, die Miete frisst alles wieder auf. Ich würde nur zu gern aus diesem Loch herausklettern und wirklich etwas erreichen. Also, ich bin dabei!"

„Ich ebenfalls", fügte Veronica hinzu. „Stellt euch doch nur mal vor, wir besitzen eine richtige Firma! Wir könnten ein großes Büro für alle anmieten und alles renovieren und verschönern. Ich werde einmal mit Gorelik sprechen. Vielleicht kann er das Geld, das wir in Verbesserungen stecken, als Mietzahlung betrachten. Am Ende wird alles super aussehen! Und wenn wir zusammenarbeiten, macht die Arbeit so viel mehr Spaß!"

„Mich müsst ihr nicht einmal fragen", warf Alik ein. „Ich bin mit allem einverstanden. Dafür muss ich das hier gar nicht erst lesen." Er wedelte mit dem Ausdruck in der Luft herum.

„Das Gleiche gilt für mich", sagte Gleb. „Ich weiß, ich bin gerade erst dazugestoßen und habe noch nichts geleistet. Und zur Kasse kann ich nichts beisteuern – alles, was ich kann, ist arbeiten. Und genau das werde ich tun. Auf jeden Fall, Phil" – er stand auf und kam auf mich zu – „danke, Mann. Ich werde nie vergessen, was du für mich getan hast."

Herr Katz und Rose hatten sich leise unterhalten. „Wie sagt ihr jungen Leute doch heutzutage so schön?", sagte Rose endlich mit einem stolzen Lächeln. „Wir haben es geschnallt, und das ist alles total geil!"

„Ich möchte auch etwas sagen." Ächzend erhob sich Herr Katz vom Sofa. „Seien wir doch einmal ehrlich – wir alle haben unseren eigenen Firmen längst Lebewohl gesagt. Wir haben versagt, wir konnten unsere eigenen Geschäfte nicht ausbauen. Und Phils Ideen geben uns neue Hoffnung, nicht wahr?"

„Aber absolut!" Gleb nickte so energisch, dass seine wirren Haare flogen.

„Was bedeutet, mein Herr – wir sind alle dafür", sagte der alte Anwalt. „Machen wir weiter mit der Tagesordnung."

All dies „mein Herr" machte mich nervös. Von allen ermutigend angestarrt holte ich ein kleines White Board und hängte es an einen Nagel in der Wand, den die Vormieter hinterlassen hatten.

Ich bedeutete meinen Freunden, näher zu treten, und begann mit dem Aufzeichnen der zukünftigen organisatorischen Struktur. „Reden wir nun über unsere Strategie in der unmittelbaren Zukunft, nachdem wir uns über die wichtigsten Punkte bereits geeinigt haben. Ihr habt ja in meiner Vision bereits gelesen, dass Herr Katz sich um alle rechtlichen Aspekte kümmern wird. Rose übernimmt die Finanzen und die Buchhaltung. Veronica ist, mit Unterstützung von Gleb, für die Kontaktpflege und die Förderung der Marke verantwortlich. Und Kesha ist unser neuer kaufmännischer Leiter."

Ich hörte Alik hörbar seufzen und sah seine Laune sinken. „Und Alik", sagte ich rasch, „ist der große Zampano, unser Wartungsmanager!"

Ich hatte nun schon mehrfach Gelegenheit gehabt, Aliks Talent für Verwaltung, Kontrolle und alles zu beobachten, das mit routinemäßigen Arbeitsabläufen zu tun hatte. Er hatte meine alte Wohnung in einem perfekten Zustand hinterlassen und alles repariert, das nicht einwandfrei funktioniert hatte.

„Gleichzeitig allerdings, Alik", fuhr ich fort, „wird die Firma dich auf Fortbildung schicken. Und du darfst dich auf keinen Fall weigern. Oder wie seht ihr das, Leute?"

Alik errötete. „Ja, aber ... nein, aber ... Also gut!"

Alle lachten. Veronica sagte gerade etwas Aufmunterndes zum Ex-Gangster Alik, als das Programm mich mit farbenfrohen Spezialeffekten und Systemmitteilungen überschüttete:

Gratuliere! Du hast einen neuen Clan geschaffen!
Name des Clans: Ganze Arbeit
Öffne die Clan-Registerkarte, um die Einstellungen zu personalisieren.

Gratuliere! Du hast einen neuen Erfolg erreicht: Clan-Gründer!
Du hast einen Clan gegründet, eine Gemeinschaft von Menschen, vereint durch dieselben Ziele.
Belohnung:
+2 Charisma

Gratuliere! Du hast einen neuen Erfolg erreicht: Hoch angesehener Clan-Gründer!
Du hast einen Clan gegründet, eine Gemeinschaft von Menschen, vereint durch dieselben Ziele, bei denen dein Ansehen bei Respekt oder darüber liegt.
Belohnung:
+1 Charisma
+2 Glück
+3 Führungsfertigkeiten

Als ich die besorgten Blicke meiner Kollegen bemerkte, tat ich so, als wollte ich mir einen Kaffee eingießen, um die Meldungen in Ruhe lesen zu können.

„Phil? Ist mit dir alles in Ordnung?", fragte Veronica.

Ich wandte mich um und sah in ihre Gesichter. Dabei konnte ich ein Lächeln einfach nicht unterdrücken. „Mit mir ist alles mehr als nur in Ordnung, Veronica. Definitiv mehr als in Ordnung!"

KAPITEL 19

DER CLAN

*Leutnant Dan hat sich aber weiterhin
um mein Geld gekümmert. Er hat's
investiert in irgendwas mit Obst. Und
dann hat er mich angerufen und
gesagt, um Geld müssen wir uns
keine Sorgen mehr machen.*

Forrest Gump

WIR BEGABEN UNS an die Arbeit. Während unseres
Gründungs-Meetings hatten wir uns darauf geeinigt,
alle Vermögenswerte der bisherigen eigenen Firmen in
einen Gemeinschaftstopf zu werfen, von Möbeln bis
hin zu Büromaterial. Alle Inhaber entschlossen sich,
ihre früheren Tätigkeiten aufzugeben, um sich ganz
auf das neu entstehende Unternehmen konzentrieren
zu können. Was bedeutete, dass *Ganze Arbeit* weder
Keshas Druckdienste noch Veronicas
Veranstaltungsorganisation, Herrn Katz' rechtliche
Beratung oder Roses Buchhaltungsdienste verkaufen
würde.

Der alte Anwalt begab sich gleich an die Neuorganisation der Firma und fügte der Gründungsurkunde die neuen Inhaber hinzu. Seine Frau arbeitete derweil einen Finanzplan aus, um das für die Entwicklung des Unternehmens erforderliche Budget festzulegen. Es war bereits klar, dass wir dringend ein paar Geldspritzen nötig hatten. Die wichtigste Frage war nur, wie hoch diese Geldspritzen ausfallen mussten. Unsere Möglichkeiten waren immerhin sehr beschränkt.

Veronica befasste sich mit der Aufgabe der Verschmelzung unserer jeweiligen Firmen. Und so sah das in der Praxis aus: Wir hatten alle unsere laufenden Verträge über Gewerberäume mit dem Gewerbezentrum Chekhov gekündigt und die Liquidation der alten Firmen eingeleitet. Veronica hatte bald ein weitaus besser geeignetes Büro für uns gefunden. Wir brauchten etwa knapp 200 Quadratmeter, damit wir uns in Zukunft erweitern konnten, ohne gleich wieder umziehen zu müssen. Anschließend begab sie sich an die Renovierung und die Innengestaltung.

Dabei half Alik ihr, der sich gerade bei der örtlichen Universität angemeldet hatte – er wollte Management studieren. Ausgerechnet! Das Programm hatte absolut recht, was ihn betraf: Da schlummerte ein beachtliches Potenzial in diesem Bereich. Übrigens, seine „Jungs", also die Gauner, die mich einmal beinahe ausgeraubt hatten, konnten dank mir Jobs bei einer sehr beliebten Baufirma landen. Zusammen mit ihrem Vorarbeiter unterstützten sie nun Veronica gegen wenig Geld bei den praktischen Renovierungsarbeiten.

Unsere Zahl vergrößerte sich weiter, als Cyril aus dem Krankenhaus entlassen wurde. Gleich am nächsten Tag erschien er bei uns zur Arbeit, gefolgt von Greg und Marina. *Ultrapaks* neuer kaufmännischer Leiter Panchenko, den ich noch immer nicht persönlich getroffen hatte, ignorierte sofort all meine SMS-Nachrichten und Anrufe, nachdem die beiden gekündigt hatten. Er hatte nicht einmal darauf bestanden, dass sie ihre Kündigungsfrist abarbeiteten, sondern sie sofort vor die Tür gesetzt.

Den Papierkram übernahmen derzeit Veronica und Rose, aber mir schwante bereits, dass wir dafür bald einen weiteren Mitarbeiter würden einstellen müssen.

Kesha, Cyril, Greg und Marina waren den ganzen Tag auf geschäftlichen Besprechungen unterwegs und wurden dennoch nicht mit allen möglichen Kunden fertig, deren Liste ich ihnen gegeben hatte. Sie hatten die anstehenden Aufgaben unter sich aufgeteilt – Marina verkaufte unsere Personalvermittlungs- und Headhunting-Dienste, während die Jungs den Vertrieb für unsere Kunden übernahmen.

Wir hatten uns bereits zwei Firmen als Auftraggeber sichern können. Eine davon war auf die Integration komplexer IT-Systeme spezialisiert, die andere stellte Holzspielzeug her. Ein paar ihrer Produktproben – ein Schwert, eine Axt, ein Säbel und ein paar Schilde – wurden im Büro voller Begeisterung ausprobiert. Die Jungs stellten sich vor, sie wären mittelalterliche Ritter, und kämpften gegeneinander. Selbst ich konnte der Versuchung nicht widerstehen, machte mit und hieb mit meinem Schwert auf Cyrils Schild ein. Leider konnte ich dadurch entgegen meiner Hoffnung keine neuen Fertigkeiten freischalten.

Kesha – oder vielmehr „Herr Dimidko", wie die Vertriebler ihn hartnäckig respektvoll ansprachen – rannte wie ein kopfloses Huhn von Meeting zu Präsentation und umgekehrt. Er bot unsere Dienste an, überredete Kunden, sie einfach einmal auszuprobieren, und schloss neue Verträge ab. Die IT-Firma hatte ich gefunden, aber den Spielzeughersteller hatte er ganz allein aufgetrieben.

Und das Erstaunlichste war: All das passierte innerhalb von nur einer Woche. Am Montag hatten wir unsere erste Besprechung gehabt und alles in die Wege geleitet, am Dienstag schloss Cyril sich uns an, am Mittwoch stießen Greg und Marina hinzu, und Kesha schickte sie alle drei sofort los zum Verkaufen.

Die Arbeit war jedoch momentan nicht meine einzige Leidenschaft. Mindestens eine Stunde pro Tag verbrachte ich mit Schreiben, denn mir war eine Idee für einen Science Fiction-Roman gekommen. Es lief so gut, dass ich meine Fertigkeit im kreativen Schreiben schon bald auf Level 8 gebracht hatte.

Nachdem ich auf diese Weise für den Fortschritt meiner Intelligenz gesorgt hatte, dachte ich immer wieder lange und gründlich darüber nach, was Ilindi mir über die bevorstehende Prüfung berichtet hatte. Ich fand online jemanden, der im Kampf mit Waffen unterrichtete, ein ehemaliges Mitglied der Spezialtruppen. Ich verbrachte mehrere Tage auf dem Schießstand und verbesserte meinen Umgang mit Klingen- und Feuerwaffen. Gemeinsam schafften wir es, beide Fertigkeiten auf Level 3 zu bringen.

Am Tag, als ich das geschafft hatte, befasste ich mich auch mit den Einstellungen des Clans. Momentan gab es davon noch nicht allzu viele.

Name des Clans: Ganze Arbeit
Level: 1
Level des sozialen Status: 1
Clanmitglieder: 10

Als Logo für den Clan verwendete das Programm das von Gleb entwickelte Logo, mit dem wir alle einverstanden gewesen waren. Es bestand aus zwei stilisierten Buchstaben, G und A, geformt wie zwei Hände, die dem Betrachter etwas anboten, und es entstand der Eindruck, dass es etwas nicht Greifbares, aber sehr Kostbares und Wichtiges war.

Und dies war die Liste der Clanmitglieder:

Philip „Phil" Panfilov
Alter: 32
Level des sozialen Status: 16
Anführer des Clans
Gründer des Clans

Romuald „Ali" Zhukov
Alter: 28
Level des sozialen Status: 6
Wartungsmanager des Clans
Mitgründer des Clans

Veronica „Karottenschopf" Pavlova
Alter: 25
Level des sozialen Status: 7
Stimme des Clans
Mitgründer des Clans

Innokenty „Kesha" Dimidko
Alter: 34
Level des sozialen Status: 9
Kaufmännischer Leiter des Clans
Mitgründer des Clans

Mark Katz
Alter: 64
Level des sozialen Status: 12
Anwalt des Clans
Mitgründer des Clans

Rose Reznikova

Alter: 58
Level des sozialen Status: 10
Finanzchefin des Clans
Mitgründer des Clans

Gleb Kolosov
Alter: 33
Level des sozialen Status: 8
Designer des Clans
Mitgründer des Clans

Cyril Cyrilenko
Alter: 35
Level des sozialen Status: 9
Vertriebsmanager des Clans

Marina Tischenko
Alter: 19
Level des sozialen Status: 3
Vertriebsmanager des Clans

Greg „Kuhscheiße-Quatscher" Boyko
Alter: 25
Level des sozialen Status: 7
Vertriebsmanager des Clans

Erst jetzt fiel mir auf, wie sehr Aliks soziales Level angestiegen war. Es hatte bei 4 gelegen und war jetzt auf 6 hochgeschnellt.

Weitere Angaben in den Profilen der Mitglieder zeigten mir, wie lange sie jeweils bereits Mitglieder waren.

Vor allem aber konnte ich jetzt das Profil jedes Mitglieds öffnen und die Schwankungen in den Statistiken in Echtzeit nachverfolgen, all die Änderungen in Gesundheit, Laune, Fähigkeiten und Eigenschaften. Das allein war schon eine geile

Funktion. Wie viele Startups waren schließlich nur gescheitert, weil der Geschäftsführer seine Kollegen und Freunde einfach nicht durchschaut hatte? Sobald ich das entdeckt hatte, nahm ich mir vor, jeden Morgen auch die Werte meiner Eltern zu überprüfen, um sicherzugehen, dass mit ihnen alles in Ordnung war.

Wie nicht anders zu erwarten, machte das Interface mir meine auf den Clan bezogenen Aufgaben nicht gerade einfach und verlor kein Wort darüber, wie der Clan ein höheres Level erreichen konnte. Wegen der Feinheiten musste ich mich also an Martha wenden.

„Ja, Phil, du kannst das Level eines Clans verbessern", erklärte sie. „Du musst dir allerdings bewusst sein, dass wir den Begriff des Clans für eine durch dieselben Ziele vereinte Gemeinschaft von Menschen nur aufgrund deiner Vergangenheit als Gamer gewählt haben. Wie auch immer – ein höheres Clan-Level sorgt für höhere Synergiewerte für das gesamte Team, und du kannst in den Clan neue Fertigkeiten und Fähigkeiten einbringen."

„Und wie kann ich das Level des Clans verbessern?"

„Durch eine Kombination verschiedener Faktoren. Ein Clan verfügt über zwei Entwicklungszweige. Da ist einmal das eigentliche Level, das du durch eine Reihe von Faktoren erhöhen kannst, die dir bereits vertraut sind. Das reicht vom Umsatz der Firma und der Anzahl der Mitarbeiter bis hin zum Prozentsatz zufriedener Kunden. Der zweite Zweig, das ist die Beliebtheit des Clans. Man könnte es auch sein Ansehen nennen. Damit sind die Anzeichen eines erfolgreichen Unternehmens in deiner Welt gemeint, plus natürlich das Level des sozialen Status."

„Und was ist mit dem sozialen Status? Wie verbessere ich den?"

Martha lachte. „Du dummer Junge! Das solltest ausgerechnet du doch nun wirklich wissen. Sobald die Aktivitäten deiner Firma sozial bedeutungsvoll sind, und zwar nicht nur für die Mitglieder, sondern für die Gesellschaft als Ganzes ...“

„... wird unser sozialer Status entsprechend ansteigen.“

„Das ist richtig. Mit einer kleinen Korrektur. Der soziale Status wird nicht nur in der Zukunft ansteigen, er ist bereits dabei, zu wachsen. Auch wenn eure Aktivitäten momentan lediglich für die Inhaber und ein paar Kunden wichtig sind, deren Probleme ihr löst, ist doch ...“

„Ich verstehe“, unterbrach ich sie. Ohne sie fortzuschicken, überprüfte ich die Werte für die Erfahrungspunkte in beiden Entwicklungszweigen:

Fehlende Erfahrungspunkte bis zum nächsten Level des Clans: 0/2.000
Fehlende Erfahrungspunkte bis zum nächsten sozialen Statuslevel des Clans: 860/2.000

„Warum sind denn da null Erfahrungspunkte für das Gesamtlevel des Clans?“, fragte ich.

„Das wird nur einmal im Monat aktualisiert, während du über das Level des sozialen Status in Echtzeit informiert wirst.“

Ich wünschte, ich hätte mich weiter mit Martha unterhalten können, aber die Werte für meinen Geist waren bereits gefährlich niedrig, deshalb musste ich mich von ihr verabschieden. Die Kundensuche für Kesha und die Jobsuche für unsere Kunden sorgte in Kombination mit der Überwachung des Clans und dem Studium seiner Einstellungen für ein dauerhaftes Energiedefizit in all meinen Interaktionen mit dem Interface.

Außerdem war ich sehr müde.

WÄHREND UNSER NEUES Büro hergerichtet wurde, steckten wir noch immer im alten fest, das wir vom Gewerbezentrum gemietet hatten. Wir verbrachten ohnehin die meiste Zeit in Aliks und meinem alten Büro. Keshas Raum war vollgepackt mit seinen Druckern nebst Zubehör, der von Herrn Katz und Rose war nur wenig größer als ein Kleiderschrank, und in Veronicas Büro herrschte ein solch künstlerisch angehauchtes Durcheinander, dass man sich nirgendwo setzen konnte.

Vor etwa einer Stunde war die laute Meute zum Mittagessen abgezogen. Nun konnte ich endlich in Ruhe ein wenig arbeiten und die Dokumente lesen, die Rose mir auf den Schreibtisch gelegt hatte. Was das Essen betraf, so hatte ich sie gebeten, mir etwas mitzubringen.

Gerade als ich endlich die finanziellen Rätsel verstanden hatte und sich mir langsam der Sinn dieser vielen verrückten Tabellen und Zahlen erschloss, stürzte Cyril keuchend ins Büro.

„Phil! Wir werden ordentlich vertrimmt!"

Ich sprang auf und raste zur Tür. „Wer? Warum? Wo?"

„Es ist eine Gruppe von Kaukasiern, die sich Alik vorgeknöpft haben", erklärte Cyril atemlos. „Direkt vor dem Haus!"

Ich hörte schon nicht mehr richtig zu, sondern hastete die Stufen hinunter. Dabei hätte ich beinahe Gorelik umgerannt, der langsam die Treppe hinaufkam. In der Eingangshalle hörte ich die Frauen bereits schreien, also beschleunigte ich noch etwas mehr.

In dem kleinen Garten rechts von der Marmortreppe, die zum Gebäude führte, entdeckte ich endlich Alik. Zwei Kerle hielten ihn fest und ein dritter hatte sich vor ihm aufgebaut und brüllte ihn an.

Ich erkannte ihn sofort. Es war Vazgen, der Verkäufer von Kunststofffenstern, alias Veronicas abgewiesener Liebhaber.

Der Rest meines Clans stand drum herum. Greg hielt sich den Bauch und Gleb sich die Wange. Kesha entdeckte ich nirgendwo. Allerdings war er auch zum Mittagessen mit einem Kunden verabredet gewesen.

Marina stand neben den beiden. Veronica schrie und versuchte, Vazgen zur Vernunft zu bringen. Der sie vollkommen ignorierte.

Ich sprang von der Eingangstreppe in den Garten.

„Was zum Teufel ist hier los?", blaffte ich. Nicht, weil ich auf eine Erklärung hoffte, sondern einfach nur, um Vazgen und seine Handlanger auf mich aufmerksam zu machen. Dann trat ich zwischen Vazgen und Alik, um die beiden zu trennen.

„Phil! Sag, ihm, er soll sofort aufhören!", rief Veronica hinter mir.

„Phil, das ist eine Sache zwischen uns, *da*?" Vazgen senkte den Kopf wie ein Bulle kurz vor dem Angriff. „Du hältst dich da raus! Wir werden das wie Männer bereinigen."

„Vazgen, das ist nicht nur eine Sache zwischen euch beiden", widersprach ich. „Und solange zwei Mann ihn festhalten, ist das auch keine Bereinigung unter Männern." Ich wandte mich an seine Kumpane. „Nehmt sofort die Pfoten von ihm! Hey, ich rede mit euch! Hussein! Asar! Habt ihr mich verstanden?"

Ihre Augen weiteten sich überrascht, als sie ihre Namen hörten. Sie waren noch jung, gerade einmal 20 Jahre alt. Der ältere der beiden – Hussein – nickte.

„Lasst gefälligst meinen Freund in Frieden!"
Die beiden sahen Vazgen an.

„Nun komm schon!", drängte ich. „Lass uns das in

aller Ruhe besprechen, wie zivilisierte Menschen. Unsere Empffangsdame hat sich bestimmt nicht die Mühe mit all den hübschen Blumen hier gemacht, damit ihr sie niedertrampelt. Gorelik hat bereits die Polizei gerufen. Ich hoffe, mit eurer Aufenthaltserlaubnis ist alles in Ordnung?"

Widerstrebend ließen die beiden Alik los. Er wollte sofort auf Vazgen losgehen, doch ich trat ihm in den Weg.

„Hör auf damit, Mann! Beruhig dich wieder!" Ich legte den Arm um seine Schultern und klopfte ihm auf den Rücken. „Das ist nicht der richtige Augenblick für einen Kampf."

Er trat zurück und zog sich die Kleidung zurecht. „Die haben mir das Hemd zerrissen, diese Mistkerle!", schimpfte er.

„Ich glaube, sie werden dir dafür eine Entschädigung zahlen, nicht wahr, Vazgen?"

Vazgen reagierte nicht.

„Wie auch immer", bemerkte ich, „warte eine Minute. Wir werden uns gleich unterhalten."

Ich ging zu den anderen. „Leute, es ist jetzt alles wieder in Ordnung. Geht einfach nach oben."

Sie rührten sich nicht.

„Ihr geht nach oben – und zwar *jetzt sofort*!", befahl ich. „Marina, Veronica, führt diese beiden Krieger ins Büro und kümmert euch um sie. Sagt Cyril, er soll im Supermarkt Eis für die Prellungen besorgen, er kann die Bewegung gut gebrauchen. Also los, hopp, hopp! Worauf wartet ihr? Macht euch auf die Socken!"

Ich fügte meiner Stimme eine ordentliche Dosis Autorität hinzu, und endlich setzten sie sich in Bewegung.

Anschließend begaben wir uns zur nächsten Hintergasse. Mit „wir" meine ich mich selbst, Alik, Vazgen und seine beiden Cousins (meine Erkenntnis entdeckte mittlerweile auch Verwandtschaftsverhältnisse zwischen verschiedenen Menschen.)

Unterwegs fragte ich: „Hört mal, Jungs – seid ihr sicher, dass Onkel Mger das gutheißt, was ihr gerade angestellt habt?"

„Woher kennst du denn unseren Onkel?", fragte Hussein verwundert in sehr gutem, fast akzentfreiem Russisch.

„In unserer Stadt kennt jeder jeden", erwiderte ich.

Alik grinste. Wahrscheinlich erinnerte er sich an mein Zusammentreffen mit seinen ehemaligen Saufkumpanen.

„Und wer kennt wohl nicht Onkel Mger, die Seele der kaukasischen Gemeinschaft?", fuhr ich fort. „Also – glaubt ihr, er wäre damit einverstanden?"

„Er würde sagen, wir haben das Richtige getan", murmelte Asar, schien sich jedoch nicht allzu sicher zu sein.

„Das haltet ihr also für richtig, drei gegen einen? Findet ihr das etwa mannhaft? Vor allem, wenn es um eine Frau geht?"

„Die waren doch auch zu dritt!", rief Vazgen aus. „Es waren sogar vier! Nur ist dann der fette Typ weggelaufen."

Wir betraten einen kleinen Hinterhof voller altem Gerümpel und hielten vor einer Wand inne.

„Nun gut", meinte ich. „Kommen wir zur Sache, ich habe schließlich noch andere Sach... - Dinge zu erledigen." Der Schriftsteller in mir erlaubte mir einfach nicht, den Begriff „Sache" zweimal in einem Satz zu verwenden. „Worum ging es denn eben? Hat das etwas mit Veronica zu tun?"

„Ja", nickte Alik. „Er hat gesagt, sie sei seine Freundin. Nur konnte er das nicht beweisen."

„Sie *ist* meine Freundin!", brüllte Vazgen.

Alik lachte. „Siehst du? Genauso hat er das gesagt."

Ich musste erneut zwischen die beiden treten, um zu verhindern, dass sie ihre Auseinandersetzung erneut begannen. „Hört auf damit!" Ich wandte mich an Vazgen. „Wieso glaubst du denn, dass Veronica deine Freundin ist?"

„Ich war zuerst mit ihr verabredet!", kreischte der Kaukasier und schlug sich dabei gegen die Brust.

Mein Interface zeigte zwischen ihm und Veronica eine Kompatibilität von lediglich 13 %. Mir wurde klar, dass ich ihm diesen verrückten Gedanken jetzt ein für alle Mal ausreden musste.

„Du warst vielleicht mit ihr verabredet, aber mehr auch nicht. Dieser Kerl" – ich deutete auf Alik – „ist sehr viel weiter vorgedrungen. Sind wir jetzt fertig?"

„Nein, das sind wir nicht!", schrie Vazgen.

„In dem Fall schlage ich vor, dass ihr die Sache jetzt wirklich unter Männern regelt", erklärte ich. „Du und Alik, ihr prügelt euch jetzt. Dann werden wir ja sehen, wer die härtesten Eier in der Hose hat. Der Verlierer muss Veronica aufgeben, und der Gewinner hat das Recht, den Versuch zu starten, mit ihr eine Beziehung anzufangen. Seid ihr damit beide einverstanden?"

Alik verzog grimmig das Gesicht. „Ich werde den Fußboden mit ihm aufwischen!"

„Ich werde dich in den Boden stampfen!", keuchte Vazgen.

„Wir sind uns also einig?", fragte ich. „Ein fairer Kampf? Niemand mischt sich ein, kapiert? Und ihr dürft nur eure Hände und Füße benutzen – keine Steine, keine Stahlstangen. Veronica hat schließlich keine Lust, sich auf einen Invaliden einzulassen, und wenn er zehnmal gewonnen hat. Habt ihr das alle verstanden?" Ich wandte mich an Vazgens Gehilfen. „Warum seht ihr so beleidigt aus? Wollt ihr euch etwa ebenfalls prügeln?"

Hussein zuckte mit den Schultern und tauschte mit seinem Bruder einen erstaunten Blick.

„Dann traut euch", forderte ich sie auf. „Ihr beide gegen mich, okay?"

Ich riskierte nichts. Obwohl die beiden physisch recht stark waren, verfügten sie doch nur über geringe Fertigkeiten im Nahkampf. Diese Aufgabe war offensichtlich nicht so leicht zu bewältigen wie das Verbessern der Redekunst durch das Verkünden blumiger kaukasischer Trinksprüche auf einer Feier.

„Gut, geben wir uns die Hand darauf. Alik und Vazgen, ihr verzieht euch besser in die andere Ecke, wo euch niemand in die Quere kommen kann. Und ihr beiden bleibt, wo ihr seid, sonst muss ich euch am Ende noch nachlaufen."

Ohne darauf zu warten, dass Vazgen seinen Kampf mit Alik begann, stürzte sich Asar sofort auf mich. Ich ließ ihn machen.

Erhaltener Schaden: 148 (Tritt)
Derzeitige Vitalität: 98,17388 %

Sofort kam ein zweiter Tritt, von Hussein, den ich abblockte. Asar versuchte, mich von hinten zu greifen, aber ich warf ihn im Judostil auf den Boden. Ich wusste selbst nicht, woher ich diese Technik auf einmal beherrschte – ich hatte in meinem Leben nur wenig mit Judo und Ringen zu tun gehabt. Dennoch reagierte mein Körper wie von selbst.

Anscheinend hatte ich Asar einen ernsthaften Schaden zugefügt, denn er war völlig außer Atem.

Hussein versetzte mir einen Hieb auf den Hinterkopf, den ich willentlich geschehen ließ.

Erhaltener Schaden: 163 (Fausthieb)
Derzeitige Vitalität: 96,69206 %

Mist, das tat richtig weh! In meinen Ohren schrillte es. Um mich wieder zu erholen, sprang ich ein paar Schritte zurück.

So, nun hatte ich aber genug davon, den Boxsack zu spielen! Wenn die beiden gewinnen wollten, mussten sie sich jetzt richtig anstrengen!

Aus dem Augenwinkel sah ich Alik. Er saß auf dem am Boden liegenden Vazgen und bearbeitete methodisch verschiedene Teile seines Körpers mit den Fäusten. Es wurde Zeit, dass auch ich den Kampf gewann.

Inzwischen musste Hussein zu dem Schluss gekommen sein, ich wäre bereits erledigt und es würde Zeit, den Kampf zu beenden und seinem Cousin zu Hilfe zu eilen. Etwa 30 Sekunden später lag er auf dem Boden und sah Sterne.

Du hast Hussein Karapetyan einen kritischen Schaden zugefügt: 311 (Fausthieb)

Mehr Grund brauchte Asar nicht, das Handtuch zu werfen. Ich schlug ihn nieder und stürzte mich mit erhobener Faust auf ihn.

„Es reicht, es reicht, ich gebe auf!", rief er hastig und kniff die Augen zusammen. „Ich gebe auf!"

Ich erhob mich, klopfte mir den Staub von der Kleidung und half ihm hoch. Er stolperte zu seinem Bruder. Ich warf einen Blick zu Alik. Er war bereits aufgestanden und starrte verwirrt auf den abgerissenen Hemdsärmel in seiner Hand. Vazgen versuchte, ebenfalls auf die Füße zu kommen, brach jedoch gleich wieder zusammen und griff sich ans Bein, das beim Kampf offensichtlich verletzt worden war.

„Alik, hilf ihm", verlangte ich.

Ich bestand darauf, dass wir uns noch einmal alle im Kreis aufstellten und einander die Hand gaben.

Die drei Kerle taten, was ich verlangte. Sie wagten es nicht, Alik ins Gesicht zu sehen. Den ich zurück ins Büro schickte, um mich noch einmal kurz mit Vazgen zu unterhalten …

* * *

ES WAR SCHON fast Abend, als wir den Vorfall im Büro endlich fertig durchgekaut hatten. Mein Ansehen bei allen Kollegen hatte sich erneut verbessert. Schließlich tauchte Vazgen hinkend und humpelnd im Büro auf. Er brachte uns eine Torte, zwei Flaschen Wein, ein großes Stück Käse, einen Korb mit Obst und einen riesigen Blumenstrauß. Unter einen Arm hatte er sich eine Einkaufstüte von einem Modegeschäft geklemmt.

Ohne ein Wort zu sagen, legte er alles auf einem Tisch ab, dann räusperte er sich und verkündete: „Ich möchte mich bei allen für den, ähm, Vorfall von heute Mittag aufrichtig entschuldigen. Ich war im Unrecht. Veronica, Alik – es tut mir so leid! Das hier ist alles für euch, Freunde! Und, Alik, ich habe dir auch ein, ähm, neues Hemd gekauft, weil ich dir dein altes zerrissen habe."

Vazgen blickte zu Alik, der bereits begonnen hatte, das Hemd auszupacken. Dann kam er zu mir. Mit gesenktem Kopf flüsterte er mir ins Ohr: „Ich habe mit denen gesprochen! Sie bauen ein fünfstöckiges Hotel direkt vor der Stadt. Womöglich muss ich für den Auftrag rund um die Uhr arbeiten, aber das bin ich gewohnt. Danke für den Tipp!"

„Freut mich für dich", flüsterte ich zurück. „Du wirst Geld verdienen, und die Mädels werden dann schon kommen!" Ich zwinkerte ihm zu.

Vazgen strahlte, schüttelte mir die Hand und zog sich unter weiteren Entschuldigungen zurück. Er hinterließ das Büro in aufgeregter Verwunderung.

„Okay, Leute", rief ich. „Wer von euch mit seiner Arbeit für heute bereits fertig ist, kann sich bedienen. Ich muss dringend mit Rose sprechen."

Unter fröhlichem Geplauder machten sich meine Kollegen über Vazgens Geschenke her. Rose und ich begaben uns in ihr Büro, das mit Papieren vollgestopft war. In dem winzigen Raum standen zwei Schreibtische mit uralten Computerbildschirmen, zwei Schreibtischstühle und ein Safe, der einen neuen Anstrich gebrauchen konnte. Etwaige Kunden mussten sich mit einem wackeligen Hocker bescheiden, der, seiner Inventarnummer zufolge, aus einem von Goreliks Lagerräumen stammte.

„Sie können sich auf Marks Stuhl setzen", bot Rose an.

Ich ließ mich darauf fallen und sank so tief ein, dass ich mich mit den Ellbogen auf dem Schreibtisch abstützen musste, um das Gleichgewicht zu halten. In diesem Stadium labilen Ausgleichs hörte ich zu, was sie mir zu sagen hatte.

„Nun", meinte Rose, „wie im Business Plan festgelegt, den Sie bereits überprüft haben, können wir das prognostizierte Umsatzvolumen frühestens zum Ende des nächsten Jahres erreichen. Solange wir unseren bisherigen Schwung beibehalten. Aber!" Mahnend hob sie den Finger. „Bei ausreichenden Investitionen könnten wir die Gewinnschwelle bereits in diesem Herbst erreichen und im Winter erste Gewinne erzielen. Sie haben sich mit den Szenarien aus dem Business Plan befasst, oder?"

„Ähm ... um ehrlich zu sein, ist das alles etwas zu hoch für mich. Aber ich werde gleich anfangen, mir das nötige Wissen anzueignen, versprochen!"

Sie lächelte. „Das müssen Sie gar nicht – dafür haben Sie doch mich. Wenn wir uns nicht mit den Einzelheiten beschäftigen wollen, muss Ihnen nur eine einzige Sache klar sein. Solange wir in derselben Geschwindigkeit weiterwachsen und dieses Umsatzvolumen beibehalten, können wir ein Kassendefizit vollständig vermeiden und bereits zu Beginn des kommenden Jahres möglicherweise Gewinne erzielen. Aber wenn es uns gelingt, bereits in diesem Stadium die richtige Infrastruktur für den Vertrieb aufzubauen – und mit den anderen habe ich darüber bereits gesprochen –, dann könnte das die Firma sehr entschieden für das Finden ausreichender Ressourcen positionieren, die Ihnen die Ergebnisse verschaffen, die Sie in Ihrer Vision beschrieben haben."

„Darf ich mich einfach einmal rückversichern, was Sie mir sagen wollen?", bat ich. „Wenn wir jetzt nicht investieren, werden wir langsam und schmerzvoll wachsen. Aber wenn wir jetzt Geld ins Unternehmen stecken, geht alles viel schneller. Habe ich das richtig verstanden?"

„Genau."

„Und über wie viel Geld sprechen wir dabei?"

„Wenn wir den Zeitrahmen auf ein Jahr festlegen, müssen wir in drei Raten investieren."

„Nein, ich meine jetzt, in diesem Augenblick. Wie viel Geld brauchen wir sofort? Ich meine heute oder morgen oder in naher Zukunft."

„Etwa zwei Millionen Rubel. Das würde uns ein wenig Spielraum verschaffen."

„Und wie haben Sie vor, diesen Betrag aufzutreiben?"

„Ein Bankdarlehen können wir ausschließen", erwiderte Rose. „Ich habe bereits ein paar Bekannte Nachforschungen anstellen lassen. Wir könnten natürlich alle den Wert unserer Firmenanteile investieren, vermute ich einmal. Mark und ich sind auf jeden Fall bereit dazu. Bei den anderen bin ich mir allerdings nicht so sicher." Sie seufzte.

„Sie sind alle ziemlich pleite, ich weiß. Welche anderen Szenarien schlagen Sie vor?"

„Wir könnten uns Geld leihen."

„Von wem denn? Haben Sie irgendwelche Ideen?"

„Nun, wenn zum Beispiel Ihre finanzielle Situation es zulassen würde ..."

„Ach, Sie meinen von mir?"

Sie nickte.

Ich dachte einen Augenblick darüber nach. „Also gut", sagte ich schließlich. „Ich werde darüber nachdenken. Allerdings möchte ich Sie bitten, zu prüfen, ob wir den Betrag nicht verringern können."

„In Ordnung, Phil. Ich werde das gleich in Angriff nehmen."

Ich ließ sie zurück und ging ins Büro zurück.

Plötzlich fühlte ich mich absolut schwach. Meine Anzeige für den Geist war tief in den roten Bereich abgestürzt. Ein neues Fenster mit einer Systemmitteilung entfaltete sie sich und war am Ende so groß, dass es mein gesamtes Sichtfeld füllte (wahrscheinlich um sicherzustellen, dass ich die Meldung auf keinen Fall übersehen konnte.)

Ich konnte nicht anders, außer zu lesen, was dort stand:

Warnung! Es wurde eine unnormal hohe Anzahl von Aggressionen entdeckt, gerichtet gegen einen Benutzer, dessen sozialer Statuslevel um ein Mehrfaches über dem seiner Angreifer liegt.

Angesichts dessen kann der Index der Umgebungssicherheit neu bewertet und zum Code Gelb gesenkt werden. Dadurch werden 3 neue Punkte für Haupteigenschaften freigegeben.

Die frühere Einschränkung, dass der Benutzer eine Heldenfähigkeit lediglich für jeweils 20 erworbene soziale Statuslevel freischalten kann, kann entsprechend herabgesenkt werden, sodass nun die

Freischaltung einer Heldenfähigkeit für jeweils 10 erworbene soziale Statuslevel möglich ist.

Annehmen/Ablehnen

Endlich! Meine Zurückhaltung beim Parieren der Angriffe von Hussein und Asar hatte sich ausgezahlt! Ich hatte bereits gefürchtet, es hätte nicht gewirkt, weil das Programm so lange gebraucht hatte, es zu verarbeiten. 3 Extra-Statistikpunkte und eine weitere Heldenfähigkeit bei Level 20 war eine hervorragende Verstärkung für meine bevorstehende Entführung mit anschließender Prüfung.

Schon auf der Treppe hörte ich die fröhlichen Stimmen meines Teams. Ich bemerkte, dass zwei Gestalten unsicher vor der Tür zu unserem Büro herumhingen, konnte sie im Dämmerlicht des Flurs jedoch nicht erkennen.

Erst als ich näherkam, stellte ich fest, dass es Ludmila Nazarenko und ihr junger Sohn, der Geiger Leo, waren – unsere allerersten Kunden!

„Ludmila? Leo?", sprach ich sie an. „Kommen Sie doch herein und schließen Sie sich uns an."

„Oh, Phil – Sie erinnern sich an uns!" Überrascht gestikulierte die Frau. „Wir haben auf Sie gewartet. Ich habe einen Blick ins Büro gewagt, aber man scheint gerade eine Party zu feiern. Ich wollte mich nicht aufdrängen, also sind wir draußen geblieben."

„Leo, Kumpel, wie geht's?", erkundigte ich mich.

„Onkel Phil, ich habe tauchen gelernt! Und zwar so!" Er zeigte es mir.

„Gut gemacht! Und Sie?" Ich wandte mich an seine Mutter.

„Genau deshalb bin ich gekommen – ich wollte Ihnen persönlich danken. Es ist alles genauso gekommen, wie Sie es gesagt haben. Man hat mich als Köchin eingestellt, und sie bezahlen mir genug, dass ich keinen zweiten Job mehr brauche. Und Leo hat Ihren Rat ebenfalls befolgt und mit dem Schwimmen begonnen."

„Ich freue mich so für Sie", sagte ich, und ich meinte es absolut aufrichtig.

„Darf ich Ihnen etwas geben? Es ist von uns beiden." Sie übergab mir eine Einkaufstüte mit Lebensmitteln. „Das ist eine Fleischpastete, wirklich lecker! Und ein paar verschiedene Salate. Ich hoffe, sie schmecken Ihnen."

„Oh, danke! Aber kommen Sie doch, lassen Sie uns hineingehen." Ich schlang einen Arm um ihre Taille, nahm Leo bei der Hand und führte die beiden ins Büro. „Alle mal herhören!", verlangte ich.

„Oh, Phil ist zurück!", brüllte Cyril, ganz rot im Gesicht.

„Chef!", freute sich Alik.

„Freund!", rief Gleb.

Marina, Veronica und Mark lächelten. Kesha sorgte mit zwei Stiften für einen Trommelwirbel auf der Schreibtischkante.

„Leute, ich möchte euch Ludmila und ihren Sohn Leo vorstellen. Ein paar von euch kennen sie ja bereits, oder?"

„Nein!", schrien alle, mit Ausnahme von Alik, der ein albernes Lächeln verbarg. „Wer sind die beiden?"

„Das ist unsere allererste Kundin! Findet doch bitte einen Platz zum Sitzen für die beiden."

Marina kümmerte sich um den auf einmal sehr schüchternen Leo, und Herr Katz führte Ludmila ritterlich zu einem Platz neben sich. Greg bot mir ein Glas Wein an. Ich hatte es gerade genommen, als mein Handy klingelte.

Es war Yanna. Ich musste vor die Tür treten, um sie zu verstehen. „Ja?"

„Hi!" Ihre Stimme klang heiser.

„Hi."

„Zuerst ist es mir überhaupt nicht aufgefallen", sagte sie. „Ich habe den Vertrag unterschrieben, ohne ihn zu lesen. Ich hatte an die ganze Sache überhaupt nicht geglaubt. Es ist nur so, meine Mutter hat mich ständig gedrängt, ich soll mir einen neuen Job suchen, also war ich bei verschiedenen Agenturen, nur, damit sie endlich den Mund hält." Sie hielt inne. „Erst nach dem Vorstellungsgespräch habe ich endlich den Vertrag gelesen, den ich unterschrieben hatte. Dabei habe ich dann gesehen, dass du der Geschäftsführer bist ... Und habe endlich zwei und zwei zusammengezählt."

„Hat man dich genommen?"

„Ja, schon am gleichen Tag. Ich habe keine Ahnung, wie das geschehen konnte. Die waren total verzweifelt und brauchten ganz dringend jemanden. Ich rufe nur an, um mich bei dir zu bedanken. Es ist ein guter Job, und er entspricht genau meinen Fähigkeiten."

„Freut mich, das zu hören. War das alles?"

„Mehr oder weniger. Also, danke noch einmal."

„Warte", setzte ich an. Ich wollte sie fragen, ob sie über ihre Schwangerschaft Bescheid wusste, doch sie hatte bereits aufgelegt.

Offensichtlich sollte es also nicht sein.

Ich ging zurück ins Büro, blieb noch ein wenig und machte mich dann auf den Heimweg.

Ich hatte jede Menge zu erledigen. Und eine der Aufgaben bestand darin, in Windeseile zwei Millionen Rubel aufzutreiben.

KAPITEL 20

FRÜHER ODER SPÄTER, AUF BIEGEN ODER BRECHEN

Ein Wissender lebt durch seine Handlungen, nicht durch das Nachdenken darüber.

Carlos Castaneda. *Eine andere Wirklichkeit: Neue Gespräche mit Don Juan*

UND WENN DU alles Geld der Welt besitzt – so pflegte Homer Simpson zu sagen –, so gibt es doch etwas, das du damit nicht kaufen kannst: einen Dinosaurier.

Ich brauchte keinen Dinosaurier, obwohl ich in meiner Jugend zu einem Velociraptor im Taschenformat bestimmt nicht nein gesagt hätte. Heute ging es mir allein darum, dass meine Firma sofort das nötige Umsatzvolumen erreichte. Meine Lizenz für das Interface galt schließlich nicht für die Ewigkeit. Außerdem konnte man mich jeden Moment für die Wiederholungsprüfung entführen, und wenn ich die nicht bestand, kehrte ich zurück zu meinem normalen Selbst vor den Zeiten des Interface, all meines Zugangs zum universellen Infospace beraubt.

Ich hatte sofort gewusst, wie ich das Geld beschaffen konnte, noch bevor Rose mir alles erklärt hatte. Vor einer Woche hatte ich genau denselben Betrag für Gleb aufgetrieben. Warum sollte ich diesen Prozess also nicht wiederholen, nur diesmal für mich selbst?

Boris kam mir gleich entgegen. Sie miaute beleidigt. Die letzten Tage waren für sie wirklich nicht einfach gewesen. Die meiste Zeit hatte sie allein zu Hause verbracht. Und auch wenn sie (wie jede andere Katze, vermutete ich mal) mit ihrer eigenen Gesellschaft vollkommen zufrieden war, hatte das doch auch die Routine ihrer Mahlzeiten unterbrochen, und das gefiel ihr ganz und gar nicht.

Ich streichelte sie und sah den Hunger-Debuff, der über ihrem Rücken schwebte.

„Boris, es tut mir so leid! Ich hätte dir dein Futter geben müssen, bevor ich ins Büro aufgebrochen bin."

Nur hatte es Kostya und mich an diesem Morgen beim Boxtraining schlicht mitgerissen. Ich hatte gerade Level 7 im Boxen erreicht und einer Runde Sparring einfach nicht widerstehen können.

Ich presste das Katzenfutter aus einem der Beutel. Die Beschreibungen auf diesen Dingern erstaunten mich immer wieder. Zartes Lammfilet ... Köstliches Kalbfleisch ... Die Werbeleute hatten mit ihren Bezeichnungen wahre Wunder bewirkt. Selbst Menschen lief das Wasser im Mund zusammen, wenn sie das alles lasen. Falls jemals die Zombie-Apokalypse eintrat, konnten die Überreste der Menschheit sich Jahrzehnte lang von all den Millionen Tonnen vorbereiteten Katzenfutters ernähren.

Boris steckte den Kopf in die Schüssel und schnurrte wie ein Traktor. Ich zog meine lässige Freizeitkleidung[49] an und machte mich an die Zubereitung des Abendessens. Nach all dieser Schwärmerei über zartes Lamm- und köstliches Kalbfleisch entschloss ich mich zu einem Steak. Im Gefrierfach steckte noch ein Stück Filet.

Während das Fleisch in der Mikrowelle auftaute, googelte ich nach einem schönen Rezept, für das ich alle Zutaten im Haus hatte. Einschließlich des Paniermehls, das, noch von Vickys Zeiten her, im Regal stand.

Ich klopfte das Steak weich, verrührte ein Ei in einer Schüssel, tauchte das Filet hinein und wälzte es dann in Paniermehl. Anschließend setzte ich mit dem Messer ein paar Schnitte, damit die Butter auch bis ins Fleisch vordringen konnte, und warf das Steak in die Pfanne, wo ich es ein paar Minuten von jeder Seite briet. Anschließend würzte ich es mit Pfeffer und Salz und ein wenig Zitronensaft.

Erledigt! Als Beilage gönnte ich mir einen Salat aus Radieschen, Tomaten und Gurken. Diese Mahlzeit war eines Champions wert!

Gratuliere! Du hast ein neues Fertigkeitslevel erreicht!
Name der Fertigkeit: Kochen
Derzeitiges Level: 6
Erhaltene Erfahrungspunkte: 500 Punkte

Die Fähigkeit, eine Vielzahl ebenso leckerer wie gesunder Gerichte zubereiten zu können, war ein Vorteil in sich selbst. Damit konnte ich entweder

---

[49] In Russland zieht man sich traditionell um, wenn man von der Arbeit nach Hause kommt. Das dient einmal der Bequemlichkeit, aber auch der klaren Abgrenzung zwischen Arbeit und Privatleben.

meine Frau und meine Familie erfreuen, wenn ich es jemals so weit bringen sollte, oder meine Kochkunst ganz einfach selbst genießen. Das alles hatte mich nur 20 Minuten gekostet. In einem Restaurant hätte ich bestimmt mindestens ebenso lange warten müssen und eine Menge mehr Geld bezahlt.

All das ging mir im Bruchteil einer Sekunde durch den Kopf. Dann erhielt ich eine neue Systemmitteilung.

Die ganze Anstrengung mit dem Kochen hatte sich wirklich gelohnt!

Mir wurden die Knie weich. Eine Welle reinen Glücks durchströmte mich. Mein Blut blubberte ob der Endorphinen und Dopamin förmlich. Ich sank zu Boden, unfähig, den überwältigenden Gefühlen standzuhalten.

Gratuliere! Du hast ein neues Level erreicht!
Derzeitiges Level deines sozialen Status: 17
Verfügbare Eigenschaftspunkte: 2
Verfügbare Fertigkeitspunkte: 1

Fehlende Erfahrungspunkte bis zum nächsten Level des sozialen Status: 100/18.000

Sobald der Anfall von Freude abgeklungen war, saß ich einfach nur da, völlig ausgelaugt und merkwürdigerweise auch deprimiert, als wären alle guten Dinge bereits geschehen und es gäbe nichts, worauf ich mich noch freuen könnte.

Ich zwang mich jedoch, wieder zur Vernunft zu kommen. Die Depression war schließlich nichts als ein vorübergehender, hormonbedingter Impuls. Ich fragte mich nur, warum man den Benutzern das wohl antat. Es war ja kein Wunder, dass die Unglücklichen, deren Interface Aggression förderte, mit dem Farmen von Erfahrungspunkten kein Ende fanden, wie der

Legendary Moonlight Sculptor, nur, um erneut dieses unglaubliche Hoch zu erleben.

Diesmal hatte das System mir 2 Statistikpunkte für das neue Level verliehen, das war eine Folge des Altruisten-Bonus. Klasse! Jetzt verfügte ich über insgesamt 5 Punkte für meine Haupteigenschaften, die ich investieren konnte, plus 1 Fertigkeitspunkt. Den ich wahrscheinlich erst später vergeben konnte, nachdem das erledigt war, was ich für heute Abend geplant hatte.

Ich vertilgte mein Abendessen und spülte das Geschirr. Inzwischen bemühte ich mich darum, diese Aufgabe niemals aufzuschieben, weil sie später zwar auch nicht viel mehr Zeit kostete, aber, wenn alles eingetrocknet war, weit mehr Aufwand erforderte. Nachdem das erledigt war, legte ich ein Nickerchen ein.

Diese Nacht würde ich wahrscheinlich nicht viel zum Schlafen kommen. Ich musste wirklich mit meiner Stärke haushalten und meine Geistreserven erneuern, mein Gehirn neu laden und meinem erschöpften Körper die Chance geben, sich zu erholen.

Kaum hatte ich den Kopf aufs Sofakissen gelegt und die Augen geschlossen, durchbrach eine neue Systemmeldung die segensreiche Leere meines Gehirns:

Gratuliere! Du hast ein neues Fertigkeitslevel erreicht!
Name der Fertigkeit: Lernfertigkeiten
Derzeitiges Level: 13
Erhaltene Erfahrungspunkte: 500 Punkte

Die Fertigkeitsoptimierung ist abgeschlossen!
Der 1 Punkt deiner sekundären Fertigkeit (Mortal Kombat spielen) wurde in 0,5 Punkte deiner damit

verbunden primären Fertigkeit (Lernfertigkeiten)
umgewandelt.

Deine sekundäre Fertigkeit (Mortal Kombat spielen)
wurde gelöscht und kann nicht wiederhergestellt
werden.

Derzeitiges Level deiner primären Fertigkeit
(Lernfertigkeiten): 13

Möchtest du die Lernfertigkeiten als
standardmäßige primäre Fertigkeit festlegen?

Annehmen/Ablehnen

Ich klickte auf *Annehmen*. Dass ich die Lernfertigkeiten als primäre Fertigkeit behalten hatte, trug mir einen Bonus von 50 % für die Entwicklungsgeschwindigkeit dieser Fertigkeit ein. Der halbe aus der Optimierung gewonnene Punkt hatte gerade so ausgereicht, um ein neues Level zu erreichen. Das waren wirklich gute Nachrichten – nun konnte ich nicht nur 15-fach, sondern 18-fach so schnell lernen!

Ich öffnete das Fenster mit den Fertigkeiten. Um ganz genau zu sein, lag die Geschwindigkeit meiner Lernfertigkeiten jetzt bei 1.785 % - und zwar ohne den Bonus, den mein Altruist-Erfolg mir eingetragen hatte!

Vielen Dank! Die Lernfertigkeiten sind nun deine
standardmäßige primäre Fertigkeit.

Bitte wähle eine neue sekundäre Fertigkeit aus.

Ich verfügte natürlich noch über eine ganze Reihe völlig nutzloser Fertigkeiten, wie etwa *Durak*[50] spielen, aber es war nicht sehr effektiv, einen ganzen Monat zu verschwenden, um am Ende nur einen halben

---

[50] Durak (Narr): ein russisches Kartenspiel.

Fertigkeitspunkt zu gewinnen. Daher entschloss ich mich für eine andere Fertigkeit. Als ich Anfang der Woche einige Schnappschüsse aus den ersten Tagen unserer Firma auf einer externen Festplatte gespeichert hatte, hatte das meine Fertigkeit im Fotografieren auf Level 4 gebracht. Und in aller Offenheit – das war eine in meiner Situation nicht gerade hilfreiche Fertigkeit.

Vielen Dank! Du hast das Fotografieren als eine weitere mit deiner derzeitigen primären Fertigkeit verbundene sekundäre Fertigkeit gewählt.
Möchtest du die 4 Punkte deiner sekundären Fertigkeit (Fotografieren) in 2 Punkte der damit verbundenen primären Fertigkeit (Lernfertigkeiten) umwandeln?

Ja/Nein

Ich klickte auf *Ja* und startete dadurch meine dritte Optimierung. Das Fenster verschwand.

Endlich konnte ich die Augen schließen. Allerdings warf ich mich ruhelos hin und her, bis ich einsehen musste, dass ich nicht mit viel Schlaf rechnen konnte. Ich war zu aufgedreht beim Gedanken an das bevorstehende Pokerspiel.

Am Ende beschloss ich: Je früher ich begann, desto rascher war die Sache wieder vorbei. Ich raffte alles Bargeld zusammen, über das ich verfügte, und machte mich bereit für den Poker-Club.

Ich konnte mich nicht an die exakte Adresse des *Gemeindezentrums der örtlichen Eisenbahnarbeiter* erinnern. Auf der letzten Fahrt dorthin war ich gleichzeitig zu aufgekratzt und zu schläfrig gewesen, um aus dem Fenster zu schauen. Statt das Zentrum zu googeln, suchte ich komischerweise die KIDD-Punkte der Leute zusammen, denen ich dort begegnet war. Die meisten von ihnen waren noch nicht eingetroffen. Wenigstens konnte ich weder den Glitzerstein-Cowboy noch Dimedrol und seine Helfershelfer dort entdecken. Lediglich der Manager des Clubs, Anton, war bereits anwesend. Ich nutzte seinen Marker, um die Adresse zu finden, dann rief ich mir ein Taxi.

Unterwegs stellte ich fest, dass ich ein wenig nervös war. Meine Intuition rief mir zu, das wäre eine verdammt blöde Idee, aber ich begab mich dennoch dorthin.

Um mich zu beschäftigen und die bösen Vorahnungen in Schach zu halten, die mich plagten, überprüfte ich meine Clanmitglieder. Die jungen Alleinstehenden – Alik, Veronica und Marina – hielten sich in einer Bar auf, die sich *Der Umkreis* nannte, zusammen mit Cyril und Kesha, die beide geschieden und somit, genau betrachtet, auch alleinstehend waren. Die Karte verriet mir zwar nicht, was sie alle in der Bar machten, aber angesichts all der Berauschungs-Debuffs musste ich nicht lange raten. Anscheinend hatte Marina heute Abend die freie Wahl unter mehreren Männern.

Gleb war mit seiner Familie ins Kino gegangen, und Greg war in seiner Wohnung bei seiner schwangeren Frau. Auch die Eheleute Katz waren zu Hause.

Einen kurzen Augenblick lang war ich versucht, das ganze verrückte Vorhaben abzublasen und mich zu den anderen in der Bar zu gesellen. Und sei es auch nur, um mit den anderen Jungs um Marinas Gunst zu wetteifern. Ich war schließlich ebenfalls jung und alleinstehend, wenn mir dadurch auch womöglich das erneute Auftreten des Debuffs mit den spontanen Erektionen drohte.

Doch ich verwarf diesen Gedanken wieder. Das war momentan nicht der richtige Zeitpunkt für eine feucht-fröhliche Party.

Ich musste an den alten Song denken:

Unser Haus fällt zusammen, wenn ich nicht da bin.
Mein Hund ist schon vor langer Zeit gestorben.
Und ich, ich werde ohne Mitleid sterben,
in den verwinkelten Straßen von Moskau,
das weiß ich ganz genau ...[51]

Wenn ich nicht wollte, dass mein Haus „zusammenfiel, wenn ich nicht da war" und Boris „schon vor langer Zeit gestorben" war, musste ich mit hocherhobenem Haupt durch die verwinkelten Straßen unserer kleinen Stadt schreiten. Ansonsten würde ich den Rest meines Lebens wahrscheinlich damit verbringen, mir endlose Selbstvorwürfe zu machen, weil alles vergebens gewesen war.

In dieser Stimmung war ich unterwegs zum Club und verbrachte die Zeit im Taxi damit, den Fortschritt meiner Fertigkeiten im Laufe der letzten Wochen zu betrachten. Nachdem meine Arbeit von mir verlangte, mich ständig in andere Menschen hineinzudenken, hatte ich es in der Empathie nun auf Level 11 gebracht.

Meine Lesefertigkeiten lagen bei 10. Heutzutage las ich viel und schnell. Meine Verkaufsfertigkeit lag mit Level 9 ein wenig zurück, und die Kommunikationsfertigkeiten entsprachen dem. Beim Joggen hatte ich Level 8 erzielt und sowohl Marketing als auch Führungsfertigkeit hatte ich auf Level 7 verbessert.

Die gewaltigen Veränderungen in meinem

---

[51] Die Zeilen stammen aus einem Gedicht des führenden russischen Dichters Sergei Yesenin. Später verwandelte die beliebte russische Rock-Band Mongol Shuudan sie in einen Song. (Ins Deutsche übersetzt nach der englischen Übersetzung von Alec Vagapov)

Lebensstil hatten sowohl bei der Planung als auch bei der Selbstdisziplin für eine entsprechende Weiterentwicklung gesorgt. Diese Fertigkeiten lagen nun bei Level 5 beziehungsweise 6, mit Entscheidungsfindung und Belesenheit etwas darüber. Und vor zwei Tagen hatte ich endlich auch die Fertigkeit des Firmenmanagements auf Level 2 heben können.

Es gab weiter ein paar weniger wichtige Verbesserungen. So war etwa die Fertigkeit in Erster Hilfe auf Level 2 hochgeschnellt, da ich im Fitnessstudio immer wieder meine eigenen Verletzungen hatte behandeln müssen. Und was das Singen betraf, so war diese Fertigkeit ganz natürlich gewachsen – wahrscheinlich wegen meiner dummen Angewohnheit, in der Dusche vor mich hin zu summen. Und da ich in der letzten Zeit etwa dreimal am Tag duschte …

„Wir sind da", brachte der Taxifahrer mich in die Realität zurück.

„Danke." Ich stieg aus, zahlte und begab mich zum Eingang des Gemeindezentrums. Oder sollte ich lieber sagen, der illegalen Spielhölle?

Im dritten Stock standen wieder zwei Sicherheitsleute vor der Tür, die in den rechten Flügel des Gebäudes führte. Ich sah dieselben schwarzen Anzüge, dieselben Bürstenhaarschnitte. Nur die Gesichter waren anders.

„Hallo – ich möchte spielen, bitte."

„Warst du schon mal hier?", fragte mich der eine.

„Ja, letzte Woche."

„Hast du eine Clubkarte?"

„Leider nein. Beim letzten Mal wollte ich einfach nur ein Gefühl für diesen Ort entwickeln."

Der zweite Rausschmeißer nickte seinem Partner zu, der mir die Tür öffnete. „Du kannst reingehen."

Zusammen mit Anton, dem Manager des Clubs,

stand heute eine andere junge Frau am Empfang.

„Hallo", sagte ich.

„Phil!", strahlte Anton. „Guten Abend. Wie geht es Ihnen? Wir freuen uns sehr, Sie hier wieder begrüßen zu dürfen!"

„Sie erinnern sich an meinen Namen?"

„Aber natürlich!" Er spielte den Beleidigten. „Ein Anfänger, der das Turnier gewonnen hat? Sie sind eine Legende! Alle versuchen, herauszufinden, wer Sie wirklich sind. Ist Ihr Name tatsächlich Phil?"

„Das ist er, ja", gab ich zu. Ein Betrüger beim Kartenspielen zu sein war ja nun nichts, worauf man stolz sein konnte. Dennoch hatten seine Worte mir geschmeichelt.

„Sie spielen also nicht beruflich? Leider hatten wir Ihre Kontaktdaten nicht. Und Ihr Freund Gleb nimmt keine Anrufe auf seinem Handy mehr entgegen."

Anspannung breitete sich in mir aus. „Was wollen Sie denn von mir?"

„Nun, sehen Sie – der Club wählt die besten Spieler aus und sponsert ihre Teilnahme an großen globalen Turnieren. In den USA wird demnächst ein solches Turnier stattfinden. Das Preisgeld ist enorm. Wenn Sie möchten, kann ich Sie dem Management vorstellen, um über Ihre Teilnahme zu sprechen?"

Ich zuckte mit den Schultern. „Das klingt gut. Ich werde darüber nachdenken. Kann ich bitte ein paar Chips bekommen?" Ich legte mein gesamtes Geld auf den Tisch im Empfang.

Der Manager griff sich die Scheine und zählte einen Stapel Spielchips ab.

„Ihnen einen schönen Abend – und viel Glück!", rief er mir nach, als ich mich bereits in Bewegung gesetzt hatte.

Ich nickte, ohne mich umzudrehen. Die Zuckerstückchen, die Anton mir angeboten hatte, reizten mich überhaupt nicht. Ich wollte einfach nur erledigen, wofür ich gekommen war, und sicher wieder nach Hause gelangen. Mein letzter Tod in diesen Räumen hatte mir gereicht.

Außerdem hatten die geträumten Erinnerungen an mein zweites Leben mir recht klar gezeigt, wer Dimedrol – dieser Mistkerl von einem Polizei-Oberst – in Wirklichkeit war. Wenn Leute wie er Einfluss auf das hatten, was hier vor sich ging, oder vielleicht sogar einen Anteil daran hatten, war ich an ihren Angeboten wirklich nicht interessiert.

Ich begab mich sofort an einen der Tische mit hohen Einsätzen. Heute Abend fanden keine Turniere statt. Was bedeutete, ich musste das Geld von normalen Spielern nehmen, wahrscheinlich Spielsüchtigen wie ehemals Gleb.

Abgesehen von mir und dem Kartengeber saßen nur sechs Leute am Tisch, zwei von ihnen Frauen. Die jüngere der Frauen spielte nicht - sie musste als Gast von jemandem hier sein - und starrte die ganze Zeit auf ihr Handy, während sie in ihren langen, zierlichen Fingern eine elegante, lange Zigarette drehte.

Die andere jedoch war völlig in das Spiel vertieft. Ihr Name war Jaqueline. Nun, sie war vielleicht nicht gerade Jaqueline Onassis, aber sie schien dennoch ziemlich gut betucht zu sein. Wenigstens lagen vor ihr Unmengen an Chips. Der teure Pelzmantel, den sie sich trotz des heißen Juliwetters um die Schultern gelegt hatte, sprach Bände. Allerdings war es zugegeben im Raum ein wenig kühl – die Klimaanlage lief auf vollen Touren.

Jaqueline war die Person, mit der ich mich auseinandersetzen musste, kaum, dass ich ein Blatt mit drei Buben und somit einer guten Gewinnchance beisammenhatte. Ich wusste, dass sie bereits über zwei Pärchen verfügte, jedoch auf ein Full House wartete. Das sie aller Wahrscheinlichkeit nach nicht bekommen würde.

Genauso kam es auch – was mir fast 500 Dollar einbrachte.

„Ich gratuliere", sagte sie und klang erstaunt. „Kenne ich Sie?"

„Ich glaube nicht."

Sie hob den Kopf und betrachtete mich sehr genau. Es war mir egal. Ich war ohnehin nicht allzu beeindruckt von ihr. Ihre Wimpern waren zu dicht und zu lang, um echt zu sein. Diese Art der künstlich gesteigerten Schönheit hatte mir noch nie gefallen. Ich zog den natürlichen Charme vor.

Ich konzentrierte mich auf die nächsten Karten, die ausgegeben wurden. Dabei hörte ich, wie jemand Jaqueline zuflüsterte, ich wäre der Anfänger, der das Turnier am letzten Freitag gewonnen hätte.

Noch bevor ich meine eigene Bekanntheit richtig aufnehmen konnte, sackte mein Geist urplötzlich auf nahezu 0 herab, ein sicheres Anzeichen dafür, dass das Programm gerade irgendetwas vorbereitete.

Mein Sichtfeld schrumpfte zusammen, alles färbte sich tiefrot. Außer ein paar Reihen Text konnte ich nichts mehr sehen.

Eine Welle unerklärlicher Furcht überfiel mich. Es war ein wenig wie eine Panikattacke. Ich wollte nur noch eines – die Karten hinwerfen und mich in der Sicherheit meiner Wohnung verkriechen.

„Sie sind an der Reihe", sagte der Spieler neben mir und schüttelte mich an der Schulter. „Sie halten das ganze Spiel auf!"

Blind schob ich meine Karten zur Seite und betrachtete die schreckliche Systemmitteilung. „Ich passe."

Warnung! Du hast gerade eine sozial nachteilige Handlung begangen!

Das Interface schaltet sich ab in 3 Sekunden ... 2 ... 1 ...

Die Welt um mich herum wich zurück. Der Lärm in der geschäftigen Spielhalle – die Bemerkungen der Kartengeber, die Stimmen meiner Mitspieler –, den ich vernahm, war das einzige Anzeichen dafür, dass ich noch am Leben war.

Ebenso plötzlich, wie es verschwunden war, kam alles wieder zurück. Wie erstarrt und in kalten Schweiß gebadet saß ich noch immer am Pokertisch, und das Spiel war in vollem Gang.

Nur mein Interface war verschwunden.

Ich musste so verloren und hilflos gewirkt haben wie jemand mit schlechter Sicht, der seine Brille verloren hatte. Unter den Umständen ergab es keinen Sinn, weiterzuspielen. Oder auch nur hier zu bleiben.

Die gesamte Welt sah auf einmal ganz anders aus, gewissermaßen verblasst und merkwürdig. Nicht falsch verstehen – meine Augen funktionierten weiter tadellos. All die Verbesserungen, die ich mithilfe des Interfaces erzielt hatte, waren noch immer vorhanden. Aber ... Wie sollte ich es erklären? Wenn man jemals Videospiele gespielt hatte, konnte man sich vielleicht eine Situation vorstellen, in der man sich in einem solchen Spiel befand, ohne dass die Software einem irgendwelche Hinweise oder Aufforderungen übermittelte. Man sah keine Balken für Gesundheit und Magie, keine Beschreibung der Gegner, keine Mini-Landkarte. Das Erste, was man unter solchen Umständen wahrscheinlich tun würde, wäre, sich abzumelden, um in Ruhe darüber nachzudenken, was da gerade passiert war und warum dasInterface nicht mehr funktionierte. Ohne Interface konnte man nämlich einfach nicht spielen, richtig?

Diese Notlösung konnte in meinem Fall allerdings nicht funktionieren. Aus diesem Spiel konnte ich nicht entkommen, denn es war die Realität.

Ich konnte nicht einmal Martha herbeirufen, Himmel, Kreuz und Donnerwetter! Also konnte ich auch nicht herausfinden, was gerade geschehen war.

Ohne auf das Ende des Spiels zu warten, nahm ich meine Chips, bedankte mich bei meinen Mitspielern und ging zum Ausgang. Verständnislos starrten sie mir nach.

„Sie wollen schon gehen?", fragte Anton. „Ist alles in Ordnung?"

„Ich fühle mich nicht sehr gut. Ich kann an Spielen nicht einmal denken."

Ich löste meine Chips ein und verließ den Club. Anton bat mich erneut, meine Kontaktdaten zu hinterlassen, doch ich weigerte mich. Hierher würde ich nicht mehr zurückkommen.

Meine drei größten Ängste waren: Jemanden zu verlieren, der mir nahestand, das Interface zu verlieren und schließlich, selbst zu sterben. Und alle drei hatten sich in diesen schändlichen Hallen bewahrheitet.

Wieder zu Hause warf ich mich unruhig im Bett hin und her und dachte darüber nach, weshalb das Programm sich wohl selbst heruntergefahren hatte. Allerdings fiel mir nichts ein – außer meiner Schwindelei mit den Karten. Dazu passte es jedoch nicht, dass ich genau dasselbe auch vor einer Woche getan hatte, und dafür hatte das System mich weder bestraft noch Warnungen ausgesprochen.

Vielleicht lag es an dem Ziel, das ich mit dem Spielen verfolgt hatte? Andererseits würde das ja nun bedeuten, dass man ungestraft rauben, stehlen und betrügen konnte, wenn es nur für eine gute Sache war.

Es ergab alles keinen Sinn. Außerdem hatte ich ja nicht für mich selbst gespielt. Ich hatte das Geld in die Entwicklung der Firma stecken wollen.

Endlich schlief ich trotz der verzweifelten Überlegungen ein.

Da mein interner Interface-Wecker abgeschaltet

war, schlief ich bis zum Mittag. Ich hatte keine Träume oder Albträume, erwachte aber dennoch schweißgebadet. Ohne auch nur die Augen zu öffnen, wusste ich, dass das Interface nicht zurückgekehrt war. Heimlich hatte ich gehofft, es würde sich einfach wieder einschalten.

Im Zimmer war es heiß und stickig. Ich hatte vergessen, über Nacht das Fenster zu öffnen oder die Klimaanlage einzuschalten. Also raffte ich mein Bettzeug zusammen und begab mich traurig zur Waschmaschine und anschließend zur Dusche.

Mit oder ohne Interface – aufgeben würde ich nicht!

Nach dem Frühstück verbrachte ich eine ganze Stunde damit, *Die Männer des Königs* von Robert Warren zu lesen. Der Ausgleich für die langweiligen Abschweifungen am Anfang war ein langer, grüblerischer Nachgeschmack.

Nachdem ich das Buch ausgelesen hatte, ging ich joggen. Mein nächstes Boxtraining mit Kostya war erst für die Mittagszeit des kommenden Tags anberaumt. Anscheinend hatte er am Morgen etwas Wichtiges zu erledigen. Am Nachmittag wollte ich mit meinem Neffen ins Kino gehen. Kira hatte in der letzten Zeit viel zu viel gearbeitet, deshalb verbrachte ihr Sohn die Wochenenden bei unseren Eltern.

Das Laufen empfand ich ohne Interface als erheblich einfacher. Wahrscheinlich lag es daran, dass mich nichts von der Monotonie meiner Füße ablenkte, die über die abbröckelnde Aschenbahn rasten. Angesichts der Hitze begann ich bald, zu schwitzen. Ich wischte mir mit den bereits durchnässten, langen Ärmeln meiner Laufjacke über die Augen. Am Ende meines Joggens hatte ich aufgehört, mir Sorgen um das Interface zu machen, und mit den Überlegungen begonnen, wie ich das Geld für die Firma auf normale Weise zusammenkratzen konnte.

Dann fiel mir das Boxturnier ein.

Zuerst erschien mir die Idee völlig verrückt. Wer war ich denn bitte, Boxer solchen Kalibers herauszufordern?

Dann musste ich daran denken, dass es mir schließlich gelungen war, Mohammed k.o. zu schlagen – und er war einer der Besten in Matovs Boxgruppen. Mein Sparring mit Kostya fiel mir von Tag zu Tag leichter, und inzwischen würde ich nicht mehr behaupten, er wäre mir so gewaltig überlegen. Was bedeutete, ich war gut vorbereitet, und mit nur ein wenig Glück hatte ich gute Chancen. Bis zum Turnier waren es noch zwei Wochen – also sechs weitere Trainingssitzungen mit Kostya. Bedachte man dann noch meinen 18-fachen Levelverstärker und den Verbesserungsbonus von 10 % ...

Nun, vielleicht war es tatsächlich zu schaffen. Immerhin hatte ich Mohammed ja noch auf Level 5 besiegt und jetzt bereits Level 7 erreicht. Und vielleicht stärkte mich auch ein weiterer Buff, wie etwa leidenschaftlicher Siegeswille, zum Beispiel.

Also gut. Ich musste nur meinen ehemaligen Trainer anrufen.

Ich hielt an, zog das Handy heraus und wählte Matovs Nummer.

„Ich möchte bitte Herrn Matov sprechen."

„Am Telefon", hörte ich seine kalte Stimme.

„Guten Abend. Ich bin es, Phil."

„Ich weiß. Was willst du?"

„Ich möchte mich für das Turnier anmelden. Können Sie mir sagen, wohin ich dafür gehen muss?"

„Es werden keine Bewerbungen mehr angenommen. Du kommst zu spät."

„Aber es ist doch noch immer viel Zeit bis zum Turnier ..."

„Tut mir leid, ich kann dir nicht helfen. Es haben

sich die ganze Welt und ihre Großmutter eingetragen. Schon jetzt haben wir mehr als 500 Teilnehmer. Wahrscheinlich werden wir ein paar Ausscheidungswettkämpfe veranstalten müssen."

„Sind Sie ganz sicher, dass ich mich nicht mehr anmelden kann? Was ist denn, wenn jemand seine Bewerbung zurückzieht?"

„Dann gilt er automatisch als Verlierer. Du hast nur dann eine Chance, wenn jemand es sich anders überlegt und dir seinen Platz überlässt. Ich muss los." Er legte auf.

Ich machte ein paar Stretching-Übungen und begab mich zurück nach Hause. Dort googelte ich das Turnier und wandte mich direkt an die Veranstalter. Die mir dasselbe erklärten wie Matov – die Anmeldefrist war abgelaufen, niemand konnte sich mehr eintragen.

Wer hatte doch gleich diesen Spruch geprägt, sinngemäß, dass Gewichtheben einem über jeden Ärger der Welt hinweghalf? Bestimmt war das scherzhaft gemeint, aber in Situationen, die so seltsam und unsicher waren wie meine, beschloss ich, diesen Rat dennoch zu befolgen. Ich musste etwas tun, damit mein Kopf nicht explodierte.

Wie immer an Wochenenden war im Fitnessstudio nicht viel los. Und das war hervorragend, ich hatte wirklich keine Lust, lange zu warten, bis ich die Maschinen benutzen konnte.

Um mich aufzuwärmen, lief ich etwa einen Kilometer auf dem Laufband, dann begab ich mich an die Langhantel. Jede neue Reihe Übungen fiel mir leichter als die vorangegangene. Ich vergewisserte mich sogar, ob ich mich bei den Gewichten nicht geirrt hatte, aber alles war in Ordnung.

Am Ende musste ich meinem normalen Hantelgewicht zwischen 5 und 10 Kilo hinzufügen, um meine Muskeln überhaupt anzustrengen. Hatte ich etwa jetzt endlich das leidige Leistungsplateau überwunden und stand vor einem neuen Wachstumsschub?

Nach dem Training trank ich meinen üblichen Schokoladen-Protein-Shake und begab mich zurück in meine Wohnung.

Den Rest des Tages verbrachte ich mit den verschiedensten Dingen. Ich bereitete mein Abendessen zu, ohne zu wissen, ob es meiner Kochfertigkeit Punkte hinzufügte. Ich rief Kira und meine Eltern an. Es ging ihnen allen gut. Beinahe hätte ich mich sogar bei Vicky und Yanna gemeldet. Es kam mir so vor, als hätte die Abwesenheit des Interfaces all diese Kompatibilitätswerte ungültig gemacht und die Synergie-Prognose des Programms aufgehoben. Und ich musste zugeben, beide Frauen fehlten mir. Ich wählte ihre Nummern, legte jedoch gerade noch rechtzeitig wieder auf.

Dann begann ich mit dem Frühjahrsputz. Ich räumte meine Regale auf und wischte sie. Dabei fiel mir ein altes Mobiltelefon in die Hände. Damit hatte ich vor Wochen die Rettungstrupps angerufen. Der Akku war natürlich schon lange leer. Dennoch drängte mich irgendetwas dazu, es aufzuladen und einzuschalten. Ich steckte das Ladekabel ein und ließ das Gerät hochfahren, sobald es über genügend Saft verfügte.

Ein paar Minuten lang lauschte ich dem Trillern eines Signaltons für eine eingehende SMS nach der anderen. Die Mehrheit der Nachrichten betraf noch die Nachwehen meines Rettungsanfalls von vor etwa einem Monat.

Doch da war auch eine neue Mitteilung über einen Anruf ohne Nachricht, und zwar von gestern. Ich entschloss mich, die Nummer zu wählen.

Eine angespannt klingende weibliche Stimme meldete sich.

„Hallo", sagte ich. „Ich glaube, ich habe einen Anruf von Ihnen verpasst. Haben Sie mich gestern angerufen?"

„Wer spricht da, bitte?"

„Phil."

„Sind Sie der Hellseher?"

„Eigentlich nicht. Was ist passiert? Woher haben Sie diese Nummer?"

„Es tut mir leid." Die Frau räusperte sich, dann sprudelte es nur so aus ihr heraus, geradezu hysterisch: „Ich bin Olga. Ich habe Ihre Nummer von Bogdan, dem Koordinator der Such- und Rettungsgruppe in Izhevsk. Mein Mann ist verschwunden. Er heißt Maxim, ist 35 Jahre alt, 1,80 groß. Er hat blaue Augen und kurzgeschnittene, blonde Haare." Sie ratterte die Beschreibung herunter, als hätte sie die schon Tausende von Malen wiederholt.

„Und warum haben Sie mich angerufen?"

„Bogdan vermutet, dass weder der Rettungstrupp noch die Polizei daran interessiert sind, nach ihm zu suchen. Die gehen alle davon aus, dass er entweder auf einer Sauftour ist oder mich verlassen hat. Aber ich weiß genau, das würde er niemals tun! Wir lieben uns. Unsere Ehe ist gut."

„Seit wann wird er vermisst?"

„Er ist vorgestern von der Arbeit nicht nach Hause gekommen. Er geht nicht ans Handy. Seine Kollegen behaupten, er wäre überhaupt nicht zur Arbeit erschienen, aber das kann nicht sein. Er ist ein sehr gewissenhafter Mensch."

„Ich möchte, dass Sie mir alle Informationen schicken, die Sie haben, einschließlich Ihrer Adresse, der Anschrift seines Arbeitgebers und ein paar Fotos." Ich gab ihr die E-Mail-Adresse, die ich speziell für diesen Zweck eingerichtet hatte. „Ich kann Ihnen nichts versprechen. Aber wenn ich etwas herausfinde, rufe ich Sie sofort an."

Allerdings musste ich zuerst wieder über mein Interface verfügen können, um etwas herauszufinden. Aber das ging sie ja nichts an.

„Und wie soll ich Ihnen das Geld schicken?", fragte sie. Sie wirkte bereits etwas ruhiger. Wahrscheinlich wollte sie mich durch das finanzielle Angebot motivieren. So funktionierte die menschliche Psyche nun einmal: Sobald man jemanden für etwas bezahlte, verschafft einem das dieses Gefühl, gewisse Ansprüche stellen zu können. „Wie viel schulde ich Ihnen?"

„Sie schulden mir gar nichts. Ich werde mich melden. Alles Gute!"

* * *

IN DIESER NACHT kehrte mein Interface zurück. Meine Sicht verschwamm, überall tanzten weiße Punkte. Es erschien ein transparenter Kreis, in dem Zahlen rückwärts liefen:

3 ... 2 ... 1

Ein letztes Mal schwankte die Welt um mich herum und wurde dann vom Interface überlagert:

Deine 24 Stunden anhaltende Strafe für das Durchführen einer sozial nachteiligen Handlung ist abgelaufen.
Alle Funktionen des Interface von Erweiterte Realität!7.2, Home Edition, wurden vollständig wiederhergestellt.

Ich seufzte auf, endlos erleichtert. Dann öffnete ich sofort mein Profil und überprüfte meine

Statistiken. Es war nichts verloren gegangen, mein Charakter verfügte noch immer über die gleichen Eigenschaften.

Anschließend rief ich Martha auf.

Neben mir tauchte eine sehr ängstliche junge Frau auf. Sie kam zu mir und strich mir über die Wange. „Das war schrecklich! Ich hatte keine Chance, irgendetwas zu unternehmen! Das System ist einfach heruntergefahren und hat mir den Zugriff auf den Geist abgeschnitten. Ich fand mich in einer Art Leere wieder ...“

Ich konnte nichts dagegen machen, ich schlang die Arme um sie und zog sie an mich. War das Einbildung, oder glitzerten da tatsächlich Tränen in ihren Augen?

„Martha, was ist bloß passiert? Ich habe keine Ahnung, warum man mich gesperrt hat! Ich hatte schon vor einer Woche meine Erkenntnis zum Kartenspielen eingesetzt. Mit dem gewonnenen Geld habe ich alle Schulden meines Freundes abbezahlt. Dafür hat das Programm mich nicht bestraft. Ich wurde sogar dafür belohnt, weil es eine sozial bedeutungsvolle Handlung war!“

„Lass mich schnell einen Blick auf die Protokolle werfen ... Ah, da ist es. Das Programm bewertet und analysiert das Ergebnis jeder deiner Handlungen und erstellt anschließend ein Modell aller möglichen zukünftigen Entwicklungen sowohl für dich persönlich als auch für die Gesellschaft als Ganzes.“ Sie hielt inne, löste sich aus meiner Umarmung und sah mir in die Augen.

„Und?“

„Nun, in diesen Vorgang sind natürlich unzählige Faktoren involviert, und ich meine wirklich unzählige. Das beginnt mit den Leveln des sozialen Status deiner potenziellen Opfer und den Folgen, die sie erleiden könnten, und endet mit deinem eigenen persönlichen

Wachstum. Wir können uns nicht sicher sein, dass der Grund für die Belohnung beim ersten Mal die Absicht war, einem Freund zu helfen, während du jetzt dafür bestraft wurdest, Geld für dich selbst zu erspielen."

„Ich wollte es in die Firma stecken!"

Sie lächelte. „Ich bin sicher, dass du die Wahrheit sagst. Aber wer weiß denn schon, ob dir das nicht im Laufe der Zeit zur Gewohnheit geworden wäre? Warum machst du dir die Mühe, im Fitnessstudio zu schwitzen, um deine physischen Werte zu verbessern? Warum solltest du mit deinem erfolgreichen Unternehmen bei null beginnen? Warum willst du Bücher lesen und Informationen studieren und dich um Besserung bemühen, wenn du ebenso gut einfach weiter Poker spielen kannst, ohne sonst irgendetwas zu tun? Womöglich wärst du irgendwann zu einem gesellschaftlichen Schmarotzer geworden, der auf Kosten der Gemeinschaft im Luxus lebt, irgendwo auf einer Jacht vor der Küste Floridas in Gesellschaft hübscher Mädchen ... Davon hast du doch gerade zu träumen begonnen, oder etwa nicht?"

Ich wurde rot und meine Ohren brannten – deutliche Hinweise darauf, dass ich Martha einfach nicht hinters Licht führen konnte. Ich hatte über all diese Dinge tatsächlich nachgedacht. Nicht ernsthaft, aber es war ein netter Gedanke gewesen, das als verfügbare Option zu betrachten. Falls etwas schiefging, so hatte ich mir überlegt, konnte ich meine Fähigkeit immer noch nutzen, um eine Menge Geld zu gewinnen und mich zur Ruhe zu setzen. Einfach nur als Plan B.

„Ich bin kein Schmarotzer!", widersprach ich.

„Nein, das bist du nicht – aber vielleicht wärst du irgendwann einer geworden. Du darfst dich glücklich schätzen, mit einem blauen Auge davongekommen zu sein."

Nachdem ich die Unterhaltung mit ihr beendet hatte, überprüfte ich den Posteingang der E-Mail-Adresse, die ich Olga gegeben hatte. Sie hatte mir gleich mehrere E-Mails geschickt, mit den Erkennungsmerkmalen ihres verschwundenen Mannes, vielen Familienfotos und einer Kopie seines Ausweises. Außerdem überschüttete sie mich mit Fragen über den Fortschritt der Suche.

Ich prägte mir seine KIDD-Punkte ein und öffnete die Karte.

Der Kerl war am Leben. Ich konnte seinen Standort sehen. Ich zoomte hinein. Es war ein Gebäude irgendwo in der Nähe der Stadt Izhevsk. Es war ein zweistöckiges Haus, vor dem ein paar Autos parkten. Im Hof standen mehrere junge Frauen und rauchten. Das war alles, was ich sehen konnte.

Ich schrieb mir die Adresse auf und schickte sie Olga zusammen mit dem Rat, sich nicht allein dorthin zu begeben. Außerdem erklärte ich ihr, zu 99 % sicher zu sein, dass ihr Mann unbeschadet wäre. Das Gebäude war wahrscheinlich irgendeine heruntergekommene Halle, in der Billard oder so etwas gespielt wurde. Auf jeden Fall brauchte Olga Unterstützung, wenn sie ihren Mann dort abholte.

Ein paar Stunden später rief sie mich an.

„Ich habe ihn gefunden", sagte sie, ihre Stimme war schwach und müde.

„Ist er in Ordnung?"

„Wer, er? Oh, ja, ihm geht es bestens. Mir allerdings nicht."

Sie legte auf.

Sofort schickte das Programm mir eine weitere Systemmitteilung. Der Inhalt war allerdings nicht das, was ich erwartet hatte:

Deine Stärke hat sich verbessert!
+1 Stärke

Derzeitige Stärke: 11 ...

Vorgang abgebrochen!
Bitte warte auf eine Neubewertung und -berechnung deiner Stärke.

Deine Stärke hat sich verbessert!
+3 Stärke
Derzeitige Stärke: 13

Du hast für die erfolgreiche Verbesserung einer Haupteigenschaft 3.000 Erfahrungspunkte erhalten!
Derzeitiges Level des sozialen Status: 17. Fehlende Erfahrungspunkte bis zum nächsten Level: 3.190/18.000

Ein Upgrade um 3 Punkte! War das nicht klasse? Das Programm schien endlich zur Vernunft gekommen zu sein. Ich hatte mir langsam schon Sorgen über mein langes Verharren auf dem Leistungsplateau gemacht, nachdem ich meine Stärke vorher beinahe wöchentlich hatte verbessern können. Jetzt hatte sie endlich die Grenze des Durchschnittslevels 10 durchbrochen. Damit war ich nun ganz offiziell stärker als ein durchschnittlicher Erdenbewohner.

Rasch befragte ich Martha dazu, was hier gerade abgelaufen war. Danach verstand ich. Ich hatte völlig vergessen gehabt, dass die Berechnung meiner Statistiken ja hauptsächlich auf dem globalen Durchschnitt aufbaute. Was bedeutete: Mein Training mit den Gewichten vorhin hatte sich in einem Bereich bewegt, der 30 % oberhalb des Durchschnitts lag!

Bevor ich schlafen ging, dachte ich noch über die effizienteste Verteilung der 5 Eigenschaftspunkte nach, über die ich jetzt verfügte. 2 stammten aus der Verbesserung meiner Level, und 3 hatte ich bei der

Neuberechnung des Index der Umgebungssicherheit erhalten. Momentan sahen meine Statistiken so aus:

Haupteigenschaften:
Stärke: 13/32
Beweglichkeit: 10/31
Intelligenz: 20/48
Ausdauer: 11/33
Wahrnehmung: 11/32
Charisma: 17/36
Glück: 14/72

Dazu kam noch der 14-Punkte-Bonus für das Glück: +12 durch den Glücksring des Veles, und +2 durch das schützende, rote Armband.

Mein Fortschritt war in der Tat beeindruckend, allerdings nur, wenn man ihn mit dem vorherigen Zustand verglich. Insgesamt waren es noch immer die Statistiken eines recht durchschnittlichen Menschen, vor allem, was Beweglichkeit, Ausdauer und Wahrnehmung betraf. Es stimmte schon, meine Intelligenz, mein Charisma, meine Stärke und mein Glück waren etwas höher als normal. Das war zwar eine gute Nachricht, aber darum ging es gar nicht. Der entscheidende Punkt war: Ich hatte das in mir schlummernde Potenzial noch immer nicht einmal halbwegs erfüllt. Was eine echte Schande war.

Aber es war nicht der richtige Zeitpunkt, um Trübsal zu blasen. Jetzt musste ich darüber nachdenken, wo ich meine Systempunkte investierte.

Stärke und Ausdauer konnte ich durch ein fortgesetztes Training weiter verbessern. Das würde zwar seine Zeit brauchen, aber nicht so lange, wie es mich für die anderen Eigenschaften kosten würde. Das Gleiche galt für die Beweglichkeit.

Über das Glück musste ich mir dank des magischen Rings und Armbands keine Gedanken machen.

Was das Verbessern der Intelligenz betraf, so herrschte keine Eile. Angesichts des Fortschrittsbalkens musste ich nur noch ein paar Bücher lesen, um das nächste Level zu erreichen.

Charisma … Nun, das hatte ich noch nie versucht, zu leveln. Wie sich eine Erhöhung auswirken würde, konnte ich allein durch praktisches Ausprobieren herausfinden.

Martha erwies sich in dieser Sache als keine große Hilfe.

„Martha, was passiert, wenn ich einen Systempunkt in mein Charisma investiere?"

„Dadurch wird sich dein Charisma um ein Level erhöhen."

„Ja, aber welche Auswirkungen hat das?"

„Du wirst charismatischer."

Gut, das war jetzt vielleicht ein wenig übertrieben – aber so ähnlich lief unsere Unterhaltung darüber tatsächlich ab.

Wenn ich trotzdem einen Punkt in Charisma steckte, verbesserte sich dadurch womöglich mein Aussehen? Wurde ich größer oder schöner? Würden meine Wimpern sich verlängern? Verschaffte mir das ein energisches Kinn?

Andererseits, was bitte hatte denn das Aussehen mit Charisma zu tun? Josef Stalin hatte nun wirklich kein hübsches Gesicht gehabt, besaß aber offensichtlich genügend Charisma, um jeden von allem zu überzeugen …

Dann fiel mir ein, dass ich ja +1 Charisma erhalten hatte, nachdem ich nach Jahren endlich einmal wieder beim Friseur gewesen war. Bedeutete das nun, es kam doch auch auf das Aussehen an? Oder spielten andere Faktoren eine Rolle?

In Ordnung – das war alles zu kompliziert. Besser, ich investierte in meine Wahrnehmung. Irgendwie hatte ich das merkwürdige Gefühl, sie auf natürliche Weise nicht weiter verbessern zu können.

Warnung! Es wurde eine ungewöhnliche Erhöhung deiner Eigenschaft Wahrnehmung um 1 Punkt festgestellt.
Deine Sinnesorgane, die für den Empfang der Stimuli für Sehen, Hören, Riechen, Tasten und Schmecken verantwortlich sind, ebenso wie für deinen Gleichgewichtssinn und die räumliche Orientierung, werden nun entsprechend des neuen Wertes (12) umstrukturiert, um deinem derzeitigen Level der Wahrnehmung zu entsprechen.

Warnung! Um diese Fertigkeit zu aktivieren, ist ein ungestörter Schlaf über einen Zeitraum von 3 Stunden erforderlich. Bitte achte darauf, dass dein Standort sicher ist. Es wird dir empfohlen, die Bauchlage einzunehmen.

Annehmen/Ablehnen

Ich bat meinen Interface-Wecker, mich in drei Stunden aufzuwecken, und klickte auf *Annehmen*.
Die Welt um mich herum trat zurück.

* * *

KURZ NACH ZWEI Uhr nachts erwachte ich aus meinem kurzen Schlaf. Meine Wahrnehmung hatte sich verbessert. Hervorragend! Ich stellte den Wecker neu ein, um in drei Stunden ein weiteres Mal geweckt zu werden, und öffnete mein Profil.

Warnung! Es wurde eine ungewöhnliche Erhöhung deiner Eigenschaft Wahrnehmung um 1 Punkt

Ich wiederholte das noch zwei weitere Male und brachte meine Wahrnehmung so insgesamt auf Level 15. Als es Zeit wurde, aufzustehen, hatte ich noch einen Eigenschafts- und einen Fertigkeitspunkt übrig.

Es war schon fast Mittag, und mir standen immer noch die Sparring-Session mit Kostya und der Besuch im Kino mit dem kleinen Cyril bevor.

Ich setzte mich im Bett auf und konzentrierte mich auf die neuen Eindrücke, die auf mich einströmten.

Ich konnte trotz des geschlossenen Fensters Kinder im Sandkasten vor dem Haus spielen hören, ja, ich hörte sogar die Unterhaltung ihrer Mütter. Ich konnte die Marken der vorbeifahrenden Autos am Klang ihrer Motoren unterscheiden. Trotz des Dämmerlichts im Raum mit seinen geschlossenen Gardinen sah ich ganz klar die kleine Münze, die unter den Nachttisch gerollt war, und die winzige Spinne oben an der Decke. Ich roch das frisch gebackene Brot, das im Ofen der Nachbarn steckte, und fühlte meinen eigenen ruhigen Herzschlag.

Ich stolperte ins Badezimmer, drehte den Wasserhahn auf und betrachtete mein Gesicht im Spiegel. Plötzlich sah ich alles bis ins kleinste Detail, von den winzigsten Blutgefäßen in meinen Augen bis hin zu jeder Pore meiner Haut. Ich schrubbte mir das Gesicht, rasierte mich, bereitete mir schnell ein belegtes Brot und einen starken Kaffee zu und machte mich auf den Weg zum Stadion.

Kostya war noch nicht da. Ich machte Aufwärmübungen, drehte ein paar Runden auf der Aschenbahn und schaute dann auf die Uhr. Es war noch immer nichts von ihm zu sehen.

Er war bisher noch nie zu spät gekommen, im

Gegenteil, er war immer schon vor mir eingetroffen. Irgendetwas stimmte nicht.

Ich rief ihn auf dem Handy an, doch das klingelte nicht einmal. In meiner Brust machte sich eine immer stärker werdende Angst breit. Rasch rief ich die Karte auf und startete eine Suche.

Konstantin „Kostya" Bekhterev – da war er, im städtischen Krankenhaus. Seine Vitalität lag bei 68 %. Und dem Debuff zufolge war er nicht bei Bewusstsein.

* * *

„ICH MÖCHTE KONSTANTIN Bekhterev besuchen, bitte."

„Station 12", sagte die Krankenschwester und wandte sich wieder ihren Papieren zu.

Es war Sonntag, also waren praktisch keine Ärzte anwesend. Endlich konnte ich den diensthabenden Arzt der Abteilung auftreiben, der mir berichtete, dass Kostya am Abend zuvor eingeliefert worden war. Er hatte mehrere Verletzungen erlitten, etliche gebrochene Rippen und eine Gehirnerschütterung. Ein Passant hatte ihn gefunden und einen Krankenwagen gerufen. Der Polizei gegenüber hatte Kostya angegeben, er wäre die Treppe hinabgestürzt. Er warf niemandem vor, die Schuld an seinen Verletzungen zu tragen, und weigerte sich, Strafanzeige zu erstatten. Alkoholisiert war er seiner Blutprobe zufolge nicht.

Nun würde er zwei oder drei Wochen im Krankenhaus bleiben und für den Rest seines Lebens auf Leistungssport verzichten müssen.

Als ich Bescheid wusste, wie die Dinge standen, suchte ich sofort auf der Karte nach seiner kleinen Schwester. Die beiden hatten keine nahen

Verwandten, es gab also niemanden, der sich um sie kümmern konnte.

Ich merkte mir die Adresse und begab mich zu Kostyas Gebäude. Es war ein mehrstöckiges Haus. Ich kannte die Wohnungsnummer nicht und musste mich bei den Nachbarn erkundigen. Endlich fragte eine nette alte Dame mich, wer ich denn bitte eigentlich wäre. Als sie hörte, dass ich ein Freund von Kostya war, brachte sie mich zur richtigen Wohnung.

Julie war allein zu Hause. Sie hatte wohl gedacht, ich wäre ihr Bruder, der endlich nach Hause kam – mit einem glücklichen Schrei riss sie sofort die Tür auf. Und sah mich. Die alte Dame wartete, bis es eindeutig war, dass Julie mich kannte, dann ging sie.

„Hi, Jul", sagte ich.

„Hi, Onkel Phil! Kostya ist nicht da."

„Ich weiß. Er ist im Krankenhaus. Sollen wir beide ihn besuchen gehen?"

Sie nickte heftig. Ich sagte ihr, sie sollte sich eine Jacke anziehen.

Es dauerte nicht lange, bis wir im Krankenhaus waren. Zuerst weigerte man sich, uns zu ihrem Bruder vorzulassen. Ich musste beim Sicherheitsbediensteten sanften Druck ausüben, damit er den Kopf abwandte, während wir rasch in die Intensivstation huschten.

„Komm jetzt!", mahnte ich. Julie war stehengeblieben und studierte neugierig die Poster zum Thema Erste Hilfe, die überall hingen.

Ich nahm sie bei der Hand. Unsere Schuhschützer aus Plastik[52] raschelten, als wir den Flur entlang gingen.

Ich öffnete die Tür zur Station, auf der sich mehrere Betten befanden, Kostya war hier nicht

---

[52] In den meisten medizinischen Einrichtungen in Russland sind für die Besucher Einmal-Schuhschützer aus Plastik Pflicht.

allein. Ein graues Laken bedeckte ihn bis zum Kinn. Neben ihm befand sich ein Metallstand, an dem ein Beutel mit einer Salzlösung hing, die langsam über den Infusionsschlauch in seine Adern tropfte. Sein Kopf war mit Verbänden umwickelt und seine Augen waren geschlossen. Eine Unmenge Debuffs schwebte über ihm, denen zufolge es ihm wirklich schlecht ging.

Ich ging zum Bett und rief leise seinen Namen, um die anderen nicht zu wecken. „Kostya?"

Halb hoben sich seine Augenlider. Sein Gesicht erhellte sich, als er seine Schwester erblickte. „Phil ... Julie ...", flüsterte er.

Weinend hängte das Mädchen sich an ihn.

„Es ist alles in Ordnung, Kleine – weine nicht ..."

„Ich dachte, du hättest mich verlassen!", schluchzte sie.

„Da..." Er musste husten. „Das würde ich niemals tun, hörst du?"

Julie nickte.

Kostya schluckte schwer. „Wie hast du herausgefunden, was los ist?"

„Du bist nicht zum Training erschienen, also bin ich zu dir gegangen. Die Nachbarn haben es mir erzählt." Ich konnte nur hoffen, er würde sich nicht wundern, dass ich wusste, wo er wohnte.

„Diese Mistkerle!", sagte er, nahezu tonlos. Trotz meiner verbesserten Wahrnehmung hatte ich Probleme, ihn zu verstehen. „Ich habe keine Ahnung, wer es war. Es war dunkel ... Ein paar Typen sind zur Tür gekommen und haben gesagt, ich soll für eine Unterhaltung nach draußen kommen ... Gestern beim Boxen ... Ich hatte Streit mit Mohammed ... einen massiven Streit ... Er könnte dahinterstecken ..."

„Hättest du ihn nicht erkannt?"

„Weiß nicht ... Es war so dunkel ..."

„Aha. Warum hast du keine Strafanzeige erstattet?"

„Ich nehme das lieber selbst in die Hand", wisperte er.

„Das ist doch töricht! Was, wenn sie dich beim nächsten Mal umbringen? Ach, das spielt jetzt erst einmal keine Rolle. Du musst zwei oder drei Wochen im Krankenhaus bleiben. Also werde ich für dich am Turnier teilnehmen, kapiert? Wenn ich gewinne, bezahlen wir von dem Geld Julies Operation im Ausland."

Widerstrebend nickte er. „Die werden dich auseinandernehmen", fügte er mit einem schwachen Lächeln hinzu.

„Das werden wir ja sehen. Übrigens, ich werde Julie zu meinen Eltern bringen. Sie sind Rentner, können sich also um sie kümmern. Ich würde sie ja mit zu mir nehmen, aber ich bin so gut wie nie zu Hause. In welchen Kindergarten geht sie?"

„Nummer ... 48. Danke!"

Eine Putzfrau kam in den Raum. Die Reinigungsutensilien auf ihrem Wagen klapperten. „Was ist denn das bitte, junger Mann? Diese Patienten brauchen absolute Ruhe! Verlassen Sie sofort die Station!"

„Mach dir keine Sorgen", sagte ich zu Kostya und ignorierte die dumme Kuh einfach. „Ruh dich aus und erhol dich. Julie, verabschiede dich von deinem Bruder. Ich warte draußen auf dich."

Ich berührte Kostyas Hand. Er war so schwach, er konnte meine nicht einmal greifen. Nur ganz leicht zuckten seine Finger.

Vom Krankenhaus aus liefen wir zu meinen Eltern, um meinen Neffen Cyril abzuholen. Ich hatte beschlossen, das Mädchen mit ins Kino zu nehmen, in der Hoffnung, das würde sie aufmuntern.

Meine Eltern waren beide zu Hause. Ich ließ Julie bei Cyril und ging in die Küche, um zu berichten, was gerade passiert war.

„Wie schrecklich!", rief meine Mutter. „Und das Mädchen ist so blass und schmal ..."

„Sie hat eine seltene Krankheit, die in Russland nicht behandelt werden kann. Sie muss im Ausland operiert werden. Aber deswegen ist sie nicht hier."

„Das ist gar kein Problem, wir kümmern uns um sie", versprach mein Vater. „Ich werde sie jeden Tag in den Kindergarten bringen. Und wir werden dafür sorgen, dass sie ein paar Kilo zunimmt. Es wird uns Spaß machen. Nachdem du uns ja nun aller Wahrscheinlichkeit nach keine Enkelkinder bescheren wirst ..."

„Aber Cyril ist doch euer Enkel!"

„Das ist er", nickte mein Vater stolz. „Und er ist der beste Enkelsohn, den man sich nur vorstellen kann!"

„Hör nicht auf den alten Narren!", mischte sich meine Mutter ein. „Aber mach dir keine Sorgen – wir werden gut auf das kleine Mädchen aufpassen. Und wir bringen sie auch zum Krankenhaus, damit sie ihren Bruder besuchen kann."

Der Stimme meines Vaters hatte ich deutlich angehört, dass er gern noch einen Enkelsohn hätte, der seinen Namen trug – mit anderen Worten, jemanden, der die männliche Linie der Panfilovs fortsetzen konnte. Ich musste ihm allerdings zugutehalten, es wenigstens nicht laut ausgesprochen zu haben.

„Ich danke euch!", sagte ich. „Ich werde mit den beiden jetzt ins Kino gehen und sie später zurückbringen. Ich habe heute noch einiges zu erledigen. Soll ich irgendetwas für euch besorgen? Wir kommen ohnehin am Einkaufszentrum vorbei."

„Wir wollten gerade zum Markt gehen, Fleisch kaufen", erwiderte meine Mutter. „Davon abgesehen haben wir alles im Haus. Unser Gemüse stammt aus dem Garten vom Sommerhaus."

„Willst du nicht wenigstens eine Tasse Tee trinken, bevor ihr aufbrecht?", fragte mein Vater mit einem bittenden Unterton.

Ich überprüfte die Anfangszeit für die Kinderfilme auf dem Handy und rechnete aus, wie lange wir zum Kino brauchen würden. Es war genug Zeit. „Auf jeden Fall."

„Prima!", freute er sich.

Als wir zum Tee zusammensaßen, wurde Julie langsam ein wenig lebhafter. Am Ende plauderte sie munter mit „Nana Lydia" und „Papa Oleg". Ich beobachtete sie und Cyril, der sie mit bewundernden Hundeaugen anstarrte. Dabei konnte ich nicht umhin, die hohe Kompatibilität zwischen den beiden festzustellen. (Ja, klar ...) Auch prägte ich mir das Potenzial der Kinder ein. Bei Julie war es das Zeichnen, worin sie besondere Leistungen zeigen würde (es war also bestimmt eine gute Idee, sie auf die Kunstschule zu schicken), bei Cyril das Programmieren. Diese Informationen musste ich unbedingt an Kira und Kostya weitergeben, damit die beiden die richtige Ausbildung bekamen.

Wir entschieden uns für den Film *Hotel Transsilvanien 3 – Ein Monsterurlaub*. Während der Vorführung geschah nichts Wesentliches, aber anschließend wurde mir klar, dass ich vergessen hatte, ein wenig Kleidung für das Mädchen einzupacken. Deshalb machten wir einen Abstecher zum nächsten Geschäft mit Kindermoden, wo ich alles kaufte, was eine hilfreiche Verkäuferin vorschlug: Unterwäsche, ein Kleid, ein paar T-Shirts und Hosen. Anschließend besuchten wir ein Spielzeuggeschäft, wo Cyril sich einen großen Baukasten aussuchte und Julie ein ferngesteuertes Auto. Die Puppe, die ich ihr zeigte, wies sie energisch zurück. Hier zeigte sich wahrscheinlich der Einfluss ihres großen Bruders.

Als wir kurz darauf an einer Drogerie

vorbeikamen, fiel mein Blick auf ein Aftershave im Schaufenster, das unglaubliche +5 Charisma versprach. Ohne zu zögern kaufte ich es mir.

Dieser spontane Kaufanfall hatte alle Pokergewinne von gestern verbraucht, für die ich vom Programm gesperrt worden war. Es war bestimmt nicht die schlechteste Weise, Geld auszugeben, wenn ich mir Julie ansah, die auf dem Weg zu meinen Eltern die Einkaufstüten in freudiger Aufregung gegen ihre Brust presste.

Den Sonntagabend verbrachte ich in meiner Wohnung mit dem Betrachten von Videos der besten Boxkämpfe. Bevor ich schlafen ging, steckte ich noch rasch den letzten verfügbaren Eigenschaftspunkt in meine Beweglichkeit.

* * *

ICH HATTE EINMAL eine Gedichtesammlung besessen, die mir ein befreundeter Schriftsteller geschenkt hatte. Der Titel war *Montagmorgen*. So oft ich die Gedichte allerdings auch gelesen hatte – der Montag wurde im gesamten Buch nicht einmal erwähnt. Erst später wurde mir klar, dass die typische Stimmung eines Montagmorgens überall zwischen den Zeilen der ungereimten Gedichte präsent war.

Es war die Stimmung, die wir anscheinend mit der Muttermilch aufnahmen, die durch alle Poren unserer Haut in uns eindrang, die unser gesamtes Denken beherrschte: Dieses ruhelose, ängstliche, trübe Gefühl mit den Überresten eines Katers. Montags brachten Eltern ihre Kinder das erste Mal wieder zur Kinderkrippe, trugen sie in den frostigen

Wintermorgen hinaus, der nach Abgasen roch.[53] An jedem dieser trübsinnigen Montagmorgende wurde der süße Luxus, faul zu Hause herumzuhängen, durch die Strenge des Kindergartens mit seinem Haferbrei und seiner milchigen Makkaronisuppe ersetzt. An einem weiteren trostlosen, regnerischen Montagmorgen schleppte das älter gewordene Kind seine schwere Tasche zur Schule, wo sich nicht jeder freute, es zu sehen. Das dauerte ganze elf Jahre,[54] gefolgt von weiteren fünf Jahren auf der Universität und anschließend einem Leben voller Arbeit. Wohin ein Kind sich auch drehte und wendete – es konnte dem grimmigen, bitteren Elend der Montagmorgende einfach nicht entkommen.

Das war der Lebensstil, der denjenigen vorbehalten war, die erst am Freitagabend zu leben begannen. Zum Glück gehörte ich nicht zu dieser Kategorie. Wenigstens inzwischen nicht mehr. Für mich war der Beginn einer neuen Woche nur eine neue Gelegenheit, mich und die Welt ein klein wenig besser zu machen. Natürlich gestattete uns das offizielle Wochenende, Zeit mit unserer Familie zu verbringen. Genau das gefiel mir daran auch. Aber es war nicht die Abwesenheit der Arbeit, die ich am Wochenende schätzte.

Wenn man Freude an seiner Arbeit hatte und einen die Leidenschaft beherrschte, die Dinge besser zu machen, und wenn das gesamte Team ebenso dachte, dann unterschied sich ein Montagmorgen sehr radikal von dem, was mein Freund in seinen Gedichten beschrieben hatte. Dann war das einfach nur ein weiterer Morgen, den man feiern durfte, durch die Begrüßung der ersten Sonnenstrahlen, wie unsere

---

[53] Im Winter müssen russische Autos erst durch einen mehrere Minuten dauernden Leerlauf aufgewärmt werden.
[54] Russische Kinder besuchen normalerweise elf Jahre lang die Schule.

Urahnen, die Höhlenbewohner.

Nach dem morgendlichen Joggen duschte ich, frühstückte und trank eine Tasse Kaffee. Ich wollte gerade die Wohnungstür abschließen, als das Handy klingelte, das ich für meine Suchen zur Unterstützung der Rettungstrupps verwendete. Ohne die Straßenschuhe wieder auszuziehen, eilte ich zurück und nahm ab.

„Entschuldigen Sie, wer spricht da bitte?", fragte eine teilnahmslos klingende männliche Stimme.

„Wen haben Sie denn angerufen?"

„Sind Sie Phil?"

„Ja, das bin ich."

„Sie sind ein schleimiges Stück Scheiße, wissen Sie das? Wenn ich wüsste, wo Sie wohnen, würde ich Ihnen den Kopf abreißen!"

„Wer sind Sie?"

„Ich bin ihr Mann!", zischte er böse, dann brach er in unkontrolliertes Lachen aus. „Ich bin Max", ergänzte er, als der Anfall vorüber war. „Waren Sie derjenige, der Olga erzählt hat, wo sie mich finden kann? Sie verdammter Hellseher!"

„Warum? Was ist denn passiert?"

„Ich war auf einer Sauftour! Fünf Jahre lang habe ich keinen Tropfen Alkohol angerührt! Hat man nicht das Recht, sich wenigstens einmal alle fünf Jahre gehen zu lassen? Sie hat mich in der Sauna erwischt, in Gegenwart von ein paar Mädels. Sie hat mich verlassen. Gerade jetzt ist sie unterwegs, um die Scheidung einzureichen. Sie Abschaum!"

Er legte auf.

Die Ränder meines Sichtfelds färbten sich scharlachrot, als das Programm sein Urteil verkündete:

Warnung! Du hast gerade eine sozial nachteilige Handlung begangen!

Analyse der Folgen wird durchgeführt ...
Der Schaden an der Gesellschaft ist unwesentlich.
Strafe: Abzug von 1.000 Punkten
Fehlende Erfahrungspunkte bis zum nächsten Level des sozialen Status: 2.190/18.000

Ich rief den Mann zurück.

„Was wollen Sie?", fragte er unwirsch.

„Ganz so schnell geht es mit einer Scheidung nun auch wieder nicht", erklärte ich. „Gehen Sie zu ihr, entschuldigen Sie sich. Sie wird Ihnen vergeben. Und hören Sie mit dem Trinken auf!"

Diesmal legte ich zuerst auf. Da der Typ mich eh für einen Hellseher hielt, würde er meinen Rat hoffentlich befolgen.

Ich schaltete das Handy aus und verließ die Wohnung endgültig.

Unterwegs rief ich von meinem normalen Handy aus Matov an und teilte ihm mit, dass ich beim Turnier Kostyas Platz einnehmen würde. Er wollte wissen, was mit Kostya los war und in welchem Krankenhaus er lag. Dann versprach er, ihn dort zu besuchen. Und wenn Kostya seinen Platz tatsächlich aufgab, so sicherte Matov mir zu, würde er sich in allen das Turnier betreffenden Angelegenheiten stattdessen mit mir in Verbindung setzen.

* * *

DIE GESAMTE BANDE – Alik, Gleb, Greg, Marina und Kesha – wartete vor dem Eingang des Gewerbezentrums. Sie rauchten. Neben ihnen trat Cyril mutig von einem Fuß auf den anderen und kämpfte gegen die Versuchung an, sich ihnen anzuschließen.

Mit federnden Schritten flog ich die Stufen hoch,

gesellte mich zu ihnen und begrüßte sie.

„Ähm, Phil, weißt du …", begann Alik. „Ich muss das Büro so gegen 10 kurz verlassen, um meine Bewerbung bei der Universität einzureichen."

„Klar", erwiderte ich ohne Zögern. „Bei der Fakultät, für die du dich entschieden hast?"

„Ja, die Abteilung für Management. Aber die Stipendien sind bereits alle vergeben. Es werden nur noch zahlende Studenten aufgenommen. Der alte Mark hat einen Vertrag zwischen mir und der Firma aufgesetzt. Die Firma bezahlt für mein Studium, und ich zahle euch alles zurück von meinen Divi…, ähm, Devi…"

„Dividenden", half Kesha ihm aus und lächelte.

„Genau. Die Hälfte von meinem Schnitt. An den Gewinnen, meine ich."

„Kein Problem", nickte ich.

Herr Katz hatte mir den Grund bereits erklärt, der hinter dieser Idee steckte. Wenn Alik letzten Endes selbst für sein Studium bezahlte, stärkte das sein Verantwortungsgefühl. Es war eine Art Korrektivmaßnahme.

„Wie war euer Freitagabend?", erkundigte ich mich.

Marina verdrehte verzückt die Augen. „Ooooh!"

„Er war so" – Kesha zog sie an sich und küsste sie auf die Lippen.

„Aha! Na, das ging ja schnell …"

Marina senkte den Blick. Kein Wunder – vor nur einer Woche hatte sie ein mehr als nur beträchtliches Interesse an meiner Wenigkeit gezeigt.

„Ich freue mich für euch, Leute", sagte ich rasch. „Wirklich!"

Gleb lachte. „Was für eine Seifenoper! Phil, wir sollten diesen ganzen romantischen Unsinn im Büro verbieten!"

„Ach, hau doch ab!", grinste Kesha. „Und nur

damit ihr es alle wisst – heute Abend holen wir Marinas Sachen aus dem Studentenwohnheim. Sie zieht bei mir ein."

„Ihr wart am Freitagabend ja offensichtlich sehr beschäftigt", spottete Greg.

„Wieso, bist du etwa eifersüchtig?" Ebenso verlegen wie verärgert starrte Marina ihn an.

„Sorry, ich wollte dich nicht beleidigen", erwiderte Greg rasch. „Außerdem wart ihr beiden nicht die Einzigen, die einen ausgefüllten Freitagabend erlebt haben, nicht wahr, Alik?"

Alik lief rot an. „Ach, übrigens, Phil", wechselte er das Thema, „heute ist Goreliks Geburtstag. Sollen wir ihm ein Geschenk besorgen?"

„Ja, eine gute Idee." Ich versuchte, mich an Goreliks Vorlieben zu erinnern. „Ist er nicht ein begeisterter Angler? Einer von euch soll sich von Rose etwas Geld aus der Portokasse holen, für ein Geschenk aus dem Angelshop."

„An welchen Betrag hast du denn dabei gedacht?", fragte der wie immer praktisch denkende Kesha.

Im Geiste erstellte ich eine Liste möglicher Geschenke und überprüfte ihre Kompatibilität mit Gorelik. Spinnköder, Ausrüstung, Angelruten, ein Echolotgerät ... nein ...

Endlich hatte ich es. „Kaufen wir ihm eine japanische Teleskop-Angelrute", beschloss ich. „Nach allem, was ich gehört habe, arbeitet er am liebsten mit Schwimmern, das wird ihm gefallen. Was das genaue Modell betrifft, müsst ihr jemanden im Laden fragen."

„Hallo, Jungs!" Veronica schloss sich uns an. Sie umarmte mich und gab mir einen Kuss auf die Wange, ebenso wie allen anderen. Aber als sie bei Alik angekommen war ...

„Hallo, mein Schatz", murmelte sie.

Die beiden umschlangen sich und küssten sich leidenschaftlich.

„Hallo, Süße", erwiderte Alik endlich und löste sich von ihr. Sein Kopf war hochrot und er war total verlegen.

Süße? Was zum Teufel war denn hier los? Wir hatten mit der Arbeit kaum begonnen und schon erinnerte das Büro an einen Familienbetrieb! Jetzt musste ich nur noch Stacy zurückholen, Gregs Frau Alina als Mitarbeiterin einstellen und eine geeignete Kandidatin für Cyril finden. Ich konnte nur hoffen, dass unser geschäftliches Abenteuer nicht wie eine brasilianische Seifenoper endete!

Der Rest des ersten Wochentags verlief ohne Zwischenfälle. In der Besprechung am Morgen hatten wir die Aufgaben für die Woche verteilt, und dann hatte sich jeder mit seiner eigenen Arbeit befasst.

Nach dem Mittag strömte eine ganze Horde neuer Kunden ins Büro. Unter ihnen erkannte ich Tural Abdulaev, der mich nach meiner Begegnung mit Valiadis beinahe erstochen hätte. Er musste mich ebenfalls erkannt haben, denn er wirkte schuldbewusst.

Doch ich ließ mir nichts anmerken. Erst nachdem wir den Vertrag unterschrieben hatten und ich ihm ein paar mögliche Jobangebote genannt hatte, fragte ich ihn ganz offen: „Nun, wie stehen die Dinge, Tural?"

Er sagte etwas auf Aserbaidschanisch zu seinen Kollegen und deutete mit dem Kopf auf mich. Auf einmal sprangen alle auf, stürzten zu mir und schüttelten mir die Hand. Das Programm überschüttete mich mit Meldungen über mein verbessertes Ansehen.

„Wir haben die Arbeit abgeschlossen und unsere Pässe vom Chef zurückbekommen", erklärte Tural. „Er hat uns vollständig bezahlt. Aber deine Hilfe werden wir dir niemals vergessen. Das Geld ... es war uns eine große Unterstützung."

„Gut. Freut mich, dass ich helfen konnte."

* * *

DEN ABEND WOLLTE ich damit verbringen, meine Boxfertigkeit zu verbessern, die sich jetzt bereits Level 8 näherte. All das Schattenboxen, das Betrachten der Kämpfe anderer und das Verfeinern meiner Technik am Boxsack, den ich endlich gekauft und aufgehängt hatte, zahlte sich wirklich aus.

Aber zuerst musste ich mich mit Martha unterhalten. Routinemäßig aktivierte ich sie in der Küche, wo ich eine Tasse Tee trank.

Das war nicht mehr die schmuddelige Küche aus meinen Tagen mit Yanna, der vernachlässigte Raum mit dem tropfenden Wasserhahn und der kaputten Ofentür, in dem ich an dem Tag mit Yanna gefrühstückt hatte, an dem mir das Interface eingepflanzt worden war. Es war nicht einmal drei Monate her – aber inzwischen hatte sich so viel verändert!

Martha erschien und setzte sich mir gegenüber, in der Hand eine Teetasse mit demselben Muster. Sie war zum Verrücktwerden schön, was meine Interaktionen mit ihr ebenso ästhetisch angenehm wie erleuchtend machte.

„Guten Abend, Phil."

„N'Abend, Marth. Möchtest du etwas essen?"

„Nein, danke, ich bin nicht hungrig", antwortete sie. „Wie läuft es bei der Arbeit?"

„Es ist im Entstehen. Gute Fortschritte und so weiter. Es scheint alles nach Plan zu laufen. Morgen ist der letzte Tag des Monats, und ich bin schon gespannt auf die Umsatzzahlen für den Monat Juli."

„Ich freue mich für dich." Anmutig hob sie die Tasse und nahm einen Schluck. „Ich sehe, du hast heute eine weitere Sperrung gerade so vermeiden können."

„Ja, ich hatte einer Frau geholfen, ihren Mann wiederzufinden, und bin dafür bestraft worden. Warum war es nur eine Strafe und keine Sperrung?"

„Du hast doch selbst gesehen – der Schaden für die Gesellschaft war unwesentlich. Entweder versöhnen die beiden sich wieder, oder eine Scheidung ist ohnehin für alle die beste Lösung. Welche Gefühle hast du jetzt?"

„Inwiefern?"

„Nun, du hast mit nur wenigen sorglos ausgesprochenen Worten das Leben gleich mehrerer Menschen verändert. Der Mann, die Frau, ihre Kinder und Eltern ... Wenn sie sich scheiden lassen und dann jemand Neues treffen, mit dem sie eine zweite Familie gründen, hätte das Einfluss auf noch viele weitere Leben. Die Wellen im Wasser breiten sich immer weiter aus ... Du verstehst, was ich meine?"

„Das tue ich ..." Ich runzelte die Stirn. „Das war ein Fehler."

„Wieso glaubst du das?"

„Ich habe zur Auflösung einer Familie beigetragen. Wie sollen denn die Kinder ohne Vater aufwachsen? Ihre gesamte Welt bricht zusammen ..."

„Es ist gut, dass dir das jetzt endlich bewusst wird. Aber du solltest das nicht einen Fehler nennen. Schließlich hast du aus den besten Absichten heraus gehandelt. Und du konntest ja nicht wissen, was passiert wäre, wenn du den Aufenthaltsort des Mannes verschwiegen hättest. Womöglich hätte er seine Sauftour ausgedehnt und wäre in echte Schwierigkeiten geraten. Er hätte beraubt oder sogar getötet werden können. Oder er hätte alles unbeschadet überstanden, wäre zu seiner Familie zurückgekehrt – und hätte die Sauftour bald wiederholt. Womöglich hätte er so stark zu trinken begonnen, dass die Familie alles verloren hätte. Oder er hätte in betrunkenem Zustand seine Kinder verprügelt. Dann wäre der Schaden für alle Beteiligten noch größer. Verstehst du es jetzt? Ohne alle potenziellen Entwicklungswege zu kennen, kannst du nicht wissen, ob etwas gut oder schlecht ist. Und du konntest die möglichen Entwicklungswege nicht beurteilen. Also war es kein Fehler."

Ich verbrachte einige Zeit damit, darüber nachzudenken. Endlich nickte ich mein Einverständnis und bereitete mir einen neuen Tee zu.

„Phil, erinnerst du dich noch daran, dass du nach meinem Prototypen gefragt hast?", fragte Martha.

„Natürlich", erwiderte ich, auf einmal so aufgeregt, dass meine Tasse mit kochendem Wasser überfloss. „Verdammt!" Ich wischte alles mit Papiertüchern auf und wandte mich dann wieder Martha zu. „Du hast also wirklich einen Prototypen?"

Sie lächelte. „Nein, das habe ich nicht. Erlaube mir, dich daran zu erinnern, dass Charakter und Verhaltensweisen dieses speziellen Avatars auf deinen persönlichen Vorlieben beruhen. Aber was mein Aussehen betrifft ... Nun, insofern besteht eine Chance von 99,002 % auf ein Vorbild in der realen Welt."

Ich seufzte enttäuscht. „Keine 100 %?"

„Ihre Augen haben eine andere Farbe", erklärte Martha. „Schreib es dir auf: Jenna Petersen, 31 Jahre alt, geboren in Paarl."

„Wo zum Teufel liegt denn das?"

„In der Südafrikanischen Republik. Sie ist verheiratet und hat eine kleine Tochter." Mitleidig sah sie mich an. „Tut mir leid, Phil. Aber sie hat ein Facebook-Profil. Wenn du willst, kannst du ihr eine Freundschaftsanfrage schicken."

Ich griff mir mein Smartphone, öffnete Facebook und meldete mich rasch an. Dann gab ich ihren Namen ins Suchfeld ein – und fand sie.

Jenna Petersen.

Eine etwas ältere Version von Martha lächelte mich vom Bildschirm aus an – nur, dass sie hellbraune Augen hatte, nicht blaue.

* * *

AM NÄCHSTEN TAG rief Panchenko mich endlich an, der berühmt-berüchtigte kaufmännische Leiter von *Ultrapak*. Er schlug vor, sich in seinem Büro zu treffen. Ich war einverstanden. Ich hasste es, Dinge unerledigt zu lassen, auch wenn es in diesem Fall nicht meine Schuld war. Aber diese Aufgabe hatte schon seit Wochen auf meiner Aufgabenliste gestanden, und das ärgerte mich.

Bevor ich mich zur Besprechung begab, meldete ich mich im Büro unserer Firma und warnte alle vor, dass ich heute später kommen würde.

Ultrapak befand sich noch im selben Gebäude, nur saß eine andere Frau am Empfang.

„Hallo", begrüßte ich sie. „Ich bin Phil Panfilov von der *Großen Jobvermittlungsagentur*. Ich habe einen Termin bei Herrn Panchenko."

„Ich fürchte, er ist momentan sehr beschäftigt. Sie müssen warten."

Ach, wirklich? Ich war auf die Sekunde pünktlich eingetroffen, und er war derjenige, der den Zeitpunkt unseres Meetings festgelegt hatte. Ich stand kurz davor, zu explodieren, doch ich zwang mich, ruhig zu bleiben. Ich würde die anberaumte Zeit – eine halbe Stunde – warten und anschließend wieder gehen, falls er sich nicht rührte, die Aufgabe von der Liste streichen, seine Telefonnummer aus meiner Kontaktliste löschen und die Sache als abgehakt betrachten, verdammt noch mal!

Eine Viertelstunde später sah ich Panchenko aus Herrn Ivanovs Büro kommen und in sein eigenes gehen.

Wieder ein paar Minuten später erklärte die Lady am Empfang mir, Herr Panchenko würde mich nun erwarten. Ich stand auf.

In diesem Augenblick trat Vicky aus ihrem Büro, und ganz zufällig standen wir uns vor Panchenkos Bürotür direkt gegenüber.

„Hi, Vicky!", sagte ich. „Ich bin mit eurem kaufmännischen Leiter verabredet."

„Ich weiß – ich werde bei der Besprechung dabei sein." Sie lachte auf eine Weise, die mir gar nicht gefiel.

Ich grübelte, was das wohl alles zu bedeuten hatte, und betrat dann Panchenkos Büro.

„Guten Morgen", begrüßte ein junger Mann mich, der für seine 27 Jahre viel zu viel Gewicht mit sich herumtrug. Er stand auf und bot mir die Hand. „Phil, nehme ich einmal an?"

„Ja, das bin ich. Freut mich, dass Sie endlich doch die Zeit gefunden haben, mich zu empfangen."

„Darf ich Ihnen Victoria vorstellen? Sie ist die Direktorin unserer Personalabteilung. Das Thema unserer Besprechung fällt auch in ihren Arbeitsbereich."

Vicky und ich setzten uns, sie neben Panchenko, ich den beiden gegenüber.

Ich betrachtete die Statistiken des kaufmännischen Leiters. Sein Interesse am Meeting war allenfalls lauwarm, und sein sozialer Status lag bei Level 8. Das waren keine guten Vorzeichen.

„Nun denn, ich bin ganz Ohr." Er rieb sich die Hände und täuschte Fröhlichkeit vor. „Was wollen Sie von uns? Sagen Sie es mir."

„Ich will gar nichts von Ihnen. Ich habe Ihnen vielmehr etwas anzubieten."

Ich berichtete ihm von den Diensten unserer Outsourcing-Verkaufsabteilung. Vicky grinste skeptisch. Panchenko verzog die Lippen und legte die Stirn in Falten, unterbrach mich jedoch nicht. Ich verstand ihn nur zu gut – wenn wir den Verkauf übernahmen, wurde seine eigene Position dadurch überflüssig.

„Und das ist es im Wesentlichen, was wir Ihnen anbieten können. Da wir keine Gebühr in Rechnung stellen, sondern lediglich einen Prozentsatz der tatsächlichen Umsätze verlangen – und zwar zufälligerweise denselben Prozentsatz, den Sie Ihren eigenen Handelsvertretern zahlen – riskieren Sie bei der Sache überhaupt nichts."

„Oh, doch", widersprach Vicky mir. „Wir riskieren etwas, und zwar eine ganze Menge."

„Erklären Sie mir das bitte", forderte Panchenko sie auf.

„Entschuldigen Sie, Herr ..." Sie brach ab.

„Panfilov", kam ich ihr zu Hilfe.

Sie ignorierte mich. „Seit wann besteht Ihr Unternehmen?"

„Seit etwa zwei Monaten."

„Das meinen Sie nicht ernst!", mokierte sich Panchenko.

„Genau das denke ich auch." Vicky lächelte Panchenko an. „Ich glaube, ich habe diese betrügerische Masche längst durchschaut. Er will, dass wir einen Vertrag mit ihm unterschrieben – angeblich ganz ohne Risiko für uns – und dann reißt er sich unsere Kundenliste unter den Nagel, um sein eigenes Portfolio zu erweitern. Er wird sie seinen potenziellen Neukunden unter die Nase halten und damit angeben, wie weit seine Firma es *bereits*" – sie betonte das Wort – „gebracht hat, weil so wichtige Unternehmen wie wir schon mit ihm zusammenarbeiten. Und dann werden die alle von uns nichts mehr wissen wollen. Sie wissen, wie das läuft? Dieser Kerl trifft sich mit den Kunden, um seine eigenen Dienste zu verkaufen. Und wer soll dann unsere Verpackungen vertreiben? Außerdem, es gibt diese Firma doch erst seit wenigen Wochen ..."

„Jetzt warten Sie mal eine Sekunde, Victoria", fiel ich ihr ins Wort. „Wir können in den Vertrag ohne Weiteres eine Vertragsstrafe für den Fall aufnehmen, dass wir unsere vereinbarten Pflichten verletzen."

Auf Panchenkos Gesicht breitete sich ein sarkastisches Grinsen aus. Er glaubte, mich durchschaut zu haben. Nun, ich hatte Grund, zu glauben, ebenfalls zu wissen, welchem Zweck diese kleine Zirkusschau diente.

Als ich mich im Stuhl zurücklehnte, sah ich, wie seine Hand auf Vickys Oberschenkel ruhte. Jetzt war mir völlig klar, wer das alles eingefädelt hatte.

„Ich fürchte, Phil, Ihr Angebot ist nichts für uns", fasste Panchenko zusammen.

„Und ich fürchte, mein Herr, ich bin an einer Zusammenarbeit mit Ihnen ebenfalls nicht interessiert." Ich schob meinen Stuhl zurück, der laut über den Boden scharrte, und stand auf. „Grüßen Sie Herrn Ivanov von mir."

Er verengte die Augen. „Kennen Sie ihn etwa?"

Er wusste also nicht, dass ich in der Vergangenheit für *Ultrapak* gearbeitet hatte? Der Kerl hatte sich nicht einmal die Mühe gemacht, sich über seinen Gesprächspartner zu informieren?

„Natürlich", erwiderte ich. „Ich habe hier einmal gearbeitet. Hat Victoria Ihnen das etwa nicht erzählt?" Ich nickte ihr zu. „Es stimmt allerdings, ich war nicht sehr lange hier. Wahrscheinlich kann sie sich deshalb nicht an mich erinnern."

„Also, ich kann mich nicht über mein Gedächtnis beschweren, Phil!", zischte sie böse.

„Und ich kann mich nicht über meine Ex-Freundinnen beschweren."

Ich verließ das Büro, während mich die beiden

noch entsetzt anstarrten, und marschierte aus dem *Ultrapak*-Gebäude, heute endgültig zum letzten Mal.

* * *

DAS PROGRAMM TADELTE mich für das Begehen einer sozial nachteiligen Handlung und zog mir 100 Erfahrungspunkte ab. Es war mir gleich – ich hatte Panchenko einfach nur das selbstgefällige Grinsen aus dem Gesicht wischen wollen.

Ich rief kein Taxi herbei, sondern marschierte einfach los, blind, immer der Nase lang. Ich fühlte mich gekränkt, konnte jedoch nicht genau sagen weshalb. In Gedanken hatte ich Vicky längst losgelassen, aber mein Herz musste weiter gezögert haben.

Ich erinnerte mich daran, wie ich Yanna mit Vlad gesehen hatte. Das schmerzte überhaupt nicht. Ich stieg tiefer in meine Seele hinab und versuchte, die Sache zu ergründen, aber ich verstand einfach nicht, was hier nicht stimmte.

Etwas stand jedenfalls fest – *Ultrapak* würde nie zu unseren Kunden zählen.

Tief in Gedanken versunken stolperte ich die Straße entlang. Ich beschloss, in ein Café zu gehen, um einen Americano zu trinken und von dort aus ein Taxi zu bestellen. Da fiel mein Blick auf das Schild eines Ladens:

Souvenirs und Raritäten

Mechanisch blickte ich auf den silbernen Ring an meinem Finger, den Glücksring des Veles, den ich in einem ganz ähnlichen Geschäft entdeckt hatte. Ich sollte mich in dem Shop wirklich einmal umschauen.

Auf den ersten Blick hatte der Laden nichts Interessantes anzubieten. Kitschige Gipsfiguren, Bronzebüsten unbekannter Leute, unvollständige Geschirrsets ... Dennoch führte meine Intuition mich in eine der Ecken des Shops.

Und dort entdeckte ich, mitten zwischen Unmengen an Krimskrams, in einem großen Weidenkorb eine Ministatue aus Knochen. Sie war zwischen all den Schlüsselanhängern, Kühlschrankmagneten und anderen nutzlosen Kinkerlitzchen kaum zu sehen, schien mich jedoch laut beim Namen zu rufen.

Ich konzentrierte mich, um das Figürchen zu identifizieren.

Netsuke Jurōjin
Material: Elfenbein
Einer der sieben japanischen Götter des Schicksals, verleiht dem Eigentümer der Figur außergewöhnliches Glück.
+5 Glück
Gewicht: 24,8880 Gramm
Dauerhaftigkeit: unzerstörbar
Preis: 6.430.000,00 Rubel
Die Figur wird aktiviert, sobald sie ins Haus des Eigentümers gebracht wird.

Ich drehte die Statuette zwischen den Fingern und spürte die schwache Wärme, die sie ausstrahlte.

„Haben Sie etwas gefunden, das Ihnen gefällt?", erkundigte sich ein junger Mann, der hinter der Kasse stand.

„Was kostet dieses Figürchen?"

„Stammt das aus dem Korb? Alles im Korb kostet 300 Rubel."

Heute schien mir das Glück wirklich hold zu sein. War die verrückte Szene in Panchenkos Büro womöglich nur eine Täuschung gewesen, die allein dem Ziel diente, mich hierher zu führen?

Ich ging zur Kasse, um zu bezahlen.

Der Verkäufer nahm mir die Figur ab. „Warten Sie ... Oh, es tut mir leid, aber diese Statuette muss zufällig in den Korb gefallen sein. Das ist ein Jurōjin, ein sehr seltenes Stück. Aber ...“ Er zögerte. „Genaugenommen ist es eine Fälschung.“

„Eine Fälschung?“, fragte ich erbost.

„Eine Kopie. Tut mir wirklich leid“, murmelte er und legte die Figur in das Regal unter der Theke.

„Okay, und wie viel kostet diese Fälschung?“

„Einen Augenblick.“ Er tippte etwas in seinen Computer ein. „Merkwürdig – da ist nichts in der Datenbank. Aber ich weiß genau, dass wir ähnliche Stücke mit 3.900 Rubel[55] ausgezeichnet hatten. Wenn Sie es kaufen möchten, kann ich Ihnen einen Rabatt einräumen.“

„Ich könnte es Ihnen für 2.000 abnehmen, wie wäre das?“, bot ich großzügig an.

„Einverstanden“, sagte der Verkäufer überraschend schnell. Was mir zeigte, dass ich weniger hätte bieten sollen.

Ich wollte mich schon ärgern, bis ich mir mental vor die Stirn schlug. Ich hatte gerade einen echten, magischen Gegenstand erworben! Der Millionen wert war! Und das für nur 2.000 Rubel! Worüber wollte ich mich denn bitte unter diesen Umständen beschweren?

Wir trennten uns, beide sehr glücklich mit dem Handel. Ich begab mich ins Büro.

Den Rest des Tages verbrachte ich damit, die Billionen drängender Probleme zu lösen, was die Neuorganisation der Firma, die Fertigstellung der Gründungsdokumente und die Renovierungsarbeiten

---

[55] Etwa 50 Euro.

im neuen Büro betraf. Und zwischendurch empfing ich neue Kunden.

Bei der Unterhaltung mit einem von ihnen, einem Anwalt mittleren Alters, der sehr selbstbewusst auftrat und über eine beeindruckende Berufserfahrung verfügte, fiel mir auf, dass bei ihm etwas nicht stimmte. Ein Blick auf sein Profil verriet mir, dass seine Vitalität dramatisch unter dem Durchschnitt lag.

Ich beobachtete ihn, während er sich den Vertrag durchlas. Vom äußeren Erscheinungsbild her schien es ihm gut zu gehen, doch da war etwas nicht Greifbares, das meine Alarmglocken schrillen ließ.

Endlich erkannte ich, was es war – der dunkle Punkt, der aus einem bestimmten Winkel heraus beinahe mit seinen dunklen Haaren verschmolz. Es war ein Interface-Element, höchstwahrscheinlich durch meine Erkenntnis hervorgerufen – wobei mir der Grund dafür schleierhaft war.

Ich war mir sicher, dass dieser Punkt hinter seinem Unwohlsein steckte.

„Wie fühlen Sie sich?", fragte ich, als er den Vertrag unterschrieben hatte.

„Ich habe mich nie besser gefühlt", antwortete er fröhlich. „Warum?"

„Leiden Sie manchmal unter Kopfschmerzen?"

„Ja ... ab und zu. Wie jeder andere Mensch auch, nehme ich an. Glauben Sie, das könnte ..."

„Darf ich Ihnen einen Rat geben? Es liegt natürlich ganz bei Ihnen, ob Sie ihn befolgen oder nicht. Lassen Sie sich einen Termin bei Ihrem Arzt geben und Ihren Kopf durchchecken. Ich bin mir ziemlich sicher, Ihre Kopfschmerzen treten jetzt sehr viel häufiger auf als früher. Und ich schlage vor, Sie nehmen das sofort in Angriff. Haben Sie mich verstanden?"

„Was für ein komischer Vorschlag! Ich bin absolut gesund. Ich trinke nicht, ich rauche nicht und ich treibe regelmäßig Sport."

„Ich rate Ihnen dennoch zu einer ärztlichen Untersuchung. Das hat mit dem Vertrag nichts zu tun, den Sie gerade unterzeichnet haben. Ich werde Ihnen jetzt drei freie Stellen nennen, die Ihrem Profil entsprechen." Ich druckte die Suchergebnisse aus. „Sobald Sie eingestellt worden sind, suchen Sie sofort einen Arzt auf."

Zögernd nickte er. Ich gab ihm den Ausdruck und verabschiedete mich von ihm.

Ich konnte nur hoffen, dass er meinen Rat befolgte.

* * *

AM ABEND HIELTEN wir Kriegsrat, und Rose gab die Finanzergebnisse für Juli bekannt.

„Romuald hat mir alle Zahlen für den Zeitraum genannt, als Sie noch ohne mich gearbeitet haben, und mir das Bargeld übergeben. In weniger als einem Monat haben Sie 163 Personen einen Job verschafft. 38 dieser Kunden wurde eine Gebühr von je 1.000 Rubel in Rechnung gestellt. Die anderen haben einen Vertrag unterschrieben, nach dem sie uns 10 % ihrer ersten Gehaltszahlung schulden. Die ganz grob in den ersten Tagen des August oder September erfolgen wird, je nach Dauer der Probezeit. Insgesamt schätze ich den Umsatz der Agentur für den Monat Juli auf 414.500 Rubel.[56]"

Ihre letzten Worte gingen im Applaus unter. Gleb und Alik, die beiden Star-Clowns unseres kleinen Wanderzirkus, klatschten am lautesten. Ein Blick auf ihre glücklichen Gesichter brachte mich zum Grinsen. Wir hatten es geschafft!

---

[56] Etwa 5.600 Euro.

„Halt!" Energisch hob Rose die Hand. „Das Umsatzvolumen für Keshas und Veronicas Outsourcing-Verträge hat einen Betrag erreicht von …"

Ich hörte gar nicht mehr hin. Meiner Philosophie zufolge war Geld, das man noch nicht erhalten hatte, noch nicht wirklich verdient. Wir mussten abwarten, ob wir tatsächlich auf unseren Schnitt kommen würden. Außerdem hatten wir so viele Ausgaben, ich wagte gar nicht daran zu denken. Miete, Steuern, Gehälter, Renovierungsarbeiten, neue Möbel, Bürobedarf, von den Werbekampagnen einmal ganz zu schweigen …

Trotzdem – das war doch eine geile Sache!

KAPITEL 21

SMOOTH JAZZ WIRD ABGESPIELT IN 3 ... 2 ... 1 ...

Ich darf keine Angst haben. Die Angst tötet das Bewusstsein. Angst ist der kleine Tod, der zu völliger Zerstörung führt. Ich werde meiner Angst ins Gesicht sehen. Sie soll mich völlig durchdringen. Und wenn sie von mir gegangen ist, wird nichts zurückbleiben. Nichts außer mir.

Frank Herbert, *Der Wüstenplanet*

IN KOSTYAS ABWESENHEIT war ich gezwungen, einen neuen Trainer zu finden. Er sah aus wie die Zeichentrick-Karikatur eines alten Trunkenbolds, dessen Werte für Lehrfertigkeit aber alle Grenzen sprengten.

Sein Name war Ibrahim. Er war ein Kasache und ehemaliger sowjetischer Meister, der jetzt in den örtlichen Sportschulen Kinder trainierte. Ich hatte keine Probleme damit, mich mit ihm zu einigen. Er sollte mich auf das Turnier vorbereiten, und zwar für eine Summe, die für mich erschwinglich war, für ihn jedoch enormen Reichtum bedeutete.

So wurde ich sein Schüler. Wir trainierten zweimal am Tag. Dazu kamen noch die Sparring-Sessions mit anderen Jungs aus meinem neuen Fitnessstudio.

Dank meines Statistikverstärkers entsprachen diese zwei Wochen täglichen Übens einem vollständigen Jahr intensiven Trainings in der realen Welt. Schon jetzt hatte ich mehr als hundert Sparring-Erfahrungen hinter mir.

Natürlich lief nicht immer alles glatt. Ich verlor manchmal. Um genau zu sein, ich verlor sehr oft, vor allem anfangs. Die Techniken meiner Gegner variierten. Einige von ihnen griffen sofort aggressiv an, andere warteten auf ihre Chance zum Gegenangriff. Und viele waren schneller oder stärker als ich.

Der alte Knabe verbrachte jedoch viel Zeit damit, mir Kampfstrategien beizubringen. Er forderte mich auf, meine Gegner zu studieren, ihre Schwächen zu suchen und genau das auszunutzen.

„Es gibt keinen perfekten Kämpfer", verkündete er. „Selbst die besten Boxer waren nicht in allem gut. Ich will, dass du die Schwächen deiner Gegner erforschst und sie gegen sie verwendest."

Genauso ging ich nun vor. Ich verlor, wartete auf den nächsten Kampf, um weiter nach Schwachstellen zu suchen, änderte meine Taktik – nur, um erneut zu verlieren, aber dafür beim nächsten Versuch zu gewinnen.

„Mehr Leidenschaft!", verlangte Ibrahim. „Beim Boxen darf es keine Gnade geben! Leidenschaft macht dich stärker! Den Kampf gewinnt der Boxer, der am leidenschaftlichsten gewinnen will!"

Die Leidenschaft war etwas, das mir anfangs fehlte. Ich brauchte eine gründliche Abreibung oder musste sogar zunächst verlieren, um sie aufzubauen. Es kostete mich allein ein Dutzend Kämpfe, um zu lernen, wie ich leidenschaftlichen Siegeswillen entfaltete.

Der alte Knabe ließ mich trainieren, bis ich beinahe zusammenbrach. Merkwürdigerweise zeigte das keine Auswirkungen auf meine physischen Statistiken. Meine Stärke, meine Ausdauer und meine Beweglichkeit schienen auf ihren Werten eingefroren zu sein.

In meinen Boxfertigkeiten hatte ich nun jedoch Level 10 erreicht. Und mir stand immer noch ein Fertigkeitspunkt aus meiner letzten Levelverbesserung zur Verfügung, den ich jetzt ins Boxen steckte. Kostya – der übrigens am nächsten Morgen aus dem Krankenhaus entlassen werden sollte – verfügte im Boxen über Level 8, ich hingegen nun über Level 11.

Ich nahm das bevorstehende Turnier extrem ernst. Für mich als Teilnehmer mit niedrigem Rang begann es am Samstagmorgen um 9 Uhr, mit Ausscheidungskämpfen gegen andere Anfängeramateure wie ich.

Das Sportzentrum der Stadt platzte mit all den Teams aus anderen Städten beinahe aus den Nähten. Überall tummelten sich junge Männer, die laut Witze machten und Sticheleien von sich gaben. In dieser Menge fiel ich auf wie ein bunter Hund. Dennoch war ich recht zuversichtlich. Sie waren vielleicht jung und laut, aber ihre Boxfertigkeiten lagen durchweg auf Level 5 oder 6. Den stärkeren Kämpfern würde ich erst später begegnen, sobald die Ausscheidungskämpfe abgeschlossen waren.

Ich schrieb mich ein und begab mich zum Wiegen. Mit meinen 83 Kilo stufte man mich als

Schwergewicht ein. Das war die Gruppe zwischen 80 und 90 Kilo. Ich war darauf vorbereitet, obwohl es alles andere als vorteilhaft für mich war. Ich hätte unbedingt noch ein paar Kilo abnehmen sollen, um eine geringere Gewichtsklasse zu erreichen, das Halbschwergewicht. Aber jetzt war es zu spät, noch etwas zu unternehmen.

Ich konnte bereits deutlich sehen, leicht würde ich es nicht haben. In stiller Ehrfurcht betrachtete ich die Statistiken der anderen. Ihre Stärke, Beweglichkeit und Ausdauer lagen teilweise beim Doppelten meiner Werte. Meine einzige Hoffnung war mein hohes Level im Boxen – und meine verbesserte Wahrnehmung, die mir übermenschlich schnelle Reaktionszeiten verschaffte.

Man rief uns zusammen. Die jeweiligen Gegner wurden ausgelost. Um es in die Hauptgruppe zu schaffen, brauchte ich drei Siege in der Ausscheidungsphase.

„Ach, du bist auch hier?", hörte ich eine vertraute Stimme.

„Hallo, Mohammed – hallo, Zaurbek." Ich nickte den dagestanischen Brüdern zu.

„Machst du etwa beim Turnier mit?", erkundigte sich Zaurbek.

„Ja. Du auch?"

„Ja, klar", antwortete Mohammed. „Aber wir sind bereits in der Hauptgruppe. Heute sind wir nur hier, um unseren kleinen Bruder anzufeuern. Mustafa! Komm her!"

„Hi." Ihr Bruder schloss sich uns an und warf mir einen abschätzenden Blick zu. „Schwergewicht?"

„Ja. Du ebenfalls?"

„Ja." Er nickte.

„Ich hoffe, du wirst gegen ihn antreten, Bruderherz", grinste Zaurbek. „Er hat erst vor einem Monat mit dem Boxen begonnen und wird gleich beim ersten Kampf k.o. gehen!"

„Vielleicht", meinte Mohammed, und sein Gesicht verdüsterte sich. Anscheinend konnte er sich noch gut an unsere körperliche Auseinandersetzung erinnern.

„Aufpassen! Sie verkünden gerade die Kampfzusammenstellungen!" Mustafa wandte sich von uns ab.

Die Menge strömte zu den Tischen der Kampfrichter.

„Ruhe!", brüllte einer von ihnen und wartete, bis der Lärm abgeebbt war. „Und das sind die Zusammenstellungen: Im Halbfliegengewicht unterhalb von 49 Kilo ..."

Mein erster Gegner war ein untersetzter Typ in den Vierzigern. Er war kein guter Boxer, aber seine Hiebe waren zum Fürchten, wenn ich mir seine Stärke von über 30 anschaute. Ein rechter Haken von ihm bedeutete das sichere Aus.

Ich zog mich um und übergab meine Sporttasche meinen Kollegen, die alle gekommen waren, um mich zu unterstützen. Sogar Herr Katz und Rose waren da.

Besonders freute ich mich darüber, Gleb zu sehen. Das war schließlich sein großer Tag: Alle Debuffs für seine Spielsucht und seine Trinkerei waren endlich abgelaufen. Ich hatte seine Werte die ganze Zeit mit angehaltenem Atem beobachtet, aber Gleb hatte mich nicht enttäuscht. Er hatte keinen Rückfall erlitten. Jetzt war ich mir ganz sicher, dass er nicht zu seinen alten Gewohnheiten zurückkehren würde. Er wirkte sehr viel frischer. Die dunklen Ringe unter seinen Augen waren verschwunden, und seine Augen selbst strahlten Freude aus. Seine Haut besaß einen gesunden Schimmer.

Er lächelte und zwinkerte mir zu.

„Passen Sie nur ja auf sich auf!", mahnte Rose.

„Sie hat recht", stimmte Veronica zu. „Sei

wachsam!"

Greg war mit seiner schwangeren Frau Alina gekommen, die mir errötend viel Glück wünschte.

„Ich kann alles Glück gebrauchen, das ich kriegen kann!", seufzte ich und klopfte auf Holz.

Jemand verpasste mir einen kräftigen Schlag auf den Rücken. Ich drehte mich um – und da stand die gesamte Straßengang von meiner alten Wohnung. Sie waren alle da: Yagoza, Fettwanst, Sprotte, Vasily ... Aliks drei Jungs, Tarzan und die beiden anderen, hielten sich schüchtern im Hintergrund.

Alik senkte schuldbewusst den Blick.

„Hallo, Herr Philip!", brüllte Fettwanst aufgeregt. „Wir sind hier, um Sie gewinnen zu sehen!"

„Alles Gute!" Yagoza beugte sich zu mir vor. „Wir drücken dir alle die Daumen. Enttäusche unseren Block nicht!"

„Jawohl! Flattere wie ein Schmetterling, stich wie eine Biene!" Sprotte tänzelte herum wie beim Schattenboxen, stolperte dabei jedoch über seine eigenen Füße.

Deine Hände können nur treffen, was deine Augen sehen können, wiederholte ich im Kopf wieder und wieder die Worte von Mohammed Ali. Ich half Sprotte wieder auf die Füße und machte mich dann für den ersten Kampf bereit. Meine kleine Gruppe von Fans begab sich zur Tribüne.

Zu schade, dass Ibrahim mich nicht kämpfen sehen würde. Er wäre zu alt für so etwas, hatte er behauptet, und sein Herz würde vor lauter Sorge um mich garantiert versagen.

In der Arena waren sechs Boxringe aufgestellt, es konnten also sechs Kämpfe gleichzeitig stattfinden. Ich versuchte, alles auszublenden, das um mich herum geschah, und wärmte mich auf, bis man mich zum ersten Kampf rief.

„Panfilov und Nemchinov, ihr seid die Nächsten!"

Nach all den Dutzenden von Sparring-Sessions mit Ibrahim kam mir der Kampf gegen Nemchinov wie ein Spaziergang vor. Mein Gegner war ungeschickt und bewegte sich schwerfällig. Schon bald war er erschöpft. Meiner technischen Strategie war er nicht gewachsen, und seine Hiebe waren so leicht vorhersagbar, dass ich oft längst ausgewichen war, noch bevor er sich richtig entschieden hatte, wohin er schlagen wollte.

Deine Hände können nur treffen, was deine Augen sehen können ...

„Mehr Leidenschaft!", hörte ich in Gedanken Ibrahims Stimme.

In der dritten Runde erhob mein Gegner sich aus seiner Ecke und wurde von mir mit einem Hagel aus Hieben empfangen. Er duckte sich und hielt die Hände vors Gesicht. Er konnte nicht mehr.

Den Kampf gewann ich nach Punkten, mit einem geradezu lächerlichen Vorsprung.

Mein nächster Kampf war sogar noch einfacher. Der Gegner war ein hochgewachsener, dürrer Kerl mit langen Armen, ein typischer Entfernungskämpfer. Weder seine Stärke noch seine Boxfertigkeit waren erwähnenswert. Er lief ständig im Kreis herum und griff mich immer wieder mit denselben vorbereiteten Kombinationen an, denen ich ohne Mühe entschlüpfen konnte. Gegen Ende der ersten Runde schickte ich ihn mitten in seiner Tänzelei mit einem Aufwärtshaken in die Horizontale.

Die Tribünen fühlten sich langsam. Der Beginn der Hauptkämpfe stand bevor.

Wer mein dritter und letzter Gegner war, entschied sich im Kampf zwischen Mustafa und Bulat, dem Kerl aus Kasachstan, dem ich in Matovs Boxgruppe begegnet war.

Beide waren stark und gingen auf Nummer Sicher. Sie wussten, sie waren einander so gut gewachsen, dass ein einziger Fehler für ein Ausscheiden aus dem Turnier ausreichte. Zuerst war der Kasache ein wenig aktiver, doch Mustafa schlug ihn mit einem mächtigen Gegenhieb zu Boden, ermuntert durch die Zurufe seiner Brüder.

Danach war es ziemlich klar, wie dieser Kampf ausgehen würde. In der nächsten Runde baute Mustafa auf seinem Erfolg auf und endete als Sieger.

Ich hatte die ganze Zeit seinen Kampfstil analysiert und festgestellt, dass er seine Deckung für den Bruchteil einer Sekunde öffnete, bevor er einen linken Haken landete.

Diese Erkenntnis reichte aus, um ihm nach nur zwölf Sekunden einen ersten gewaltigen Hieb zu versetzen. Gegen Ende der Runde wiederholte er seinen Fehler, und diesmal ließ ich ihn nicht so leicht davonkommen. Der Ringrichter zählte ihn aus, sehr zur Enttäuschung seiner Brüder, und hob dann meine Hand als Zeichen meines Sieges.

Ich war in der Hauptrunde.

* * *

GEGEN ENDE DES ABENDS hatte ich bereits vier Gewinne zu verzeichnen.

Es wurde eine Pause vor den Endkämpfen in allen zehn Gewichtsklassen angekündigt.

Ich saß neben meinen Freunden unter den Zuschauern. Wir besetzten nahezu eine gesamte Reihe, und Aliks zusammengewürfelte Truppe saß hinter uns. Alik selbst hatte sich bei ihnen entschuldigt und sich dann neben Veronica gesetzt.

Kostya hatte sich uns nach dem Ende der Ausscheidungsrunde angeschlossen. Seine kleine Schwester war noch immer bei meinen Eltern. Sie waren jeden Tag ins Krankenhaus gefahren, damit sie ihren Bruder hatte besuchen können.

Sie hatten Kostya auch nach Hause gebracht, aber er hatte das Mädchen mit „Tante Lydia" zurückgeschickt. Schließlich würde er sich noch viele Tage mit ihr unterhalten können, aber vom Ausgang des Turniers hingen ihre Operation und damit ihr Schicksal ab. Deshalb hatte er nur schnell seine Tasche mit den Sachen aus dem Krankenhaus abgestellt und war dann auf schnellstem Weg zur Arena geeilt, gerade rechtzeitig zu den Hauptkämpfen.

„Phil, du warst klasse!" schwärmte er. „Das war geradezu überirdisch, wie du ihn geschlagen hast! In der dritten Runde hatte ich schon Angst, du wärst erledigt. Immer wieder hat er versucht, dich zu überlisten. Aber damit hast du ihn nur genau dorthin gelockt, wo du ihn haben wolltest, richtig?"

Ich grinste. „Gewissermaßen, ja."

Im Halbfinale hatte ich Yuri geschlagen, den besten Kämpfer aus Matovs anderer Gruppe. Ich hatte mich einmal im Umkleideraum mit ihm auseinandersetzen müssen, und in meinem „zweiten Leben" anscheinend in seiner Gruppe trainiert. Er war der einzige Boxer aus Matovs zwei Gruppen, der noch nicht ausgeschieden war, und jetzt hatte ich auch ihn nach Hause geschickt.

„Hör mal, ist es etwa möglich, dass du dich gerade gegen all diese Schwergewichte durchgesetzt hast?", überlegte Kostya. „Ich bin nur ein Mittelgewicht und habe dich mit Leichtigkeit besiegt. Ich muss wirklich super gut sein!"

„Das glaube ich kaum, Bektherev." Matov war herangekommen und setzte sich nun zu uns. „Jetzt könntest du ihn nicht mehr besiegen."

„Guten Abend, Trainer", sagten wir beide wie aus einem Mund.

„Du steckst voller Überraschungen, Panfilov." Er verbarg sein Erstaunen nicht. „Ich kann nicht behaupten, es hätte Spaß gemacht, dir zuzusehen, aber es hat mir auf jeden Fall die Augen geöffnet."

„Sie haben mir auf die ersten Stufen der Leiter geholfen, mein Herr", sagte ich in dem Bemühen, objektiv zu sein. „Dafür danke ich Ihnen."

„Ich habe dir die Grundlagen verschafft. Mein Fehler war, deine Intelligenz nicht berücksichtigt zu haben. Du bist ein verdammt kluger Kämpfer. Bekhterev, ist dir aufgefallen, dass dein Freund sich immer wieder neu an jeden Gegner anpasst? Er hat Mohammed mit einer Strategie k.o. geschlagen und Yuri mit einer ganz anderen. Zu schade, dass ich die Ausscheidungsrunde nicht gesehen habe." Er wurde ernst. „Wer trainiert dich denn jetzt? Doch wohl nicht zufällig der alte Khmelnitsky?"

„Ich habe ihn trainiert", mischte sich Sprotte von hinten ein. „Ich habe ihm gesagt, er soll schweben wie ein Schmetterling und furzen wie eine Biene!"

„Olé, Olé, Olé, Olé", sangen seine bereits beschickerten Kumpel. „Phil Panfilov ist ein Champion!"

Matov drehte sich um, betrachtete die Gang, zuckte zusammen und wandte sich ab. „Also, wer hat dich trainiert? Sag mir nicht, Tkachencko hat sich bereiterklärt, dich anzunehmen!"

„Mein Trainer ist keiner der beiden", erwiderte ich. „Er sitzt vielmehr direkt neben Ihnen. Es war Kostya."

„Wer bitte? Bekhterev? Ernsthaft?"

„Ja, wirklich."

„Wir hatten nur ein paar Sessions", beeilte sich Kostya sofort, seine Rolle bei meinem Erfolg herunterzuspielen. „Er lernt allerdings unglaublich schnell."

„Du bist anscheinend ein echtes Phänomen." Matov hatte versucht, einen Scherz zu machen, doch sein Tonfall war ernst. „Hast du einen Augenblick Zeit? Ich muss etwas mit dir besprechen."

Ich stimmte zu.

Er führte mich in einen kleinen Raum unter der Tribüne. „Du weißt, gegen wen du beim Endkampf antreten wirst?"

„Irgendein Typ, der sich Wolf nennt."

„Genau. Er ist ein Superschwergewicht aus dem Stall von Khmelnitsky. Er hat mächtig abgenommen, nur um im Schwergewicht kämpfen zu können. Das Preisgeld ist dasselbe, aber dadurch hat er es einfacher. Sein Stil allerdings ist der typische Stil eines Superschwergewichts. Du weißt, was ich damit meine?"

„Ich werde ihn besiegen."

„Bist du dir da sicher?"

„Ja. Ich habe seine Technik eingehend studiert. Er verlässt sich auf seine Stärke. Also wird er versuchen, mich in einer Ecke gegen die Seile zu drängen und die Hiebe dann nur so auf mich herabregnen zu lassen. Das wird er wiederholen, bis ich zusammenbreche. Nur werde ich nicht zusammenbrechen. Er wird so lange versuchen, mich in eine Ecke zu treiben, bis er müde wird und eine Schwäche zeigt. Und sich einen Haken von mir einfängt."

„So, so." Matov lachte. „Es klingt so einfach, wenn du es beschreibst."

„Der Wolf verfügt über kein großes Durchhaltevermögen. Seine Taktik sind lange Schlagfolgen. Gegen Ende der dritten Runde wird er kaum noch die Boxhandschuhe hochhalten können."

„Nun gut, wenn du dir so sicher bist, werde ich dir mal glauben. Hör mal, heute Abend nach dem Turnier ist ein Kampf im *Imperium*. Das ist eine Art Superfinale, mit einer handverlesenen Zuschauerschar. Dabei tritt der heutige Meister im Superschwergewicht gegen den Meister im Schwergewicht an. Sie zahlen 10.000."

„10.000 was?"

„Na, natürlich nicht Rubel", blaffte er. „10.000 Dollar!"

„Und wo liegt der Haken?"

„Es ist ein Kampf über zehn Runden. Ohne Handschuhe. Es wird wehtun. Es wird verdammt wehtun."

„Und welchen Preis bekommt der Gewinner?"

„50.000 Dollar. Aber das kannst du vergessen, du hast nicht die geringste Chance. Der ‚Vorschlaghammer' wiegt 130 Kilo. Er ist der Liebling der Buchmacher. Du musst nichts anderes tun als in den Ring steigen, ein paar Runden mitziehen und dich dann hinlegen und nicht wieder aufstehen. Die Zuschauer werden es lieben!" Er hielt inne. Mein Schweigen verstand er augenscheinlich als Ausdruck des Zögerns. „Keine Sorge, ein Krankenwagen steht in Bereitschaft."

„Okay."

Abrupt sah er auf. „Okay was?"

„Ich bin dabei."

„*Er ist dabei*", äffte er mich nach. „Zuerst einmal musst du hier gewinnen! Also gut, dann geh und mach dich bereit. Ich muss noch mit dem Vorschlaghammer reden."

Ich begab mich zurück zur Tribüne. Sprotte wollte mir etwas geben, das er „Doping" nannte: eine Plastikflasche mit Wodka und Cola. Sofort machten die anderen ihn wegen seiner Dummheit zur Schnecke. Yagoza verpasste ihm sogar eine Ohrfeige, weil er „ein solcher Trottel" war.

Ich setzte mich und wartete auf das Ausrufen der Finalkämpfe. Allzu große Sorgen machte ich mir nicht. Während der Unterhaltung mit Matov hatte ich mich daran erinnert, dass er lediglich über Boxfertigkeiten von Level 10 verfügte. Dennoch war es ihm gelungen, ein oder zwei nationale Champions heranzutrainieren. Mein Level war 11, woraus folgte, dass ich zumindest die regionalen Meisterschaften gewinnen konnte, ja, geradezu dazu verpflichtet war, sie zu gewinnen.

Als die Zeit für meinen Kampf sich näherte, verließ ich die Tribüne, um mich aufzuwärmen. Dabei spürte ich, wie mich jemand anstarrte. Ich schwang herum und entdeckte meinen zukünftigen Gegner, Sergei „der Wolf" Zverev: ein Kleiderschrank von einem Mann mit kahlrasiertem Kopf und einer großen Tätowierung auf der Brust, die einen Wolf mit übertrieben großen Eckzähnen zeigte. Als sich unsere Blicke begegneten, fuhr er sich mit der Handkante über den Hals, um mir zu zeigen, dass er beabsichtigte, mich fertigzumachen, dann wandte er sich ab.

Sein Level 9 im Boxen kombiniert mit seiner Stärke machte ihn zu einem Gegner, den ich auf keinen Fall unterschätzen durfte. Nun, wir würden ja sehen. Ich machte weiter Stretching- und Aufwärmübungen.

Endlich waren wir an der Reihe.

„Die letzten Wettkämpfer in der Schwergewichts-Kategorie werden in den Ring gebeten!", hallte die Stimme eines Preisrichters durch die Lautsprecher. „In der blauen Ecke tritt an Philip Panfilov."

Meine Fangruppe brüllte ihre Unterstützung. Auf ganz merkwürdige Weise erhob sich Yagozas heisere Stimme über die aller anderen und sogar den Lärm auf den Tribünen.

Ich duckte mich unter den Seilen durch und nahm meinen Platz in der Ecke ein, wartete auf meinen Gegner.

Der Wolf stapfte ohne jede Eile und siegesbewusst heran, begrüßte die Zuschauer und genoss all die Aufmerksamkeit. In Gedanken hatte er mich bestimmt bereits k.o. geschlagen und gewonnen. Was ihm das Preisgeld für den Champion in Höhe von

200.000 Rubel[57] einbringen würde, plus die 10.000 Dollar aus dem geheimen „Superfinale" im Nachtclub.

Matov hatte ihn mit Sicherheit längst angesprochen. Und sein eigener Trainer, der berühmte Khmelnitsky, spielte bei dieser Sondereinlage im *Imperium* garantiert ebenfalls mit und hatte seinen Schützling darüber informiert.

Der Ringrichter rief uns zusammen und erklärte die Regeln.

Der Kampf begann.

Der Wolf griff sofort an und zwang mich in die Defensive. Doch jedes Mal, wenn er gerade glaubte, mich in eine Ecke gedrängt zu haben, schaffte ich es, ihm zu entschlüpfen und in den offenen Ring zurückzukehren. Mit meinen Gegenangriffen in seine Seite hatte er ziemlich zu kämpfen. Einige meiner Haken erreichten ihr Ziel.

Ich führte im Kampf und war mir meines Sieges bereits sicher. Wahrscheinlich war das der Grund, warum ich einen Augenblick lang nicht aufpasste. Was beinahe zu meinem Untergang geführt hätte. Endlich gelang es dem Wolf, mich wirklich in eine Ecke zu treiben und mich mit seinen Hieben zu überschütten. Die meisten konnte ich abblocken, doch ein paar erwischten mich voll, und ich konnte mich kaum noch aufrechthalten. In meinen Ohren schrillte es, mein Wangenknochen und meine Stirn brannten wie Feuer. Nur die Glocke, die die Runde beendete, rettete mich.

Kostya eilte zu mir und betreute mich, wischte mir den Schweiß ab und legte kalte, nasse Tücher über meine Wunden.

„Was hast du dir bloß dabei gedacht?", schimpfte er. „Wieso musstest du so nahe an ihn herangehen? Rechts neben dir war doch alles frei! Du hättest dich

---

[57] Etwa 2.700 Euro.

einfach nur ducken müssen!"

„Ich weiß, ich weiß! Es ist alles in Ordnung, mach dir keine Sorgen. Ich werde ihn erledigen, und zwar jetzt gleich!"

Die Pause von einer Minute war vorbei, noch bevor ich wieder zu Atem gekommen war. Dann erschien eine neue Systemmitteilung über einen Buff:

Leidenschaftlicher Siegeswille
Dauer: 10 Minuten
+3 für alle Haupteigenschaften
+50 % Lebenskraft
+50 % Selbstvertrauen
+50 % Willenskraft
+50 % Geist
+50 % Schmerzschwelle

Der Buff sorgte dafür, dass ich mich frisch und energiegeladen fühlte, als ob der Kampf noch nicht einmal begonnen hätte. Dazu kam vor allem noch, dass ich endlich eine Taktik entwickelt hatte, wie ich ihn besiegen konnte.

Angestachelt von seinem Erfolg zum Ende der letzten Runde konnte der Wolf es gar nicht erwarten, wieder auf mich loszugehen. Ich lockte ihn in die Seile. Gerade als er glaubte, mich in die Ecke gedrängt zu haben und sein Gehirn auf einen Hagelschauer aus Hieben umschaltete, duckte ich mich nach links und verpasste ihm ein Cross, das über seine rechte Hand hinausschoss. Einen winzigen Augenblick lang verlor er die Orientierung. Das reichte aus, um meine Lieblingskombination anzubringen: einen linken Aufwärtshaken, rasch gefolgt von einer rechten Geraden gegen seinen Körper und schließlich einem linken Haken gegen seinen Kopf.

Der Wolf ging zu Boden. Auf den Bühnen brach ohrenbetäubender Lärm aus.

Es war ein k.o.

Ich war der Champion des Turniers.

* * *

EINE STUNDE SPÄTER saßen wir im gemütlichen irischen Pub in der Chekhov-Straße und feierten meinen Sieg: Alik und Veronica, Greg und Alina, Kesha und Marina, Cyril, Gleb, Herr Katz, Rose, Kostya und ich. Es war nicht einfach gewesen, Yagoza und seine Gang loszuwerden. Sie alle wollten mir die Hand schütteln und mir sagen, was für ein toller Kerl ich war.

„Auf Phil!" Meine Freunde hoben die Gläser. „Auf dich, Phil!"

Ich stieß mit meinem Glas Fruchtsaft mit ihnen an. Mir stand ja noch immer das Superfinale bevor – was sie jedoch auf keinen Fall wissen durften.

„Was wirst du denn mit all dem Geld anfangen?", fragte der Spieler in Gleb mich neugierig.

„Ich finde, das geht uns nichts an", meldete sich Rose zu Wort. „Aber so, wie ich Herrn Panfilov kenne, wird er es bestimmt in die Firma inves..."

„Nein", unterbrach ich sie. „Mit dem Geld habe ich etwas anderes vor."

Noch hatte ich das Preisgeld nicht erhalten, aber man hatte mir das Zertifikat bereits ausgestellt. Am Montag musste ich damit im Büro der Veranstalter erscheinen, wo man mir die Summe übergeben würde. Anschließend, so planten wir, begaben wir uns zur Bank und überwiesen den gesamten Betrag sofort der Klinik im Ausland, in der Julie operiert werden sollte. Daraufhin würde die Klinik eine Einladung senden, die es Kostya und Julie ermöglichte, ein Visum zu beantragen. Dasselbe Reisebüro, das auch den Kontakt zwischen Kostya und der Klinik hergestellt hatte, versprach nun, die Sache mit den Visa so rasch wie möglich zu erledigen.

„Und was hast du damit vor?", fragte Veronica mit einem süßen Lächeln. „Komm schon, Phil! Ich will dich ja nicht drängen, aber ich bin einfach neugierig."

„Lass ihn in Ruhe!", tadelte Cyril sie. „Er will in Ruhe essen."

Mir blieben noch drei oder vier Stunden bis zum Kampf im Nachtclub. Daher hatte ich mir eine Mahlzeit und ein wenig Ruhe gegönnt.

Kostya stand auf und hob sein Glas mit Mineralwasser. „Leute, ich kenne euch alle nicht. Aber ich kenne Phil. Und wenn ihr nur halb so gut seid wie er ..."

Alle Blicke am Tisch wandten sich ihm zu.

„Ich möchte einen Toast auf die Gesundheit meiner kleinen Schwester Julie aussprechen. Ihr kennt sie nicht, deshalb werdet ihr nicht verstehen, warum ich das tue. Lasst es mich erklären: Als sie zwei Jahre alt war, sind unsere Eltern bei einem Autounfall ums Leben gekommen. Wir blieben allein zurück." Er hielt inne, um sicherzustellen, dass ihm alle zuhörten.

„Niemand hat uns jemals geholfen, wenigstens nicht, ohne Bedingungen zu stellen und eine Gegenleistung zu erwarten. Julie ist sehr krank. Wenn sie nicht sehr bald operiert werden kann, wird sie nie wieder gehen können. In unserem Land kann eine solche Operation aber nicht durchgeführt werden. Wir müssen dafür nach Deutschland. Die Spezialisten dort sind bereit, Julie als Patientin anzunehmen. Sie haben versprochen, dass sie mit hoher Wahrscheinlichkeit wieder vollständig gesund werden kann. Das Problem ist nur, die Behandlung kostet eine Million Rubel.[58] Und zwar ohne Reise und

---

[58] Rund 15.000 Euro.

Unterkunft." Er sah mich an. „Es tut mir leid, Phil. Dein Preisgeld wird nicht für alle Kosten ausreichen. Es ist gerade nur genug für die Anzahlung, damit sie angenommen wird."

„Und was willst du dann machen?"

„Ich muss mir einfach in Deutschland Arbeit suchen. Ich muss bitten und betteln. Das sind doch schließlich keine Unmenschen! Die werden ganz bestimmt ein vierjähriges Mädchen nicht vor Ende der Behandlung hinauswerfen, oder denkst ...?" Seine Stimme brach.

Ich wandte den Blick ab.

Unter den Umständen reichte es nicht, im „Superfinale" einfach anzutreten. Ich musste es auch gewinnen.

Kostya sprach weiter. „Um es kurz zu machen – eigentlich hätte ich am Turnier teilnehmen sollen. Aber ich wurde überfallen, deshalb werde ich nun nicht mehr boxen können. Nie wieder ..." Seine Schultern hoben und senkten sich wie die eines Kindes, das weinte. „Was ich sagen will, ist nur, dass Phil sein gesamtes Preisgeld für Julies Behandlung spenden wird. Und deshalb möchte ich, dass wir alle auf Julies Gesundheit trinken. Phil hat so viel für uns getan! Lass uns alle hoffen, dass es nicht vergebens war!"

Ich konnte mich irren, doch soweit ich zurückdenken konnte, war dies die längste Rede, die Kostya jemals gehalten hatte.

Wir stießen mit unseren Gläsern an. Keiner sagte etwas. Die Frauen hatten die Blicke abgewandt und wischten sich die Augen.

„Phil, Lieber ..." Veronica stand auf, ging um den Tisch herum und umarmte mich. „Du bist ein richtiger Held, weißt du das?"

„Ja, das ist er!"

„Ja, ein echter Held!", begeisterte sich Gleb. „Er

hat mir den Arsch gerettet! Und er wird auch Julie retten!"

Nun tauschten alle Geschichten über meine angeblichen „Heldentaten" aus. Ich grübelte. Nein, ich war kein Held. Wenigstens nicht in dem Sinn, auf den sie anspielten.

Ich war vielmehr ein Held der erweiterten Realität – einer der vielen, die von den Vaalphor auserwählt worden waren.

Sofern ich die Prüfung bestand.

* * *

UNTER DEN PFIFFEN der aufgeregten Menge im Club – Damen in freizügigen Cocktailkleidern, übergewichtigen Beamten und dubiosen Geschäftsleuten in Anzügen von Versace – wurde ich ein weiteres Mal in die Seile geschleudert. Es war der mächtigste Schwinger gewesen, den man sich nur vorstellen konnte. Und er führte dazu, dass mir die Lichter ausgingen.

Eine beharrliche Stimme drang durch meine verwirrten Gedanken:

„... Drei! Vier! Fünf! ..."

Es war die fünfte Runde. Ich schwamm geradezu in meinem eigenen Blut und war nicht in der Lage, wieder auf die Füße zu kommen. Meine Gliedmaßen gehorchten mir nicht. Mein Kopf fühlte sich an, als hätte jemand ihn auf den Boden genagelt. Eines meiner Augen war zugeschwollen. Meine Nase war gebrochen. Ich rang um jeden Atemzug. Anscheinend war auch eine meiner Rippen gebrochen. In der oberen Kante meines Sichtfelds drängten sich die Debuff-Meldungen nur so, wie Orden auf der Brust eines Veteranen.

Weder leidenschaftlicher Siegeswille noch mein

Level 11 im Boxen hatten mir irgendetwas genützt. In einem Kampf ohne Boxhandschuhe konnte anscheinend keine technische Strategie, und war sie noch so ausgeklügelt, etwas gegen die pure brutale Gewalt ausrichten.

„Sechs!"

Ich bemühte mich, durch den roten Nebel hindurch zu sehen, der vor meinen Augen stand. Der Vorschlaghammer stand da, voller Stolz beide Arme erhoben.

„Mach ihn fertig! Mach ihn fertig!", brüllte die Menge.

„Vorschlaghammer, ich liebe dich!", kreischte eine hysterische Frauenstimme. „Fick mich!"

„Sieben!"

„Bring ihn um! Bring ihn um!"

Er berührte mein Gesicht mit den Zehen, begab sich auf ein Knie herab und holte zum Gnadenhieb aus. Warum, verdammt noch mal, hielt der Ringrichter ihn nicht zurück?

„Acht!"

Ich schloss die Augen und ergab mich in mein Schicksal.

Plötzlich trat eine Veränderung ein.

Die Zeit verlangsamte sich.

Eine heilende Welle strömte durch meinen Körper, löschte alle Debuffs, entfernte die Erschöpfung und stellte meine Lebenskraft wieder her. Auf einmal war mein Vitalitätsbalken wieder voll.

Ich konnte beide Augen öffnen, bekam wieder Luft durch die Nase. Meine Rippen schmerzten nicht mehr.

Mitten in der tobenden Menge konnte ich schwach eine Gestalt erkennen, die sich nicht bewegte. Ihre Hand hatte sie in meine Richtung ausgestreckt.

Eine Flut heilender Aura strömte aus ihren Fingerspitzen, unterstützt durch neue Buffs, die nacheinander aufblitzten: Berechtigter Zorn III,

Raserei, Verteidiger, Adals Hand, die Berührung von Mutter Natur. In der Kombination führten die Buffs zu einer Verdoppelung all meiner Werte und einer Verbesserung der Regeneration um 1.000 %. Es waren alles nur sehr kurzfristige Wirkungen, aber mehr brauchte ich gar nicht.

„Neun!"

Die Faust des Vorschlaghammers war nur noch etwa fünf Zentimeter von meinem Solarplexus entfernt. Ich drehte mich, rollte mich zur Seite und sprang auf die Füße. Dabei warf ich einen flüchtigen Blick auf Ilindi, die in ihrer Verkleidung als Stacy dort stand. Sie schenkte mir ein leichtes Nicken und verschwand.

Es breitete sich absolute Stille aus. Unter den erstaunten Augen der Zuschauer befahl der Ringrichter uns, weiterzukämpfen. Was für ein hinterlistiger Dreckskerl! Er war in diesem Kampf schlimmer als nutzlos.

Ich ging auf den völlig überraschten Vorschlaghammer los und bearbeitete ihn in einer Geschwindigkeit mit meinen Fäusten, dass ich meine Hände nur noch als verschwommenen Wirbel wahrnehmen konnte. Jeder Hieb raubte meinem Gegner 5 oder sogar 6 % seiner Vitalität.

Mein Aufwärtshaken fand sein Kinn im gleichen Augenblick, in dem die Glocke erklang.

Ich musterte die enttäuschte Menge und bemerkte die Wut in den Augen derer, die wohl aufs falsche Pferd gesetzt hatten. Sie konnten einfach nicht begreifen, was sich da gerade vor ihren Augen abgespielt hatte. Ein totaler Anfänger, der erst vor weniger als drei Monaten mit dem Boxen begonnen hatte (und für diesen Tipp hatten sie jeweils 100 Dollar zahlen müssen), war den gesamten Kampf über als passiver Boxsack aufgetreten. Nur, um dann kurz vor dem Aus, kurz vor dem letzten, vernichtenden

Schlag, von den Toten aufzuerstehen und den Favoriten fertigzumachen.

Ich betrachtete die Gesichter. Einige Zuschauer waren betrunken, andere ernüchtert. Einige waren angenehm anzuschauen, andere weniger und wieder andere waren ersichtlich süchtig nach dem Skalpell der Schönheitschirurgen. Einige blickten grimmig drein, andere wirkten beschämt. Einige waren ernst, andere trübsinnig. Sie alle hatten geglaubt, sich das volle Leben greifen zu können. Ihre Gesichter waren so tot wie ihre Seelen. Ich konnte sie weder ändern noch formen. Es waren fette Parasiten, die auf dem eitrigen Körper meines Landes festsaßen und sich daran gütlich taten.

Wenn ich doch bloß mein Interface über das Ablaufen der Lizenz hinaus behalten könnte!

Ich hatte keine Zeit, den Gedanken fortzuführen.

Unter absolutem Schweigen erklärte der Ringrichter mich zum Sieger. Eine junge Frau in einem nahezu nicht vorhandenen Badeanzug kletterte in den Ring und überreichte mir auf einem Tablett das Preisgeld. Es waren fünf dicke Bündel von 100-Dollar-Scheinen.

Julie würde leben.

* * *

GEGEN ENDE DER nächsten Woche hatten sich Julie und Kostya ihre Schengen-Visa sichern können und Tickets für den ersten verfügbaren Flug gebucht. Der Rest meines Gewinns wanderte in die Kasse für die Weiterentwicklung meiner Firma. Rose verbuchte das Geld und Mark setzte einen Darlehensvertrag auf. Wir gingen davon aus, bis zum nächsten Jahr eine Rendite erzielen zu können, also Nettogewinne. Es wurde festgelegt, dass die Firma mir zuerst das Geld zurückzahlen würde, und dann würden wir gemeinsam entscheiden, was wir mit dem Rest der Gewinne anstellen würden. Ein Teil davon sollte ins Wachstum des Unternehmens fließen, und den Rest würden wir nach dem Schlüssel ihrer Beiträge unter den Anteilseignern verteilen.

Veronica bot an, uns zum Flughafen zu bringen. Das gesamte Büro hatte unsere Freunde begleiten wollen, doch ich setzte meine Autorität als Geschäftsführer ein, um dem Zirkus ein Ende zu bereiten und sie zum Arbeiten zu bringen. Kesha erstickte beinahe in neuen Verträgen und brauchte dringend Hilfe. Das zwang uns, neue Handelsvertreter zu suchen und eine Stellenanzeige aufzugeben. Daher waren alle von morgens bis abends mit Vorstellungsgesprächen beschäftigt.

Den gesamten Weg zum Flughafen über sprachen wir nur darüber, wie alles werden würde, wenn es Julie besser ginge und die beiden zurückkämen. Wir hatten bereits beschlossen, dass Kostya bei uns anfangen und unsere Website betreuen würde. Veronica versprach dem Mädchen, sie ins Kino und in Abenteuerparks zu führen. Julie lächelte verträumt. So viel Aufmerksamkeit war sie sichtlich nicht gewohnt.

Am Flughafen nahm Kostya seine Schwester an die Hand und begab sich zum Check-in. Als er sich von uns verabschiedete, war er mit den Gedanken längst bei der Klinik.

Wir sahen den beiden nach, als sie Hand in Hand zum Schalter gingen. Ihr einer Koffer war bereits auf seinem Weg zum Gepäckraum. Julie drückte die Puppe an sich, die Veronica ihr geschenkt hatte, und Kostya trug einen ziemlich mitgenommen aussehenden Rucksack.

Er drehte sich um. Ich hob die Hand, zur Faust geballt. Er nickte und hob ebenfalls die Hand.

Schweigend fuhren wir zurück, jeder in seine eigenen Gedanken vertieft. Veronica warf mir gelegentlich einen Seitenblick zu, doch ich ließ nicht durchblicken, dass ich es gemerkt hatte.

Auf halbem Weg zurück in die Stadt rief meine Mutter mich an. Sie wusste, dass Kostya und Julie heute nach Deutschland flogen, hatte jedoch keine Ahnung, woher das Geld dafür kam, und würde das hoffentlich auch nie herausfinden.

„Hast du sie zum Flughafen gebracht, Sohn? Ist alles gut gelaufen?"

„Ja, Mama, ich habe gesehen, wie sie eingecheckt haben. Es ist alles in Ordnung."

„Gott sei Dank!" Ich konnte beinahe sehen, wie sie erleichtert ein Kreuz schlug. „Und wie geht es dir? Gestern Abend hast du ziemlich erschöpft gewirkt. Bist du sicher, dass mit dir alles in Ordnung ist? Selbst deinem Vater ist es aufgefallen."

Am Abend zuvor hatten Kostya, Julie und ich meine Eltern besucht. Das Mädchen hatte sich von ihnen verabschieden wollen. Kesha und ich hatten den gesamten Tag damit verbracht, von einer Besprechung zur nächsten zu hasten. Kein Wunder also, dass ich müde ausgesehen hatte.

„Tut mir leid, Mama – ich habe einfach zu viel um die Ohren."

„Du brauchst dringend Schlaf, mein Junge. Du bist schließlich der Geschäftsführer. Niemand wird meckern, wenn du einmal nicht zur Arbeit erscheinst."

Ich lachte leise. Veronica schaute mich erstaunt an.

„In Ordnung, Mama, ich werde tun, was du sagst."

Sie ratterte eine ganze Reihe weiterer guter Ratschläge hinunter, dann verabschiedete sie sich und legte auf.

Ich schob das Handy wieder in die Hosentasche,

doch sofort klingelte es erneut. Die Nummer war unnormal lang und wirkte sehr merkwürdig.

Ich meldete mich.

„Hallo", hörte ich eine Frauenstimme mit einem leichten ausländischen Akzent sprechen. „Kann ich bitte mit Herrn Philip Panfilov sprechen?"

„Am Telefon."

„Ich bin Angela Howard von der Botschaft der Vereinigten Staa..."

Abrupt blieb die Welt stehen. Die bewaldete Landschaft, die im Heckfenster des Wagens zu sehen war, wirkte wie ein gerahmtes Bild. Der Zähler auf dem Handy-Display, der angab, wie lange man bereits telefoniert hatte, bewegte sich nicht. Veronica saß wie erstarrt mit halb offenem Mund da, die Hände wie festgeklebt am Lenkrad.

Mein Atem stockte mitten im Einatmen. Ich konnte mich nicht bewegen. Endlich reagierte auch mein Gehirn und pausierte.

Ich versank im großen Nichts. Mein gesamter Körper fühlte sich an wie von eisigen Nadeln durchstochen.

Die Welt verschwand. Und dann ...

... FAND ICH MICH geradezu eingeschneit unter den verschiedensten Debuffs wieder. Wie auch beim letzten Mal waren da Berauschung, Lähmung, Dehydrierung, Hungerzustand, Schwäche, Sinnesunterdrückung, und noch etwas anderes ...

„Entführung abgeschlossen", verkündete eine Stimme, die keinem Geschlecht zugeordnet werden konnte, aus dem Nichts.

„Das Subjekt hat das Bewusstsein wiedergewonnen." Das war Ilindi.

„Du kannst alle DOTs und Debuffs entfernen", befahl Valiadis. „Die Initialisierung können wir überspringen. Schließlich kennen wir alle das

Subjekt."

Ein silbriger Nebel hüllte mich ein, durchdrang meine Haut und trat dann wieder hervor, gefärbt mit den roten und schwarzen Strängen der DOTs. Eine heilende, grüne Welle lief über mich hinweg.

„Akzeptiert", hallte Khphors Stimme in meinem Kopf wider.

Sie versetzten mich wieder in den Normalzustand. Ich richtete mich auf.

Ilindi trug dasselbe hellblaue Abendkleid, nur waren ihre Haare diesmal nicht platinblond, sondern sie schimmerten in allen Farben des Regenbogens.

Valiadis trug eine Rüstung in einem metallischen Blaugrau. Ich hätte nur zu gern gewusst, woher ich auch so eine bekommen konnte. Etwas von den beiden entfernt stand der etwa drei Meter große Außerirdische: Khphor, von der höherrangigen Rasse der Vaalphor.

„Menschenwesen, du weißt, was du zu tun hast", bemerkte er.

„Sei tapfer, Menschenwesen!", ermutigte Ilindi mich.

Valiadis nickte nur. Sein Gesicht verriet, wie ängstlich er war.

Ich nickte ebenfalls und begab mich zur Wand, deren schimmernde, weiße Oberfläche an Reptilienhaut erinnerte. Als ich herankam, teilte sie sich wie mit dem Messer durchgeschnitten.

Ich überprüfte, ob ich alles dabeihatte: Ilindis rotes Armband ebenso wie den Glücksring des Veles. Das Netsuke Jurōjin, das ich im Raritätenladen gekauft hatte, wirkte seine Magie in meiner Wohnung und versorgte mich von dort aus mit Glück.

Ich trat in die Öffnung hinein, ohne zurückzuschauen.

Jetzt lag die Wand hinter mir, und vor mir sah ich einen langen, verwinkelten Gang. Er war schmaler als

2 Meter, sodass ich, wenn ich die Arme ausstreckte, beide Seiten berühren konnte.

Diesmal hatte ich es nicht eilig. Ganz langsam schritt ich voran und studierte dabei den Boden, die Wände und die Decke. Nach etwa 50 Metern stieß ich auf einen alten Freund:

Säuregallert
Level: 17

Aha – sein Level war also ebenfalls gestiegen. Richteten sich die Schwierigkeitslevel der Prüfung etwa nach meinem eigenen Fortschritt?

Ich betrachtete unverwandt die Säurekreatur. Das Namensschild über ihrem Kopf drehte sich und auf der Rückseite zeigte sich eine weitere Zeile mit Angaben:

Furcht: 100 %

Das Ding hatte Angst vor mir!

Langsam ging ich heran und konzentrierte mich auf alles, das ich sehen konnte. Als nur noch etwa 10 Meter Abstand zwischen uns verblieben, entdeckte ich eine kleine Einbuchtung in der ansonsten glatten Wand.

Ich trat zurück und berührte sie. Meine Hand verschwand in einer Leere. Ich zog sie zurück, und die entstandene Öffnung schloss sich wieder. Über der Lücke lag nun ein lederiger Film.

Ich sprang vollständig hinein und fand mich in einer kleinen Höhle hinter der Wand wieder. Ich stand da und versuchte, nicht zu atmen. Bald sah ich durch das Loch einen der Tentakel des Gallerts vorbeigleiten, gefolgt vom Rest.

Die Kreatur drückte sich an mir vorbei.

Ich seufzte erleichtert. Der Weg nach vorn war frei.

War das etwa bereits die ganze Prüfung gewesen?

Mit einem fröhlichen Pfeifen marschierte ich den Tunnel entlang, der sich bald verbreiterte und nun Raum für ein ganzes Dutzend Säuregallerte nebeneinander bot. Ich ging ruhig, aber wachsam voran. Mein gesunder Menschenverstand kehrte zurück und wies mich darauf hin, dass dies unmöglich das Ende meiner Probleme gewesen sein konnte.

Nachdem ich etwa 100 Meter hinter mich gebracht hatte, ermöglichte meine erhöhte Wahrnehmung mir, auf dem Boden ein merkwürdiges, sehr aufwendiges Muster zu bemerken. Es bestand aus den allerfeinsten, dunklen Linien. Als mein Fuß sich dem Muster bis auf wenige Zentimeter genähert hatte, begann meine Intuition, zu kreischen wie eine Banshee.

Langsam zog ich meinen Fuß zurück. Ich überlegte kurz, dann zog ich einen Turnschuh aus und warf ihn auf eine der Linien.

In dem Augenblick, in dem der Schuh den Boden berührte, zerfiel er auch schon in zwei Hälften. Der Schnitt folgte exakt der dunklen Linie.

Die nächste halbe Stunde verbrachte ich damit, wie ein Schwein zu schwitzen und auf meinen Zehen und Fersen einen Balanceakt nach dem anderen hinzulegen, um diesen trügerischen Abschnitt zu überwinden, ohne dabei eine der Linien zu berühren. Nachdem ich das endlich hinter mir hatte, ließ ich mich an der Wand entlang zu Boden gleiten, saß eine Weile einfach nur da und ruhte mich aus, ohne einen Gedanken an die verstreichende Zeit zu verschwenden.

Nachdem ich mich erholt hatte, setzte ich meinen Weg fort.

Kurz darauf hielt ich erneut an. Irgendetwas fühlte sich nicht richtig an. Ich spürte ganz am Rand meiner Sinneswahrnehmung den Hauch einer Vibration. Auch roch es hier anders, ein wenig nach Ozon.

Ich trat erneut einen Schritt zurück und dachte nach.

Dann zog ich den zweiten Turnschuh aus und warf ihn vor mir auf den Weg. Als er auf einen bestimmten Punkt in der Luft traf, zerfiel der Schuh zu Staub, der zu Boden schwebte und dort als zweidimensionaler Punkt liegenblieb.

Dem Schuh folgten meine Socken. Die erste Socke erlitt das gleiche Schicksal wie der Turnschuhe, die andere jedoch landete sicher.

Gut. Jetzt musste ich die Breite des Wegs erkunden, den ich sicher durchschreiten konnte. Ich zog mein Hemd aus und riss Streifen davon ab, dann begann ich auf der rechten Seite des Tunnels.

Staub. Noch mehr Staub. Und wieder.

Der rechte Ärmel, der als Nächstes an der Reihe war, überstand das Abenteuer unbeschadet. Im Geiste zog ich eine Linie und stellte fest, dass der sichere Durchgang nicht breiter als knapp 90 Zentimeter war. Ich musste mich seitlich hindurchbegeben und konnte nur hoffen, dass der Gang keine Biegung machte.

Die vibrierende Luft knisterte, als ich mir mühsam meinen Weg durch den gefährlichen Teil suchte.

Das überstanden, atmete ich erst einmal tief ein und aus, um meine Lebenskraft wiederherzustellen. Niemand hatte mir etwas von zeitlichen Beschränkungen gesagt. Ich kannte jedoch die Neigung dieser sogenannten Programmierer des Interfaces nur zu gut, Regeln einfach nicht zu erwähnen, also beeilte ich mich besser.

Ich ging weiter.

Eine Weile lang passierte nichts. Der lederartige Boden fühlte sich unter meinen nackten Füßen warm und federnd an. Ich fächelte mir mit meinem verbliebenen Hemdsärmel Luft zu. Auf einmal war es erstickend warm.

Ich befürchtete gerade, ich hätte mich im Kreis bewegt, als mir auffiel, dass mir der Schweiß in die Augen rann. Ich wischte ihn mit dem Ärmel ab, doch sofort floss neuer.

Die Temperatur war mächtig angestiegen. Ich verstand noch immer nicht, was hier los war, blieb stehen und lauschte angestrengt. Irgendwo hinter mir hörte ich ein donnerndes Geräusch, das immer näher herankam.

Ich drehte mich um. Nach kurzem Zögern handelte ich endlich – und rannte um mein Leben.

Eine Feuerwand jagte mich. Ihre Hitze verbrannte mir den Rücken. Ich beschleunigte zu einem Sprint, doch die Flammen drohten, mich einzuholen.

Ich könnte nun sagen, das Feuer war mir auf den Fersen, doch das hätte nicht der Wahrheit entsprochen. Vielmehr brannte mein gesamter Rücken, meine Ohren waren unerträglich heiß und meine Haare knisterten. Meine Todesangst aktivierte den Buff mit eben jenem Namen, was mir mehr Stärke und neue Eigenschafften eintrug. Ich konnte die Meldungen über die erhöhte Stärke und die neuen Eigenschaften jedoch nicht lesen, zu sehr war ich damit beschäftigt, meine eigene Haut zu retten.

Ich schloss einfach nur das Fenster und lief, so schnell ich konnte.

Ich hatte keine Ahnung, wie lange das Fangenspielen mit der Feuerwalze andauerte. Es kam mir wie mehrere Stunden vor. Jedenfalls, als ich den Flammen endlich entkommen und die Feuerwand an einer bestimmten Stelle des Gangs einfach erloschen war, brach ich zusammen und konnte mich eine ganze Weile lang nicht mehr rühren.

Nachdem ich wieder zu Atem gekommen war,

schaute ich auf die Uhr des Interfaces. Es waren nicht einmal vier Stunden her seit dem Beginn der Prüfung. Bei meinem letzten Blick auf die Uhr waren dreieinhalb Stunden vergangen gewesen. Was bedeutete, ich war höchstens eine Viertelstunde gelaufen, auf keinen Fall länger. Allerdings war ich sehr schnell gelaufen.

Die nächsten etwa 800 Meter brachte ich mit äußerster Vorsicht hinter mich. Ich überprüfte bei jedem Schritt alles um mich herum, schnüffelte, um verdächtige Gerüche zu entdecken, und lauschte intensiv in die Stille hinein. Ich entdeckte keinerlei Bedrohung.

Das Ende des Tunnels war bereits zu sehen, als auf einmal aufeinandergestapelte Steinblöcke mir den Weg versperrten. Sie waren unglaublich glatt und so stark poliert, dass ihre Kanten rasiermesserscharf waren. Die Blöcke besaßen unterschiedliche Größen. Es sah aus, als hätte hier jemand ein dreidimensionales Tetris gespielt. Selbst der kleinste Stein wog mindestens 60 Kilo, und die größeren hätte ich keinen Millimeter hochheben können.

Ich dachte lange nach, bis mir endlich eine Idee kam. Ich legte die kleinsten Blöcke in eine Reihe und wälzte die größeren mühsam herunter auf die kleineren. Mehrfach schnitt ich mich dabei an den Kanten, und ein mittelgroßer Stein fiel mir auf den Fuß. Ich biss die Zähne zusammen und machte mit meinem Riesenpuzzle weiter.

Mir war längst aufgefallen, dass jeder der Tests in dieser Prüfung meine Leistung in einer oder mehreren bestimmten Eigenschaften gemessen hatte. Der Säuregallert hatte meine Wahrnehmung und Empathie überprüft, das komplexe Muster der Linien meine Beweglichkeit, mein Glück und erneut meine Wahrnehmung. Die Feuerwand hatte meine Ausdauer auf die Probe gestellt. Also mussten diese überdimensionierten Bauklötze hier etwas mit meiner Stärke und meiner Intelligenz zu tun haben.

Dieses Hindernis der Steinblöcke erwies sich als der Test, der mir zeitlich und energiemäßig am meisten abverlangte. Es kostete mich mehr als drei Stunden, die Blöcke aus dem Weg zu räumen.

Endlich hatte ich alles auseinandergenommen. Ich war vollkommen erschöpft. Dann sah ich einen schmalen Riss in der Wand, wo vorher die Tetris-Mauer gestanden hatte. Er war gerade breit genug, dass ich mich hindurchzwängen konnte. Allerdings nicht, ohne mir an mehreren Stellen die Haut aufzuschrammen.

Ich kam in eine schmale, lange Halle. Die Wände bestanden aus denselben Steinblöcken. An der Wand am anderen Ende konnte ich gerade so zwei ovale Farbflecke erkennen. Sie waren höher als ein durchschnittlicher Mensch groß war. Als ich mich näherte, sah ich, wie sie pulsierten und dabei alle Farben des Regenbogens zeigten.

Mein Interface definierte das Phänomen als „Portale". Ein schwaches Leuchten schien von ihnen auszugehen. Eines der Portale schimmerte rötlich, das andere bläulich.

Welches sollte ich denn jetzt wählen? Ich ging durch die Halle und betrachtete die absolut glatten Wände. Zwischen den Steinblöcken waren fast keine Fugen zu sehen. Nein, im gesamten Raum war sonst nichts, das mir einen Hinweis gab oder das ich nutzen konnte. Also kehrte ich zu den Portalen zurück.

Blau oder Rot?

Türkisfarbenes Blau oder dunkles Weinrot?

Irgendwie zog ich Letzteres vor.

Ich ging auf das rote Portal zu und berührte es mit den Fingerspitzen. Mein Herz setzte einen Schlag lang aus, als das Portal mich in sich hineinsaugte ...

... ICH STAND AM Rand eines Waldes, bekleidet lediglich mit zerrissenen Jeans. Ich sah die Welt, wie sie wirklich war, ohne Interface. Alle Symbole und Anzeigen waren verschwunden. Ich konnte mich nicht bewegen, etwas hielt mich an meinen Füßen fest, und mein Körper schien sich in Stein verwandelt zu haben.

Einen Meter von mir entfernt erschien eine Mitteilung in der Luft:

Gratuliere! Du hast die Vorauswahl erfolgreich überstanden!
Du wurdest zur Hauptprüfung zugelassen.
Die Kandidatenbewertung ist abgeschlossen.
Die Charaktererstellung ist abgeschlossen.

Wie bitte? Das war noch gar nicht die eigentliche Prüfung gewesen?

Die Mitteilung löste sich auf und wurde durch eine neue ersetzt:

Die Prüfung beginnt in 3 Sekunden ... 2 ... 1 ...

ENDE VON BUCH 2

PHILS STATISTIKEN ZUM ENDE DES ZWEITEN BUCHS:

Philip „Phil" Panfilov
Alter: 32
Derzeitiger Status: Unternehmer
Level des sozialen Status: 17
Erkenntnissuchender. Level: 13
Klassen: Boxer, Empath. Level: 11
Geschieden
Kinder: keine

Erfolge:
Altruist +1 für alle Haupteigenschaften auf jedem erworbenen Level)

Der Schnellste Lerner (10 % Fertigkeitsentwicklungsrate)

Haupteigenschaften:
Stärke: 13/32
Beweglichkeit: 11/31
Intelligenz: 20/48
Ausdauer: 11/33
Wahrnehmung: 15/32
Charisma: 17/36
Glück: 14/72

Heldenfähigkeiten:
Lügenerkennung: 1

Systemfertigkeiten:
Erkenntnis: 3
Optimierung: 1
Heldenmut: 1

Hauptfertigkeiten und -fähigkeiten:

Lernfertigkeiten: 13 (eine primäre Fertigkeit, die sich derzeit in der Optimierung befindet: +2)

Empathie: 11

Boxen: 11

Lesen: 10

Verkaufen: 9

Kommunikationsfertigkeiten: 9

MS Word: 8

Kreatives Schreiben: 8

Joggen: 8

PC-Fertigkeiten: 8

Fertigkeiten in der russischen Sprache: 7

Marketing: 7

Führung: 7

Entscheidungsfindung: 7

Online-Suche: 6

Kochen: 6

Selbstdisziplin: 6

Belesenheit: 6

MS Excel: 6

Intuition: 6

Gehen: 6

Tippgeschwindigkeit: 5

SMM: 5

Selbstkontrolle: 5

Pokerspielen: 5

Überzeugungskraft: 5

Pläneschmieden: 5

Nahkampf: 5

Beharrlichkeit: 5

Unternehmensmanagement: 5

Verführung: 4

Täuschung: 4

Athletik: 4

Gute Manieren: 3

Fertigkeiten in der englischen Sprache: 3
Feuerwaffen: 3
Klingenwaffen: 3
Öffentliches Sprechen: 3
Kartenlesen: 3
Selbstverteidigung: 3
Autofahren: 2
Radfahren: 2
Schwimmen: 2
Heimwerkerfertigkeiten: 2
Fertigkeiten in erster Hilfe: 2
Singen: 2
Angeln: 2
....
Fotografieren: 4 (eine sekundäre Fertigkeit, die sich derzeit in der Optimierung befindet: -4)

Index der Umgebungssicherheit: Gelb

NACHWORT DES AUTORS

VIELEN DANK, DASS Sie dieses Buch gelesen haben! Ich hoffe, es ist Ihnen nicht allzu schwergefallen (abgesehen von den Tagen, die Phil damit verbracht hat, seine Agentur auf die Beine zu stellen.)

Für mich persönlich war das ein ziemlich komplexer Augenblick. In der ursprünglichen Version des Buches sollte Phil sich dem Kampf gegen Verbrechen und Korruption verschreiben und dabei ein paar sadistischen Junkies begegnen. Das bedeutete jede Menge Spannung! Unmengen berechtigten Zorns! Einen durch das Interface unterstützten dunklen Ritter, der sich dem universellen Bösen entgegenstellt!

Wie gut, dass meine russischen Leser mich gerade noch rechtzeitig gebremst haben. Ich befolgte ihren Rat und löschte den gesamten Handlungsstrang mit der Bekämpfung des Bösen. Denn gegen das Böse antreten - dabei geht es nicht so sehr darum, Verbrechen zu bestrafen, sondern vielmehr darum, Gutes in diese Welt zu bringen. Und genau das war der Pfad, den Phil am Ende eingeschlagen hat. Es ist vielleicht nicht die offensichtlichste Entscheidung, aber auf jeden Fall eine, die weit weniger zerstörerisch ist.

Ungeachtet dessen wird es im 3. Band – *Die letzte Prüfung* – hoch hergehen, das kann ich Ihnen versprechen. Es ist das letzte Buch der Trilogie *Nächstes Level*, die Phils Abenteuer im 21. Jahrhundert beschreibt. Dieses Buch wird gerade übersetzt und wird so bald erscheinen, wie es ohne Gefährdung der Qualität der Übersetzung möglich ist.

In der Zwischenzeit arbeite ich an Buch vier: *Nächstes Level 4. Die Auswahl.* Damit Sie sich beim

Warten darauf nicht zu sehr langweilen müssen, werde ich auch noch ein weiteres Buch aus der Reihe *Nächstes Level* herausgeben: *The Knockout*. Es erzählt die Geschichte von Mike Hagen, einem Amerikaner und absoluten Außenseiter. Auch ihm wird ein Interface der erweiterten Realität aus der Zukunft eingepflanzt. Bei Mike Hagen handelt es sich außerdem um eine der Hauptfiguren der *Nächstes Level*-Welt, Band 3, *Die letzte Prüfung*. Dort schließt er nämlich Freundschaft mit Phil.

Ebenso wie Phil Panfilov in diesem Buch wird auch Mike „Heulsuse" Hagen als einer der Empfänger eines Interface der erweiterten Realität ausgewählt. Der einzige Unterschied ist: Seine Leidenschaft gilt dem Ringkampf. Es liegt wahrscheinlich daran, dass er im realen Leben viel zu viel Angst vor einer physischen Auseinandersetzung hat ... Jedenfalls passt sich das Interface genau daran an.

Ist Mike in der Lage, das Interface zu einem guten Zweck zu nutzen? Und wird es ihm helfen, aus dem dunklen Loch herauszukriechen, das er sein Leben nennt?

Level Up: The Knockout wird ab dem 01.08.2019 auf Amazon erhältlich sein.

Die Facebook-Seite des Buchs: https://www.facebook.com/dansugralinovslevelup

NEUE VORBESTELLUNGEN!

Kräutersammler der Finsternis LitRPG-Serie
von Michael Atamanov:
Der Videospieltester
Hart am Wind
Falle für den Herrscher

Unterwerfung der Wirklichkeit LitRPG-Serie
von Michael Atamanov:
Countdown

Der Weg eines NPCs LitRPG-Serie
von Pavel Kornev:
Toter Schurke

Nächstes Level LitRPG-Serie
von Dan Sugralinov:
Neustart

Spiegelwelt LitRPG-Serie
von Alexey Osadchuk:
Der tägliche Grind - Im virtuellen Hamsterrad

Vielen Dank, dass *Held* gelesen hast!

Weitere deutsche Übersetzungen unserer LitRPG-Bücher werden schon bald folgen!

Um weitere Bücher dieser Reihe schneller übersetzen zu können, brauchen wir Deine Unterstützung! Bitte schreibe eine Rezension oder empfehle *Held* Deinen Freunden, indem Du den Link in sozialen Netzwerken teilst. Je mehr Leute das Buch kaufen, desto schneller sind wir in der Lage, weitere Übersetzungen in Auftrag geben und veröffentlichen zu können.

Bitte vergessen Sie nicht, unseren Newsletter zu abonnieren:
http://eepurl.com/dOTLd1

Sei der Erste, der von neuen LitRPG-Veröffentlichungen erfährt!
Besuche unsere englischsprachen Twitter- und Facebook LitRPG-Seiten und triff dort neue sowie bekannte LitRPG-Autoren:
https://twitter.com/MagicDomeBooks

Deutsche LitRPG Books News auf FB liken:
facebook.com/groups/DeutscheLitRPG

Erzähle uns mehr über Dich und Deine Lieblingsbücher, schau Dir die neuesten Bücher an und vernetze Dich mit anderen LitRPG-Fans.
Bis bald!

www.ingramcontent.com/pod-product-compliance
Lightning Source LLC
Chambersburg PA
CBHW060112200326
41518CB00008B/803